高等政法院校法学主干课程教材

经济法学

（第五版）

司法部法学教材编辑部 审定

主　编　　李昌麒

副主编　　吕忠梅　黄　河　卢代富

撰稿人　　（以撰写章节先后为序）

李昌麒　　徐晓松　　许明月

卢代富　　徐士英　　胡光志

张　玲　　黄　河　　吕忠梅

王兴运

中国政法大学出版社

2017·北京

作者简介

李昌麒　西南政法大学教授、博士生导师。曾任中国法学会经济法学研究会副会长、国家级精品课程"经济法学"负责人、国家级教学团队西南政法大学经济法教学团队带头人、国家中高级干部学法讲师团成员等。主要著作有：《经济法——国家干预经济的基本法律形式》（个人专著）、《寻求经济法真谛之路》（个人专著）、《李昌麒法治论说拾遗》（个人专著）、《中国改革发展成果分享法律机制研究》（国家社科基金 A 级重大项目）、《经济法学》（普通高等教育国家级规划教材）、《经济法理念研究》（国家社科基金课题）和《中国农村法治发展研究》等。在《中国法学》等刊物上发表论文八十余篇。

徐晓松　法学博士。中国政法大学教授、博士生导师，民商经济法学院经济法研究所副所长，中国法学会经济法学研究会常务理事，北京市经济法研究会副会长。曾获"北京市优秀教师""北京市优秀中青年法学家""北京市优秀青年骨干教师"等荣誉称号。主要著作有：《公司法与国有企业改革研究》（个人专著）、《公司资本监管与中国公司治理》（个人专著）、《国有企业治理的法律问题研究》（合著）、《国有独资公司治理法律制度研究》（合著）、《经济法学》（合著，中国政法大学精品教材）、《公司法》（主编，教育部人才培养模式改革和开放教育试点法学教材）等。

许明月　法学博士。西南政法大学教授、博士生导师。主要著作有：《抵押权制度研究》（个人专著）、《英美担保法要论》（个人专著）、《社会保障法律制度研究》（副主编，中华社科基金项目成果）、《消费者保护法》（合著，普通高等教育法学规划教材）、《土地用益权制度研究》（主编）、《财产权登记法律制度研究》（主编）等。在《中国法学》《法学研究》《现代法学》《法商研究》等刊物上发表论文七十余篇。

卢代富　法学博士。西南政法大学教授、博士生导师。主要著作有：《企业社会责任的经济学与法学分析》（个人专著）、《企业社会责任研究——基于经济学与法学的视野》（个人专著）、《经济法学》（参编，马克思主义理论研究和建设工程重点编写教材）、《经济法学》（副主编，高等政法院校法学主干课程教材）、《国家干预法治化研究》（副主编，国家社科基金项目成果）等。

徐士英　管理学博士。华东政法大学教授、博士生导师。主要著作有：《竞争政策研究——国际比较与中国选择》（个人专著）、《竞争法论》（个人专著）、《市场经济大宪章》（主编）、《经济法教程》（主编）、《经济法学》（副主编）、《新世纪经济法的反思与挑战》（主编）等。在《法学》《中外法学》《法商研究》等刊物上公开发表论文七十余篇，主持和完成国家社科基金、教育部社科基金、上海市社科基金等国家、省部级课题二十余项。

胡光志 法学博士。重庆大学教授、博士生导师。主要著作有：《内幕交易及其法律控制研究》（个人专著）、《虚拟经济及其法律制度研究》（个人专著）、《人性经济法论》（个人专著）、《中国预防与遏制金融危机对策研究》（合著）等。

张　玲 中央司法警官学院教授，全国政法院校经济法研究会理事，河北省知识产权法研究会常务理事，教育部公派日本京都大学、一桥大学访问学者。主要著作有：《中国经济法学》（副主编）、《房地产经营法律导论》（合著）、《中国经济法概论》（合著）等。

黄　河 西北政法大学教授，陕西省高级人民法院副院长。主要著作有：《土地法理论与中国土地立法》（个人专著）、《房地产法》（教育部普通高等教育"十一五"国家级规划教材）、《新编经济法教程》（主编）、《农业法教程》（主编，"十一五"国家重点图书出版规划项目）等。

吕忠梅 法学博士。教授、博士生导师。全国政协社会与法制委员会副主任，中国法学会环境资源法学研究会副会长，中国法学会经济法学研究会常务理事，湖北省法学会环境资源法学研究会会长。1995 年被评为"湖北省有突出贡献的中青年专家"，国务院政府特殊津贴获得者，湖北省跨世纪学术带头人，"第三届中国杰出中青年法学家"，"2008 中国杰出人文社会科学家"，2014 年度"中国法治人物"。主要著作有：《环境法新视野》（个人专著）、《超越与保守——可持续发展视野下的环境法创新》（个人专著）、《经济法的法学与法经济学分析》（合作）、《规制政府之法——政府经济行为规范研究》（合著）、《沟通与协调之途——论公民环境权的民法保护》（个人专著）、《经济法原论》（合著）等。

王兴运 西北政法大学教授、硕士生导师，西北政法大学经济法研究中心主任，中国经济法学研究会理事，陕西省经济法学研究会秘书长，西安市物价协会副会长。主要著作有：《弱势群体权益保护法论纲》（专著）、《经济法若干理论问题研究》（专著）、《市场三法诸论》（专著）、《经济法学》（主编）、《经济法学原理》（主编）、《产品质量安全法》（主编）、《质检法教程》（副主编）、《竞争法学》（合著）、《消费者权益保护法》（专著）等。

出版说明

本套教材是根据国家教育部关于普通高校法学专业开设专业主干课程的通知要求，由国家司法部法学教材编辑部组织全国政法院校和实践部门一流的法学教授和专家合力编写而成的。

初版教材在编写过程中认真总结了改革开放以来法学教材编写中的正反经验，充分吸取了国家教育部高等学校法学学科教学指导委员会专家对法学教材论证的意见，立足中国高等法学教育的现状，建立了适合中国国情的全新的教材体例。在内容选择上，注意吸收国内外法学教育、科研的最新成果，面向21世纪的法学教育，注重知识性、理论性、实践性的统一，对中国法学教育的发展起到了非常重要的推动作用，并已成为高等政法院校师生首选的主力教材，受到广大读者的欢迎和法学界、法律界的高度评价。

教材是一定时期学术发展和教学、科研成果的系统反映。所以，随着科研的不断进步、教学实践的不断发展，必然导致教材的不断修订。国际上许多经典教材都是隔几年修订一次，一版、五版、二十版，使其与时俱进、不断成熟、日臻完善、成为经典广为流传。这已成为教材编写的一种规律。

进入21世纪，随着我国法制建设的不断完善，法学研究及法学教育等方面都有了很大发展。为了适应这一形势，为了迎接新时代的挑战，尤其是我国加入WTO带来的各种新的法律问题，我们结合近年来法制建设的新发展，吸收国内外法学研究和法学教育的新成果、新经验，对这套主干课教材进行了全面修订。我们相信，重修之主干课教材定能对广大师生提供更有效的帮助。

司法部法学教材编辑部

第五版说明

本书是在中国政法大学出版社 2011 年出版的高等政法院校法学主干课程教材《经济法学》（第四版）的基础上修订而成的。在修订中，作者以党的十八大和十八届三中、四中、五中全会有关"全面深化改革""全面推进依法治国""形成完备的经济法规范体系"的精神为指导，紧紧围绕"处理好政府和市场的关系，使市场在配置资源中起决定性作用和更好发挥政府作用"这个全面深化经济体制改革的核心问题，按照《中国特色社会主义法律体系》白皮书有关"经济法是调整国家从社会整体利益出发，对经济活动实行干预、管理或者调控所产生的社会经济关系的法律规范"的认识，以最新的经济法律法规为依据，力求使本书做到科学性、系统性和实践性的有机统一，使本书的论述更贴近经济法的本源精神。

本书不但有经济法制度的阐述，也有经济法原理的分析。这样安排，不仅有利于学生理解经济法理论和制度设计，还可以启发学生对经济法问题的创新性思考。

本书由李昌麒担任主编，吕忠梅、黄河、卢代富担任副主编，修订稿形成之后，先由各位副主编分工进行了审定，最后由主编定稿。

本书写作分工如下：

李昌麒　绪论，第一、二、三、四、五、二十八章；

徐晓松　第六、七章；

许明月　第八、十二章；

卢代富　第九、十、十六、十七、二十二章；

徐士英　第十一、十四章；

胡光志　第十三、十八章；

张　玲　第十五、三十一章；

黄　河　第十九、二十一、二十三、二十四章；

吕忠梅　第二十、二十六、二十七、三十章；

王兴运　第二十五、二十九章。

本书在写作中参考了一些学者的观点；本书的修订得到了中国政法大学出版社及其编辑艾文婷的大力支持；西南政法大学经济法学院胡元聪教授为本书的修订做了不少工作。在此向他们表示诚挚的谢意！

编　者

2016 年 12 月

第四版说明

本书自 2007 年修订以来，我国经济立法和经济法理论研究均取得了不少新的成就。本次修订的主要目的，即在于回应近年来我国经济立法的发展和经济法理论研究的新动向。

本书的写作和修订分工如下：

李昌麒　绪论，第一、二、三、四、五、二十八章；

徐晓松　第六、七章；

许明月　第八、十二章；

卢代富　第九、十、十六、十七、二十二章；

徐士英　第十一、十四章；

胡光志　第十三、十八章；

张　玲　第十五、三十一章；

黄　河　第十九、二十一、二十三、二十四章；

吕忠梅　第二十、二十六、二十七、三十章；

王兴运　第二十五、二十九章。

本次修订由主编、副主编统稿，由主编定稿。

编　者

2011 年 1 月

说 明

　　为了适应我国社会主义现代化建设和实施依法治国方略对法律人才的需求，全面提高法律人才的素质，根据原国家教委关于普通高等学校法学专业开设 14 门专业主干课程的通知要求，我们邀请政法院校和实践部门的法学教授和专家编写出版了这批教材。

　　这批教材以邓小平理论为指导，按照原国家教委高等学校法学学科教学指导委员会专家论证的意见，吸收国内外法学教育的最新成果，面向 21 世纪的法学教育，正确阐述本学科的基本理论、基础知识，坚持理论联系实际的原则，努力做到科学性、系统性和实践性的统一。

　　《经济法学》是法学主干课程教材之一，由李昌麒教授任主编，吕忠梅、黄河、卢代富任副主编。全书由主编、副主编统稿，由主编定稿。

　　本书作者的写作分工如下：

李昌麒　绪论，第一、二、三、四、五、二十八章；

徐晓松　第六、七章；

许明月　第八、十二章；

卢代富　第九、十、十六、十七、二十二章；

徐士英　第十一、十四章；

胡光志　第十三、十八章；

张　玲　第十五、三十一章；

黄　河　第十九、二十一、二十三、二十四、二十五、二十九章；

吕忠梅　第二十、二十六、二十七、三十章。

司法部法学教材编辑部

1999 年 4 月

第二编　市场主体规制法律制度

第三编　市场秩序规制法律制度

第四编　宏观经济调控和可持续发展法律制度

第五编　社会分配法律制度

绪　论

■学习目的和要求

正确认识经济法学的研究对象；深刻领会经济法理论的生命力在于与现实经济关系相结合；学会运用哲学、经济学等多学科知识揭示经济法的本质属性；确立一个正确的研究经济法的方法。

一、正确确立经济法学的研究对象

任何一门独立的学科，都应当有自己特定的研究对象，经济法学也不例外。对于什么是经济法学的研究对象，在我国经济法学界大体上有两种基本观点：一种观点认为经济法学的研究对象是经济法律法规现象；另一种观点认为是经济法律法规。这两种观点都不足以概括经济法学研究对象的全部。经济法学的研究对象应当是经济法律法规现象以及与之密切相关的其他社会现象。

对于"经济法律法规"如何理解，学者和实践部门存在不同的认识，主要表现在两个方面：①对经济法律法规含义的不同理解。对此，有的从广义上去认识，认为经济法律法规是指调整经济关系的所有法律法规的总称。按照这种理解，经济法律法规既包括经济法性质的经济法律法规，又包括行政法和民法性质的经济法律法规；有的是从狭义上去认识，认为经济法律法规是专指属于经济法性质的经济法律法规。②对经济法律法规现象的范围的不同理解。有的从狭义上去认识，认为经济法律法规现象只限于经济法律法规本身；有的从广义上去认识，认为经济法律法规现象不仅包括经济法律法规本身，同时还包括经济立法、经济执法、经济守法和经济法实施等一系列现象，它不仅包括中国的经济法律法规现象，同时还包括外国的经济法律法规现象，不仅包括现代的经济法律法规现象，同时还包括古代、近代的经济法律法规现象。

综观我国许多法学概念及其定义的分歧，如果我们撇开其他因素不论，可以说在很大程度上都是缘于法律未对这些概念的外延和内涵作出明确的界定，经济法律法规就是一个典型的例证。主张经济法是一个独立法律部门的学者认为，中央文件和法律所说的"经济法律"或者"经济法规"，就是指狭义上的经济法律或者经济法规；不主张经济法是一个独立法律部门的学者则认为，经济法律法规是一个广泛性概念，不单属于某一个独立的法律部门。这种对经济法律和经济法规的不同理解，不仅会影响科学的经济法体系的建立，同时也会影响科学的民事和行政法律体系的建立。

鉴于我国现行《宪法》在规定全国人民代表大会职权时，提法是"制定和修改刑事、民事、国家机构的和其他的基本法律"；在规定国家实行社会主义市场经济时，提法是"加强经济立法，完善宏观调控"，足见《宪法》是把"民事立法""行政立法"和"经济立法"看成三个不同的概念。1993 年 11 月 14 日通过的《中共中央关于建立社会主义市场经济体制若干问题的决定》在谈到"加强法制建设"时，也是把"加快经济立法""完善民商法律"作为建设社会主义市场经济体系的两个不同目标而提出来的。2011 年国务院发表的《中国特色社会主义法律体系》白皮书更加明确地将经济法列为我国法律体系中的一个重要的部门法。由此可以得出结论：民事立法和行政立法并不包括经济立法，经济立法也不包括民事立法和行政立法。与此一致，作为经济法学研究对象的经济法律法规，就是指作为独立法律部门的经济法的法律法规的总称。只有对经济立法和经济法律法规作这种严格意义上的理解，才有利于建立适应社会主义市场经济需要的民法、行政法和经济法律体系。至于经济法律法规现象，我们则采取上述广义之说，但是，我们又认为，现行的经济法律法规应该是经济法学研究的主要对象。与经济法律法规现象密切相关的其他社会现象主要是指能够影响经济立法、经济执法、经济守法和经济法实施的社会现象，如经济规律、经济体制、经济政策、社会改革、经济法律意识以及精神文明等社会现象。

二、运用多学科知识揭示经济法的本质属性

长期以来，人类知识曾以统一的自然哲学表现出来，具有不可分的形式。黑格尔就曾经企图建立一个无所不包的百科全书性质的哲学体系。但是，随着人们认识客观世界能力的提高以及对各种现象本质把握的深化，出现了社会科学和自然科学的划分。不过，无论是自然科学还是社会科学，它们最初的门类都是极其有限的。到了近现代，科学出现了既高度分化，又相互融合的发展趋势，从而在自然科学和社会科学领域内出现了各种各样的学科门类。

这种学科的分化和融合，本身就孕育着学科之间的某种内在的联系。这种联系日益表现为学科与学科之间的相互渗透。而这种渗透的结果，又产生了两种情形：①学科之间的互相作用。这种作用既可以表现为理论概念上的相互借鉴，又可以表现为功能上的互相依存。②在两个或两个以上学科的边缘地带建立一个或一个以上可以称为边缘学科的新学科，并且，边缘学科又日益发展成为独立学科。这些独立学科，都不可能与其他任何学科不发生联系而孤立存在。事实上，许多著名的政治学家、哲学家和经济学家都比较重视与本学科有关的法律问题的研究。比如，政治学家在设计一种并不存在或者在阐明一种实际存在的国家制度时，总是力图设计、阐明能够使这种制度得以稳定存在的法学理论、法律制度和法制结构；哲学家也总是力图用哲学的观点来阐明法律的定义和性质、法律与道德的关系、法律与社会和国家的关系、法律的目的、法律的价值取向以及法律实现的哲学机理等；经济学家则总是力图主张运用相应的法律形式来贯彻和实施自己的经济理论。在以上这些方面，我们可以举出很多人物的名字，如柏拉图、亚里士多德、格老秀斯、孟德斯鸠、卢梭、康德、黑格尔、亚当·斯密、李嘉图、李斯特、凯恩斯、边沁、狄骥和凯尔逊乃至作为空想社会主义者的圣西门、摩莱里和德萨米等人。在这里我们并不打算对他们观点的本身作出肯定或者否定的评价，而旨在说明，他们总是力图遵循一种把政治学、哲学、经济学和法学结合起来进行研究的方法。把政治学、哲学、经济学和法学结合起来进行研究堪称楷模的是马克思、恩格斯和列宁。因为在他们以前的诸如上面提到的那些人物，更多的是站在唯心主义的立场上揭示法学与政治学、哲学和经济学的联系，只有马克思、恩格斯和列宁才运用彻底的唯物主义哲学史观，研究法律与政治，法律与经济以及法律与国家的关系等问题，以至在他们的著作里，给我们留下了极其丰富的经济法律思想。这对于我们深化对经济法理论和实务的研究都是具有指导意义的。

以上的叙述意在表明，现代社会科学的发展已呈现出各学科之间的融合、贯通与互动的趋势。实践证明，法律从来不是自给自足的封闭体系，凯尔森意义上的纯粹法只不过是满足部分法学家个人偏好的一厢情愿的设计。就法学领域的经济法学科而言，它的存在和发展，不仅与自然科学存在着广泛的联系，同时与社会科学中的政治学、哲学、经济学、伦理学和社会学以及相关的部门法学如行政法学、民法学等也存在着广泛的联系。因此，面对经济法这一新兴的法律部门，那些致力于研究的人们，应当把研究视野放宽一些，以便使经济法理论更为充实和

更有说服力。尽管我国经济法作为独立部门法已为国家所确认，但是，我国的经济法学研究仍然面临着经济法学界自身的反思和升华以及行政法学界和民法学界的批评，出路在哪里？我们认为出路之一，就是要善于运用政治学、哲学、经济学、伦理学和社会学的研究成果，从中寻求理论资源。这就决定了我们在研究经济法时，一方面必须重视长期以来所形成的与经济法理论密切相关的政治学、哲学、经济学、伦理学和社会学的一般原理，另一方面，必须跟踪这些学科所取得的新的和前沿的研究成果。可以肯定地说，这些学科迄今所取得的诸多成果是深刻的，因此，法学研究一方面应重视这些成果的利用；另一方面，应积极探索这些研究成果的恰当的法律反映方式。可以说，目前我国经济法所面临的许多问题，都可以借助哲学、政治学、伦理学、社会学和经济学的研究成果进行深层次的研究。

需要特别指出的是，在经济法学研究中，运用经济学的研究成果比运用其他学科的研究成果更为重要。其之所以重要是因为：①经济学的任务是要揭示经济关系和经济活动的规律，推动生产力的发展；而经济法的任务则是要使经济关系和经济活动具有法律形式。②经济法的兴起与经济学的发展有着内在的亲缘关系，经济学的分析范畴如成本、效益、稀缺、外部性、竞争和垄断等已经成为经济法的重要分析工具，中外法学发展史表明，在历史上的不同时期的主流经济学理论、流派和学说都对经济法的理论和制度建构产生了重大的影响。在此，我们无意强调法学家只能消极地紧步经济学家的后尘，亦步亦趋，相反，法学家应当以积极的态度，参与社会实践，与经济学家一道，探索具有中国特色的经济发展道路及其相应的法律制度。这里我们似乎可以借用"趋同"这个字眼，来说明法学和经济学之间在研究方法上的联系，即法学要善于运用经济学的研究成果，说明经济法理论与实务问题，而经济学则善于运用经济法学的研究成果，阐明经济学的某些问题。当然这种联系不应当是为联系而联系，而是要通过这种联系，更好地阐明经济基础与上层建筑的关系。但是，我们又要注意不能把这种"趋同"或者说"联系"理解为经济学和经济法学的"殊途同归"，或者回到过去那种把经济法看成是"七分经济，三分法律"的学科的见解上去。因为，它们毕竟是两个具有不同内涵和研究对象的学科门类。

三、寻求我国经济法学研究方法的变革

法学的发展与法学研究方法的发展紧密相关，法学研究不能不重视法学研究方法。"工欲善其事，必先利其器"，法学研究方法本身，就是法学理论的重要组成部分，法学研究方法甚至是法学流派分野的重要标志之一。

法学研究方法是人们认识法律理论和法律实践的基本性能、发展规律和社会功能的思维方式、工具、规则和程序的总称，它实际上属于法哲学的范围。

法学研究方法在历史上出现过许多变革，我们在这里所寻求的法学研究方法的变革，主要是指我国的经济法学研究方法的变革。这种变革意在以一种新的研究方法或者思维模式，替代旧的研究方法或者思维模式。这里所谓的"新"，既包括历史上从来没有过的，又包括历史上曾经有过但我们没有使用或者没有很好使用过的，或者在新的历史条件下需要创造性使用的研究方法或者思维模式。

经济法在我国作为一门新兴的法学学科，其理论体系必然还存在某些不成熟的地方。如果我们分析一下这些不成熟的原因，就会发现在很大程度上是缘于经济法研究方法的落后。纵观法学的发展历史，我们不难得出这样一个一般性的结论：法学研究方法的每次变革，都在不同程度上带来了法学理论的突破和变革，而法学理论的突破和变革，往往又会对社会的发展产生巨大的影响，或者说社会的发展是与法学的发展紧密相关的。经济法是最能直接作用于经济关系的法，经济法的理论及经济立法实践对社会经济发展具有更为直接的推动作用。因此，我们

在建立我国经济法理论体系的时候，必须在对我国过去经济法研究中的方法论方面的缺陷进行反思，对外国的和我国的其他学科（尤其是法学学科）研究法律现象的先进方法进行借鉴的基础上，力图从多样化、整体性和多角度出发，寻求一种有利于建立符合我国经济体制要求的经济法体系的研究方法和途径。

（一）马克思主义哲学研究方法

马克思主义哲学深刻揭示了客观世界特别是人类社会发展的一般规律，是指导经济法研究的强大的思想武器。马克思主义哲学内容十分丰富，于经济法学研究而言最重要的是运用马克思主义关于生产力和生产关系、经济基础和上层建筑关系的学说揭示经济法产生和发展的规律。

为了说明这个问题，先引证马克思的几段论述，一是他在谈到经济基础和上层建筑的关系时所说的一段话，他指出："法的关系正像国家的形式一样，既不能从它们本身来理解，也不能从所谓人类精神的一般发展来理解，相反，它们根源于物质的生产关系"，"这些生产关系的总和构成社会的经济结构，即有法律的和政治的上层建筑竖立其上并有一定的社会意识形式与之相适应的现实基础"，当"社会的物质生产力发展到一定阶段"，同作为"生产关系的法律用语"，即"现存生产关系或财产关系""发生矛盾"时，"社会革命的时代就到来了。随着经济基础的变更，全部庞大的上层建筑也或慢或快地发生变革"。[1]二是他在谈到"法律基础"时所说的一段话，他指出："社会不是以法律为基础的。那是法学家们的幻想。相反地，法律应该以社会为基础。法律应该是社会共同的、由一定物质生产方式所产生的利益和需要的表现，而不是单个的个人恣意横行"，并且以《拿破仑法典》为例，他指出，只要"这一法典一旦不再适应社会关系，它就会变成一叠不值钱的废纸"。[2]从马克思上述论断里，我们可以得出四点具有普遍意义的结论：①作为上层建筑的法律，必须反映一定社会的客观经济条件的要求；②法律规范的内容必须反映出它所调整的社会关系的一般要求；③新的社会关系的出现，必然要求建立新的法律关系；④法的理论或者法律的生命力在于与现实经济关系相结合。上述论述不仅十分精辟地阐述了生产力与生产关系、上层建筑与经济基础的关系，同时也为法学研究和法律制定指明了方向。

（二）法哲学研究方法

"法律哲学始终是与某种一般哲学有联系的，但往往以后者作为自己的思想基础。"[3]事实上，法哲学的研究方法主要是移植哲学方法中的价值分析法，它运用价值判断来评价经济法律现象，以社会对经济法的需求为出发点研究经济法怎样满足人的需要，探索经济法的价值。目前不少经济法学者在经济法理论研究中都广泛采用了法哲学的研究方法，从多角度、多维度对经济法的基本范畴、基本理念、基本价值和基本概念等理论进行了新的诠释，并取得了一定的突破和创新，进一步巩固了经济法的地位。由此可见，法哲学研究方法对经济法的研究具有相当重要的意义。

我们在运用法哲学方法研究经济法的同时，既要总结过去经济法研究对法哲学的理论贡献，同时又要看到在这方面存在的欠缺。有学者指出，对法理学理论贡献的大小是部门法成熟程度的标志之一，目前经济法对法理学的理论贡献不太理想，影响了经济法学科与其他法学学

〔1〕《马克思恩格斯全集》（第13卷），人民出版社1965年版，第8~9页。

〔2〕《马克思恩格斯全集》（第6卷），人民出版社1965年版，第291~292页。

〔3〕沈宗灵：《现代西方法理学》，北京大学出版社1992年版，第10页。

科之间的交流，影响了经济法学学科在法学界的学科评价和学科地位。[1]这是今后我们在采用法哲学研究方法时应当予以重视的方面。

（三）经济分析法学研究方法

经济分析法学是20世纪70年代初首先在美国兴起的西方法学思潮之一。[2]它是以经济学的理论和方法论来研究法律的成长、结构、效益及创新的学说，其核心的思想是效益，即以价值最大化方式分配和使用资源为其宗旨。作为一种学术思潮，经济分析法学已引起各国学者的重视，日益成为一种具有国际影响力的法学流派。正如庞德所指出的，"在以往50年中，法学思想方面发生了一种转向于强调经济的变化"，[3]其研究方式对我国不少经济法学者产生了较大影响。

采用经济分析法学的方法研究经济法的意义是明显的：①它运用了经济学的价值观念或者效益观念去评判现行的经济法，从而摆脱了传统的就法论法的论证方法；②它深入地揭示了经济学和经济法学这两门学科之间的紧密联系和相互作用，从而有助于克服法律与经济"两张皮"的现象；③它对经济法的实证性经济分析具有明显的定量分析优势，使经济法学者的思维更加准确，研究也更具科学性。但是，我们也要注意到，有的学者在运用经济分析法学研究方法时往往将效益作为唯一的评价标准，然而法的价值是多元的，因此，在经济法的研究中应当将法的价值目标置于经济法的整个价值目标体系中去进行考量。此外，法律的经济分析应当依据我国的数据资料，如果在分析时不是运用经过调查、统计的数据进行分析，那么实证分析的效果就会大打折扣。这是今后在运用经济分析法学方法研究经济法时必须注意的问题。

（四）社会学法学研究方法

社会学法学是指用社会学的观点和方法研究法学。它的出现是20世纪西方法学领域中最重大的事件和最突出的成就，[4]就方法论层面而言，我国一些经济法学者借鉴社会学法学研究方法，对经济法的属性、主体、本土资源、法本位等基础理论问题做了较为深入的研究，并有一定的创新和发展。在肯定上述学者以社会学法学研究方法取得成绩的同时，我们也应当对社会学法学研究方法的不足有所认识。霍姆斯说过，"法律的生命在于经验，而不在于逻辑"，"从研究方法和理论重心看，社会学法学注重法的作用和效果，强调法所要促进的社会目的"。[5]然而，我国一些学者在研究中似乎更多的只是引入社会学的一些理论学说，而对具体的社会学法学研究方式，如问卷调查、实地考察却很少涉入。这说明在研究方法上还存在某些不成熟。此外，社会学法学研究方法的哲学是实证主义哲学，这种哲学的理念往往对价值不甚关注，这也是我们采用社会学法学研究方法进行研究时必须注意的地方。

（五）法律史和法学史研究方法

正如列宁所指出的：在社会科学问题上有一个最可靠的方法，"那就是不要忘记基本的历史联系，考察每个问题都要看某种现象在历史上怎样产生，发展中经过了哪些主要阶段，并根据它的发展去考察这一事物现在是怎样的"。[6]运用历史的研究方法研究经济法时，主要有法律史和法学史的研究方法。

---

〔1〕　肖江平：《中国经济法学史研究》，人民法院出版社2002年版，第231～232页。

〔2〕　沈宗灵：《现代西方法理学》，北京大学出版社1992年版，第396页。

〔3〕　[美]庞德：《通过法律的社会控制》，沈宗灵译，商务印书馆1984年版，第65页。

〔4〕　张文显：《二十世纪西方法哲学思潮研究》，法律出版社1996年版，第107页。

〔5〕　张文显：《二十世纪西方法哲学思潮研究》，法律出版社1996年版，第107页。

〔6〕　《列宁选集》（第4卷），人民出版社1995年版，第26页。

　　法律史研究方法和法学史研究方法是两个既有密切联系又有区别的两种概念，前者主要研究的是一个国家在不同时期、不同阶段的法律制度的发展历史；后者主要研究的是一个国家的法学发展历史，它既可以从总体法律体系上进行研究，又可以从部门法的角度进行研究，同时还可以对不同时期的法学流派和法学思想进行研究。运用法律史和法学史研究方法研究经济法，就是要对经济法的法律制度、学术思想和学术流派的发展进行历史的和现实的考察，从中发现和总结经济法现象的基本规律，以使经济法的理论建筑在历史的考察基础之上。用法律史和法学史的研究方法对经济法展开研究，无疑对总结经济法学科发展的成就与缺憾、经验与教训，进一步挖掘经济法的学术资源，认识经济法现象背后的基本规律都有非常重要的意义。

　　（六）把系统工程学的原理引入法学的研究方法

　　系统工程学是从20世纪40年代开始，在控制论、信息论、运筹学和管理科学等基础上，利用电子计算机技术而发展起来的一门新兴的学科。它的基本原理已被广泛地运用于包括自然科学和社会科学在内的许多领域，其中包括法学研究领域。按照系统论关于建立"大系统"的观点，我国社会主义法治系统是一个大系统，即"社会主义法治系统"。它是由既有区别又有联系的各个子系统所构成的有机整体。法治子系统是指立法系统、执法系统、司法系统和守法系统。立法系统是由立法机关以及包括宪法和相关法、民法商法、行政法、经济法、社会法、刑法、诉讼与非诉讼程序法等在内的多个部门法所构成，其目标是完善以宪法为核心的中国特色社会主义法律体系。执法系统主要是由国家行政机关及其授权享有执法权的社会组织所构成，其目标是依法行政，建设法治政府。司法系统是由人民法院和人民检察院所构成，其目标是保证公正司法，提高司法公信力。守法系统是由政府组织、非政府组织以及社会公众所构成，其目标是树立全社会的守法意识。这就从系统论的角度确立了经济法治系统在我国社会主义法治大系统中的地位和作用。建立法治大系统的根本出发点，就是要强调系统中各个单元要素之间的同步协调，互为作用，进而使大系统的功能大于各个子系统的功能之和，最终实现一个统一的目的，即通过制定法律建立良好的法律秩序。这不是任何一个子系统和孙系统可以独立完成的，而是要由它们协同配合才能完成。这种协同既包括经济法体系与我国整个法律体系的有机协同，又包括经济法体系内部各个系统之间的有机协同。因此，我们必须运用系统论所揭示的整体性原则、互相联系原则、有序性原则和动态性原则，建立起经济法学科的结构体系。按照整体性原则建立的经济法学体系不是被分割的体系，而是由各个部分所组成的其总体功能大于部分简单相加的功能总和的有机整体；按照互相联系的原则建立的经济法学体系，不是各种现象的孤立存在，而是一个互相联系、互相依赖的整体；按照有序的原则性建立的经济法体系，不是一个现象之间的无规律的杂乱无章的联系，而是一个本质的、普遍的、必然的联系结构；按照动态原则建立的经济法学体系，不是一个凝固不变的机械式体系，而是一个由体系内部各个要素之间通过对立和统一的运动而不断变化并适应客观需要的高级活动的体系。由此我们认为经济法学体系是由经济法理论体系、经济立法体系、经济法律法规体系和经济法实施体系所构成的相互联系的、有序的、动态的有机整体。这样，才能使经济法学体系从狭隘的、孤立的、静止的认识状态中走出来。

　　当然，对经济法理论的研究并不仅仅限于上述几种方法，在实践中有的学者还采用了进化论的研究方法、定性与定量相结合的研究方法、整体主义研究方法、合作主义研究方法、分析实证与社会实证相结合的实证分析方法等。总之，在经济法理论研究中，不应当拘泥于某种研究模式，而应当力求创新。

四、处理好经济法理论和制度的守成与创新的关系

　　经济法的理论和制度守成是指改革开放以来我国老中青三代经济法学人为寻求经济法的生

存、独立和发展而积淀下来的为人们所共识和国家立法机关所确认的经济法理论及其立法的自信和坚守。这里首先要回答的是在构建中国特色社会主义法律体系的进程中，经济法的研究是否有贡献，贡献在哪里？在我们看来，我国经济法研究的一个最大贡献就在于它的理论的创新性其中包括原创性，正是这种创新丰富和拓展了法学的基本理论。进言之，中国经济法理论的创新性主要表现为它从现代法的视角对经济法的本体论、价值论、规范论、运行论和方法论等做了非传统性的理论探析，比如：

第一，对于经济法的"本体论"，经济法理论的创新主要表现为三个方面：一是"双重干预论"的提出。双重干预论一方面表明，为了克服市场失灵，经济法必须采取调节、协调、调控、调制以及管理等手段对社会经济生活进行适度干预；另一方面表明，由于政府理性的有限性，其干预也可能偏离正确的方向，因此，需要通过制定经济法对政府的不当干预行为进行有效的法律约束，以使政府干预行为符合全局性和社会公共性利益的需要。这无疑是对"单向干预理论"的一种完善。二是"第三法域"理论的提出。经济法理论研究表明经济法既不属于纯粹的公法，也不属于纯粹的私法，而是属于"公私交融法"的"第三法域"，这一论断超越了传统法公、私二元结构的划分，改变了法学研究的范式。三是部门法互动理论的提出。传统的法律理论往往强调各个部门法的独立作用，而不大重视部门法之间的共同作用，这就容易在法律的制定和实施过程中发生"各吹各的号，各唱各的调"的情况。经济法的研究走出了这种偏见，特别强调它与民法、行政法、社会法等部门法的互动关系，这不仅丰富了法学理论中的部门法互动理论，而且还可以起到"定纷止争"的作用。

第二，对于经济法的"价值论"，经济法理论的创新主要表现为它在充分把握传统法学理论的自由、正义、秩序、公平等基本价值的基础上，从部门法的角度，将经济法的理念概括为人本主义、实质正义、社会本位、可持续发展和适度干预等理念，这不仅是对普适性的法价值理念的部门法回应，同时也是对党和国家领导人倡导的树立社会主义法治理念的一种回应。这无疑丰富了对法律价值的研究。

第三，对于经济法的"规范论"，经济法理论的创新主要表现为三个方面：一是对于法律规则表达的创新。传统法律理论认为规则必须要满足假定条件、行为模式和法律后果这三项要求，但经济法的规则表达在许多情况下表现为一种标准性规则，具有裁量性、概括性和模糊性的特征，因而"社会经济秩序""公平竞争""金融稳定""经济增长""当前和长远的需要"等都可以成为经济法规则的表述方式，从而丰富了法律规则的表达。二是走出了传统法律设置的权利义务必须对等的藩篱。经济法的理论研究指出了经济法"权利义务"结构的安排具有非均衡性特征，从而打破了权利义务配置必须均衡的固定思维，这符合经济法的宗旨和职能的需要。三是对法律主体理论的突破。经济法出现之后，在国家主体、市场主体等传统法律关系主体之外，经济法学提出了的以行业协会为代表的社会中间层主体理论，并探讨了社会中间层主体的法律性质、地位、类型、功能、自治机制等问题，不仅及时回应了现代市民社会发展的需要，又创新了法学中的主体理论。

第四，对于经济法的"运行论"，经济法理论的创新主要表现为两个方面：一是经济法调整机制的创新。传统理论认为法的调整作用，主要是确定权利和规定权利的救济方法，而经济法理论则认为可以通过管理、监督、引导和指导等方式去确立法律关系，这样就可以使违法行为少发生或不发生，其效率要比单纯的事后救济高得多。这种对传统法律机制框架的突破，就把法律"治愈已然"的功能和"防患于未然"的功能有机地结合起来了。与此同时，经济法理论还特别强调公权调整与私权调整相结合、指令性调整与指导性调整相结合、惩罚与奖励相结合、刚性调整与柔性调整相结合的调整方式，从而建立了经济法特有的综合互动、系统的调整机制。二是经济法责任形式的扩展。传统的法律责任理论认为，一个部门法只对应一个法律责任，但经济法却强调民事、行政和刑事责任的综合运用；并且在法律责任的内容上，经济法比传统法更为丰富，即包括惩罚性赔偿责任、声誉责任，行为责任、能力责任、宪政责任等，这也拓宽了法律责任的基本理论。

第五，对于经济法的"方法论"，经济法理论的创新主要表现在两个方面：一是坚持了经济法研究的多元和开放的立场，主张运用多学科、多视野的分析方法去阐明经济法的生成和发展的理论基础，从而有利于强化人们对经济法的理性认知。二是经济法研究注重了对现实问题的回应，这就凸显了经济法理论的生命力在于与现实经济关系相结合。

正是由于上述创新，使得我国经济法跻身于中国特色社会主义法律体系之中。应当说，经济法部门法地位的确立，是我国法治进程中的一件非同寻常的大事，其意义不仅在于突破了所谓的传统"六法"体例，使我国法律体系更加合理，同时也结束了经济法与民法、行政法、社会法的法律地位的争论。这样一来，由于经济法的"破门而入"，就使得中国特色社会主义法律体系更加科学和完备。对于这些创新性的研究成果我们应当有自信和坚守。

当然，对成熟的经济法理论和制度的坚守并不意味着要故步自封、墨守成规，经济法仍然面临着理论和制度创新，因为创新是任何一种理论保持其生命力的源泉，一种理论不能与时俱进，就必然走向僵化。为此，经济法的研究要根据国内国际形势的变化，不拘泥于以往的思维定式，为经济法的理论和制度的完善提出新的见识或者方案，以适应经济"新常态"对经济法理论和制度的更高要求。

五、关于本书结构的几点说明

1. 本书主要是根据国家教育部所确立的16门法学核心课程设置而编写的，同时也考虑了法学硕士、博士点的设置状况。按照我们的理解，16门课程和硕士、博士专业点的设置，并不是以严格意义上的部门法划分为依据的。因此，我们在设计本书内容时，并未完全遵循学位点和16门课程设置的要求。比如，在国家确立的法学硕士研究生、博士研究生专业目录中，"劳动法和社会保障法"是列为民法学的研究范围的。在我们看来，与其把"劳动法和社会保障法"纳入民法学的研究范围，不如将其纳入经济法学或者社会法学的研究范围，这样更符合"劳动法和社会保障法"的本质属性。事实上，作为司法部组织编写的民法学教材中也未包含"劳动法和社会保障法"的内容，这就为法学本科的核心课程教育留了一个知识空当。为了解决这个问题，我们仍然把"劳动法和社会保障法"纳入本书范围，但这并不意味着我们反对将劳动关系和社会保障关系纳入社会法的调整范围。又比如，在16门核心课中没有自然资源法、能源法和环境法，而在硕士、博士专业目录中，又设置了"自然资源法和环境法"专业，为了保持本科教育和硕士、博士教育内容的贯通性，我们把符合经济法属性的"自然资源法和环境法"纳入了本书的编写范围。

2. 本书始终是按照经济法是国家干预经济的基本法律形式这个命题而设计论证体系的。因此，凡是需要由国家干预的经济关系，除宜于纳入行政法的调整范围之外的，都纳入了经济法的调整范围。鉴于党和政府已经把建立现代企业制度、培育和发展市场体系、建立宏观调控和社会分配制度作为我国市场经济运行的基本环节而进行统一考虑，因而，我们把经济法的具体调整对象归纳为市场主体调控关系、市场秩序调控关系、宏观经济和可持续发展调控关系以及社会分配调控关系。把市场主体关系纳入经济法的调整范围是基于对企业的社会责任的认识；把市场秩序关系纳入经济法的调整范围是因为国家权力在形成市场秩序中起着其他法律部门所不能替代的作用；把宏观经济和可持续发展调控关系纳入经济法的调整范围是因为在我国除经济法外，传统的法律部门中没有哪一个能够担当此任，因此，对宏观经济和可持续发展调控关系的调整就历史地落在了作为新兴法律部门的经济法的肩上；把社会分配关系纳入经济法的调整范围是因为国民收入的分配关系到每个人的利益，因此国家不能不对收入分配格局进行适度调控。

我们在确立经济法的上述调整对象时，已经注意到在这方面存在的分歧。

（1）有一种观点认为，在市场经济条件下，市场主体的活动是自主的，因此市场主体关系应当纳入民商法的调整范围。本书认为，在我国社会主义市场经济条件下，法律应当充分尊重市场主体的自主权，但是，我们又认为，市场主体不能我行我素，不受国家权力的约束，这就决定了国家必须从整体利益和社会公共利益出发，对市场主体的行为加以某种约束，这种约束的任务就历史地落在了经济法的肩上，而不能用"民法公法化"来加以解决。从这点出发，我们认为，市场主体调控关系中具有权力因素的部分，应当纳入经济法的调整范围。但是，考虑到市场主体是一个广泛的概念，其中最具典型意义的或者说最应承担社会责任的是企业，再加上作为16门核心课程的民法和商法已经对作为市场主体的典型形式的公民、公司等作了阐述，因此，本书采取了一种与过去经济法著作不同的阐述方法，即设定了"市场主体规制法律制度"一编，意在树立经济法自身的主体制度。

（2）有一种观点认为，在市场经济条件下，价格主要是由市场形成，宜于将价格关系纳入市场自由调整的范围。我们无意说这种立论不对，但是，我们更多的考虑是，价格问题是一个十分敏感的问题，对价格问题，国家不能不从宏观上加以调控，且价格本身又是实现宏观经济调控的手段，因此，我们将价格法放在宏观调控法律制度中加以阐述。

（3）在许多经济法著作中，都是将宏观经济调控法律制度作为一编而论述的。但是，其一，考虑到国家为了履行对联合国1992年制定的《21世纪行动议程》的承诺，已经将可持续发展作为一个重要的发展战略而实施，并相应地制定了《21世纪中国议程》；其二，考虑到当代人类正面临着文明加速进步和生态不断恶化、富国愈富和穷国愈穷两大失衡，而这两大失衡都与一个国家的宏观调控政策及其法律措施都是紧密相关的，因此，我们将宏观经济调控和可持续发展作为一个问题的两个方面放在一编中加以阐述，其目的在于树立宏观经济调控与可持续发展的内在联系机制。

（4）关于对社会分配调控关系要不要设编论述以及社会保障关系要不要全部纳入经济法的调整范围这两个问题，编者曾经有过两种考虑，一种观点认为，对于社会分配，党和国家是把它作为市场经济运行一个基本环节而加以认识的，而国民收入如何分配，在很大程度上又要取决于国家意志，因此，主张将与国民收入的初次分配和再分配有关的个人收入分配关系、预算分配关系、税收分配关系以及社会保障中的社会保障关系，单独在经济法理论体系中设立一编加以阐述，以使学生对我国的社会分配制度有一个全面的认识。另一种观点认为，国家已经把财政制度作为一个宏观经济调控制度，因此，在本书中就不宜单设"社会分配调控法律制度"一编。再者，把财政制度从宏观经济制度的框架中剥离出来而归入"社会分配调控法律制度"，违背约定俗成的安排；考虑到国家已经把劳动和社会保障作为两个有密切联系的关系而设立了"劳动和社会保障部"，因此，本书主张设立"劳动和社会保障法律制度"一编，这样既与国家的经济行政职能相一致，又与经济法的本质属性相符合。但最后经过权衡，本书仍将"社会分配调控法律制度"作为一编。

3. 本书在写作过程中，我们有意识地注意到四个问题：①力图从较为抽象的理性化的角度，构筑经济法的理论体系，意在突破颁布一个经济法律法规讲授一个经济法律法规的做法。②尽力做到经济法的总论与分论的内在联系和呼应，意在走出总论和分论"两张皮"的困境。③在过去经济法教科书中，有一个具体的经济法律，往往要讲该法律的法律责任。这种理论体系设计，造成了法律责任制度的重复，因此，本书只讲经济法律责任的一般问题，因为弄清了经济法责任的一般原理，基于具体的经济法律关系发生的具体经济法责任，就可以迎刃而解。④本书没有按照过去许多经济法教科书的通常写法，把经济仲裁和经济司法纳入研究范围，这主要是考虑到它纯属程序法的问题，不宜在研究实体法的经济法学中论及。

■ 思考题

1. 怎样理解经济法律法规的基本含义？
2. 在经济法研究中怎样注重理论与实践的结合？
3. 在经济法研究中为什么要重视经济学的研究成果？
4. 在寻求经济法研究方法的变革中，你有何思考？
5. 怎样认识经济法理论和制度的守成与创新的关系？

■ 参考书目

1. 李昌麒：《李昌麒法治论说拾遗》，法律出版社 2012 年版。
2. ［德］卡尔·拉伦茨：《法学方法论》，陈爱娥译，商务印书馆 2003 年版。
3. ［德］马克斯·韦伯：《社会科学方法论》，杨富斌译，华夏出版社 1999 年版。
4. 张文显：《二十世纪西方法哲学思潮研究》，法律出版社 1996 年版。

第一编 经济法基本理论

第一章 经济法的兴起

■学习目的和要求

　　在世界范围内，经济法的兴起和发展是一个普遍的现象。但是，经济法的兴起和发展又具有很强的时间和空间维度。经济法在各国的兴起和发展既有其共性，又有其个性。在学习本章时，除了把握经济法兴起的一般规律外，还应当注意经济法在不同国家的兴起和发展，尤其是要把握经济法在我国的兴起和发展。

第一节 研究经济法兴起的基本方法

一、揭示经济法产生和发展的规律

　　经济法作为一种推动社会发展的法治力量，不是凭空产生的，总是有其产生和发展的社会根基。认识经济法现象可以有多种路径，我们认为最重要的是要着眼于揭示经济法产生和发展的规律。在过去经济法史的研究中，人们更多的是罗列我国和外国曾经出现过的经济立法现象，而并未从社会发展的规律中揭示出经济法赖以产生和发展的政治、经济、文化和社会背景，因而显得史、论分离，不足以加强人们对现代经济法重要作用的认识。事实上，经济法并不是像有的人所指责的那样，是一种人为的杜撰，是用肢解其他法律部门的方法而建立的"拼盘式"的法律体系，而是有它自身产生和发展的社会根基和规律的。研究经济法兴起当然不能不涉及历史上曾经出现过的国家干预经济的各种规范，但是，至关重要的是要研究这些规范产生、发展的社会背景，揭示其规律。对此可以认为，经济法是随着经济基础的变迁而变迁的一种法律制度，在不同国家及其不同的历史时期有着不同的存在形式，其本质都是作为公共组织的政府在法律赋予的权限的范围内对社会经济生活进行干预、管理或者调控。

二、寻求外国经济法制度与中国法律文化以及它们与我国现实需要的结合点

　　研究经济法史固然要重视其历史价值，但我们主张要更重视它的现实价值。研究历史，不仅是为了赞誉或者批判历史，更重要的是要从赞誉或者批判中悟出能够为现实所利用的东西。任何一个国家的现实，都是这个国家历史的发展。与此同时，任何一个国家，除了自己特殊的发展历史以外，往往还存在许多惊人的相似的发展历程。这也就决定了在研究我国现代经济法时，不能不对我国和外国历史上曾经出现过的经济法理论及其立法实践进行研究。但是，对经济法历史的研究，着眼点又是要通过对过去的经济法理论及其立法实践的研究，找出那些曾经

促进过市场经济的发展、现在仍然对我国社会主义市场经济的发展具有借鉴意义的经济法理论及其立法实践。为了使本书的研究更贴近现实，我们把重点放在对资本主义国家和社会主义国家经济法理论及其立法实践的研究上。这里有一个值得思考的问题，就是有些社会主义国家在实行了几十年的计划经济之后，现在为什么要采用市场经济体制？我们认为，这种转变并不意味着马克思、恩格斯和列宁所倡导和实践的社会主义制度本身有缺陷，而只意味着，在实行社会主义制度时，社会主义国家排斥了本来与社会主义制度并不冲突甚至完全一致的市场经济体制。中国的实践已经证明并且将继续证明，社会主义制度同样可以采取市场的运行机制。应当说，市场经济体制既非资本主义国家的"专利"，又非社会主义国家的"异己力量"。综观资本主义市场经济体制的运行，都是以法治作为后盾的，这就使得我们在推进我国社会主义市场经济体制的形成、巩固和发展的时候，不能不研究实行市场经济的国家是怎样运用经济法的力量，推动资本主义市场经济体制的有效运行的。但是，这里要特别强调的是，我们在借鉴外国经济法理论和经济立法实践时，不应当简单地照搬，而应当寻求外国经济法律制度与中国法律文化以及它们与我国现实需要的结合点，从而形成中国自己的可资现实利用的经济法律制度。

三、沿着占主导地位的经济学观点把握现代经济法产生和发展的轨迹

把握现代经济法的产生和发展可以有多种思路，但是，我们认为，比较便捷或者直接的是沿着占主导地位的经济学观点，把握现代经济法产生和发展的轨迹。这是因为，在资本主义经济发展过程中，经济学家总是在不断寻求一种能够促进经济发展或能够走出某种困境的理论支点，这个支点一旦成为占主导地位的经济学主张，就往往要为这个国家掌握政权的统治者作为政策目标而加以采纳，进而通过立法把这种政策上升为普遍的规则。所以，资本主义国家的经济立法实际上就是其经济政策的法律化。与此相适应，法学家们也总是沿着某种经济学说而确立的经济政策目标及其相应的经济立法来阐明自己的法学主张。因此，我们主张沿着资本主义发展的每一个阶段影响资本主义改革目标及其经济立法的经济学主张以及我国经济学家提出的并能影响我国的经济政策和经济立法的主张来阐述经济法理论及其经济立法实践。这样，我们就能够从深层次上把握经济法产生的客观必然性，进而加强对经济法作为一个独立法律部门的认识。

第二节　经济法概念的早期使用

一、摩莱里对经济法概念的最初提出

法国著名的空想社会主义者摩莱里（Morelly）在他出版的《自然法典》一书中首先使用了"经济法"这个概念。[1]摩莱里是18世纪法国启蒙运动早期著名的空想社会主义者的杰出代表。恩格斯曾经对摩莱里的理论给予了很高的评价，认为它是18世纪的"直接共产主义理论"，1845年他在编纂《社会主义者丛书》草案时，就把摩莱里的著作摆在了首要的位置。摩莱里一生中著作甚丰，但其最重要的著作是1755年1月在阿姆斯特丹匿名出版的《自然法典》。在这部法典里，他不仅设计了一个符合"自然"和"理性"的制度，同时，还拟制了一个保证实现这个制度的"合乎自然意图的法制蓝本"。按照现代法律的归类方法，摩莱里的法制蓝本，实际上是一个包括根本法、经济法、行政法、婚姻法、教育法和刑法等在内的较为完整的法律体系。而在这个法律体系中，经济法又占有十分重要的地位。但是摩莱里所指的经济

---

[1]《自然法典》的中译本，已于1982年由商务印书馆出版。

法的调整范围，只限于分配领域。因为在摩莱里看来，社会产品分配上的弊端，是私有制度产生的直接原因。所以，他力图从分配上确立社会经济生活的主要原则，因而编制了"分配法或经济法"这样一个单行的法律草案共 12 条。[1]过去我国的许多经济法著述在探究"经济法"一词的缘起时，都认为摩莱里仅仅是提出了经济法这样一个概念，并未留下确定的解说。但是，当我们在研究了摩莱里所提出的经济法或分配法草案的全部内容之后，仍然不难窥见摩莱里所称的经济法或分配法含有现在我们所称的经济法的最本质的特征，即国家对社会生活进行干预的意思。因而，体现在"法制蓝本"中的经济法律理论是丰富和深邃的。归纳起来，主要有：建立以公有制为主体的所有权制度；保证每个公民都有劳动的权利和承担劳动的义务；按人口数量实行需求平等的分配；强调国家对社会经济生活实行统一的管理等。

摩莱里的经济法律思想是以唯理论为基础的自然法思想。摩莱里的唯理论观点在他的《自然法典》中表现得尤为鲜明和彻底，他在该法典中所设计的共和国，与当时法国已经建立并且将继续发展的经济基础和上层建筑都是不相适应的，因此，他本人不得不宣布："现在确实几乎无法建立这样的共和国。"摩莱里把他拟制的法典称为《自然法典》，表明他十分崇尚自然法。他断言："几乎所有民族都有过或仍然有着关于黄金时代的概念，那正是在人们当中存在的完善的群居生活的时代，我们已经揭示这种群居的法则。"这里所谓的黄金时代，就是以平等和公有为基础的原始社会。因此，他极力主张通过"英明立法者"去制定法律，使其"重新接近黄金时代"。摩莱里的自然法思想，仍然渊源于资产阶级的自然法观念。历史地看，无论是空想社会主义者还是资产阶级思想家，扯起自然法的旗帜，用以反对封建专制主义或者抨击资本主义制度，都是有积极意义的。但是，人类无论如何，是不应当也不可能恢复到"自然状态"的。

二、德萨米对经济法概念的使用

1843 年，法国的著名空想社会主义者德萨米（Dezamy）在他的《公有法典》一书中将"分配法和经济法"作为专章加以论述。[2]德萨米所处的时代是法国工人阶级队伍不断壮大，工人阶级与资本家之间的斗争由日常的经济斗争逐步向尖锐的政治斗争转变的时代。与许多空想社会主义者不同，他不仅猛烈地抨击了资本主义制度，同时，积极地参加了反对资本主义制度的秘密斗争。我们注意到，社会愈是向前发展，在各种社会主义理论中，现实主义的成分也就愈来愈浓烈。德萨米就是参与现实实践的一员。所以，马克思在《神圣的家族》一书中指出：德萨米能够把"唯物主义学说当做现实的人道主义学说和共产主义的逻辑基础加以发展"。[3]德萨米作为巴黎无产阶级革命的有声望的领导人之一，在他短暂的一生中，不仅用很大的精力投入了工人运动，同时发表了许多著作，其中最著名的是 1842 ~ 1843 年分册刊行的《公有法典》。马克思曾经仔细阅读了这部著作，并对其中一些段落画线加以标示。在《公有法典》中，德萨米不仅在很大程度上继承了摩莱里的经济法律思想，而且在许多方面发展了摩莱里的经济法律思想。归纳起来，主要有：主张实行公有制，认为公有制的最好形式是公社，认为最好的分配方式是按比例的平等分配，主张建立没有贸易的社会制度，重视对劳动关系的法律调整等。

在德萨米的经济法律思想里，确实有某些唯物主义的成分，但是，就整体来讲，它仍然是以唯理论的自然法思想为基础的。因而，他不可能用阶级和阶级斗争的眼光来构造保证公有制

〔1〕 ［法］摩莱里：《自然法典》，黄建华、姜亚洲译，商务印书馆 1982 年版，第 106 页。
〔2〕 《公有法典》的中译本，已于 1982 年由商务印书馆出版。
〔3〕 《马克思恩格斯全集》（第 2 卷），人民出版社 1965 年版，第 167 ~ 168 页。

实现的法制蓝图，其结果与摩莱里一样只能陷入幻想的泥潭。

三、蒲鲁东对经济法产生原因的揭示

蒲鲁东（Proudhon）是法国小资产阶级思想家。在他的《工人阶级的政治能力》一书中说："经济法是政治法和民法的补充和必然产物。"在这里，蒲鲁东实际上看到了在社会生活中出现了一种政治法和民法调整不了的经济关系。应当说，蒲鲁东对经济法的这种理解，更接近现代经济法的主张。看来，这不是蒲鲁东的一个随心所欲的结论。蒲鲁东作为一个经济学家，曾经列举了分工、机器、竞争、垄断、国家税收、贸易平衡、信用、私有、共产主义、人口等十个经济范畴；作为一个法学涉猎者，它出版了许多法律著述，其中《什么是所有权》一书，被马克思誉为蒲鲁东最好的著作。可见，对于法学，蒲鲁东并不是一个门外汉。显然，如前所列举的十个经济范畴所表现出来的社会关系，是政治法和民法都难以全部调整的。蒲鲁东的揭示，无疑为我们现在研究经济法提供了一种认识基础。但是，我们也应当看到，蒲鲁东作为一个无政府主义者，极力主张"打倒政权"，因而他所谓的经济法，并不完全具备我们现在所说的经济法的内涵。

四、赫德曼对经济法产生原因及其法律形式的揭示

1916 年，德国法学家赫德曼（Hedmen）在《经济学字典》中使用了经济法这一概念，他认为经济法是经济规律在法律上的反映。由此，他将有关经济法制和保护、监督卡特尔的法律称为经济法。这就从深层次上揭示了经济法产生的客观必然性。

五、以经济法命名的经济法律和著作的诞生

第一次世界大战以后建立起来的魏玛共和国，直接以经济法命名颁布了《煤炭经济法》和《钾盐经济法》。之后，1922～1924 年在德国出版了不少以经济法为题的学术专著和教科书，如鲁姆夫的《经济法的概念》、赫德曼的《经济法基础》等。与此同时，经济法的概念也传入到当时建立的世界上第一个社会主义国家苏联。应当说，这个时候的经济法概念才有了较为完整的含义。

上述回顾表明：经济法概念的出现和逐步完善，是一个连续的历史过程。最初的经济法概念，虽然是建立在提出者们所设想的公有制基础之上的，且不具有任何实践的意义，但是它对现代意义上的经济法概念的形成，仍然产生着影响。这种影响除了表现为援引了"经济法"这个概念的"外壳"以外，更重要的是人们把空想社会主义者那种具有萌芽状态的国家干预经济生活的思想加以扩大，用来作为建立在现实经济基础之上的现代经济法概念的一个合理"内核"。

第三节　经济法兴起的历史轨迹

一、研究经济法兴起的起点和重点

经济法究竟从什么时候产生，我国法学界有不同的认识。一种观点认为，经济法没有自己的历史，它是随着国家和法的产生而产生的；另一种观点认为，经济法是一个历史概念，它是在自由资本主义或者自由资本主义进入垄断资本主义以后才出现的一种法律现象。这里实际上涉及一个从什么角度来讨论经济法的问题。我们认为分歧不是实质性的。因为，他们都认为，在前资本主义"诸法合体"的法律体系中，仍然存在许多国家干预经济关系的法律规定。对后来的研究者来讲，完全可以用现代的概念赋予前资本主义国家干预经济关系的法律规定以经济法的外壳，不过我们可以称这种经济法为"前资本主义经济法"或者"古代经济法"，以便同"资本主义的经济法"或者"现代经济法"相区别。这种情形正好与民法的研究一样。因

为，人们在研究民法历史时，也总要把它追溯到外国的《亚述法典》、《汉谟拉比法典》、罗马法以及我国的《法经》《秦律》《唐律》等法律规范中去。事实上，在上述法律中既有调整当事人平等关系的规定，又有调整需要由国家干预的经济关系的规定，毫无疑问，它们同时是民法和经济法的渊源。按照这个思路，我们发现经济法是随着社会生产的发展、商品交换的出现和国家对经济干预的产生而逐步形成和完善起来的一个法律现象。由此可以认为经济法作为国家干预经济的法，它的发展历史可以上溯到古代的"诸法合体"的法律体系中。但是，经济法作为一个独立的法律力量的兴起，则是在人类社会进入到资本主义社会以后的事情。

二、经济法在资本主义各个时期的兴起

根据史学的划分，资本主义国家经历了资本主义形成和巩固时期、自由资本主义时期和垄断资本主义时期三个发展阶段。与此相适应，经济法在资本主义社会的发展，也经历了三个阶段。在资本主义形成和巩固时期，经济法的理论是以重商主义为旗帜的。在重商主义理论的背景下，资本主义国家颁布了一系列体现国家干预经济的法律，从而为资本主义的原始积累提供了可靠的法律保障。在通过残酷的原始积累，使资本主义的生产方式和资产阶级政权业已形成和巩固之后，原始积累时期所采取的重商主义政策和相应的法律制度已经成了资本主义进一步发展的障碍，从而要求建立一种比较自由的社会经济结构，于是资本主义进入到了自由发展阶段。在这个阶段，率先举起"经济自由"旗帜的是英国的"反谷物法同盟"，紧接着"重农学派"进一步发展了反谷物法同盟的主张，提出了在经济发展中的"自由放任"主义原则。如果说，"反谷物法同盟"和"重农学派"首先阐明了经济发展中的"自由主义"的话，那么杰出的英国古典经济学家亚当·斯密提出的"看不见的手"即"市场之手"的理论，则成了指导资本主义国家社会经济发展的重要纲领。在这个纲领的指引下，许多资本主义国家以国家干预为主要特征的经济法受到了削弱，而以经济自由为特征的民法却得到了充分的发展。当自由资本主义进入到垄断资本主义以后，自由放任的经济理论，已经不能用来解决垄断形成以后经济发展中的现实问题了。于是在第一次世界大战期间和第一次世界大战以后的一段时间里，德国出现了以李斯特为代表的历史学派。这一学派反对亚当·斯密的经济自由主义，大力宣扬国家在经济发展中的特殊作用，从而在德国导致了为战争服务的"经济控制法"和直接以经济法命名的法律的出现。从此，经济法作为一门新兴的法律学科，进入了世界法学研究领域。

第一次世界大战以后，资本主义经济赢得了一个发展时期，但是，不久又在资本主义世界爆发了一场世界性的经济危机。为了对付这场危机，美国历史上著名的罗斯福总统接受了一些经济学家们提出的国家干预经济的主张，从而推行了由国家对社会经济生活进行全面干预和调节的新政纲领，颁布了许多体现国家应对经济危机的法律。但是，由于这些法律并没有从根本上解决美国经济所面临的困难和问题，因此第二次世界大战后，新政告终。为了找到更为有效的医治资本主义经济危机的药方，以解决由于经济危机所带来的日益严重的失业问题，如同亚当·斯密把自由放任主义推到一个极为完备的程度一样，英国杰出的经济学家凯恩斯也把国家干预经济的理论推到了一个极为完备的程度。凯恩斯以国家干预为中心的医治资本主义经济危机的主张，对于摆脱经济危机，促进资本主义经济发展，确实起到了巨大的作用。但是，这一理论体系仍然不能从根本上解决由于垄断而日益加剧的资本主义的固有矛盾。

在第二次世界大战以后，在资本主义世界出现了一种"政治民主化和经济民主化"的倾向，随着这种倾向的产生，许多资本主义国家的经济政策和法律措施，也发生了一些变化。这种变化集中表现为要在"自由"与"控制"之间谋求某种调和。于是美国的一些年轻经济学家对凯恩斯理论提出了全面挑战，从而出现了把经济分析的重点放在"供给方面"的"供应学派"的主张。供应学派最大的理论贡献在于他们没有像亚当·斯密和凯恩斯那样，把自己的理论推到极端，而是注意到了在经济发展中解决好国家调节与市场调节相结合的问题。但是，所不足的是，他们在谈论这种结合时，又往往夸大了市场调节的作用而忽视了国家调节的作用。因此，这一理论在美国实践的结果并不理想，从而再次引起了人们对凯恩斯主义的呼唤。随着供应学派的失势，曾经盛行于20世纪初衰落于凯恩斯主义极盛时期的制度学派，在新的历史条件下，又开始活跃起来，从而形成新制度学派。新旧制度学派在逻辑起点上并没有本质上的区别，他们都是以资本主义制度的结构作为自己的研究对象，以便探索社会发展的经济、政治和文化因素。制度学派在口头上抨击凯恩斯主义，但是在事实上又极力维护凯恩斯主义积极干预社会经济生活的立场，进而主张对经济实行"社会统制"。制度学派特别重视"技术"和"法制"的作用，甚至认为技术是决定一切的，法制是居先的。制度经济学派作为一个重要的经济学派，其影响不断扩大，以至于沿着制度学派的思路，20世纪60年代末至80年代初在法学研究领域出现了颇具影响的制度法理学派。无疑，无论是制度经济学派还是制度法理学派的主张，对资本主义的各项制度包括法律制度的完善都是有重要意义的。

从以上的简单回顾中，我们不难发现，资本主义国家占主导地位的经济法理论观点及其立法实践，与这些国家占主导地位的经济学主张在大体上是相适应的，这也是很自然的。但这是不是就可以否定法学家的独立性呢？我们认为不能得出这种结论。因为任何一个国家的经济理论，一旦成为官方经济学或政策目标，那么在这种情况下，立法者就只能沿着这个思路，找出一个法律反映方法，使这种理论上升为法律规定。违背主流经济学的经济法观点，是不大可能作为立法依据的。事实上，现在许多资本主义国家，通过对自身经济发展道路的反省，都已认识到要发展本国经济，既不能实行完全放任的纯粹的市场经济，也不能实行完全由国家干预的高度集中的计划经济，从而总是交替采取"看不见的手"（即"市场之手"）和"看得见的手"（即"国家之手"）调节资本主义商品经济的运行。至于这两只手伸得多长，各国又有所不同，但总的趋势是，几乎没有哪一个国家完全放弃了对社会经济的干预以及与此相适应的经济立法。这一点也是我国在发展经济和相应的立法过程中已经注意到并在实践中着手解决的一个基本问题。

三、经济法在苏联和东欧社会主义国家的兴起

（一）正确看待经济法在苏联和东欧社会主义国家的产生和发展

由于苏联的解体及东欧社会主义国家的巨变，人们在研究经济法的产生和发展的时候往往不愿意提及这段历史。我们认为这种态度是不可取的，因为任何一个国家的法律及其内容总是与这个国家的现行体制相一致的。苏联和东欧社会主义国家的存在毕竟是历史上的现实，同时，这些国家在历史发展的某一个阶段上确实也有过自己的辉煌，它们的经济法律也曾经为这些国家的存在和发展起过巨大的作用。如果从我们的法律研究体系中砍掉这段历史，就会在我们的研究体系中出现一个"断层"，这不是历史唯物主义者的态度。正是基于这种考虑，我们认为现在不仅不应当砍掉这段历史，相反还应当很好地研究它。为此有三个方面的问题值得注意：一是应当客观地描绘这个时期这些国家经济立法的历史，或许能够从中悟出至今仍然可以为我们所借鉴的立法经验和教训；二是不宜简单地拘泥于用现在的属于研究者自己的法律价值观去评价这些国家曾经出现过经济立法现象及学术观点，而应当看到当时的理论及其立法对当时社会的作用；三是犹如对任何事物都要"一分为二"一样，对苏联和东欧社会主义国家的经济法律现象及其学术思潮也应当"一分为二"。这种"一分为二"，一方面表现为要坚决地消除这些国家在高度集中的经济体制下所形成的法律现象及其学术观点对我国的经济立法和学术观点所产生的不符合我国实际情况的消极影响；另一方面表现为不能采取过去那种对资本主义国家的一切都加以贬责的态度，也对原社会主义国家所发生的一切加以全盘否定。我们甚至

可以说，苏联及东欧的法律文化，其中不少方面，仍然不失为人类法律文化的重要组成部分，如同资本主义国家的法律及法律思想可为我们吸收和借鉴一样，对曾经是社会主义国家的法律及法律思想同样也可以吸收和借鉴。尤其要认真研究这些国家在近期为适应其经济体制的需要而制定的某些经济法律。当然，这里还涉及一个怎样来看待历史上许多国家随着政权的更替或者国家领导人的变动，其法律制度也随之而发生变化的现象。这里实际上存在以下三种情况：①政权性质发生了根本性的变化，与此相适应，法律制度也发生了根本性的变化。在这种情况下，任何一个国家的法律都不可能阻止政权性质变化。随着政权的变化，曾经支撑这个政权的法律，理所当然地就要发生变化，这就必然要导致新政权对旧法统的废除。②政权性质不变，但是支撑这个政权的政治体制和经济体制发生了根本性的变化。在这种情况下，支撑这个政权的法律制度也必然发生根本性的变化。③政权性质以及政治和经济体制都不发生根本性的变化，只是国家领导人发生了变化，在这种情况下，不会导致基本法律制度的改革。面对以上三种情况，作为历史的回顾，我们应当采取批判和借鉴的态度。作为现实的选择，各国都应当根据自己的国情，寻求一种稳定的政治和经济体制及其相应稳定的法律制度，而这种体制和法律制度又不因国家领导人的变动而发生变动。

（二）经济法在苏联和东欧社会主义国家兴起的原因

经济法作为国家干预经济的一种法律形式，不仅为资本主义国家，也为许多社会主义国家所普遍采用。与资本主义国家相比较，在某种意义上讲，社会主义国家更需要经济法。这是因为：①社会主义生产关系，不可能在资本主义社会中形成。这就决定了无产阶级在夺取政权以后，一个首要任务，就是要通过颁布经济法规范对"所有权和资产阶级生产关系实行强制干涉"，[1]用以建立起自己赖以存在的社会主义公有制。②社会主义国家比资本主义国家更具有领导和组织经济建设的职能，这就决定了国家必须运用国家权力，通过颁布法律，对社会主义经济实行国家管理。③在相当长的时间里，社会主义国家差不多都是实行有计划的商品经济，这就决定了国家必须制定属于经济法范畴的计划法以及具有一定约束力的国民经济和社会发展计划，引导国民经济的发展；同时，即使在社会主义条件下，商品生产的发展，也会出现某种盲目性，这也决定了社会主义国家必须在自觉运用价值规律的基础上，对商品经济进行有效的监督和管理。④社会主义的最终生产目的是满足人民日益增长的物质和文化生活的需要，这就有必要在上层建筑中建立一个有权威的调节经济的中心，以避免经济发展中的无政府状态，这个调节中心就是国家机构，而国家机构又主要是通过颁布各种经济法律法规来实现这种调节的。

（三）苏联和东欧社会主义国家的经济立法体制

运用法律手段管理社会主义经济，这是苏联和东欧社会主义国家中的普遍现象。但是，在运用法律的形式上，各国又有所不同，大体有以下几种类型：

1. 苏联的经济立法体制。早在苏维埃政权建立初期，列宁就很重视运用法律形式调整社会主义经济关系。以后斯大林在领导苏联的社会主义建设中，又创立了广泛的经济立法。随着经济立法的产生，从 20 世纪 20 年代开始，苏联法学界就围绕着经济法是否是一个独立的法律部门的问题展开了热烈讨论，形成了民法学派和经济法学派的两种截然不同的观点。考察这两派的全部主张，无论是早期的还是后期的，他们都在力图使自己的主张适应一定时期政治和经济体制的需要。实际上他们都看到了在苏联的现实生活中既存在因领导经济活动而发生的权力

---

〔1〕《马克思恩格斯全集》（第 4 卷），人民出版社 1965 年版，第 489～490 页。

关系，又存在因进行经济活动而发生的财产关系。他们都力图找到一种调整这两类关系的适当的法律形式。只不过是由于探索路线和方法不同，苏联经济法学派主张用经济法的形式来统一调整在苏联当时现实生活中所存在的权力因素和与权力因素相联系的经济关系；而民法学派则主张用民法的形式来调整在苏联当时的现实生活中所出现的与计划和某些行政权相联系的经济关系罢了。面对民法学派和经济法学派的截然不同的主张，苏联立法机关采取了一种比较现实的态度：一方面在立法体制上运用了以行政法和民法为主的多种法律手段对社会经济生活进行综合调整；另一方面又在事实上采取了许多加快经济立法的措施，同时颁布一系列突破民法和行政法原则，实际上可以称为国家干预经济关系的经济法，对国民经济计划、经济核算、经济组织、科学技术、产品质量、标准化、价格、信贷、结算、劳动、财政、土地等关系进行调整。

2. 前捷克斯洛伐克的立法体制。立法承认经济法是一个独立的法律部门，并且通过颁布《捷克斯洛伐克社会主义共和国经济法典》，调整在国民经济管理和社会主义组织的经济活动中所发生的关系。《捷克斯洛伐克社会主义共和国经济法典》是捷克斯洛伐克国民议会在"考虑到必须使规定经济组织活动的法律规范趋于完备才能巩固社会主义的法律秩序，考虑到在领导国民经济以及社会主义组织经济活动中所产生的关系的特点和作用，考虑到社会主义胜利和国民经济发展所达到的水平使得综合调整此种关系已成为可能和必要，同时也注意到在社会劳动中的满足公民个人需要而产生的关系已分别由劳动法典和民法典调整"[1]之后制定的。按照捷克斯洛伐克的法律体系，社会组织和公民在劳动中发生的社会关系由劳动法典调整；公民为满足自身的生活需要而发生的关系由民法典调整；国家在对国民经济实行计划领导和对社会主义公有财产进行管理过程中发生的关系，国家在确立社会主义组织的地位和社会组织在经济活动中所发生的关系，以及社会主义组织之间的协作、支付和信贷关系，均由经济法统一调整。《捷克斯洛伐克社会主义共和国经济法典》是一部内容十分丰富的法典，它通过 12 篇 400个条文，对国民经济领域中的主要经济关系进行调整，其主要内容包括：经济关系的原则、经济法的定义、国家领导经济活动的主要手段，社会主义公有制的产生、性质、种类、管理及其保护，社会经济组织的法律地位，社会主义组织的法律行为，国家组织的经济活动，合作社经济组织的经济活动，社会团体的经济活动，企业的注册登记，经济债通则，借贷的经济债，基本建设和在国外工业整体建设中的经济债，社会主义组织向其他合作形式的经济债，结算和信贷等。可以认为，《捷克斯洛伐克经济法典》的颁布，是苏联拉普捷夫纵横统一的经济法观点在捷克斯洛伐克的实践。这就形成了世界上独一无二的经济法典与民法典并存的立法体制。捷克斯洛伐克独树一帜，一反传统法律体系，颁布了世界上唯一的一部经济法典，无论是成功还是失败，其意义都是深远的。《捷克斯洛伐克经济法典》问世之后，人们褒贬不一。一种观点认为，《捷克斯洛伐克经济法典》的颁布，适应了捷克斯洛伐克第一次经济改革失败后，强化集中行政管理和指令性计划制度的要求；另一种相反的观点认为，该法典恰恰是企图对回归的高度集中的行政管理体制进行改革，是在以实行计划指导下的市场经济为其目标的第二次经济改革中诞生的。捷克斯洛伐克进行了三次改革。"回归"是在第一次改革失败后，第二次改革进行之前这个中间阶段对过去高度集中体制的回归。因此，它所反映的并不是高度集中的行政管理体制的要求，而是对行政体制的某些松动的体现，因而是符合当时捷克斯洛伐克经济发展要求的。

---

[1]《捷克斯洛伐克社会主义共和国经济法典》，江平译，中国社会科学出版社 1981 年版，第 2 页。

3. 前东德的立法体制。立法承认经济法是一个独立的法律部门，但并未颁布经济法典，经济法是以一系列单行的经济法规作为其存在形式的。前东德（前德意志民主共和国）即属于这种类型。1975 年 6 月 19 日前东德在颁布民法典时就考虑到存在一个经济法独立部门，因而，只规定"民法调整公民与企业之间以及公民相互之间为满足物质和文化需要而发生的关系"。而社会主义组织之间的关系由独立的经济法部门调整。随后，在 1982 年颁布了《经济合同法》，用以调整上述关系。前东德采取由民法和经济法分别调整一定范围内的经济关系的做法，是与他们推行的经济体制相适应的。因为，前东德在经济改革的历史中，经历了"集中—分散—再集中"的过程。但是，这种"再集中"，已不是过去那种高度集中体制的再现，而是一种较为完善的集中体制，即建立在有计划的商品经济基础上的集中体制。这种体制特别强调经济合同的作用。人们认为，经济合同是完成计划的手段，因此，企业有义务根据计划的要求签订合同。例如，在前东德，国营农场和农业社的生产指标由国家下达；在收购环节上，必须由国家收购站与农业企业签订产品收购合同。这就把计划和合同有机地结合起来了。在这里，重要的是在前东德，社会主义组织之间的合同关系，是由不属民法部门的《经济合同法》进行调整的。

4. 前南斯拉夫的立法体制。前南斯拉夫在经济建设的过程中，一直走着自己的一条独特的道路。因此，前南斯拉夫建立了一套与其他社会主义国家不同的法律调整体制。我国学者根据自己掌握的材料，对前南斯拉夫经济法在前南斯拉夫法律体系中的地位作了不同的结论。一种观点认为，前南斯拉夫经济法是前南斯拉夫法律体系中的一个独立法律部门；另一种观点则相反。我们认为对此怎样下结论并不重要，重要的是前南斯拉夫以自己特有的思维方式来设计自己的经济、政治和法律道路。前南斯拉夫认为，无产阶级夺取政权以后，应立即着手国家的消亡工作，而国家消亡又首先是从消亡国家领导和组织建设职能开始的，国家应当把经济的权力，逐步、彻底地交给联合劳动组织，国家对经济过程不必多加干预。由此，他们反对自上而下地下达计划，特别是下达指令性计划。他们认为，计划不能由国家来搞，只能由劳动者所组成的联合组织来搞。他们把这种计划称为"社会自治计划"。所谓社会自治计划，实际上是企业根据市场而制订的计划。这种计划不是通过国家强制力而是通过企业之间进行协商，签订社会契约来实现的。履行社会契约，就是实现计划，所以从根本上讲，前南斯拉夫实行的并不是计划经济，而是一种市场经济。在这种体制下，前南斯拉夫重视民法的作用，削弱行政法的作用，就是顺理成章的事了。于是在前南斯拉夫形成了既摆脱了行政直接控制，又摆脱了国家宏观控制的经济法格局。这种体制，一方面促进了前南斯拉夫经济的发展；另一方面由于过于强调权力下放，中央权力一再削弱，致使在某些方面失去了控制。总的来看，前南斯拉夫经济法是在实践中不断总结经验教训的基础上，逐步建立和完善的。它包括银行法、信贷金融法、社会簿记法、收入分配法、海运河运法、空运法、外贸法、外汇法、关税法、海关法、外国人投资法、专利法等六百多个经济法律法规。

四、经济法在中华人民共和国的兴起

经济法作为国家干预经济的法律制度，可以上溯到中国的奴隶社会和封建社会，甚至从某种意义上讲，中国古代的经济法律制度比西方古代国家的经济法律制度要发达得多，其中一些制度作为优秀的法律文化，至今还对经济法的制定和实施产生着影响。但是，为了使我们的学习和研究更贴近现实，本书将把这个问题论述的重点放在新中国成立以后特别是党的十一届三中全会以来的时期。新中国成立以来，中国经济法的发展大体上经历了以下五个阶段。与此相适应，我国经济立法经历了发展、削弱、取消和再发展的历程。

（一）基本完成社会主义改造阶段

在社会主义改造基本完成的 7 年里，我国经济立法有很大的发展。首先，在新中国成立后的前 3 年里，围绕着废除地主阶级封建剥削的土地所有权制度，没收官僚资本主义的财产，统一国家财政经济工作，巩固国家币值和稳定金融，以及打退资产阶级在经济领域的进攻等一系列亟待解决的经济问题，颁布了一些经济法规，以便建立无产阶级政权赖以存在的物质基础和发展的前提条件。紧接着围绕过渡时期的总路线，又颁布了许多关于社会主义工业化，促进对农业、手工业和资本主义工商业社会主义改造的经济法规。除此之外，还颁布了许多调整产品供应、商业、基本建设、交通运输、贸易、工商管理、物资管理、金融、保险、科学技术和对外贸易等关系的经济法规。这些经济法规对于国民经济的恢复、"一化三改"的实现以及生产的发展，都起了重大的促进和保证作用。

（二）全面开始社会主义建设阶段

在全面开始社会主义建设的 10 年中，我国经济立法有了新的发展。社会主义改造基本完成之后，党和国家领导全国人民开始转入全面的大规模的社会主义建设。在这个时期，国家在计划、农村集体经济、自然资源、工业企业、基本建设程序、物价、商业、商标、物资、对外贸易以及发明创造等诸多方面制定了许多经济行政法规。这些经济立法对促进大规模经济建设起了积极的作用。但是在这 10 年中，由于在工作指导思想上受到"左"的影响，社会主义法制受到削弱，有些行之有效的经济法规，也无形地被取消，而代之以简单的行政手段管理经济。1962 年提出"八字方针"以后，国民经济有所好转，立法工作又有所开展。但整个来说，这 10 年的立法工作远不如前 10 年正常。

（三）"文革"阶段

"文革"期间，我国经济立法遭到了严重的破坏。这种破坏，一方面表现在新中国成立后17 年里所颁布的许多经济法规被加以否定，使它们成了一纸空文；另一方面新经济法规几乎没有制定。后来，周恩来和邓小平同志在毛泽东同志的支持下，主持中央日常工作，才着手对许多方面的工作进行整顿，其中包括制定一些规范性文件，解决工业、农业、交通和科学技术等方面存在的问题。但是，由于"反击右倾翻案风"运动的发动，这些文件有的不能正式颁布，有的即使颁布了，却又成了批判的对象，如在邓小平同志主持下制定的《关于加快工业发展的若干问题》就遭到了这样的厄运。

（四）新的历史发展阶段

党的十一届三中全会以后，随着党和国家的工作重点转移到以经济建设为中心的轨道上，经济领域里的法制建设也受到了重视。1984 年召开的党的十二届三中全会通过的《关于经济体制改革的决定》明确地指出："经济体制的改革和国民经济的发展，使越来越多经济关系和经济活动准则需要用法律形式固定下来。"1985 年中共中央在《关于国民经济和社会发展第七个五年计划的建议》中又进一步提出了要加快经济立法和经济司法，力争在'七五'期间建立起比较完备的经济法规体系，以适应经济体制改革的深入进行。1979 年以来，随着改革开放的深入，国家已经在坚持发展有计划商品经济和以公有制为主体的多种经济形式、加强宏观调控、完善企业经营机制、推动横向经济联合、促进科学技术进步、扩大对外经济交往以及治理经济环境、整顿经济秩序等许多方面，制定了大量的经济法律和法规，从而使得我国经济法制的主要框架得以形成，经济关系和经济活动的许多方面基本上有法可依，这可以说是我国经济法兴起的黄金时期。

（五）社会主义市场经济体制确立以后

1992 年党的第十四次全国代表大会在对国内和国际形势作了正确分析之后，作出了在中国建立社会主义市场经济体制的历史性决策。党的十四届三中全会又在《中共中央关于建立社会主义市场经济体制若干问题的决定》中，对加强法制建设作了更为系统和明确的要求。1993 年 3 月第八届全国人民代表大会第一次会议又决定以宪法的形式肯定这一决策。党的十四大报告明确指出，高度重视法制建设是建设社会主义市场经济体制的迫切要求。与此同时，在修正后的《宪法》中又明确规定了"加强经济立法、完善宏观调控"的任务。随后，党的十五、十六、十七大又为经济法的发展作了更为具体的部署，特别是党的十八大四中全会作出的《中共中央关于全面推进依法治国若干重大问题的决定》对经济立法的发展作出了更为具体的要求。对此，我国立法机关和理论界都在紧锣密鼓地按照社会主义市场经济体制对法治的内在要求，探索和实践建立具有中国特色社会主义市场经济的法律法规体系。在此期间，国家立法机关一方面及时地修正了与市场经济、国际规范和国际习惯不相符合的法律法规，如专利法、商标法等；另一方面又颁行了规范市场主体、建立市场体系、维护市场运作以及实现宏观调控等方面的法律法规，如制定了预算法、价格法、中国人民银行法等法律，对经济活动实施宏观调控和管理；制定了企业所得税法、个人所得税法、车船税法、税收征收管理法等法律，以及增值税暂行条例、营业税暂行条例、城市维护建设税暂行条例等行政法规，不断健全税收制度；制定了银行业监督管理法、反洗钱法等法律，对金融行业的安全运行实施监督管理；制定了农业法、种子法、农产品质量安全法等法律，保障农业发展和国家粮食安全；制定了铁路法、公路法、民用航空法、电力法等法律，对重要行业实施监督管理和产业促进；制定了土地管理法、森林法、水法、矿产资源法等法律，规范重要自然资源的合理开发和利用；制定了节约能源法、可再生能源法、循环经济促进法、清洁生产促进法等法律，促进能源的有效利用和可再生能源开发；制定了反不正当竞争法、反垄断法、消费者权益保护法、广告法等保障市场主体之间的公平、有序竞争。为了积极履行在世界贸易组织框架内承担的义务，确立了统一、透明的对外贸易制度。展望我国已经采取的和将要采取的经济立法措施，我们对我国经济立法的进一步发展以及经济法作为一个独立的法律部门的作用的充分发挥，充满着决心和信心。

第四节 经济法兴起的原因及发展前景

一、经济法兴起的原因

经济法作为一个普遍的法律现象在世界范围内兴起，其原因大致可以从以下角度进行考察。

（一）经济法兴起的经济原因

从经济角度考察，可以认为，社会大生产的发展推动了经济法的兴起。在自给自足的产品经济时代以及商品经济发展的低级阶段，经济法不可能作为一支独立的法律力量活跃于社会舞台。只有随着商品经济的发展，特别是商品经济朝着它的高级阶段即市场经济阶段发展，经济法才可能成为一个独立的力量在各国法律体系中勃起。这是因为，商品经济向社会化大生产方向或者市场经济方向发展，就必然推动现代科学技术的进步、社会生产力的高度发展、社会分工的不断深化以及国民经济部门的不断增多。这必然要求国家从社会总体利益出发，采取切实有效的措施，一方面顺应商品经济的发展；另一方面克服商品经济在自身发展过程中所出现的消极因素，以解决商品生产经营者自身难以解决的商品经济的内在的矛盾。这就在客观上促进了以国家干预为己任的经济法的兴起。

（二）经济法兴起的政治原因

从政治角度去考察，国家出面干预经济的客观必然性，导致了经济法兴起的客观必然性。

国家对经济的干预是伴随着国家的存在而存在的。所不同的只是在社会发展的不同时期，国家干预经济的方式、范围、目标和价值不同。研究表明，国家运用法律形式对经济进行干预从总体上讲经历了三个时期，即古代国家对经济的干预，可以称作原始干预；近代国家对经济的干预，可以称作消极干预；现代国家对经济的干预，可以称作积极干预。

认识国家对经济的干预，我们认为必须走出两个误区：一个误区是把国家干预与市场经济对立起来，以为市场经济是排斥国家干预的。其实，对经济的干预是国家领导和组织经济职能的一部分。这里似乎还需要澄清一个认识问题，即只有社会主义国家才具有领导和组织经济建设的职能，资本主义则不具有，从而认为，对经济的干预只是社会主义国家特有的现象。应当说，社会主义和资本主义国家都具有领导和组织经济建设的职能，相应地也都为实现这种职能而采取的干预政策，所不同的仅仅是实现其干预职能的范围、目的和手段不同罢了。即使是宣称"无为而治"的政府，也不会完全放弃对经济发展的组织和领导以及相应的国家干预经济的措施。因为，在现代经济条件下，垄断和竞争必然造成无政府状态，进而必然要加剧垄断资产阶级与中小资产阶级的矛盾，最终可能导致政权不稳。在这种情况下，资产阶级国家就不得不运用它所掌握的巨大经济力量、多种经济杠杆、国家权力以及相应的法律形式，调节由于垄断和竞争所产生的社会矛盾，以求经济稳定和协调地发展，最终达到巩固垄断资产阶级政治统治的目的。因此可以说，国家对经济生活的必要干预，是一个国家的掌握政权的阶级为巩固政权而必须采取的措施，所以干预是任何国家、任何历史阶段都不可避免的。这就必须借助最能体现国家对经济生活进行干预的经济法的作用。另一个误区是只看到干预的消极面，看不到现代的经济干预在价值取向上的积极变化。如果我们研究各国在不同历史阶段的经济干预的种种情形，不难发现，国家干预经济的过程，也就是国家干预经济的法制化和民主化的过程。在国家原始干预阶段，即奴隶制和封建制阶段，国家干预往往是以"皇权"为旗帜、以残酷的刑罚为后盾的，它实际上是统治者对被统治者的财产权和人身权的侵害和剥夺，在那里"人权"泯灭；在国家消极干预阶段，也就是自由资本主义阶段，国家干预是在"自由贸易"和"天赋人权"的背景下作为补充民法之不足而产生的，这种干预或多或少地考虑到人的权利，如工厂法的制定，相对于原始干预来讲，这无疑是一种进步，但是这种干预在很大程度上又忽视了国家为消除无限制的自由竞争所带来的经济损害应当采取的干预措施。在国家积极干预阶段，也就是国家垄断资本主义阶段，国家对经济的干预是以经济法治、经济民主、经济公平、经济秩序以及经济效益等为目标的，这也是许多现代市场经济国家，在行政法和民法之外，制定体现国家干预经济的经济法所追求的共同目标。当然这于我国也不例外。所以，我们现在所说的国家干预已经不同于集权体制下所进行的非法制化的、全面的、直接的干预，而是一种法制化的、适度的、以间接方式为主的干预。这也是以国家干预为己任的经济法作为国家干预经济的基本法律形式而大行其道的真谛。

（三）经济法兴起的法律文化原因

从法律文化的角度去考察，人们渴望以法治化国家为其生存空间的心理，促进了经济法的兴起。在市场经济条件下，商品经济不仅是商品生产经营者赖以生存和发展的条件，同时也是国家兴旺发达的原动力。而商品经济的发展又是以市场的秩序化为条件的，这就决定了国家和商品生产经营者都很关注商品经济的发展。然而，商品生产经营者和国家各自赖以存在的条件又是不相同的，因而，其各自关注的出发点也是不同的。不过，对国家干预的某种程度的趋同，则是此二者的共同秉性。就生产经营者而言，他们是以平等作为生存条件的，因此，他们很关心自己如何能在平等的社会条件下从事商品生产经营活动，而这种平等条件仅仅依靠商品生产经营者自己的力量是难以办到的，因而他们必然要求国家运用国家权力的最高表现形式——法律的力量来保障他们能够平等地进行生产经营活动，因此，从这个角度讲，商品生产经营者并不一般地厌恶国家权力，而只厌恶国家权力——无论是采取法律的形式还是政府直接动作的形式——对他们赖以生存的平等条件的过多干扰。就国家而言，它一方面要以国家权力作为自己存在的后盾，另一方面，它又必须把权力的运行建立在商品经济充分发展的基础上，否则，构成经济基础的商品经济的崩溃，必然要导致包括国家权力在内的整个上层建筑的崩溃。因此，从这个角度讲，国家最关心的是如何恰当地运用国家权力促进而不是阻碍商品经济的发展。这种目标上的依存就必然要导致国家权力与商品经济的紧密结合，这种结合为经济法的兴起提供了适宜的土壤。

（四）经济法兴起的部门法原因

从部门法作用的角度去考察，行政法和民法难以解决现实经济生活中存在的所有问题，这为经济法的兴起提供了可能。每一个独立法律部门都有自己质的规定性。就行政法来讲，它所调整的社会关系的质的规定性是"隶属性"，就民法来讲，是"平等性"。这就决定了不能用背离法律部门固有本质或者"异化"的办法去解决不断出现的新的社会关系，即既不能在民法中注入调整隶属性经济关系的内容，也不能在行政法中注入调整平等性经济关系的内容。因此，世界许多国家，都不是用改变行政法和民法的固有属性的办法，排斥经济法的兴起。另一方面，在现代市场经济条件下，经济关系的发生、变更和消灭，往往呈现出错综复杂的情况，而这些情况，又不是传统的行政法和民法所能完全解决的。民法作为私法，不能充分解决经济发展中的无序状态，因为私法不足以防止私权的滥用，更无法彻底地遏制公权的滥用；行政法作为公法，其依法行政的价值取向可以在某种程度上防范公权对私权的无端侵扰，但行政法调整的社会关系极为广泛，其所担负的繁重任务使得它无力对公权与私权的界限作出全面而又合理的界定，尤其是由其性质所决定，它不能对私权及其行使，以及私权与公权的良性互动机制作出说明和安排。而经济发展的本身，又必须要求私权和公权在一个恰当的法律形式中互为作用。具有公、私兼容性质的经济法即是这样一种法律形式。从这个角度讲，经济法是为了补足行政法和民法调整经济关系之不足而产生的。

（五）经济法兴起的理论原因

从理论角度去考察，经济学和法学中国家干预主义的产生及其主导地位的确立，加速了经济法的兴起。理论往往是行动的先导或者催化剂。从前面对资本主义国家经济法兴起的回顾之中，我们可以清晰地看到，资本主义国家的经济学家和法学家为了找出医治资本主义经济危机的药方，要么借鉴别国的可以用来解决本国经济问题的经济学主张，要么立足于本国的实际，提出了各式各样的经济学说。尽管这些学说的出发点和归宿不同，但是，差不多都是围绕着削弱国家干预和加强国家干预这两个问题上做文章。与此相适应，经济法理论研究及其经济立法实践，也是围绕着这两个问题而进行的。历史地看，任何一个国家的经济学理论之所以被那个国家的统治阶级所采纳，都是因为这种主张在当政者看来是符合这个国家发展经济的要求的。一旦被采纳的理论不能解决社会的经济问题时，或者当一个国家的经济状况发生了变化时，原来的理论就可能遭到抨击，并被一种符合现实经济状况的新经济理论所代替。在这种情况下，我们认为不必对以前的理论作过多贬责。我们完全可以认为，假若没有重商主义的经济理论及体现国家干预经济的立法，资本主义的原始积累就不可能最终完成；而原始积累未完成，作为比封建制度进步的资本主义制度也就难以形成。资本主义制度形成以后，假若没有亚当·斯密的自由放任的经济理论指导及对民法作用的充分发挥，资本主义的经济就可能窒息在国家集中管理的"襁褓"中。当自由资本主义发展导致资本主义空前的经济危机之后，假若没有凯恩斯开出的国家干预经济的药方及相应的反垄断立法，资本主义制度也就可能走到自己的尽头。

当其以干预为主要特征的凯恩斯主义并不能够从根本上解决资本主义的"痼疾"的时候,假若没有供给学派及相应的既体现国家调节又体现企业自由经营的经济立法的出现,资本主义还可能处在极端的"自由放任主义"或者"国家干预主义"的选择之中。假如没有制度经济学以及后来的制度法理学的推动,资本主义各国的各项制度的法制化和完善的进程就不会达到现今的程度。

如果我们进一步分析资本主义国家在一定时期占主导地位的经济学说及相应的经济法理论观点对经济立法的贡献,我们不难看出,亚当·斯密学说的最大贡献莫过于他对市场机制的作用即"看不见的手"的作用的认识和重视;凯恩斯学说最大的贡献就在于其指出了完全的市场调节的局限性,分析了国家从宏观上对经济进行干预和调节的必要性。应当说,亚当·斯密和凯恩斯都把自己的理论推到了一个极端,抑或说,亚当·斯密着重看到的是"经济人"的作用,而没有看到政府的作用;凯恩斯着重看到了政府的作用,忽略了市场的作用。而供给学派的最大贡献,一方面在于他们尖锐地指出了国家过多干预的局限性,强调了市场机制的必要性;另一方面又在于他们并没有忽视国家在经济调节中的积极作用。看来,只有供给学派比较好地解决了国家干预与市场调节相结合的问题。事实上,现在许多资本主义国家通过对自身经济发展道路的反省,都已认识到要发展本国经济,既不能实行完全放任的市场经济体制,也不能实行完全由国家干预的高度集中的经济体制,从而总是交替采取"看不见的手"和"看得见的手"来调节资本主义商品经济的运行。至于这两手伸多长,各国又有所不同。但是,总的趋势是,几乎没有哪一个国家完全放弃对社会经济的干预以及与此相适应的经济立法的。

二、我国经济法发展的前景展望

经过多年的理论探讨和立法实践,经济法作为一个独立法律部门的地位不仅为我国同时也为各国所认同。如果说,我国经济法以党的十一届三中全会为契机,出现了第一次勃兴的话,那么,随着社会主义市场经济的进一步推进和知识经济时代的到来,迎来了第二次勃兴。可以预料,随着依法治国的全面推进,必将迎来第三次勃兴。如果说,经济法第一次勃兴的主要功绩在于为经济法理论和经济立法的存在扫清了道路,经济法的第二次勃兴为经济法理论及其实践提供更为广阔深厚的发展前景,那么,第三次勃兴必将为促进国家治理体系和治理能力现代化提供部门法支撑,因为治理能力包括运用经济法手段治理的能力。

(一) 进一步完善经济法的理论构思

应当说,我国的经济法学理论经过人们的苦苦探索,已经走过了从无到有、从不成熟到逐步走向成熟的发展历程。但是,我们也应当清醒地看到,我国的经济法理论在逐步走向成熟之际,与其他法学学科相比,仍然存在许多不成熟的地方,一个逻辑严谨、范畴精准、体系完整、论据充分,并能取得普遍共识的经济法论证体系的形成尚需时日。因此,在今后一个时期,经济法学研究的一个重要任务就是要推进经济法理论创新,发展符合中国实际、具有中国特色、体现社会发展规律的经济法理论体系,其重点是要理顺政府和市场关系的经济法边界。

(二) 探索进一步完善中国特色社会主义经济法律法规体系

目前包括经济法在内的中国特色社会主义法律体系已经形成,在此情况下,我们就应严格按照2011年国务院发布的《中国特色社会主义法律体系》白皮书所确立的经济法定义及其范围建立和完善经济法律法规体系,否则,又将可能陷入无休止的争论之中,从而不利于经济法的发展,当然,这又涉及一个应当怎样来评价经济法律体系的形成问题。我们以为,对我国整个法律体系已经形成的结论同样适用于对经济法律体系的评价,但是,我们又要清醒地看到,与推进国家治理体系和治理能力现代化的目标相比,我国的经济法治仍然还有一段很长的路要走,比如现在正在生效的经济法律法规中,有的是在市场经济体制确立之前制定的,现在还未完全得到及时修改或废除，在这些法律法规中一些含有集中体制的痕迹的规定至今还在起作用；一些是为了适应市场经济体制的初始需要而应急颁布的，也存在许多需要完善的地方；一些需要制定的经济法律法规也还没有来得及制定。因此，今后我们还必须用很大的精力设计和实践足以巩固和发展我国市场经济体制的经济法律法规体系。

（三）寻求并迎接经济法的现代化发展趋势

国家治理体系和治理能力现代化目标为经济法的现代化发展提出了更高的要求。经济法是现代化的产物，但是，现代化的环境并不能自然而然地保证经济法自身的现代化。经济法的现代化是一个需要通过许多人的长久探索和再探索、实践和再实践才能完成的过程。在这里，至关重要的是理论工作者和立法机关，都要有一种追求经济法现代化的理念和行动。

1. 正确揭示国家运用经济法的形式干预经济的价值取向。国家干预作为一种手段，它具有促进和阻碍经济发展的"二重性"。经济法的现代化，首先就应当表现为经济法对经济的促进作用。如何才能达到这个目的，最重要的是要把经济民主、经济公平、经济秩序、经济的可持续发展和经济效益作为国家干预经济所追求的目的，即经济法的价值归宿。否则，就是对经济法现代化的背离。

2. 强调部门法在职能上的良性互动与协调。[1]在过去的法学研究中，由于太看重法律部门的绝对化的划分，结果使我们耗费了许多精力，陷入无休止的论争之中。现今，我国立法机关已经确立了七个部门法的划分，这是必要的，但是在部门法的立法和实施中我们又不能对这种划分作过于机械性的理解，这是因为，在全面深化改革的背景下，必然要触及深层次的社会关系和利益的法律调整，利益诉求多样化的趋势不可避免，在这种情况下，单靠一个法律部门的作用是难以形成某种关系的，它往往需要两个以上法律部门的协同配合才能形成，从这个角度讲，经济法、民商法、行政法、社会法都可以从不同角度对某种法律关系做出符合本学科基本属性的解释。

3. 走出对私法公法化和公法私法化的认识误区。曾经有学者用私法公法化和公法私法化的倾向否定经济法作为部门法的存在，这实际上是一种用部门法"异化"的方法去构建一国法律体系的探索路径。在现今我国经济法作为我国法律体系中的一个重要的部门法而存在的情况下，如果再用这种认识去评价我国法律体系的建立，就不合时宜了。现在反而应当把民商法的某种公法化和行政法的某种私法化倾向作为经济法应运而生的重要的现实基础，这样不仅可以走出公、私法规范兼容的法律法规文本在归属上的困惑，也有利于科学的民商法、行政法、和社会法学科的建立，这种认识也有利于正在进行的民法典的编纂工作。

4. 正确确立经济权限在经济法主体之间的合理配置。过去经济法理论研究中的一个突出问题，就是没有像民法那样树立起自己的权限结构体系，这也是经济法遭受抨击的一个重要原因。如果我们在这方面不能有所突破，经济法的现代化发展，就要受到很大的阻碍。

5. 自觉地迎接创新驱动战略为经济法发展提供的机遇和挑战。现代经济法是伴随着工业经济时代的到来而产生和发展起来的，因此，无论是我国的经济立法还是发达国家的经济立法，它们所反映的更多的是以制造业为标志的工业经济时代的特征，随着科学技术越来越成为推动经济社会发展的主要力量，创新驱动是大势所趋，在这种背景下，新一轮技术革命和产业变革必将在我国呈现，这不仅需要对已有的经济立法进行适应性的改造，同时还要加快新的经济立法，以推动创新驱动战略的更好实现，为此，经济法的理论研究要为破除束缚创新驱动发

---

〔1〕 李昌麒等："论民法、行政法、经济法的互动机制"，载《法学》2001 年第 5 期。

展的观念和体制机制提供法治保障。

6. 探索经济法存在的必要形式和理性。这里最重要的是要探索以下三个问题：①基本经济法的制定问题。我国现行的经济法是以经济法律法规群为存在形式的，这个法律法规群是由最高国家权力机关和行政机关立法以及地方立法所构成，然而，我国目前还没有一部统帅经济法律法规群的基本经济法。考虑到我国正在着手编纂民法典，而民法和经济法都是调整经济关系和经济活动的重要法律，为了实现民法和经济法的协调发展，有必要把经济法典的编纂纳入议事日程，甚至可以认为，经济法典编纂的过程也是经济法顶层设计的过程。②经济法的理性问题。在西方法治发展史上，曾一度出现关于法律存在形式和理性的讨论，由此形成两种观点，即法律的实质理性和形式理性，这一讨论引入我国法学研究领域以后，经济法学者基于我国经济法的立法现实和实践，也出现了两种不同的观点，一种观点认为，经济法是形式理性法，[1]另一种观点认为，经济法是实质理性法[2]。我们认为，在当前我国正在深入推进科学立法、形成完备的法律体系的背景下，有必要将经济法的理性问题引向更加深入的讨论。在此特别要强调的是，法律理性这个概念是个舶来品，我们在讨论它的时候，应该结合中国实际，不要照搬外国法治理念和模式。③正确认识和处理中央层面的经济立法与地方层面的经济立法的关系。根据我国法治发展的阶段性和渐进性的要求，我国现今实行的是中央立法和地方立法并行的双规立法体制，然而我们看到，在立法实践中既存在地方立法简单地重申中央立法的现象，又存在地方立法不适当膨胀的趋势，为此很有必要从立法理论和立法实践阐明中央立法和地方立法的各自地位，以使它们相辅相成，相得益彰。

■ 思考题

1. 简述经济法兴起的一般原因。
2. 为什么要沿着占主导地位的经济学观点把握现代经济法产生和发展的轨迹？
3. 经济法在资本主义的兴起和发展中经历了哪几个阶段？
4. 怎样认识苏联和东欧国家的经济法理论和实践？
5. 经济法在我国经历了哪几个发展阶段？它的发展前景如何？

■ 参考书目

1. 〔苏联〕拉普捷夫主编：《经济法》，中国社会科学院法学研究所民法经济法研究室译，群众出版社 1987 年版。
2. 〔美〕诺内特、塞尔兹尼克：《转变中的法律与社会》，张志铭译，中国政法大学出版社 1994 年版。
3. 〔美〕霍维茨：《美国法的变迁》，谢鸿飞译，中国政法大学出版社 2004 年版。
4. 《关于建国以来党的若干历史问题的决议》（1981 年 6 月 27 日中国共产党第十一届中央委员会第六次全体会议一致通过）。
5. 肖江平：《中国经济法学史研究》，人民法院出版社 2002 年版。

---

〔1〕　参见岳彩申：《论经济法的形式理性》，法律出版社 2004 年版。
〔2〕　参见叶明：《经济法的实质化研究》，法律出版社 2005 年版。

第二章 经济法的定义和调整对象

■学习目的和要求

　　了解国内外学者关于经济法的定义和调整对象的观点，特别是我国学者在不同时期关于经济法的定义和调整对象的观点，领会本章对经济法的定义和调整对象的解释。通过对不同观点的比较，正确把握经济法的定义和调整对象。

第一节　经济法的定义

一、资本主义国家的学者对经济法的不同定义

（一）经济法是以反垄断和反不正当竞争为中心内容的法

如日本学者丹宗昭信认为，"现代经济法的核心是垄断禁止法"；日本的另一学者正田彬认为，经济法"是规制垄断资本主义阶段固有的以垄断为中心的从属关系的法"，是"国家规制市场的法"，是"国家为了维护竞争秩序而介入市场的法"。

（二）经济法是国家干预经济的法

如日本学者江上勋认为，经济法是以自由经济为基础，通过国家权力来完成民法无力解决的调节社会经济关系的法规。法国学者德让认为，经济法是以给予公共权力机关能够对经济采取积极行动为目的的法律规则的总称。

（三）经济法是调整普遍经济利益的法

如法国学者罗柏萨维认为，经济法是旨在保证特定时刻和特定社会中，国家与私人经济代理人的特殊利益和普遍经济利益之间的平衡的规则的总称。瑞士学者不称经济法，而使用"经济宪法"或者"经济公法"的概念，认为经济公法是从公共福利出发，协调经济的法律，它们主要是调整物价、对外贸易、运输调配和农业结构等方面的经济关系的法律，调整的结果是要使普遍的经济利益与企业之间的利益达到平衡。

（四）经济法是企业法

如德国学者库拉乌捷和日本学者西原宽一认为，经济法就是关于企业的法。从而认为，经济法不必解决个人利益之间或普遍利益与私人利益之间的冲突。这种法律既同旨在保持个人利益之间的平衡的私法相分离，又同优先照顾普遍利益的公法原则相分离。因此认为经济法是规定企业在国民经济中占何种地位、国家对企业进行何种程度的领导、扶植和监督的法律。

（五）经济法是公法和私法的交错

如日本学者高田植一等认为，"私法"主要是体现和调整自由竞争的；"公法"则是体现和调整国家对经济活动的干预的；而经济法则是运用公法规则和私法规则来调整与双方同意和自由竞争相矛盾的而要由国家来调和的那部分经济关系的法。

（六）经济法是社会法

如德国学者托尼斯扬认为，公法是把国家对私人的关系作为调整对象的法，社会法则是把私人和特殊社会（集团）之间的关系作为规制对象的法，而经济法则是属于社会法的性质。

资本主义国家学者所揭示的经济法，尽管在名称、范围和内容上有所不同，但是，他们都有一个共同点，就是都指出了经济法具有国家干预社会经济生活的性质，这可以说是资本主义国家经济法最基本的特征。

二、苏联和东欧社会主义国家学者对经济法的不同定义

1. 苏联学者哥里班诺夫和克拉萨夫奇科认为，经济法就是苏维埃社会主义的不同部门的、在调整经济活动中起职能上的相互配合作用的规范和制度的总和，不是苏联法律体系中的独立部门。

2. 苏联学者拉普捷夫认为，经济法是规定领导经济活动和进行经济活动的方法，调整社会主义组织及其所属内部单位之间的经济关系，并运用各种不同的法律调整方法以保证合理地进行社会主义经营管理的法律规范的总和，是苏联法律体系中的独立部门。

3. 前德意志民主共和国学者海尔和克灵格认为，经济法就是按照民主集中制原则，调整国家机关与作为劳动集体组织的企业及其经济单位的相互关系，以及调整社会主义经济单位之间相互关系的那些法律规范和实现这些规范的法律形式的总和。

4. 前南斯拉夫学者安多列耶维奇认为，经济法是一个特殊的部门法，它包括调整在经济活动中作为主体的联合劳动组织法律地位的法律规范和旨在调整联合劳动组织和社会共同体机构相互关系的法律规范，以及包括为了调整连同业务活动在内的这些组织之间相互关系的法律规范。

苏联和东欧等社会主义国家学者所揭示的经济法，有一个明显的特点，就是分歧点大于共同点。看来，上述国家的学者都已经注意到了在他们国家的经济生活中，既存在权力因素又存在财产因素，他们都在力图找到一种恰当的法律形式来调整这些国家所存在的现实经济关系，只不过由于探索的路线和方法不同，经济法学派主张用经济法的形式来统一调整权力关系和财产关系，而民法学派则主张用行政法或用"异化"了的民法来调整现实生活中所出现的与计划和与某些行政相联系的经济关系。应当说，这些国家的经济法和民法观点，均未摆脱这些国家实质上实行的集中体制的约束。

这里需要特别指出的是，曾经作为纵横统一论的积极主张者的拉普捷夫在苏联解体以后，他鉴于俄罗斯颁布了许多为经营活动的发展创造司法条件的法规和其他规范性文件，认为"以前曾是反映计划经济的经济法律，现在正在变成经营活动的法律"，"经营活动法是市场经济的经济法"。他指出，在世界各国的立法实践中，对经营活动的调整，形成了以民法进行调整和以《贸易法典》或《商法典》进行调整的两种体制。拉普捷夫主张"把经营活动（贸易、商业、经济）法，解释为法律调整的独立领域，在当前俄罗斯经济发展条件下是非常重要的"。他指出："在民法包罗经营立法的情况下，经营活动的法律调整则只会考虑到私人利益，只有把调整经营活动的法律解释为法律调整的独立领域，才能促使私人利益和公众利益的结合。"他进而认为，俄罗斯"在向市场经济过渡期间，国家调整是必要的，在经营活动立法中不可以片面地只面向私人利益，私人利益应当和公共利益相结合的时刻已经来临"。而这种结合"特别明显地表现在经营活动是以国有制为基础而进行的国家经营活动的范围之内的"。他还主张制定《经营活动法典》。尽管在 1995 年 1 月 1 日生效的《俄罗斯民法典》中含有某些调整经营活动的规定，但拉普捷夫仍然主张在民法典之外，颁布《经营法典》或《经济法典》。他指出，民法典只规定了涉及经营者们相互之间发生的横向关系，而并未规定经营者和国家机关之间形成的纵向关系。同时，他认为民法典只是从法人的角度，规定经营活动主体的法律地位，而并没有考虑到作为经营主体的企业不仅参加横向关系，同时也要参加纵向关系的情况。而在经营活动中形成的这两类关系又是有机地联系在一起的。因此，他认为，对于经营活动主体的全面的法律地位，只有《经营活动法典》才能确定。只有这样，"才有可能从制度上使他们协调一致，避免出现管理关系凌驾于经营者之间的关系之上的情况"。由此看来，拉普捷夫现在的经济法理论的主张并未走出他过去为经济法理论设置的纵横统一论的窠臼。

三、我国学者对经济法的不同定义

我国学者对经济法的定义，可以分为以下两个阶段：

（一）市场经济体制确立之前的经济法定义

在这个阶段，学者又是从以下两种意义上为经济法定义的：

1. 经济法作为非独立法律部门的定义。①综合经济法论。王家福、王保树教授认为，经济法是国家认可或制定的以经济民法方法、经济行政法方法、经济劳动法方法分别调整平等的、行政管理性的、劳动的社会经济关系的法律规范的总和。②学科经济法论。佟柔教授认为，经济法是综合运用各个基本法的方法和原则对经济关系进行综合调整的法律规范的总和。

2. 经济法作为独立法律部门的定义。①经济行政法论。梁慧星、王利明教授认为，经济行政法是国家行政权力深入经济领域，对国民经济实行组织、管理、监督、调节的法律规范的总称。②纵向经济法论。其中又有三种主张：一是孙亚明教授认为，经济法就是调整我国社会主义经济关系中的宏观纵向经济关系的法律规范的总和；二是郭锐、谢次昌教授认为，经济法是调整宏观国民经济管理关系和微观企业管理关系的法律规范的总和；三是谢怀栻教授认为，经济法是调整社会主义计划经济里的各种关系的法律部门的总和。③纵横经济法论。这是经济法学界广为主张的一种理论。这种理论的基本观点是，经济法既要调整一定范围内的纵向经济管理关系，也要调整一定范围内的横向经济协作关系。但是，对于怎样界定"一定范围"，又存在不同的认识，有的界定得比较宽，有的界定得比较窄。徐杰教授认为，经济法是调整经济管理和经营协作中所产生的经济关系的法律规范的总和。陶和谦教授认为，经济法是调整经济管理关系和与经济管理密切相关的经济关系的法律规范的总和。杨紫烜教授认为，经济法是调整经济管理关系和经济协作关系的法律规范的总和。潘静成、刘文华教授认为，经济法是确立国家机关、社会组织和其他经济实体在国民经济体系中的法律地位，调整它们在经济管理和与管理、计划密切相联系的经济协作过程中所发生的经济关系的法律的总称。王榕、马绍春教授认为，经济法是调整经济活动中发生的兼有商品性（财产）和行政性（权力）双重因素的经济关系的法律规范的总称。潘念之、王峻岩教授认为，经济法是调整国家在组织国民经济中、国家在管理企业中、企业在内部管理中以及企业相互之间的协作过程中所发生的各种经济关系的法律的总和，或者说，经济法是以企业为核心的法。李昌麒教授认为，经济法是调整经济管理关系以及与经济管理关系有密切联系的经济协作关系的法律规范的总称。这是一种有限制的纵横经济法论。上述定义，应当说都是为了适应当时既存的体制或者当时改革发展的需要而提出的，只是由于人们认识的角度不同，各种理论对既存体制和改革方向的适应程度有所差异而已。

鉴于我国过去的经济法定义差不多都是在集中的计划体制下形成的，不完全符合新体制的要求，因此，我们现在应当以一种新的观念对经济法的定义作出适合于市场经济体制的概括，而不应当以种种理由拒绝反思。

（二）市场经济条件下学者们对经济法的定义[1]

随着我国从有计划的商品经济体制向社会主义市场经济体制的转变，无论是过去持某种观

---

[1] 本部分各经济法学说的名称采用了肖江平博士的归纳，参见肖江平：《中国经济法学史研究》，人民法院出版社2002年版，第289～296页。

点的学者，还是新近涌现出来的学者，都在从一个新的角度对经济法的定义作出重新揭示，从而形成了以下几种主要观点。需要指出的是，新的经济法观点，除了个别的仍然不同意经济法是一个独立的法律部门，甚至回归到经济法是调整所有经济关系的法律规范的总称的认识之外，多数学者都是在经济法是一个独立法律部门的前提下揭示经济法的定义的。

1. "国家协调说"。该说认为，经济法是调整在国家协调本国经济运行过程中发生的经济关系的法律规范的总称。这种观点将企业组织管理关系、市场管理关系、宏观经济调控关系和社会保障关系纳入经济法的调整范围。[1]

2. "社会公共性经济管理说"。该说认为，经济法是调整发生在政府、政府经济管理机关和经济组织、公民个人之间的以社会公共性为根本特征的经济管理关系的法律规范的总和。[2]经济法的体系由市场管理法、宏观经济管理法和对外经济法三大部分组成。

3. "纵横统一说"。该说认为，经济法是调整国家机关、社会组织和其他经济实体在经济管理过程中和经营协调活动中所发生的经济关系的法律规范的统一体（总称）。或表述为：经济法是调整经济管理关系、维护公平竞争关系、组织管理性的流转和协作关系的法。[3]

4. "国家调节说"。该说认为，经济法是调整在国家调节社会经济过程中发生的各种社会关系，以保障国家调节，促进社会经济协调、稳定和发展的法律规范的总称。[4]国家调节社会经济过程中发生的各种社会关系简称为经济调节关系，包括市场障碍排除关系（含反垄断和限制竞争关系以及反不正当竞争关系）、国家投资经营关系和宏观调控关系。

5. "国家调制说"。该说认为，经济法是调整在现代国家进行宏观调控和市场规制的过程中发生的社会关系的法律规范的总称。简单地说，经济法就是调整规制关系的法律规范的总称。[5]这种观点认为，经济法体系包括宏观调控法和市场规制法两大方面。

6. "需要国家干预说"。该说认为，经济法是国家为了克服市场调节的盲目性和局限性而制定的调整需要由国家干预的具有全局性和社会公共性的经济关系的法律规范的总称。[6]

上述诸种观点，尽管在表述方式上存在着一定差异，但是，在以下三点上取得了比较一致的认识：①论者们不再墨守成规，而是力图按照一种新的思维方法揭示经济法的定义；②各种观点都一致认为，经济法最本质的特征是体现了国家对经济关系的干预；③他们都把平等当事人之间的合同关系排斥在经济法调整的社会关系之外。这表明各种观点之间的共同点大于分歧点。

四、本书对经济法的定义

（一）定义的方法

为某个概念定义，最基本的要求是要揭示这个概念的本质属性，包括它的外延和内涵。综观学者们对某种法的定义，大体上有三种方法：①从某法的调整对象出发对其定义。这是一种通常的定义方法。②从某法的特有功能出发对其定义。③把某种法的调整对象和功能结合起来对该法定义。前两种定义方法，都可能给人们带来认识上的缺陷；而第三种方法可以较为清晰地告诉人们，某种法是什么和为了什么。本书采用这种方法给经济法定义。

---

[1] 参见杨紫烜主编：《经济法》，北京大学出版社、高等教育出版社1999年版，第28~32页。
[2] 王保树："关于经济法概念的考察"，载漆多俊主编：《经济法论丛》（第2卷），中国方正出版社1999年版，第64页。
[3] 该说的主要倡导者为刘文华、史际春，二者观点虽属同一类但也有一定区别，对该说的定义归纳请参见肖江平：《中国经济法学史研究》，人民法院出版社2002年版，第294页。
[4] 漆多俊：《经济法基础理论》，武汉大学出版社2000年版，第84页。
[5] 张守文：《经济法理论的重构》，人民出版社2004年版，第212页。
[6] 李昌麒：《经济法——国家干预经济的基本法律形式》，四川人民出版社1995年版，第208页。

（二）经济法的定义

经济法是国家为了克服市场失灵和政府失灵而制定的调整需要由国家干预的具有全局性和社会公共性的经济关系的法律规范的总称。简而言之，经济法是调整需要由国家干预的经济关系的法律规范的总称。这一定义与《中国特色社会主义法律体系》白皮书为经济法所下的定义大体是一致的。

这个定义表明经济法具有如下意蕴：

1. 经济法产生的客观基础是市场经济存在自发性和盲目性，具体表现为市场失灵与政府失灵。市场失灵是指市场经济的自发性和盲目性而造成的市场机制不能发挥作用的情形，主要表现为垄断、信息失灵、外部性、公共产品供给不灵、经济周期等。政府在克服市场失灵的过程中也会基于自身的局限性出现政府失灵，主要表现为政府运行效率低下、政府过度干预、公共产品供给不足、政府不受产权约束、预算偏离社会需要、权力寻租等。经济法既是运用公权力对市场失灵进行干预的法律，同时也是解决政府失灵、规范政府干预经济行为的法律。

2. 经济法最基本的属性在于它体现了国家运用法律对社会经济活动的干预。国家干预首先是由一些经济学家针对另一些经济学家所主张的"经济放任"而提出来的。经济学语境下的国家干预，通常专指政府为了达到某种经济目的而实施的一种政府行为。它更多表现为一种经济事实关系，从某种意义上说，这种干预在干预主体与干预受体之间并不发生具有权利义务性质的法律关系。而经济法语境中的国家干预，通常是指在法律授权的范围内，公权机关为了达到某种目的而对社会经济生活施加影响的状态，这种干预能够在干预主体与干预受体之间产生一种经济职权和经济职责、经济权利和经济义务的关系，即经济法律关系。

国家干预是一个广泛的概念，从国家干预的主体和受体来讲，国家干预的主体包括国家权力机关、国家行政机关、国家司法机关以及国家授权的"第三部门"；国家干预的受体，既包括作为社会组织的国家机关、企事业单位等，又包括作为自然人的公民。从国家干预的范围来讲，既包括政治干预和经济干预，又包括文化干预和社会干预等。经济法语境中的国家干预，主要是指作为行政机关的政府的干预，其干预的范围又主要是指政府对社会经济生活的干预。这表明，经济法语境中的国家干预不是泛指国家意志的体现，也不是泛指国家对社会生活的介入，它是经济法的一个特定范畴，是经济法区别于其他法律的标志。从国家干预产生和存续的条件来讲，国家干预只是商品经济社会及其高级形态——市场经济社会的特有现象，离开作为资源配置基本手段的市场机制，与市场调节或自由经营相对应的国家干预便无从谈起。也正因为如此，自然经济社会和产品经济社会虽然呈现出国家对经济生活超强介入的表象，但由于市场发育不完全，市场机制未能上升为资源配置的基本手段，因此国家在其中履行经济职能的行为，与规范和严格意义上的国家干预大异其趣。从国家干预的目的来讲，国家干预以社会经济生活为作用对象，旨在克服市场失灵，最终实现资源的优化配置和经济、社会的持续、健康发展。而国家介入社会生活的其他表现形式，或者并不直接作用于经济生活，或者虽直接作用于经济生活，但不以克服市场失灵为己任。[1]这里需要特别指出的是，经济法语境中的国家干预是尊重市场经济机制的干预，它至少包括了三个方面的内涵：①市场机制是国家干预的前提；②推动市场经济机制的高效率运转是国家干预所要达到的目的；③国家干预自身也要接受市场

---

[1]　卢代富："我国国家干预立法及其完善"，载单飞跃、卢代富等：《需要国家干预——经济法视域的解读》，法律出版社2005年版，第372～373页。

的干预。[1]

这里还必须明确一个问题,即干预的内涵是什么?按照我们的理解,干预所表明的是国家实施的一种旨在通过一定手段使经济事物朝着某个方向发展的行为。过去,在我国经济法研究中,有的学者用"协调""调节",有的学者用"调控""调制",有的学者用"管理""纵横""统一"等词语来表明经济法对社会经济关系的调整,应当说,上述任何一个词语都不足以概括国家对社会经济生活的全部作用,而相对最能概括国家对社会经济生活全部作用的词语当属"干预"一词,因为只有"干预"一词才能涵盖调节、协调、调控、调制、管理以及纵横统一等全部内容。

在本书的论证体系中,并不是一般地去谈国家干预,而是在"干预"之前加上了"需要"这个限定词。使用"需要"这个不确定或模糊的定语,主要是因为市场缺陷出现的逐步性、阶段性、市场缺陷的相对性以及不同性质的市场缺陷的存在,导致在不同时期市场对国家干预的需求在质和量上存在差异;并且干预成本、干预能力及经济法的功能局限等因素,使干预的范围也不可能一成不变,而在干预前加上"需要"这个限定词,就能反映出经济关系的动态发展及干预环境的复杂性,有助于我们动态地把握市场和国家的职能边界,最终达到国家和市场之间的和谐。[2]这里需要消除一种误解,即以为"需要"纯属国家的需要,是政府的主观判断,并进而认为"需要国家干预"具有任意性,不利于我国市场经济的健康发展。事实上,这里所指的"需要"应当是一种"双向"选择的结果,即某种法律关系的形成,一方面要取决于市场的客观需要,另一方面又要取决于国家经济职能维护社会整体利益的需要,同时还要考虑国家干预能力的实际状况。因此,"需要国家干预"的提法不会导致任意扩大国家干预的空间的后果。

3. 经济法并不调整所有的经济关系,而仅仅是调整具有全局性和社会公共性的经济关系。这是因为,公共性是必需的市场外在支持,公共性缺失难以由市场来填充,公共行为需要由国家予以矫正和控制,公共产品主要应当由国家提供。国家对经济进行干预的目的不是满足政府自身的需要,干预不是政府利益的生产机制,而是着眼于个体在公共中的利益实现。[3]但这并不意味着所有的具有全局性和社会公共性的经济关系都需要由国家运用经济法进行干预,只有在具有全局性和社会公共性的经济关系偏离社会需要时,国家才进行干预,使其回到正常的目的状态。

第二节　经济法的调整对象

一、经济法调整的概述

（一）法律调整的一般含义

"调整"一词在汉语中通常是指对既存事物的重新调配或者安排,如调整经济结构、调整预算、调整计划等。法律意义上的调整在我国成为法律术语,源于苏联的法学著作,它的基本含义是指法律对人的行为或社会关系进行影响。对于调整的作用,学者又有两种不同的理解,

〔1〕　甘强:"需要国家干预说对国家主义的克服",载单飞跃、卢代富等:《需要国家干预——经济法视域的解读》,法律出版社 2005 年版,第 171 页。

〔2〕　应飞虎:"需要干预经济关系论——一种经济法的认知模式",载《中国法学》2001 年第 2 期。对于为什么"需要"干预的进一步说明,请参见应飞虎:"为什么'需要'干预?",载《法律科学》2005 年第 2 期。

〔3〕　单飞跃:"'需要国家干预说'的法哲学分析",载《现代法学》2005 年第 2 期。

最普遍的看法是：法律调整是国家利用法律整顿现存的社会关系，使其纳入一定的范围。这种主张的基点在于：法律调整并不创造和产生社会关系，它只是将社会关系通过整顿纳入一定的范围。另一种观点认为，法律调整可以促进社会关系发生量变乃至质变。这种主张的基点是：法律调整的主要功能在于创造，即当某种社会关系出现时，如果不通过制定法律加以固定，则这种社会关系就不能形成。

我国法学界也往往从不同角度阐明了法律调整的含义。有的将它表述为法律对社会关系的作用；有的将它表述为法律对社会活动的作用；有的将它表述为法律对社会主体的作用；有的把它表述成使社会关系的发生和展开符合法律设定目标的一种机制，而这种机制由法律调整的内容、目标和实现所构成。[1]

我们认为，法律上的调整是指法律对社会关系的规范。这是因为，法律所规范的主体或者行为，最终所体现的仍然是一种社会关系。把"调整"归结为"规范"，既可以表现调整的法律属性，又可以表明对社会关系的整顿。这种整顿既可以表现为对已经充分展现出来的较为稳定的社会关系的整顿，又可以表现为对尚未充分表现出来的不稳定的社会关系的整顿；同时还表现为对按照通常规律可能出现的社会关系进行事前的整顿。这表明法律上的调整不仅仅是理顺现有的社会关系，还包括对社会关系的有条件的创制，即"超前规范"。简而言之，法律上的调整是指运用法律的规定把人们的行为或者活动纳入可操作的轨道。

法律调整所体现的是一种国家意志。社会关系无论是作为一种现实存在还是将来存在，并不一定都要采取法律的形式，是否采取民法、行政法、经济法或其他法律形式，要取决于掌握政权的统治阶级的取舍或者意志。这里所谓的意志，是指符合特定的法律形式的本旨要求的国家意志。比如，以民法调整社会关系，它所体现的只能是符合民法要求的能够保证"个体本位"实现的国家意志；以行政法调整社会关系，它所体现的只能是符合行政法要求的能够保证"国家本位"实现的国家意志；以经济法调整社会关系，它所体现的只能是符合经济法要求的能够保证"社会本位"实现的国家意志。这表明国家意志可以有不同的法律实现形式。

法律对社会关系的调整，有"第一次调整"和"第二次调整"之别，但是，我们所理解的两次调整，不是指一个法律部门对另一个法律部门所调整的社会关系的再次调整或者重新纠正，因为一个法律部门不可能也不应当对另一个法律部门对社会关系进行调整后所形成的法律关系进行"矫正"，即使出现了某类社会关系不能由或者不宜由某个法律部门进行调整而需要由另一个法律部门进行调整时，也不应称另一个法律部门的调整为第二次调整。因此，我们说经济法调整是为了弥补民法和行政法调整之不足而产生的，但不能说民法、行政法的调整为第一次调整，经济法的调整为第二次调整。所以，我们所指的两次调整是对一个法律部门而言的。第一次调整是这个法律部门对属于自己调整对象的最初调整或规范。但是，法律所规范的某种社会关系又不是一成不变的，如果原先所规范的社会关系发生了变化，那么为了使法律适应新的情况，则应该对某类社会关系进行再次调整，使其符合新的情况，如刑法对罪名的调整或增加，经济法对税种、税目和税率的调整，等等。

（二）经济法调整的含义

以上对法律调整的一般解释，同样可以适用于解释"经济法调整"。由此可以认为，经济法调整，是指国家将其意志深入到需要由国家干预的物质关系领域，使其上升为法律规定的机制。将经济法的调整归结为一种机制，表明经济法的调整是从经济法律规范的形成、遵守和实

---

[1]　李中圣："关于经济法调整的研究"，载《法学研究》1994年第2期。

施，到产生预期的、最佳的法律秩序状态，进而推动社会生产力向前发展的综合运动过程。这种过程的最终目的，是要把物质关系领域中需要国家干预但不具备强制执行力的一般社会关系，变为由法律保障实施的具有强制执行效力的社会关系。

（三）经济法调整的法哲学依据

1. 取决于经济基础与上层建筑关系的原理。马克思主义哲学把经济基础和上层建筑归结为社会关系。同时，又把社会关系划分为物质社会关系和思想社会关系两类。前者属于经济基础范畴，它是本原的或者第一性的；后者属于上层建筑范畴，它是派生的或者第二性的。在它们两者之间，一方面表现为经济基础决定上层建筑，另一方面又表现为上层建筑对经济基础的能动的反作用。这种反作用，最集中、最直观的表现，是作为上层建筑的法律对经济基础的调整作用。在任何一个社会中，经济基础和上层建筑必须是同步存在的。经济法对需要由国家干预的经济关系进行调整，正是这种同步存在的客观要求和体现。

2. 取决于法律对经济基础的相对独立性。我们在研究包括经济法在内的任何法律的调整机制时，充分认识法律对于经济基础的相对独立性是非常重要的，这是立法者为什么要对"经济事实"采取"法律动机"的形式的最基本的考虑。[1]法律的相对独立性，表现为法律不应是"现实的奴隶"，不应像镜子一样忠实地、不折不扣地反映经济关系的要求，法律必须对现实进行整理或者调整，使其纳入统治阶级所需要的范围；其所体现的是法律对社会关系应有的独特的肯定和促进作用。因此，对于法律，我们既不能认为它是主宰和决定一切的，但又不能低估它的作用，对经济法的认识更应如此。

3. 取决于现代社会中经济运动过程与法运动过程必须协调并完成于同一时空。"经济运动"是人类赖以生存和发展的前提，它集中地表现为人类在生产、交换、消费和分配等各个环节中所进行的活动。在人类历史发展的长河中，经济运动经历了由低级到高级的发展过程。最初的经济运动秩序是以习惯来维系的，随着阶级社会的出现，习惯已难以维护经济运动的秩序状态，于是出现了以国家强制力保障实施的法律，来确保经济运动的正常进行。社会越发展，经济运动越需要法律的保护。从这个意义上讲，经济运动的发展推动了法运动的发展。所谓"法运动"，正如我们在前面所说，它实际上就是法律调整机制发挥作用的过程。这种作用如恩格斯所说，现代国家中，法的发展必须"适应于总的经济状况"。[2]这表明，一个国家的法律，背离了经济发展的方向，这种经济关系就必然要遭到法运动的破坏。因此，我们可以认为，法运动和经济运动应相互协调；法运动和经济运动各自是对方的内在机制。作为与经济运动联系最密切的经济法，更应直接反映国家干预经济的经济运动，并与这种经济运动同步和协调地进行。

4. 取决于经济人和政府的有限理性。有限理性是相对于完全理性而言的，它包括两层含义："一方面，个人理性在理解它自身运作的能力方面，有着一种逻辑上的局限，这是因为，它永远无法离开自身而解释它自身的运作；而另一方面，个人理性在认识社会生活的作用方面也存在着极大的限度，这是因为，个人理性乃是一种植根于由行为规则构成的社会结构之中的系统，所以它无法脱离生存和发展它的传统和社会而达到这样一种地位。"[3]个人理性意味着：一方面，经济人在追求其自身利益的过程中，将无法预知所有的行为选择方案及其后果，由此形成了经济人的有限理性和市场失灵，并决定了国家干预的必要性；另一方面，政府的行

---

〔1〕《马克思恩格斯全集》（第21卷），人民出版社1965年版，第347~348页。
〔2〕《马克思恩格斯全集》（第37卷），人民出版社1971年版，第488~492页。
〔3〕［英］哈耶克：《自由秩序原理》，邓正来译，生活·读书·新知三联书店1997年版，第151页。

为是通过个人的行为加以实施的，缘于个人的有限理性，政府在追求公共目标的时候，同样无法预知所有的行为选择方案及其后果，由此形成了政府的有限理性和干预失灵，进而也就决定了国家或政府不可能完全替代市场而成为资源配置的主宰，决定了国家干预只能是适度的干预。

二、经济法的调整对象

经济法的调整对象，是指经济法促进、限制、取缔和保护的社会关系的范围。简而言之，也就是国家用经济法的形式干预社会经济关系的范围，或者说，经济法规范效力所及的范围。这就把经济法的调整对象与民法和行政法的调整对象区别开来了。民法的调整对象是平等主体之间基于意思自治而发生的不具有权力从属性质的社会关系；行政法的调整对象是行政关系，行政关系也包括一定范围的经济法律关系，但行政法调整一定范围的经济关系，其要旨在于对行政权进行制衡，在通常情况下并不进一步介入具体的社会经济关系。

这里需要划清一对容易引起混淆的概念的界限：本原性的经济法律关系与派生性的经济法律关系。前者是第一性的、客观的；后者是第二性的、主观的。经济法的调整任务是要把事实上的经济关系变成由法律保障实施的经济法律关系。因此，不能说经济法的调整对象是经济法律关系。即使是某种经济关系已受经济法调整而成了经济法律关系，后来由于那个受调整的经济关系发生了变化，因而法律需要修改时，我们也不能把这种修改说成是经济法对经济法律关系的调整。因为，这时经济法所调整的仍然是变化了的经济关系。

三、经济法调整对象的具体范围

笼统地讲，经济法的调整对象是需要由国家干预的经济关系。然而，即使人们对此取得了一致认识，还是不一定能够对经济法调整对象的具体范围取得一致的认识。因为，人们可以把干预范围划得宽一些，也可以划得窄一些。按照本书对经济法的定义，经济法调整对象的具体范围包括以下四个部分：

（一）市场主体调控关系

1. 市场主体调控关系的含义。市场主体调控关系指国家从维护社会整体利益的角度出发，在对市场主体的组织和行为进行必要干预过程中而发生的社会关系。

在市场经济条件下，各类市场主体的法律地位是平等的，不存在任何依附关系。但是，这并不意味着市场主体可以为所欲为、我行我素，国家不对他们进行任何调控。无论以哪种形式而存在的市场主体，当今他们所进行的市场活动，都已经不可能再是过去自给自足的自然经济条件下那种单纯为了自身需要而进行的活动，而是一种为满足社会日益增长的物质文化需要而进行的一种活动。尤其是在当今社会，企业已经成了担负社会责任的主体。在这种情况下，国家为了全局性的、社会公共性利益的需要，就必须对市场主体的组织及活动进行必要的、适度的调控。市场主体在自己的运行过程中，为了实现自己的要求，也有必要对其内部机构和成员的行为进行必要的管理。这样，经济法涉及的市场主体调控关系就包括两个层面：

第一层是国家作为一种外部力量，在对市场主体进行宏观经济调控或其他管理活动的过程中发生的经济关系，即国家从整体利益出发，在进行统筹规划、制定和实施政策、进行信息指导、组织协调、提供服务和检查监督等活动中与不同性质（国有、集体、私营、个体等）或不同组织形式（有限责任公司、股份有限公司、合伙企业、独资企业等）的经济个体所发生的调控关系。其中包括如因市场准入、企业形态的设定、设权、税收优惠、财政补贴、价格限制、利润分配、资产评估、租赁、承包、财务管理、审计、检查监督以及因法律责任而发生的关系，这种调控关系往往具有直接性。经济个体之间的平等财产关系和人身关系则由民法调整。

第二层是国家在对经济个体的内部的管理过程中所发生的经济关系的调控，即国家对经济个体在进行计划、指挥、监督和调节等活动中与其组织机构和成员所发生的经济关系的调控。其目的在于优化经济个体（主要是企业）的内部结构，实现多种形式的经济责任，完善计划、生产、劳动、质量、成本、财务等管理体系。经济法之所以要调整经济个体的内部关系，是由这些关系的性质所决定的。考察经济个体的内部治理关系，它所体现的并不是一种应当由民法调整的独立法人之间的商品货币关系，也不是一种应当由行政法调整的纯粹体现隶属性质的关系，而是一种既体现国家和企业管理者的意志又体现被管理者的意志的符合经济法调整属性的社会关系。但是，尤其应当注意的是：国家对企业等经济个体内部关系进行调整，一方面必须受到严格的限制，其干预行为必须基于法律、行政法规的直接规定；另一方面，这种干预在绝大多数情况下应当是间接的，以实现国家宏观经济调控目标为目的。

2. 经济法对市场主体进行调控的客观必然性。在构筑经济法理论体系时，经济法应不应当有自己的主体制度，一直是争论的焦点。一种观点认为，市场主体制度应当只纳入民法和商法的规定范围，另一种观点则相反。其争论的焦点在于：市场经济条件下，国家要不要对企业的组织和活动进行干预、在多大程度上进行干预、采取什么形式进行干预等问题。对此，我们持以下基本观点：

（1）所有权的社会目的导出的企业的社会责任，决定了国家必须对企业的活动进行必要的干预。当代的所有权制度，正在走出传统所有权的约束，进行着从所有到利用、从所有权的个体目的到所有权的社会目的革命；与此同时，企业制度也正在经历着从业主制度到现代企业制度、从企业的个体本位到企业的社会本位的转变。这种革命或者转变，单靠所有者或者企业自身的力量是难以达到的，这就为国家通过经济法干预企业提供了理论依据。

（2）对市场主体的经济运行实行干预是许多国家的共同取向。市场主体，最主要的当数企业。企业是构成一国国民经济体系的最基础的环节或者细胞，因此，无论是社会主义国家还是资本主义国家，无论是发达国家还是发展中国家，无不研究怎样才能建立符合本国情况的对市场主体的管理体制。回顾过去的历史，大体上有两种思路和实践：建立在公有制基础上的社会主义国家所追求和实践的是对企业的全面控制，以至达到了"无微不至"的程度；建立在私有制基础上的资本主义国家，所追求和实践的是自由企业的思想，以至放手让企业发展。这两种对企业的管理体制，无论是在社会主义国家，还是在资本主义国家，都曾经被推向了极端。后来，资本主义国家在自己的发展进程中，社会主义国家在自己的改革进程中，都意识到自己所推行的极端的企业管理体制不利于经济的发展，从而都在淡化各自的极端的基础上，取人之长、补己之短，逐步从整体上形成了各具特色的、既要充分尊重市场主体的自主权又要进行适当干预的企业运行机制。现在，还没有迹象表明哪一个国家愿意在"企业自主"和"国家干预"之间作出极端的选择，但是，总的来看，是要逐步减少国家对企业运行的直接干预。

（3）对市场主体行为进行国家干预，不仅是国家的愿望，也是企业谋求发展的内在要求。主要是因为：

第一，经济个体的发展，需要有一个良好的外部环境，而这个外部环境，经济个体自身是不能创造的。这就需要国家通过经济政策和经济法律、法规为企业创造一个能够生存和发展的环境。这是经济法所追求的最积极的调控。

第二，经济个体由于它们自身所处的局部环境，即使在有自己的信息网络的情况下，也不可能把握全局，因此，经济个体的发展，必须依靠国家的全局指导。这就需要经济法把信息资源纳入自己的调整范围，并用以指导经济个体的活动。

第三，在当今社会化生产日益发展的条件下，小规模的技术开发和资本积累，已愈来愈显示出它们的局限性，而要进行大规模的、费用很高、风险很大的新技术开发和资本积累，单个的经济个体是难以办到的，这就需要政府从整体利益出发，出面组织协调和提供服务，而这种协调和服务，又必须在经济法制的前提下进行。

第四，经济个体总是力图追求自己利益的最大化，为此它们的行为就可能偏离国家利益和社会公共利益，在这种情况下，国家就必须通过经济的、法律的和必要的行政的手段，限制或者禁止经济个体的不法行为或损害国家和社会公共利益的行为。

第五，经济法的效益原则在很大程度上要通过完善经济组织内部治理结构而实现。现在有一个很响亮的提法，就是"向管理要效益"，而企业的管理效益从根本上来讲，又是要以企业的法制管理为后盾的，因此，现在不能取消经济法对经济个体内部经济关系的调整。

（4）市场主体作为社会赖以发展的基础，其行为必然要受多个法律部门的约束。我们认为，市场主体行为并非只能受某个法律部门的约束。但是，每个法律部门对市场主体的约束，不应当超越法律部门自身的功能。市场主体的犯罪行为只能受刑法的约束；市场主体之间的平等关系只能受民法约束；国家需要干预的经济关系只能受经济法的约束。这些约束产生的原因不是部门法之间的"争权"，而是国家对法律部门权限的合理分配，其目的只有一个：为市场主体创制一个生存和发展的法治空间。

（二）市场秩序调控关系

1. 市场秩序调控关系的含义。市场秩序调控关系是指国家在培育和发展市场体系过程中，为了维护国家、经营者和消费者的合法权益而对市场主体的市场行为进行必要干预而发生的社会关系。

市场体系是指由商品市场和要素市场所构成的有机整体。市场经济是以市场为基本导向的经济。在市场经济条件下，市场对资源的配置起着决定性的作用，而市场资源的有效配置，又必须要有一个发达的、结构合理的市场体系。这就决定了国家在建立社会主义市场体制的同时，必须培育和发展市场体系。培育和发展市场体系是一项复杂的系统工程，需要许多条件的配合，其中最重要的就是法律条件。培育和发展市场体系是各个法律部门的共同任务，但是，对市场的培育和发展最能起影响作用的是民法和经济法。民法主要是通过自愿、平等、等价有偿、自负盈亏、诚实信用等原则，推动市场体系的培育和发展。但是，在市场经济条件下，所要培育和发展的市场体系，不仅要着眼于满足经济个体的自身利益的需要，同时，还要着眼于满足其他经济个体以及全局的和社会公共性的利益和需要，而这种需要单靠私权的力量是难以满足的，必须同时依靠体现公权力的经济法的作用才能形成。考察任何一个国家的情况都能发现，最能影响市场秩序的是垄断、限制竞争、不正当竞争、假冒伪劣产品以及其他损害消费者和经营者利益等行为，而这些行为只能依靠强有力的国家干预才能得到有效的制止。因此，经济法调整的市场关系主要是反垄断关系、反限制竞争关系、反不正当竞争关系、产品质量关系、广告关系以及消费者权益保护关系等。

2. 经济法对市场秩序进行调控的客观必然性。世界上许多国家都在民事立法之外制定和实施经济法以对市场秩序进行调控，这可以说是当今世界各国的一种普遍现象。这种现象的产生有其客观必然性：[1]

（1）现代市场经济应当是一个市场体系完备、各种市场的功能都得到充分、有效发挥的经济社会。如果某类市场发育不全或发展滞后，就会制约其他市场的功能的发挥，进而影响市

---

[1]　卢代富："我国国家干预立法及其完善"，载单飞跃、卢代富等：《需要国家干预——经济法视域的解读》，法律出版社2005年版，第376～377页。

场体系的整体效率。显然，市场的自发性和盲目性、市场主体的趋利性以及民法规则的自主性，决定了它们不足以造就完整的市场体系，也不足以消除市场体系内各种市场的无序状态，以实现其运转效率。这就需要体现国家干预的经济法来从宏观上克服各类市场主体发育的不平衡，从微观上对各类市场进行调控，最终实现市场体系的健全和高效率。

（2）市场经济在本质上是一种竞争经济，市场配置资源的效率主要是通过竞争机制来实现的，民法则是保障市场主体自由、平等竞争的基本法律手段。但是，竞争本身有着向垄断和不正当竞争发展的自然趋向。由竞争引起的垄断和不正当竞争反过来又必然妨碍、限制甚至消灭竞争，最终使市场机制遭到破坏。因此，为了维护和促进竞争，必须反垄断和反不正当竞争。在反垄断方面，民法的局限性是明显的，因为垄断（经济垄断）本身是民法作用的结果，并且往往通过民法规则的运用而披上合法的外衣。民法的诚信原则对不正当竞争有一定的制约作用，但仍有很多不足，因为它不可能规范所有的不正当竞争行为。[1]它只注重不正当竞争行为给其他经营者造成损害的补救，而不注重从宏观上维持竞争秩序；尤其当不正当竞争侵害的是不特定的经营者的正当竞争权时，或者未给特定的经营者造成直接的账面损失时，由经营者通过主张民法上的权利来制止不正当竞争，几乎是不可能的。以上事实表明，要使反垄断和反不正当竞争切实落到实处，必须在民法之外制定和实施新的法律。从发达国家的情况来看，这一新的法律，就是体现国家干预的竞争法。

（3）现代社会中，消费者相对于经营者已沦为弱者，而市场的自由竞争和民法的意思自治不利于保护作为弱者的消费者，因此必须通过体现国家干预的经济法，来强化经营者的质量责任，提升消费者的地位。带有浓厚国家干预色彩的产品质量法、消费者权益保护法正是在这种情况下应运而生的。

（三）宏观经济调控关系

1. 宏观经济调控关系的含义。宏观经济调控关系是指国家从全局和社会公共利益出发，对关系国计民生的重大经济因素实行全局性的调控过程中与其他社会组织所发生的关系。它主要包括产业调节、计划、财政、金融、投资、国有资产管理等方面的关系。

2. 经济法对宏观经济调控关系进行调整的客观必然性。将宏观经济调控关系纳入经济法的调整范围，几乎是一个没有任何争议的问题。宏观经济调控关系由经济法调整，是由以下几个因素决定的：

（1）由宏观经济调控的目标要求所决定。宏观经济调控的主要任务是要保持经济总量的基本平衡，促进经济结构的优化，引导国民经济持续、快速、健康发展，推动社会全面进步。这些目标的实现需要国家干预，这种干预对资源的配置具有直接的影响。正是基于资源优化配置这一经济法价值目标的考虑，我们把宏观经济调控关系作为经济法的调整对象。

（2）由宏观经济调控的国际化趋势以及各国的经验教训所决定。在发达资本主义国家，随着私人垄断资本主义向国家垄断主义转变的完成，当代资本主义出现了一个重要特征，就是国家对社会经济生活进行了大规模干预，这已经成了一个世界性的任何国家都难以抗拒的发展趋势，甚至这种趋势已经成了国际合作、国际支持的重要内容。宏观经济调控必须综合运用经济的、法律的和必要的行政的手段才能有效地得以开展。在上述诸种手段中，法律的规范性、稳定性和强制性等特性，决定了它在实施宏观经济调控中具有其他手段所不能企及的效果。事实上，发达国家的情况表明，只要充分利用法律手段，宏观经济调控就有了一定的现实保障；

---

[1] 例如，巨额有奖销售行为虽然有损于公平竞争，但从民法的角度看，又属于行为人的处分行为和自由契约行为，民法难以提供充分的处理依据。

否则，非但不能真正实现经济总量的平衡、确保经济发展的后劲等目标，而且将造成经济秩序的紊乱。因此，发达国家在普遍接受宏观经济调控的同时，也十分重视相应的经济法制建设。在我国，用经济法的手段进行宏观经济调控，同样是由过去的经验和教训所决定的。回顾我国经济发展的历程，我们发现这样一个具有规律性的现象：在我国经济发展的不同时期，曾经出现过不同程度的经济过热、通货膨胀、总量不平衡、结构不合理、经济秩序混乱等困难和问题，究其原因，在很大程度上是由于宏观失控所造成的。围绕着这些困难和问题，国家采取了一系列加强宏观经济调控的经济、行政和法律的措施，使得在不长的时间里，这些问题得到了有效控制。这些教训和经验，为国家运用经济法律进行宏观经济调控提供了有力的现实基础。

（3）由市场自身的弱点和消极方面所决定。市场并不是万能的，它不能解决全部经济问题。市场机制的最大弱点莫过于缺乏足够的自我调节机能。诸如经济总量的平衡、大的经济结构的调整、关系公共利益的基础设施的建设、公共产品的提供、由总供给和总需求的矛盾而引发的经济问题、大规模新技术的开发和资本积累、资源的合理分配、生态平衡和环境保护、各个利益集团冲突的调节以及由于经济关系国际化所带来的矛盾和冲突等这些涉及全局性的经济关系，市场机制对它是无能为力的。而这些问题的解决既不能够单纯运用行政法的命令与服从办法去解决，也不能用民法的办法——通过当事人之间设定契约关系去解决，最好的办法就是通过能够体现国家干预的经济计划、经济政策和经济法律的办法去解决。

（4）由国家机构的职能所决定。国家机构从本质上讲是为广大人民群众的利益服务的。为了实现这个宗旨，国家机构担负着领导和组织经济建设的基本职能。在我国，对于国家机构（特别是政府机构）如何才能更好地实现其领导和组织建设的职能，有一个认识和实践的过程。我国过去所认识和实践的国家机构的领导和组织经济建设的职能，主要是通过体现国家权力的行政手段对微观经济的运行进行直接的控制或者说干预而实现的。随着政企职责分开及社会主义市场经济体制的目标确立，越来越强烈地要求政府转变职能。政府转变职能最核心的问题就是要严格区分国家作为公权者与国家作为财产所有者这两种身份，使国家职能只限于国家公权力对市场进行管理和宏观经济调控。经济法与经济手段一样，都是有别于行政手段这一直接管理方式的间接管理手段。

（四）社会分配关系

1. 社会分配关系的基本含义。分配是一个拥有丰富内涵和具有广泛适用领域的概念。它有最广义、广义与狭义之分：最广义的分配是一种对资格和资源的分配，内容包括政治权利、经济权利、文化权利等；广义的分配是指属于生产过程的生产要素分配与生产过程中的社会产品分配；狭义的分配则是指社会再生产过程中作为相对独立的环节而出现的分配过程，它发生在生产之后，是对生产成果即社会产品的分配。由于社会产品的分配一般表现为收入形态，在总和上称为国民收入，所以狭义的分配通常是指对国民收入的分配。我们是从广义的角度界定经济法所要调整的社会分配关系的，它既包括属于社会产品范畴的收入分配关系，也包括属于生产过程的生产要素的分配关系。

2. 经济法调整社会分配关系的客观必然性。对于经济法调整社会分配关系的客观必然性，我们可以从以下四个角度进行分析：①我国国民收入的初次分配，是受按劳分配原则和物质利益规律支配的，由国家或集体按照有利于劳动者的原则进行，它必须反映劳动者的整体利益和个人利益、长远利益与当前利益的要求。这就一方面排斥了劳动者和企业纯粹按照自己的意志进行分配的可能性；另一方面又决定了国家必须从全局利益出发，经常调节和正确处理在分配中所存在的各种矛盾。[1]②我国国民收入的再分配是根据市场经济规律在全社会范围内进行的，这就排斥了再分配领域中各自为阵和无政府状态的发生。③对初次分配和再分配所形成的最终积累的消费和使用也必须按比例发展。积累和消费是国民收入使用中的两个不同方面，积累基金主要用于扩大再生产，消费基金主要用于个人消费，如果在国民收入总额中，积累基金占的比重过大，消费基金比例偏低，就会影响人民消费水平的提高，最终又将影响生产的发展；相反，如果消费基金比重过大，也会影响扩大再生产的速度，最终还是会阻碍人民生活水平的进一步提高。积累和消费这种矛盾的减弱或者克服，又需要国家从全局利益出发，进行有效的协调才能完成。④我国社会主义市场经济体制已经初步建立，但仍然存在着生产要素市场发展滞后，要素闲置和大量有效需求得不到满足并存的状况，这就使得市场在资源配置中的决定性作用得不到充分的发挥。要解决这个问题，就必须要提高资源配置效率和公平性，这就决定了在整个国民收入的分配和使用过程中，国家总是要伸出"国家之手"采取适当的手段干预、管理、调控社会分配活动。

■ 思考题

1. 怎样理解"需要国家干预说"的内涵？你对此说有何评价？

2. 经济法调整对象的范围包括哪些？经济法为什么要对市场主体调控关系、市场秩序调控关系、宏观经济调控关系以及社会分配关系进行必要的干预？

3. 怎样把握国家对经济关系进行干预的"度"？

■ 参考书目

1. [日]金泽良雄：《经济法概论》，满达人译，中国法制出版社 2005 年版。

2. 李昌麒：《经济法——国家干预经济的基本法律形式》，四川人民出版社 1995 年版。

3. 杨紫烜主编：《经济法》，北京大学出版社、高等教育出版社 1999 年版。

4. 漆多俊：《经济法基础理论》，武汉大学出版社 2000 年版。

5. 张守文：《经济法理论的重构》，人民出版社 2004 年版。

6. 单飞跃、卢代富等：《需要国家干预——经济法视域的解读》，法律出版社 2005 年版。

7. 卢代富：《企业社会责任的经济学与法学分析》，法律出版社 2002 年版。

8. 王全兴：《经济法基础理论专题研究》，中国检察出版社 2002 年版。

---

[1] 2010 年 5 月中华全国总工会集体合同部部长张建国向媒体表示，中国居民劳动报酬占 GDP 的比重 22 年间下降了近 20 个百分点，已经成为影响社会和谐稳定的重要因素。2010 年 9 月在我国天津举行的夏季达沃斯论坛上，国务院总理温家宝发表讲话表示"我国将推进收入分配制度改革，努力提高劳动报酬在初次分配中的地位"。参见 http：//enews. xwhb. com，http：//www. china. com. cn，2010 年 11 月 20 日访问。这些信息可以显示我国对初次分配中存在问题的高度关切。作为以国家干预经济为己任的经济法，不仅应当延续既有的通过财政转移支付、社会保障等途径促进收入再分配的思路，而且应当更加关注影响初次分配领域的诸多因素，从提供保障性利益的消极福利转变为提供发展性利益的积极福利。参见陈治：《福利供给变迁中的经济法功能》，法律出版社 2008 年版，第 134 页。

第三章　经济法的基本原则、
调整方法和功能

■学习目的和要求

　　了解传统体制下经济法基本原则研究中存在的不足，把握经济法应当具有的基本原则及其含义；掌握经济法的独特调整方法和功能，并以此为出发点，发掘经济法作为一个独立法律部门的客观依据。

第一节　经济法的基本原则

一、经济法基本原则揭示中存在的缺陷

　　过去，我国学者针对我国经济体制发展的不同时期对经济法的基本原则作过许多研究和揭示，其中不乏真知灼见，但是，由于受当时体制机制的约束，经济法学界在对经济法基本原则的揭示上仍然存在着许多缺陷，主要表现为：一是未能对构成经济法的基本原则所依据的标准取得共识；二是将法律的一般原则表述为经济法的基本原则；三是将其他部门法的原则与经济法的基本原则相混淆；四是将经济规律直接表述为经济法的基本原则；五是将国家的经济政策直接表述为经济法的基本原则。上述五个方面是我国经济法基本原则表述中存在的主要通病。

二、经济法基本原则的含义及属性

　　经济法的基本原则相当于经济法之"纲"，而具体的经济法律条文则相当于经济法的"目"。因此，把握经济法基本原则，就能收到纲举目张的效果。通过对过去经济法基本原则表述中的缺陷的分析，可以对经济法基本原则的含义作如下表述：经济法的基本原则，是指规定于或者寓于经济法律、法规之中，对经济立法、经济执法、经济司法和经济守法具有指导意义和适用价值的根本指导思想或准则。这表明，经济法的基本原则具有如下属性：

　　（一）经济法的基本原则必须反映经济法的本质

　　经济法的基本原则作为经济法的"纲"，必须反映经济法的本质。也可以这样说，只有反映经济法本质的原则，才可能是经济法的基本原则。经济法的本质是经济法区别于其他部门法的关键，而经济法最重要的本质特征，就是经济法是国家干预经济的基本法律形式。因此，经济法的基本原则既要区别于行政法范畴的国家对政治生活的干预，又要与体现当事人地位平等的民法的基本原则相区别。这里应进一步指出的是，经济法是以社会公共利益或整体利益为出发点的法律，也就是说，在经济法的范畴中，国家干预要从社会公共利益或整体利益出发，它实质上体现的是一种国家的经济伦理义务。但是，组成国家的人并不是抽象的人，不是脱离社会现实生活的人，因此，我们对国家在社会经济领域中的行动要慎重，特别是注意不能以国家的作用代替市场的作用，而是应以社会的实际需要为限度。

　　（二）经济法的基本原则具有明确的准则性或者导向性

　　经济法的基本原则必须具有明确的准则性或者导向性，这反映了经济法基本原则的规范性

价值，其核心的意思是经济法的基本原则不仅仅是一种理论的抽象，还有其现实的价值。经济法基本原则的准则性或者导向性价值主要表现在以下四个方面：①对经济立法者的指导作用。经济法基本原则对经济立法者的指导作用一方面表现为在制定经济性法律时，立法者必须首先确立经济法的基本原则，然后在这些基本原则的指引之下进行立法；另一方面，经济法的基本原则对以后的经济立法具有指导作用，即在经济法的基本原则确立之后，经济立法者也必须在经济法基本原则的指导下进行具体的法律条文设计。②对经济法执法者的指导作用。市场是有缺陷的，市场形势的变化是迅速的，而法律规范总是有限的，体现国家干预经济的基本法律形式的经济法要发挥其应有的作用，就必须大量借助于国家行政机构这一重要的主体，以行政的灵活性弥补法律规范的一些不足。但是，这种灵活的度必须把握得当，而经济法的基本原则则可以起到指导性的作用。③对司法机关的指导作用。这主要表现为两种情况：一是在经济法没有规定时，经济法的基本原则对法院作出裁决具有准则性的作用。法院不能因为法律没有规定而拒绝裁判，但是法院亦不能仅凭自己的意志进行完全的自由裁量，而必须在经济法的基本原则的限度内进行自由裁量。二是在经济法的规定不是很明确时，在适用经济法的过程中必然存在解释法律的问题，这时经济法的基本原则就能够对这种解释起一个限定范围的作用，这一点也体现了经济法的基本原则对经济法自身的局限性的克服。④对经济法的守法者的指引作用。由于经济法牵涉社会经济生活的方方面面，其内容十分庞杂，同时，作为一个新兴的部门法，经济法与一些传统的法律部门如民法、行政法等也具有密切的联系。因此，对于大多数守法者而言，完全掌握经济法的所有法律法规是不太现实的，而由于经济法的基本原则体现了经济法的基本精神与本质，因此，理解经济法的基本原则对于其遵守经济法律法规就具有十分重要的指引性意义。

（三）经济法的基本原则所表明的是经济法的精神

经济法的精神是指经济法的目的、宗旨、价值和意义的总和。在法典式的部门法当中，法律的基本原则一般在该部门法的法典的总则中加以规定。由于经济法目前尚无一部成文的法典，其规范散见于各有关的法律法规中，因此，经济法的基本原则除了少部分在某一个具体的法律法规中有明确的规定之外，其他的一般就需要根据经济法的精神进行概括。但是这里应该注意两个问题：①我们必须认识到经济法的基本原则具有抽象性，特别是与其他有基本法的部门法相比更是如此。因此，我们不能像归纳其他部门法的基本原则一样去归纳经济法的基本原则，而必须基于各种经济的法律规定进行抽象，这一点很可能使经济法的基本原则变得更加抽象。②经济法的基本原则毕竟不是具体的法律条文，在很大程度上，它是一种反映经济法精神或者价值取向的比较抽象和比较模糊的概念。但是，经济法的基本原则毕竟是对经济法目的、宗旨、价值和意义的概括与表现，因此，它不完全是虚拟或者说是玄而又玄的东西，只要通过对现行的经济法律法规的概括是可以抽象出经济法的基本原则的。同时，立法者、执法者、司法者及守法者也将发现，经济法的基本原则并不是一个与他们毫不相干的东西，而是一种指引他们行动的基本指南。

三、经济法基本原则的构成

参照我国已经颁布的经济法律法规，同时考虑到经济法应有的价值取向，我们对市场经济条件下经济法的基本原则的构成作如下学理概括：

（一）适度干预原则

这是体现经济法本质特征的原则。在理解经济法的适度干预原则之前，我们必须对国家干预有一个基本的认识。由于市场是有缺陷的，因此，运用国家的力量对这种缺陷进行修补是一种客观的需要。主要表现为：①国家干预是不可避免的。因为国家的存在是一种客观的存在，而"根据历史经验，没有一种国家可以排除支配的因素"，[1]而这也正好反映了现代国家的经济职能。②国家干预是必需的。例如在市场经济中，"即使不存在疏忽，公共政策仍要求，只要是由于进入市场的具有缺陷的产品造成的对生命和健康的危害，就要承担责任"。[2]而按照传统的法律思维，承担责任还需在主观上有过错，因此，要使不存在疏忽的市场参与者承担责任，国家的干预就显得十分必要。③国家干预也是有用的。这一点早已经被资本主义与社会主义的发展历史所证明。资本主义国家发现自由市场不是万能的，而社会主义国家在转轨之后，也基于克服市场失灵的考虑，保留了国家对社会经济生活的适度干预。市场逻辑的客观结果，一方面是由于资源的高效配置而带来的经济繁荣，另一方面则是因垄断、外部性等因素造成的不公平竞争的市场缺陷。市场失灵的不可避免与国家经济职能的客观存在，使得国家对市场的干预成为一种历史的必然，因此，国家对经济的干预是伴随着国家的存在而存在的，所不同的只是在社会发展的不同时期，国家干预经济的方式、范围、目标和价值有所不同。由此看来，问题的关键不在于要不要干预，而是国家应如何干预。鉴于"政治权力能够给经济发展造成巨大的损害，并能引起大量的人力和物力的浪费"，[3]因此，我们必须把握国家干预的"度"。我们认为，政府应适度干预不仅仅是一种理论上的认定，更是一种现实的需要。我们需要一个强有力的政府，但是我们也需要一个充满自由竞争与活力的市场，因为市场是人类潜能激发的最有效的场所，同时也是自由理想实现的场所。政府必须干预经济，但是，这种干预必须是适度的和有利于市场经济健康发展的。

什么叫适度干预？我们认为，适度干预是指国家在经济自主和国家统制的边界或者临界点上所作的一种介入状态。无可否认，如何把握这个"度"，是一个极富挑战性的命题，甚至有滑入主观主义泥潭的危险。因此，必须从以下几个方面去把握这个"度"：①适度干预必须是以市场为基础的干预。我们强调的国家干预，是在尊重市场运作规律基础上进行的国家介入，而不是对传统的国家统制的回归。背离市场规律的干预，是行不通且注定要失败的。②适度干预是以保护竞争为目的的干预，即无论如何，干预是为了更好地保护竞争、促进竞争，而且是促进公平的竞争。适度干预是排斥那种出于个别特殊目的或不正当考虑的干预。③适度干预的手段应当逐步走向法治化。我们可以采取行政的、经济的或法律的综合手段对市场运作进行干预，但是，每一种手段的采取都应当在法律允许的范围内，而不是行政长官个人意志的结果。④适度干预应当遵循法定程序。干预的程序必须法定，这既是法治的要求，更是基于"正当程序"有利于克服当事人的不满并使其真正服从的考虑。同时，干预程序的法定将使干预在很大程度上摆脱干预者的恣意行为。⑤适度干预要求干预的范围必须法定。适度干预并不意味着对市场的全过程的干预，而只是在市场失灵的地方进行干预。在我国的现实情况下，国家干预的范围既可以由政策设定，也可以由法律规定。

如何衡量干预是否适度？我们认为，最根本的标准是要看这种干预是促进还是阻碍经济的发展。比如，作为经济组织法的《公司法》，它对公司的设立条件，设立程序，权利义务设置，股票的发行、转让和管理，上市公司的条件和批准，公司法定公积金的提取等规定，都在一定程度上体现了国家从全社会利益出发对公司行为的干预。就作为调整市场运行关系的《反不正当竞争法》《消费者权益保护法》《产品质量法》《广告法》而言，本着保障市场经济

---

[1]　[德]卡尔·拉伦茨：《法学方法论》，陈爱娥译，商务印书馆2003年版，第59页。
[2]　[美]罗伯特·D. 考特、托马斯·S. 尤伦：《法和经济学》，施少华、姜建强等译，上海财经大学出版社2002年版，第245页。
[3]　《马克思恩格斯选集》（第4卷），人民出版社1995年版，第483页。

的健康发展、保护正当竞争、加强产品质量和广告的监督管理以及保护消费者的合法权益不受侵犯的考虑,在许多方面都体现了国家对社会经济生活的干预,以使经济行为符合全局利益和社会公共利益的要求。在经济法体系中,最能体现国家对社会经济生活进行干预的是宏观调控和社会分配方面的法律。比如,《中国人民银行法》中关于控制货币发行的规定,《劳动法》中关于就业促进的规定,自然资源法中对自然资源的开发、利用和保护的规定,《审计法》中对各种审计制度的规定,无不体现出国家对这些领域中关涉全局性和社会公共性的社会关系的强有力的干预。

(二)经济民主原则

"经济民主"是作为经济高度集中或者"经济专制"的对立物而存在的。随着商品经济向它的高级阶段——市场经济方向发展,在国家宏观经济调控下实行经济民主成为当今资本主义市场经济获得发展的一个重要条件。马克思、恩格斯指出:"国家真正作为整个代表所采取的第一个行动,即以社会的名义占有生产资料,同时也是它作为国家所采取的最后一个独立行为。那时,国家政权对社会关系的干预将先后在各个领域中成为多余的事情而自行停止下来。"[1]显然,人类发展的现阶段还不能达到马克思和恩格斯曾经预见的那样一种程度,国家对经济生活的干预,仍将长期存在。但是,这种干预必须符合经济民主的要求。在我国,自从党的十一届三中全会把加强社会主义民主和法制作为一个重要的方针提出来之后,邓小平同志明确提出要在中国实行经济民主。早在1978年召开的中央工作会议上,邓小平同志就对经济民主作过十分深刻的阐述,他说:"我想着重讲讲发扬经济民主的问题。现在我国的经济管理体制权力过于集中,应该有计划地大胆下放,否则不利于充分发挥国家、地方、企业和劳动者四个方面的积极性,也不利于实行现代化的经济管理和提高劳动生产率。"[2]这表明邓小平同志对经济民主的高度重视。我们党为之奋斗的"社会主义民主"由"政治民主"和"经济民主"两大民主所构成,而民主又是要以法制作保证的。我国社会主义政治民主主要是通过宪法和行政法来实现的,而经济民主的落实就历史地落在民法和经济法的肩上。根据邓小平同志对经济民主的论述以及经济民主自身的内在含义,从法律上去考察经济民主,可以发现,经济民主不仅与国家行政权、国家所有权、企业经营权、法人财产权、劳动者的民主参与权以及获得物质利益的权利紧密相关,同时,这些权利的本身就是经济民主实现的法律形式。而经济法之所以要把经济民主作为一项重要原则贯彻始终,是因为经济法作为国家干预经济的法律,如果不强调经济民主,那么经济法就可能以自己的规定妨害乃至窒息经济民主在我国市场经济土壤中的生长。从根本上来说,实行经济民主既是经济法主体具有决策机制、动力机制和利益机制的前提条件,也是国家在经济干预中首先要实现的目标,国家干预如果离开了这个目标,就必然造成经济独裁。

作为经济法的一项基本原则,经济民主的价值主要体现在以下三个方面:①经济民主契合了市场经济的自由竞争机制。市场作为一种资源配置方式的优势在于其能最大限度地发挥市场主体的潜力,而这一点正是通过开发市场主体的竞争潜力达到的。在经济民主的旗帜下,每个市场主体都有参与市场竞争的自由,同时,对于妨害自由竞争的行为,市场主体可以寻求法律框架限度内的救济。②经济民主有利于发挥国家与市场各自的优势。对国家而言,经济民主本身就确立了国家行为的限度和边界。这种限度和边界只限于纠正市场失灵。对市场而言,由于国家的干预必须遵循经济民主的原则,这就使得市场在资源配置中的作用不会受到削弱。这表

[1]《马克思恩格斯全集》(第3卷),人民出版社1965年版,第438页。
[2]《邓小平文选》(第3卷),人民出版社1993年版,第135页。

明，经济民主可以调动国家与市场两方面的积极性，从而有利于发挥国家与市场这两种资源各自的优势。③经济民主体现了经济法保护弱势群体的人文情怀。贯彻这一原则，就使得国家对市场竞争中的弱势者或者失利者进行必要救助有了正当的依据。有市场就有竞争，就有失败者，这是市场铁律。但是，人类社会毕竟不是弱肉强食的动物世界，对市场竞争中的弱势者或者失利者进行救济是社会文明的表现，同时也有利于整个社会的长远发展。又比如，在消费领域，与经营者相比较，消费者总是处于弱势的地位，这种由于现代工业化所带来的矛盾在传统法律框架内是难以有效解决的。而经济民主的推行，能够在一定程度上矫正这种形式平等掩盖下的实质不平等，从而求得真正的公平与正义。

经济民主的实现形式是极为广泛的。就经济法而言，实现经济民主的核心问题有：①深入改革高度集中的经济管理体制。虽然改革开放以来，我国在改革高度集中的经济管理体制上取得了很大的成效，但是，按照社会主义市场经济体制的要求，我们还有很多工作要做。例如，如何实现政企分开、国家所有权与国家行政权分开、国家所有权与企业经营权分开，依然是需要进一步解决的现实问题。②正确处理好发挥中央和地方两个积极性的问题。要按照民主集中制的原则，合理划分中央与地方的职权：一方面要维护中央的权威，使中央的各种宏观调控政策得到有力的贯彻；另一方面也要给予地方以充分的权力，使地方组织经济建设的职能能够得到充分的发挥。③要注重现代企业治理结构的建设，保障劳动者有充分参与企业治理的权利。④要形成国家机构与企业组织的经济职权与经济职责、经济权利与经济义务相结合的机制。⑤要在坚持按劳分配的同时，更加注重改革发展成果的公平分享，使改革发展的成果惠及全体人民。

（三）社会本位原则

法律本位指法律的基本观念、基本目的或基本作用、基本任务。法律部门的本位思想就是指这个法律部门在解决社会矛盾中的基本立场。作为一种超脱于社会之上的力量，国家必然面临各种社会矛盾。国家采取什么样的法律形式来平衡和解决这些矛盾就构成了法律部门之间的权力分配状况，并成了一个法律部门区别于另一个法律部门的重要标志。调整社会经济关系的法律部门的本位思想有三种：①"国家本位"，这是以国家利益为主导的行政法的本位思想；②"个体本位"，这是以当事人利益为主导的民法的本位思想；③"社会本位"，这是以维护社会公共利益为出发点的经济法的本位思想。从法学视角察之，民法等私法是为了实现个人利益的，行政法等公法是体现国家利益的，而经济法所体现的则是社会的整体利益。当然，这三者不存在绝对的界限，其区分只具有相对的意义。这里的难点是如何界定"社会公共利益"。我们认为，社会公共利益具有以下一些基本特性：①社会公共利益具有广泛性。从这个角度看，社会公共利益应是指最广大人民的利益。这里所指的"广大"，一方面指空间范围上的广大：既包括全国性的广大，又包括地区性的广大，其外延取决于特定法律法规的适用区域；另一方面指时间上的广大：既包括生活在地球上的当代人，也包括未来将生活在地球上的人们。②社会公共利益具有发展性。这是从动态的角度考察社会公共利益的含义的结果。社会公共利益是一种实实在在的利益形态，但是它并不是固定不变的，因而，对社会公共利益的保护范围并不是通过简单的枚举就可以完成的。因此，必须将社会公共利益的判定放在一个静态和动态相结合的情况下去考量。社会公共利益的发展性导致在彼时是公共利益的但在此时则可能不是。例如，在紧急状态下采取的一些保护公共利益的措施在正常情况下就不见得是保护公共利益之举。③公共利益具有模糊性。这一点主要体现在我们很难把握公共利益的边界。④公共利益具有复杂性。这一点主要表现在公共利益往往和个人利益、集体利益、国家利益胶合在一起，具有异常的复杂性，这是其他利益形态不具有的。

国家利益、社会公共利益和个体利益是三个既有密切联系又有严格区别的不同范畴，它们彼此相辅相成，但又不能相互代替。就国家利益和社会公共利益而言，有时很难找出它们的区别。在我国社会主义条件下，国家利益和社会公共利益从根本上来讲是一致的。但是，它们之间是存在矛盾的。例如，在有的情况下，如果纯粹从国家利益出发采取某种措施，就可能妨碍社会公共利益。比如不适当地扩大积累、增加货币发行、加重赋税等，这可能暂时对国家有利，但是对社会公共利益却可能造成损害。面对这类利益关系的矛盾和冲突，既不能运用以命令和服从为特征的行政法进行调节，也不能运用以保护当事人利益为出发点的民法进行调节，最好、最恰当的办法是由以国家适度干预为己任的经济法进行调节。社会公共利益的满足程度又是与国家的宏观调控、经济个体的行为以及市场的运行和社会分配行为紧密联系的，这就决定了经济法应把社会本位作为自己的基本原则，这一方面表明经济法在对产业调节、固定资产投资、货币发行、价格调整、反垄断和不正当竞争、产品质量控制以及消费者权益保护等关系进行调节时，必须以社会公共利益为本位；另一方面也表明，任何市场主体在进行市场行为时，都不能一味地追求自身利益的最大化而忽视对社会公共利益的关注，否则，即是对自己应当承担的社会责任的背离。

（四）经济公平原则

"公平问题是一个人类价值问题，是人类的一个恒久追求，是政治社会中所有价值体系追求的一个最高目标。一切社会规范形式，诸如政治规范、法律规范、道德规范、宗教规范等，都将公平作为重要的价值内容和价值目标，体现和渗透在自身的规范结构之中。"[1]作为法律的最重要的价值之一，公平具有十分重要的地位。经济公平最基本的含义是指任何一个法律关系的主体，在以一定的物质利益为目标的活动中，都能够在同等的法律条件下，实现建立在价值规律基础之上的利益平衡。在以契约关系为经济联系基本纽带的市场经济体制中，经济公平主要体现为交易公平。因此，经济公平成了市场经济主体进行市场交易的基本追求和基本条件。经济法以经济公平作为其基本原则，表明经济法对人类文明所揭示的法律价值的认同。马克思曾经指出："'价值'这个普遍的概念是从人们对待满足他们需要的外界物的关系中产生的。"[2]对于法律价值的真谛是什么，中外法学家都有过许多探索，现在比较一致的认识是，法律的基本价值包括自由、正义、公平、秩序和效率。而以上任何一个价值如果被丢弃，人类所追求的理想价值目标也就不能实现。公平作为满足人类需要的一个重要属性，包括政治公平和经济公平。而政治公平又是以经济公平为前提的，人们在经济上不能获得公平，政治上的公平就失去存在的意义。对于什么是公平，中外学者从不同的角度进行了许多揭示。在民法上，公平主要是指形式公平，它意味着机会平等，而机会平等至少包括四个方面：社会资源平等地向市场主体开放；竞争的起跑线均等；市场主体平等地不受歧视；市场主体平等地拥有实现其经济目的的手段。[3]我们认为，经济法上的公平，是在承认经济主体的资源和个人禀赋等方面差异的前提下而追求的一种结果上的公平，即实质公平。质言之，民法是以平等而求得形式公平，经济法是以不平等而求得实质公平。因此，作为调整经济关系的两个最重要的法律部门——民法和经济法，在实现市场交易的公平原则中都起着重要的作用。民法主要是通过意思自治保证实现交易公平的；经济法是通过对意思自治的限制来实现公平的。从我国现实情况来看，影响经济公平的因素主要有行政干预、权力经济、不适当的差别政策、税负不公、分配不

〔1〕　邵诚、刘作翔：《法与公平论》，西北大学出版社 1995 年版，第 2 页。
〔2〕　《马克思恩格斯全集》（第 19 卷），人民出版社 1965 年版，第 406 页。
〔3〕　公丕祥："论当代中国法制的价值基础"，载《法制与社会发展》1995 年第 2 期。

公、价格体制不健全、不正当竞争和垄断等因素，而要克服这些因素，民法的作用是微乎其微的，甚至是无能为力的，因此，经济法必须把实现经济公平作为自己的一项基本原则。我们认为，经济公平意味着经济法应当着重关注以下内容：[1]

1. 竞争公平。这是经济法应当实现的经济公平的第一个层次。显然，竞争是市场机制发挥其基本功能的先决条件，而竞争功能的实现程度又主要取决于法律对各竞争主体适用的公平性。因此，有必要确保市场主体的法律地位平等和竞争机会的均等。

2. 分配公平。分配不公是经济社会发展的伴生物，如果说确保竞争公平是主要关注市场主体的竞争机会公平的话，那么分配公平则是在此基础上进一步强调社会成员对资源成果的分享公平，是经济法应当实现的经济公平的第二个层次。分配公平必然面临分配标准的抉择。考察现代社会经济的运作轨迹不难发现，按劳分配、按需分配和按资分配是三种主要的分配形式，鉴于我国现在生产力的发展水平以及整个社会经济结构的特点，我们主张将按劳分配作为我国当前最主要的分配形式，同时规范并合理运用其他分配形式，在此基础上保障分配公平的实现。

3. 正当的差别待遇。现代社会的发展已经导致人们相互之间在能力、财富拥有等方面的差距愈加显著，如果法律对这些先天性不平等的情况视而不见，依然对所有人一视同仁，就只能使"不平等变得天经地义，甚至加深这种不平等"。[2]因而，导源于人道主义的现代思潮的出现，以及社会福利理念的倡导，使得有条件的差别待遇原则逐渐被纳入公平的范畴，作为经济法应当实现的经济公平的第三个层次。差别待遇所表明的是社会资源要根据人的具体情况作具体分配，换言之，在法律权利义务的配置上，要给某类人群以适当的倾斜，其主旨是要使社会上处于不利地位的那部分人获得一定的补偿和救济，但是这种倾斜又必须保持在公平和合理的范围内，不使这种倾斜导致对另一部分人群的损害。

（五）资源优化配置原则

资源在经济法中是一个内容十分广泛的概念，包括人力资源（如劳动力）、财力资源（如资本）、物力资源（如自然物）、技术资源（如科学技术成果）以及信息资源（如商业秘密）等。它们是一个社会赖以存在、发展的基础。资源的优化配置是指资源在生产和再生产各个环节上的合理和有效的流动和配备。把资源优化配置作为经济法的基本原则，是市场经济体制对经济法的基本的要求。从有计划的商品经济向社会主义市场经济的转变，是我国经济体制的一个根本性改变，这种转变又集中表现为资源配置方式的转变。在现代社会中，社会经济的发展，从根本上要取决于资源配置的状态。这就决定了市场经济调节机制的核心是资源配置机制。如何理解资源配置？当前我国经济学界有着不同的观点。一种观点是沿着西方经济学的研究思路，认为市场机制中的资源配置是"生产要素"的配置，而不是生产关系的配置。其理由是资本主义生产关系的配置已寓于生产要素的配置之中，而且伴随着生产要素的配置能够自发地实现资本主义生产关系的简单再生产与扩大再生产。另一种观点认为，社会主义市场经济与资本主义市场经济的本质区别，不在于生产要素配置机制方面的差别，而在于生产关系配置机制方面的质的不同。这种不同集中表现为社会主义市场经济的生产关系的配置，不是寓于资本剩余价值规律与价值规律的统一而形成的市场调节之中，而是寓于社会价值规律与价值规律的统一而形成的市场调节机制与宏观调节机制之中，这决定了在社会主义市场经济体制中，必须通过国家宏观调控，形成以公有制为主体的多种经济成分共同发展的格局，实现社会主义生

---

[1]　参见李昌麒：《寻求经济法真谛之路》，法律出版社 2003 年版，第 93~95 页。
[2]　参见［英］彼得·斯坦等：《西方社会的法律价值》，王献平译，中国法制出版社 2004 年版，第 71 页。

产关系的再生产，这就是"两层配置论"。[1]我们赞成后一种观点，认为经济法的资源优化配置原则，既适用于要素资源配置，又适用于生产关系资源的配置，但是生产关系的配置应当有利而不是有碍于生产要素资源的配置。

综观当今世界，在资源配置方式上，大体上有两种基本方式：一种是以计划为主的配置方式，其显著特点是行政权力因素在资源配置中起着主导的作用，它的典型形式是通过国家计划特别是指令性计划配置资源，其主要出发点是企图通过国家的计划干预，解决经济短缺等问题。另一种是以市场为主的配置方式，其显著特点是价值规律在资源配置中起着主导作用，其典型形式是运用经济杠杆促进经济的发展，其主要出发点是试图通过价值规律的自发作用，解决供需矛盾。中外历史都已证明，以市场为主的资源配置方式优于以计划为主的资源配置方式。而我国现在所要建立的社会主义市场经济体制，就是要使市场在资源配置中起决定性作用。在这种体制下，我们不能在计划和市场这两者之间走极端。这就是说，我们在强调市场在配置资源中的决定性作用时，也不能忽视国家在资源配置中的作用。国家在资源配置中的作用可以表现在多个方面：①通过能够反映客观经济规律的宏观调控法律机制，引导资源的合理配置；②通过建立和执行市场规则，规范市场主体的资源配置行为；③通过政府的职能行为，协调竞争性市场可能带来的市场矛盾；④通过国家的强制，实现资源的优化配置，以解决资源浪费、公共产品的提供和外部性问题。这就决定了我们要在各种经济法律法规中保证市场在资源配置中的决定性作用的充分发挥，比如通过制定市场主体规制法，充分保障多种形式的市场主体并存和发展，赋予他们充分的权利，使他们在竞争中处于平等的法律地位，实现生产要素和生产关系要素资源的优化配置。同时，要在各种经济法律法规中保障国家宏观调控措施在资源配置中的作用的发挥，比如通过制定自然资源法、劳动法、财税法、金融法、特许经营法等，保证国家对自然资源、人力资源、财力资源的优化配置。这表明我们的所有经济法律法规，都必须贯彻资源优化配置的原则，今后衡量一个经济法律制定得好与坏，最关键的就是要看这个法律法规对资源的优化配置起促进作用还是起阻碍或破坏作用。

（六）经济效益原则

经济效益是指经济活动中占用、消耗的活劳动和物化劳动与所取得的有用成果的比较。经济效益包括微观经济效益和宏观经济效益。微观经济效益应当符合宏观经济效益的要求，而宏观经济效益又是微观经济效益的总和。提高经济效益是我国经济工作的重点，同时也是国家加强经济立法所要追求的重要价值目标。无论是微观经济效益还是宏观经济效益，都要符合环境效益的要求。提高经济效益也是一项系统工程，需要许多要件的配合。如果我们从经济法角度去考察，至少有以下条件：①要有一个足以促进和保障提高经济效益的制度安排，其核心是要正确处理政府的有效干预权与市场主体的充分自主权的关系；②要有一个足以保证市场主体实现利益价值的企业运行机制，其核心是既赋予他们广泛的法律权利，同时又要为他们实现自己的权利扫清障碍；③要把企业对经济效益的追求，建立在正当手段之上，其核心是不得滥用权利。具体来讲，应通过建立宏观调控法律体系，指导和促进企业提高经济效益，使企业生产符合社会需要，否则，宏观失控不仅会影响企业的经济效益，更会影响社会的经济效益；要通过建立和完善现代企业法律制度，倡导企业精神，转换企业的经营机制，充分发挥企业的主动性和积极性，为社会生产更多更好的产品；要通过建立和完善市场运行法律制度，逐步培育和发展市场体系，创造平等竞争的法律环境，为企业创造一个统一、开放、竞争和有序活动的舞

---

[1] 王琢："再生产二重论决定资源配置二重论"，载《财政》1994 年第 3 期。

台;通过建立多层次的社会保障体系,使企业从沉重的社会负担中解放出来,同时,以此为契机,消除企业职工的后顾之忧,使企业职工为全力提高企业的经济效益而忘我奉献。总之,无论是市场主体规制法、市场秩序规制法、宏观调控和可持续发展法,还是社会分配调控法,都要把促进和保障提高企业的经济效益和社会经济效益摆在重要的位置。

（七）可持续发展原则

可持续发展是在人类面临文明加速进化与生态环境不断恶化、富裕与贫穷的差距不断拉大这两大失衡的背景下产生的一种新的发展模式和发展观。对于什么是可持续发展,在不同的学术背景、知识程度的人之间以及不同国家之间都存在着不同的解释,有的是从生态学、环境学、经济学的角度去解释,有的是从社会学、伦理学的角度去解释。但是,在这些所有的解释中,以下六点内涵却是共同的:①人类生命的连续支撑;②生物资源存量和农业系统生产力的长期维持;③控制人口增长;④有限增长的经济;⑤强调小规模;⑥保护环境和系统的质量。可见,可持续发展的核心,在于正确处理人与自然和人与人之间的关系,要求人类以最高的智力水平和泛爱的责任感去规范自己的行为,创造和谐的世界;要求人们在作出每一个行为选择时,不仅要考虑本代人的利益平衡,还要考虑代际人的利益平衡。在对可持续发展概念的一般解释中,我们强烈地感受到,可持续发展战略本身就蕴含着为保证这个战略实现的法治机理,或者说,可持续发展战略的实现是要以相应的法治发展战略为后盾。然而,自经济法概念引入我国以来,我国学者在殚精竭虑地对经济法的基本原则作出概括时,都未将可持续发展纳入经济法的原则体系之中。[1]对此,人们可以作出以下解释:可持续发展目标可纳入资源优化配置、国家适度干预、社会本位、经济民主、经济公平以及经济效益原则的分析框架之中,即经济法在贯彻上述诸原则时,已体现了既注重本代人的利益平衡又注重代际人的利益平衡的思想。不把可持续发展作为独立的原则,既可以避免经济法原则之间在内容上的交叉,又可以在不同的发展阶段赋予经济法原则以新的、符合时代精神的解释。这种思路并不是不可以的。但是,我们主张将可持续发展原则作为与经济法其他原则相平行的一个原则,其主要考虑是:①我国已经开始实施可持续发展战略。由于可持续发展目标的实现需要国家的引导或干预,其法律形式主要是经济法律。②虽然可持续发展的思想可以贯彻于经济法其他原则之中,但是,其意义和要求的分散,会增加可持续发展战略的不明确性,不足以突出可持续发展战略的应有地位,也不利于经济法对可持续发展关系进行有目的、有步骤的规范。③从认识论的角度来讲,把问题的不同方面综合或者集合起来进行思考,有利于对问题作全局性把握。经济法将可持续发展作为一个基本原则,可使经济法在调整社会经济关系时,始终把可持续发展放在应有的高度,综合考虑诸如人口增长的失控、资源和能源的无节制消耗、生态环境的日益恶化、技术的落后以及企业和政府的短期经济行为等制约可持续发展的因素,从而有意识地通过健全、完备相应的经济法律法规加以遏制。

经济法的上述七项原则是相互联系、相互促进、缺一不可的。它们的逻辑联系是:①国家干预体现着经济法的本质,在法治社会这一语境里,国家干预也是实现经济民主的要求。②国家干预不是任意的干预,一方面,在干预的范围上,它必须以社会为本位,同时,在利益取向上,又必须以公共利益为自己的出发点和归宿;另一方面,国家干预必须有利于资源的优化配置而不能回到过去的老路上去。③经济民主的推进一方面有利于调动人民群众的积极性从而有助于经济效益的提高,另一方面也有助于经济公平的实现。④经济法所能做到的或者说经济法的现代化发展趋势,是要促进全球性的可持续发展战略在中国的实施。

〔1〕 王全兴、樊启荣:"可持续发展立法初探",载《法商研究》1998 年第 3 期。

第二节 经济法的调整方法

一、经济法调整方法的基本含义

中外经济法研究者一直都很重视经济法调整方法的研究。几乎所有的论者都认为，经济法的调整方法是与经济法本质属性和经济法调整对象相联系的一个概念。因此，每一个论者对经济法调整方法的阐述，都是建立在自己对经济法的本质属性和调整对象的揭示的基础之上的，从而也就出现了若干差异。日本学者金泽良雄将经济法的调整方法大致分为国家权力的强制调整和非权力的调整两类。[1]苏联学者拉普捷夫曾把经济法的调整方法归纳为强制性命令方法、自主决定的方法、许可的方法和建议的方法。[2]我国有的学者将经济法的调整方法表述为经济法借以作用于社会经济关系的方式。[3]根据本书对经济法本质属性和调整对象的揭示，我们认为，经济法的调整方法是指由国家规定的、可用于干预社会经济生活的各种合理方式。

二、经济法的具体调整方法

对经济法的具体调整方法，可以作如下概括：

（一）公权介入的调整方法

公权介入的调整方法，是指国家以公权者的身份，依法对各种经济关系进行调整的措施或手段的总和。按照公权行使的具体方式的不同，公权介入的调整方法又可划分为指令性调整方法和指导性调整方法。

1. 指令性调整方法。这是指国家权力机关和国家行政机关以某种形式指令相对人应当作为或者不作为，相对人应予服从的一种调整方法。它是国家对社会经济生活进行强制干预的产物，是国家在行使领导和组织经济建设职能过程中，从全社会利益出发，运用国家权力对社会经济生活进行干预的反映，它所体现的是一种"刚性调整"或者"刚性干预"。这种调整方法是以国家最高权力机关颁布的法律、国家最高行政机关颁布的行政法规、有立法权的地方权力机关颁布的地方性法规以及国务院各部委和地方各级政府规章为依据的。根据我国现有的经济法律、法规的规定，指令通常体现在命令、许可、禁止、撤销、免除、确认等具体的经济干预活动中。经济法的指令性调整方法有两个显著的特点：①指令总是为了直接或间接地实现某种经济目的，与经济目的无关的指令不具有经济法调整方法的性质；②这种指令对于相对人来讲，具有必须服从的性质，经济法律关系当事人的权限和责任，多以这种调整方法形成。

2. 指导性调整方法。这是指国家机关为引导公民和法人的经济活动符合某种既定的经济干预目标而实施的非强制性的调整方法。与指令性调整方法相比，指导性的调整方法所体现的是一种"柔性调整"或者"柔性干预"。这种调整方法通常有三种表现形式，即行政指导、计划指导和行政协商。

行政指导的调整方法在第二次世界大战以后作为"经济民主化"的产物，首先在日本推行，后来又为许多欧美国家所效仿。行政指导从根本上来讲，属于行政法的范畴，但是，由于现在为我国所认同的经济法，是指国家从社会整体利益出发，对社会经济生活进行适度干预的法，其中相当一部分是国家为了适应经济行政管理需要而由国家行政机关制定的，因此，行政指导也必然要成为经济法的一个调整方法。作为经济法调整方法的行政指导，与作为行政法调

〔1〕[日]金泽良雄：《当代经济法》，刘瑞复译，辽宁人民出版社1988年版。
〔2〕[苏联]拉普捷夫主编：《经济法》中译本，群众出版社1987年版，第17页。
〔3〕佟柔等：《中国经济法诸论》，法律出版社1987年版。

整方法的行政指导，在表现形式和本质特征上并没有多大区别，即它们在形式上都表现为指引、劝告、建议、告诫等具体的行政措施；在本质特征上都具有指导性或者说非强制性，对相对人不产生必须接受的法律效果。所不同的是，经济法上的行政指导相对而言更是以经济内容为指向的，或者说是为了达到经济法规定的经济干预目的的。这里须明确两个问题：①行政指导作为一种经济法调整方法，其存在具有法律上的依据；②行政指导本身并不具备法律效力。析言之，行政指导作为一种经济法调整方法具有法律依据，原因在于行政指导是宪法和其他法律、法规赋予行政机关的可以在特定时期和特定情况下，对公民和法人实施某种行政措施的一种"特殊权力"。这表明行政指导不是行政机关的一种职权外行为，而是法律承认的一种职权行为。行政指导本身不具备法律效力，即行政指导对于其所涉及的相对人不会产生必须服从的法律上的义务。但一旦接受行政指导，即应承担相应的法律义务，并获得法律规定的相应权利。在我国过去高度集中的体制下，行政指导是以必须服从的行政手段的形式而被广泛采用的，严格来讲，它并不是现代意义上的在日本及欧美等发达国家所采用的行政指导，而仅是行政指导的一种"变异形态"。在我国市场经济条件下，我们应当使我国的行政指导既与国际上通行的做法相一致，又符合中国的国情。应当肯定行政指导作用的发挥，不能以承担法律上的不利后果为后盾，强制相对人接受行政指导，但是，又不能把行政指导的价值降低到没有人愿意接受的程度。这就需要寻求行政指导本身的科学性和可信性，以使人们相信，如果按照行政指导的方向行事，那他们就可能在国内和国际竞争中处于有利的地位，否则，就可能招致损失或者失败。行政指导的全部意义就在这里。

与行政指导具有同一特征的计划指导也是经济法的一个重要的指导性调整方法。严格讲，计划指导可归入行政指导的范畴，但它以计划为其实现形式，故又有其特殊性。运用计划指导国民经济的发展，源于世界上第一个社会主义国家——苏联。苏联甚至把计划推崇到了法律的极端。在这种情况下，计划本身就成了能够产生法律效果的强制性的调整方法。新中国成立后的某个时期，我们也把计划当成为必须执行的法律。党的十一届三中全会以来，我们一方面抛弃了计划就是法律的观念，但另一方面又通过制定《经济合同法》[1]等法律、法规使我国的计划呈现出两种形式，即指令性计划和指导性计划，两者具有不同的法律效力。市场经济体制确立之后，违反计划作为无效经济合同的条件在1993年修订的《经济合同法》中被删除，该法在缩小指令性计划的同时，只保留了指令性计划是签订经济合同的前提的规定，这表明计划的范围和强制力在逐步削弱。1999年颁布的《合同法》所调整的合同被正名为民事合同之后，计划就不再作为签订合同的前提了。从根本上说，指令性计划与市场经济体制是背道而驰的，现在之所以还保留一定范围的指令性计划指标，仅仅是作为一种将来取消指令性计划而只保留指导性计划的过渡性措施。随着市场体制的成熟，指令性计划可能在我国经济生活中消失。但是，指导性计划仍将作为国家宏观调控的一个手段而发挥重要作用。由于我国的计划是由行政机关编制、权力机关批准、行政机关具体组织实施的，因而，我们不能笼统地将计划纳入行政指导的范畴。但是，从性质和作用来看，计划指导与行政指导大体一致，都属于经济法的指导性调整方法。

行政协商作为经济法的一个重要的指导性调整方法，是指国家经济行政机关为了达到某种目的而主动与相对人进行协商，并在此基础上作出某种决定的决策方法。例如，国民经济和社会发展计划编制前与计划实施单位的协商，政府有关部门任免国有企业厂长前与职工的协商等

---

[1]　《经济合同法》于1981年颁布，1993年全国人大常委会进行了修订，1999年《合同法》颁布后宣布废止。

即是。

　　（二）私权介入的调整方法

　　日本的金泽良雄教授将私权介入的调整方法称为直接介入经济的调整方法。他认为，直接介入经济的调整方法，是指国家使用非权力的、私法的手段直接介入经济生活的一种干预方式。这种调整一般在国家作为经济活动的主体和国家对于私人给予经济援助的情况下才发生。他认为这是市场机制的国家介入，其目的在于发生人为的、政策的作用，以克服自由主义经济体制自动调节不充分的弊端。他指出，政府进行非权力的特定物资的购买、向特殊的金融机构出资、向执行一定经济政策的机构提供国家资金、向公共事业和特殊形态的生产部门投资以及向私人企业提供补助等，均属于国家对经济的直接介入。尽管日本经济法规定的由国家直接介入经济的调整方法是建立在以私有制为基础的自由资本主义经济体制之上的，但它对于我们确认我国经济法的调整方法仍具有启发意义：①在以私有制为基础的市场经济体制下，国家尚需介入社会经济生活，在我国公有制为主体的经济体制下，国家更应介入经济生活；②这种介入没有采取直接的强制干预，而是采取了私法手段，这就把作为公权者的国家与作为私权者的国家区别开来了。事实上，我国现在已经实行、今后还将继续实行的国债制度、政府采购制度、国家投资制度等，就其实质而言，都体现了国家以私法主体的身份对社会经济生活进行的干预。显然，这种干预符合市场经济体制下国家干预的要求。这种干预与前述国家对私权关系的某些限制，从不同侧面共同构筑了市场经济所必需的私权秩序。

第三节　经济法的功能

　　在以往的经济法学研究中，人们更多地是从法律关系主体、调整对象、调整方法、调整程序等方面论述经济法与民法和行政法的关系。本书则从另一个视角，即从上述三法在功能上的联系和区别来证明它们各自独立存在的理由。我们考虑问题的基本出发点是：市场失灵内在于市场机制，民法和行政法在克服市场失灵的过程中又具有其自身难以避免的局限性，而经济法在克服市场失灵中则有它独特的优势和作用，这表明，经济法是克服市场失灵的最佳法律形式。[1]

　　一、市场失灵的一般分析

　　（一）市场失灵的含义

　　所谓市场失灵，是指由于一定的因素使市场在资源配置方面呈现出低效率运行的一种非理想状态。质言之，也就是市场发挥作用的条件不具备或者不完全而造成的市场机制不能自我调节的情形。政府与市场配置是两种不同的资源配置方式，就其本质而言，市场是一种客观的资源组织形式，故在资源配置过程中不存在客观主观化的问题；而权力配置则是一种主观的资源组织形式，在资源配置过程中则存在主观客观化的难题。虽然，市场也面临着信息等方面的问题，但权力所面临的信息问题更大，以至于其自身无法有效地运行。市场体制的动力来源于经济人的私利心，这是人性在现有生产力条件下的体现；政府配置的动力则来自人的公利心，以及对权威和权力的服从。因此，在现有生产力条件下，市场比权力更合乎人的本性，更能激励市场主体创造财富。可以说，没有市场制度，就没有现今人类的文明。但是，市场也不是最优而是次优的资源配置形式，只是相对令人满意的一种资源配置形式。这种形式在市场运行过程

---

〔1〕　本节关于经济法克服市场失灵功能的更详细的论述，参见李昌麒、应飞虎："论经济法的独立性——基于对市场失灵最佳克服的视角"，载《山西大学学报（哲学社会科学版）》2001 年第 3 期。

中也存在着一些非效率的情况，因而它并不是万能的。因此，在社会经济的发展过程中，必须正确处理好政府与市场的关系，绝不可把它们各自的配置推向极端。

（二）市场失灵的表现

对于市场失灵的表现形式，经济学家多有揭示，学者们通常将其概括为以下几个方面：

1. 市场不完全。这主要是指市场容易形成垄断，尤其是自然垄断的情形。竞争是市场的必然规律，市场因竞争而得以繁荣。但是，市场效率的获得又有赖于竞争的充分性和有效性的程度。然而，竞争又具有否定自身的倾向，即自由竞争必然导致垄断，而垄断不仅会抑制竞争，减损市场的效率，还会抑制创新，损害消费者的利益。在这种情况下，市场自身是难以克服垄断及其危害的。

2. 市场不普遍。这主要表现为价格机制的缺位。市场主要是通过价格机制而发挥其配置资源的功能的，价格机制不健全，必然妨碍市场机制对资源的有效配置。这表明，凡是价格机制不存在之处，就是市场不普遍之处，市场配置资源的功能和分配功能就会受到阻碍。价格机制不健全，既可能造成资源占用的无价、低价，也可能造成资源流通中的暴利，这也是市场自身难以克服的。

3. 信息不充分和不对称。这主要是指信息在量上的不充分和分布上的不均匀。信息不充分与经济人之间有相当的因果关系：①因经济人的理性是有限的，所以，获得完全的信息只是一种理想的假设。②信息具有公共产品的特性，从而容易使经济人在信息提供上产生"搭便车"的行为，最终导致信息产出不足。经济人与信息不对称也有相当的关联，这是因为，经济人为了实现利益的最大化，往往会采取机会主义的行为，想方设法隐瞒自己所获得的信息，或用其他不正当手段制造虚假信息，从而造成信息在市场主体之间分布的不均匀乃至失真。这就需要国家从社会公共利益出发，运用国家权力，一方面主动为社会提供信息，另一方面规范市场主体的信息行为。

4. 外部性问题。外部性是指市场主体不需承担其行为的后果，或不能获得其行为所产生的利益的情形。或者说，它是一种非交换意义上的外部影响。外部性可分为负外部效应和正外部效应。前者是指私人成本小于社会成本、私人收益大于社会收益的情形，它是有损于他人的影响，如环境污染等。后者是指私人成本大于社会成本、私人收益小于社会收益的情形，它是一种有利于他人的影响，如教育、发明创造、植树造林等。负外部性的存在往往会强化对不良行为的激励，而正外部性的存在则会导致对良好行为的激励不足，这两者都会导致资源配置的低效率。因外部性造成的受益或受损，单靠市场的力量是难以协调受益人与受损人之间的利益平衡的，而只能通过国家的权力干预，才能平衡这两种利益的冲突。

5. 公共产品供应不足。公共产品是指不把任何人排斥在享受之外的产品，如基础设施、供水供电、公共安全、公共管理、法律制度以及相关的公共服务等。公共产品具有两个特性：①非排他性，即公共产品一旦提供，则任何人都可以享用；②非竞争性，即同一公共产品可以被许多人同时享用，一个主体对公共产品的消费，并不影响其他主体对该公共产品的消费。

公共产品单靠私人的力量是很难形成的，这是因为：①公共产品的非排他性和非竞争性使生产者与消费者之间不能产生正常的联系，致使生产者的投资行为无利可图，最终导致公共产品提供不足；②由于私权主体的价值取向难以符合国家要求的社会目标而不愿提供，或者缺乏承担提供公共产品的实力而难以提供，在此情况下，公共产品的提供理所当然地由政府承担，既可以由政府直接进行生产，也可以由政府通过引入竞争机制组织生产。这表明，政府在提供公共产品方面担负着重要的职责。

6. 存在经济周期。所谓经济周期，通常是指在市场经济的生产和再生产过程中，周期性地出现经济扩张与市场紧缩交替更迭、循环往复的一种现象。经济周期是市场失灵中最具有破坏力的表现形式，它会带来资源的严重浪费，使资源的整体利用效率大为降低。在市场经济体制下，经济周期问题的存在，是经济人个人理性导致集体非理性的结果，从而形成微观有序、宏观无序的现象。经济周期的形成与市场的基本结构有关。在市场体制中，每个市场主体都追求自身利益的最大化，很容易造成市场主体在主观上不愿意为市场的宏观效率负责，从而导致经济运行过程中迷失方向在所难免。这就需要国家采取必要的宏观调控措施，对市场主体的行为加以引导和控制。

二、克服市场失灵的法律路径选择

（一）行政法克服市场失灵的困境

运用行政法来克服市场失灵，必然会面临以下困境：

1. 行政法价值的困境。公平与效率是法律的两大价值，它们之间存在内在的矛盾：过多的公平会导致效率的降低；过高的效率则会导致公平的损伤。这说明公平和效率之间在相当程度上是不可调和的。这就决定了任何一种法律不可能把公平与效率放于同等地位，否则，法律将陷于矛盾的境地。我们认为，只应存在以公平为主兼顾效率或以效率为主兼顾公平的法律。行政法是调整行政活动中所形成的各种社会关系的法律规范，它配置并控制行政权，确认和保障行政相对人的合法权益。[1]行政法作为架构国家机构的基本法律，其首要的价值是公平，而非效率，行政法对效率的追求只限于行政法自身的效率层面，这与行政法追求公平的价值目标不能相提并论。而市场失灵实质上是一种市场的非效率，对市场失灵的克服正是为了使资源配置和资源运用的效率更加理想。如果行政法对市场失灵进行克服，则行政法的价值目标将发生变异：既追求公平，又同时追求效率，这会使行政法在具体行事时无所适从，最终导致公平与效率都不可得的不良结果。

2. 法域归属的困境。对市场失灵的克服既要求干预主体运用公权，又要求干预主体尊重私权；在干预关系中，既存在的公法关系，又包括一定的私法关系。由此可知，行政法作为最典型的公法，对市场失灵进行克服，将导致行政法兼有公法和私法的属性，这与行政法作为架构国家机构的最基本法律的地位相冲突。

3. 行政性偏好的困境。导致市场失灵的原因是多种多样的，我们无意否定行政法在克服市场失灵中能够起到的作用，但是，行政机关自身的某些偏好的存在是客观的，这些偏好的存在，会导致政府干预的制度偏离市场的干预需求，甚至与市场的干预需求完全不一致，从而导致诸如对市场准入的不当限制、不当的行政性兼并以及行政垄断等行为，这些行为非但不能很好地克服市场失灵，反而会加剧市场失灵的程度，增加市场失灵的种类，使市场失灵更为复杂，从而增加市场失灵克服的难度。这些不当行为在行政法的框架内是难以克服的，因为让行政机关自身彻底消除其偏好并非易事。

4. 克服市场失灵的执行机构及其司法救济的困境。首先，当今世界各国在克服市场失灵的过程中，逐渐出现了一些集立法、司法、行政于一体的独立的机关，如美国的联邦储备委员会等。这些机构很难归入行政机关的范畴。因为从权力的构成看，这些机构不仅拥有行政权，还拥有立法权和司法权；从内部运作程序看，这些机构有别于一般的行政机关，它们一般实行委员会制。而之所以出现这种机构，主要在于唯有它们，才能适应克服市场失灵的要求。只有

---

〔1〕 方世荣主编：《行政法与行政诉讼法》，中国政法大学出版社1999年版，第5页。

这种体制，才真正有助于干预主体摆脱行政机关的不良影响，有助于解决因行政机关更迭而产生的干预制度变迁的困境，同时还有助于干预主体进行科学、民主的决策。如果将克服市场失灵的执行机构归属于行政机构，就会使行政法在理论构架上面临一些矛盾。其次，在我国，如果将因克服市场失灵而产生的案件一概按照行政法进行解决，那么，假如我国出现了类似微软垄断的案件，就不仅会产生谁作为原告的困境，也会产生依何种诉讼程序进行审理的困境。要走出这种困境，只能通过制定有别于行政法的其他法律（如反垄断法）来实现。

（二）民法克服市场失灵的困境

市场失灵由民法克服，必然会面临以下困境：

1. 限权的困境。微观的市场失灵主要通过利益均衡来克服，而利益的均衡主要应通过对行为人的权利限制而实现，这就使民法具有一定的克服微观市场失灵的可行性。例如，民法中的侵权规则就可以在一定程度上解决已产生的负外部性问题；民法上绝对所有权的突破，使所有权附带义务，这在一定程度上也可预防负外部性的发生。但民法的本性毕竟不是限权法，而是确权法。微观市场失灵的克服是通过一系列的权利限制从而促进合作而实现的，民法不可能丧失它的本性而对私权进行全方位的限制，否则，民法将发生异化。近一个世纪以来，随着经济结构、社会思潮以及立法本位的变迁，民法自身确实发生了一些变化以适应形势的发展，但这种变化并没有达到变异的程度。我们认为，民法考虑社会利益是必要的，但必须有其自身的前提和限度，其前提是民法对社会利益的考虑必须立足于民事主体的个体利益；其限度是民法的社会化必须考虑民法自身的性格。如果把社会本位与个体本位置于同等地位，并基于社会本位而对市场主体的权利进行全面限制，不仅民法的规则将发生彻底变异，民法的原有价值也将丧失殆尽，同时还将使和谐的法律体系受到破坏。

2. 有限性困境。著名制度经济学家科斯曾经提出以协商等私法途径和诉讼等公法途径解决侵权这种负外部性，[1]但是，这在理论上必须具备以下相当严格的前提条件：①负外部性必须有确定的受害人；②负外部性的存在必须是明显的，其信息对受害人而言必须是及时的、充分的；③负外部性的受害人的利益受损必须达到一定程度；④负外部性的受害人之间不存在搭便车的现象；⑤取得交易结果的交易成本必须足够小；⑥交易结果必须具有可预期性。但事实上，这些前提条件全部符合是不可能的。如果负外部性没有确定的受害人；如果负外部性的存在不是相当明显的；如果负外部性对社会整体的损害很大，但对每个受害人的损害利益很小，或当负外部性只对受害人或社会整体的远期利益损害很大，而受害人被损利益的现值很小；如果负外部性的受害人足够多以至于他们之间产生搭便车的现象；如果受害人认为取得补偿的交易成本过高，或者由于司法程序上的问题而使交易结果具有不可预期性，那么，单靠民法的方法是难以解决外部性问题的。

3. 作为私法的困境。民法通过物权法和债权法的设定，使经济人追求自身利益有了广阔的空间和法律保障，民法保护了经济人的这种理性行为，而正是这种理性行为促成了市场整体的非理性。所以，民法所保障的市场关系只是一种静态的、单一的关系，它保障静态的市场行为和单一的市场主体行为。对动态的、整体的市场运行结果，它难以进行有效的调整。合成谬误是指市场体制中某一团体或社会中的每一个体基于最有利于自身的考虑而作出行为选择，但由所有个体的这些选择而形成的结果对这些个体都不利。这是个体理性与集体理性相矛盾的例子之一。博弈论中囚徒困境（Prisoner's Dilemma）的例子与此类似。再如，在经济萧条时，劳

---

〔1〕　科斯："社会成本问题"，载〔美〕罗纳德·哈里·科斯：《论生产的制度结构》，盛洪、陈郁译校，上海三联书店1994年版。

动者收入减少，由此而减少了消费；消费的减少又使企业的产品积压，进而使企业减少产出或减少投资；而这又进一步地使萧条状况恶化，对消费者产生更加不利的影响。当经济过热时，由于劳动者的收入增加而使消费增加，消费的增加又使企业的产品供不应求，进而使企业作出增加产出或投资的决策，这会增强经济的过热程度，导致对消费者的不利影响。在合成谬误方面，民法调整的是合成谬误的形成过程，也就是说，民法保障了合成谬误的形成，但对合成谬误的纠正，民法却无能为力。因为，这种宏观的失调不可能通过对财产权的使用限制而得到克服，在经济萧条时期，让劳动者增加支出的强制性规定肯定是不可行的。因此，私法克服宏观失调具有功能上的局限。对信息不足问题的克服，民法也无从下手。因为市场总体的信息不足正是由于私权主体之间的搭便车行为所致，要让私权主体互相之间不再有搭便车的行为是不可能的，除非彻底抑制经济人的最大化特性，而这是行不通的、是反市场的，因为市场主体的利益最大化是市场得以运行的动力和前提。所以，信息不足只能由市场以外的主体来解决。公共产品提供不足的问题由民法解决也受到很大的限制，因为民法不可能运用其关于物权和债权的规定来激励私权主体提供公共产品，更不可能基于社会本位而强制性地要求私权主体提供公共产品，所以，公共产品主要应当由非市场主体来提供。

（三）经济法克服市场失灵的优势

经济法是国家运用公权力对市场失灵进行干预的法律，其产生原因是市场对自身能力局限的克服存在困境和民法与行政法的功能局限。事实上，市场对自身能力局限的克服存在困境是民法克服市场失灵局限的基础，因为民法只不过是对市场失灵的克服途径的法律化而已。经济法对市场失灵的克服具有其内在的优势，其主要表现是：

1. 经济法可以直接限制市场主体私权。经济法之所以能够对私权进行限制，缘于国家的存在。国家是能够合法运用强制力的唯一组织，它能够合法地取走市场主体的财产而不至于侵犯财产权，从而拥有干预力；它能够赋予生产者和经营者对消费者的说明义务而不至于侵犯商业秘密，从而强制性地实现信息分布的均衡；它能够对垄断企业进行强制性解散而不至于侵犯其经营权，从而确保竞争的市场态势等。这些是民法的功能所不及的。更重要的是，对私权的剥夺使国家获得相应的干预能力，这使经济法对私权的剥夺意义不仅限于私权本身，也扩展到了公权层面，因为这种私权的被剥夺直接导致了公权的增加，从而增强经济法对市场失灵的克服能力；而民法对所有权的限制完全是在私法层面上进行的，其影响也没有到达公法领域。这里需要特别提及的是：经济法对私权的限制本身并不是无限制的，更不是长官个人意志的恣意横行。

2. 经济法可以直接改变市场主体的利益结构。经济人是市场经济条件下人性的最恰当表述，一般而言，法律不应该从根本上改变经济人对利益的追求，但是，一旦经济人对利益的追求损害了国家和社会公共利益，国家就必须实施必要的干预。对此，民法的功能是微弱的，经济法则可以通过直接改变经济人的利益结构的方式达到干预的目的。例如，经济人在进行成本—收益核算时，经济法可以通过改变经济人行为的成本构成或利益归属，从而使经济人在进行成本—收益核算时，作出既有利于其自身又有利于社会的选择。又如，对环境公害这种负外部性问题，民法的处理方式是以负外部性的存在为前提的事后处理，其处理效果要受制于交易费用等因素；而经济法则通过征收环境税和排污费等途径让企业的产品价格真正反映出产品制造过程中对环境造成损害的成本。由此可见，民法对排污企业的利益结构的影响是事后的，并且具有不确定性；而经济法对排污企业的利益结构的影响因其事先规定而具有确定性，环境税和排污费的征收就能直接改变企业的利益结构，从而使企业理性地作出良性行为。

3. 经济法具有公共利益优势和远视优势。市场主体是自利性的，它一般不会主动追求公共利益；市场本身又具有"近视"的性格，它只追求眼前利益而忽视长远利益；市场在运行过程中还会迷失方向或越轨。而国家则是各市场主体利益的代表，它以追求公共利益和长远利益为己任，以适当抑制市场的自利和克服市场的"近视"的弱点为目的，还可能通过给市场安装虚拟的"大脑"和"心脏"使市场能够有效运行。国家的这种特性是其他任何主体不可能具备的。在民法框架下，由于只涉及个体利益，没有一个高于私权主体之上的主体存在，也不存在把众多的个体利益汇集成公共利益的程序，所以，对民法自身所确认的私权主体的自利性和民法所放任的私权主体的"近视"，是难以进行适当抑制或克服的。

■ 思考题

1. 我国学者在对经济法基本原则的研究中存在哪些缺陷？如何改进？
2. 我国经济法有哪些基本原则？为什么要将它们确定为经济法的基本原则？
3. 经济法在调整经济关系中，应当在哪种情况下采取指令性、指导性或者私权介入的调整方法？
4. 在我国市场经济条件下，是否存在市场失灵？如果存在，它除了具有市场失灵的一般共性之外，还有哪些特殊表现？
5. 与行政法、民法相比较，经济法在克服市场失灵中具有哪些优势？

■ 参考书目

1. ［美］斯蒂格利茨：《政府为什么干预经济》，郑秉文等译，中国物资出版社 1998 年版。
2. ［美］罗尔斯：《正义论》，何怀宏等译，中国社会科学出版社 1997 年版。
3. 李昌麒：《寻求经济法真谛之路》，法律出版社 2003 年版。
4. 卓泽渊：《法的价值论》，法律出版社 2006 年版。
5. 付子堂：《法律功能论》，中国政法大学出版社 1999 年版。
6. 单飞跃：《经济法理念和范畴的解析》，中国检察出版社 2002 年版。
7. 张守文：《经济法理论的重构》，人民出版社 2004 年版。
8. 肖江平：《中国经济法学史研究》，人民法院出版社 2002 年版。

第四章　经济法律关系

■学习目的和要求

　　怎样揭示经济法律关系的内涵，这是与论者对经济法的定义以及经济法是否是一个独立的法律部门的认识紧密相关的一个问题。本章从经济法是一个独立的法律部门的认知出发，对经济法律关系的定义、特征、构成和确立等基本问题进行了阐释。通过本章的学习，除应理解经济法律关系的基本理论外，还应重点领会经济法律关系与行政法律关系和民事法律关系的不同。

第一节　经济法律关系的定义和特征

一、经济法律关系的定义

　　在法学理论中，如何认识经济法律关系，与如何认识经济法的定义和调整对象是相联系的。当经济法还是一个不完全确定的概念时，人们完全可以从各自对经济法的认识角度出发，去阐释经济法律关系。但是，当经济法作为一个独立法律部门的地位已为我国宪法所确认之后，我们就应当研究作为独立部门法的经济法所确认的法律关系所应有的属性。必须明确的是，法律关系只能是具体的部门法作用于一定社会关系的结果，基于不同法律部门的作用所形成法律关系亦具有不同的部门法属性。考察任何一个国家的社会关系，不难发现其都是多样性的，调整它们的法律规范也是多样性的。比如，具有行政隶属性质的社会关系被行政法调整之后，即形成行政法律关系；具有平等性的财产关系和人身关系被民法调整之后，即形成民事法律关系；婚姻家庭关系被婚姻家庭法调整之后，即形成婚姻家庭法律关系；诉讼过程中所发生的诉讼关系经诉讼法调整之后，即形成诉讼法律关系。

　　由此可见，任何法律关系都属于社会关系的范畴，只有由部门法对特定的社会关系进行调整后形成的社会关系才是某种特定的社会关系的法律化。这早已成为人们的共识。这里需要进一步考虑的是：社会经济关系被法律规范调整之后，其所形成的法律关系属于何种性质。要回答该问题，需对我国现实生活中经济关系的性质作一大体考察。如果我们把凡是具有经济内容的社会关系都称为经济关系，那么经济关系就是一个十分广泛的概念，按其性质来讲，主要有以下三种情况：

　　1. 不是为了直接实现一定的发展国民经济目的的经济行政关系，如基于行政赔偿、行政救济等所发生的经济关系。这类经济关系经行政法调整，即成为行政法律关系的一部分，而不具有经济法律关系的性质。对此，就不应将行政法所调整的这部分经济关系也称为"经济法律关系"。

　　2. 平等主体之间发生的平等经济关系。这类经济关系经民法调整，就成为民事法律关系。对此，也不应将其称为"经济法律关系"，而应称其为"民事法律关系"。

　　3. 为着直接发展国民经济之目的，需要由国家干预的经济关系。其既不受民法调整，也不受行政法调整，而是受经济法调整。这部分经济关系由经济法调整之后所形成的法律关系，应视为经济法律关系，而不应像有人认为的那样，也把它们理解成行政法律关系或者民事法律关系的一部分。事实上，我们无论是在阐述一个已有法律范畴，还是在设置一个新的法律范畴时，赋予它们的涵义应当是确定的。法学范畴的内涵和外延应当达到相当严谨的程度，即便是必要的模糊，也只能是特定涵义下的有限度的模糊。因为法学范畴的过于不确定，必然造成实践和认识上的混乱。基于此，我们应当尽量准确地给经济法律关系下定义，从而准确地把握法学范畴的质的规定性。

我们认为，经济法律关系是指参加经济法律关系的主体根据经济法的规定，在参加体现国家干预经济的经济活动过程中所形成的经济职权和经济职责、经济权利和经济义务以及经济自治权限的关系。

二、经济法律关系的特征

经济法律关系具有如下主要特征：

1. 经济法律关系是一种由国家强制力保证实现的思想社会关系。社会经济关系可以分为物质社会关系和思想社会关系。前者属于经济基础范畴，后者属于上层建筑范畴。物质社会关系被法律调整之后，即成为思想社会关系。由此可以认为，作为需要由国家干预的物质社会关系被经济法确认之后，即成为具有法律关系性质的思想社会关系。而且这种思想社会关系是一种由国家强制力保证实现的思想社会关系，因为思想社会关系是一个外延极其广泛的概念，包括宗教关系、道德关系、法律关系等。法律关系区别于其他思想社会关系的一个显著标志，就是法律关系是以国家强制力保证实现的。经济法律关系也一样，需要由国家干预的经济关系一旦被法律确认之后，就要受到国家强制力的保护，使其能够切实地付诸实现。

2. 经济法律关系在大多数情况下是一种既体现国家意志又体现当事人意志的思想社会关系。首先，经济法律关系必须体现国家意志。经济法律关系与国家意志的逻辑联系表现在：经济法律关系的产生是以经济法的规定为前提的，而经济法所反映的正是一种国家意志。经济法律关系当事人按照经济法的规定，从事经济活动以及由此形成的经济法律关系，本身就体现了国家意志。事实上，只有这样，国家才赋予它以法律关系的形式，反之，则不能取得法律关系的形式。其次，经济法律关系在许多情况下也体现当事人意志。在国家机关为一方、体现国家干预经济的法律关系中，国家的意志往往以一方的命令与另一方的服从的方式表现出来，并且在有的情况下，经济法律关系并不体现作为国家机关相对方的当事人的意志，国家机关依法强制处理而形成的经济法律关系即是。但是，在我国经济法律关系中，国家意志与当事人的意志在大多数情况下是一致的，因为，国家基于发展国民经济的目的而干预社会经济关系，代表了包括当事人在内的人们的根本利益和长远利益，也能为经济法律关系中作为国家机关相对人的当事人所理解和接受。当然也应说明，由于具体的经济法律关系主体又有自身利益，这样体现自身利益的意志就可能与国家意志相矛盾，在这种情况下，国家意志应当优于当事人的意志。这就说明国家意志是首位的，当事人的意志是第二位的，即在任何时候，当事人的意志都不得违反国家意志。否则，这种关系将得不到法律的承认。

3. 经济法律关系是一种由平权型法律关系、管制型法律关系和自治型法律关系等多元结构组成的综合性法律关系。按照传统法律主体理论的一般原理，法律关系以权利和义务为内容，是一种一元的结构形态，但经济法律关系的内容除了包括经济权利和经济义务之外，还有经济自治权限、经济职权和经济职责，因此，经济法律关系的结构具有多元性。具体来讲，包括三种类型：①平权型法律关系，即平等主体间形成的以权利义务为内容的法律关系；②管制型法律关系，即国家与市场主体之间形成的以干预和被干预为内容的法律关系；③自治型法律关系，即以行业协会等社会中间层主体与其相关人员之间形成的以自治权限为内容的法律关系。因此，经济法律关系是具有三重结构的综合性法律关系。

4. 经济法律关系是一种市场主体规制法律关系、市场秩序规制法律关系、宏观经济调控和可持续发展法律关系以及社会分配法律关系相互作用的法律关系。具体讲，这四种关系具有其各自的独立地位，但各种关系又是以其他关系的存在为出发点或者前提的。这就决定了在建立上述任何一个法律关系时，都不能只作单向性的考虑，而必须双向或者多向地考虑，要看到它们互相渗透、互相依存、互相联系和互相合作的作用。这是因为：①无论是直接的还是间接的宏观调控法律关系，它们都是以经济个体或者市场为规制对象的。②经济个体的微观经济行为，一方面是以市场为载体的，因而，它必须符合市场规则的要求；另一方面，它是在国家的宏观调控下进行的，因而它必须符合国家宏观调控法律的规定。③市场体系的培育，既要体现作为中介的市场在国家宏观调控中的重要作用，又要为经济个体的运行创造一个公平竞争的环境。④市场主体规制法律关系、市场运行法律关系、宏观调控法律关系、可持续发展法律关系以及社会分配法律关系的建立，都要落脚于能够确立兼顾国家、集体利益，理顺国家与经济个体、中央与地方的分配关系上，从而不断满足人们日益增长的物质和文化的需要。对经济法律关系的特征作这种理解，旨在表明，要把经济法律关系放在一个动态的、互相联系和互相作用的状态下来考虑。当然，这并不意味着必然存在一种囊括宏观调控和可持续发展保障、市场主体规制、市场秩序规制和社会分配调控等各方面的经济法律关系。

第二节   经济法律关系的构成

一、经济法律关系的构成的含义

法律关系的构成是指形成当事人之间权利和义务关系的必要条件。一般来讲，这些条件就是法律关系的主体、内容和客体，人们把这种认识称为法律关系构成的"三要素说"。我们对于经济法律关系构成的含义的理解，也是从这三个要素来加以分析的。

1. 任何经济法律关系都是由三要素构成的。缺少任何一个要素都不能构成经济法律关系。主体是经济法律关系构成的先决条件，没有主体就没有主体的活动，因而也就无所谓经济法律关系的内容和客体；经济法律关系的内容是经济法律关系主体的经济职权、经济职责、经济自治权限、经济权利和经济义务，是经济法律关系主体所追求的目的和实质需要，它是连接主体的桥梁。正是由于它的存在，才在主体之间形成具体的经济法律关系；客体是主体的经济职权、经济职责、经济权利、经济义务、经济自治权限所指向的对象，没有客体，主体的活动将无所依托或无的放矢。

2. 经济法律关系的任何一个要素都必须具备确定性。主体确定是指作为经济法律关系的职权主体和职责主体或者权利主体和义务主体是确定的；内容确定是指经济职权、经济职责、经济权利、经济义务以及经济自治权限是具体的，不允许有任何别的解释；客体确定是指经济职权和经济职责、经济自治权限、经济权利和经济义务所指向的事物是明确的，不允许产生歧义。

3. 经济法律关系要素，是经济事实要素在经济法律上的反映。法律关系三要素学说，不是法学家的杜撰，而是国家使经济事实得以实现的法律保障。如果我们从直观的角度来认识，任何一个经济事实，无论是经济干预还是经济协作，首先要有当事人参加，否则就不可能产生这些经济活动；其次，人们在进行这些活动时，总是要规定彼此的具体作为或不作为，否则这些活动就无法顺利进行和实现；最后，人们在进行这种活动时总要有追求的目标，否则这种活动就毫无意义。经济事实关系未经法律规范之前，它们只是一种不稳定和没有国家强制力保障实现的形态。正像恩格斯所揭示的那样："在社会发展某个很早的阶段，产生了这样一种需要：把每天重复着的生产、分配和交换产品的行为用一个共同规则概括起来，设法使个人服从生产和交换的一般条件。这个规则首先表现为习惯，后来便成了法律。"[1]所以，经济法律关系的构成要素是以不稳定的经济事实的存在为前提的，经济法的任务就是要把经济事实关系要素规定为法律关系的要素，其目的在于使这种经济事实关系具有稳定的性质。

这里需要说明的是：我们前面在谈到经济法的定义时，使用了"需要"这样一个并不十分确定的名词，而在谈经济法律关系的构成要素时又强调了它的确定性，这两者之间是否存在矛盾呢？我们认为并不存在矛盾，因为前者讲的是经济法调整范围的某种模糊性，而后者谈的是经济法律关系的确定性，它们并不是同一层次上的问题。

二、经济法律关系的构成要素

（一）经济法律关系的主体

1. 经济法律关系主体的定义。这是指参加经济法律关系，拥有经济职权或经济权利、承担经济职责或经济义务的当事人以及享有经济自治权限的当事人。在经济法律关系主体中，享受经济职权或者经济权利的一方分别称为职权主体或者权利主体；承担经济职责或者经济义务的一方分别称为职责主体或义务主体；享受经济自治权限的一方可以称为经济自治权享有主体，其相对方则可以称为经济自治权的接受主体。但是，在经济法律关系中，双方当事人在许多情况下，既承担经济职权或者经济权利，又承担经济职责或者经济义务。

2. 经济法律关系主体资格的取得。这里所指的主体资格并非泛指一切事实上存在的社会组织和公民的资格，而是指参加体现国家干预的经济关系的当事人的资格。这是因为经济法律关系主体资格与民事法律关系主体资格有一个很大的不同，就是民事法律关系主体的权利能力是一般的或者抽象的，而经济法律关系主体的资格则是特定的或者说具体的。经济法律关系主体资格的取得主要有三种方式：

（1）法定取得。经济法律关系主体资格的法定取得，是指当事人的经济法律关系主体资格是基于宪法、法律与法规的明确规定而取得。这是取得经济法律关系主体资格的基本方式。只要依照宪法、法律与法规的规定，在经济干预活动过程中，享有一定权力或权利，承担一定义务或责任的组织或个人，都能依法成为经济法律关系主体。例如，税务机关依照税收法律法规的规定享有征税的权力，因而在税收征纳关系中即成为经济法律关系主体；又如，按照我国《反不正当竞争法》的规定，县级以上人民政府工商行政管理部门对不正当竞争行为进行监督检查，据此，县级以上人民政府工商行政管理部门依法取得经济法律关系主体资格。

（2）授权取得。经济法律关系主体资格的授权取得，是指特定的组织即享有国家干预经济职权的组织依法授权而取得经济法律关系主体资格。通常，承担国家干预职能的机关在法律许可的限度内可以授权他人参与国家干预经济的活动，他人由此取得经济法律关系主体资格。但是，需要强调的是，承担国家干预经济职能的组织将国家干预经济的权限授予他人，必须有法律的明确规定，并且，被授权人的经济权限不得超越授权人自身所拥有的权限，被授权人必须严格按照授权人的授权范围参与国家干预经济的活动。

（3）因参与经济法调整的经济关系而取得。社会经济生活中的市场主体可以因参与属于经济法调整的经济关系从而成为经济法律关系主体。具体讲，作为市场主体的自然人、法人原

---

〔1〕《马克思恩格斯选集》（第2卷），人民出版社1965年版，第583页。

本是民法上的主体，其在市场活动（民事活动）中的主体资格由民法加以确认。但是，市场主体除了从事一般民事活动外，还必然参与属于经济法调整的经济关系。此时，市场主体的身份将发生一定的变化，即由民法上的主体变为经济法上的主体，并接受经济法的规范。市场主体因参与属于经济法调整的经济关系而成为经济法律关系主体的典型例子，是市场主体因缔结消费合同关系而成为消费者权益保护法上的经营者和消费者。经营者与消费者之间本来是平等主体之间的关系，即合同关系，传统上，这种关系是由民法调整的。但在当代，经营者与消费者之间原本平等的关系已被打破，实际上已变为一种支配与被支配的关系，强调意思自治和形式平等的民法难以对处于弱势地位的消费者给予倾斜性保护，以求得经营者与消费者实质上的平等。为此，各国在民法之外，制定消费者权益保护法，以"国家之手"矫正经营者与消费者之间的失衡关系。这样，作为市场主体的自然人、法人一旦参加消费合同关系，就已经不是通常意义上的平等民事主体，而成为负有特别义务的经营者或者享有特殊权利的消费者。

3. 经济法律关系主体的分类。对事物进行分类研究，是认识论的一个基本方法。我国目前的经济法理论，一般都把经济法律关系主体分为国家机关、其他社会组织和自然人等。这种分类方法至少有两个缺陷：一是难以与行政法律关系主体和民事法律关系主体相区别；二是不能很好地体现经济法律关系主体自身的特征。我们认为，应对经济法律关系主体作如下分类：

（1）国家干预主体。国家干预既包括国家权力机关的干预，又包括国家行政机关的干预，同时还包括国家司法机关的干预。当然，国家在经济干预这个层面，主要是由国家行政机关来完成的。但是，在有的情况下，国家也可以成为经济法律关系的主体。比如，国债的发行就是以国家的名义进行的。

第一，权力机关。对于权力机关能否成为经济法律关系主体，一直存在争议。有学者认为，法律关系的主体除了具备权利能力和行为能力之外，还必须具备诉讼能力和责任能力，必要时能在法庭上充当原、被告并承担法律责任，而我国权力机关不受法律追究，因而权力机关不能作为经济法律关系主体。但主流观点认为，权力机关可以作为经济法律关系主体。其理由如下：权力机关也必须在法律规定的范围内从事活动，不应存在享有"治外法权"的组织；另外，计划法律关系是我国经济法律关系的一个组成部分，而我国的计划最终由权力机关决定，在批准和监督计划的法律关系中，权力机关处于一方主体的法律地位，所不同的是权力机关的计划行为，是权力机关的集体行为，无法承担一般经济法律关系主体的法律责任，但不能由此否定其经济法律关系主体资格。[1] 综上所述，权力机关也应是特殊的经济法律关系主体。

第二，行政机关。行政机关是最为常见的经济法律关系主体。行政机关是权力机关的执行者，国家干预经济总是通过行政机关的行为得以实现的，因此行政机关也是重要的经济法律关系主体。行政机关作为经济法律关系主体，不仅行使经济权力，发挥国家调节、管理、监督经济的作用，而且在特殊情况下，也参与经济活动，享有经济权利，承担经济义务。行政机关作为经济法律关系主体，其主要职能是：①规范市场主体。行政机关对市场主体的规范，可以归纳为三个方面：首先，执行国家的市场准入制度。如工商管理机关为确定适格的市场主体，而审查市场主体进入市场的条件等所进行的审查。其次，对市场主体的运行进行监督。如对市场主体生产经营中的违法行为，有关行政机关有权进行查处。最后，对市场主体退出市场的自由进行必要的限制。如对出资者利用市场机制和民法提供的市场退出自由规避债务或损害劳动者利益的行为，有关行政机关有权干预。②规范交易行为。当市场主体的交易行为危及社会公共

---

[1] 李昌麒：《经济法——国家干预经济的基本法律形式》，四川人民出版社1995年版，第464～465页。

利益时，国家为了反垄断、反不正当竞争、保护消费者的合法权益和维护市场秩序的需要，必然要对这些行为进行干预，如工商部门对市场秩序的监督管理、质量监督部门对产品质量的监督管理等。③进行宏观调控。宏观调控即总量调控，它是指国家从社会整体利益出发，为了实现宏观经济总量的平衡和经济结构的优化，引导国民经济持续健康发展，而对国民经济总体所进行的调节和控制。宏观调控是市场经济健康发展的重要保障。国家宏观调控政策的制定和实施，主要是由国家行政机关来承担的。如财政政策和货币政策的制定和实施。在市场体制下，由于市场的自由竞争和民法的意思自治不能够自动实现经济总量的平衡，相反，它们还可能引起供求的严重失衡，进而使经济运行呈现出周期性波动的特点，因此，有必要由国家出面，通过财政政策和货币政策等宏观调控政策，对社会的总需求和总供给进行调控，即当社会总需求不足以致出现企业开工不足、失业率上升、经济增长乏力或衰退的征兆时，国家就通过实施扩张性财政政策以及扩张性货币政策，来增加企业和个人的购买力，从而刺激社会总需求；当社会总需求大于社会总供给，以致出现经济增长过热和通货膨胀的压力时，国家就通过实施紧缩性财政政策，以及紧缩性货币政策，来降低企业和个人的购买力，从而抑制社会总需求。而财政政策和货币政策是由作为行政机关的财政部、国家税务总局和中国人民银行等机关具体执行的。④参与社会分配。社会分配即国民收入的分配，包括国民收入的初次分配和再分配。初次分配是对经济活动主体的初始收入所进行的分配。通过初次分配，形成国家的税收、劳动者的劳动报酬、出资者的投资收益、经济活动主体的积累等收入。再分配是对初次分配形成的各种收入在全社会范围内所进行的分配。其主要目的在于平衡国民经济各部门以及社会发展各方面的支出，保障国民经济的正常运行，如合理确定预算分配，兴建公共工程和支持欠发达地区的发展，缩小社会成员之间的贫富差距，从物质上帮助暂时或永久丧失劳动能力的社会成员等。社会分配是在行政机关的参与下实现的，特别是在再分配领域，行政机关扮演着重要的角色。预算机关、税务机关以及社会保险机关都有分配社会收入的职能。

（2）社会中间层主体。[1]社会中间层主体是指独立于政府与市场之外的主体，它是市场影响政府、政府干预市场和市场主体之间进行联系的起中介作用的组织。这类主体就其性质来说具有中介性、公共性和民间性等特征。在市场经济中，它们根据法律的规定、特定机关的授权和自律规范，享有一定经济权限，参与管理和协调经济的活动，为政府干预市场和市场交易提供服务，同时在授权范围内对市场主体的运行进行必要的干预，并对政府的不当干预行为进行一定的制衡。社会中间层主体的具体形式是相当繁多的，其大致可以分为以下几类：

第一，社团性中间层主体。这是指在市场经济体制中，具有社会中间层主体的地位和职能的社会团体。具体包括工商业者团体（如商会、企业家协会、同业公会、外商投资企业协会、个体工商户协会、证券业协会等）、消费者团体、劳动者团体、雇主团体等。

第二，经济鉴证性中间层主体。这是指依法成立并由专业人员组成的，经特许利用专业知识和专业技能为受托人提供经济鉴证，实行有偿服务的社会中介机构。具体包括会计师事务所、资产评估机构、公证机构等。

第三，经济调节性中间层主体。这是指依法成立的运用其货币经营、资本经营等业务，配合政府宏观调控部门，对市场主体的经济活动进行调节的特殊企业。具体包括商业银行、政策性银行、国有资产投资机构等。

第四，市场中介性中间层主体。这是指依法为交易当事人提供中介服务的机构和个人。具

〔1〕 参见王全兴：《经济法基础理论专题研究》，中国检察出版社 2002 年版，第 499～577 页。

体包括经纪人、经纪机构、职业介绍所、产权交易所、拍卖行、招标代理机构等。

（3）市场主体。市场主体是指在市场上从事商品交易活动的组织和个人。这里所谓商品交易活动，是指平等主体之间所进行的商品交换活动，既包括营利性的商品交换活动，又包括基于消费等非营利性目的之需而进行的商品交换活动。市场主体进行市场活动主要由民法加以规范，但在某些情况下，经济法也介入市场主体的市场活动。例如，消费者与生产经营者之间的关系、劳动者与用工单位之间的关系，经济法便要进行调整。具体讲，消费者与经营者、劳动者与用工方原本是平等主体之间的关系，但考虑到消费者和劳动者的弱势地位，国家特制定《消费者权益保护法》和《劳动法》，以对他们实行倾斜保护。这意味着，市场主体之间形成的经济关系，经济法也将有选择地进行干预，从而纠正其中的不公或实现其他的政策目标。在此情况下，市场主体也就成为经济法律关系主体。

4. 经济法律关系主体的特征。就总体而言，经济法律关系主体具有以下特征：

（1）主体表现形式的广泛性。由于市场经济体系是一个相互联系的整体，国家干预经济成为一个体制性、系统性与综合性的机制，因此，任何组织或个体只要参与市场经济活动，就可能与国家的干预有不同程度的联系，并可能受到国家干预的影响，从而可能成为经济法律关系主体。所以，经济法律关系主体存在于不同的经济社会领域，既包括国家与政府机构，也包括企业、公民个人、社会团体、事业单位等。即使在民事法律上不具有独立民事主体资格的主体，如企业分支机构或内部组织，同样可以成为税收法律关系、监管法律关系、竞争法律关系等经济法律关系的主体。因此，与其他法律关系主体相比较，经济法律关系主体的形式更具有广泛性。

（2）主体身份设置的具体性。传统法律关系主体原理将凡是在法律调整下的享有权利、承担义务的人视为都是法律关系主体，主要包括自然人、法人和其他组织三类。这种设置使得社会成员的社会身份转化为一种法律身份，而这种法律身份使所有人在面对法律的时候地位相当，因此这是一种对主体均质性的假设。显而易见，这种法律主体的配置实际上就是不顾社会成员的各种能力和财力的差别而同等对待，相信每个法律主体可以通过平等的保护而达到利益的平衡，体现了形式公平，具有高度的抽象性。正如著名法学家拉德布鲁赫所形容的，"不知道农民、手工业者和工场主、企业主，而只知道完完全全的法律主体，只是'人'"。[1]然而经济法却强调主体身份的具体性，从而保障实质公平。之所以出现这种情况，是因为在法的社会化阶段，利益的分化使得利益冲突加剧，同等的保护已经不能保证社会和谐发展，因而法律通过确认某些具体的身份来重新配置利益，进而从实质正义的角度对各种利益进行整合。庞德将此总结为，"立法已经愈来愈在牺牲抽象个人主义的情形下关注具体的人"。[2]这种具体法律身份在经济法中表现为"经营者""消费者""销售者""竞争者""广告主""广告经营者""中小企业""中外合资企业""中外合作企业""垄断企业"和"公用企业"等。因此，经济法主体除了传统的抽象的法人、自然人、其他组织之外，还有许多具体身份的主体。

（3）主体权限配置的倾斜性。传统的法律主体理论强调权利和义务配置的对等性，[3]然

〔1〕　[德]拉德布鲁赫：《法学导论》，米健等译，中国大百科全书出版社1997年版，第66页。

〔2〕　[美]罗斯科·庞德：《法理学》，邓正来译，中国政法大学出版社2004年版，第539页。

〔3〕　正如有学者分析的：如果既不享有权利也不承担义务可以表示为零的话，那么，权利和义务的关系就可以表示为以零为起点向相反的两个方向延伸的数轴，权利是正数，义务是负数，正数每展长一个刻度，负数也一定展长一个刻度，而正数与负数的绝对值总是相等的。徐显明主编：《公民权利和义务通论》，群众出版社1991年版，第65页。

而，由于市场经济体制自身具有不可克服的缺陷，会导致经济活动参与者之间的实力悬殊急剧加大，整个社会形成"弱势—强势"对立的二元结构，而强者往往利用隶属关系、信息不对称、经济力量差距或自然资源条件，滥用自己的优势地位，损害弱者利益，进而对社会利益造成损害，影响经济整体的健康运行。因此，经济法主体之间的地位也往往呈现出一种不对等性，这种不对等性决定了经济法主体权限配置具有一定的倾斜性，在特定经济法律关系中，强者的义务与责任往往多于权利与权力；与此同时，弱者通常拥有比强者更多的权利与权力。以我国的《消费者权益保护法》为例，对于消费者，第二章专门规定了其权利，却没有规定其义务；对于经营者，第三章专门规定了其义务，而没有规定其权利。这种权利义务的结构设置，其目的就重在维护消费者的利益。再如在《反垄断法》中，对垄断行为的实施者多为禁止或限制性的义务规定，与此相反，对垄断行为的受害者则几乎全部是救济性的权利规定。

（二）经济法律关系的内容

经济法律关系的内容是指经济法律规范所确认的经济法律关系主体的经济职权、经济职责、经济权利、经济义务以及经济自治权限。其中，经济职权与经济职责、经济权利与经济义务形成对应关系。由于经济职权作为一种权力，具有不同于权利的必须行使的性质，因而，经济职权同时又是其享有者必须履行的经济职责。在经济权利与经济义务的对应关系中，一方的经济权利往往是对方的经济义务。

1. 经济职权与经济职责。

（1）经济职权的含义。经济职权是国家机关或其授权单位为维护社会公共利益，在依法干预经济的过程中所享有的具有命令与服从性质的权力。经济职权是国家机关或其授权单位干预经济活动具有合法性的前提条件，无经济职权而进行的非法干预活动，不仅违反经济法之本意，而且将产生不利于行为人的否定性法律后果。经济职权具有如下特征：

第一，经济职权的主体是国家机关或其授权单位。国家机关（包括权力机关和经济行政机关）是经济职权的原始拥有者。拥有经济职权的国家机关可以自己行使，也可以依法授权其他单位行使其经济职权，被授权的单位因国家机关的授权而成为经济职权的主体。除国家机关和经授权的单位外，其他任何单位和个人都不能成为经济职权的主体。

第二，经济职权的目的是维护社会利益。经济法是社会本位之法，因而经济职权也是为了维护社会公共利益而设置。这是经济职权区别于主要以维护国家利益为己任的行政权力，以及以实现民事主体的利益为目的的民事权利的重要特征，也是判定经济职权设置是否合理的客观准则。

第三，经济职权具有命令与服从的性质。经济职权是强制性权力，其所作用的相对人必须服从。拥有经济职权的国家机关或其授权单位依法要求相对人作为或不作为，相对人应按照这一要求行事，否则即是违反经济法之行为。

第四，经济职权是一种权力和责任相统一的权限。国家机关是代表国家行使经济职权的，而国家也正是通过国家机关行使经济职权，来达到领导和组织经济建设这个目的的。这就决定了经济职权具有必须行使的性质，否则，就是失职。这也就是说，国家机关既享有实现经济职权的权力，同时，也担负着必须正确行使经济职权的责任。

（2）经济职责的含义。经济职责是国家机关或其授权单位在依法干预经济的过程中，所负担的必须为或不为一定行为的责任。其实，经济职权与经济职责并无本质区别，经济职权同时也是其享有者必须履行的经济职责。拥有经济职权的国家机关或其授权单位不仅有权对经济进行干预，而且也必须按照其权限对经济进行干预；怠于行使其经济职权，即是没有履行其经济职责。它有两种表现形式：①主动作为和不作为的经济职责。前者表现为承担经济职责的国家机关，必须主动地履行自己的职责。如根据法律的规定，政府机关担负着制订国民经济和社会发展的战略计划、方针和政策，制定资源开发、技术改造和科技开发等方案，协调地区、部门、企业之间的发展计划和经济关系，部署重点工程特别是能源和原材料工业的建设，汇集、传播经济信息，掌握和运用经济调节手段，制定并监督执行经济法律、法规，按规定的范围任免干部以及管理对外经济技术交流与合作等职责。对以上几个方面的职责，政府机关必须主动地予以履行，否则政府就是没尽到自己的职责。后者表明国家机关必须正确行使国家法律赋予的经济职权，不得有滥用经济职权的行为。滥用经济职权是指政府机关超出法律的规定，行使侵犯他人权利（力）的行为。国家之所以要禁止经济职权的滥用，是因为经济职权的行使，不得以损害他人的权利（力）为目的，如果法律不禁止滥用经济职权，其结果必然使权力的行使成为一种灾难。②被动的作为和不作为的经济责任。前者表现为一方主体按照法律的规定，本应主动履行某种职责而未履行时，在另一方主体的请求下，在有关机关和社会的督促下，或者在法院的裁决下所作的作为；后者表现为一方主体在另一方主体的请求下，在有关机关和社会的督促下，或者在法院的裁决下，被动地停止某种作为。

经济职责有两个显著的特征：一是专属性，即这种职责是专属于特定的机关的；二是范围的法定性，即国家机关不得超出法律规定的职权范围，要求相对人履行义务。

（3）经济职权和经济职责的内容。由于经济职权在一定意义上也可看成是经济职责，明确了经济职权的内容，即可划定经济职责的内容，因此，以下只就经济职权的主要内容加以概括。

第一，经济立法权。经济立法权是指国家机关依据宪法、法律的规定，制定、修改和废止经济法律、法规、条例和规章的权力。

经济立法权的配置和行使是国家实现干预经济职能的重要方式，是国家设定经济权利和经济义务、分配经济立法权以外的其他经济职权和经济职责的基本途径。按照我国《宪法》《立法法》等法律的规定，经济立法权由全国人民代表大会及其常务委员会、国务院及其职能部门、省级和较大的市的人民代表大会及其常务委员会、经济特区所在地的省或市的人民代表大会及其常务委员会、省级和较大的市的人民政府、民族自治地方的人民代表大会享有。其具体分配是：全国人民代表大会制定和修改基本经济法律；全国人民代表大会常务委员会制定和修改除应当由全国人民代表大会制定的经济法律以外的其他经济法律，同时，在全国人民代表大会闭会期间，对全国人民代表大会制定的经济法律进行部分修改和补充，但是不得同该法律的基本原则相抵触；国务院根据宪法和法律，制定经济行政法规；国务院各部、委员会，中国人民银行、审计署和具有行政管理职能的直属机构，可以根据法律和国务院的行政法规、决定、命令，在本部门的权限范围内，制定经济规章；省级人民代表大会及其常务委员会根据本行政区域的具体情况和实际需要，在不同宪法、法律、行政法规相抵触的前提下，可以制定地方性经济法规；较大的市的人民代表大会及其常务委员会根据本市的具体情况和实际需要，在不同宪法、法律、行政法规和本省、自治区的地方性法规相抵触的前提下，可以制定地方性经济法规，报省、自治区的人民代表大会常务委员会批准后施行；经济特区所在地的省、市的人民代表大会及其常务委员会根据全国人民代表大会的授权决定制定经济法规，在经济特区范围内实施；省级和较大的市的人民政府，可以根据法律、行政法规和本省、自治区、直辖市的地方性法规制定经济规章；民族自治地方的人民代表大会有权依照当地民族的政治、经济和文化的特点，制定自治条例和单行条例。

第二，经济决策权。经济决策权是指国家机关或其授权的单位根据社会经济发展的需要或者为克服市场失灵而对经济活动的方向进行决定的权力。经济决策权既可以表现为定期的决策，如国民经济和社会发展计划的制订，也可以表现为临时性的决策，如国家在遭遇金融危机时，为整顿金融秩序而进行的决策。经济决策权可以进一步划分为宏观经济调控决策权、计划决策权、货币发行决策权、基准利率决定权、汇率调节决策权、税率决定权等具体权力，这些权力由相应的国家机关按照其各自的职能分工享有和行使。

第三，经济禁止权。经济禁止权是指行政机关或其授权单位依法不允许相对人为某种行为的权力。它是国家机关的单方行为，无须取得相对人的同意，一旦行使，就产生相对人必须服从的法律效果。在我国一些经济法律法规中，有责令停止违法行为的规定，从而赋予了这些法律法规的执行机关以经济禁止权。

第四，经济许可权。经济许可权是指行政机关基于公民、法人或者其他组织的申请，经依法审查，准予其从事特定经济活动的权力。经济许可权的确立，有利于维护社会公共利益和社会秩序，但行政许可权毕竟对市场主体的营业自由和经营自主权有一定的限制作用，因此，为了规范行政许可的设定和实施，在保护市场主体的合法权益与维护公共利益和社会秩序之间求得平衡，我国《行政许可法》对设定和实施行政许可应当遵循的条件和程序作了严格限定，其范围只限于：①直接涉及国家安全、公共安全、经济宏观调控、生态环境保护以及直接关系人身健康、生命财产安全等特定活动，需要按照法定条件予以批准的事项；②有限自然资源开发利用、公共资源配置以及直接关系公共利益的特定行业的市场准入等，需要赋予特定权利的事项；③提供公众服务并且直接关系公共利益的职业、行业，需要确定具备特殊信誉、特殊条件或者特殊技能等资格、资质的事项；④直接关系公共安全、人身健康、生命财产安全的重要设备、设施、产品、物品，需要按照技术标准、技术规范，通过检验、检测、检疫等方式进行审定的事项；⑤企业或者其他组织的设立等，需要确定主体资格的事项；⑥法律、行政法规规定可以设定行政许可的其他事项。

第五，经济取消权。经济取消权是指国家机关或其授权单位依法对某种法律资格予以取缔或者消灭的权力。经济取消权行使的结果，实际上是对特定人既得权利的取消。如工商行政管理部门依法办理企业注销登记，就是行使经济取消权的体现。

第六，经济处罚权。经济处罚权是指国家机关或其授权单位依法对违反经济法律法规的行为进行处理的权力。如国家行政机关依法对违法经营者进行罚款、没收非法所得，其所行使的就是经济处罚权。

第七，经济监督权。经济监督权是国家机关或其授权单位依法对社会经济各个领域进行监察和督促的权力。在我国，有权进行经济监督的机关十分广泛，包括计划、财政、税务、物价、质量、审计、工商管理等部门。

2. 经济权利与经济义务。

（1）经济权利。经济权利是经济法律关系主体依法可以为一定行为或不为一定行为、要求他人为一定行为或不为一定行为的自由。与经济职权相比，经济权利的主体较为广泛，所有的经济法律关系主体，包括国家、权力机关、行政机关、非营利性社会组织、经济组织、自然人等，都可能享有经济权利。但经济权利并不具有命令与服从的性质，它是经济法律关系主体在维护自身和社会利益而拥有的一种权利或资格，它只在参加具体的经济法律关系的当事人之间存在执行的效力。经济权利的内容极其广泛，主要有以下内容：

第一，国有资产管理权。国有资产管理权是特定组织经授权而享有的对所有权属于国家的资产进行管理的权利。由于国有资产管理权来源于国家作为国有资产所有权主体的权利，因此，它与作为国家管理经济事务的公权的经济职权有所不同。目前，我国国有资产管理体制主要分为两大块：第一块是企业国有资产管理体制（不包括金融机构）。对于国有及国有控股企业、国有参股企业，国家实行由国务院和地方人民政府分别代表国家履行出资人职责，享有所有者权益，权利、义务和责任相统一，管资产和管人、管事相结合的国有资产管理体制，由各级国资委代表国家履行出资人职责，享有所有者权益。第二块是行政、事业单位国有资产管理体制，由各级财政部门负责对其进行管理。另外，金融机构国有资产管理体制涉及多个管理部门，它的体制如何建立，还处于探索阶段，目前是由财政部门履行部分的出资人职责。

国有资产管理权的主要表现形式有：①国有资产登记权。即国有资产管理机构为确认国家对国有资产的最终所有权以及各种组织占有、使用国有资产的权利，而代表国家对国有资产进行登记的权利。②国有资产投资权。即国有资产管理机构或国家授权投资的机构、部门依法作为国有资产的代表，对经济组织进行参股、控股的权利。③国有资产收益分配权。即国有资产管理机构或国家授权投资的机构、部门依法对国有资产经营所产生的收益进行分配的权利。④国有资产稽核权。即国有资产管理机构核实或者评估经济组织占有国有资产实际数额的权利。⑤国有资产处分权。即国有资产管理机构依法对国有资产进行最终处分的权利。

第二，国有企业经营权。国有企业经营权是国有企业对于国家授予其经营管理的财产享有的占有、使用、收益和依法处分的权利。根据《全民所有制工业企业法》和《全民所有制工业企业转换经营机制条例》的规定，国有企业享有广泛的权利，包括生产经营决策权、产品劳务定价权、产品销售权、物资采购权、进出口权、投资决策权、留用资金支配权、资产处置权、工资资金支配权、劳动用工权、内部机构设置权、拒绝摊派权以及联营兼并权等。

第三，土地承包经营权。土地承包经营权是在以家庭承包经营为基础、统分结合的双层经营体制上而设置的一种权利。依承包经营权承包人对其承包经营的耕地、林地、草地等享有占有、使用和收益的权利，有权从事种植业、林业、畜牧业等农业生产。土地承包经营权按其性质来说属于用益物权。

第四，经济请求权。经济请求权是经济法律关系主体的合法权益受到侵犯时，依法享有的要求侵害人停止侵害和要求有关国家机关保护其合法权益的权利。主要包括要求赔偿权、请求调解权、申请仲裁权以及经济诉讼权。

（2）经济义务。经济义务是经济法律关系主体为满足权利主体或权力主体的要求，依法为一定行为或不为一定行为的责任。在我国经济法律法规中，不同的经济法律关系主体在不同的经济法律关系中所承担的经济义务有所不同，但就一般而言，经济法律关系主体所承担的共通性经济义务，主要有以下几项：

第一，遵守经济法。经济法国家为确保其干预政策得以实施、维持正常的经济秩序而制定的行为规则，是经济法律关系主体行动的具体规则，每一经济法律关系主体都应自觉遵守这些规范。这是经济法律关系主体的首要义务。

第二，合理行使经济权利。经济权利从根本上讲是经济法律关系主体依法享有的为一定行为或不为一定行为的自由，但任何自由都必须以不损害他人的自由或权利为前提，因此，经济权利的行使应当有适当的限制。合理行使经济权利，就是要为经济法律关系主体行使经济权利设定必要的限度，它要求经济法律关系主体在行使经济权利时，不得滥用其所享有的经济权利，也不得随意放弃经济权利，从而对国家、社会和他人的权益构成威胁。

第三，服从正当干预。国家干预是市场经济体制下国家所拥有的一项重要的经济职权，是维持市场健康、有序运行的基本保障。对于国家机关为克服市场失灵和维护社会利益所进行的合法干预，经济法律关系主体应积极配合，按照干预主体的要求为或不为一定的行为。

第四，依法缴纳税费。税收是国家财政收入的主要来源，是支撑国家机构正常运转，执行国家干预经济职能和提供公共产品的物质保障。税收法律主义原则决定了国家必须依法征税，而经济活动主体享受国家提供的公共产品决定了他们必须依法纳税。此外，经济法律关系主体还必须按照法律法规的规定，交纳有关部门合法征收的合理费用。

3. 经济自治权限。[1]经济自治权限是指社会中间层主体为实现其宗旨而享有的规则制订和实施权，以及为防止社会中间层主体自治的负效应而对其确立的自治权限制体系。具体而言，社会中间层主体的自治权限，一方面包括社会中间层主体享有的规章制定权、监管权（即根据其规章监督和管理其成员的权力）、惩罚权（即根据其规章惩罚其违规成员的权力）、争端解决权（即根据其规章对其内部纠纷进行裁决或调解的权力）、起诉权（即当其自身利益、成员利益、其所代表的行业利益受到损害时，以自己的名义提起诉讼的权力）；另一方面还包括对社会中间层主体上述自治权的限制，例如社会中间层主体的自治不得妨碍或限制竞争。

（三）经济法律关系的客体

1. 经济法律关系客体的定义。在法学理论中，对法律关系的客体有不同的理解。有的是从主体参加法律关系的动因出发，认为法律关系的客体是法律关系据以产生的事物；有的是从主体参加法律关系的目的出发，认为法律关系的客体是法律关系所要达到的事物；有的是从参加法律关系的主体所能实际作用的事物出发，认为法律关系的客体是主体的行为可以施加作用或者必须施加作用的事物。它们实际上都是把某种事物作为法律关系的客体。还有人认为，从主体和客体的相对性出发，认为法律关系的客体是法律所确认并加以调整的社会关系，从而认为行为、物都不是法律关系的客体。我们认为，经济法律关系的客体是指经济法律关系主体的经济职权和经济职责，或者经济权利和经济义务或者经济自治权限直接指向的对象。在经济法律关系中，如果仅仅只有主体和主体的职权、职责或者权利、义务的存在，而无它们所指向的具体事物，那么，作为经济法律关系内容的经济职权、经济职责、经济权利、经济义务以及经济自治权限就会落空，主体双方之间建立经济法律关系就失去了意义。因此，经济法律关系的客体，构成了经济法律关系不可缺少的要素。

2. 经济法律关系客体的范围。怎样把握经济法律关系客体的范围，是与怎样确立经济法的调整对象相一致的。根据经济法律关系主体确立经济法律关系的动机，以及经济法律关系作用的事物的性质的不同，我们把经济法律关系的客体确定为以下四类：

（1）经济干预行为。这是指经济法律关系主体在进行经济干预的过程中，为达到一定的干预目的，而进行的有目的、有意识的活动。这种干预行为，既可以表现为具有权力因素的经济干预行为，如经济职权行为，又可以表现为具有财产因素的管理行为，如国家对国有资产管理行为、企业管理行为等。

（2）干预行为所及的物。物是民事法律关系的重要客体。物作为经济法律关系的客体则是受到一定的限制的。这种限制主要表现为与干预行为相联系的物才能作为经济法律关系的客体，如基于许可、税收、土地征用、环境保护、规费和罚没等而产生的法律关系所指向的物才是经济法律关系的客体。

（3）科学技术成果。智力劳动成果可区分为文学艺术成果（如小说、诗歌、戏剧、乐曲、舞蹈、摄影、绘画、雕塑等作品）和科学技术成果（如发明创造、商标和技术秘密等）。前者由于一般不与生产发生直接关系，所以只是民事法律关系的客体；后者由于直接对宏观经济运行和生产经营过程发生作用，所以它既可以是民事法律关系的客体，也可以是经济法律关系的

---

〔1〕 事实上，经济自治权限具有经济职权的色彩，但与经济职权又有很大的不同，加之随着社会中间层（俗称"第三种力量"）的崛起，考虑到该种主体角色和功能的特殊性，故将其单列。

客体。即在转让科学技术成果的法律关系中，它是民事法律关系的客体；而在对技术成果进行管理所发生的法律关系中，它是经济法律关系的客体。

（4）经济信息。经济信息是反映社会经济活动发生、变化等基本情况的各种消息、数据、情报和资料的总称。当今，人类正处于一个信息时代，经济信息作为一种重要的资源，无论是对宏观经济调控，还是对微观经济运行都起着十分重要的作用。由于经济信息的重要性，决定了国家和企业都必须加强信息资源的管理，建立、健全完善的经济信息系统，这就需要把经济信息的收集、整理、汇总、计算、分析、加工、传递、储存和输出等全部过程纳入经济法制建设轨道。这样，经济信息就成为经济法律关系的一类客体。

3. 经济法律关系客体的特征。主要有以下三个：

（1）作为经济法律关系客体的物既有广泛性的一面，又有限制性的一面。广泛性是指即使民事法律关系中其流转受到限制甚至禁止的物，在经济法律关系主体之间也可以流动，如限制流通的土地，可依经济法进行征用和划拨；限制性是指不是所有的物都可以作为经济法律关系的客体，能够作为经济法律关系客体的，如前所述，只能是那些与调控因素相联系的物。

（2）经济法律关系的客体呈现出复杂的结构。作为民事法律关系客体的物、行为和智力劳动成果，在具体的民事法律关系中往往是单独存在的。同时，民事法律关系的客体，通常不表现为一定的宏观经济指标。而在经济法律关系中，行为、物和指标在许多情况下是作为一个不可分开的综合体而存在的。因为经济法律关系的确立，既要规定人们行为的具体目标，又要规定人们行为的具体标准。如计划法律关系的客体，在大多数情况下就是计划行为、计划指标和计划物资或项目的综合体。

（3）经济干预行为是经济法律关系经常的客体。作为民事法律关系客体的行为，通常是指转移财产、提供劳务和完成工作的行为，并不包括干预行为。由于经济法是国家干预经济的法，而经济法对此类关系的调整，又是通过制定相关的法律、法规，规定管理机关行为以及切实实施这些行为来实现的，这就决定了调控行为是经济法律关系最重要和最常见的客体。

第三节　经济法律关系的确立

一、经济法律关系的确立的含义

这里所谓经济法律关系的确立，是指使特定的经济法律关系处于某种确定状态的过程。经济法律关系的确定状态有以下三种：

（一）经济法律关系的发生

经济法律关系的发生是指经济法律关系的最初形成。这种发生使得原本没有法律联系的当事人之间形成了由国家强制力保障实现的经济法律关系，从而产生一种新的处于确定状态的经济法律关系。这种最初形成的经济法律关系在通常情况下可以持续到因建立经济法律关系的目的达到而终止之时。

（二）经济法律关系的变更

经济法律关系的变更是指由于出现了某种情况而使得业已存在的法律关系在主体、内容和客体上发生变更，从而达到另外一种新的确定状态。这种变更既可以是经济法律关系要素的部分，也可以是全部变更。当事人应当按照变更后的经济法律关系履行义务。

（三）经济法律关系的终止

经济法律关系的终止是指经济法律关系的消灭。经济法律关系可以依当事人的协议或者履行义务而消灭，也可以依不可抗力或者一方当事人依法实施的单方宣告行为而消灭。后一种情况通常是在具有行政隶属性的经济法律关系中存在。经济法律关系一经终止，即处于一种确定状态，只不过此时的确定状态表现为原本存在的经济法律关系不复存在。

二、经济法律关系确立的原因是经济法律事实

（一）经济法律事实的含义

经济法律事实是指能够引起经济法律关系发生、变更或终止的客观情况。"客观情况"是一个外延十分广泛的概念，可以这样说，凡是事实上的任何客观存在，无论是自然现象还是社会现象，都可以说是客观情况。这种客观情况通常被称为"事实关系"。但是，不是所有的事实关系都能引起法律后果。只有那些能够引起法律后果的事实，我们才把它们称为"法律事实"。经济法律事实与引起民事法律关系发生、变更和终止的事实一样，也可以归结为行为和事件，但是它们各自的具体所指又是不相同的。

（二）经济法律事实的分类

1. 经济行为。这是指经济法律关系主体为了实现一定的经济目的而进行的活动。经济行为按其性质可以划分为经济合法行为和经济违法行为。这两种行为都可以引起经济法律关系的发生、变更或终止。

（1）经济合法行为。这是指经济法律关系主体实施的符合法律规定的经济行为。这种行为又可以划分为以下几类：①依法进行的经济干预行为。它是指国家权力机关、行政机关为了实现一定的经济目的而依法干预社会经济活动的行为，主要是指国家权力机关的计划行为和行政机关的职权行为。②依法实施的经营行为。它主要是指企业或其他经济组织和个人为实现经营性财产的保值、增值而依法实施的一种行为。③行政执法、经济审判、行政审判和经济仲裁等行为。它是指行政机关、法院、仲裁机构对经济纠纷或者经济违法行为的查处、裁决等行为。

（2）经济违法行为。这是指经济法律关系主体违反经济法的规定所实施的行为。如国家行政机关的不当罚款行为、市场主体的垄断和不正当竞争行为等。

2. 事件。这是指不以当事人的意志为转移但能引起经济法律关系发生、变更或终止的客观情况。事件可以是自然现象，也可以是社会现象。但是，作为经济法律事实的自然现象多限于足以引起经济法律关系主体之间的经济法律关系发生变化和终止的自然灾害。如因为严重的自然灾害，可以引起计划法律关系、税收关系发生变化等。作为经济法律事实的社会现象主要是指军事行动和政府禁令等，它们都可以引起某项干预行为的变化。

■ **思考题**

1. 经济法律关系与行政法律关系、民事法律关系相比较，有何特征？
2. 为什么要将经济职权和经济职责作为经济法律关系的重要内容？
3. 为什么要将社会中间层作为经济法主体？
4. 在现实生活中，国家机关在行使经济监督权时，存在着哪些缺陷？应当怎样改进？

■ **参考书目**

1. 梁慧星、王利民：《经济法的理论问题》，中国政法大学出版社 1986 年版。
2. 李昌麒主编：《经济法学》，法律出版社 2007 年版。
3. 张文显主编：《法理学》，高等教育出版社 2007 年版。
4. 佟柔主编：《中国民法学·民法总则》，中国人民公安大学出版社 1990 年版。
5. 罗豪才主编：《行政法学》，北京大学出版社 2001 年版。
6. 鲁篱：《行业协会经济自治权研究》，法律出版社 2003 年版。

第五章 经济法责任

■学习目的和要求

　　经济法责任是近几年来经济法理论研究中的一个热点和难点问题。对什么是经济法责任，经济法是否有独立的责任形式，学界存在着不同的认识。学习本章时，应重点把握经济法责任的含义、属性、构成要件、分类和实现等基本问题，在此基础之上还应领会经济法责任的特殊性，并以此为出发点理解经济法的独立性问题。

第一节 经济法责任的含义及属性

一、经济法责任的含义

　　法律责任是任何一个独立的部门法所必须具备的制度，毕竟，法的强制力在很大程度上依赖于法律对责任的合理规定。但是，如何理解法律责任，在学理上尚存在很大的分歧。有的把法律义务归结为法律责任，认为履行法律义务就是在尽法律责任，谓之"积极责任"；有的只把违反法律的规定而产生的否定性后果才称为法律责任，谓之"消极责任"。在本章中，经济法责任主要指后者，但又不限于违反经济法律、法规而产生的否定性后果，还包括虽不违法，但直接基于法律的规定而加于行为人的负担。

　　这里需要为"经济法责任"正名。经济法责任是专指经济法作为独立法律部门所具有的责任，不是泛指所有具有经济内容的法律、法规所确立的责任。它是我国整个法律责任体系中的一个重要组成部分。由此可知，我们不能把"民法责任"等同于"经济法责任"，也不能把行政法上具有某种经济内容的行政责任等同于"经济法责任"。就经济法责任的称谓而言，目前学术界使用比较多的概念主要有经济法责任和经济法律责任两种。从语义上来讲，经济法律责任的范畴更为宽泛，比较容易理解为任何有关经济方面的法律责任，从而导致经济法的法律责任与其他部门法中与经济相关的法律责任相互重叠，模糊经济法责任的独立性。此外，还必须划清"经济责任"与"经济法责任"的界限。经济责任是泛指一切具有经济内容的责任。经济责任只有上升为经济法规定之后，才能成为经济法责任；即使经济因素进入行政法和民法责任形式，也只能称之为行政法责任或者民法责任。

　　经济法责任理论的发展历程表明，随着经济法基础理论和基本范畴的不断发展和成熟，经济法责任的研究也提上了研究日程。从我们掌握的信息来看，学界对经济法责任的定义大体上有以下五种较有代表性的观点：第一种观点认为"经济法责任，是指人们违反经济法规定的义务所应付出的代价"，[1]将法定义务作为确定经济法责任的前提要件。第二种观点认为经济法责任是与行为的违法性以及经济法权利相关联的，从而认为经济法责任是指经济法主体由于

---

[1]　漆多俊：《经济法基础理论》，武汉大学出版社 1996 年版，第 187 页。

违反经济法义务或者不当行使经济法权利所应承担的法律后果。[1]这种观点将经济法责任的产生归结为两个原因，即违反经济法义务和不当行使经济法权利，它们都是构成经济法上不利后果的前置条件。第三种观点没有具体强调经济法权利和经济法义务在经济法责任内涵中的核心地位，而转向强调行为本身的违法性，从经济法主体的行为违法性出发，认为经济法责任是经济法主体因实施了违反经济法规定的行为而因承担的法律后果，或者说是因实施了违法行为，侵害了经济法所保护的法益，而应受到的经济法上的制裁，或称为经济法主体的法律责任或经济法上的法律责任。[2]第四种观点认为，经济法责任是指由于经济法主体的经济违法行为以及法定特别损害后果的发生，而使有责主体必须承担的否定性的法律后果。[3]第五种观点认为，公共部门和私人部门的融合导致国家对经济生活的调整，表现在法律上就是行政上的公共责任和会计上的受托责任的融合。这种结合主要表现在经济法领域中，是与经济法的"责权利相统一"原则以及"组织关系与财产关系相融合"的特点是完全一致的，这种新的责任模式，可以被界定为经济法上的责任。[4]

除此以外，学界对经济法责任是否是一种独立责任形式也存在着不同的认识，有学者认为，经济法责任是作为一种独立的责任形式包含在经济法规定的责任形式种类之中，除了经济法责任之外，经济法规定的责任还包括民事责任、行政责任与刑事责任，它们之间互不包含，是完全并列的关系。也有学者认为，现在我们讲的经济法责任并不是一种独立的责任形式，它只是民事责任、行政责任与刑事责任在经济法律法规中的确认的综合运用而已。[5]本书认为，经济法责任并不仅仅是指责任的内容具有经济性质，而是指由经济法律法规所确认的各种责任形式的总和，尽管在这些责任形式中，可能具有民事、行政以及刑事的性质，但它仍然是相对独立于民事责任、行政责任以及刑事责任的一种独立责任形态。

二、经济法责任的属性

按照个别寓于一般，一般是个别的概括的哲学原理，作为我国整个法律责任体系中的一个重要组成部分，经济法责任既有一般法律责任的共性，又有自身的特殊性。不同学者对经济法责任属性的论述也各不相同，主要源于学者对于经济法责任的一般内涵及其表现形式存在不同的理解和思考。有学者认为，经济法责任具有双重性，由本法责任和他法责任构成；本法责任是指经济法主体违反经济法的规定所应承担的法律责任；而他法责任指经济法主体在违犯经济法有关规定时，也违反了其他法律的相关规定，从而亦应承担其他法律规定的法律责任。[6]也有学者认为严格意义上的经济法责任不应当包括他法责任，但是基于合并处理的效益性，有必要使经济法的本法责任与他法责任相互协调，合并使用。[7]也有学者还从经济法的属性出发判定经济法律责任的基本属性，认为经济法责任因其在市场秩序规制、宏观经济调控等方面的作用应具备经济性和社会性。[8]

无论对经济法责任的属性做何种探讨和研究，都要与经济法责任的内涵协调统一。本书认为经济法责任是指违反经济法律、法规而产生的否定后果或基于法律法规的规定而承担的不利

〔1〕　陈婉玲等：《经济法责任论》，中国法制出版社2005年版，"绪论"第1页。
〔2〕　张守文：《经济法理论的重构》，人民出版社2004年版，第430页。
〔3〕　李中圣："经济法责任论略"，载《法律科学》1993年第4期。
〔4〕　邓峰："论经济法上的责任——公共责任与财务责任的融合"，载《中国人民大学学报》2003年第3期。
〔5〕　李昌麒：《经济法——国家干预经济的基本法律形式》，四川人民出版社1995年版，第506页。
〔6〕　寿厉冰、陈乃新："略论惩罚性损害赔偿的经济法属性"，载《法商研究》2002年第6期。
〔7〕　吕忠梅："经济法律责任论"，载《法商研究》1998年第4期。
〔8〕　李昌麒、刘瑞复主编：《经济法》，法律出版社2005年版，第119页。

负担。它具有下述基本属性：

1. 经济法责任是以经济职责和经济义务为前提的。一般的法律责任是以法律义务的存在为前提，无法律义务就无承担和追究法律责任的依据。这对经济法责任也是适用的。但是，经济法律关系的主体具有广泛性的特点，其中，国家经济管理机关是最为常见的经济法律关系主体，而作为经济管理机关在拥有国家法律赋予的经济职权的同时，也承担着必须履行经济职权的经济职责。如果经济管理机关滥用经济职权或者怠于履行经济职责而给相对人造成损失，也应承担相应的经济法责任。因此，除经济义务外，经济职责也是经济法责任的存在前提。从这个意义上讲，与其他法律责任相比，承担和追究经济法责任的前提条件要宽泛得多。

2. 经济法责任不以给违法行为人带来经济上的不利后果为唯一结果。经济法责任在许多情况下会给违法行为人带来经济上的不利后果，此种不利后果，表现为加重违法行为人的经济负担。但在某些情况下，不直接加重违法行为人经济负担的否定性法律后果，在经济法律、法规中也是作为一种责任形式而规定的。比如，限期改正、没收非法所得、退回多收规费或税金等。因此，正如以上所述，经济法责任并不等于经济责任，经济法责任与经济责任既有联系又相区别。简单地将它们等同，是有失偏颇的。

3. 经济法责任具有复合性。经济法责任是一个综合性的范畴，它是由不同性质的多种责任形式构成的统一体。详言之，在经济法责任的内涵中，包括了公法责任和私法责任，过错责任、无过错责任和公平责任，职务责任和非职务责任，财产责任和非财产责任等性质相异的责任形式，它们共同构成完整意义上的经济法责任。这是其他部门法责任所不具有或者不明显具有的一种责任形式。

4. 经济法责任表现为责任者必须承担的否定性法律后果或者其他后果。首先，经济法律关系主体对其负担的经济职责和经济义务表现出消极的不作为，或者不适当履行经济职责或经济义务，就要导致法律对其消极不作为或不适当作为的否定。这种否定性的后果必须归于责任者。进言之，经济法责任一经确定，就具有必须执行的法律效力，责任者怠于执行，就要受到国家强制力的干预。只有保证经济法责任的执行效力，经济职责和经济义务的履行才有现实的实现机制，因违法行为而受到损害的当事人才能获得切实的补救，这是经济法责任制度的严肃性及救济性的必要要求。其次，基于维护社会公共利益等方面的需要，经济法律、法规规定了一些即使行为不违法，但行为人仍需承担一定负担的情形。这种后果有别于否定性法律后果，但在经济法中仍作为一种责任方式看待。这也是其他部门法责任所不具备或者表现不甚明显的。

第二节 经济法责任的构成要件和分类

一、经济法责任的构成要件

法律责任的构成要件是指行为人据以承担法律责任或者能够满足国家机关追究行为人法律责任的法定条件。由于行为人承担法律责任的具体情况不同，因而在各国的法律中并没有据以判断所有法律责任的共同要件。这就决定了在不同法律部门之间，同一法律部门的不同责任主体和形式之间，在法律责任的构成要件上既有相同点，也有不同点。

法学理论一般从责任主体、行为人的心理状态、行为的违法性、损害事实以及因果关系等多个方面去把握法律责任的构成要件。经济法责任的构成要件也可以从这些方面加以认识，但是与行政责任、民事责任等法律责任的构成要件相比，经济法责任各方面构成要件的具体所指又有自己的特殊性。

（一）责任主体

责任主体是指依法应当承担法律责任的当事人。经济法责任主体与其他法律部门的法律责任主体一样，必须具有两个基本条件：一是必须具备责任能力；二是不具备免责条件。但是，与行政责任和民事责任的主体相比，经济法责任主体既有限制性的一面，又有广泛性的一面，前者主要表现为责任主体多为从事生产经营活动的经济组织和具有经济管理职能的经济行政机关；后者主要表现为经济组织内部不具备法人资格的单位以及经济组织的内部成员，在某些情况下也可以成为经济法责任主体。

（二）行为人的心理状态

在民事法律责任中，通常实行过错责任原则，即在行为人有过错的情况下才承担和追究责任。在特殊情况下，也适用无过错责任原则。在经济法责任中，无过错责任原则则得到了更为广泛的运用，即行为人虽无过错，但由于给他人和社会造成了损害，基于经济法的规定，也要承担责任。事实上，无过错也要承担责任的情况，更多的是在经济法性质的法律、法规中加以规定的。这表明，在经济法责任中贯彻的是过错责任和无过错责任相结合的归责原则，且无过错责任得到了更为广泛的运用。无过错责任原则的确立，体现了国家运用其权力对受害人的保护。

（三）行为的违法性

前已述及，经济法责任首先表现为违反经济法而由行为人承担的否定性法律后果，故在多数情况下，行为的违法性应是构成经济法责任的基本要件。行为的违法性具有多种表现，国家经济管理机关怠于履行或不适当履行其经济职责，经济组织违反国家的限制性或禁止性规定、不履行或不正确、不全面履行法定的或约定的经济义务等，均是行为违法的具体体现。经济法责任创设的目的之一就是对这些具有违法性的行为进行否定性评价，进而实现保护个体权益、市场公序、社会利益等经济法的多重目的。但是，由于经济法责任在某些情况下并不以违法为前提，故行为的违法性有时于责任的承担和追究并非必备条件，在适用无过错责任和公平责任原则时，在基于国家利益、社会公共利益等原因而占用、征用或损害他人的财产时，即可能出现此种情形。在前述情形下，基于保障社会公共利益的需要，国家往往通过设定经济法责任的形式对特定主体及其行为进行干预，纠正或者避免被干预行为的负面效应。因此，行为本身是否违法不应当成为设定经济法责任的必要前提，在行为不违法但给不特定多数人的利益造成现实或潜在的危害时，法律就应当给多数利益的维护提供必要的救济路径。

（四）损害事实

民事责任的追究和承担通常须以损害事实的存在为条件，无损害则不承担责任。而经济法责任的构成，在许多情况下并不以损害事实的客观存在为必要条件，行为人即使没有给特定人造成具体损害，也要承担法律责任。比如，有的不正当竞争行为、销售不合格产品的行为，可能没有给具体人造成损害，但是，考虑到对这种行为如果不加以制裁，最终必然要给具体人或者社会造成损害，因此也要追究行为人的经济法责任。这正好表明经济法具有行政法和民法难以达到的维护社会经济秩序的积极作用。有学者认为，"承担经济法法律责任的构成要件不需要违法行为已经造成经济损失，以突出经济法维护社会利益，防范出现社会性危害事件的功能"。[1]

（五）因果关系

因果关系是原因与结果之间存在的不以人的意志为转移的必然联系。由于在民法中主要是

---

〔1〕　管斌等："第十届全国经济法理论研讨会综述"，载《法商研究》2003 年第 1 期。

以损害事实的存在作为追究责任的前提的，因而它特别强调损害行为与损害结果之间的因果联系。但是，如前所述，就经济法责任而言，行为即使未造成损害事实，也要追究行为人的责任。在这种情况下，经济法责任就无所谓以损害行为与损害结果之间的必然联系作为构成要件的问题。这决定了在经济法责任中，在有的情况下只要行为人实施了某种按照法律规定需要承担法律责任的行为，就可以根据法律的直接规定，追究行为人的责任。

二、经济法责任的分类

为了更好地理解和适用经济法责任，有必要按照分类研究的科学方法来认识经济法责任。经济法责任可以从不同角度进行分类，其中最基本的是以下几种分类：

（一）公法责任和私法责任

这是根据法律责任据以确立的部门法的性质来划分的。公法责任是指刑法、行政法等公法规定的行为人（包括国家机关）的责任。私法责任是私法（主要是民法）规定的行为人的责任。在纯属公法和私法的法律部门中，公法责任和私法责任是泾渭分明的。而经济法是公法和私法兼容的法律，因而它的责任形式也具有公法责任和私法责任兼容的性质。其主要表现是，经济法不像行政法、民法和刑法等部门法那样，只分别地采取单纯的行政的、民事的或者刑事的责任方式，而是采取三者兼而有之的责任方式。对这三种责任方式有时单独适用，有时一并适用。对于这种现象，有的学者将其解释为是行政法、民法和刑法的责任在经济法领域中的综合适用，有的将其解释为经济法特有的综合责任形式。对此，怎样解释并不重要，重要的是对经济法责任应有以下两个基本认识：①三种责任形式同时存在于经济法之中，这是行政法、民法和刑法所不具备的。立法机关之所以要在经济法中作这种安排，主要是因为对于某一具有经济意义的行为，仅仅使用一种责任形式难以达到全面评价的效果。②在经济法中同时使用行政、民事和刑事性质的责任形式，从立法技术上来讲，有利于经济法律关系主体清晰而又全面地认识到某一行为可能招致的各种不同程度的法律后果，这既有利于守法，又有利于执法。

（二）过错责任、无过错责任和公平责任

这是根据行为人的主观心理状态在追究法律责任中的地位来划分的。过错责任是指以行为人存在故意或过失的心理状态为必要条件的一种责任。这种责任发端于罗马法的"无过错而无责任"的理念，发展和完善于自《拿破仑法典》起的许多资产阶级国家的民法典。过错责任的确定，对于保护财产所有权、契约自由以及权利平等有着重要的意义。

然而，商品经济的发展，科学技术的进步，人类利用和改造自然的欲望和行为愈来愈强烈，给人类带来了一个矛盾的世界：一方面是社会的进步；另一方面是人和社会日益面临着由于工业经济时代所必然带来的损害，而且这些损害有许多是在行为人没有过错的情况下造成的。在这种情况下，如果固守过错归责原则，就难以有效地保护人的权利。于是，无过错责任应运而生。如前所述，无过错责任不以行为人的主观过错的存在为追究责任的必要条件，即行为人无过错也要对自己给他人造成的损害承担责任。这种情况在经济法中是一个越来越广泛存在的现象。无过错责任的普遍采用，无疑有助于更充分地保护人的权利。可以预料，随着知识经济时代的到来，信息科学技术、生命科学技术、新能源技术、新材料科学技术等高新技术必将有一个大的发展，并将广泛地运用于生产之中。与此相应，一些未可预见的且行为人无过错的损害也将越来越多地出现，无过错归责原则适用的范围也将越来越广泛。比如，知识经济必然要求对知识产权提供更加强有力的保护，而对知识产权的保护仅仅依据过错归责原则显然不够，因为，由于知识产权的无形性、地域性和时间性，"其权利人的专有权范围被他人无意及无过失闯入的机会和可能性，比物权则要大得多、普遍得多"[1]。在这种情况下，就应当适用无过错归责原则，以充分保护权利人的利益。

公平是所有法律的共同价值取向。一个法律是否实现了公平，最集中的反映就是法律责任的构造是否体现了公平。当然，无论是实行过错责任或者无过错责任原则，它们所追求的都是一种公平状态，但是在某些情况下，比如在当事人对造成的损害都没有过错，且依照现行法不能适用无过错原则，但又确有必要追究一方的责任时，就产生了一种特殊的责任，即公平责任。所谓公平责任，是指双方当事人对造成损害都没有过错，根据实际情况，由当事人分担责任的一种责任形态。这种责任原则，在民法中可以适用，在经济法中也可以适用。比如，某一洗涤剂产品对大多数人来说不会引起损害，但对某个特殊体质的人却造成了损害，在这种情况下，双方都没有过错，且依照法律规定，这属于本来可以作为"开发风险"而予以免责的条件，但是法官在自由裁量时，考虑到不给受害人以补偿就不足以体现公平精神，即可以说服有关各方适用公平责任原则，由制造厂家和销售者对受害者承担一定的补偿责任，以减轻受害人受到的损害。又比如，某生产厂家按照国家标准制造某种产品，由于国家标准本身存在问题，致使该产品给消费者造成了损害，在这种情况下，也可以考虑适用公平责任原则，由生产厂家和销售者对受害者承担一定的责任。只有过错责任、无过错责任和公平责任同时存在，才能有效地保护受害人，这种责任的设定从根本上表明了道德、社会责任和法律的有机统一。这是社会法治文明的表现。

（三）职务责任和非职务责任

这是根据承担责任的主体及其在经济法律关系中地位的不同来划分的。职务责任是指行为人因履行公务而发生的责任。凡是国家机关的工作人员、经济组织成员在执行公务时，因实施违法行为或其他依法应承担责任的行为而导致的责任，皆属职务责任。职务责任首先由职务行为人的所属组织来承担。由于经济法是国家干预经济之法，而国家对经济的干预又主要是通过国家行政机关行使经济职权来实现的，这就决定了职务责任是经济法责任的一种最常见的责任。如不当批准、不当许可、不当禁止均可构成职务责任。行为人的单位在承担了责任之后，还可以追究直接责任人员的行政和刑事责任。非职务责任是指行为人以自己的身份从事活动而发生的责任。国家机关和经济组织的成员因从事非职务行为而产生的责任，应属于非职务责任。非职务责任由行为人个人承担，组织不予承担。

（四）财产责任和非财产责任

这是根据责任是否具备经济内容来划分的。财产责任是指以财产为责任内容的责任。如赔偿损失、经济补偿、补交税款、罚款、没收财产以及罚金等。财产责任的实质是强制责任人用财产来补偿权利人的损害。由于经济法是调整一定经济关系的法，因而，经济法责任中许多都具有财产性质。非财产责任是指不以财产为责任内容的责任，这种责任往往与人格有直接联系，如吊销营业执照或许可证、判处徒刑等。

第三节　经济法中的行政责任、民事责任和刑事责任

将经济法中的法律责任划分为行政责任、民事责任和刑事责任三种，这是我国经济法学界的通行做法，并且，这三种责任形式的框架在我国既有经济法律、法规中的体现最为直观。故

---

[1]　郑成思："侵害知识产权的无过错责任"，载《中国法学》1998 年第 1 期。

这里对这三种责任形式进行分述。

一、经济法中的行政责任

在经济法中，行政责任是指国家机关基于特定的原因，对经济法律关系主体依行政程序或者行政诉讼程序所给予的制裁或加予的其他负担。

依责任的确定者和承担者的不同，经济法中的行政责任首先表现为作为国家机关的行政机关依行政程序确定的经济法律关系主体的责任。此种责任，包括上级行政机关依照职权对下级行政机关确定的责任，以及行政机关依职权对公民、法人（非国家机关法人）或其他经济组织确定的责任。这是通常意义或者说传统意义上的行政责任。其次，经济法中的行政责任还表现为司法机关依行政诉讼程序确定的行政机关的责任。依照我国现行法律、法规的规定，由于行政机关在行使经济职权和履行经济职责的过程中所实施的具体行政行为违反法律、法规，侵犯了公民、法人和其他经济组织的合法权益，作为受害人的公民、法人和其他经济组织可以依照《行政诉讼法》提起行政诉讼，由司法机关追究行政机关的责任。此种责任，在我国学界通常也被视为是行政责任。应予注意的是，按照我国现行立法和学界多数人的看法，司法机关不得依诉讼程序，对作为行政相对人的公民、法人或其他经济组织确定行政责任。

依责任具体形态的不同，经济法中的行政责任可以区分为行政制裁和其他负担。行政制裁包括行政处分和行政处罚。行政制裁只能由行政机关依职权、按照行政程序作出，其中，行政处分是行政机关按行政隶属关系依法对违法个人所给予的一种纪律处分，有警告、记过、记大过、降级、降职、撤职、开除留用察看、开除等。行政处罚是国家行政机关依法对违法单位和个人所给予的非纪律性的制裁。其种类有罚款、责令停业、加收滞纳金、没收非法所得、吊销工商营业执照等。作为经济法中的行政责任的其他负担，在我国现实生活中有多种形式，如行政机关对于因其合法行为而受到损害的自然人、法人或其他经济组织提供补偿，返还财物，消除影响，赔偿损失等，均属此列。此种意义上的行政责任，视具体情况的不同，由行政机关依职权确定，或由司法机关依行政诉讼程序确定。

二、经济法中的民事责任

在经济法律、法规中规定民事责任，这是我国立法体例的一大特色。经济法中的民事责任，系指经济法律关系主体违反经济法律、法规，不履行、不适当履行经济义务，或者基于法律上的其他原因而应承担的否定性后果或其他负担。

在经济法中，经济权利、经济义务是经济法律关系的重要内容，然而从根本上讲，经济权利、经济义务分别具有民事权利和民事义务的性质，为确保经济法律关系主体正确行使经济权利，切实履行经济义务，故设责任制度作为保障机制；与经济权利和经济义务的民事性质相适应，此种责任制度亦可谓之民事责任。不过，与通常意义上的民事责任相比，经济法中的民事责任也呈现出一些特色。例如，在我国经济法律法规中，无过错责任和公平责任得到了远比民法更为突出的强调；为保护社会弱者，惩罚性赔偿制度在一定情况下得到了运用，如《消费者权益保护法》和《食品安全法》就有关于惩罚性赔偿的规定。由于惩罚性赔偿并不具有民法意义上的等价补偿，因此它应当属于经济法的一种责任形式。另外，从通常意义上讲，民事责任是以行为违法或者不履行、不适当履行民事义务为构成要件的，而经济法中关于民事责任的规定则不以此为限，即使行为不违法甚至合法，如经济法律法规有直接规定，或者虽无法律法规的直接规定，但为了体现公平责任原则，也可以对行为人科以具有民事责任性质的负担。

三、经济法中的刑事责任

刑事责任是指人民法院对于触犯国家刑法的个人和单位给予的刑事制裁。对于违反经济法律、法规且构成犯罪的行为即经济犯罪及其刑罚，国外大都采取混合式的立法例，即将经济刑法条款分别规定于刑法及各种经济法律、法规之中。荷兰和原西德除采取此混合式立法例外，并另颁布有独立的经济刑法。

（一）在刑法典中规定经济犯罪及其刑罚

如原西德《刑法》中，规定了国库资助欺诈罪、保险欺诈罪、货款欺诈罪、破产罪、破坏簿记义务罪等；意大利《刑法》规定了欺诈操纵物价罪、妨害工商自由罪、对国家工业之欺诈罪、经商诈欺罪、贩卖伪造食品罪、贩卖虚伪标记之商品罪等；瑞士《刑法》规定了公司与合作社的不实报告罪、伪造商品罪、交易伪造商品罪、诈欺破产罪、轻率破产罪、簿记懈怠罪、损害债权人罪等。同时，这些国家在刑法中明确了各种犯罪的刑事责任。

（二）在经济法律、法规中规定经济犯罪及其刑罚

如美国的《谢尔曼反托拉斯法》（1890年），日本的《禁止私人独占及确保公正交易法》（1947年），均对妨害自由竞争之企业吞并，造成限制竞争或企业独占等行为，规定了刑罚处罚。

（三）在经济刑法典中规定经济犯罪及其刑罚

如荷兰1950年对违反农业经济法、运输法、生活必需品法、工资法、价格法、企业合并法和零售商法等构成犯罪的行为及其刑罚统一在《经济犯罪法》中加以规定。原西德于1945年将分散规定于各种经济法规范中的经济犯罪行为及其刑罚加以集中、简化，通过制定《简化经济刑法》予以明确规定。

在我国，经济犯罪及其刑罚规定，过去同时采取了三种做法：①在《刑法》中对经济犯罪及其刑罚作出专门规定；②在经济法律、法规中重申《刑法》的规定或指出应适用的《刑法》条款，有时并将《刑法》的有关条款列于该法律、法规之后，必要时在《刑法》规定量刑幅度之内，对各种情况下的量刑作出更为具体的规定，如《森林法》即是；③根据修订前的《刑法》第89条"本法总则适用于其他有刑罚规定的法律、法令，但是其他法律有特别规定的除外"的规定，在经济法律中另立《刑法》未规定的罪名，并规定其刑事责任，这种做法的一个显著优点是它可以作为《刑法》未尽罪名的补充。刑法是在一定历史条件下产生的，它不可能穷尽所有的罪名。比如，我国修订前的《刑法》，就没有污染环境、逃汇、不正当竞争、非法垄断、欺诈等罪名，而后来颁布的有关经济法律就对上述罪名作了规定。对在经济生活中出现的需要定罪的情形，在经济法律中及时和明确地加以规定，对于及时打击经济犯罪行为，具有重要意义。甚至，在我国，还有学者主张制定专门的《经济刑法》。今后我国刑事立法的一个任务，一方面是要适时地把那些需要及时运用刑罚的方法才能有效制止的经济犯罪行为，在颁布的经济法律中加以规定，以增强我国刑法制裁功能的发挥。另一方面，是要把经济法律中已确立为犯罪的行为，在条件成熟时置于《刑法》中加以规定，以加深人们对这些行为的犯罪性质的认识。我国修订后的《刑法》规定："本法总则适用于其他有刑罚规定的法律，但是其他法律有特别规定的除外。"这意味着，上述思路是符合现行立法体例的；尽管修订后的《刑法》已将过去经济法律中的刑罚规定纳入其中，但是，考虑到在现实经济生活中，新的经济违法行为出现需要课以刑罚时，如果一味等待通过刑法加以规定的话，可能贻误制裁的时机。在这种情况下，就不一定要排斥在经济法律中作出刑事处罚的规定。例如，尽管我国台湾地区采取了与多数国家相同的立法方式，将经济犯罪及其刑罚同时在"刑法典"和其他经济法律、法规中加以规定。如在"刑法典"中规定了妨害贩运饮食及农工物品罪、妨害农事水利罪、伪造仿造商标商号罪、贩卖虚伪商标商号之货物罪、虚伪标记商品与贩卖虚伪标记之商品罪等。但众多的经济犯罪行为仍然是在金融、公司、破产、商业、专利、商标、税收等经济法规范中加以规定的。对此，也有学者认为，将经济犯罪行为规定在经济法规之中，就刑事立法政策与社会心理学的观点而言，至少有两方面的缺失：①在经济法规中规定刑事处罚，

似有附带科刑之嫌；②此种规定不具有刑法典的形式，容易为社会大众与刑事司法人员所忽视，因而，在预防犯罪效果上缺乏遏阻功能。因此建议将那些不法内涵较高、犯罪形态较为稳固、时间性不强的经济犯罪行为，从经济法规范中转移出来，规定于刑法之中，或者采取荷兰等国的立法体例，制定单独的经济刑法典。[1]

第四节　经济法责任的认定和实现

一、经济法责任的认定及其原则

法律责任是一种能够引起否定性法律后果或者其他负担的制度安排。某项行为的否定性法律后果或者其他负担一旦得以认定，又将在当事人之间产生新的法律义务、职责或其他负担。因而，从某种意义上讲，法律责任也是一种能够引起法律义务、法律职责或其他法律负担的制度。鉴于法律责任的认定涉及经济职权和经济职责、经济权利和经济义务等的配置这一重大问题，应当作为法律重点规范的内容。依我国法律规定，民事法律责任由人民法院或仲裁机构认定，也可由当事人依法协商确定；刑事责任只能由人民法院认定；行政责任由具有相应职权的行政机关认定或者由人民法院认定。经济法责任由于综合包括了某些民事、刑事和行政性质责任，因此，认定经济法责任就成为人民法院、仲裁机构、行政机关的共同职责；当事人在法律规定的范围内，也有一定的认定权。

认定经济法律责任除了遵循经济法责任的构成要件以外，还必须坚持以下几个原则：①责任法定原则。即严格根据法律的规定确定经济法责任是否存在以及经济法责任的形态。②责任与行为违法的程度或者行为应加予的负担相适应的原则。即经济法责任的大小与行为的社会危害程度或者其他后果相适应。③不重复追究责任的原则。即对业已追究经济法责任的行为，不得适用同种法律规范再追究其经济法责任；对于可以选择适用经济法律、法规追究经济法责任的行为，没有法律的特别规定，不得同时适用两种或两种以上的经济法律规范加重其责任。④法律面前人人平等的原则。即在追究和承担经济法责任方面，不允许有任何特权存在。

二、经济法责任的实现

（一）经济法律责任的实现的含义

从广义上讲，经济法律责任的实现，是指包括经调解、仲裁、行政裁决、行政复议以及诉讼程序而确定的责任的实现。本书所指的经济法责任的实现，仅指法院生效裁判所认定的责任的实现。经济法律责任的实现，一方面取决于当事人的自觉行动，另一方面也取决于一旦当事人怠于或拒不承担经济法责任时由相关国家机关尤其是人民法院强制执行。

（二）经济法责任的实现的障碍及其排除

经济法责任实现的最大障碍，可概括为"执行难"。面对执行难的问题，理论界和实务界一直在分析其原因及其对策。从实践来看，执行难的原因是多方面的，其解决措施也应从多方面去寻求。

1. 当事人的原因。当事人的原因主要表现有：一是怠于执行。这主要表现为有的当事人对不执行法院的判决和裁定是一种违法行为缺乏认识，因而对执行抱消极态度。二是拒不执行。这表现为有执行能力的当事人故意规避、拖延或者抗拒执行。三是无力执行。这主要表现为当事人确因经济困难没有执行的能力。面对这些原因，单靠教育是难以奏效的。对此，可考虑采

---

[1]　林山田：《经济犯罪与经济刑法》，三民书店1981年版，第99~100页。

取以下措施：①以金钱为执行标的的，如果逾期不执行，应采取诸如缴纳滞纳金等增加违法成本的措施。②对经济效益差，达到破产条件的企业法人，通过破产程序了结执行难的问题。③公示违法不执行法院裁判的当事人的信息，完善公众参与执法以及法人和其他组织的自律机制。④切实执行《刑法》关于抗拒执行罪的规定，对那些有能力执行而拒不执行，情节严重的自然人、法人及其直接责任人员处以刑罚。这些措施可以在一定程度上促使当事人尽快履行执行义务。

2. 法院自身原因。其主要表现为：一是审判与执行相脱离，只顾判案，不考虑执行。具体表现是没有及时采取诉讼保全措施，致使被执行人得以转移财产，造成执行难。二是执行力量不足，无足够人员投入执行，或者怠于执行。三是有的执行人员的素质差，造成被执行人抵触执行。四是有的执行人员缺乏执行意识，往往在"执行有度""考虑实际情况"的思想指导下执行手软。五是有的审判人员由于受不正之风影响或收受贿赂，故意拖延案件审理，从而给当事人造成转移财产的机会，甚至判决下达之时，也是败诉人财产转移殆尽之日，结果使判决成为一纸"法律白条"。事实上，一些生效判决难以执行，在很大程度上并不是因为当事人无执行能力，而是有的法官"吃了原告吃被告"之后，为求得心理平衡而作出的一种最佳"战略"选择。因此，在法院这个环节上解决执行难问题，除了执行人员要树立正确的执法意识，加强执行力量，及时采取保全措施以及文明执行以外，还有两个重要措施必须采取：①禁止执行人员与被执行人合谋抗拒执行；②严格执行审限制度，对因收受贿赂而拖延案件审理，造成败诉方转移财产的审判人员要严肃处理。

3. 社会原因。这主要表现为：执行立法不健全，法律、法规对执行中的具体做法规定得过于原则，甚至还有疏漏；党政领导人员或者与执行人员有某种关系的人们干扰执行，干扰者有的是出于地方保护主义的考虑，有的是出于执行结果可能影响自身的考虑，有的则是出于受人之托或受人之贿的动机；全社会的执行意识淡薄，不少单位特别是有些金融机构，总是对法院的协助冻结存款通知、协助划拨存款通知采取不支持、不配合甚至对抗的态度。要造成一个良好的执行环境，关键在于：①要在全社会范围内牢固地树立起保障债权人利益的思想，不能让违法者有利可图；②要坚决制止执行过程中的地方保护主义，与执行有关的单位和个人要以积极态度支持法院的执行。就法院与法院之间的委托执行而言，被委托法院一定要从维护国家法制统一和整个人民法院的形象出发，以积极的态度协助其他法院执行，凡是拒绝委托执行或者对委托执行采取消极态度的法院以及直接责任人员，应当作为一项劣迹列入考核内容。

■ 思考题

1. 比较"经济责任""经济法律责任""经济法责任"三者的异同。
2. 经济法责任是否是专属于经济法的一种独立的责任形式？理由何在？
3. 经济法责任构成要件与民法责任构成要件相比，有何特征？
4. 为什么要将惩罚性赔偿纳入经济法的责任形式？
5. 在实践中，在经济法责任的实现方面，存在哪些问题？如何改进？

■ 参考书目

1. 李昌麒、刘瑞复主编：《经济法》，法律出版社 2005 年版。
2. 陈婉玲等：《经济法责任论》，中国法制出版社 2005 年版。
3. 卢代富：《企业社会责任的经济学与法学分析》，法律出版社 2002 年版。
4. 王全兴：《经济法基础理论专题研究》，中国检察出版社 2002 年版。
5. 张守文主编：《经济法学》，北京大学出版社 2006 年版。

第二编 市场主体规制法律制度

第六章 市场主体规制法律制度概述

■学习目的和要求

　　本章阐述市场主体规制法律制度的基本问题。本章的学习目的在于从整体上了解市场主体规制法的基本含义及法律体系框架，为本编其他章节的学习奠定基础。因此，应当重点掌握我国企业立法的沿革、构成，理解现代企业制度体系。

第一节 市场主体规制法的定义和调整对象

一、市场主体概述

　　市场主体是指在市场上从事商品交易活动的组织和个人。市场主体具有以下基本特征：

　　1. 市场主体自身具有独立性。市场主体的独立性，首先表现为市场主体对其用于交换的财产拥有所有权。商品的市场交易过程实质上是市场主体之间相互让渡对占有物的使用、支配和处分权的过程，因此，享有财产所有权，能够自主地决定对财产的处置，是商品交易的基本前提，也是一定的组织和个人成为市场主体的最基本条件。其次，市场主体的独立性还表现为其具有从事商品交易活动的权利能力和行为能力，能够独立承担交易活动产生的后果。无论是个人还是企业，也无论以何种法律形态存在，市场主体拥有按照自己的意志自主进行商品交易活动的独立权利，其活动不受其他主体（包括投资人和政府）的非法干预。

　　2. 市场主体之间的关系具有平等性。市场主体在从事商品交易的活动中，法律地位平等，无论是个人还是组织，均不因其社会地位、经济实力、在公法上权力的有无或大小等而受到区别对待。市场主体之间关系的平等性是市场交易规则的基本要求，能否实现市场主体之间关系的平等，关系到市场机制能否真正建立以及其作用能否充分发挥。

　　3. 市场主体与市场紧密相联。首先，市场主体与市场同时产生，具有相同的经济根源——由社会生产力发展、剩余产品出现所引致的商品经济的产生。其次，市场主体与市场相互依存。一方面，市场是市场主体存在的前提，没有市场，便无所谓市场主体；另一方面，市场主体又是构成市场的必备要素，没有市场主体，便无所谓商品交易，也不可能形成商品交易关系。再次，市场的发育状况与市场主体的状况紧密相连：市场的发育状况必然影响甚至决定着市场主体的范围及权限，而作为市场参与者的市场主体的范围和权限，又必然影响甚至决定着市场的兴衰。

二、市场主体规制法的定义

在经济法意义上，市场主体规制法是指调整国家（政府）对市场主体的组织以及与组织有关的行为进行监督和管理中所形成的经济关系的法律规范的总称。作为经济法的重要组成部分，市场主体规制法具有以下显著特征：

1. 市场主体规制法体现了国家对市场主体组织行为的干预。在市场经济条件下，各类市场主体在相互独立、平等的基础上，依据价值规律自主决定其经营活动。民法坚持意思自治的精神，为市场主体提供了进行自主经营的一般规则，但这并不意味着市场主体的活动不受任何约束。在经历了重商主义、自由放任、垄断资本主义国家干预等不同发展时期后，对市场主体的适度监管已经成为现代市场经济条件下国家经济管理职能的重要内容。作为经济法的重要组成部分，市场主体规制法以社会利益的维护为出发点，平衡和协调个体与社会之间的利益冲突，为市场主体在市场交易活动中的自由意志设定必要的界限。市场主体规制法的重要内容，如企业市场准入制度、企业财产监管制度、企业信息公示制度、企业清算制度等，均体现政府从保护社会利益出发，对市场主体自由经营权的适度限制，为市场主体提供了基本行为准则，使其组织活动的全过程不仅符合其自身利益最大化的需要，而且符合社会利益的需要。

2. 市场主体规制法规范的是市场主体的组织及与组织有关的行为。市场主体的组织，是指市场主体的设立、变更和终止等行为；与市场主体组织有关的行为，主要是指与特定市场主体的组织特点相联系的活动。例如，发行股票和发行债券等活动即与公司的组织特点有关，而公司的一般交易活动（例如买卖、借贷等）则与公司的组织特点无关。对市场主体的组织以及与组织有关的行为的基本规制制度有：市场准入制度、市场主体设立制度、市场主体变更制度、市场主体清算制度、市场主体财产监管制度、市场主体信息公示制度等。对市场主体的组织及与组织有关的行为的规制是民法和经济法共同发挥作用的领域：民法按照市场的逻辑，赋予市场主体以选择经营形态的自由，同时在不涉及外部关系处理的前提下以意思自治为原则处理其内部关系；而经济法则以社会利益的维护为出发点，从监管等角度去规范市场主体设立、变更、终止以及发行股票和债券等活动，使市场主体的组织及相关活动按照既定的规则进行，平衡协调市场主体与社会之间的利益冲突。

3. 市场主体规制法表现为以企业法为核心的法律法规体系。首先，企业在现代社会中已经发展成为最重要和最主要的市场主体。市场主体是一国国民经济的细胞，它与市场同时产生，并随商品生产及交换的发展而不断演化，经历了从个人、家庭、作坊、手工工场到企业的发展过程。当企业随着生产力的发展，规模不断扩大、形态不断变革，并对人类社会、经济和政治生活产生重大影响时，意味着市场主体已经发展到以企业为主导的时代。其次，伴随着企业数量和规模的日益扩大，它在为社会创造巨大财富的同时，也给社会带来了诸如产品质量、环境、资源等方面的问题。因此，对企业组织以及与此密切相关的行为进行特别规制，已经成为现代市场主体规制立法中的重要内容。包括我国在内的许多国家多在传统民法之外制定专门的企业法律法规，由此发展起来的各种企业法，已经在传统民商法之外形成了专门的体系。在这个意义上可以说，企业法是市场主体规制法中最重要、最基本的部分。

鉴于市场主体规制法具有上述三方面的质的规定性，本章的以下内容及本编其他各章对市场主体规制法的阐述，将重点将放在企业的组织及与组织有关的行为等国家干预特色较为明显的内容上；除此之外的其他内容拟尽量从简。另外，考虑到企业的组织和与组织有关的行为可能同时成为经济法中其他子部门调整的内容，因此，本编涉及过的内容，并不排除本书在其他各编作出适当的甚至专门的阐述。

三、市场主体规制法的调整对象

与经济法的其他子部门一样，市场主体规制法也以一定的经济关系为其调整对象。作为市场主体规制法调整对象的经济关系，可以按照不同的标准进行分类，或者说从不同的角度加以界定。

1. 依内容和表现形式的不同，市场主体规制法所调整的经济关系可以分为国家在干预企业的组织的过程中所发生的经济关系，以及国家在干预与企业组织有关的行为的过程中所发生的经济关系。市场主体规制法对前一经济关系的调整，形成企业的形态，企业的设立、变更和终止，企业的治理结构等有关企业组织问题的国家干预法律制度；对后一经济关系的调整，形成与企业组织活动有关的国家干预法律制度。

2. 依产生时间的不同，市场主体规制法所调整的经济关系可以分为企业成立前的国家干预经济关系和成立后的国家干预经济关系。市场主体规制法对前一经济关系的调整，形成企业形态以及企业设立等方面的法律制度；对后一经济关系的调整，形成企业运行中的国家干预法律制度。

3. 依国家干预是作用于企业内部还是外部，市场主体规制法调整的经济关系可以分为企业内部的国家干预经济关系和企业外部的国家干预经济关系。市场主体规制法对前一经济关系的调整，使国家意志深入至企业出资人之间、企业与出资人之间、企业与劳动者之间、企业各组织机构之间等方面的关系中，进而形成相应的企业内部国家干预法律制度；市场主体规制法对后一经济关系的调整，使企业与政府和政府有关部门的关系法定化，使企业与社会的关系法定化，进而形成相应的企业外部国家干预法律制度。

应当注意的是，国家对上述经济关系，尤其是对企业内部经济关系进行干预，必须受到严格限制。这种干预应主要采取间接手段进行，且以直接的法律规定为依据；唯此，才能保证企业的活力。

第二节　我国的企业立法

一、社会主义市场经济体制确立前的企业立法

（一）社会主义市场经济体制确立前的企业分类及相应立法

社会主义市场经济体制确立以前，我国的企业立法是在从不同角度对企业进行分类的基础上而展开的。从总体上看，社会主义市场经济体制确立前我国对企业的分类标准是极其繁多的，相应的企业立法类型亦是多样的。具体而言，这一时期至少有以下几种主要的企业分类和相应的立法：[1]

1. 按企业的所有制性质，分为全民所有制企业、集体所有制企业、私营企业、个体企业、混合所有制企业。与此相应，我国先后制定了《全民所有制工业企业法》《城镇集体所有制企业条例》《乡村集体所有制企业条例》《私营企业暂行条例》《城乡个体工商户管理暂行条例》（现已失效）等。

2. 按企业的组织形式或者责任形态，分为独资企业、合伙企业、公司企业。1988年制定的《私营企业暂行条例》即按此种分类将私营企业分为三种，即独资企业、合伙企业和有限责任公司。在《私营企业暂行条例》中，独资企业是指一人投资经营的企业，其投资者对企

―――――――――――――

〔1〕　赵旭东："我国企业立法的现状与未来"，载《法学研究》1992年第1期。本部分以下所涉及的有关社会主义市场经济体制确立前的企业立法的内容，亦参考了此文。

业债务负无限责任；合伙企业是指二人以上按照协议投资、共同经营、共负盈亏的企业，合伙人对企业债务负连带无限责任；有限责任公司是指投资者以其出资额为限对公司负责，公司以其全部资产对公司债务承担责任的企业。除上述规定之外，在社会主义市场经济体制确立前，我国的独资企业还包括外国人依《外资企业法》在我国单独出资设立的企业；合伙企业还包括企业之间或者企业、事业单位之间联营、共同经营，但不具备法人条件的企业；同时，一些企业之间或者企业、事业单位之间的联营，在组成新的经济实体、独立承担民事责任、具备法人条件的情况下，实际上采用了公司形式。

3. 按企业所属的行业或部门，分为工业企业、农业企业、商业企业、交通运输企业、建筑企业、金融保险企业等。与此相应，我国制定了规范不同行业或部门的企业的法律法规。如规范工业企业的《全民所有制工业企业法》，规范保险企业的《保险企业管理暂行条例》（现已失效）等。

4. 按企业的规模，分为大型企业、中型企业、小型企业。与此相应，《关于增强大中型国营工业企业活力若干问题的暂行规定》（现已失效）、《全民所有制小型工业企业租赁经营暂行条例》等法规即按此种分类制定。

5. 按企业所处的地域范围，分为城镇企业、乡村企业、经济特区或开发区企业与非经济特区或非开发区企业。前述《城镇集体所有制企业条例》和《乡村集体所有制企业条例》既是按企业的所有制性质制定的法规，也是按企业所处的地域范围制定的法规。

6. 按企业的资金和出资者的来源，分为内资企业、外商投资企业。前者是全部出资和出资者来源于国内的企业；后者是全部或者部分出资和出资者来源于国外的企业，包括中外合资经营企业、中外合作经营企业和外资企业。与此相应，我国除制定了大量规范内资企业的法律法规外，还专门制定了《中外合资经营企业法》《中外合作经营企业法》和《外资企业法》，并有与之配套的行政法规和部门规章，用以规范外商投资企业。

（二）社会主义市场经济体制确立前企业立法存在的主要问题及其原因

从以上介绍不难看出，社会主义市场经济体制确立前我国制定的企业法律法规是相当繁多的，这些法律法规迅速、及时地解决了我国经济建设和经济改革中的一些企业法律问题，并体现出我国企业立法的成就和繁荣。然而值得注意的是，这一时期的企业立法也存在一些不容忽视的问题，主要体现在以下几个方面：

1. 偏重于从经济学意义上对企业进行划分并立法，但对企业的法律属性则未予以充分把握，在立法中也未给予足够的体现。进言之，在这一时期的企业立法实践中，企业法的构架是建立在对企业进行所有制性质、规模大小、所处地域（如城镇或乡村）、所属行业或部门、所提供的产品类别等经济区分的基础之上的，这种企业划分方法有助于分类统计企业的构成状况，研究国民经济的整体结构和比例，进而制定具体的经济政策。但是，所有制性质、规模大小、所处地域、所属行业或部门以及所提供的产品类别等，都不是企业之间在法律上相区别的根本标志。企业究竟应根据什么样的标准进行划分，所得出的企业形态相互之间才有法律上据以区别的质的规定性（即法律属性）？在社会主义市场经济体制确立前我国对此缺乏应有研究，相应地，在企业立法中也不可能得到足够的体现。

2. 在内容上，不同的企业法律、法规重复较为严重。例如，《城镇集体所有制企业条例》和《乡村集体所有制企业条例》是在以地域为标准划分企业的基础上制定的两部集体所有制企业法规，突出了两种企业的地域特色，但由于二者同属集体所有制企业，因此立法不可避免地要面对一些共同问题，将这些共同问题规定在两部不同的法规中，不可避免地造成了两部法规内容的重复。事实上，比较这两部法规便不难发现，它们的实质内容并无明显差异，许多规范是重复规定。类似的情况还表现在其他企业立法中。如《私营企业暂行条例》中关于独资企业、合伙企业的规定与《城乡个体工商户管理暂行条例》（现已失效）、《关于城镇劳动者合作经营的若干规定》（现已失效）部分重复。

3. 立法的空白点较多。尽管这一时期企业的分类标准多，但一些企业划分和立法过分拘泥于经济生活的现实，缺乏应有的预见性，而一些企业划分标准则难以穷尽社会经济生活中已有的和未来的企业形态，因此，这一时期出台的企业法律法规中出现明显的空白点。例如，《全民所有制工业企业法》突出了企业的所有制和行业特点，但以此为标准划分企业并进行立法，首先意味着既有的和将会出现的大量的非全民所有制工业企业及全民所有制非工业企业亦需另行立法，这对立法者而言显然是勉为其难，此两类企业在法律调整上形成一些空白亦在所难免。其次，尽管《全民所有制工业企业法》在附则中规定，该法的原则适用于全民所有制交通运输、邮电、地质勘探、建筑安装、商业、外贸、物资、农林、水利企业，但这也仅仅在一定程度上解决了部分全民所有制非工业企业的法律调整的原则问题。又如，在推动经济联合的过程中，我国针对当时经济生活的现实，依参加联合的主体的不同，将经济联合体分为个人之间的、企业之间的、事业单位之间的、企业与事业单位之间的组合，并制定有相应的规范，然而对于日后出现的个人与企事业单位之间的组合，则长期未有规范，这不仅形成了法律调整的空缺，而且引发了人们对"挂靠经商""红帽子"现象的争论。[1]再有，社会主义市场经济体制确立前，我国长期存在并致力于发展的是传统企业，尤其是传统的国有企业和集体所有制企业，现代公司机制迟迟未予引入，反映在这一时期的企业立法上就是《公司法》未能出台，致使这一时期组建公司缺乏基本的法律规范，只能以地方性法规和部门规章（如1992年的《有限责任公司规范意见》《股份有限公司规范意见》）代替。凡此种种，都说明此时的企业立法存在空白。

4. 不同企业法律、法规的分割与矛盾较为突出。这一时期的企业立法分别由不同性质、不同层次的机构进行，且缺乏必要的协调，造成同类的企业经济关系被不同的企业法律、法规分割的现象；同时，不同机构强调部门、地方管理甚至部门、地方利益，往往对同一问题做出不同乃至矛盾的规定。例如，《全民所有制工业企业法》颁布后，许多部门和地方都基于全民所有制非工业企业无基本法的事实，制定相应法规，这对于解决这些企业无法可依的局面起到了重要作用，但也使得全民所有制企业经济关系为不同的法律规范所分割。

我国社会主义市场经济体制确立前的企业立法存在的上述问题，究其原因是多方面的，其中最主要的是：①在传统体制下，我国对不同所有制形态的企业实行不同的政策，不同的管理和调控模式，反映在立法中，便是对企业的多标准分类和多标准立法。②我国经济体制改革中出现了多种多样的企业形式，出于对新的企业形式肯定和规范的需要，每当有新的企业形式出现，就有相应的立法要求提出。在此情况下，有关机关对立法缺乏通盘考虑，只是追随企业形式的发展而亦步亦趋，使企业立法出现"有什么企业，立什么法"的被动局面。这种状况必然影响这一时期企业立法的质量。③忽视法律规范本身的特性，忽视企业立法的本身的科学规律和要求，在理论论证不充分的情况下，把不成熟的、临时性的和应急性的经济措施和经济政策上升为法律条文，仓促起草、仓促出台企业法律、法规，从而严重影响了企业立法的质量。④受体制改革的约束，过分强调企业立法的部门和行业特点，缺乏必要的协调，加之褊狭的部

---

[1] "挂靠经商"和"红帽子"现象是指私人经营者挂靠在集体和全民所有制单位名下，以其名义进行经营活动。其中部分是出于联合经营的需要；部分则是为了规避法律，如挂靠的个人以此达到享受国家给集体所有制企业的优惠待遇的目的。

门、地方意识和利益，也是引发企业立法的质量问题的一个原因。

二、社会主义市场经济体制确立后的企业立法

我国企业立法存在的上述问题，在社会主义市场经济体制确立后即引起了我国经济法理论界和实务界的注意，诸多完善企业法律法规体系的主张在这一时期被提出，尽管具体思路存有差异，但对以下关键问题仍形成了共识：①企业法律形态划分的基本标准问题；②除投资人责任外是否还应有企业法律形态划分的其他标准的问题。关于前一个问题，理论界和实务界普遍认为，对于大多数企业而言，法律规制的重心应当是投资人之间、投资人与企业之间、企业与交易相对人之间的关系，而对这一系列关系的调整又主要取决于投资人对企业承担责任的性质：投资人对企业承担责任的性质不同，企业的内部及外部关系就会不同，与此相应，调整企业的法律规范体系也就不同，因此，企业法律形态划分的基本标准应当是投资人对企业责任的性质，企业法律法规体系的构建也应当围绕依投资人对企业责任的不同而划定的企业形态来展开。至于后一个问题，则涉及应当如何看待依投资人所有制性质来划分企业法律形态的现象。对此，理论界和实务界认为，尽管依投资人的所有制性质来划分企业法律形态是我国旧体制时期的基本做法，但从世界各国的情况看，凡存在国有企业的国家，无论其社会及经济制度如何，都存在针对国有企业进行某些特殊立法的情况。因此，投资人所有制性质作为划分企业形态的标准确有存在的合理性，只是这一划分标准在市场经济国家并不占主导地位。因此，在我国确立社会主义市场经济体制后，投资人对企业的责任应当成为划分企业法律形态的主要标准，企业法体系和制度构建应当以这一线索为重点；但与此同时，还应当针对我国社会主义市场经济体制处于建立健全过程中的现实，把依投资人所有制性质不同进行企业立法作为特殊情况限制在一定的范围内，并注重不同的企业法律法规之间的协调和衔接。

关于投资人对企业的责任，迄今为止在世界上出现的基本类型有三种：①无限责任。即投资人对企业的债务负责，当企业资产不足以清偿其债务时，投资人须以企业财产以外的其他自有财产进行清偿。②连带无限责任（或称无限连带责任）。它是无限责任的一种特殊形式，除具有无限责任的基本内涵外，尚有两个明显的规定性：一是责任主体为二人或二人以上；二是责任主体之间是一种连带关系，即当企业的资产不足以清偿其债务时，所有投资者应以自有资产了结企业的债务，之后，投资者根据其约定，或者根据出资比例，解决其内部相互之间因清偿企业的债务而产生的内部债权债务事宜。③有限责任。即投资者以其出资额为限对企业负责，企业以其全部资产对其债务承担清偿责任的责任形态。显然，在有限责任制企业中，一般情况下，只要投资者依法履行了出资义务，其对企业的债务不负责任，企业资产不足以清偿其债务时，即按照破产规则处理。1979 年经济体制改革以来，在我国社会经济生活中实际已经存在上述三种投资人与企业的关系。其中，实行无限责任制的企业形态包括私营独资企业、分公司等；实行连带无限责任制的企业形态是合伙企业；实行有限责任制的企业形态是法人企业。按照主要依投资人责任不同划分企业法律形态并进行相应立法的思路，我国的企业可区分为独资企业、合伙企业和法人企业三种基本的法律形态；企业立法亦应主要针对和围绕此三种企业形态展开。

依投资人责任形式划分企业法律形态并以此为重点进行企业立法，其主要原因在于：①在商品经济及其高级形态——市场经济体制中，明确作为市场主体的企业及其投资者的责任有其客观必然性。因为：一方面，企业的交易相对人所关心的，仅仅是作为债务人的企业的债务负担问题，具体包括企业的投资者是否承担企业的债务、如何承担企业债务，在企业不能履行债务时可向谁主张债权等问题，而一般不会过问作为交易对方的企业在所有制性质、地域、所属行业或部门等经济上有何差异；另一方面，按投资人责任形式划分企业的法律形态并进行相应立法，企业及其投资者的责任即可公示于社会，这不仅可以减少交易成本，而且，当企业的资产不足以清偿其债务时，企业的交易相对人亦可顺利地找到企业债务的承担者。②按照我国企业改革的方向，按投资人的责任形式划分企业法律形态并进行相应的企业立法，基本上可以囊括我国为数众多的企业，并建立较为全面的企业法律法规体系。这是其他任何企业形态划分方法和企业立法所不能企及的效果。③此种取向符合国际上的通行做法。在国外，尤其是在市场经济发达国家，企业通常被划分为独资企业、合伙企业和公司，企业立法也相应依此种划分而展开。在这些国家，公司与法人又几乎为同义语，因此可以认为，按责任形式划分企业并构建企业法律法规体系，并非我国的独创。当然，在肯定依投资人责任形式划分企业法律形态并以此为重点进行企业立法的基础上，还应当指出，在今后一个相当长的时期内，尤其是在计划经济体制向社会主义市场经济体制的转轨时期，全面放弃对各种经济性质的企业的区别对待和特殊管理是不可能的，故有必要在完善既有企业法律法规的基础上，适当制定一些有关各种经济性质的企业的法律规范。

社会主义市场经济体制确立后，上述企业立法思路得到了较为充分的贯彻：1993 年 12 月 29 日颁布了《公司法》，该法于 1994 年正式实施，并于先后进行过四次修订，其中 2005 年的修订在指导思想以及具体制度建设等方面尤其引人瞩目；《合伙企业法》则于 1997 年 2 月 23 日颁布，并于 2006 年进行了修订；《个人独资企业法》也于 1999 年 8 月 30 日颁布。另外，1996 年 10 月 29 日，我国颁布了《乡镇企业法》。由此，社会主义市场经济体制确立前颁布、尚未失效的企业法规范，以及社会主义市场经济体制确立后制定的上述企业法律、法规，共同构成了我国现行的企业法律法规体系。

第三节　现代企业制度与企业法

一、现代企业制度的界定

现代企业制度是市场主体法律制度的一项重要内容。何谓现代企业制度？学界对此尚无统一的概括。本书认为，现代企业制度是适应社会化大生产和现代市场经济要求的，以有限责任制为核心内容的产权明晰、权责分明、政企分开、管理科学的企业制度体系。

考察社会经济和企业制度发展的历史，不难发现，现代企业制度是商品经济及其高级形态——市场经济长期发展的结果。在现代市场经济发达的资本主义国家，现代企业制度已形成了较为完善的内容体系，成为资本主义现代市场经济运行的微观基础。在我国，建立现代企业制度的任务，是在党的十四大确定实行社会主义市场经济体制后提出来的。1993 年中共中央十四届三中全会《关于建立社会主义市场经济体制若干问题的决定》（以下简称《十四届三中全会决定》）首次以中央文件的形式，对建立现代企业制度的意义、目标及其他重大问题作了明确阐释。《十四届三中全会决定》指出，十几年来，我国"采取扩大国有企业经营自主权、改革经营方式等措施，增强了企业活力，为企业进入市场奠定了初步基础"。为实现党的十四大提出的建立完善的社会主义市场经济体制的目标，"必须继续深化企业改革，解决深层次的矛盾，着力进行企业制度的创新，进一步解放和发展生产力"。具体讲，就是要"进一步转换国有企业经营机制，适应市场经济要求，建立产权明晰、权责分明、政企分开、管理科学的现代企业制度"。《十四届三中全会决定》还指出，现代企业可以有多种组织形式，而实行公司制是建立现代企业制度的有益探索。这表明，建立现代企业制度不仅是我国企业改革的方向，而且也已成为确立我国社会主义市场经济体制的重要环节。

按照《十四届三中全会决定》的界定，现代企业制度有五个方面的特征：①产权关系明晰，企业中的国有资产所有权属于国家，企业拥有包括国家在内的出资人投资形成的全部法人财产权，成为享有民事权利、承担民事义务的法人实体。②企业以其全部法人财产，依法自主经营，自负盈亏，照章纳税，对出资人承担资产保值、增值的责任。③出资人按投入企业的资本额享有所有者的权益，即资产受益、重大决策和选择管理者等权利。企业破产时，出资者仅以投入企业的资本额对企业债务负有限责任。④企业按需求组织生产经营，以提高劳动生产率和经济效益为目的，政府不直接干预企业的生产经营活动。企业在市场竞争中优胜劣汰，长期亏损、资不抵债的应依法宣告破产。⑤建立科学的企业领导体制和组织管理制度，调节所有者、经营者和职工的关系，形成激励和约束相结合的经营机制。

二、现代企业制度体系

现代企业制度是由一系列制度所构成的体系。以下涉及的，是这一体系中的几项最为基本的制度。

（一）现代企业的财产责任制度

前已述及，现代企业以有限责任制为核心，因此，现代企业的财产责任制度即为有限责任制。

有限责任制是相对于无限责任制（含其特殊形态——无限连带责任制，下同）而言的责任制度，在经济、企业和法律发展史上，比无限责任制的出现更晚。早期投资人设立和经营企业，须对企业的债务承担无限责任，即当企业的资产不足以清偿其债务时，企业的投资人须以其他自有资产了结企业未能清偿的债务。显然，从理论上讲，投资人的无限责任有利于维护企业交易相对人的利益，维护交易的安全，有利于激发投资者的主动性、积极性和创造性，以免企业经营失败而给其带来过大的损失。但无限责任也有其固有的不足，这就是投资人的责任重，投资风险大，不利于企业的设立和资本的筹集，也不利于通过出资的转让实现资源的优化配置。无限责任的这些不足，意味着它难以适应社会化大生产和现代市场经济的要求，正是在此意义上，人们并不把它视为是现代企业的责任形式。

鉴于无限责任制的固有缺陷，历史上出现了一种新的财产责任制度——有限责任制。此种财产责任制最初与无限责任制一起共存于早期的企业中，中世纪的意大利及地中海沿海城市出现的康孟达（Commenda）即是综合采用这两种责任制的企业组织。[1]其后，有限责任制又被单独地运用于早期股份公司。有限责任产生以后，其在社会经济生活中展现出了巨大的功能，主要包括：①有利于减少和转移投资风险。由于有限责任制将投资者的财产责任限制在出资额范围之内，避免了投资者因投资于企业而导致的出资额以外的财产损失风险，因此成为减少投资风险的最佳财产责任形态。有限责任制转移投资风险的作用主要体现在：首先，通过投资的分散化，使企业经营风险分别转移给众多的投资者；其次，有限责任往往与出资转让制度相联系，投资者转让出资，也就实现了投资风险的转移；最后，当企业的资产不足以清偿其债务时，投资者不负填补之责，这时，投资者的投资风险便转移给企业的债权人分担。②有利于鼓励投资，加速企业的设立和资金的筹措。因为，有限责任制将投资者的风险限定在其出资额范围之内，有效地保护了投资者的安全，但并不影响投资者从企业中获利，所以，有限责任制是

---

〔1〕 康孟达既是一种组织，也是一种商事契约，是航海冒险家与资本所有者进行合作的一种形式。按照康孟达契约，由资本所有者出资，由航海冒险进行海外贸易，盈利时，按照出资额分配；亏损时，航海冒险者承担无限责任，而资本所有者仅以出资额为限负有限责任。这种共同经营的方式可鼓励资本所有者出资，航海冒险家又可以获得足够的资金从事海外贸易。康孟达最初盛行于海上贸易，尔后也在陆上贸易中实行。康孟达组织后来发展成为隐名合伙、有限合伙和无限公司。

刺激投资的有力杠杆。③促成了企业资产所有权与经营权的分离。[1]投资者作为企业资产的最终所有者，对其投资设立的企业并不一定直接进行经营。而在决定投资者是否直接参与企业的经营的诸多因素中，最有意义的莫过于投资人对企业承担财产责任的形式。如果不考虑其他因素，当投资者对企业承担无限责任时，为避免较大的投资风险，其必然要求直接参与企业的经营。而在投资者对企业承担有限责任的情况下，由于投资风险被大大降低，投资者直接介入企业经营的愿望相对而言并不迫切，因此可以说，有限责任制内包含企业的资产所有权与经营权分离的必然性。④促进了产权市场，尤其是证券市场的形成和发育。因为，投资的分散性和投资风险的有限性，增加了出资的可转让性，这无疑有利于产权市场的建立和发展。证券市场这一市场体系的重要构成部分，正是建立在实行有限责任制的股份有限公司高度发达的基础之上的。而产权市场和证券市场的形成和发展，又进一步为资源的优化配置提供了可能。

综上所述，有限责任制是一种适应社会化大生产和现代市场经济要求的责任制度。正是在此意义上，它被视为是现代企业的财产责任制度。当然，也应承认，与无限责任制一样，有限责任亦有其固有的不足，例如，它对企业的债权人有失公允；它为投资者滥用企业的人格和有限责任、谋取法外利益提供了机会。但所有这些，至今并未动摇有限责任制作为现代企业财产责任制度的地位。

（二）现代企业的组织形式

1. 传统企业的组织形式及其评价。现代企业是相对于传统企业而言的；要把握现代企业的组织形式，首先有必要了解传统企业的组织形式。一般认为，传统企业又称古典企业，其组织形式主要包括独资企业[2]和合伙企业两种。

独资企业又称业主企业，是一人投资经营并对企业债务负无限责任的企业。此种企业具有以下几个明显的特征：①企业的出资者仅为一人；②企业的出资者对企业的债务负无限责任；③企业财产的所有权与经营权不发生分离，且在通常情况下，出资者就是企业的经营者；④企业无独立的人格，亦即无法人资格。独资企业是人类历史上最早出现的企业形态。由于这种企业由一人投资经营，因此不仅极适合于小规模经济活动，而且，企业投资者对企业的一切经营事项有直接的决定权，不存在投资者之间的相互协调问题，从而使投资者具有很大的自由度。也正是因为如此，独资企业这一古老的企业形态能够在人类历史的长河中得以延续，并一直在社会经济生活占有一席之地。然而，独资企业也有其固有缺陷，主要表现是：①独资企业由一人投资经营，资金来源有限，企业一般只能维持较小的规模；②独资企业的出资者仅为一人并直接控制企业，因此一般不可能建立起权责分明、管理科学、激励和约束相结合的内部管理体制，也就不利于提高企业的专业化经营管理水平；③独资企业的出资人对企业的债务承担无限责任，投资风险较大。独资企业的这些不足，意味着它难以适应社会化大生产和现代市场经济的需要，正是在这个意义上，独资企业不被视为是现代企业的组织形式。

合伙企业是二人或二人以上共同出资、共同经营、共享收益、共担风险，并对企业债务承

---

[1] "所有权与经营权相分离"的提法，更多见于20世纪80年代我国的企业法理论和企业立法中。近年来，人们趋向于以"产权"的观念来解释企业投资者与企业的财产关系。这里使用"所有权与经营权相分离"的提法，在于表明财产所有权的权能被分解并被不同的人拥有的现象。此种现象在现代企业中是客观存在的。

[2] 与世界上许多国家的情况不同，在我国，独资企业的具体形态较为复杂，从广义上讲，它包括所有一人投资的企业。此处的独资企业，不含具有法人资格的独资企业（例如，我国企业法中的国有独资公司、一人有限责任公司、具有法人资格的外商独资企业等）。

担无限连带责任的企业。[1]此种企业具有以下法律特征：一是企业的出资者为二人或二人以上；二是企业的出资者对企业的债务承担无限连带责任；三是与独资企业一样，企业的出资者保有对企业资产的经营权，出资者往往同时也是经营者；四是企业在绝大多数国家并无法人资格。合伙企业是人类历史上较早出现的另一种企业形态。由于这种企业的投资主体多元，因而与独资企业相比，不仅资金来源渠道更为广阔，进而使经营规模能相对扩大，而且可以在企业内部形成一定的出资者之间的制衡机制。同时，与独资企业一样，这种企业的投资人对企业的一切经营事项有直接的决定权，因此，对于投资者而言，这仍不失为一种简便、灵活的企业组织形态。正因为如此，合伙企业能在社会经济生活中产生且得到立法的认可，并与独资企业一起，延续至现代社会。然而，合伙企业也有其固有的弊端，主要是：①与独资企业一样，合伙企业的出资人直接参加经营管理，企业资产的所有权与经营权不发生分离，难以形成专业化经营管理。②出资者对企业的债务须承担无限连带责任。而无限连带责任作为无限责任的一种特殊形态，具有无限责任的所有弊端。③尽管合伙企业投资人之间可形成一定的制约机制，但由于企业的财产所有权与经营权合一，难以真正建立起现代企业所要求的权责分明、管理科学、激励和约束相结合的内部管理体制。合伙企业的这些不足，意味着它同样不能成为现代企业的典型形式。

2. 现代企业的典型形式——股份有限公司和有限责任公司。将股份有限公司和有限责任公司视为现代企业的典型形式，这几乎是人们的共识。这种认识至少是建立在以下几个事实的基础之上的：

（1）股份有限公司和有限责任公司具有较为强大的集资功能。这缘于股份有限公司和有限责任公司所实行的有限责任制的风险分担机制。在股份有限公司和有限责任公司中，有限责任制减少和转移投资风险的功能，不仅使公司的经营风险分散给各个投资者，而且投资者的最大风险仅在于损失其出资额，同时，投资者的这一风险还可以较为有效地实现转移，这样，尽管公司本身可能规模很大，经营风险也可能很大，但对各个投资者来说，只承担很小的风险却又不影响其盈利。这种风险分担机制，极大地刺激了人们的投资积极性，从而不仅可以丰富企业这种市场主体，还能造就具有一定规模效应和竞争力的企业。集资功能在股份有限公司中体现得尤为突出。显然，这种集资功能适应并促进了社会化大生产，符合现代市场经济的要求。

（2）股份有限公司和有限责任公司的投资者多元，易于形成公司内部投资者之间的制衡机制。一方面，无论是股份有限公司，还是有限责任公司，作为投资者的股东为了自身的利益，对公司和其他股东的行为都并非采取完全放任的态度。有限责任公司的股东关注公司及其他股东的行为自不待言；即使是在股东向心力和凝聚力较差的现代股份公司，股东关注公司及其他股东的行为仍然是客观的。另一方面，由于投资者的多元化以及各投资者对自身利益的关心，使得任何股东的意志与行为都不可能不受到其他股东的制约。这样，多元化的投资者便在客观上形成了公司内部的制衡机制。这种制衡机制恰是现代企业所必需的。

应予注意的是，我国《公司法》将投资者单一的国有独资公司和一人有限责任公司规定为有限责任公司的特殊形式，这就提出了一个问题：投资者单一的有限责任公司是否是现代企业？对此，理论界的争论颇大。一种观点认为，国有独资公司和一人有限责任公司的投资者为一人，既无集资功能，更不能形成投资者之间的制衡机制，因而不能视为是现代企业。另一种观点认为，虽然国有独资公司和一人有限责任公司的投资者限于一人，在企业内部缺乏投资者

〔1〕 为了叙述方便，此处的合伙企业仅指作为古典企业最典型形式的普通合伙企业，不包括有限合伙企业、隐名合伙企业、特殊的普通合伙企业。

之间的制衡机制，但在投资人有限责任的基础上仍然可以通过其他途径建立约束机制。这意味着国有独资公司和一人有限责任公司将脱离传统独资企业而具备现代企业制度的特征。因此，国有独资公司和一人有限责任公司可以被视为适应社会化大生产和现代市场经济要求的现代企业。

（3）股份有限公司和有限责任公司为投资者的所有权与经营权的分离提供了实现的途径。这缘于法律对公司产权结构以及与此有关的治理结构的一般安排。按照这种安排，作为投资者的股东因投资于公司而获得股权，公司则拥有由股东投资形成的全部法人财产权。在公司内部，设立权力机构（如我国公司中的股东大会或股东会）决定公司的大政方针，设立经营机构（如我国公司中的董事会和经理）负责公司的经营决策和日常经营管理，设立监督机构（如我国公司中的监事会或监事）负责公司经营活动的监督。尽管学界对股权和法人财产权的性质有不同的认识，各国公司组织机构的设置也不尽一致，但公司制度这方面的安排实现了投资者投资的所有权与经营权的分离却是毋庸置疑的。尤其是在当代社会，股东大会等公司的权力机构的实际地位日益下降，董事会等经营机构的权力不断膨胀，从而加深了投资者所有权与经营权分离的程度。应当说，这种分离不仅奠定了权责分明、管理科学、激励与约束相结合的公司内部管理体制，而且有利于公司的专业化经营，因此是适应社会化大生产和现代市场经济要求的企业制度。

（4）股份有限公司和有限责任公司实行投资不得抽回和投资转让相结合的制度，这既有利于公司的稳定，又促进了产权市场和证券市场的发育与繁荣，同时也有利于实现资源的优化配置。股份有限公司和有限责任公司在这方面的作用，是独资企业和合伙企业所不能比拟的。显然，这对于社会化大生产和现代市场经济的发展是尤为重要的。

（5）股份有限公司和有限责任公司实行全面的或者说彻底的有限责任制，从而具有强大的生命力。有限责任制也可以与无限责任制一起，共同存在或被运用于同一企业之中，有限合伙、两合公司即是这方面的企业。从理论上讲，这些企业可以吸收有限责任制和无限责任制各自的优点，但事实证明，有限合伙、两合公司在企业的演进史上都未起到划时代的作用。究其原因，主要在于两种责任的股东在权力、风险和责任上迥然不同，相互之间难以协调，因此企业内部关系过于复杂，无法达到现代市场经济所要求的永久存续及迅速决策，这必然降低其作为企业形态的竞争力。在一些国家，两合公司在实际生活中的数量愈来愈少甚至在法律改革中被删除的现象，即说明了这一点。相比较而言，股份有限公司和有限责任公司的股东一律按投入公司的资本额享受权利、承担风险和责任，这就使得股东之间的相互协调变得容易，相应地，公司也就具有了生存、发展的基础。这从一个侧面说明，股份有限公司和有限责任公司是适应社会化大生产和现代市场经济的企业形式。

3. 我国关于现代企业组织形式的争论。除公司以外，现代企业制度是否还有其他组织形式，这曾经是我国学界争论的问题。1993 年中共中央《关于建立社会主义市场经济体制若干问题的决定》提出了现代企业制度的五个特征，并指出："国有企业实行公司制，是建立现代企业制度的有益探索。"据此，有的学者认为，现代企业制度的组织形式不应限于公司，只要具备现代企业制度五个特征的企业形式，都是现代企业。另有部分学者认为，尽管《决定》并未明确现代企业的组织形式就是公司，而且将实行公司制仅视为"建立现代企业制度的有益探索"，但在事实上，只有公司制才全面具备现代企业制度的一切特征，因此，唯有公司才是现代企业的组织形式。比较上述两种观点，可以说，前者更符合《决定》的文义；后者更符合改革的实际，因为，在近年来的企业改革实践中，尤其是在 1995 年开始的建立现代企业制度的试点工作中，现代企业几乎无一不是按公司构造的。因此，迄今为止，现代企业制度的组织形式具体应包括哪些，在理论上仍是一个值得探讨的问题。

（三）现代企业的产权制度

1. 产权的含义。尽管"产权"一词近年来在国内外学术研究中使用频率极高，但它同时也是含义最不确定的一个概念。仅就我国法学界而言，产权的界定就有多种。例如，有人认为产权就是所有权；有人认为产权就是经营权；还有人认为，产权是一切与人身权相对应的有关财产的权利。本书根据一些具有代表性的产权定义所包含的共同蕴意，认为：产权是寓于资源之中或者附着于资源之上的选择资源的不同使用并能够为资源的各种使用提供合理预期的权利束。

对产权概念的理解，可以从以下几方面进行：

（1）产权必须寓于资源之中或者附着于资源之上。没有资源，便无所谓产权，但产权并不是简单地指资源的归属，更不是资源本身。在产权学派看来，产权是人们的一种行为权利，人们拥有资源，其实质并非拥有资源本身，而是拥有实施一定行为的权利；人们使用资源，其实质并非使用资源本身，而是在行使资源之上的权利；人们交换产品，其实质不是物品、服务的交换，而是一组权利的交换。

（2）产权概念强调的是资源的不同使用属性的选择问题。在产权学派看来，所有权可以确定资源的归属，但所有权仅仅明确了意欲使用资源的人应与谁签约，而不能决定资源的最终使用人，亦即资源最终由谁行使了哪方面的权利，是一个有别于所有权的问题。在商品经济及其高级形态——市场经济条件下，资源的产权归属主要取决于付费的多少，但社会的有关制度安排对其亦有影响。

（3）产权是对资源的不同使用所作的制度安排，其主要功能在于为资源的各种使用提供合理的预期。对此，产权学派有诸多论述。例如，阿尔钦认为："产权是一个社会所强制实施的选择一种经济物品的使用的权利。私有产权则是将这种权利分配给一个特定的人，它可以同附着在其他物品上的类似权利相交换。"[1] 登姆塞茨指出："产权是一种社会工具，其重要性在于事实上它们能帮助一个人形成他与其他人进行交易时的合理预期。这些预期通过社会的法律、习惯和道德得到表达。"[2]

（4）产权是由一系列权利所组成的权利束。在国外，完整的产权（Property Rights）总是以复数的形式出现，但也正是由于产权所包括的具体权利繁多，以至学界对其缺乏统一界定。

由上可知，产权是一个外延宽泛的概念，事实上，它与所有权、经营权和财产权等在权能构成上是很难区分的。这便是我国部分学者将产权分别等同于它们的原因之所在。不过，从以上分析，我们仍不难看出，产权与其他诸权在把握问题的着眼点上还是有所不同的。

2. 现代企业的产权构造。不同的企业在产权构造上是有区别的。以产权的观念看，在以独资企业和合伙企业为代表的传统企业中，寓于企业资产之中或者附着于企业资产之上的权利束几乎完全地归于投资者；投资者经营企业，实则行使企业资产所含有的权利束。由于资产的产权归投资者，企业无独立的产权，因此，投资、经营企业的利益、风险、责任等也就配置给投资者。此种产权构造对社会化大生产和现代市场经济的不适已如前述。而现代企业的产权构

---

〔1〕［美］A. A. 阿尔钦："产权：一个经典注释"，载［美］R. H. 科斯等：《财产权利与制度变迁——产权学派与新制度学派译文集》，上海三联书店、上海人民出版社 1994 年版，第 166 页。

〔2〕［美］H. 登姆塞茨："关于产权的理论"，载［美］R. H. 科斯等：《财产权利与制度变迁——产权学派与新制度学派译文集》，上海三联书店、上海人民出版社 1994 年版，第 97 页。

造则与此不同，其大致过程可作如下概括：[1]

（1）投资者的初始产权通过投资者投资于企业而转化为投资者的股权和企业的法人产权。相对于投资者的股权和企业的法人产权而言，初始产权是市场主体所拥有的、可用于换取企业股份的货币和实物所包含的权利束。当初始产权的拥有者（投资者）购买企业的股份后，其初始产权即转化为股权。股权的基本内容为共益权和自益权，前者如参加股东大会或股东会的权利、行使表决的权利、对企业经营提出建议的权利等；后者如从企业获得股利的权利、转让股份的权利、企业非因破产原因而终止时按股份分割企业剩余财产的权利等。当初始产权的拥有者购买企业的股份后，与股权相伴生的，还有企业的法人资产及在此基础上形成的企业的法人产权，它也是由初始产权转化而来的。法人产权在我国被称为法人财产权，它实际上是作为法人的企业为企业资产经营行为的权利。

（2）企业的法人产权在企业内部进一步分解，在股权的制约下层层落实到具体的企业机构和人员。例如，依我国《公司法》第3条规定，股东投资设立公司后，公司即享有由股东投资形成的全部法人财产权。但仅有公司法人财产权这一抽象规定显然是不够的。为此，《公司法》又规定，公司设董事会作为经营决策机构，设经理作为公司的日常经营管理机构，设监事会作为公司的监督机构，各个机构及其组成成员的职权又由《公司法》和章程作出更具体的规定。若以产权的观念看，公司的机构及人员行使职权是产权行使的体现。公司的法人产权通过如此分解，即由抽象的一般权利变为实在的具体权利。

3. 现代企业的产权构造对社会化大生产和现代市场经济的适应与促进作用。现代企业的产权构造，不仅是社会化大生产和现代市场经济发展的必然结果，还充分体现出其对社会化大生产和现代市场经济的适应和促进作用。这种适应和促进作用主要体现为：现代企业的产权构造在企业中实现了财产的证券形态和非证券形态的分离，从而在现代企业的内部财产关系中形成了股权和企业法人财产权的双重产权结构，由此适应并促进了社会化大生产和现代市场经济的发展。

在现代企业中，投资者投资于企业以后，其投资财产便分离为两种财产形态——证券形态和非证券形态。一方面，投资者拥有以证券为表现形态的企业资本份额；另一方面，货币、实物知识产权等其他形态的资本则由企业拥有。其中，包含于证券形态的资本之中的产权即为股权；包含于非证券形态的资本之中的产权即为企业法人财产权，因此，企业内部的双重产权结构因投资者投资于企业而得以形成。企业内部的双重产权在运动中可以并行不悖且长期处于分离状态。对于投资者而言，尽管其不得从企业抽回投资，但可以转让其以证券为表现形态的出资份额；对于企业而言，由于投资者不得抽回其出资，因此，无论投资者的出资份额历经多少次转让，都不影响它作为法人独立地拥有和支配企业资本。由此形成的结果是：企业具有了独立性和永续性的特点，即企业独立地经营基于投资者的投资行为而形成的财产；企业的生命不因投资者的变换而终结。因此，可以认为，现代企业的产权构造对社会化大生产和现代市场经济的适应与促进，主要体现在它以财产形态的分离为基础，塑造了独立的和具有生命力的市场主体。此外，对现代企业的产权构造实现了企业法人财产权在企业内部的进一步分解，这不仅使抽象的企业法人财产权有了实现的组织体系，而且可以在企业内形成一套既有分工又有制衡的经营机制。显然，这是一种能够适应并促进社会化大生产和现代市场经济发展的制度安排。

---

[1] 参见南岭：《现代公司成长·权利结构与制衡》，中国经济出版社1994年版，第48~134页。

（四）现代企业的组织管理制度

以独资企业和合伙企业为代表的传统企业在组织管理制度上的一个最大特点，就是投资者同时也是企业的经营管理者。现代企业则与此不同，其组织管理制度的典型构造是：①设权力机构，行使企业的重大决策权。权力机构由投资者组成，我国《公司法》中规定的股份有限公司的股东大会和有限责任公司的股东会即是。②设经营机构，负责企业的经营事宜。其中，经营机构又可分两个层次，一是经营决策机构，在我国《公司法》中为董事会；二是日常经营管理机构，在我国《公司法》中即经理。③设监督机构，专司公司活动的监督职能。我国《公司法》中的监事、监事会即是。各种机构的权力边界，由法律划定。

现代企业的组织管理制度实际上是其产权制度的必然延伸，它同样是适应并促进社会化大生产和现代市场经济的制度安排。这可以通过两方面加以说明：

1. 现代企业的组织管理制度对企业组织机构的构造及权限的划分，使得企业的管理活动趋于专业化。在现代企业内部，由投资者组成的权力机构只负责企业的重大决策；由具有经营才能的人员组成企业的经营机构，专门负责企业的经营决策和日常经营管理；由来自投资人、职工等方面的人员组成的监督机构对企业经营机构及其人员的活动进行专门监督。上述设计将企业的各项活动按性质分解给不同的公司机构独立承担，无疑确保了公司活动的专业化分工。这种分工对社会化大生产和现代市场经济的适应性和促进作用是不言而喻的。尤其是在当代社会，投资者组成的权力机构的重大决策权一般仅涉及经营和监督机构组成成员（如公司董事和监事）的选任、章程修改、企业合并、分立、终止、清算等事项，权力机构在企业具体经营管理中的实际作用被弱化，经营机构的地位则日渐上升。因此，这种专业化分工在客观上为经营机构随时按照社会化大生产和现代市场经济要求进行经营活动提供了可能。

2. 现代企业的组织管理制度设计，使企业在实现专业化经营的同时，又不乏激励和约束机制。在现代企业中，不同的利益集团均可进入与其地位相应的企业组织机构，而企业的组织机构都有相应的职权配置，此即激励机制发生作用的关键之所在。同时，现代企业内部不存在不受制约的权限。权力机构、经营机构和监督机构相互之间，各种企业组织机构内部的成员之间，从机构产生、职权划分乃至行使职权程序等方面，依照法律和章程形成制衡机制，进而对企业经营者的行为形成约束。这种激励和约束机制，对于提高企业的管理水平，无疑具有深远的意义，因此能够适应并促进社会化大生产和现代市场经济的发展。

三、现代企业制度与市场主体规制法的关系

现代企业制度与市场主体规制法的关系，可以从两方面加以把握：

1. 现代企业制度的发育、推行及作用的发挥，必须有市场主体规制法的确认和保障。现代企业制度是适应社会化大生产和现代市场经济的要求而产生的企业制度体系，其具体制度安排又对社会化大生产和现代市场经济的进一步发展起到了积极的推动作用，这表明，现代企业制度的出现及其在社会经济生活中延续有其客观必然性。但毫无疑问，现代企业制度的最终成型，其在各国被推行，其作用的充分发挥，无不仰赖法律法规。从这个意义上讲，现代企业制度实则法律制度。应当说，一国法律体系中的所有法律部门或法律领域对现代企业制度的确立及作用的发挥都会产生影响，但专门规范市场主体的组织和与组织有关的行为的市场主体规制法的影响更为直接。民法按照市场的一般逻辑和意思自治的原则，为市场主体的组织活动提供了基本的规则。但随着企业规模及其对社会影响的扩大，现代企业制度的确立与作用的进一步发挥，在实践中，以国家干预为特征的市场主体规制法对现代企业制度的确立及发挥作用所具有的积极效果表现在多方面。例如，现代企业的有限责任主要由民法加以确认，但有限责任及相应的现代企业形态可能被滥用，亦即被一些投资者用作规避法律或损害企业交易相对人利益

的工具。显然,这不是现代企业制度的本来意义。对此,仅靠传统民法是难以解决的,必须由市场主体规制法对企业和投资者的权利、义务和责任进行调整,才符合法治的应有精神。又如,民法通过对企业各种财产权的规定,为权利人提供了合理的预期,但缘于趋利的原始冲动,权利人在将财产投向最能盈利的领域的同时,往往又会导致对社会责任的忽略,因此必须通过市场主体规制法作出一定的制度安排,以使企业及其投资者在追求利益最大化的同时,切实践行社会责任。这也是现代企业制度的应有之义。

2. 市场主体规制法以现代企业制度作为其最为基本的内容。现代企业制度产生于社会化大生产和现代市场经济的实践。现代企业出现以前,市场主体规制法所包含的制度内容相对较少,且主要以传统企业为主要规范对象,以传统企业制度为其基本制度内容。随着现代企业的产生和发展,围绕现代企业制度的构建所进行的企业立法活动,使市场主体规制法的制度内容更为丰富。同时,由于各国都把建立现代企业制度作为市场主体立法最为基本的目标,因此,立法重心的这种转移,也使市场主体规制法的构成发生了变化。可以说,现代企业制度已成为当代市场主体规制法中最为基本的内容,离开现代企业制度,现代市场主体规制法无疑将失去其现代特色和意义。

■ 思考题

1. 试述市场主体规制法在经济法体系中的地位。
2. 评我国的市场主体规制法。
3. 试述现代企业制度的构成。

■ 参考书目

1. 李昌麒:《经济法——国家干预经济的基本法律形式》,四川人民出版社 1995 年版。
2. 单飞跃、王显勇:《经济法视域中的企业法》,中国检察出版社 2005 年版。
3. 张士元主编:《企业法》,法律出版社 2005 年版。
4. 史际春等:《企业和公司法》,中国人民大学出版社 2001 年版。
5. 马俊驹主编:《现代企业法律制度研究》,法律出版社 2000 年版。

第七章　企业形态法定化与企业法律形态

■学习目的和要求

　　企业形态产生和发展于商事实践。在当代，企业形态法定化已成为企业法律制度的一个原则。企业形态法定化一方面意味着投资设立企业的当事人选择企业组织形式的自由受到限制，在这个意义上，企业形态法定化体现了国家干预；另一方面，企业形态法定化意味着投资设立企业的当事人可以在法律规定的企业形态中选用其进入市场的具体组织形式；如果法律能够为投资设立企业的当事人提供尽可能多的企业形态以供其自主选择，那么企业形态法定化也具有促进自由的作用。因此，企业形态法定化是一个涉及国家干预与企业自由经营之间关系处理的重大问题。学习本章，应深刻领会企业形态法定化的上述实质，同时，掌握由企业形态法定化所形成的主要企业法律形态。

第一节　企业形态法定化

一、企业与企业形态的界定

（一）企业的界定

　　在当代社会，企业在市场经济中的重要地位使其成为法律最重要的规范对象，企业被纳入法学研究的视野已是不容争辩的事实。法学对企业的研究，其逻辑起点是企业本身的界定问题。中外学界对此进行了诸多探讨，并提出了有关企业定义的各种观点。主流观点认为，企业首先是经济学、经营学上的一个争论较多的概念，法律上的企业概念是在经济学、经营管理学的企业概念基础上形成的。[1]因此，我们在介绍企业形态法定化与企业法律形态之前，有必要在经济学研究的基础上，从法律角度对企业进行界定。

　　1. 经济学上的企业概念。"企业"这一概念在经济学中提出较晚，"直到20世纪30年代，几乎没有经济学家对企业的起源、本质及成长进行论述"。[2]从20世纪30年代起，企业受到经济学界的广泛关注，西方经济学家们从不同的角度对企业概念进行研究。

　　被视为企业理论鼻祖的科斯从交易费用（或称交易成本）以及企业与市场关系的角度来揭示企业的本质属性。1937年，科斯在其发表的《企业的性质》这一经典论文中提出，企业和市场都是资源配置的手段，二者的不同表现在：在市场上，资源的配置由价格来调节，而在企业内，资源的配置则由权威来完成；企业形成的原因，在于以企业内部的权威取代企业外部的市场价格调节可以减少交易成本，因此，企业是"价格机制的替代物"；企业和市场是"两种可相互替代的协调生产的手段"。科斯对企业的诠释，被视为现代企业理论的主流甚至正统

---

〔1〕　［日］中村一彦：《现代企业组织法》，同文馆1990年版，第15页。
〔2〕　唐海滨：《企业生命论》，中国财政经济出版社1993年版，第1页。

观点。科斯的企业理论为西方企业理论后继者的研究奠定了基础。对企业的另一种具有代表性的定义是以契约来解释企业。这是由詹森和梅克林率先提出的。在他们看来，企业乃一系列契约的连接点（nexus of contracts），这一组契约就是劳动所有者、物质和资金投入的提供者、产品的消费者等相互之间的契约。[1]在我国当今的经济学理论中，对企业概念的研究与我国经济体制改革的现实相适应，早期基本上都将其定义为从事生产、流通等经济活动，为满足社会需要并获取盈利、进行自主经营、实行独立经济核算、具有法人资格的基本经济单位。后随着经济体制改革的深入，又将企业进一步界定为自主经营、自负盈亏、具有自我发展能力和自我约束机制的经济组织。

2. 法律上的企业概念。在法律上，企业被作为一种营利性的、享受一定权利并承担一定义务的组织体来看待，因此，法律上的企业概念可定义为：企业是连续、稳定地从事经济活动并享受权利、承担义务的营利性经济组织。法律意义上的企业应当具备以下几个属性：

（1）法律意义上的企业具有社会组织性。这是企业与从事经济活动的个人的根本区别。迄今为止，人类的经济活动是通过生物状态的个人和社会状态的组织两种基本形式来开展的。随着社会生产力水平的提高，由个人创设，又独立于个人的社会组织开始出现，并逐渐取代了个人在经济活动中的主导地位。而由若干个人组成的社会组织性，就是其区别于进行市场交易活动的个人的首要属性。

（2）法律意义上的企业具有连续性和稳定性，是稳定、连续地从事经济活动的组织。这是企业与临时组织[2]和偶然从事经济活动的某些具有稳定性的社会组织的区别。企业在现代社会经济活动中处于主导地位，是从事商品生产经营的组织。企业从事的商品生产经营不是偶然的、短暂的营业行为，它通常有确定的经营范围和较长的存续期限。临时组织不具有稳定性；国家机关、事业单位、社会团体等社会组织虽具有稳定性且可以进行维持其存续和正常运转所必需的经济活动，但这种经济活动具有偶然性。

（3）法律意义上的企业具有营利性，是营利性的经济组织。这是企业与同样进行经济活动，但不以营利为目的的其他社会组织的区别。营利是指通过自己的经营活动，以较少的投入取得较大的收益。作为经济组织，企业必须通过自己的活动，以尽可能少的人力、物力消耗获取尽可能大的利润。营利是企业得以存在及发展的关键，也是企业与其他非营利性经济组织（如农村地区性合作经济组织）以及国家机关、事业单位和社会团体的根本区别。

（4）法律上的企业是享有权利、承担义务的社会组织。与所有的市场主体相同，企业在进行经营活动中应当享有与经营有关的基本权利，与此同时承担相应的义务。但就承担义务的具体内容而言，在营利之外，企业应否担负有社会责任，至今仍然具有争议。我国现行《公司法》第5条第1款规定："公司从事经营活动，必须遵守法律、行政法规，遵守社会公德、商业道德，诚实守信，接受政府和社会公众的监督，承担社会责任。"因此可以认为，在营利的同时，企业应当承担社会责任。

（二）企业形态的界定

企业形态在某种意义上可以说是企业概念的延伸，它是指按照一定的标准所划分出来的企业表现形式。因此，企业的形态实则企业的类别。

---

〔1〕 ［美］迈克尔·詹森、威廉·梅克林："企业理论：管理层行为、代理成本与所有权结构"，载陈郁编：《所有权、控制权与激励——代理经济学文选》，上海人民出版社1998年版，第1～84页。

〔2〕 即人们为了某种目的而暂时组合在一起的组织。几个人为购买一种按批量出售的物品而聚合在一起，分配购得的物品后组合告终，即是此种情况。

　　由于企业可以根据多种标准进行分类，因此，企业的形态是极其繁多的。例如，按经济性质的不同，企业可以划分为国有企业、集体所有制企业、私营企业、混合所有制企业等形态；按行业或所属部门的不同，企业可以划分为工业企业、农业企业、商业企业和交通运输企业等形态；按经营方式的不同，企业可划分为生产企业、批发企业和零售企业等形态；按规模大小的不同，企业可划分为大型企业、中型企业、小型企业等形态；按地域范围的不同，企业可以划分为城市企业和乡村企业等形态；按投资者和资本来源的不同，企业可以划分为内资企业和外商投资企业；按照组织形式或责任制度的不同，企业可以划分为独资企业、合伙企业和法人企业等形态。企业的形态随着社会经济生活内容的丰富而不断发展变化，每一个企业都可以从不同的侧面表现其自身的存在。以多种标准对企业进行划分，对于从不同侧面对企业进行观察和研究的经济学，尤其是经济管理学、会计学、统计学而言，都具有十分重要的意义。

　　社会经济生活中丰富多彩的企业形态，为企业形态的立法选择奠定了基础。但面对社会经济生活中众多的企业形态，法律不可能也不必要全面地使其反映在立法之中并制定相应的专门法律、法规，或者说，社会经济生活中的企业形态并非都有上升为法律形态并由此决定法律调整内容的立法意义。那么，什么样的企业形态可以被立法认可从而成为法律意义上的企业形态？此即企业形态法定化要讨论的问题。

二、企业形态法定化

（一）企业形态法定化的含义

　　企业形态法定化，是指国家以法律形式确认企业形态，以利于建立起相应形态的企业法律制度和科学的企业法律、法规体系的过程。企业形态法定化的这一含义，可作如下理解：

　　1. 企业形态法定化是法律对企业形式的认可。如前所述，企业在社会经济生活中的表现形式是多样的；尽管各种企业都应受到法律的调整，但是，这并非意味着企业的每一种表现形式都应在法律中得到反映。企业分类标准的多样性所导致的企业在社会经济生活中表现形式的繁杂，决定了法律不可能对现实经济生活中存在的每一种企业形式都予以认可，法律的任务，只在于找出企业形式在规范中的恰当表达方式；这种"恰当"绝非全面，其追求更多的是企业分类标准的概括性，亦即一定的企业分类标准所划定出来的企业形态对现实经济生活中所有企业的囊括力。企业形态法定化就是找出这种标准，适用这种标准划定企业，以法律的形式对划定出的企业予以认可的过程。

　　2. 企业形态法定化是对企业形态的法律模式选择。在众多的企业分类中，择取何者为法律上承认的分类，是立法者必须解决的问题。而如何抉择，需要考虑多方面的因素，在若干模式中进行选择。企业形态法定化实际上就是这样一种对各种企业分类方法进行选择，并在此基础上将具有法律意义的企业分类方法及其所划定的企业反映到企业立法之中的过程。

　　3. 企业形态法定化的目的，在于建立相应企业形态的法律制度和科学的企业法律、法规体系。企业形态法定化蕴涵着对企业的分类，但企业形态法定化所蕴涵的企业分类具有鲜明的目的性，这就是在对企业进行分类的基础上建立相应企业形态的法律制度和科学的企业法律、法规体系。企业形态法定所包含的企业分类的这种目的，使得它区别于经济学以及其他意义的企业划分，因为，经济学以及其他意义上的企业划分，尽管可能与企业法律制度或企业法律、法规体系的建立存在牵连，但其主要目的在于从不同的角度研究和统计社会经济生活中企业的构成状况，从而为经济决策提供基本的数据。

（二）企业形态法定化的原因及实质

　　1. 企业形态法定化的原因。企业形态法定化并不是偶然产生的现象，深入分析，便不难发现其经济的、社会的及法律的原因。

（1）企业形态法定化是经济发展的结果。由自给自足的自然经济发展到简单商品经济虽然是人类历史的一大进步，但在简单商品经济时代，社会经济活动的主体主要是自然人，商品交换也主要发生在个人之间。当时，落后的生产力水平下的商品生产和商品交换与个人投资、个人管理相联系，形式简单且社会性不甚明显，故只需要有简单的商品交换规则即可满足其要求。此种状况反映在法律上，便是个人成为主要的甚至唯一的法律关系主体，企业并未在法律中得到反映，更无所谓企业法律形态问题。随着社会生产力水平的不断提高和社会分工的发展，生产规模日益扩大，技术水平日益提高，交换过程变得复杂，许多需要较大规模进行的新兴事业对个人出资、个人经营提出了挑战。商品经济的发展客观上要求个人之间联合、合作。在这种情况下，社会经济生活中开始产生了不同的联合组织，法律亦对联合经济组织进行调整。进入资本主义社会以后，自由竞争推动着资本的积聚和集中，激烈的市场竞争必然促使经营活动更趋团体化，并且团体经营的规模日趋扩大，逐渐成为社会经济生活的主宰力量，而社会化大生产的结果，在客观上又要求社会经济生活的各种组成部分之间分工协作，密切联系，共同推进社会生产力进一步发展。在这种历史背景下，企业的经济形态异彩纷呈，企业的活动无处不在、无所不能，企业成了社会经济生活的主导力量。作为社会经济生活的调整器的法律，不可能也不应该对企业这一经济现实作壁上观，而应主动地、客观地反映这一社会现实。在西方国家，在自给自足的自然经济到简单商品经济再到社会化大生产的发展过程中，企业经历了从独资企业为唯一形式，到独资企业与合伙企业并存、合伙企业占主导地位，再到独资企业、合伙企业和公司并存、公司占主导地位的历程，法律作为经济生活的反映（当然这种反映不是机械的、被动的反映），及时地将这些企业纳入规范的范围，企业的诸法律形态亦由此形成和完备。时至今日，西方国家企业的现时法律形态也表现为独资企业、合伙企业和公司三种。由此可见，企业法律形态是社会经济不断发展的必然结果。

（2）企业形态法定化是法律调整企业的必然要求。企业作为经济活动的主体，必然要接受法律的调整。但是，企业不仅仅是一个抽象的概念，其在社会经济生活中总是以具体的形式表现出来的。因此，构建企业法律法规体系，确立企业法律制度，以实现法律对企业的有效调整，不能将着眼点仅仅停留在抽象的企业概念上，而应进一步深入考察现实经济生活中形形色色的具体企业形式，在难以依照企业的各种划分方法一一立法的情况下，找出某种对现实经济生活中的各种企业具有概括力的分类方法划分企业，在此基础上进行立法并建立相应企业形态的法律制度。在这个意义上，可以说，法律调整企业，其本身就要求对企业种类作出划分，按照一定的企业种类划分进行立法和建立法律制度，自然也就形成了企业法律形态。因此，对企业作出法律上的划分，是企业立法得以展开和企业法律制度得以最终建立的逻辑前提。

（3）企业形态法定化是国家干预社会经济生活的必然结果。国家干预社会经济生活，是自国家产生以来任何形态的社会都存在的一种普遍现象，所不同的仅仅是，在不同的历史时期，国家对社会经济生活干预的程度有所不同。而企业作为社会经济的细胞，由于其对社会经济发展的重要影响，其设立和运行自然不会游离于国家干预的范围之外。国家对企业进行干预的一个重要结果，就是通过企业法使企业形态法定化，企业形态法定化则意味着投资人只能在法律规定的企业形态范围内选择企业形式。例如，在股份公司产生初期，法律曾经对其设立实行严格的皇家特许；在某些国家，法律曾经一度禁止有限责任的使用；而在当今的中国，投资人欲设立具有法人资格的公司，其可以选择的公司形式只能是有限责任公司或股份有限公司。由上可见，企业形态法定化不仅在于为投资者提供可供选择的企业形态，也在于限制投资者选择企业形态的自由。企业形态法定化是国家干预社会经济生活的结果。

2. 企业形态法定化的实质。在以上对企业形态法定化原因的分析中，事实上已经隐含我们对企业形态法定化的实质的结论：企业形态法定化的实质是国家干预。这里，拟就企业形态法定化为什么体现了国家干预作进一步分析。

（1）企业形态法定化实际上是国家行使经济权力、对投资者选择企业形态的自由进行限制的结果。企业是人的要素与物的要素的结合，按照商品经济及其高级形态——市场经济的一般逻辑，人的要素和物的要素如何组合，应当是投资者自由决定的事项。由投资者和资本的趋利秉性所决定，投资者不仅会将资本投向最能营利的领域，还将按照有利于其营利的方式组织企业。然而，按照什么样的方式组织企业方可营利，这是一个带有较强的主观价值判断的问题。对这一问题，不同的投资者有不同的评判标准，因而也有不同的回答和反应。在此情况下，如果国家不对企业的形态作出规定，而任由投资者完全根据自己的意志来决定，则社会经济生活中企业的形态必然呈现纷乱的状况。这首先会给企业交易的相对人带来对交易结果进行判断和预期的困难，进而导致交易成本的增加，长此以往，必将导致交易的萎缩和市场的萎缩。这样的结果显然与企业产生并作为市场交易主体的目的背道而驰。因此，国家通过法律对企业形态进行调整便成为企业发挥作用的客观需求。企业形态法定化实际上是国家为了克服企业形态的纷乱，按一定的标准划分企业种类，在此基础上以法律形式固定企业类别的活动过程。在这一活动过程中，一方面，国家始终居于主导地位，除了考虑和尊重社会经济生活的一般规律外，不受局部投资者意志的左右；另一方面，企业形态一经国家法律确定，投资者即具有尊重和服从的义务。例如，在目前的中国，投资人欲设立公司，只能在一人有限公司、有限责任公司和股份有限公司的范围内进行选择。由此不难看出，企业形态法定化的过程，实际上是国家行使经济权力、对投资者选择企业形态的自由进行限制的过程，国家权力因素贯穿于这一过程的始终。

（2）企业形态法定化是公权向私权领域渗透的体现。公权向私权领域渗透，是国家干预的另一种表达方式，而企业形态法定化恰恰体现了公权向私权的渗透。因为：投资者投资设立企业是一种典型的民事法律行为，亦即私权行为。从民法的角度看，这种行为应遵循意思自治的原则，包括企业形态选择在内的决策事项，都应按照投资者的自由意志办理。但从经济法的角度看，国家依其职权划分可供投资者选择的企业形态，并以法律的形式加以规定和强制推行，这显然是公权对投资者投资设立企业这种私权的介入。它承认并尊重投资者选择企业形态的自由，但又为投资者的选择自由设定必要的限度。在投资者选择企业形态方面，正是投资者的意思自治和企业形态法定化二者的良性互动，推动着企业发展的日益繁荣。

第二节　企业法律形态

一、企业法律形态的界定
（一）企业法律形态的定义

企业法律形态是企业形态法定化的结果。对于何谓企业法律形态的问题，中外学界已有不少探讨。例如，日本学者中村一彦认为，企业法律形态是"企业在相互的对立和激烈的竞争中所采取的资本集中的形态"；[1]中国有学者认为，企业法律形态是指企业在法律上的类别形

[1]　[日]中村一彦：《现代企业组织法》，同文馆1990年版，第25页。

态;[1]另有学者认为，企业法律形态是法律规定的企业的表现形式;[2]还有学者认为，企业法律形态仅限于企业法或商法所确定的企业组织的存在形式。[3]

在本书中，企业法律形态是指作为经济法重要组成部分的企业法所确定的企业的存在形式。这一定义包含如下三层递进的含义:[4]

1. 企业法律形态是企业赖以存在的形式。企业是经济活动的主体，是一种社会单位组织，但企业本身不仅仅是一个抽象的概念，它必须以一定的具体形式存在。企业的法律形态正是企业赖以存在的形式。

2. 企业法律形态是具有法律调整意义的企业存在形式。企业的存在形式与社会生活一样，也是丰富多彩的。在不同的场合，企业以不同的角色出现。在政治活动中，它可能表现为一种社团组织;在行政关系中，它可能表现为一个行政隶属单位或行政相对人;在经济生活中，它又表现为一个经济组织。企业法律形态，绝非普通意义上的企业存在形式，而是具有法律调整意义的企业存在形式。

3. 企业法律形态在本书中仅指经济法意义上的企业法所确定的企业存在形式。在实际生活中，法律所确定的企业形式也是多种多样的。当某一法律、法规根据其调整的需要而将企业加以分类区分时，其所确定的类型便有了企业存在形式的意义，但企业法律形态并非企业在一般法律意义上的存在形式，而特指由企业法所确定的企业存在形式。

（二）企业法律形态的特点

企业法律形态具备如下特点:[5]

1. 企业法律形态因其由法律直接规定而具有法定性。企业法律形态并非由投资者随意创制或由社会实践自发产生，它是由法律直接规定并具有法律强制推行力的企业形式。任何当事人设立企业，都只能在既有的企业法律形态中择定具体的企业类型，不得任意创制。同时，也只有符合法律规定的企业类型才能获准登记从而得到法律的认可，进而取得市场主体的资格，成为合格的市场参与者。在大陆法系国家，企业法律形态由民法或商法规定;在英美法系国家，则兼采判例与成文法（又以成文法为主）的形式确定企业法律形态。在我国，经济法和民商法始终对此给予高度的关注。

2. 企业法律形态因其无所不及的涵盖力和广泛的适用性而具有普遍性。任何合法设立的企业，都必然归于法律规定的企业形态，从而使以企业形态为立法对象所制定的企业法由此获得了普遍的适用性，避免某一企业因既不属于这种、也不属于那种企业形态所形成的游离于法律调整之外的情况出现，法律上不可能也不应该允许有企业法律形态之外的企业，否则，将形成法律调整的"真空"或"飞地"。

3. 企业法律形态因其分类标准贯彻的一致而具有有限性。企业法律形态只有性质相同的有限的一组企业，不应有许多组或者无法确定其形态的一组企业，否则将导致立法的冲突与空白。例如，西方国家坚持以财产责任制为标准，将企业分为独资企业、合伙企业、公司等三种基本形态，基本上概括了其现实经济生活中客观存在的企业，企业立法也以它们为对象而制定。在中国过去的企业立法中，正是由于没有坚持贯彻企业分类标准的一致性，企业法律形态

[1] 董开军、李诚:"论企业法律形态问题"，载《中国法学》1992年第4期。
[2] 郑立、王益英主编:《企业法通论》，中国人民大学出版社1993年版，第55页。
[3] 赵旭东:《企业法律形态论》，中国方正出版社1996年版，第49页。
[4] 赵旭东:《企业法律形态论》，中国方正出版社1996年版，第49～50页。
[5] 参见赵旭东:《企业法律形态论》，中国方正出版社1996年版，第52～53页。

划分的标准过多且在同次企业分类中多种划分标准交替使用，不坚持同一律，从而导致了各种企业立法的矛盾与冲突频繁的现象。

4. 企业法律形态一经确定，便具有永久性或相对永久的稳定性。非经严格的企业法律形态再创制过程，不能变更。企业法律形态的稳定性是法律稳定性的要求，且企业形态立法作为确定企业的主体地位或身份的法律，较之其他法律具有更高的稳定性要求。企业法律形态的不稳定，必然引起企业法律地位和法律关系的不稳定，进而引起社会经济生活秩序的不稳定。从西方的发展情况看，其基本的企业法律形态几百年秉承一贯，无根本性变革，有所改变的仅是对一些企业法律形态中的亚形态或具体形态进行的局部性、渐进性改变，这充分表明了企业法律形态的高度稳定性。中国正在进行的经济体制改革是生产方式的根本变革，在企业立法方面改革的目标之一，就是要将过去长期处于变动和不稳定状态的企业法律形态通过立法的形式稳定下来，使之能够充分发挥稳定社会经济生活的作用。

二、企业法律形态的构成要素

这里所谓企业法律形态的构成要素，是指各种法律上的企业形态的构成要素。尽管企业法律形态的构成要素较多，但最具法律意义的构成要素包括如下几方面：[1]

（一）成员

在法律上，企业是进行经济活动的主体，同时也是经济主体进行经济活动的法律形式。设立、拥有并支配企业的人（自然人和法人），即法律上所称的企业的成员。企业的成员在企业中居于核心要素的地位。没有成员，企业就无从产生，企业可以没有雇员（早期大量存在的以及当代在一定程度上存在的投资者投资并亲自经营、不雇佣人员的古典企业即其示例），但不能缺少成员。企业的成员可以是一人，也可以是二人以上。从法律对企业形态规制的历史来看，成员人数在企业法律形态构成方面具有重要的意义：

1. 成员人数是决定企业个人人格或团体人格的主要因素。在法律人格制度的发展中，最初的法律人格是个人人格；其后才对个人间的联合所形成的独立社会组织体的人格加以确认。从社会组织取得法律人格时起，就产生了不同于个人人格的团体人格。个人人格和团体人格一般分别以个人和团体为其载体。在历史上，团体人格出现的前提条件是二人以上的成员形成团体；团体成员的多数性对团体人格的形成和存在起着重要作用。多数成员的存在，使团体的内部意志和利益具有多元性，但正是由于团体内部多元意志和利益的存在并统一于团体，才在客观上产生了有异于团体成员个人利益和意志的团体利益和意志，才排斥了个别成员对团体财产的直接支配和对团体利益的独自享有。

2. 成员人数决定了企业财产来源的多寡、企业规模的大小及企业经营条件的配置。一定的财产是企业经营的基本条件，而企业规模主要取决于企业资本额的大小。企业的原始财产来源于其成员的出资或入股。一般而言，企业只有单一的成员，即表明企业财产来源的单一性；企业有多数成员，即表明企业财产来源的多元化，而企业的成员人数越多，其财产来源也就越广泛、越丰富。一般而言，财产来源单一的企业难以形成较大规模，而财产来源广泛的企业往往具有较大的经营规模。此外，企业的多数成员也在迎合不同投资者的需要的同时，调节着企业经营条件的配置，有利于企业形成各种经营优势。这也是近代企业成员众多的重要原因。

3. 成员人数决定着企业内部权力的分工和制约、利益和风险的分享和分散机制的形成。单一成员组成的企业，一切权力、利益和风险都统归于一人。而在由多数成员组成的企业中，

---

[1]　参见赵旭东：《企业法律形态论》，中国方正出版社 1996 年版，第 64~106 页。

每一成员都享有平等的或一定份额的权力和权利，同时亦负有相应的义务，企业的一切利益和风险也由全体成员分享或分担，这在客观上形成了企业内部权利（力）主体和利益代表的多元，并通过权利（力）的合理配置和制约，在企业内部形成分权与制约、利益与风险相匹配的机制，而这正是现代企业制度的重要标志。

4. 成员人数是企业法律形态的重要决定因素。当只有一个企业成员时，往往是独资企业，非有法律的特别规定，不得成为有限责任公司等企业形态；且无论如何也不能成为合伙企业和股份有限公司。当有两个以上的企业成员时，不能组成独资企业，但可以组成除独资企业以外的其他一切企业形态。

由以上不难看出，尽管一人公司作为企业形式已经得到普遍认可，但成员人数的单一或多数仍然具有广泛而深刻的法律意义，它当然应成为企业立法的重要问题，也必然是投资者选择企业形态时必须考虑的问题。

（二）财产责任制度

企业的财产责任制度主要包括有限责任制和无限责任制（含其特殊形式无限连带责任制）。在各种企业法律形态中，应至少有一种财产责任制度被包含于其中，在这个意义上，财产责任制度是任一企业法律形态的必备构成要素。

有限责任和无限责任特指企业成员对企业债务承担财产责任范围的有限与无限，其分界线是企业成员的出资。凡以出资额为限对企业负责者，为有限责任；不以出资额为限对企业负责，当企业资产不足以清偿其债务时，投资者须以自有财产清偿企业债务者，为无限责任。与之相联系的是：成员的有限责任意味着企业的独立责任，而成员的无限责任则决定了企业自身的非独立责任。成员责任与企业责任之间的密切联系使其成为企业的投资者和交易相对人关注的焦点，成员责任贯穿于企业从设立、存续到终止的全过程，且与企业的组织、活动等一切方面相关联。在这个意义上，成员责任的范围对企业法律形态具有明确而直接的影响。在企业法律形态的主要立法中，成员的责任范围成为独资企业、合伙企业和法人企业的实质区别之一，同时，成员的责任范围又是划分企业形态进而建立企业法律、法规体系和企业法律制度的基本标准。因此可以说，成员责任的区别构成企业间的根本区别，反映出企业间的法律制度差异。

（三）法律人格

考察世界各国、各地区的企业立法，企业的法律人格有两种情况：①以独立的法律身份为充足条件的法律人格。这种独立的法律身份只要通过必要的法定程序（通常为办理注册登记）即可取得。以自己的名义进行活动的独资企业、合伙企业、无限公司、两合公司等企业享有的法律人格，即为此种。②除独立的法律身份外，还须以独立的财产、独立的意思和独立的责任为条件的法律人格。此种意义上的法律人格虽然也是通过注册登记等法定程序而取得，但授予和取得这种法律人格的条件较前一意义上的法律人格更为严格。有限责任公司、股份有限公司以及在我国被视为法人的其他企业，享有的即为此种法律人格。在我国，通常意义上的企业法律人格是指后者，不过，若从广义上把握企业的法律人格，则法律人格是一切企业的必备构成要素。

企业独立的法律人格是企业参与经济活动的前提。但上述两种意义上的企业独立法律人格中，后者在中国更具有深刻的意义，它的实行，成为中国经济体制改革和改善企业经营管理的重要内容。在计划经济体制时期，我国的国有企业在运行中，实际上由国家对企业承担无限责任，企业财产与国家财产关系不清晰，企业与他人之间的财产纠纷也因缺乏主张债权的主动性和必要性而不了了之。因此，国有企业改革的一个关键环节，就在于从法律上赋予企业独立的法律人格，使其在独立责任的基础上形成改善经营管理的内在动力。事实上，中国的国有企业改革也的确是以确立国有企业独立的商品生产经营者地位，赋予其独立的身份、意志、财产和责任为出发点和归宿的，其要旨在于通过建立国有企业法人制度，一方面维护国家的利益，另一方面有效地将企业推向市场。

（四）资产

所谓资产，是指企业得以开展经营活动的一切财产。企业是人的要素与物的要素的组合，缺少其一，企业经营活动即无法进行。故资产为任何法律形态的企业的必备要素。在公司中，作为资产重要组成部分的资本向来被视为公司的血液。当然，不同形态的企业因财产、责任等制度的不同，企业运用的资产与企业投资者的独立程度也会有所差别，但无论如何，缺少运营资产的企业是不可想象的。

三、企业法律形态系统

（一）企业法律形态的发展

纵观历史，企业法律形态及立法的发展大致经历了三个阶段：原始企业形态阶段，以独资企业和合伙企业为代表，企业形态立法表现为民法及早期的商人法；近代企业形态阶段，以无限公司、两合公司为代表，企业形态由近代商法调整；现代企业形态阶段，以股份有限公司和有限责任公司为代表，企业形态立法为现代商法和单行企业法。

20世纪以来，科技的突飞猛进带来了社会及经济的进步，日益丰富的企业形态对经济的发展起到了巨大的促进作用。目前，股份有限公司和有限责任公司已发展成为资本主义国家经济中占统治地位的企业形式；一人公司出现并在一些国家的法律体系中被确立；第二次世界大战前后，公司制度开始广泛地运用于国有企业；独资企业、合伙企业等传统企业以及无限公司和两合公司等近代企业顽强地在社会经济生活中生存下来。这一切，都使得企业形态在当今社会经济生活中异彩纷呈。与企业形态迅速发展相适应的是，企业形态立法也得到了充分发展，可以说，尽管各国立法对企业形态的选择存在较大差异，但从世界范围看，上述企业形态都存在相应的立法。

值得注意的是：由于各国的社会制度以及生产力发展水平等方面有所不同，企业形态在不同国家也呈现不同的发展、变化轨迹。在资本主义国家，公司（尤其是股份有限公司和有限责任公司）遍布各行各业，其为主要的企业形态。而在公有制的社会主义国家，不同的经济发展时期，企业法律形态的差异较大，在20世纪70年代以前，企业多以所有制性质为标准，划分为国有企业、集体企业和私营企业等形态；而自20世纪70年代以来，随着经济体制改革的开展和逐步深入，企业组织形态逐渐向多样化发展，除原有的国有企业、集体企业、私营企业外，又出现了独资企业、合伙企业、公司等新的企业形态，这些新型的企业形态，是以投资人的责任形式以及投资人的人数为划分依据的。

（二）我国的企业法律形态

在我国，企业萌芽于明末清初。在明代，曾出现过类似西欧中世纪家族营业团体的合伙经营组织。但在封建政府"重农抑商"政策的束缚下，企业规模及组织形态的发展都极为缓慢。至19世纪后半叶，由于帝国主义的入侵，洋务运动的兴起，官僚资本才开始仿效国外，采用官督商办、官商合办、招商集股的形式，组建公司企业。1949年以前，由于实行生产资料私有制，我国企业法律形态与资本主义国家的企业基本相同，主要采用独资企业、合伙企业和公司等形式，其中，公司又分为无限公司、两合公司（包括股份两合公司）、股份有限公司和有限责任公司等。

1949年中华人民共和国成立后，经济及政治制度的变化以及1979年以来的经济体制改革，我国企业法律形态随之发生了变化。尤其是20世纪90年代以来，随着社会主义市场经济体制的确立，企业法律形态的变化更为显著。就目前而言，我国的企业法律形态可以作如下划分：

1. 以所有制形式为标准，法律将企业分为国有企业、集体所有制企业、私营企业。

（1）国有企业。国有企业又被称为全民所有制企业，过去还被称为国营企业。按照我国《全民所有制工业企业法》的界定，国有企业是指财产归国家所有，依法自主经营、自负盈亏、独立核算的商品生产和经营单位。随着我国社会主义市场经济体制的不断健全以及现代企业制度的建立，许多国有企业通过改制采用了股份公司的形式。根据2013年中国共产党第十八届三中全会《关于全面深化改革若干重大问题的决定》，以股份公司为形式的混合所有制经济的发展将成为我国国有企业进一步深化改革重要举措。目前，我国《企业国有资产法》明确规定，由国家出资的国有独资企业、国有独资公司、国有资本控股公司、国有资本参股公司统称为国家出资企业。基于上述，以国有资本在企业总资本中所占比例为标准，目前我国国有企业是指由国家出资的国有独资企业、国有独资公司以及国有资本控股公司。国有企业具有以下法律特征：

第一，企业中的国有资产属于国家所有即全民所有。根据我国《宪法》《物权法》《企业国有资产法》的相关规定，生产资料的社会主义公有制是我国社会主义经济制度的基础，国有经济是社会主义全民所有制经济，国有企业中的国家出资以及法律规定属于国家所有的一切财产归国家所有即全民所有，由国务院代表国家行使所有权。财产权归属的特殊性，是国有企业区别于其他所有制形式企业的根本点。

第二，国有企业的经营管理实行所有权和经营权分离的原则。根据社会主义市场经济发展的要求，我国现行法律规定，国有企业的经营管理实行"两权分离"的原则：企业中国有资产的所有权属于国家，由国务院代表国家行使国有资产所有权，国务院和地方人民政府依照法律、行政法规的规定，分别代表国家对国有企业履行出资人职责，享有出资人的权益，具体而言，国务院和地方人民政府设立国有资产监督管理机构，根据本级人民政府的授权，代表本级人民政府对企业履行出资人职责。企业对国家授予其经营管理的财产依照法律、行政法规以及企业章程享有占有、使用、收益和处分的权利。

第三，国有企业具有法人资格。在"两权分离"的原则下，无论采用何种形式，国有企业均依法享有经营权，并承担相应的义务，在此基础上，企业依法取得法人资格，以国家授予其经营管理的财产承担民事责任。因此，国有企业是自主经营、自负盈亏、独立核算的具有法定权利能力和行为能力的企业法人。

（2）集体所有制企业。集体所有制企业是企业财产归劳动群众集体所有，企业由劳动群众民主管理，实行集体积累、按劳分配、适当分红的企业法人。同国有企业一样，集体所有制企业是独立从事生产经营活动的单位，是以营利为目的的经济实体。但与国有企业不同，集体所有制企业的财产不属于全民所有，而是由一个集体经济组织范围内的劳动群众集体所有。这就决定了集体所有制企业在财产权归属、经营管理、分配等方面具有不同于国有企业的特点。

根据现行法律、法规的规定，集体所有制企业划分为城镇集体所有制企业和乡村集体所有制企业。城镇集体所有制企业是指财产属于城镇劳动群众集体所有，实行共同劳动，分配方式上以按劳分配为主体的经济组织。乡村集体所有制企业是乡（含镇）、村（含村民小组）农民集体举办的，财产属于乡村农民集体所有的经济组织。

（3）私营企业。根据我国相关法律法规的规定，私营企业是其全部财产均来源于私人的营利性经济组织，私营企业依法可以采取独资企业、合伙企业和有限责任公司等组织形式。

2. 以投资人对企业的财产责任标准，企业可分为独资企业、合伙企业和法人企业。

（1）独资企业是由一人出资经营并对企业的债务承担无限责任的企业。在我国，此种意义上的独资企业按照《私营企业暂行条例》或《个人独资企业法》设立和经营。[1]

（2）合伙企业是由两个以上的投资者协议出资、至少有一名投资者对企业的债务承担无限责任的企业。在我国，2006年8月27日修订的《合伙企业法》规定的合伙企业，是指自然人、法人和其他组织依照该法在中国境内设立的普通合伙企业和有限合伙企业；普通合伙企业由普通合伙人组成，合伙人对合伙企业债务承担无限连带责任；有限合伙企业由普通合伙人和有限合伙人组成，普通合伙人对合伙企业债务承担无限连带责任，有限合伙人以其认缴的出资额为限对合伙企业债务承担责任。

（3）法人企业是依法设立的具有法人资格的企业。在我国，法人企业的投资者仅以出资额为限对企业负责，企业则以其全部资产对其债务承担清偿责任。

3. 依联合经营的规模和组织方式的不同，企业可分为一般联营企业和企业集团。这是对联营企业这种特殊的企业形态所作的划分。

（1）一般联营企业是指企业之间、企业与其他组织之间依法在自愿、平等、互利的基础上建立起来的经济组织。联营企业包括两种形式：①法人型联营企业。按照规定，企业之间或者企业、事业单位之间联营，组成新的经济实体，独立承担民事责任，具备法人条件，经主管机关核准登记，取得法人资格。②合伙型联营企业。按照规定，企业之间或者企业、事业单位之间联营，共同经营、不具备法人条件的，为合伙型联营企业。

（2）企业集团是指由若干独立企业根据生产经营需要而组建的具有多层次组织结构的经济联合组织。企业集团具有下列主要法律特征：

第一，企业集团具有联合性。由多个具有独立法人地位的企业或单位，根据生产经营的需要进行联合经营，是企业集团产生的原因。因此，联合性是企业集团的特征，也是其与联营企业的共同点。

第二，企业集团的组织形式具有多层次性。根据我国的立法和实践，企业集团是一种具有多层次组织结构的经济组织。由于各集团成员与集团的关系在密切程度上有所不同，因而企业集团一般由紧密联合的核心层、半紧密联合层以及松散联合层组成，这必然形成企业集团组织形式的多层次性。企业集团的成员是自主经营、独立核算、自负盈亏、照章纳税、能够独立承担经济责任、具有法人资格的经济实体。集团成员之间，尤其是集团核心层与其他成员的连接方式具有多样性，可以是股权连接，也可以是合同连接。企业集团本身不具备法人资格。

4. 依企业是否具有涉外因素，企业可划分为涉外企业和非涉外企业。

（1）涉外企业即外商投资企业，是指外国人（自然人或者法人）依照中华人民共和国法律，在中国境内以私人直接投资方式参与设立或者独立设立的企业。包括中外合资经营企业、中外合作经营企业和外资企业。外商投资企业具有以下三个法律特征：

---

[1]　在国外，独资企业一般指私人独资企业，即一个自然人单独投资，并对企业债务负无限责任的经济组织。在我国，独资企业的构成较为复杂，国内自然人（公民）依《私营企业暂行条例》或《个人独资企业法》单独出资设立的企业，是通常意义上的独资企业。此种独资企业的投资者须对企业的债务负无限责任，因而不具有法人资格。除此之外，外商（外国的自然人、法人或其他经济组织）可在我国设立独资企业，此种独资企业可采取法人形态（《外资企业法》限定为有限责任公司）和非法人形态；国家可依《公司法》设立国有独资公司，一个自然人或者一个法人可以单独出资设立一人有限责任公司，国有独资公司和一人有限责任公司为特殊的有限责任公司，具有法人资格；企事业单位也可依法设立独资企业，这类独资企业可采取法人型或非法人型。此处的独资企业，系指通常意义上的独资企业，而不包括外商独资企业、国有独资公司、一人有限责任公司以及企事业单位设立的独资企业。

第一，外商投资企业是外国人参与或独立设立的企业。外国人是指外国企业、其他经济组织或个人。外国人"参与"设立的企业，指外国人与中国人共同设立的企业，包括中外合资经营企业和中外合作经营企业。外国人"独立"设立的企业，指企业的全部资本都由外国人提供而设立的企业，即外资企业。

第二，外商投资企业是依照中华人民共和国法律，在中国境内设立的具有中国国籍的企业。根据中国法律的规定，外商投资企业经中国审批机构批准，在中国境内设立，并由中华人民共和国工商行政管理部门发给营业执照。这说明外商投资企业是中国企业，具有中国国籍，受中国法律的管辖和保护。这一特点，使外商投资企业区别于外国企业在我国境内设立的分支机构。

第三，外商投资企业是外国人以私人直接投资方式设立的。根据这一特征，凡利用外国政府或国际经济组织的贷款，亦即通过间接投资方式兴办的企业，不属于外商投资企业范畴。只有外国人作为企业的设立人参与或独立设立的企业，即外国人以兴办企业这种直接投资方式设立的企业，才属于外商投资企业范畴。

（2）非涉外企业，即通常所谓的内资企业，是指全部资本均来源于境内投资者的企业。

5. 股份合作企业。股份合作企业是一种特殊形态的企业，它是借鉴股份制和合作制的做法实行劳动合作与资本合作相结合的企业法律形态。股份合作企业具有以下基本法律特征：

（1）企业资产由兴办该企业的全体成员的出资构成。根据现行法规的规定，股份合作制企业遵循全员入股、股权平等、同股同利、利益共享、风险共担的原则。企业成员以其所认购的股份对企业承担有限责任，企业以其全部资产独立承担民事责任。从这一点可以看出，股份合作制企业具有资本合作的性质。

（2）股份合作企业具有法人资格。股份合作企业实行独立核算。自主经营、自负盈亏、自担风险，依法取得法人资格，以其全部财产独立承担民事责任。

（3）股份合作企业实行民主管理。根据现行法规的规定，股份合作企业依法可以实行股东大会和职工大会合一的制度，股东（职工）大会是企业的最高权力机构，股份合作企业可以设董事会作为企业的经营决策机构，向股东（职工）大会负责。股份合作企业还可以设监事会作为企业活动的监督机构。

（4）股份合作企业实行按劳分配与按股分红相结合的分配方式。股份合作企业坚持按劳分配的原则，实行税后利润按股分红和劳动分红相结合的分配办法。这体现了这类企业所独有的劳动合作与资本合作的特征。

■ 思考题

1. 试述企业形态法定化的原因和实质。
2. 试述企业的经济形态与企业的法律形态之间的关系。
3. 评我国企业法律形态。

■ 参考书目

1. 赵旭东：《企业法律形态论》，中国方正出版社1996年版。
2. 江平主编：《法人制度论》，中国政法大学出版社1994年版。

第八章　市场准入法律制度

■学习目的和要求

在现代社会，市场已不是简单的日常消费品和生产资料市场，而是由产品市场和要素市场构成的复杂体系，人们进入特定的市场，特别是关系国计民生或社会公众利益的市场，都必须具备相应的资质条件。市场准入法律制度的主要目的，在于塑造适格的市场主体，维护公共利益，为有效的市场监管创造条件，并贯彻国家的产业政策。学习本章，应把握审批许可、工商登记等市场准入制度的基本含义和具体内容；并在此基础上领会市场准入制度的功能及其在经济法体系中的地位。

第一节　市场准入法律制度概述

一、市场准入制度及其利弊

市场准入制度，是有关国家和政府准许自然人、法人和其他组织进入市场，从事商品生产经营活动的条件和程序的各种制度和规范的总称。

市场准入制度是国家对市场进行干预的基本制度，它作为政府管理的第一环节，既是政府管理市场的起点，又是市场监管有效实施的基础。实行市场准入制度是现代市场经济国家通行的实践。这主要基于以下几个方面的基本考虑：①市场主体从事商品生产经营活动，不仅关涉其自身利益，也可能影响其他人利益和社会公共利益。不具备经营某种商品和服务基本条件的企业，在进入市场后，便可能对消费者利益和正常的市场秩序带来更多的危害。特别对是涉及国家安全、公共安全、生态环境等重要公共利益的市场活动，如果对人们进入市场从事这类活动不进行严格限制，便可能造成巨大的社会危害。②从事市场经济活动，涉及各种资源的开发和利用，资源的稀缺性决定，在很多情形，它不能同时满足所有人的需要，为了更有效地开发、利用资源，就需要引入竞争机制对资源（特别是重要且高度稀缺的资源）的开发、利用者进行筛选，通过筛选，选择最能有效利用者进入市场，这将有利于在整体上提高一国资源的利用效率，使经济活动更好地满足人们日益增长的物质文化生活需求。③人们进入市场从事经济活动往往是根据市场发出的信号按照利益最大化原则来进行选择的，而市场的盲目性决定市场主体的选择同样可能是盲目的。因此，听凭市场主体的自发选择，可能导致供求总量（如重复投资、产能过剩）和经济结构的严重失衡，造成资源的巨大浪费。通过市场准入制度，从源头上对进入市场从事某种活动的经营者进行量的控制，可以有效地防止总量和结构的失衡。④市场准入作为国家对具体市场主体进行管理的开端，准入市场过程所进行的某些工作也是政府及其管理部门对该市场主体进行后续管理的条件。例如，通过工商登记制度，政府有关管理部门从一开始就可以掌握进入市场的企业的基本情况，如果没有工商登记制度，不了解进入市场的企业的名称、地址、性质、注册资本、投资者、法定代表人等基本情况，针对某一具体市场主体的其他管理活动便不可能有效地开展。⑤各国经济发展水平的差异决定着各国在发展对外经济贸易活动过程中有着不同的政策考虑。外国资本进入本国市场既可以给本国带来一定的利益，也可能给本国政治、经济和社会带来重大的消极影响。为维护国家主权和本国经济利益，对于从事商品和服务经营的外国经营者也需要设立必要的"门槛"，以确保进入中国的外国商品和服务能够真正满足本国消费者和用户的需要，并对本国国内经济发展不会造成巨大的冲击。

市场准入制度是现代市场经济所要求的基础而重要的经济法律制度。但市场准入制度是市场主体进入市场的第一道"门槛"，如果要求过高，或不公平合理，对于自然人或法人进入市场必将会形成巨大的障碍，对市场的正常发育和竞争机制的形成也会造成消极的影响。这是因为，市场准入制度的运行可能带来以下严重的后果：①限制市场规模，严重阻碍市场的发展。市场准入本质上是政府权力干预市场的一种形式，过高的市场准入要求，可能将使大量的潜在经营者被排斥在市场之外，这必然导致市场规模的萎缩，市场配置资源的能力受限，市场结构性垄断的概率增加，使市场不能按照经济规律获得充分的发展。②加大进入市场的成本，降低经济活动的效率。准入制度通常都对要求进入市场的潜在经营者提出了各种条件，并要求其按照规定的程序准备各种申请材料，履行各种准入手续，同时，也需要动用公共资源完成各种甄别、选择的活动，而所有这些工作都是需要成本的，而且，这种成本不仅仅是相关单位和个人的私人成本，也是一种社会成本。因此，过于严格和繁琐的市场准入条件和程序要求，必然会影响经济整体的运行效率。③限制市场主体从事经济活动的机会，影响民生。过于严格的市场准入可能使大量的社会成员丧失通过从事某种市场经营活动而谋生的机会，并因此而限制大量的劳动者获得充分就业的机会，因此，过高的市场准入要求难免不对民生产生负面的影响。④影响资源合理配置，妨碍社会公正。不合理的准入制度可能导致一部分特殊市场主体垄断某些重要的社会资源和经济领域，获取超额垄断利益，由此可能加剧社会分配不公，同时，也可能给政府部门及其工作人员创造更多的寻租机会，滋生更多的腐败现象。

总之，市场准入制度是一把双刃剑，一方面，它是现代市场经济的基本要求，是国家对社会经济进行干预的基本形式之一，是各国经济法律制度中不可或缺的重要组成部分；但另一方面，它又可能影响市场经济的发展，并带来一系列的经济社会问题。因此，对市场准入机制，必须适度而慎重地运用。

二、市场准入制度体系的基本构成

市场准入制度是一个多层次的制度体系。根据市场类别的不同，市场准入制度体系主要由以下三个层面的制度构成：

1. 一般市场准入制度。这是市场经营主体进入市场、从事市场经营活动都必须遵守的一般条件和程序规则。一般市场准入制度是国家对每一个人和组织进入市场、成为合法的市场经营主体而设立的、具有普遍适用效力的市场准入制度。例如，工商登记制度就属于一般市场准入制度。任何个人和组织要成为合法的市场主体，都必须具备一般市场主体准入制度规定的基本条件，履行其规定的程序手续，否则，便不能成为合法的市场经营主体。

2. 特殊市场准入制度。这是规定市场经营主体进入特殊市场从事经营活动所必须具备的条件和程序规则的制度。特殊的市场经营活动对于经营者必然有特殊的要求，只有具备了这些特殊市场准入制度所要求的特殊条件，并且履行了它所规定的特殊程序，取得进入这一市场进行经营活动的资格，才能在特殊的市场领域进行经营活动。例如，从事药品生产的企业，必须具备生产某种药品所应当具备的物质技术条件，同时，按照国家有关规定取得生产许可证，才能从事该药品的生产。

3. 涉外市场准入制度。一国对外国资本进入国内市场而规定的各种条件和程序规则，以及一国对本国资本进入国际市场而规定的各种条件和程序规则，形成涉外市场准入制度。

市场主体准入制度是一个有机的整体，不同类型的市场准入制度具有不同的适用对象和适用范围，但是，其基本的目的是一致的。本章将根据现行法律的有关规定对审批许可制度、工商登记制度进行介绍，涉外市场准入的有关问题将在以上两种制度中穿插介绍。

三、我国近年的市场准入制度改革

2013 年 11 月 12 日，中共十八届三中全会通过了《中共中央关于全面深化改革若干重大问题的决定》（以下简称《十八届三中全会决定》），其中指出：要让市场在资源配置中发挥决定性的作用，更好地发挥政府的作用，"建立公平开放透明的市场规则。实行统一的市场准入制度，在制定负面清单基础上，各类市场主体可依法平等进入清单之外领域。探索对外商投资实行准入前国民待遇加负面清单的管理模式。推进工商注册制度便利化，削减资质认定项目，由先证后照改为先照后证，把注册资本实缴登记制逐步改为认缴登记制。推进国内贸易流通体制改革，建设法治化营商环境"。《十八届三中全会决定》确立了我国市场准入制度改革的基本目标和方法，为市场准入制度改革指明了方向。《十八届三中全会决定》的发布，开启了我国市场准入制度新一轮改革的序幕。新的市场准入制度改革以建立公平、开放、透明和统一的市场准入制度为目标，大幅降低市场准入门槛，变资本实缴登记制为资本认缴登记制，在工商登记环节推行注册资本实缴登记制向认缴登记制转化，在审批许可制度方面推行市场准入负面清单制度，在处理工商登记与审批许可关系方面推行"先照后证"制度。

（一）降低市场准入门槛，取消、调整一大批审批许可项目

2014 年 7 月 22 日，国务院发布《关于取消和调整一批行政审批项目等事项的决定》，取消和下放了 45 项行政审批项目，并取消了 11 项职业资格许可和认定事项；同年 10 月，国务院再次发布决定，取消和下放了 58 项行政审批项目，取消了 67 项职业资格许可和认定事项，取消了 19 项评比达标表彰项目；2015 年 2 月，国务院通过决定，取消和下放了 94 项管理层级的行政审批项目，同时取消了 67 项职业资格许可和认定事项，10 项评比达标表彰项目；2015 年 10 月 11 日，国务院发布《关于第一批取消 62 项中央指定地方实施行政审批事项的决定》，取消了 62 项中央指定地方实施的行政审批事项。此外，国务院各部门及省级人民政府，也根据各部门和各地区的情况，取消、调整了各自设立的大量审批许可。

（二）从注册资本实缴登记转向认缴登记

所谓注册资本实缴登记，就是要求公司的注册资本必须由股东（发起人）按规定期限实缴到位，并经依法设立的验资机构出具验资证明文件后方可向登记机关申请登记。注册资本认缴登记，是指登记机关只登记公司股东（发起人）认缴的出资总额（注册资本），股东（发起人）实际缴纳的出资额（实收资本）由公司股东自主约定并记载于公司章程。2014 年 2 月 7 日国务院发布的《关于印发注册资本登记制度改革方案的通知》对注册资本登记制度改革作出了全面的规定，据此，除特殊情况外，公司注册资本登记全面改实缴登记制为认缴登记制。公司股东认缴的出资总额或者发起人认购的股本总额（即公司注册资本）应当在工商行政管理机关登记。公司股东（发起人）应当对其认缴出资额、出资方式、出资期限等自主约定，并记载于公司章程。有限责任公司的股东以其认缴的出资额为限对公司承担责任，股份有限公司的股东以其认购的股份为限对公司承担责任。公司股东（发起人）对缴纳出资情况的真实性、合法性负责。不再要求公司股东（发起人）缴足出资的期限，公司实收资本不再作为工商登记事项，公司登记时，无需提交验资报告。注册资本登记从实缴登记到认缴登记的改革，大大降低了市场主体进入市场的门槛，减少了登记成本，对提高投资创业的积极性，推动经济的发展，都具有重要的意义。

（三）推行市场准入负面清单制度

所谓市场准入负面清单制度，就是由国家以清单方式明确列出禁止和限制投资经营的行业、领域、业务等，负面清单以外的行业、领域、业务，各类市场主体皆可依法平等进入的制度安排。市场准入负面清单（Negative List）制度最初由美国在20世纪80年代在双边投资条约中使用，以后逐步为各国所采纳，目前世界上有70多个国家采用了这种制度。[1]我国市场准入制度改革将负面清单制度作为基本的改革方向，不仅符合市场经济发展的要求，也顺应了国际发展的大趋势。

2014年6月，国务院发布《关于促进市场公平竞争维护市场正常秩序的若干意见》，发出了在全国实行统一的市场准入负面清单制度的信号，提出了2018年我国将正式实行全国统一的市场准入负面清单制度的改革时间表。为全面部署市场准入负面清单制度改革，2015年9月15日中共中央深改组审议通过了《关于实行市场准入负面清单制度的意见》，对我国市场准入负面清单制度改革作出了具体的安排。按照上述意见的精神，市场准入负面清单包括禁止准入类和限制准入类：对禁止准入事项，市场主体不得进入，行政机关不予审批、核准，不得办理有关手续；对限制准入事项，或由市场主体提出申请，行政机关依法依规作出是否予以准入的决定，或由市场主体依照政府规定的准入条件和准入方式合规进入。市场准入负面清单由国务院统一制定发布，地方政府需进行调整的，由省级人民政府报经国务院批准。未经国务院授权，各地区各部门不得自行发布市场准入负面清单，不得擅自增减市场准入负面清单条目。"意见"还确定了"先行先试、逐步推开"的原则，从2015年至2017年，在部分地区试行市场准入负面清单制度，积累经验、逐步完善，然后在全国全面推行。

2015年4月8日，国务院办公厅发布《关于印发自由贸易试验区外商投资准入特别管理措施（负面清单）的通知》，负面清单根据《国民经济行业分类》列出了15个门类、50个条目、122项特别管理措施。负面清单列明的不符合国民待遇等原则的外商投资准入特别管理措施，适用于上海、广东、天津、福建四个自由贸易试验区。本"通知"的发布，标志着市场准入负面清单制度在目前四个自由贸易试验区已全面推行。随着经济体制改革的进一步深入，以负面清单为标志的市场准入制度必将在我国得到全面的推行。

负面清单管理模式的推出，大大降低了市场准入门槛，为市场主体便利地进入市场创造了良好的制度环境。实行市场准入负面清单制度后，准入审批这种事前把关的工作将大大简化，政府职能将从注重事前审批转变为加强事中、事后监管，这就要求建立和完善综合市场监管体系，进一步强化进入后的市场环节的监管。

（四）从"先证后照"到"先照后证"

所谓"先证后照"，就是对从事前置许可经营项目的市场主体，要求其先到许可审批部门办理有关许可证明文件，在获得批准后，凭许可证或批文再到工商部门申请办理营业执照。与此相反，"先照后证"，即从事后置许可经营项目的市场主体，先向工商部门申请办理营业执照，再到许可审批部门办理许可审批手续。工商登记作为一般市场主体进入市场必须履行的程序，是对所有市场主体的要求，由于对大部分经济活动而言，市场主体并不需要获得许可便可进行，因此，实行"先照后证"并不妨碍市场主体根据需要在获得许可后从事特殊经济活动的机会，同时，又可使其可以更早地以市场主体的身份开展一般的经营活动。而实行"先证后照"则可能因市场主体长期不能获得从事某种特殊的业务的许可而影响其本打算进行的一

---

[1]　封骁："负面清单管理的难点与对策"，载《现代商业》2014年第27期。

般业务。但是，对于某些特殊的项目（如设立证券公司）而言，由于设立企业的目的就是从事某种特别的经济活动，"先照后证"可能会导致企业设立后因不能获得许可而长期无法开展此活动，造成巨大的资源浪费，因此，"先证后照"在某些情形下仍有一定的必要性。

2014 年以来，国务院分三批审议决定将一些工商登记前置审批事项调整或明确为后置审批，调整前置审批为后置审批的项目共达 134 项。为落实国务院决定的精神，2015 年 5 月 11 日国家工商总局发布《关于严格落实先照后证改革严格执行工商登记前置审批事项的通知》，要求将法律、行政法规和国务院决定规定的改为登记后置审批的事项，一律改为"先照后证"。在办理工商登记时，不再要求申请人提交相关审批部门的许可文件、证件。若申请人获得营业执照后，取得了从事某项特殊经济活动许可证或批文，则由其申请办理变更登记。

从"先证后照"到"先照后证"，理顺了工商登记与审批许可的关系，对提高人们投资创业的积极性、降低市场准入成本、提高工商登记的效率、促进经济发展，产生了良好的效果。

市场准入制度改革降低了进入市场的门槛，简化了进入市场的程序，对进一步发展市场经济、确保市场在资源配置中发挥决定性的作用具有重要的意义。但准入门槛的降低，并不意味着听任市场无序发展。因此，在推进准入制度改革、降低准入条件的同时，必须强化市场监管，只有这样，我国社会主义市场经济才能高效、有序、健康地发展。

第二节　工商登记制度

一、工商登记的定义和性质

工商登记是政府在对申请者进入市场的条件进行审查的基础上，通过注册登记，确认申请者从事市场经营活动资格，使其获得实际营业权的各项活动的总称。

工商登记首先是政府的一种认可行为。在实行准则主义的立法体系中，法律承认公民自己或组织经济实体从事生产经营活动的权利，但在成为真正的市场主体之前，这一权利仅仅抽象地存在，法律规定了作为市场主体应当具备的条件，当申请人认为自己具备这些条件时，就可以要求国家对其市场主体的资格进行认可。这一性质决定，公民自己或组织经济实体从事生产经营活动作为一种客观的权利在工商登记发生之前就已经存在，并不是经过登记而产生的。工商登记不过是国家对公民或组织的市场经营主体资格予以认可的行为，通过工商登记，这种客观的、抽象的权利转化为主观的、具体的权利。因此，只要符合工商登记的条件，登记机关就应当进行登记。

从另一方面来看，工商登记又是一切主体合法从事市场经营活动的必经程序，只有履行了工商登记手续，取得营业执照，才能取得实际的营业权，成为合法的市场经营主体，进入市场，从事法律范围内的生产经营活动。未经登记取得营业执照而擅自以市场经营主体的名义从事生产经营活动，将构成非法经营。

二、工商登记制度的基本功能

尽管各国市场准入制度存在重大的差异，但是，个人或组织在进入市场从事营业活动前应到国家有关部门进行注册登记则是各国普遍实行的一种制度。工商登记制度之所以必要，是因为这一制度具有以下基本的功能：

1. 规范市场主体，使市场主体普遍具备从事市场经营活动的基本能力和条件。通过登记制度，确保每一市场主体进入市场时，都具备作为市场主体的基本条件，从而为稳定市场秩序、保证市场功能的充分发挥奠定基础。

2. 掌握市场主体的基本情况，保证国家对市场经营活动进行有效的管理与监督。国家要对市场主体进行有效的管理与监督，必须掌握市场主体的基本情况，如果没有市场主体登记等市场准入制度，国家便不可能全面了解市场主体，更谈不上有效地管理和监督市场主体合法经营。

3. 公开市场主体的基本信息，保护消费者和其他市场经营主体的利益。通过登记等市场准入制度，将市场主体的基本情况告知公众，让消费者和其他经营者在与其进行交易时，对交易对象有一个基本的了解，这不仅有利于消费者和其他经营者更好地作出交易判断，也有利于他们在权利受到侵害时及时获得救济。

三、工商登记的基本类型

（一）企业法人登记

企业法人登记是指具备法人条件的企业为获得企业法人资格而进行的登记。根据《企业法人登记管理条例》的规定，全民所有制企业、集体所有制企业、联营企业、外商投资企业、私营企业，依法需要办理企业法人登记的其他企业，具备法人条件的，都可以申请企业法人登记。经登记，获得《企业法人营业执照》，便可以以法人名义从事各种经济活动。依法需要办理企业法人登记而未经登记主管机关核准登记的，不得从事经营活动。

事业单位、科技性的社会团体设立具备法人条件的企业，实行企业化经营的科技性社会团体，具备企业法人登记条件的，也可以申请企业法人登记。

公司是企业法人的一种类型，根据《公司登记管理条例》的规定，有限责任公司和股份有限公司设立、变更、终止，应当办理公司登记。经登记后，发给《企业法人营业执照》。

企业法人登记产生双重的法律效果：一方面，经登记后，企业的法人资格获得法律的认可，可以以法人名义享受权利、承担义务；另一方面，登记使企业同时取得经营资格，企业可以合法地从事各种生产经营活动。

（二）非法人企业和分支机构的营业登记

不具备法人条件的经济组织和分支机构，不能申请企业法人登记，但是，可以申请非法人企业或分支机构登记，此项登记本质上属于营业登记，它不能使登记的经济组织获得法人资格，但是，可以使其获得营业资格，经登记取得《非法人企业营业执照》或《分支机构营业执照》，在登记的范围内从事市场经营活动。根据《企业法人登记管理条例施行细则》的规定，不具备法人条件的联营企业、企业法人的分支机构、外商投资企业设立的分支机构以及其他从事经营活动的单位，应当申请营业登记。未办理登记的，不得在中国境内从事经营活动。

（三）个体工商户营业登记

有经营能力的公民个人从事工商经营活动的，可以申请个体工商户营业登记。经审核批准后，发给《个体工商户营业执照》，取得经营资格，可以合法地从事工商业生产经营活动。

四、工商登记的一般条件

（一）企业法人登记的条件

企业法人登记既是企业获得营业权的程序，又是确认其法人资格的程序。目前，我国企业法人登记有两种类型：一为一般的企业法人登记，适用《企业法人登记管理条例》的规定；二为公司登记，适用《公司登记管理条例》的规定。

1. 一般企业法人登记的条件。一般企业法人登记，适用于全民所有制企业、集体所有制企业、联营企业，在中华人民共和国境内设立的外商投资企业、私营企业以及依法需要办理企业法人登记的其他企业，但《公司登记管理条例》规定，依照公司法规定设立的有限责任公司和股份有限公司以及依照外商投资企业法设立的公司，按照该条例的规定进行。根据《企业法人登记管理条例》的规定，一般企业要获得企业法人营业执照，应具备以下条件：

（1）有自己的名称、组织机构和章程。一般情况下，企业名称应由字号（商号）、所属行业（或经营特点）、组织形式等部分组成，同时应冠以所在地行政区划名称。根据国务院的有关规定，除国务院决定设立的全国性公司、国家级大型进出口企业和企业集团及其他全国性企业以外，其他新设立的公司一律不得在名称中冠以"中国""中华""国际"等字样；企业的具体名称不得含有下列内容和文字：有损于国家、社会公共利益的；可能对公众造成欺骗或误解的；外国国家（地区）名称、国际组织名称；政党名称、党政机关名称、群众组织名称、社会团体名称及部队番号；汉语拼音字母（外文名称中使用的除外）、数字；其他法律、法规禁止使用的内容。

企业法人的组织机构通常包括企业法人的代表机构、经营决策机构、监督机构、民主管理机构等。企业法人的组织机构的设置应当符合有关法律、法规的规定。

企业章程是企业法人活动的准则。章程一般包括企业法人的名称、设立依据、宗旨、经营范围、注册资本、组织机构、法定代表人等内容。章程也是企业对外表明自己的经营宗旨和基本情况的法律文件，章程经批准公告后，产生公示效力，是其他市场主体了解该企业情况、进行经济往来的重要信息来源，也是有关部门对企业进行管理和监督的重要依据。企业法人的章程必须规定明确合法的设立宗旨，依法应当具备的条款要齐备，章程的形成必须符合法律规定的程序。企业宗旨违法、必须规定的条款不全或章程的形成不符合法定程序，都可能导致该企业不能获得登记。

（2）有固定的经营场所和必要的设施。经营场所是企业进行生产经营活动场所，如生产性企业的车间、厂房、库房和商业性企业的店堂、门市部等。经营场所是企业从事生产经营活动的基本条件，申请企业法人登记的企业必须具备与其所从事的生产经营活动相适应的经营场所。企业经营场所应当是固定的或相对固定的场所，变更企业经营场所的，应当办理变更登记手续。没有经营场所或没有固定经营场所的"皮包公司"不能获得企业法人登记。

必要的设施是指企业从事章程规定范围内的生产经营活动所必需的机器设备和其他物质条件。企业生产经营设施可以在市场经营过程中不断添置、更新，因此，法律要求企业在进行设立登记时，仅具备必要的设施即可。至于必要设施的范围，根据企业拟从事的生产经营活动进行判断。

（3）有符合国家规定并与其生产经营和服务规模相适应的资金数额和从业人员。必要的资金既是企业正常地从事生产经营活动的基本条件，又是其承担各种义务和责任的物质保障。因此，适当金额的资金也是企业进入市场应当具备的基本条件。

从业人员是企业进行经营活动的另一基本要素，从业人员的数量和素质，应符合法律规定，没有规定的，应当与企业经营规模相适应。例如，《药品管理法》规定，具有依法经过资格认证的药学技术人员、工程技术人员及相应的技术工人。

（4）能够独立承担民事责任。法人作为独立的市场经营主体，与其他组织在市场经营活动中的基本差别之一就是其有独立的法律人格，能够独立承担民事责任。因此，能够独立承担民事责任也是企业法人登记的基本要求。法人能否独立承担民事责任，应当从多方面综合进行考察。其中，最关键的是该申请登记的法人对其经营管理的财产是否有独立的财产权。国有企业法人应当对企业经营管理的财产享有经营权，集体企业、私营企业和外商投资企业以及其他类型的企业应当享有所有权或处分权。此外，在经营管理过程中，企业还应当能够独立以自己的名义享受权利、承担义务，并实行独立核算，自负盈亏。

（5）有符合国家法律、法规和政策规定的经营范围。经营范围是企业设立后所从事的生产经营活动的范围。企业从事的生产经营活动必须符合国家法律、法规的规定，不得为法律、法规所禁止，不得违反社会公共利益。

2. 公司登记的条件。公司作为企业形态的一种类型，在产权关系、组织机构、责任承担等方面与一般企业有很多不同的地方。在公司登记条件上，法律也作了特别的规定。在我国，关于公司登记的条件的规定主要见《公司法》和《公司登记管理条例》。公司登记后，发给《企业法人营业执照》。

按照法律规定，公司登记的对象是有限责任公司、股份有限公司以及依照外商投资企业法设立的公司，其条件也分别由公司法和外商投资企业法作出规定。根据《公司法》规定，设立有限责任公司，应当符合以下条件：①股东符合法定人数，即 50 人以下；②有符合公司章程规定的全体股东认缴的出资额；③股东共同制定公司章程；④有公司名称，建立符合有限责任公司要求的组织机构；⑤有公司住所。设立股份有限公司应当符合以下条件：①发起人符合法定人数，即应当有 2 人以上 200 人以下的发起人，其中须有半数以上的发起人在中国境内有住所；②有符合公司章程规定的全体发起人认购的股本总额或者募集的实收股本总额；③股份发行、筹办事项符合法律规定；④发起人制订公司章程，采用募集方式设立的，其章程需经创立大会通过；⑤有公司名称，建立符合股份有限公司要求的组织机构；⑥有公司住所。根据《公司登记管理条例》附则第 82 条的规定，外商投资的公司的登记适用本条例，有关外商投资企业的法律对其登记另有规定的，适用其规定。具体请参见《中外合资企业法》《中外合作企业法》《外资企业法》的相关规定。

（二）非法人企业、分支机构及个体工商户登记的条件

非法人企业和分支机构以及个体工商户的营业登记的条件，通常包括：①进行营业登记的企业或其他经济组织必须属于法律规定的范围；②申请营业登记应当经其所隶属的企业法人或总公司或其他上级单位的批准，并由上级单位法定代表人或负责人签署登记申请书；③应当有自己的名称和营业场所；④有合法的经营范围；⑤有明确的负责人。

根据国务院发布的《个体工商户条例》和国家工商行政管理总局发布的《个体工商户登记管理办法》的规定，申请个体工商户登记一般应当具备如下条件：①申请人是中国公民。香港特别行政区、澳门特别行政区永久性居民中的中国公民，我国台湾地区居民可以按照国家有关规定，申请登记为个体工商户。②有经营能力。有经营能力一般指 16 岁以上的智力健全的人（包括残疾人）。但公务人员以及现役军人，一般不能申请作为个体工商户。③以个人或家庭名义从事工商业经营。如采用企业形式进行经营活动，则应作为私营企业申请登记。④申请登记的经营范围不属于法律、行政法规禁止进入的行业。

五、登记机关

工商登记的登记机关是工商行政管理部门。根据申请登记的市场主体的类别、规模、隶属关系的不同，登记分别由不同级别的工商行政管理部门进行。其中，经国务院或国务院授权部门批准的全国性企业、企业集团、经营进出口业务的企业，由国家工商行政管理部门登记注册。中外合资经营企业、中外合作经营企业、外资企业由国家工商行政管理局或国家工商行政管理局授权的地方工商行政管理局核准登记注册。全国性企业的子企业、经省级人民政府或其授权的部门批准设立的企业、企业集团、有进出口业务的企业，由省、自治区、直辖市工商行政管理部门核准登记注册。其他企业由所在市、县（区）工商行政管理局核准登记注册。

公司登记的登记机关也是各级工商行政管理部门，其中，国家工商行政管理局负责登记的公司包括：国务院国有资产监督管理机构履行出资人职责的公司，以及由该公司投资设立并持有 50% 以上股份的公司；外商投资的公司；依照法律、行政法规或者国务院决定的规定，应当由国家工商行政管理总局登记的公司；国家工商行政管理总局规定应当由其登记的其他

公司。

省级工商行政管理局负责辖区内下列公司的登记：省级人民政府国有资产监督管理机构履行出资人职责的公司，以及由该公司投资设立并持有50%以上股份的公司；省级工商行政管理局规定由其登记的自然人投资设立的公司；依照法律、行政法规或者国务院决定，应当由其登记的公司；国家工商行政管理总局授权其登记的其他公司。

设区的市（地区）、县、直辖市分局、设区的市的区分局，负责辖区内下列公司的登记：前述由国家和省级登记以外的其他公司；国家和省级工商部门授权登记的公司。具体登记管辖由省级工商部门规定，但其中的股份有限公司则应由设区的市（地区）工商部门负责登记。

除法律规范另有规定外，非法人组织和个体工商户的营业登记事项一般由其所在市、县、区工商行政管理局负责进行。

六、登记事项

工商登记的登记事项根据登记的种类不同而有差别。一般企业法人登记的登记事项包括：企业法人的名称、住所、经营场所、法定代表人、经济性质、经营范围、经营方式、注册资金、从业人数、经营期限、分支机构等。公司登记的登记事项包括：公司名称、住所、法定代表人、注册资本、公司类型、经营范围、营业期限、有限责任公司股东或股份有限公司发起人的姓名和名称。

企业法人和公司登记，只准使用一个名称，该名称经核准登记注册后在规定的范围内享有专用权。申请设立外商投资企业应在合同、章程审批之前，向登记主管机关申请企业名称登记。核准登记注册的法定代表人是代表企业行使职权的签字人，其签字应当向登记主管机关备案。注册资金是国家授予企业法人经营管理的财产或者企业法人自有财产的数额体现。办理开业登记，申请注册的资金数额与实有资金不一致的，按照国家专项规定办理。企业法人的经营范围应当与其资金、场地、设备、从业人员以及技术力量相适应，按照国家有关规定，可以一业为主、兼营他业。企业法人应当在核准登记注册的经营范围内从事经营活动。

非法人组织的登记事项一般包括：组织名称、营业场所、负责人和经营范围等。个体工商户的登记事项包括：姓名、住所、经营场所、从业人数、注册资金、经营范围、经营方式等。

登记事项发生变更的，应当办理变更登记手续。

七、登记程序

工商登记包括开业登记、变更登记和注销登记。其中，开业登记是设立企业或申请开始从事经营活动时必须进行的登记；变更登记是已经登记的市场主体在经营过程中因登记事项发生变化，为保持登记与实际状况的一致性而对登记进行变更的登记；注销登记是市场主体终止经营活动退出市场时而办理的登记。其中，开业登记最为基础。开业（设立）登记一般应遵循以下程序：

（一）申请与受理

企业法人开业登记一般由企业组建负责人向有管辖权的登记机关提出申请，独立承担民事责任的联营企业办理企业法人登记，由联营企业的组建负责人申请。申请时应当提交组建负责人签署的登记申请书、主管部门或审批机关的批准文件、组织章程、资金信用证明、企业主要负责人身份证明、住所和经营场所证明以及其他有关文件和证件。企业法人办理开业登记，应当在主管部门或者审批机关批准后30日内，向登记主管机关提出申请；没有主管部门、审批机关的企业申请开业登记，由登记主管机关进行审查。符合受理条件的，登记机关予以受理。

申请企业法人开业登记，应当提交下列文件、证件：组建负责人签署的登记申请书；主管部门或者审批机关的批准文件；组织章程；资金信用证明、验资证明或者资金担保；企业主要负责人的身份证明；住所和经营场所使用证明；其他有关文件、证件。

申请设立公司应当申请名称预先核准。法律规定设立公司必须报经批准或者公司经营范围中有属于法律规定在登记前须经批准的项目的，应当在报送批准前办理公司名称预先核准，并以公司登记机关核准的公司名称报送批准。设立有限责任公司，应当由全体股东指定的代表或者共同委托的代理人向公司登记机关申请名称预先核准；设立股份有限公司，应当由全体发起人指定的代表或者共同委托的代理人向公司登记机关申请名称预先核准。申请名称预先核准，应当提交下列文件：公司的全体股东或者全体发起人签署的公司名称预先核准申请书；全体股东或者发起人指定代表或者共同委托代理人的证明；工商总局要求提交的其他文件。预先核准的公司名称保留期为 6 个月。预先核准的公司名称在保留期内，不得用于从事经营活动，不得转让。

申请有限责任公司设立登记，由全体股东指定的代表或者共同委托的代理人向公司登记机关申请设立登记，设立国有独资公司，应当由国务院或者地方人民政府授权的本级国有资产监督管理机构作为申请人申请设立登记。申请时，应提交以下文件：公司法定代表人签署的设立登记申请书；全体股东指定代表或共同委托代理人的证明，公司章程，股东的主体资格证明或者自然人身份证明；载明公司董事、监事、经理的姓名、住所的文件以及有关委派、选举或者聘用的证明。法律、行政法规或者国务院决定规定设立有限责任公司必须报经批准的，还应当提交有关批准文件。

申请股份有限责任公司设立登记，由董事会提出申请；以募集方式设立股份有限公司的，应当于创设大会结束后 30 日内向公司登记机关提出申请。登记时，应当提交以下文件：法定代表人签署的设立登记申请书；董事会指定代表或者共同委托代理人的证明；公司章程；发起人的法人资格证明或者自然人的身份证明；载明公司董事、监事、经理姓名、住所的文件以及委派、选举或者聘用有关人员的证明；公司法定代表人任职文件和身份证明；企业名称预先核准通知书，公司住所证明；国家工商行政管理总局规定要求提交的其他文件。以募集方式设立股份有限公司的，还应当提交创立大会的会议记录以及依法设立的验资机构出具的验资证明；以募集方式设立股份有限公司公开发行股票的，还应当提交国务院证券监督管理机构的核准文件。法律规定设立公司必须报经批准的，还应当提交有关批准文件。

非法人组织申请营业登记一般由该组织的上级单位提出申请，申请时应当提交上级组织法人代表或负责人签署的登记申请，有关上级组织法律地位的证明（如总公司的企业法人营业执照），营业场所的使用证明，登记机关要求的其他材料。

个体工商户申请营业登记，个人经营的，以经营者本人为申请人；家庭经营的，以家庭成员中主持经营的人为申请人。申请时应提交：申请人签署的个体工商户注册登记申请书；申请人身份证明；经营场所证明；国家工商行政管理总局规定提交的其他文件。申请人可以委托他人代为办理申请手续。申请时，可以到场申请，也可以通过邮寄、传真、电子数据交换、电子邮件等方式向经营场所所在地登记机关提交申请。

（二）审查

登记机关主要就当事人提供材料的真实性、合法性和有效性进行审查，并在此基础上，依法作出是否予以核准的决定。例如，批准文件是否由有权批准的机关作出，是否为伪造，是否在有效期内，有关证明文件是否真实，申请企业是否对有关经营场所享有土地使用权或其他权利，企业章程是否合法，申请登记的企业、其他组织或个人是否具备法律规定的应予注册登记的各项条件。不符合登记条件的，不予核准。企业法人开业登记，登记主管机关应当在受理申请后 30 日内，作出核准登记或者不予核准登记的决定；个体工商户申请的登记，登记机关应当自受理登记申请之日起 15 日内作出是否准予登记的决定。

（三）核准

经审查符合核准注册条件的，应当作出核准通知书，通知申请人已经核准注册；不符合条件的，应及时通知申请人。

（四）发照

经审查核准的，登记机关应通知申请人本人、法定代表人或其他负责人领取营业执照。企业法人登记，发给《企业法人营业执照》；不具备法人条件的其他经济组织或分支机构登记，发给《非法人企业营业执照》或《分支机构营业执照》；个体工商户登记，发给《个体工商户营业执照》。登记后，各类市场主体便取得实际的营业权，申请人可以凭营业执照刻制印章，开立银行账户，申请纳税登记，并开业从事登记范围内的生产经营活动。

申请人需要变更登记事项，须到原登记机关办理变更登记。企业法人、非法人组织或个体工商户因法定事由需要终止营业的，应依法办理注销登记手续。注销登记后，其作为市场主体的资格也因此而丧失。

第三节 审批许可制度

一、审批许可制度的概念

审批许可制度，是指由国家有关部门对市场主体要求进入市场从事特殊生产经营活动的申请进行审查，在符合法律规定的情况下，准许其进入市场从事该特殊生产经营活动的一种市场准入制度。

在市场经济条件下，社会成员直接或设立企业从事生产经营活动，不仅是国家发展经济的一种手段，也是人们谋生的一种方式。因此，在现代社会，"事业自由"既被认为是经济活动的一项基本准则，也被视为社会成员的一项基本权利。随着企业化经营的普遍化，这一原则在立法上的重要体现就是在企业的设立问题上采取了"准则主义"的立法原则。设立公司或企业不再需要国家或国王的特许，法律规定设立企业的各项条件，只要具备了法律规定的条件，就可以依法成立公司等经营实体。目前，我国市场准入审批许可制度的改革正在进行，通过近年的改革，特别是市场准入负面清单制度的推行，取消、下放和调整了一大批审批许可项目，大幅降低了市场准入的门槛，简化了准入程序，充分体现了使市场在资源配置中发挥决定性作用和更好地发挥政府作用的改革要求。

二、审批许可的分类

准入审批根据其发生时间的不同，分为两种类型：①市场主体从事特殊经营活动的准入审批（后置许可，后置审批）。它是已经取得市场主体资格的单位和个人为了获得政府允许其进行某项特殊经营活动而进行的审批。②设立审批（前置审批，前置许可）。它是单位和个人为获得政府允许其设立从事特殊生产经营活动的企业或其他经济组织而在设立前办理的审批许可。对于大部分市场主体而言，他们进入市场并不一定就是从事国家限制进行的经济活动，但在经营一段时间后，可能因自身需要并具备了进行特殊经营活动的条件，便可以申请从事特殊的经营活动。因此，市场准入的审批许可在通常情况下应属于后置审批，但也有某些特别例外情况，在这些情形中，设立企业的初衷就是要从事某种特殊的经营活动，而且，设立企业的过程需要大量的资金投入和准备，如果实行后置审批，则可能造成在大量投入后因最终未获得审批而造成巨大的资源浪费。因此，在特殊情形下，前置审批仍然有一定的必要性。市场准入审批许可制度作为一种特殊市场准入制度，它仅适用于意图进入市场从事某种特殊类型的生产经营活动的组织和个人。其存在之所以必要，是因为某些市场经营活动与社会公共利益的关系极大，需要国家实行比一般经济活动更为严格的管理和控制。

三、审批许可制度的适用范围

审批许可制度主要适用于从事特定类型的生产经营活动。根据 2004 年 7 月 1 日实施的《行政许可法》的规定，对下列事项可以设立行政许可：①直接涉及国家安全、公共安全、经济宏观调控、生态环境保护以及直接关系人身健康、生命财产安全等特定活动，需要按照法定条件予以批准的事项；②有限自然资源开发利用、公共资源配置以及直接关系公共利益的特定行业的市场准入等，需要赋予特定权利的事项；③提供公众服务并且直接关系公共利益的职业、行业，需要确定具备特殊信誉、特殊条件或者特殊技能等资格、资质的事项；④直接关系公共安全、人身健康、生命财产安全的重要设备、设施、产品、物品，需要按照技术标准、技术规范，通过检验、检测、检疫等方式进行审定的事项；⑤企业或者其他组织的设立等，需要确定主体资格的事项；⑥法律、行政法规规定可以设定行政许可的其他事项。尽管《行政许可法》的规定是就设立行政许可的一般情况而作出的，但是，其对经济领域中行政许可的设定同样适用。在经济领域，市场主体所从事的经营活动，也可能涉及以上各种需要设立许可的情形。例如，对食品生产经营实行审批许可制度，主要是基于食品与人民身体健康和生命安全的直接关系；对从事土地开发经营实行审批许可制度，则主要是因为其资源的有限性以及这种活动对公共利益的密切关联性；对从事公共交通、能源供应、医疗服务等经营活动实行审批许可，则属于上述第三类情形，主要是因为这些活动本质上属于公共服务，并且直接关系公共利益；对锅炉压力容器等生产经营实行许可审批，则属于第四类情形，因为这些设备直接关系到公共安全和人身健康、生命财产安全等。

审批许可的具体项目，由国家立法机关、行政机关或省级立法、行政机关根据上述范围通过法律、行政法规以及地方法规或规章确定。其中，省级人民政府以规章形式只能设定临时性的行政许可，临时性的行政许可实施满一年需要继续实施的，应当提请本级人民代表大会及其常委会制定地方性法规。公民、法人从事的市场经营活动，依法应当事先取得许可的，应当按照有关审批许可程序，事先取得批准、许可。取得批准、许可后，其所从事的生产经营活动，才能获得法律的保护。否则，国家有关部门有权依法予以取缔。

四、审批许可机构

审批许可机构根据市场主体经营的商品服务类别的不同而有差别。从事特定药品生产经营的，由卫生与计划生育行政管理部门（卫计委）负责审批；金融业经营机构的设立，由中国人民银行负责审批；从事证券业务的，由证监会审批；设立外商投资企业的，由对外经济贸易行政管理部门审批；从事文物经营的，由文物管理部门审批；从事计量器具生产、修理的，由技术监督行政管理部门审批；从事食品生产经营的，由卫计委审批；从事烟草业经营的，由烟草专卖行政管理部门审批；等等。

五、审批许可的条件

审批过程中，国家有关部门将根据申请人申请从事的生产经营活动的内容或设立企业的性质不同，按照不同的条件进行审查。例如，开办药品生产经营企业，审查的内容主要包括拟从事药品生产经营的企业是否具有与所生产的药品相适应的技术人员、技术工人、厂房、设施和卫生环境，是否具备检验机构、人员和必要的仪器设备等。

六、审批许可的效力

国家有关部门对市场主体从事特定的生产经营活动的审批许可，是国家机关行使许可权的行为。审批许可后，设立相关企业的行为以及从事特定范围内的生产经营活动的行为，便成为一种合法的行为。获得批准许可而设立的市场主体或者获得批准许可经营的市场主体便有权从事批准许可范围内的生产经营活动。但对于前置审批而言，审批许可不仅是合法从事特定经营活动的前提，也是设立企业的前提，未经审批，不得设立相关的企业。因此，审批许可并不能使它们取得市场经营主体资格。要获得市场主体的资格，还必须符合作为市场主体应具备的其他条件。通过工商登记，取得营业执照后，才能以市场主体名义合法从事相关的生产经营活动。实际上，在许多情况下，获得批准后相关企业的筹建工作才开始进行，企业本身仍不存在或正在筹建之中，根本没有从事市场经营活动的基本条件，不可能是合格的市场主体。因此，就前置审批而言，审批许可的后果是使某一拟设立的市场主体就其设立并于未来从事某类特殊生产经营活动获得许可，这并不能使其直接取得作为市场主体的一般资格。

■ 思考题

1. 试述市场准入机制的利与弊。
2. 试述我国市场准入制度改革的基本内容。
3. 试述工商登记性质和基本内容。
4. 试述审批许可的适用范围和效力。

■ 参考书目

1. 单飞跃、王显勇：《经济法视域中的企业法》，中国检察出版社 2005 年版。
2. 张士元主编：《企业法》，法律出版社 2005 年版。
3. 史际春等：《企业和公司法》，中国人民大学出版社 2001 年版。

第九章　企业运行中的国家干预法律制度

■学习目的和要求

　　与以个人本位为法哲学基础的传统民法构建的自由企业制度相契合的是传统的以自由放任为特征的市场经济，而为了克服企业在市场中的盲目性，维护公共利益，构建企业运行中的国家干预法律制度已成为历史的必然。学习本章，应当理解企业运行中国家干预法律制度产生的历史背景、国家干预法律制度与企业自主经营的关系，了解并正确评价我国企业运行中的国家干预法律制度。

第一节　企业运行中的国家干预法律
制度在国外的确立

一、传统民法对企业运行的规制

　　企业一旦通过设立行为最终成立，即按既定的目标运行，这是企业世界中的常态现象。由于企业是现代社会最基本和最重要的经济细胞，其盛衰枯荣事关社会的稳定与发展，因此，企业的运行历来是各国立法所关注的重点。

　　从立法史的角度看，企业运行的法律规制，最初主要是由传统民法来承担的。传统民法对企业运行的规制，囊括了企业行为和企业组织两大基本问题：①在对企业行为的规制方面，传统民法规定了民事主体进行民事活动的一般准则，自然也就确立了企业以及企业的出资者从事市场交易活动的基本规则；②在对企业组织的规范方面，传统民法对法人制度的规定，使企业的主体资格及权利能力和行为能力，企业的组织机构及其规范化运作，企业设立、变更和终止的规则等企业的组织问题得以明确，这就为人们组织企业以便进行市场交易，以及作为组织体的企业在社会生活中的变更提供了基本准绳。

　　传统民法以个人本位或权利本位为其法哲学基础，强调民事主体在民事活动中的意思自治，以这种观念为指导的传统民法对企业运行的规制，也就不可避免地带有浓厚的传统特色：①传统民法的要旨，在于根据市场交易的固有规律及其要求，为包括企业在内的所有市场主体设定市场交易的一般准则，因此，它对企业运行的规制未能超出市场交易领域而深及企业生产经营活动的具体组织过程。在对企业行为的规制上，传统民法并不要求企业从事某些行为（如执行国民经济和社会发展规划和计划、对企业的利益相关者承担社会责任等），也不直接干预企业的具体行为；在对企业组织的规制上，传统民法的调整作用尽管也涉及企业的内部（如对企业组织机构之间、企业与出资者之间及出资者相互之间关系的规定），但其主要目的，在于塑造企业的民事主体地位及其相应的自主意志和独立财产制度，同时为出资者依其自主意志和市场法则设立、变更和终止企业提供法律依据，并不直接干预企业内部的具体生产经营管理活动。②传统民法在充分尊重作为民事主体的企业及其出资者自身利益的同时，也不否认甚至注意到了出资者的出资行为及由此形成的企业对繁荣社会经济和增进社会福利的意义，但它以效率为直接的和最高的价值目标，且把当事人依其真实意志自愿地进行市场交易视为最富效率的。因此，传统民法的主要目的之一，在于为包括企业及其出资者在内的民事主体自愿地进行市场交易提供制度上的保证，以达到全社会经济效率普遍提高的最终目标；而对于社会公平问题，传统民法将其看作是应由政府或者其他法律部门去解决的事项。也正是缘于传统民法并不基于社会公平的理念解决市场失灵这一有损于社会经济繁荣和社会福利增进的市场机制所固有的不足，因而传统民法并不对企业的经营行为给予经济性和社会性的强制引导，企业经营行为纯粹由企业根据自由意志抉择。③传统民法所规定的企业的法律地位仅限于民事领域；而对于企业在整个社会中的地位，亦即企业作为社会实体的全面本质，或者说企业在社会生活中的完整角色问题，传统民法是未有涉及的。

显然，传统民法所构架的企业运行法律机制是较为放任的；也正是缘于此，发达市场经济国家将传统民法所支撑的企业制度称为自由企业制度。

二、企业运行中的国家干预法律制度及其产生的背景

企业运行中的国家干预，是指国家为维护社会公共利益或者全局性利益所实施的，旨在克服市场经济体制中企业自由运作的盲目性和局限性的行为。企业运行中的国家干预可以通过经济的、行政的和法律的等多种手段予以实现。尽管经济手段和行政手段在干预企业运行方面有其灵活性和较强的适应性等优势，但法律所固有的普遍适用性、规范性和强制性等品性，则为法律手段干预企业运行提供了其他诸种手段所不能企及的功效，并且，在法治社会，经济的和行政的手段也需要通过发来手段来实施。因此，各国无不在综合运用各种手段干预企业运行的同时，尽可能地将其中的经济和行政等手段上升为法律手段，主要通过法律法规的制定与实施，来实现企业的良性运作。这种通过法律规范对企业运行中的国家干预所作出的制度安排，即为企业运行中的国家干预法律制度。

企业运行中的国家干预法律制度是国家干预法律制度体系的重要组成部分，它有着国家干预法律制度得以产生的一般缘由。然而，企业运行中的国家干预以作为国民经济微观基础的企业及其运作作为其干预的着眼点，故而，以此为基点所建立的企业运行中的国家干预法律制度，便不可避免地有其特殊的原因。择其要言之，企业运行中的国家干预法律制度产生于以下客观背景之下：

（一）社会本位及社会利益原则的确立

从个人本位或权利本位转向对社会本位的偏重，这是西方法哲学或立法指导思想在当代的重大变化；经济法的出现正是这种变化的具体表现。社会本位作为一种法哲学原则并不是对个人私权本位的否定或绝对替代，而只是将传统民法中的"公序良俗"原则延伸到更为广泛的社会生活中，用以制约权利行使过程中的某些非理性行为，如市场经济中的"外部不经济"行为等。[1]但尽管如此，社会本位受到青睐，无疑为企业运行中的国家干预法律制度的确立营造了适宜的氛围。对社会本位的日益关注必然衍生出社会利益原则。在对企业，尤其是对社会主义制度下的企业以及资本主义制度下的国有企业和公营企业存续与运行的价值评判上，社会利益原则得到了突出的强调。可以说，在当代，企业已作为社会的重要构成部分来看待；企业的行为也已被当作社会行为来认识；企业及其行为的价值已不仅仅体现为增进微观利益，其经济价值只有在符合或有益于社会整体利益的前提下才能得到肯定性的评价，尽管符合或有益于社会整体利益的标准不可避免地带有一定的主观色彩。注重社会整体利益的政治、伦理意识上

〔1〕　顾培东主编：《中国企业运行的法律机制》，重庆出版社1991年版，第6页。

升为一种法哲学思想,便导致了立法对社会利益的偏重;企业运行中的国家干预法律制度即是这一偏重的结果,而矫正和克服自由企业制度所固有的偏离甚至损害社会利益的趋向,便是这种逻辑结果的合理延伸。

(二) 社会公平理念的出现及其被认同

法哲学或立法指导思想从注重个人本位或权利本位转向对社会本位的关注,也相应地使社会公平理念得以出现并获得认同。个人本位或权利本位所蕴涵的价值判断之一,是对意思自治的高度尊重,认为当事人依其真实意志自由地为交易行为,这是最富效率的。社会本位在关注个人利益的同时,也注意到当事人自由交易的非理性趋向,认为唯有消除这些非理性现象,社会本位的价值目标才能真正实现。在当代西方国家,消除市场经济中的非理性现象被视为是国家的一项重要职能,其要旨是要通过“国家之手”,建立有益于社会利益的公平的市场经济体制。这些正是社会公平理念的应有之义。社会公平理念的出现和被认同,为国家干预经济提出了新的要求并提供了理论依据。作为国民经济微观基础的企业的运行,自然也就成为基于社会公平理念所实施的国家干预发生作用的方面。在注重以法律手段干预经济的当代社会,企业运行中的国家干预法律制度也便由此产生。

(三) 企业在社会中角色的转换

在传统经济学中,企业的最终目标被认为是最大限度地盈利,以实现出资者利润的最大化。这种观念不考虑企业行为的社会后果、不考虑企业获取利润手段的文明程度和道德性质,同时也不考虑企业行为的社会评价,而将是否有利于实现企业及其出资者利润最大化作为评判企业以及企业经营管理人员行为是否妥适的价值标准,甚至将这种标准推到了极致。这种观念在早期的企业立法中有一定程度的反映。然而,这种传统观念应当说仅仅是经济学上的一种假设,并不能全面体现社会经济生活的实然状态。鉴此,理论界开始对企业在社会生活中的角色定位予以重新思考。在当代,主流观点已放弃了绝对一元主义的利润最大化理论,认为企业的角色不仅仅是出资者谋取利润最大化的工具,而且也应是实现社会福利的实体;企业在追求利润的过程中,也必须充分考虑利益相关者的利益。观念的转变导致了立法的变革。近世以来,为使企业的行为符合并充分尊重社会公众的利益,各国立法界都在强化企业社会责任问题上作了不懈努力:一方面颁布大量的引导和强制企业践行社会责任的专门法规;另一方面,又在传统企业法或公司法中增设保护企业利益相关者的条款。[1]这些立法,对于企业运行中的国家干预法律制度的确立,无疑具有不可忽视的作用。

三、企业运行中的国家干预实践与立法

从广义上讲,一国的国家干预经济的措施及其相应的法律规范都对企业的运行起着直接或间接的调整作用,从这个意义上讲,企业运行中的国家干预法律制度的体系是极为庞大的。但是,国家对企业运行的干预,最为直观和有效的法律莫过于那些专门针对企业而创设并体现国家干预意蕴的规范。为使分析的视点尽量集中,以下仅就企业运行中专门体现国家干预的实践及其相应的立法作一介绍;同时,考虑到本书已设独立章节涉及其中的主要问题,为避免赘言,这里的介绍仅仅以能够证明企业运行中的国家干预法律制度客观存在为目的。

总的说来,缘于国情及由此决定的市场经济体制模式上的差异,[2]各国对企业运行所采取

---

[1] 例如,我国 2005 年修订的《公司法》第 5 条就规定:“公司从事经营活动,必须遵守法律、行政法规,遵守社会公德、商业道德,诚实守信,接受政府和社会公众的监督,承担社会责任。”

[2] 国际上对市场经济模式有不同的分类法。以下涉及的国外市场经济模式,即美国模式、德国模式和日本模式,是世界经济合作与发展组织在 1991 年《转换到市场经济》的研究报告中提出的成功的市场经济的三种模式。

的态度是不尽相同的；不过，考察各国市场经济的实践与立法，仍不难窥见其干预企业运行的一些做法。

　　美国实行所谓消费者导向型市场经济模式，即"自由主义的市场经济"。这种市场经济模式十分强调市场力量对促进经济发展的作用，认为政府在经济发展中只起次要作用。相应地，这种市场经济模式亦极为崇尚自由企业制度。然而尽管如此，美国对企业的运行也并非采取完全放任自流的态度。例如，自1890年颁布《谢尔曼反托拉斯法》起，一个多世纪以来，美国出台了大量的反垄断制定法和判例法，用以预防和制止企业的垄断行为。在罗斯福新政期间，作为缓解自由放任所致经济危机的措施，国会通过了两项《农业调整法》（1933年、1938年），用于干预农业企业的运行，以控制基本农产品产量，从而提高农产品价格和农民购买力（1933年《农业调整法》），或控制剩余农产品从而稳定其价格（1938年《农业调整法》）。此外，还颁布了《国家工业复兴法》（1933年）、《联邦动力法》（1935年）、《机动运载工具法》（1935年）、《运输法》（1940年）、《商船法》（1936年）、《民用航空法》（1939年）等，用于干预工业和交通运输等企业的内外部关系。自20世纪80年代起，缘于大型公司对社会影响力的日益增强及其所引发的社会问题的日趋严重，以宾夕法尼亚州为代表的29个州修改公司法，增加了公司必须考虑并保护利害关系人的条款，这实际上是作为组织法的公司法所作出的国家干预公司运行的制度安排。

　　德国和北欧一些国家推行社会市场经济模式。所谓社会市场经济，高度概括地说，就是"自由＋秩序"。[1]进言之，这是一种国家有所调节或控制的市场经济：它既反对经济上的自由放任，又反对把经济统得过死，而将个人和企业的自由创造与社会进步的原则结合起来；它既保障私人企业和私人财产权的自由，又保证权利的行使给社会公众带来好处；它坚持国家对经济尽可能少干预而只给予必要干预的原则，同时认为国家在市场经济中主要起调节作用，并为市场运作规定总的框架。社会市场经济模式为企业自主经营和企业运行中的国家干预都提供了适宜的土壤。事实上，以德国为代表的实行社会市场经济的国家一直都将企业运行的国家干预及其法制建设作为其推行和发展社会市场经济的重要工作。例如，在德国，除有《反限制竞争法》（1957年颁布，1973年以来历经多次修改）制止企业限制竞争的行为外，还在其他方面干预企业的运行，如，通过立法设定企业社会责任，以使公众不受企业有害行为的危害。尤其值得一提的是，第二次世界大战以来，德国实行了职工参与企业决策的制度。这一制度首先在煤炭和钢铁企业中推行，并在1951年的《关于煤炭和钢铁工业职工平等参与决定权的法律》中得到了承认。1956年的《参与决定修正法》、1976年的《参与决定法》进一步对这一制度作了完善并将其适用范围扩大。该制度的要点是：公司的监事会应有劳资双方的代表组成、董事会中应有劳方董事。这实际上是国家为实现社会市场经济的目标而对企业治理结构所作的强制性安排，是对作为私法主体的企业的自由和作为私权的企业产权的自由所作的限制；从某种程度上讲，它已超越了市场自身的传统逻辑，一定程度上反映了国家对企业运行的干预。

　　日本、法国等国实行国家导向型（又称行政导向型）市场经济模式。国家导向型市场经济模式与所有市场经济模式一样，亦十分注意市场机制的作用，但与其他市场经济模式相比，这种市场经济模式具有一些明显的特征：①注重计划在宏观经济调控中的作用，故其又被称为计划调节的市场经济模式；②在干预经济的过程中，强调行政指导的意义，把行政指导作为实

---

[1]　裴元伦：《稳定发展的联邦德国经济》，湖南人民出版社1988年版，前言第2页。

现宏观经济调控的基本手段；③采取政府与企业在经济决策上相互协商的协调型调控运作政策。然而尽管如此，国家导向型市场经济模式并非不重视用法律手段对经济的调控作用。对于企业运行这一事关经济稳定与繁荣的问题，更是未忽略以法律手段实施干预。以日本为例，1947 年颁布并历经多次修改的《关于禁止私人垄断及确保公正交易的法律》对企业有碍市场竞争的行为作了限制和禁止性规定；为了扶持和保护中小企业，制定了有关中小企业的法律，如《中小企业协同组合法》（1949 年）、《中小企业基本法》（1963 年）等，这些法律除为中小企业给予倾斜政策外，还为制止大企业侵害中小企业提供了法律依据，因而对大企业的行为亦具有一定的规制作用。

第二节　企业运行中的国家干预法律制度与
企业自主经营的关系

自企业运行中的国家干预法律制度确立以后，以法律手段对企业运行实行国家干预从而贯彻社会公共政策和确保传统民法所确立的企业自主经营，即成为各国企业运行的两大基本追求。从表层上看，企业运行中的国家干预及其法律制度与企业自主经营二者是相冲突的。因为，前者意味着国家依其意志对企业实施引导甚至强制；后者则意味着企业按照自己的意愿安排并从事经营活动。然而不可忽略的是，尽管这两者在理论上存在着冲突，但当代各国的现实却是另一幅景观，这就是这两者和谐共存于市场经济体制之中，共同维系着当代市场经济的健康、稳定发展。这一基本事实表明，企业运行中的国家干预法律制度与企业自主经营是可以统一并协力对市场经济发生积极作用的。深层次地看，企业运行中的国家干预法律制度与企业自主经营的这种统一、和谐和良性互动，缘于这两者在当代市场经济体制中所蕴涵的价值取向的互补性。

一、企业自主经营的价值关注及其不足

企业自主经营的主要价值关注是效益。如果对效益的意蕴与企业自主经营的效应作进一步分析，则不难发现，在企业自主经营与效益之间，事实上存在一种逻辑上的联系。

效益也被称为效率，其基本意义是：从一个给定的投入量中获得最大的产出，即以最少的资源消耗取得同样多的效果，或以同样的资源消耗取得最大的效果。也就是经济学家常说的"价值极大化"或"以价值极大化的方式配置和使用资源"。[1]企业自主经营的效应及其与效益相联系的主要体现在于：①企业自主经营使企业得以根据市场的供求状况、按照自己的意愿组织经营活动。缘于企业的趋利秉性，它会倾力将其资源投向效益高的领域，从而使资源得到有效的利用，进而实现资源的优化配置。②企业自主经营由于赋予企业以经营自主权，从而有利于调动企业的主动性、积极性和创造性，这些无疑都是效益的重要源泉。③企业自主经营由于将企业经营活动及其后果完全交由企业负责，因而可使企业与出资者、企业与政府的关系明晰化，并且消除出资者和政府对企业的经营活动承担责任的可能性，革除"大锅饭"格局存在的经济前提。这无疑给企业施加了来自市场的压力。这种压力与企业的趋利秉性相结合，必将转化成经营上的动力；这种动力对效益而言是至关重要的。④有效益的经济体制须以健全的价格体系为前提。企业自主经营与企业的趋利秉性相结合，可使企业尽可能地了解相关资本稀缺程度的信息并尽可能地提高其所提供的资本的价格。正是这种努力，使得资本稀缺程度的信

---

[1]　张文显主编：《法理学》，法律出版社 1997 年版，第 311 页。

息被包括企业在内的单个资本所有者带到市场并加以综合，从而形成反映资源稀缺程度的健全的价格体系。⑤经济发展的历史表明，竞争机制是最富效益的经济机制，而包括企业在内的市场主体的自主经营，正是竞争机制得以形成的逻辑前提。

企业自主经营也有其自身难以克服的弊端，这就是企业自主经营所导致的企业对效益的追求与实现，可能产生无视甚至损害社会公平这一作为人类美德的价值观念的现象。例如，企业自主经营使企业成为独立的市场主体从而具备参与市场竞争的基本条件，但与竞争及其所带来的效益相伴随的，是各种不公平竞争现象；企业自主经营由于不关注企业之间、企业与其他市场主体之间在竞争机会、经济实力等方面的差异，因而将引起资源分配上不应有的不公平现象；企业自主经营使企业的内外关系处于一种自我调节的状态，缘于趋利的原始冲动，企业自然也就疏于关心诸如社会弱者的不利地位、外部不经济、搭便车等事关社会公平的社会问题。企业自主经营的这些流弊，意味着在企业运行问题上，仅有自主经营是远远不够的。

二、企业运行中的国家干预法律制度的价值关注及其不足

与企业自主经营的价值关注不同，企业运行中的国家干预法律制度的价值关注主要是社会公平。就一般而言，公平即公正平等。在经济法领域，社会公平具有多重意义。作为经济法组成部分的企业运行中的国家干预法律制度，正是从多维的角度，维持着不同意义上的社会公平。

1. 社会公平意味着竞争的公平。从静态角度看，竞争公平要求市场向每一个市场主体开放，使各个市场主体享有均等的竞争机会，且进入市场的条件、负担公正、平等；从动态角度看，竞争公平要求每一个市场主体在竞争中充分尊重其他市场主体的独立人格和平等法律地位，不得进行违背诚实信用原则、损害其他市场主体合法权益的不正当竞争行为，也不得排除、限制其他市场主体的竞争。公平竞争环境的营造是市场主体自身难以解决的，而具有普遍适用性、规范性和强制性等特性的国家干预法律制度，恰恰在这方面有其用武之地。作为国家干预法律制度的重要组成部分，企业运行中的国家干预法律制度通过对企业这类市场主体的市场准入的静态规定，以及对企业竞争行为的动态规制，在均衡企业的竞争机会、消除人为的市场壁垒以及其他有碍公平竞争机制建立的因素等方面，有着传统民法规范所不能企及的效果。当然，企业运行中的国家干预法律制度以竞争公平为其价值关注之一，并对公平竞争机制的形成和维护产生积极作用，这只是这种法律制度的应然状态；其实然状态如何，取决于立法者对应然状态的尊重程度以及相应的规范设计。我国传统计划经济体制下的法律通过对计划、许可证制度广泛的适用范围和强制执行效力的规定，人为地设置了一些不适当的市场进入障碍；通过对不同所有制的企业适用不同的税率和对部分所有制的企业实行减免税等规定，使得企业难以在同等的外部条件下开展竞争，这些都是有悖公平竞争原则的。

2. 社会公平意味着处理外部经济效应问题的公平。经济学的市场均衡理论认为，经济主体之间的经济行为会发生相互影响或相互冲突：一个经济主体利益最大化的行为，构成一切其他经济主体最大化他们自身利益的一个约束条件或经济环境。不过，市场均衡理论所考察的经济主体之间的相互影响和相互制约，都是通过影响供求和价格而发生的。在现实生活中，还存在另一种相互影响，即不通过影响供求和价格而直接影响他人的经济环境和经济利益。例如，抽烟者污染了空气，致他人被动吸烟，即损害了他人利益；而这种影响并不是通过市场供求关系的变动发生的。这种相互影响的效果，在经济学中被称为外部经济效应。[1]根据外部影响的

---

〔1〕　外部经济效应（Externality），简称外部效应，也有人译为外部经济或外部性。

"好"与"坏",外部效应可分为"正的"和"负的"两种。抽烟、噪声等造成的影响,属于负的外部效应,其特征是引起他人效用的降低或成本的增加;而种花等行为对邻居产生的好的影响,则属于正的外部效应。[1]企业作为经济主体和社会的构成单位,必然要面对外部经济效应问题。与任何具有趋利性的经济主体一样,企业对于负的外部经济效应往往不会主动地予以解决。当某些企业的行为造成其他经济主体的利益损害而又不承担赔偿责任时,便形成外部不经济这种不公平的现象。而对于正的外部经济效应,企业也与其他经济主体一样,总是乐于接受而不愿付费。免费使用他人生产出来的物品,此即"搭便车"(Free Rider)。"搭便车"现象在公共物品(如公用设施、法律、国防、公安等)的使用上表现得尤为突出,它同样是企业一般不会主动予以解决的问题。显然,正的和负的外部经济效应所生的不公平现象,都只能通过外在于企业等经济主体的力量才能有效解决,作为经济法重要组成部分的企业运行中的国家干预法律制度,正是以矫正这种不公平格局为其目的之一而创设的;它通过强制企业负担税、费或者承担法律责任等方式,解决外部不经济和公共物品使用上的"搭便车"等问题。

3. 社会公平意味着分配公平。人类利用自然界生产物质生活资料的联合劳动的不可避免,必然产生对大家合作的成果进行分配的问题。分配公平作为当代人们解决分配问题的一个价值追求,是一种具有明显的层次性的社会公平。"有所付出即应有相应收获"是一种相对低层次的分配公平观,但却是适应当今社会生产力发展水平的分配取向,是在物质产品不足够丰富的社会中一种利于提高人们积极性进而有助于效率增进的分配形态,其具体实现形式是按劳分配和按资分配。分配公平的另一旨趣,是社会成员都能从社会获得其所需要的物质产品,以缩小贫富差距这种社会不公,其实现形式是按需分配。这是一种人类的最高思想境界和追求,因而是一种高层次的分配公平。但囿于生产力发展水平,其适用面恰当可以提高人们的积极性从而增进效率;若其适用范围过广,则会压制人们劳动与投资的积极性。因此,当代各国几乎都本着效率优先、兼顾公平的原则,将按劳分配和按资分配作为其基本分配标准和分配形式,并适当考虑社会成员的需要和普遍福祉,将按需分配适用于一定范围和情形下。显然,各层次的分配公平的最终实现,都需仰赖国家的适度干预;企业运行中的国家干预法律制度产生的原因之一,即在于此。它一方面通过对企业各种分配形式及其实现机制的确认,为各种意义上的分配公平的落实提供依据;另一方面通过社会保障、最低工资等方面的法律规定,使企业为社会弱者的基本生活需要提供保证,同时通过对企业税费义务的设定,为社会福利事业筹措资金,以达到缩小贫富差距、增进人类普遍福利的目的。

总之,企业运行中的国家干预法律制度通过对企业行为的调控,可使企业的运行符合社会公平的一般要求。作为经济法的重要构成部分,企业运行中的国家干预法律制度也要关注效率,并且从理论上看,通过对企业运行的干预及其相应的制度安排,完全可以引导企业朝着效率的方向发展。然而各国现实表明,企业运行中的国家干预及其相应的法律制度在解决效率问题上是有其固有不足的。其主要原因在于,国家及代表国家的政府无论怎样努力地关注效率,但缘于其远离市场,都无法全面、准确、及时地了解资源稀缺程度等市场信息,从而也就难以完全真正地将资源配置到最有效益的领域,也不能形成反映价值规律和供求状况的健全价格体系。这正是市场机制发挥作用的必然性之所在。

三、企业运行中的国家干预法律制度与企业自主经营的互动

传统民法确认的企业自主经营以传统民法偏重的效率原则为其基本价值取向;而作为经济

---

[1]　樊纲:《市场机制与经济效率》,上海三联书店、上海人民出版社 1997 年版,第 133～135 页。

法重要组成部分的企业运行中的国家干预法律制度主要以社会公平为其价值目标。效率奠基于经济运行的规律之上，而经济规律往往并不迎合人的"等份"心理；社会公平则奠基于公正、平等进行经济权利义务配置的理念之上，它关心的侧重点是"是否等份"而不是"等份的大小"。换言之，"效率关心的是饼的大小，而公平关心的是如何对饼进行分割"。[1]并且，效率与社会公平还存在一定的冲突，这是因为，对效率的追求不可避免地产生出各种不平等，对社会公平的追求也可能损害效率，所以效率与社会公平经常处于深沉的张力之中。[2]企业自主经营与企业运行中的国家干预法律制度所关注的主要价值的这种差异与冲突，决定了二者的区别和矛盾。

企业自主经营与企业运行中的国家干预法律制度也有统一和互补的一面。这主要是因为：①企业自主经营所要求的以效率为标准配置资源，可以促进经济增长，增加社会财富，并在此基础上实现高层次的社会公平，即共同富裕；企业运行中的国家干预法律制度以社会公平为价值目标，着力于解决社会生活中的非公正和非平等现象，因此可减少和避免两极分化、社会不稳定等损害效率的现象。②效率与社会公平有时是同时存在于一项具体的抉择之中的。例如，对于故意侵犯他人财产权的案件，法律和法院将强制侵权方返还财产和赔偿损失，这种强制体现了社会公平与效益的统一：从社会公平的角度说，"任何人不得从其错误中获利"，致人损害，理应补救；从效益的角度说，对财产权的保护可为财产所有人营造一种良好的法律环境，以便使他们无顾虑地、尽其所能地、高效益地利用资源，增加自己的财富，这样，就可以促进整个社会财富的增值。[3]效率与社会公平的这种统一，决定了企业自主经营与企业运行中的国家干预法律制度在作用和客观效果上存在某些一致的可能性。③从价值判断的角度看，企业自主经营与企业运行中的国家干预法律制度都有其各自的优点和不足。企业自主经营的优点，恰恰是企业运行中的国家干预法律制度所不具备或难以完全具备的，它的不足，正好又可以通过企业运行中的国家干预法律制度来克服；反之亦然。这就意味着两者和谐共存、取长补短才是最佳选择。事实上，企业自主经营并非绝对的自由行事，企业运行中的国家干预法律制度也绝非要把企业管死，任何极端的做法都将造成难以估量的恶果，也不是当代各国的实际状况。

第三节　我国企业运行中的国家干预法律制度

我国向来有国家干预企业运行的传统。如果从国家介入企业运行的手段上考察，则不难发现，我国历史上企业运行中的国家干预有行政主导型和法律主导型之分。在社会主义市场经济体制确立之前，尤其是党的十一届三中全会决定进行经济体制改革以前，我国对企业运行实行的是行政主导型的国家干预。在这一时期，尽管法律对企业运行中的国家干预问题有所规定，但以计划为主的行政手段仍不失为制约企业运行的主要力量。社会主义市场经济体制确立后，我国综合运用法律手段、经济手段和必要的行政手段实施宏观经济调控和微观经济监管，并且尽可能地将经济手段和行政手段上升为法律形式，企业运行中的国家干预也相应地由行政主导型转化为法律主导型。我国新经济体制下颁布的以及计划经济体制下出台但迄今尚未废止的涉及企业运行国家干预的法律规范，成为现时构架企业运行中的国家干预法律制度的两方面的依据。

---

[1]　余庆斌："经济法的价值目标选择"，载《社会科学》1993年第2期。
[2]　张文显主编：《法理学》，法律出版社1997年版，第316页。
[3]　张文显：《二十世纪西方法哲学思潮研究》，法律出版社1996年版，第602页。

应当说，我国企业运行中的国家干预法律制度的内容是较为丰富的。然而，由于支撑这种制度的法律规范部分产生于计划经济体制下，部分形成于经济转轨的特定时期，因而难免有其不甚完备之处。以下拟依据我国现行立法，尤其是企业立法，并结合市场经济发达国家的相关规范，就企业运行中的国家干预法律制度的几个主要方面作一概述。

一、企业治理结构的国家干预法律制度

企业治理结构（或者公司治理结构，Corporate Governance）有广义和狭义之分。从狭义上讲，企业治理结构是指企业的内部治理结构，即企业内部的激励和约束制度设计。其涉及的核心内容，是企业内部的权限结构、企业控制权分配等问题。狭义的企业治理结构在传统上由企业法律规范加以构造，因而是企业法学研究的重点。从广义上讲，企业治理结构泛指有关激励和约束企业的一切制度。这种意义上的企业治理结构，不仅指企业内部的激励和约束机制，而且包括企业的外部治理结构，即企业边界以外的市场（包括劳动力市场、产品市场、资本市场、并购市场等）对企业的激励和约束机制；不仅指作为正式制度的那些对企业进行激励和约束的法律制度，而且包括对企业发生影响的文化、传统、习俗等非正式制度安排。法律意义上的企业治理结构，通常指狭义的企业治理结构。

严格讲，企业治理结构及其运作属于企业的内部问题，国家不宜对它作过多的干预；国家的主要任务，在于为企业经营过程中的内部关系提供成功的法定范式，将市场经济中行之有效的那些使不同利益主体共容于同一实体的机制法定化。然而，企业的治理结构涉及企业的行为是否规范，企业承担的社会责任和对国家的责任能否得到履行等重大问题，因此，与世界各国的立法相类似，我国企业法确认了对企业治理结构进行有限干预的措施。其中，国家干预色彩较为明显的措施主要包括以下几项：

（一）对国有企业和全部资本属国家所有的公司的治理结构进行特别干预

按照《全民所有制工业企业法》的规定，国家对国有企业治理结构的特别干预，主要表现在以下几个方面：①在企业内部组织机构的产生问题上，政府或政府主管部门拥有最终决定权。按照规定，不仅政府或政府主管部门可以直接委派企业的厂长（或者经理，下同），而且，即便是职工民主推选的厂长人选，也需政府或政府主管部门批准，同时，政府或政府主管部门还对副厂级行政系统的领导人拥有一定的决定权。②在企业内部组织机构的构成方面，立法确认了厂长、职工代表大会和党委共存于一体的体制。厂长负责生产经营决策；职工代表大会对有关职工生活福利的重大事项以及其他与职工利益密切相关的重大问题享有决定权；党委则对国家的路线、方针和政策在企业中的贯彻、实施实行保证、监督。这种将职工代表大会和党组织作为企业机构的制度安排，旨在推动企业承担并实现对劳动者的社会责任，以及在企业中切实贯彻国家的意志。③在企业内部组织机构的权限问题上，立法给予了多方面的限制，旨在为政府或政府主管部门干预企业运行留下余地或提供依据。其突出体现，是确认了政府或政府主管部门对企业决策的参与体制，诸如企业的计划决策权、人事任免权、奖惩权等基本权限均由政府或政府主管部门与厂长分享。

按照《公司法》的规定，国家对全部资本属国家所有的公司治理结构的特别干预，主要体现在两个方面：①实行职工董事制度。按照规定，两个以上的国有企业或者两个以上的其他国有投资主体投资设立的有限责任公司，其董事会成员中应当有职工代表；国有独资公司的董事会成员中也应当有职工代表。与此不同，其他有限责任公司的董事会成员中是否有职工代表，由公司自行决定。②对国有独资公司的决策权进行限制。按照规定，国有独资公司由国务院或者地方人民政府授权本级人民政府国有资产监督管理机构履行出资人职责；国有资产监督管理机构行使股东会职权，也可授权董事会行使股东会的部分职权，决定公司的重大事项，但

公司的合并、分立、解散、增加或者减少注册资本和发行公司债券，必须由国有资产监督管理机构决定，其中重要的国有独资公司合并、分立、解散、申请破产的，应当由国有资产监督管理机构审核后，报本级人民政府批准。

（二）对多数决定原则进行限制

这主要是应保护公司股东的股权，尤其是保护小股东的股权而采取的一项干预措施。在西方国家，尽管公司中侵犯股权的现象较为普遍且由来已久，但对于立法是否为股权提供切实的保护问题却长期犹豫不决，人们担心这样做可能会对公司的内部事务带来过度的干预。因此，早期公司法一般都实行多数决定原则（Majority Rule），即股东会或股东大会的决议或行为是否合法、有效，完全取决于持有多数表决权的股东的意志。然而，由于多数决定原则在实践中日益成为大股东操纵公司和股东会议、侵犯中小股东权益的借口，因此，一些国家的立法对多数决定原则作了限制，一旦多数决定侵犯股东的股权，受害股东可以请求法院解散公司、请求法院对不当行为进行干预或者请求法院指定审计人对公司进行审计，甚至可以提起派生诉讼。[1]此外，发端于美国并为包括我国在内的其他一些国家采纳的累积投票，[2]更是本着保护小股东股权的思想而对多数决定原则的限制。多数决定原则的限制实际上是对"按资说话"这一经营企业的市场基本法则的一种修正，且此种修正在一定程度上体现了国家干预。就我国而言，《公司法》对此作出了某些规定。例如，该法第151条对派生诉讼作了规定；第105条对累积投票制度作了规定。

（三）对充任企业机构的自然人的任职资格进行限定

这方面的限定可追溯到20世纪80年代我国关于厂长条件的规定。1986年9月国务院发布的《全民所有制工业企业厂长工作条例》对厂长的政治、业务、思想品质、文化、身体等各种条件作了全面要求。《公司法》本着维护公司和股东利益、确保交易安全的精神，对公司董事、监事、高级管理人员的任职资格作了规定。[3]这些限定，意味着企业组织机构的组成人员并非当事人完全自由决定的事项，尽管他们可被视为经营企业的当然要求，然而其所包含的公共政策及为实现公共政策而进行国家干预的取向，才是最为基本的和主要的应有之义。

二、企业生产经营活动的国家干预法律制度

企业的生产经营活动可以从不同的意义上进行理解。广义上讲，它泛指企业所从事的一切旨在营利的活动；狭义上看，它仅指企业以营利为目的，直接面向市场所进行的物质产品生产、销售和劳务提供活动，不包括企业内部组织机构的运作以及企业的变更、终止和资产重组等行为。这里所谓的企业生产经营活动，主要在狭义上使用。

企业生产经营活动是企业运行的国家干预法律制度发生作用最为明显、最为直观和最为重要的方面。可以说，我国经济法所构建的大部分法律制度，都直接或间接地对企业的生产经营活动发生着作用。此外，我国目前实行"宽进严管"市场监管制度，在放宽市场准入条件（即"宽进"）的同时，需要进一步强化市场主体责任，健全完善配套监管制度，加强对市场

---

〔1〕　在英美公司法上，派生诉讼是指公司怠于通过诉讼追究公司机关及其成员的责任或实现其他权利时，股东为了公司利益而代表公司提起的诉讼。因股东的诉权被视为是派生于公司的诉权，故派生诉讼由是得名。在一些大陆法系国家，由于理论上视股东有直接诉权，股东行使诉权的同时亦代表了拥有同样诉权的人，故此类诉讼被称为代表诉讼。在公司法上，公司利益往往也看作是股东的利益，因此，派生诉讼或代表诉讼被作为是保护股东权利的措施。

〔2〕　累积投票制，是指股东大会选举董事或者监事时，每一股份拥有与应选董事或者监事人数相同的表决权，股东拥有的表决权可以集中使用。

〔3〕　参见我国《公司法》第146条。

主体的监督管理，促进社会诚信体系建设，维护宽松准入、公平竞争的市场秩序（即"严管"）。因此，建立健全企业生产经营活动的国家干预法律制度，也是市场监管"宽进严管"的应有之义。

鉴于本书的许多内容一定意义上都属于企业生产经营活动国家干预制度的范畴，因此，这里只涉及其他章节不便介绍的内容。

（一）企业年度报告公示制度

我国曾经实行企业年度检验制度。企业年度检验（简称"年检"），是指企业登记机关依法按年度根据企业提交的年检材料，对与企业登记事项有关的情况进行定期检查的监督管理制度。近年来，我国将企业年度检验制度改为企业年度报告公示制度。按照规定，企业应当按年度在规定的期限内，通过市场主体信用信息公示系统向工商行政管理机关报送年度报告，并向社会公示，任何单位和个人均可查询。企业年度报告的主要内容应包括公司股东（发起人）缴纳出资情况、资产状况等，企业对年度报告的真实性、合法性负责，工商行政管理机关可以对企业年度报告公示内容进行抽查。经检查发现企业年度报告隐瞒真实情况、弄虚作假的，工商行政管理机关依法予以处罚，并将企业法定代表人、负责人等信息通报公安、财政、海关、税务等有关部门。对未按规定期限公示年度报告的企业，工商行政管理机关在市场主体信用信息公示系统上将其载入经营异常名录，提醒其履行年度报告公示义务。企业在3年内履行年度报告公示义务的，可以向工商行政管理机关申请恢复正常记载状态；超过3年未履行的，工商行政管理机关将其永久载入经营异常名录，不得恢复正常记载状态，并列入严重违法企业名单（"黑名单"）。

（二）企业信用监管制度

这一制度包括以下内容：①市场主体信用信息公示制度。按照国家的相关规定，我国应当以企业法人国家信息资源库为基础构建市场主体信用信息公示系统，支撑社会信用体系建设。在市场主体信用信息公示系统上，工商行政管理机关公示市场主体登记、备案、监管等信息；企业按照规定报送、公示年度报告和获得资质资格的许可信息。公示内容作为相关部门实施行政许可、监督管理的重要依据。要加强公示系统管理，建立服务保障机制，为相关单位和社会公众提供方便快捷服务。②信用约束机制。具体措施是：首先，建立经营异常名录制度，将未按规定期限公示年度报告、通过登记的住所（经营场所）无法取得联系等的企业，载入经营异常名录，并在市场主体信用信息公示系统上向社会公示。其次，推进"黑名单"管理应用，完善以企业法人法定代表人、负责人任职限制为主要内容的失信惩戒机制。再次，建立联动响应机制，对被载入经营异常名录或"黑名单"、有其他违法记录的企业及其相关责任人，各有关部门应当采取有针对性的信用约束措施，形成"一处违法，处处受限"的局面。

（三）企业经营行为监管制度

按照规定，国家有关部门应当大力推进反不正当竞争、反垄断执法，加强对各类商品交易市场的规范管理，维护公平竞争的市场秩序。要强化商品质量监管，严厉打击侵犯商标专用权和销售假冒伪劣商品的违法行为，严肃查处虚假违法广告，严厉打击传销，严格规范直销，维护经营者和消费者合法权益。

（四）企业住所（经营场所）管理制度

工商行政管理机关根据投诉举报，依法处理市场主体登记住所（经营场所）与实际情况不符的问题。对于应当具备特定条件的住所（经营场所），或者利用非法建筑、擅自改变房屋用途等从事经营活动的，由规划、建设、国土、房屋管理、公安、环保、安全监管等部门依法管理；涉及许可审批事项的，由负责许可审批的行政管理部门依法监管。

三、企业变更和终止的国家干预法律制度

与企业的设立一样，在市场经济体制下，企业的变更和终止，主要应当是企业投资者自主决定的事项，但企业的变更和终止不仅涉及企业及其出资者的自身利益，而且对社会公共利益乃至国家利益也会产生直接和间接的影响，因此，企业的变更和终止的自由不应绝对化，而应当同时接受国家干预的制约。在某些场合（如企业因违法而被政府或政府主管部门责令撤销），国家干预还呈现出绝对的权威性。依我国现行法，国家对企业变更和终止的干预，主要体现在以下几方面：

（一）对一些企业的变更和终止进行决定或审批

由政府对一些企业的变更和终止进行决定或审批，这在我国社会主义市场经济体制确立前后的企业法中都由体现。在企业的终止方面，我国不同时期的企业法都规定，对于违法的企业，政府有关部门可以根据违法的情节，依法吊销营业执照、责令关闭或者予以撤销。在企业的变更方面，《全民所有制工业企业法》规定，企业合并或者分立，依照法律、行政法规的规定，由政府或者政府主管部门批准（第18条）。《中外合资经营企业法实施条例》规定，在下列情况下，应由董事会提出解散申请书，报审批机构批准（第90条）：企业发生严重亏损，无力继续经营；合营一方不履行合营企业协议、合同、章程规定的义务，致使企业无法继续经营；因自然灾害、战争等不可抗力遭受严重损失，无法继续经营；合营企业未达到其经营目的，同时又无发展前途；等等。此外，《中外合作经营企业法》（第7条）及《中外合作经营企业法实施细则》（第48条）、《外资企业法》（第10条）及《外资企业法实施细则》（第75条）亦有类似规定。当然，本着有利于企业按照市场的情况，根据效率的原则运行的考虑，我国现行《公司法》等实行市场经济体制之后制定、修改的企业法放松了对企业变更和终止的行政管制，企业变更和终止的自由度有了很大的提高。

（二）对企业的变更和终止实施登记管理

企业变更和终止应向企业登记主管机关办理登记，这是我国企业法的一项基本要求。为使企业登记管理有所依据，我国先后发布了《企业法人登记管理条例》《公司登记管理条例》等专门规范。同时，立法还确立了企业的年度报告公示、证照和档案管理制度，从而使企业的登记与管理紧密地结合起来，并使登记管理经常化。对企业的变更和终止实施登记管理，其主要目的在于确立企业的主体资格（诸如企业合并、分立等变更可能产生新的企业），向社会公众公示企业的基本情况以确保交易安全，同时使登记机关及时掌握社会经济生活中企业的构成和状况，从而为制定国民经济和社会发展规划、进行工商管理和宏观经济调控提供依据。

（三）引导企业实现资源的优化配置

资源优化配置是指按效用最大化原则组合多种资源。经济发展的历史表明，市场是实现资源优化配置最有效的手段，然而，这并不意味着国家在促进资源优化配置方面是无能为力的，在确保市场对资源配置起决定性作用的同时更好地发挥政府的作用，可避免资源的低效配置和浪费。为此，我国立法对企业的变更和终止规定了一些引导措施，以适应资源优化配置之需，进行产业结构、产品结构和企业组织结构的调整。我国有关法规中关于产品不符合国家产业政策或无市场销路的企业实行转产的规定，对转入国家急需发展的产业的企业给予减免所得税的规定，即为此种引导的体现。

（四）防止企业变更和终止中形成垄断势力

企业的变更和终止在很多情况下都涉及企业资产的重组问题。在没有外在力量制约的情况下，企业变更和终止的结果，往往是社会资源集中度的提高。这种资源集中度的提高有利于形成企业的规模优势，取得规模经济的效果。但是，资源的过度集中又会造成市场集中度的不适当提高，从而形成垄断势力，限制、排斥竞争。因此，早在 20 世纪 80 年代初期及中期，我国在有关推动联合，保护竞争的规定中，便提出了既要推动企业联合，允许甚至鼓励企业通过兼并、组建企业集团等方式实现合并，又要反对过大规模的企业合并，防止经济力过度集中的垄断企业产生的思想。我国《反垄断法》关于规制经营者集中的规定和制度，则是我国目前防止企业变更和终止形成垄断势力的主要法律依据。

■ 思考题

1. 试述民法和经济法对企业运行规制的分工。
2. 试述企业运行中的国家干预法律制度产生的合理性。
3. 如何协调国家干预与企业自主经营的关系？
4. 从实然和应然的角度，分析我国有关企业运行中国家干预的法律规定。

■ 参考书目

1. 李昌麒：《经济法——国家干预经济的基本法律形式》，四川人民出版社 1995 年版。
2. 单飞跃、卢代富等：《需要国家干预——经济法视域的解读》，法律出版社 2005 年版。
3. 顾培东主编：《中国企业运行的法律机制》，重庆出版社 1991 年版。
4. 史际春：《国有企业法论》，中国法制出版社 1997 年版。
5. 单飞跃、王显勇：《经济法视域中的企业法》，中国检察出版社 2005 年版。
6. 蔡立东：《公司自治论》，北京大学出版社 2006 年版。

第十章　企业社会责任

第一节　企业社会责任的界定

一、企业社会责任的定义和特点

　　企业社会责任是 20 世纪初以来发达资本主义国家学界，尤其是企业理论界和企业法学界讨论较多的问题之一，然而，究竟什么是企业社会责任？对此迄今尚无统一的界说。一般而言，企业社会责任，是指企业在谋求股东[1]利润最大化之外所负有的维护和增进社会利益的义务。在英、美等国，企业社会责任理念主要是针对作为企业的公司、特别是大型股份有限公司权力的膨胀以及由此所引发的社会问题而形成的，故而，企业社会责任在这些国家经常被具体化为公司社会责任（Corporate Social Responsibility）。

　　企业社会责任与其他责任形态相比，具有以下几方面的特点：

---

[1] 严格讲，只有公司法意义上公司的股权拥有者才能被称为"股东"，我国以"投资者"或"出资者"泛指包括公司在内的一切企业的资本的提供者。鉴于"投资者"包括股权式投资者和债权式投资者（如债券购买者），"出资者"与"投资者"在我国又常未作区分，加之国外及我国经济学界广泛使用"股东"一词来指非公司法意义上公司的注册资本或注册资金提供者，为行文方便，此处亦使用"股东"一词，以表示一切企业的资本的提供者。

（一）企业社会责任是一种关系责任或积极责任

具体而言，"责任"一词包含两方面的语义：一为关系责任；二为方式责任。前者是一方主体基于与他方主体的某种关系而负有的责任，这种责任实际上就是义务；后者为负有关系责任（即义务）的主体不履行其关系责任所承担的否定性后果。[1]企业社会责任实为企业的义务，尽管违反该义务将产生某种道义上的甚至法律上的否定性后果，但后者并未纳入"企业社会责任"这一范畴。可以说，"企业社会责任"中的"责任"是指"义务"，这在学界和实务界都是一个无可置辩的定论。此外，我国法学界还将义务视为积极责任；将不履行义务所产生的否定性后果看作消极责任。若以这种划分方法来看待企业社会责任，则它显然又属一种积极责任。

（二）企业社会责任以企业的非股东利益相关者为企业义务的相对方

按照各国的通常理解，这里所谓"企业的非股东利益相关者"（Non-stockholders 或者 Non-shareholders），是企业的利益相关者（Stakeholders）的构成部分，是指在股东以外，受企业决策与行为现实的和潜在的、直接的和间接的影响的一切人。具体包括企业的雇员，企业产品的消费者，企业的债权人，经济和社会发展规划、资源和环境、社会保障和福利事业的受益者等方面的群体。在企业社会责任的倡导者看来，因企业的非股东利益相关者在企业中存在利害关系（Stakes），故而企业对他们的利益负有维护和保障之责，这种责任即企业社会责任；企业的非股东利益相关者也便成为企业社会责任的相对方。至于企业的股东（Stockholders 或者 Shareholders），也是一种重要的企业的利益相关者，企业对他们也负有直接的责任，此即实现股东利润最大化的责任。然而，由于企业对股东所负有的实现利润最大化责任在国外相关理论中被视为有别于企业社会责任的经济责任，因此，股东应是企业经济责任的相对方而非企业社会责任的相对方。

这里需要进一步明确的是：国家或政府是否是企业社会责任的相对方？毋庸置疑，国家或政府在企业中也有利害关系，因而也是企业的重要利益相关者；各国法律也无一例外地要求企业对国家或政府负担各种责任（如纳税、接受国家或政府的干预、完成国家或政府交付的特定任务等）。然而，企业对国家或政府的责任尽管与社会利益有着直接的牵连，但它与企业社会责任毕竟是两种不同的企业责任形态。因为，前者以国家或政府本位为出发点，重在实现国家或政府利益；后者则以社会本位为着眼点，旨在维护和提升社会利益。国家或政府利益与社会利益在绝大多数情况下是一致的和互动的，但这二者的一致和互动又是有条件的，在某些时候，由于国家或政府的偏好或有限理性，国家或政府对自身利益的追求将不可避免地与社会利益发生偏差；在极端情况下，缘于国家或政府的非理性，国家或政府对自身利益的追求还将严重背离和践踏社会利益。因企业社会责任主要关注的是社会利益而非国家利益，企业对国家或政府的责任从根本上讲并非企业社会责任，故国家或政府也就不是企业社会责任的相对方。从早期企业社会责任的倡导者在使用"企业社会责任"一语时所表达的基本意旨看，也几乎不把企业对国家或政府的责任纳入其考量的对象范围；在划定作为企业社会责任相对方的企业非股东利益相关者时，国家或政府相应地被排除在外。

（三）企业社会责任是企业的法律义务和道德义务的统一

法律义务是法定化的且以国家强制力作为其履行的现实和潜在保障的义务。这种义务在法律上不仅有具体的内容和履行上的要求，而且对于怠于或拒不履行也有否定性的法律评价和相

---

[1] 参见张文显主编：《法理学》，法律出版社 1997 年版，第 143 页。

应的法律补救，因此，它实际上是对义务人的"硬约束"，是维护基本社会秩序所必需的最低限度的道德的法律化。道德义务是由义务人自愿履行且以国家强制力以外的其他手段作为其履行保障的义务。这种义务的内容存在于一定社会的道德意识之中，通过人们的言行和道德评价表现出来；其中部分义务可能规定或反映在法律之中，但是否履行仍由当事人选择确定。由于这种义务不以国家强制力为其履行保障，而只能通过义务人的责任感以及教育、规劝、鼓励、舆论评判等非法律手段的引导和促使来确保其承担，因而它实际上是对义务人的"软约束"，是在法律义务之外对人们提出的更高的道德要求。企业社会责任作为企业对社会负有的一种义务，并非单纯的法律义务或道德义务，而是这两者的统一。例如，企业按照环境保护法规定预防和治理环境污染，是企业的法律义务；企业按照比环境保护法的要求更为严格的标准预防和治理环境污染，则是企业的道德义务。而将这两种同时归入企业在环境保护方面的社会责任，这在各国已几无争议。

（四）企业社会责任是对传统的股东利润最大化原则的修正和补充

传统的企业和企业法以股东本位为出发点，认为最大限度地营利从而实现股东利润最大化是企业最高甚至唯一的目标。企业社会责任则以社会本位为出发点，认为企业的目标应是二元的，除最大限度地实现股东利润最大化外，还应尽可能地维护和增进社会利益。在企业社会责任的倡导者看来，对于利润和社会利益两方面的企业目标，任何一个目标的最大化都将受到另一目标的制约，因此，利润目标和社会利益目标经常处于深沉的张力之中。二者在相互约束的条件下实现其各自的最大化（相对最大化），便在企业目标上达成了一种均衡状态。显然，企业社会责任是对股东利润最大化这一传统原则的修正和补充，且这一修正和补充并不否认股东利润最大化原则，其主旨在于以企业的二元目标代替传统的一元企业目标。至于企业的利润目标和社会利益目标的冲突及其衡平问题，则正是企业社会责任理论提出和建构的出发点和归宿之一。

二、企业社会责任的范围

企业社会责任在不同的国家、同一国家的不同历史时期有不同的内容。从总体上看，在早期，人们观念中的企业社会责任仅指企业进行慈善性活动和其他社会福利活动的道德义务。随着企业对社会影响力的不断增强，人们对安全、生态等社会问题的日益重视以及旨在解决这些问题的立法的逐步增加，企业社会责任亦相应包含了更为宽泛的内容。近年来，企业社会责任已被普遍理解为企业在追求利润最大化之外，对企业的所有非股东利益相关者所负有的责任。然而，企业的利益相关者极为广泛，因而对企业所负担的社会责任的具体内容难以作出全面的划定；也正是缘于此，学界对企业社会责任之外延迄今尚无统一的界定。一般而言，企业社会责任包括但不限于以下几项内容：

（一）对雇员的责任

在资本主义国家的传统企业法尤其是传统公司法中，雇员只是企业的劳动者，而非企业的成员。[1]但雇员的利益和命运与企业的运营又是休戚相关的。因此，雇员是企业的一种重要的利益相关者。为了促使企业切实保障和充分考虑雇员的利益，当代各国均无一例外地将企业对雇员的责任列为企业社会责任的一项主要内容。企业对雇员的责任是多方面的，既包括在劳动法意义上保证雇员实现其就业和择业权、劳动报酬获取权、休息休假权、劳动安全卫生保障

---

〔1〕　雇员尽管处于企业之中并为企业构成所必需，但在这些国家的传统法律尤其是传统公司法中，雇员仅作为具有劳动资格的从业人员而未被视为公司的成员；公司的成员有其特定的含义，指公司的出资者，即公司资本的提供者。因此，在这些国家中，公司的成员（Members of Corporation）与股东（Shareholders）是同义语。

权、职业技能培训享受权、社会保险和社会福利待遇权等劳动权利的法律义务，也包括企业按照高于法律规定的标准对雇员担负的道德义务。西方曾有学者提出，企业对于能否通过裁员、降低雇员薪金、削减劳动安全保护和员工培训开支来降低企业的生产经营成本，以及能否通过延长雇员劳动时间来提高企业产量等问题应当慎重决策，其意旨就是要求企业在追求利润的过程中尽可能地兼顾雇员的利益，从而真正担负起对雇员的责任。

（二）对消费者的责任

消费者是企业产品的接受者和使用者，其生活水平的高低在很大程度取决于企业所提供的产品的品种、质量、价格等因素。消费者的分散性、求偿能力的局限性以及现代科技的发达所导致的产品缺陷的隐蔽性，又使得消费者在客观上处于一种社会弱者的地位。鉴于此，企业社会责任的倡导者们都将企业对消费者的责任视为企业社会责任的一项重要内容。这项责任的主旨在于促使企业充分尊重消费者的权益和需求，真正承担起增加产品花色品种、确保并不断提高产品品质、抑制通货膨胀等方面的法律义务和道德义务。

（三）对债权人的责任

企业的债权人与企业的债务人均是企业的交易相对人，但与企业的债务人对企业负有债务责任不同，企业的债权人对企业享有权利（即债权），或言之，企业对其债权人负有债务责任。这一责任是否被切实地予以履行，涉及企业的债权人所预期的经济利益能否得以实现的重大问题，因此，企业的债权人是企业的一类重要利益相关者。企业的债权人和债务责任内容在具体的法律关系中是特定的，因而这种情形下企业对其债权人所负的债务责任是对人性质的，受民法调整。但除此之外，企业还对作为整体的债权人群体负有确保交易安全的责任，这一责任要求企业在任何情况下对任一债权人都合法、善意、无过失地为交易行为，切实履行依法订立的合同。这是与基于具体的法律关系所生之特定债务稍有不同的一种抽象的、一般的责任，在某种意义上讲，这种责任具有一定程度的对世性质。在国外学者的心目中，作为企业社会责任对待的企业对债权人的责任，更多的是指这一责任。

（四）对环境、资源的保护与合理利用的责任

这是企业对环境和资源所有现实的和潜在的受益人所负担的一项责任。环境、资源的保护与合理利用，不仅关系到当代人类的切身利益，而且事关子孙后代的生存和发展，是实现人类社会可持续发展的前提和关键。企业对环境、资源的保护与合理利用承担责任，这是企业对全人类和后代人负责的体现，因而企业的这项责任是一种典型的企业社会责任。

（五）对所在社区经济社会发展的责任

这是企业以其所在社区或者所在社区的居民为相对方的责任。企业与其所在的社区有着密不可分的联系，企业给社区经济带来了繁荣，但也使社区居民成为污染等由企业造成的危害的最大或最直接的受害者；社区为企业提供治安、基础设施等方面的必要保障，从而使企业的生产经营活动能够得以正常展开。这些都意味着企业应对社区承担某些特殊责任。近年来，在西方国家，这类责任无不列为企业社会责任的基本内容之一。它要求企业积极参与并资助社区公益事业和公共工程项目建设，协调好自身与社区内各方面的关系。由于这种责任实际上是企业按照高于法律规定的标准，对其所在的社区这一企业的特殊利害关系方承担的责任，因此，它属于一种道德义务。

（六）　对社会福利[1]和社会公益事业的责任

企业的这项责任包含的内容颇为广泛，诸如向医院、养老院、患病者、贫困者等进行慈善性捐赠，招聘残疾人、缺乏劳动技能者或其他就业困难者，向教育机构提供奖学金或其他款项，参与预防犯罪或为预防犯罪提供资金等，均属此列。企业对社会福利和社会公益事业的责任是传统的企业社会责任。这一责任是以高于法律的标准对企业所作的要求，其履行尽管受到国家和社会的肯定和褒扬，但又必须以出于企业的自愿为前提，因而它是一种典型的道德义务。

第二节　企业社会责任在国外的确立

一、国外学者关于企业社会责任的争鸣

（一）　企业目标的传统定位及其对企业社会责任的否定

企业目标的传统定位是探讨企业社会责任时首先应予涉及的一个问题。概而言之，企业在社会生活中应以谋求利润最大化进而实现股东利润最大化为其最终乃至唯一目标，这便是企业目标的传统定位。

企业及其股东利润最大化是经济学上的"最大化"这一假设在股东以及股东出资于企业方面的具体化。最大化即行为人追求自身利益的最大化。最大化假设又是建立在理性人或者说经济人这一经济学上的另一假设的基础之上的。理性人或经济人假设认为，经济行为主体都是有理性的，即具有计算和追求行为目标效用最大化的秉性。关于理性人或经济人及其利润最大化假设，古典经济学的代表人物亚当·斯密（Adam Smith）曾有过经典的阐述。他认为，在现实社会中，一切从事经济活动的人，都是为了满足自己私利的经济人，而且追求私利的经济人，往往表现为追逐利润的资产者。[2]同时，这些经济人追求利润的最大化，或者更一般地说追求货币收入最大化或效用最大化。[3]最大化与私有财产、市场协调机制一起，被一些西方学者誉为社会，尤其是资本主义社会的三大支柱。[4]

传统的经济理论根据最大化假定，将利润最大化定位为企业及其股东的最终乃至唯一目标，实际上意味着企业在社会生活中所扮演的角色是单一的，即只能是股东实现利润最大化的工具。这是对企业社会责任的一种否定。这种否定可以从亚当·斯密着力歌颂利己主义的著名论断进一步看出。在亚当·斯密看来，资产所有者的利己动机并不是一件坏事，相反还是一件好事，因为"各个人都不断努力为他自己所能支配的资本找到最有利的用途。固然，他所考虑的不是社会的利益，而是他自身的利益，但他对自身利益的研究自然会或者毋宁说必然会引导他选定最有利于社会的用途"。[5]至于对个人利益的追求如何被引上对社会有益的道路，亚当·斯密认为这不是经济人所要考虑的事，国家对此也无须干预，而有一只"看不见的手"自然地予以解决，即"他受着一只看不见的手的指导，去尽力达到一个并非他本意想要达到的目的，也并不因为事非出于本意，就对社会有害。他追求自己的利益，往往使他能比在真正

---

[1]　此处的"社会福利"，指企业雇员依法享受的由企业资方直接给予的福利以外的其他各种福利。

[2]　蒋自强、张旭昆：《三次革命和三次综合——西方经济学演化模式研究》，上海人民出版社1996年版，第112页。

[3]　刘世锦：《经济体制效率分析导论》，上海三联书店、上海人民出版社1994年版，第26页。

[4]　[德] P. 科斯洛夫斯基：《资本主义的伦理学》，王彤译，中国社会科学出版社1996年版，第6页。

[5]　[英] 亚当·斯密：《国民财富的性质和原因的研究》（下卷），郭大力译，商务印书馆1972年版，第25页。

出于本意的情况下更有效地促进社会的利益"。[1]显然，按照亚当·斯密的设想，出资设立企业的股东是典型的经济人，他们及其出资设立的企业都只能以利润最大化为目标，而不必考虑社会利益或者说负担社会责任。

自最大化假设提出以后，尤其是 20 世纪 30 年代以来，经济学界和公司法学界在坚持最大化假设的前提下，进一步确立了一系列无视甚至否认企业社会责任的理论和制度安排：

1. 在经济学界，占主导地位的企业理论是企业的契约理论。尽管这种理论的不同论者们在分析侧重点和分析方法上存有差异，但他们都将企业视为契约，拒不承认企业的实体地位或法人地位；作为其逻辑结果，这种理论也就不承认企业作为独立实体或法人享有权利和承担责任（包括负担社会责任）。企业的契约理论由科斯（R. H. Coase）开创。1937 年，科斯在其发表的经典论文《企业的性质》中指出，企业和市场是"两种可相互替代的协调生产的手段"；[2]它们之间的不同表现在：在市场上，资源的配置由非人格化的价格来调节，而在企业内，相同的工作则通过权威关系来完成。企业内的活动原本也可以由个人单独地进行，但个人之间的谈判成本将是巨大的，通过组成企业这种长期契约，从而形成一定的权威，便使有资本但缺乏管理才能的人与有管理才能但缺少资本的人之间的合约变得简单。因此，"企业的显著标志是对价格机制的替代"。[3]"科斯的理论对于研究企业社会责任是重要的，因为它拒绝了企业是国家干预而最终形成的法律实体这一观念，认为国家的作用仅在于对私人业已订立的契约进行登记，而不是对这种契约强加责任。"[4]自科斯的理论发表后，含有否认企业社会责任意蕴的另一颇具代表性的企业定义是由迈克尔·詹森（Michael C. Jensen）和威廉·梅克林（William Meckling）提出来的。在他们看来，企业作为一种组织完全是一个法律上的假设，企业实则个人之间的一组契约关系的连接点（Nexus）；就企业而言，这"一组契约关系"就是劳动所有者、物质投入和资本投入的提供者、产品的消费者等相互之间的契约关系。詹森和梅克林进一步认为，将企业视为个人之间的一组契约关系的连接点可使这样一种观点得以澄清：用提出诸如"企业的目标函数是什么"或"企业是否有社会责任"这类问题来暗示企业的人格化是种严重的误导。[5]由此可见，詹森和梅克林的企业理论是否定企业的实体地位或法人地位的；同时，这一理论认为，若承认企业社会责任，将肯定企业具有实体地位或法人地位这一在他们看来是错误的命题。这足见这一理论对企业社会责任的否定。[6]

2. 与经济学界否认企业的实体地位或法人地位的观点占主流的情形不同，在公司法学界，

---

〔1〕 ［英］亚当·斯密：《国民财富的性质和原因的研究》（下卷），郭大力译，商务印书馆 1972 年版，第 27 页。

〔2〕 R. H. Coase, "The Nature of the Film", *Economics*, Nov. , 1937, p. 388.

〔3〕 R. H. Coase, "The Nature of the Film", *Economics*, Nov. , 1937, p. 388.

〔4〕 Mark F. Wright, "Corporate Governance and Directors' Social Responsibilities: Responsible Inefficiency or Irresponsible Efficiency?", *Business Law Review*, Aug. /Sep. , 1996, p. 174.

〔5〕 ［美］迈克尔·詹森、威廉·梅克林："企业理论：管理行为、代理成本与所有权结构"，载陈郁编：《所有权、控制权与激励》，上海三联书店、上海人民出版社 1998 年版，第 1～84 页。

〔6〕 应予注意的是，也有西方学者认为，契约连接点理论并不否认企业社会责任；相反，若接受这一理论，还可为确立企业社会责任留下余地。发端于德国并在欧洲程度不同地被接受的雇员参与企业决策实践（这是企业对雇员负担责任的体现），基于的便是雇员是劳动投入者这一事实。此外，股东是企业的资本投入者，企业自应对其负责，这种责任即为确保利润最大化，但利润最大化也可通过企业履行社会责任的方式来实现。如，企业的慈善捐赠可以建立良好的公共关系，而良好的公共关系对企业的经营和股东的获利是有益无害的。因此，在企业对雇员的责任之外，再赋予企业以其他社会责任，不仅可使社会受益，而且有益于企业和作为企业资本投入者的股东。[Mark F. Wright, "Corporate Governance and Directors' Social Responsibilities: Responsible Inefficiency or Irresponsible Efficiency?", *Business Law Review*, Aug. /Sep. , 1996, p. 178.]

公司的法人资格被得到了普遍的认同，甚至有学者认为：作为法人的"公司是现代社会最伟大的独一无二的发明。就连蒸汽机和电都无法与之媲美，而且倘若没有公司，蒸汽机和电的重要性更会相应地萎缩"。[1]公司法人资格的确立，为公司独立享受权利和承担义务（包括负担社会责任）提供了必要的前提。然而尽管如此，经济学上的最大化假设仍然为传统公司法理论所接受甚至被推向了极致。这种传统公司法理论认为，公司为纯粹的营利性经济组织，尽可能地获取利润从而实现股东利润的最大化是公司的最高和最终目标。由于公司意志的形成以及公司行为的实施是通过公司机关来进行的，而现代公司中董事这一公司机关的权力异常强大，故而，为了切实保证董事实现公司和股东的利润最大化目标，许多国家，尤其是英美法系国家的学界基于信托法的理念，形成了一种关于董事地位和责任的理论。按照这种理论，董事是为公司（当然也为股东）利益而拥有和行使权力的经营者，作为公司的受信人（Fiduciary），董事对公司负有信义义务（Fiduciary Duty，Fiduciary Obligation），也就是为公司的最大利益而行为的义务。信义义务包括注意义务和忠实义务。前者要求董事在作出经营决策时，其行为标准必须为了公司的最大利益，以适当的方式并尽可能合理地履行职责；后者要求董事在进行经营活动中，其自身利益与公司利益一旦存在冲突，则必须以公司的最大利益为重，不得将自身利益置于公司利益之上。显然，这种关于董事地位和责任的理论，其着眼点主要在于保证公司利润最大化，进而实现股东利润最大化。这种理论已反映在各国，尤其是英美法系国家的传统公司立法中。显然，它忽略了对公司社会责任的应有关注，从某种意义上讲，它是否认公司的社会责任的。

（二）企业社会责任的提出和争论

1. 企业社会责任的提出。企业社会责任的理念滥觞于 20 世纪初美国关于公司对利害关系人[2]负责的观念。1929 年，通用电器公司的一位经理欧文·D. 杨（Owen D. Young）在他的一次演说中指出，不仅股东，而且雇员、顾客和广大公众在公司中都有某种利益，而公司的经理们有义务保护这种利益。[3]这是公司对利害关系人负责观念的典型的、最早的表达之一。随着理论界关于公司对其利害关系人责任问题研究的深入和细化，一些学者向传统的企业理论和公司法理论提出了挑战，他们将公司的利害关系人区分为追求利润最大化情形下的股东以及其他利害关系人（后者通常被称为非股东利害关系人），并将研究的重点放在后者的利益上，同时把公司对后者利益的关注之责，称为公司的社会责任。

在美国的影响下，英国的理论界也于 20 世纪中后期引入了公司的社会责任理念。因应理论界关于确认公司的社会责任的呼声，1973 年，英国工业联合会（CBI）还在一份重要的声明中承认，有必要要求公司在法律上接受诸如"其商业活动的环境后果和社会后果方面的社会责任"。该声明在污染、资源保护、地方共同体事务以及国内和国际事务项下罗列出广泛的公司应考虑的问题。公司的社会目的尽管给董事和经理们造成了困难，尽管董事和经理们压倒一切的职责依然是真诚地按照他们认为最有利于公司的方式——当今的英国公司法解释为"公司的长远利益"——行事，但是在某些领域，理论界还是支持加强对公司事务的"效益"审

---

[1]　这是美国哥伦比亚大学教授尼古拉斯·默里·巴特勒于 1921 年提出的观点。转引自［美］R. W. 汉密尔顿：《公司法》（第 4 版）影印注释本导读，中国人民大学出版社 2001 年版，第 2 页。

[2]　"利害关系人（Stakeholders）"一词，最早见于 1963 年斯坦福研究所的一份备忘录，系指"那些没有其支持，组织便不复存在的各种集团"。参见刘俊海："强化公司的社会责任——建立我国现代企业制度的一项重要内容"，载王保树主编：《商事法论集》（第 2 卷），法律出版社 1997 年版，第 82 页。

[3]　刘俊海："强化公司的社会责任——建立我国现代企业制度的一项重要内容"，载王保树主编：《商事法论集》（第 2 卷），法律出版社 1997 年版，第 82 页。

计和"社会"审计以及可能的法律执行。[1]

在日本，企业社会责任被经济界提出来，大概是在 1956 年 11 月，始于经济同友会[2]全国大会关于《经营者对社会责任的觉悟与实践》的决议。该决议指出："企业在今天，已脱离了单纯朴素的私有领域，而成为社会制度中有力的一环。其经营也不仅仅是受资本提供者的委托，它包含着来自全社会的信任。与此同时，个别企业的利益原原本本地与社会相调和的时代已经过去了。现在，经营者对其调和不作进一步的努力，非但谋求国民经济的繁荣，就是谋求企业自身发展也是不可能的了。换言之，理论上说也好，实践上也好，只是单纯追求自己企业的利益是不允许的。……要使生产诸要素最有效地结合，生产出物美价廉的产品，就不能不站在所谓提供'优惠服务'的立场上。所以像这样形成的企业经营，是所谓真正现代化的，是值得提倡的。经营者的社会责任，即在于此。"[3]按照金泽良雄的看法，这里所表达的企业社会责任，其着眼点是放在企业的公共优惠服务和企业利润的社会机能上的。从 20 世纪 70 年代起，企业社会责任的外延被理论界加以扩大，除既有的责任类型外，公害、环境等诸多问题也成为学者界定企业社会责任时关注的事项。1974 年 4 月，经济同友会总会发表木田川的论文，对此时的情况作了明确的说明："作为自由经济的承担者，现在正确立与新时代相适应的主体性。企业、产业及地区的各个领域，对经济危机、环境、土地、国民福利问题等许多领域的问题，不能不作出积极的反应。"[4]由于自此时起的企业社会责任观所指的社会责任范围宽泛，故而被称之为扩大的社会责任论。

在欧洲大陆法系国家，企业社会责任的理论探讨虽不及美、英、日等国那般激烈，但依然存在企业社会责任理念和相关的制度安排。尤其是在德国，理论界和实务界最早涉及所有权的限制即所有权的社会性问题，这为强化企业社会责任提供了适宜的土壤，也成为德国开创在公司立法中确立公司社会责任的先河的一个缘由。[5]此外，德国和荷兰等国有着雇员参与企业决策的传统，依学界通说，这是企业对雇员承担的一种社会责任。德国和荷兰关于雇员参与公司决策的体制，得到了欧洲经济共同体的认同。欧洲经济共同体协调成员国公司法的《公司法第五号指令草案》(*The Draft Fifth Directive on Company Law*)，即是为推广德国、荷兰的做法而作出的。[6]该指令虽然并未生效，但由此也不难发现公司对雇员承担社会责任的思想在欧洲是客观存在的。

2. 企业社会责任的争论。与任何其他挑战传统的理论一样，企业社会责任一提出，便引起了理论界的广泛关注和争论。美国是企业社会责任理论的发祥地，也是对企业社会责任问题质疑最早和最多的国家。可以说，支持抑或反对企业社会责任的观点，都可以在美国找到极其丰富的理论资源；美国关于企业社会责任的争论，基本上可以反映出世界范围内人们对这一问

[1]　[英]高尔：《现代公司法原理》(L. C. B. Gower, *Gower's Principles of Modern Company Law*, 4th ed., Stevens, 1979)，杨泽延摘译，载《外国公司法》，西南政法学院民法教研室 1985 年印行，第 128～129 页。

[2]　经济同友会，简称"同友会"，是日本一些大企业家研究和讨论经济问题及其解决方案的组织，素有"智囊团"之称，于 1946 年 6 月成立，总部设在东京。

[3]　转引自[日]金泽良雄：《当代经济法》，刘瑞复译，辽宁人民出版社 1988 年版，第 104 页。

[4]　转引自[日]金泽良雄：《当代经济法》，刘瑞复译，辽宁人民出版社 1988 年版，第 105 页。

[5]　1937 年德国《股份公司法》规定："董事必须追求股东的利益、公司雇员的利益和公共利益。"人们认为，德国《股份公司法》的这一规定，直接渊源于所有权社会性的思想；也有学者指出，这一立法例，开创了在公司法中确立企业社会责任之先河。

[6]　J. J. Du Plessis & J. Dine, "The Fate of the Draft Fifth Directive on Company Law: Accommodation Instead of Harmonisation", January Issue, *The Journal of Business Law*, 1997, Sweet & Maxwell and Contributors, pp. 29～30.

题的不同看法。也正是缘于此，以下以美国的情况为聚焦点，对企业社会责任的争论作一概述。

通常认为，美国关于企业社会责任大规模的理论之争，始于 20 世纪 30 年代初阿道夫·A. 贝利（Adolf A. Berle）与 E. 梅里克·多德（E. Merrick Dodd）两位教授所展开的一场著名论战。[1]在公司的功能、角色和公司管理人员是谁的受托人（For Whom Are Corporate Managers Trustees）等问题上，贝利代表了传统的公司法理论，认为公司是营利性经济组织，一切公司权力都是为股东的利益而委托的权力，公司管理人员是受股东委托、为了股东的利益管理和控制公司的；法律的功能在于保护股东的利益，防止管理层放弃追求利润动机的可能性。[2]而多德的观点则带有明显的反传统公司法理论的特色。他认为，从现行法律上看，贝利的说法无疑是正确的，但使用私人财产是深受公共利益影响的。公司应是同时具有营利和社会服务（Social Service）两种功能的经济机构（An Economic Institution），公司权力作为一种受托权力是为了全社会的利益，不仅公司的商事活动要对社会承担责任，而且控制公司商事活动的经营者要自觉地履行这种责任。[3]一言以蔽之，多德认为公司既应为股东谋取利润，也要承担社会责任；公司的管理人员既是股东的受托人，也是社会的受托人。贝利与多德在这场争论中尽管针锋相对，但 20 年后，贝利承认多德的观点占了主导地位。

自贝利与多德之间的论战之后，美国有关企业社会责任的理论之争仍持续不断。如，20 世纪 60 年代兴起的管理学派极力主张企业社会责任，认为"董事和经理们是站在与公司经营所涉及的股东、雇员、代理商、原材料及设备供应商乃至全社会等各种利益的交叉点上，这些利益中很难说谁占主导地位，董事们需同时满足他们"。[4]这一主张立即遭到了自由学派的反对。弗里德曼就指出，在企业自由和财产私有的制度下，公司的管理人员只是作为该公司老板的股东的雇员，他们对其雇主负责，这种责任就是在遵守社会基本规则的同时尽量多赚钱；如果企业有社会责任的话，那么，企业社会责任就是增加利润。[5]从 20 世纪 80 年代初起，美国策动了一场世界范围的公司治理结构的大讨论，有关企业社会责任的纷争也再度被推向高潮。在这场讨论中，美国的部分州也进行了公司治理结构改革的实践，并在公司法中增设了一些保护非股东利害关系人的条款。但尽管如此，仍有理由相信有关企业社会责任的讨论还将持续下去。一方面，赞同企业社会责任的观点业已并仍将继续为众多的学者和社会公众所认可；另一方面，反对企业社会责任的观点也将还有不少的追随者。

二、企业社会责任在国外立法和司法实践中的确立

由于制定和实施有关环境、自然资源的保护与合理利用以及雇员保护等包括企业在内的各种社会活动主体必须遵循的法律规范，在各国均有着比企业社会责任理论出现更为悠久的历史，所以应当说，企业社会责任在立法和司法实践中的确立先于企业社会责任作为一个理论问题的提出。然而，具有划时代意义的是在企业（或公司）立法和司法实践中确立企业社会责任。这主要是因为，能否作出这样的制度安排，这才是学界关注和争论的焦点。从一些发达国家的情况看，尽管企业社会责任一提出便受到传统理论，尤其是传统公司法理论的坚持者们的

---

[1] 这场争论由于是以《哈佛法学评论》为其阵地开始的，故被称为哈佛论战（The Harvard Debate）。
[2] A. A. Berle, Jr., "Corporate Powers as Powers in Trust", *Harvard Law Review*, Vol. 44, 1931, p. 1049.
[3] E. M. Dodd, Jr., "For Whom Are Corporate Managers Trstees?", *Harvard Law Review*, Vol. 45, 1932, pp. 1145, 1148.
[4] 张开平：《英美公司董事法律制度研究》，法律出版社 1998 年版，第 167 页。
[5] ［美］丹尼尔·贝尔：《后工业社会的来临——对社会预测的一项探索》，高铦等译，新华出版社 1997 年版，第 319～320 页。

非难，但它还是在企业（或公司）立法和司法实践中被确立下来。

（一）美国关于企业社会责任的判例与立法

美国公司司法和立法界对企业社会责任经历了由拒绝到承认、由判例法承认到由制定法承认的发展历程。20世纪初期，法院对企业社会责任基本上持否定的态度。其典型判例是1919年的"道齐诉福特汽车公司"案（Dodge v. Ford Motor Co.）。在本案中，福特公司的管理层为了降低汽车价格、提高汽车质量并投资建厂以增加就业机会，打算停止分发股利。法院认为这属于不正当目的，因为组建商事公司、从事生产经营主要是为了股东的营利目的；董事的权力只能基于这一目的而行使，其自主权限于为达这一目的而选择不同的手段，而不能扩大到改变这一目的本身。据此，法院判决福特公司继续分发股利。

自"福特汽车公司"案之后，也有一些判例开始承认企业社会责任。其中较为著名的是"派伯诉李顿"案（Pepper v. Litton）。在本案中，法院认为，董事的信托义务是为了保护公司的全体利害关系人的利益而确立的。但是，由于在本案及日后的诸多案例中，法院对于公司作出的利于非股东利害关系人的决定，通常以是否符合股东的长远利益来权衡和作出判断的，被法院认可的利于非股东利害关系人的公司决定，往往被法院解释为符合公司的长远利益，因此可以认为，尽管企业社会责任得到了认可，但股东利益至上的观念并未放弃。

1953年，发生于新泽西州的著名的"史密斯制造公司诉巴劳"案（A. P. Smith Manufacturing Co. v. Barlow）被视为是公开、明确要求董事会放弃仅以股东利润最大化作为唯一行为指南的判例。在本案中，法院支持了一家新泽西公司向普林斯顿大学捐赠1500美元的行为，尽管公司组织章程的目的条款并未明确授予公司从事这类捐赠的权力。法院认为："现代形势要求公司作为其所在地社区的一员，在承认和履行私人责任的同时，亦承认和履行社会责任。"[1]这就公开地认可了企业的社会责任行为。但法院同时提出，股东的长远利益往往会因为公司实施诸如慈善捐助之类的行为而得到促进，尽管此类行为有害于股东的近期利益。因此，该判例也还未真正彻底地把公司履行社会责任视为是与股东利润最大化并列的公司经营目标。[2]

自20世纪80年代开始，以宾夕法尼亚州为代表的美国29个州首次在公司立法史上放弃了一元化的股东利益最大化的传统观念，在公司法中加入公司管理人员应当对非股东利害关系人负责的条款。这场被誉为革命性制度变迁的公司法改革，标志着企业社会责任与股东利润最大化最终被作为两个并行的企业经营目标在制定法中确立下来。这场变革中所产生的立法，许可甚至强制公司的董事在考虑股东最佳利益时，也对非股东利害关系人的利益予以足够的关注。

（二）欧洲国家关于企业社会责任的立法

在欧洲，率先对企业社会责任作出反应的是德国1937年制定的《股份公司法》。该法明确规定："董事必须追求股东的利益、公司雇员的利益和公共利益。"1965年的《股份公司法》略去了这一规定，但是在德国，尊重雇员的利益和谋求公共福利是被视为不言而喻的。[3]尤其是德国具有雇员参与企业决策的悠久历史，企业对雇员利益的关照仍然可以在公司立法中找到依据。按照规定，煤炭、钢铁或者具备一定规模的公司，其监事会应由资方代表、劳方代表和"中立的"

---

〔1〕 A. P. Smith Manufacturing Co. v. Barlow, 13 N. J. 145, 98 A. 2d 581, appeal dismissed 346 U. S. 86（1953）.

〔2〕 刘俊海："强化公司的社会责任——建立我国现代企业制度的一项重要内容"，载王保树主编：《商事法论集》（第2卷），法律出版社1997年版，第88~89页。

〔3〕 张开平：《英美公司董事法律制度研究》，法律出版社1998年版，第165页注3。

成员组成；公司的董事会中须有一名"工人委员"（即"劳方董事"）。[1]与德国的立法例相类似，荷兰也较早地在立法中确立了雇员参与企业决策的制度。

英国在通过立法确立企业社会责任问题上，虽然不如同为英美法系国家代表的美国那样激进，但亦不难发现该国在这方面的一些零星规范。例如，1985年《英国公司法》第309条规定，董事会考虑的问题应包括公司全体职工的权益以及其他成员的权益。2006年《英国公司法》第172条规定："①公司董事必须以他善意地认为为了公司成员的整体权益而将最大可能地促进公司成功的方式行事，并在这样做时考虑（与其他事项一起）——任何决定可能的结果，公司雇员的利益，培养公司与供应商、消费者和其他人商业关系的需要，公司运作对社会和环境的冲突，公司维护高标准商业行为之声誉的愿望，以及在公司成员之间公平行事的需要。②当或在公司目的是或包括其成员权益以外之目的的范围内，第①款的效力是，如同所称的为了其成员的权益而促进公司成功得到那些目的。③本条赋予的义务之效力，隶属于要求董事在某些情形下考虑或以公司债权人的利益而行事的任何法规或法律规则。"[2]该条规定解决了以往董事在履行义务中将公司社会责任纳入考量所遇到的难题，尤其是将公司目标由为了公司的营利（或利益）改为为了公司的成功，使董事的负责对象由公司、股东变为包括公司、股东在内的更为广泛的利益相关者，将股东权益之外的某些目的视为公司成员的权益来追求从而促进公司的成功，这些都有利于公司社会责任的落实。[3]此外，《有关收购与合并的城市法典》（*The City Code on Take-overs and Mergers*）总则关于收购与兼并事项的第9条规定："在董事向股东提供建议时，董事应考虑股东的整体利益和公司雇员及债权人的利益。"这些规定，为公司承担社会责任提供了依据。

为了协调和统一成员国公司的治理结构，1972年9月27日，欧共体发布了《公司法第五号指令草案》，对雇员参与公司决策提出了要求。尽管该草案尚未最终通过，但很显然，雇员在企业中的利益业已受到欧洲国家的普遍重视；在更多欧洲国家的立法中按德、荷的立法例确立企业对雇员的责任，也已初见端倪。

三、企业社会责任提出并确立的背景

企业社会责任理念于20世纪20~30年代由美国提出，经激烈争论，最终在一些国家立法和司法实践中程度不同地确立下来，这并非偶然，而是有其理论原因和现实考虑的。

（一）国家干预经济的理论和实践

国家干预经济的理论逐步取代亚当·斯密提出的统治经济学的自由放任理论而一跃成为官方经济学说，这是20世纪20~30年代西方经济学界的一场重大革命。国家干预经济理论的集大成者是英国经济学家凯恩斯，他在1936年发表的《就业、利息和货币通论》一书中，对国家干预经济的理论作了系统、深入的阐述。在本书中，凯恩斯也对自由放任的私人企业制度进行了批判。他认为，自由放任的私人企业制度最大的弊端有两条：①不能实现充分就业；②财富与收入的分配太不公平。同时，后一个弊端通过降低消费倾向而加重第一个弊端。[4]缘于此，凯恩斯主张对企业实行国家干预，使企业成为既追逐私人利益，又具有实现充分就业功能以及分配均等化机制的工具。凯恩斯的理论受到了遭20世纪20年代末30年代初经济危机打

[1]〔德〕罗伯特·霍恩等：《德国民商法导论》，楚建译，中国大百科全书出版社1996年版，第305~306页。
[2]《英国2006年公司法》，葛伟军译，法律出版社2008年版，第105页。
[3]参见王保树："公司社会责任可能对公司法理论的影响——一个探讨公司社会责任的思路"，载王保树主编：《中国商法年刊·2009：商法视野中的社会责任》，知识产权出版社2010年版，第8页。
[4]〔英〕凯恩斯：《就业、利息和货币通论》，徐毓枏译，商务印书馆1977年版，第317页。

击、国家政权式微的资本主义世界的普遍青睐。20世纪30年代著名的罗斯福"新政"便是凯恩斯理论在美国的实践。要求企业放弃一元化的利润最大化目标，就是在这种背景下提出的。正因为如此，有学者认为，在20世纪30年代美国的贝利与多德间的那场论战中，多德关于企业作为一种经济机构具有社会服务和追求利润两方面功能的观点之所以普遍被人们接受，显然与20世纪30年代的罗斯福"新政"以及第二次世界大战之后的整个西方世界广泛推行国家干预经济、刺激充分就业的政策相联系。[1]凯恩斯的理论发表并推行后，尤其是20世纪60~70年代，资本主义世界又出现了以衰退、失业和通货膨胀为特征的"滞胀"现象，凯恩斯的理论也因此而受到质疑。然而尽管如此，国家干预并未为资本主义国家所放弃，通过国家干预为企业设定社会责任还以法的形式体现出来。

（二）所有权限制观念和立法的出现

所有权自罗马法以后，在相当长的时期内均为自由无限制的权利。资本主义制度确立以后不久，因个人本位盛行，所有权自由无限制的观念亦备受推崇。1804年的《法国民法典》秉承1789年法国《人权宣言》中"所有权神圣不可侵犯"的宣告，对所有权的自由无限制原则作了规定。所有权的绝对自由，一方面促进了资本主义经济的发达，另一方面也引起了有产者与无产者间的斗争。故而，1900年的《德国民法典》规定："权利之行使，不得专以损害他人为目的。"这项规定，亦被其他一些国家仿效。所有权便由绝对自由时期进入相对自由时期。然而，仅作类似的规定，似不足以弥补所有权自由的流弊。迨至1919年德国《魏玛宪法》颁布，始于其第153条规定："所有权包含义务，于其行使，应同时顾及公共利益。"自此，所有权在德国即由相对自由时期步入了一个不自由时期。[2]

所有权限制观念和立法的出现，对企业社会责任的确立起了直接或间接的促动作用。依这种观念和立法，股东出资设立企业，无论企业的资产是由股东享有所有权，还是由企业享有所有权（这是一个尚存争议的问题），其行使都不是绝对自由的。按德国1919年《魏玛宪法》，其行使还是不自由的，必须考虑公共利益。企业社会责任在德国1937年《股份公司法》中的确立，与这种观念和立法不无关系。1965年的德国《股份公司法》省去了企业社会责任的规定，魏玛共和国时期关于所有权包含义务因而不自由的观念和立法也遭到了各国学界的批评，但所有权的行使并非是绝对自由的这一观念，仍得到了各国学界及立法界的普遍赞同。这无疑为企业社会责任的提出与确立提供了适宜的氛围。

（三）大企业所引发的社会问题的日趋严重

大企业是资本主义社会的基本经济细胞，其盛衰枯荣事关一国经济社会的稳定与发展。应当承认，近现代资本主义国家的大企业在为劳动者提供就业机会、满足消费者日益增长的物质和文化需求等诸多方面，确实起过并正在起着重要的作用。然而，大企业也是资本主义国家社会问题的制造者；资本主义世界所普遍面临的失业、通货膨胀、环境恶化、能源和资源短缺等社会问题，都与大企业有着或多或少的直接或者间接的联系。尤其是近世以来，大企业为了利润而不顾社会公共利益，使得资本主义国家的社会问题日趋严重。在此情况下，大企业受到了社会舆论的批评。缘于公众的压力，企业界不得不承认和接受企业社会责任观念；国家则从社会整体利益出发，为企业社会责任提供尽可能的法律上的制度安排，以促使乃至强制企业，尤其是大企业践行这方面的责任。

〔1〕 张开平：《英美公司董事法律制度研究》，法律出版社1998年版，第167页。
〔2〕 胡长清：《中国民法总论》，中国政法大学出版社1997年版，第3~4页。

（四）传统经济学理论解释力的不足及其修正

传统经济学基于"道德中立"原则，主张谋求利润最大化进而实现股东利润最大化是企业的最终甚至唯一目标，而不承认企业社会责任；传统的企业理论则视企业为契约，试图通过否认企业的实体地位或法人地位进而否认企业享受权利和承担义务的资格，来拒绝企业社会责任。然而现实却是另外一幅景观：企业社会责任得到了包括企业界在内的愈来愈多的人士的认同，甚至一些企业和企业家主动履行其对社会的责任；企业的法人资格也被各国的立法加以确立。这就暴露出传统经济学对现实的解释力的不足。面对这一尴尬局面，一些经济学家以一种更加务实的态度，探讨利润最大化这一企业的传统目标为什么被放弃的问题。他们认为，现代企业股东的分散导致管理者在代理权的斗争中占有优势，管理者目标的多元化，股东监督管理者的困难等，使得企业偏离传统的利润最大化目标成为一种必然。[1]这实际上意味着，企业追求社会公共利益是不可避免的。传统经济学对现实解释力的不足以及由此所产生的经济学界认识的转变，无疑为企业社会责任的提出与确立提供了一定的经济学理论资源。

第三节　我国关于企业社会责任的理论与立法

一、我国关于企业社会责任的理论

我国理论界将企业社会责任真正纳入研究视野，始于20世纪末。进入21世纪以来，尤其是2005年10月27日修订的《公司法》、2006年8月27日修订的《合伙企业法》分别明确规定公司和合伙企业的社会责任以后，关于企业社会责任的学术研究蔚然成风、成果卓著且共识增多。

（一）20世纪我国关于企业社会责任的理论

在20世纪，我国关于企业社会责任的研究，主要集中在企业社会责任的含义揭示、国外企业社会责任理论和实践的介绍等基础层面；同时，也有少量成果涉及我国是否应当确立企业社会责任这个现实问题的讨论，并由此形成了两种不同的观点：

1. 否定论。企业社会责任要求企业及其经营管理者既照顾股东的最大利益，又顾及其他利益相关者的利益，即"为所有利益相关者服务"。对此有学者认为，企业及其经营管理者只能为股东服务，因为"'为股东服务'不可能尽善尽美，但至少是一个可操作的概念。要求经理'为所有利益相关者服务'，也可能导致经理不为任何人服务"。进一步讲，"'利益相关者'本身是一个含糊的概念。比如说，美国服装零售商的决策影响中国服装出口商的利益，通过后者又影响中国服装生产厂的利益，再进一步又影响到中国棉农的利益，如此等等。从这个意义上讲，中国工人和棉农都是美国服装零售商的'利益相关者'"。因此，在上述情况下，"为所有利益相关者服务"将意味着美国商人为中国工人和农民的利益服务。如此一来，我们得到的将是一个"超级大锅饭"体制，这样的体制显然是不会有效的。[2]

2. 肯定论。这种观点认为，企业是在一定的社会环境中从事生产经营活动的，其行为必然会对社会产生各种影响，企业应承担消除其行为所产生的负面影响的社会责任，企业还必须与社会一道，解决就业、环保、通货膨胀、社会保障等方面的社会问题，并主动、积极地赞助

〔1〕　[美] R. H. 科斯等：《财产权利与制度变迁——产权学派与新制度学派译文集》，刘守英等译，上海三联书店、上海人民出版社1994年版，第219~225页。

〔2〕　张维迎："经济自由让位于经济民主了吗?"，载刘军宁等编：《经济民主与经济自由》，生活·读书·新知三联书店1997年版，第15~16页。

社会公益事业。[1]有学者甚至认为，强化公司的社会责任，使公司的营利性与承担社会责任并重，这是建立我国现代企业制度的重要内容，也是今后完善我国法律、法规体系尤其是公司法体系的过程中应予重视的课题。[2]此外，在这一时期，一些企业社会责任的倡导者涉及企业社会责任的落实问题。他们主张，落实企业社会责任必须通过公司法、契约法、劳动法、侵权法、产品责任法、环境保护法、竞争法等多种法律来保障，尤其需要重视公司治理结构的构造、公司法人格否认法理的适用对企业社会责任的推进作用。[3]

（二）21世纪我国关于企业社会责任的理论

进入21世纪以来，我国社会转型和经济增长日益加速，社会结构、利益格局也随之急剧变化，由此我国进入了一个发展的重要战略机遇期和社会矛盾凸现期。在这样一个关键时期，我国先后提出了深入贯彻落实科学发展观、构建社会主义和谐社会、加快经济发展方式转变等经济社会发展的重大战略思想。由于企业是极为重要的经济主体和社会构成单位，因而人们对其在实现科学发展、构建和谐社会、转变发展方式等方面寄予厚望。但在另一方面，近年来企业引发的劳资冲突、环境污染事件、食品和药品质量安全事故、矿难以及其他社会问题触目惊心，这又使得人们对企业的角色期待程度不同地落空。在此背景下，与科学发展观、和谐社会和转变发展方式一脉相承的企业社会责任理念日益受到理论界的重视，关于企业社会责任的学术研究的步伐，也跃上了新台阶，直接以企业社会责任为主题和间接涉及企业社会责任以及运用企业社会责任理论研究其他相关论题的著述层出不穷。通过总结这一时期的企业社会责任理论，可以发现至少呈现出以下特征：

1. 企业社会责任获得了更为广泛的认同。进入21世纪后，我国理论界和实务界在诸如企业社会责任的界定、企业社会责任的性质、企业社会责任在企业目标和行为中的位阶等一些基本问题上，仍存在不同理解甚至不少争议，然而，对于企业应否承担社会责任这个国内外学界一度争议很大的问题，经过学者们的求索与争鸣，最终几乎达成了肯定性的共识。这一共识对于2005年10月27日修订后的《公司法》第5条第1款、2006年8月27日修订后的《合伙企业法》第7条分别规定公司和合伙企业应承担社会责任，无疑起到了助推作用；同时，这些法律规定又反过来进一步增进了人们对企业承担社会责任的认同。

2. 企业社会责任的落实成为关注的重点。在企业社会责任获得各界广泛认同并为立法所确认的情况下，我国理论界将研究的重心从是否应当确立企业社会责任等问题，更多地转移到了企业社会责任的落实上，并在这方面提出了不少具有建设性的意见和建议。其中具有代表性

---

[1] 徐传谌：《论企业家行为激励与约束机制》，经济科学出版社1997年版，第146~147页。

[2] 刘俊海："强化公司的社会责任——建立我国现代企业制度的一项重要内容"，载王保树主编：《商事法论集》（第2卷），法律出版社1997年版，第55~132页。

[3] 参见刘俊海："强化公司的社会责任——建立我国现代企业制度的一项重要内容"，载王保树主编：《商事法论集》（第2卷），法律出版社1997年版，第55~132页；刘俊海：《公司的社会责任》，法律出版社1999年版；刘连煜：《公司监控与公司社会责任》，五南图书出版有限公司1995年版；朱慈蕴："公司法人格否认法理与公司的社会责任"，载《法学研究》1998年第4期。

的观点主要有:[1]

（1）通过细化企业社会责任立法助推企业社会责任的落实。有学者提出，应当在企业履行社会责任方面问题比较集中的领域进行专门立法，明确公司社会责任的责任主体、义务内容、违法后果、执法制度、救济渠道等。有学者甚至建议我国出台一部《企业社会责任法》，将企业社会责任及其履行等相关问题作出具体化、体系化的规定，以此来推动企业社会责任的落实。还有学者主张通过"软法"[2]来寻求企业社会责任的落实机制，认为除了用"硬法"规定最低限度的企业社会责任外，还有必要将一些企业社会责任上升为软法责任。通过软法规定企业社会责任的具体方式包括：由法律以鼓励或一般性义务的形式向企业提出但并不直接强制企业承担社会责任；由正式立法主体以外的社会共同体、组织等以制定规范的方式对企业提出不具有国家强制实施性的社会责任。

（2）寻求公司法等企业法中社会责任条款司法化的路径。有学者认为：公司社会责任是公司法的一般条款，它对公司行为的约束具有强制性，应当得到司法裁判的适用；适用的方法主要是在对公司行为的评判中进行价值补充和利益衡量。有学者指出：鉴于当前公司社会责任的含义较为模糊，可以考虑由商务部等部门组织各行会或商会组织根据本行业实际情况，颁布《公司社会责任规范指引》，以便法官在裁判具体案件时参考；最高人民法院也可以在《中国审判案例要览》中发布一批事涉公司社会责任的典型案例，为下级法院提供事理上的逻辑支撑。还有学者指出，公司社会责任的对象在多数情况下是可以明确的，违反公司社会责任案件的诉讼原告并非都是集体化的社区、社群，有时其实是单一的个体（如违反雇员保护责任的诉讼，原告可能是独立的雇员），因此，通过个案诉讼制裁违反社会责任的公司行为具有一定的可行性，而公益诉讼并非是适合公司社会责任的最佳诉讼模式，它只是落实公司社会责任的一种补充救济渠道。当然，基于公司所负社会责任的具体内容不同，其可裁判性的强弱程度也有差别。一些公司社会责任通过具体的法律规则明晰化，获得可裁判性；另一些公司社会责任则仍保持其作为道德条款的本来面目，依靠私人间的监控与惩罚机制推行，与强制性司法裁判无涉。此外，鉴于涉及企业社会责任的案件复杂，有学者提出应当允许法官在个案中综合考量行业习俗、国际惯例、公司能力、社会政策等因素，平衡相关利益作出裁判。主张通过"软法"规定企业社会责任的学者还提出，软法可以借助其特有的提倡性规范促成企业社会责任

---

[1]　这些观点主要来自以下文献：谭玲、梁展欣："对司法裁判中适用'公司社会责任'条款的思考"，载《法律适用》2010 年第 2、3 期；甘培忠、郭秀华："公司社会责任的法律价值与实施机制"，载《社会科学战线》2010年第 1 期；冯果、袁康："浅谈企业社会责任法律化"，载《湖北社会科学》2009 年第 8 期；雷兴虎、刘斌："企业社会责任：立法构架与实现机制"，载王保树主编：《中国商法年刊·2009：商法视野中的社会责任》，知识产权出版社 2010 年版，第 35～39 页；蒋建湘："企业社会责任的法律化"，载《中国法学》2010 年第 5 期；蒋建湘："企业社会责任的性质"，载《政法论坛》2010 年第 1 期；周林彬、何朝丹："试论'超越法律'的企业社会责任"，载《现代法学》2008 年第 2 期；刘中杰："浅析我国企业社会责任之软法规制模式"，载《经济法论坛》（第 7 卷），群众出版社 2009 年版，第 284～290 页；顾爱平："论企业社会责任的三种维度及其引导与规范"，载《政治与法律》2010 年第 3 期；罗培新："我国公司社会责任的司法裁判困境及若干解决思路"，载《法学》2007 年第 12 期；蒋大兴：《公司法的观念与解释Ⅱ裁判思维 & 解释伦理》，法律出版社 2009 年版，第116～155 页。
[2]　按照这些学者的观点，根据制定（或形成）主体、产生程序、表现形式和保障措施（或约束力）等方面的不同，法有"硬法"（hard law）与"软法"（soft law）之分。"硬法"是指由国家创制的、依靠国家强制力保障实施的法规范体系。"软法"则有狭义和广义之分。狭义上的"软法"是指由国家创制的不具有强制拘束力的行为规范；广义上的"软法"除包括狭义的软法外，还包括政治组织形成的规则、社会共同体形成的规则。（参见蒋建湘："企业社会责任的法律化"，载《中国法学》2010 年第 5 期。）

的实现，但由于缺少了国家强制力的推行，因而软法化的企业社会责任的实现总体上变得不确定，这时就有必要在案件审理和裁判中引入司法能动主义。[1]

（3）按照企业社会责任的要求完善公司治理机制。由于"公司治理层能否按照法律规定和商业伦理为决策行为，最终决定了公司的社会责任能够真正落实"，[2]因此，有学者认为：应按照利益相关者理论将公司承担社会责任纳入公司治理，董事会在作出经营决策时，应对由此产生的社会后果作出必要的安排。鉴于在传统公司法上董事只对公司和股东负有义务，因此，要使董事会考量其决策的社会后果，关键在于完善董事义务规则，使董事承的担义务涵盖公司社会责任的内容，使董事勤勉义务所要求的应有的注意，既包括实现公司的营利目标，也包括调整公司与股东及其他利益相关者的利益关系，维护利益结构的平衡。[3]另有学者认为：我国《公司法》第5条导入的社会责任条规既是法律原则，也是裁判规范和行为规范；该条规既然是法律原则和行为规范，就应当贯穿于公司生命的全过程。至于公司如何在公司日常商业判断中践行社会责任的问题，可选择的公司治理改革思路有两条：或者让利益相关者进入公司董事会等公司内部机构；或者在董事会中设立社会责任委员会。前者将从根本上颠覆公司作为营利性组织的基本结构，而后者对于促成董事会在商业决策中进行社会影响评估而言，乃是更佳的机制；当然，小型公司也可采用其他具有类似功能的替代机制。[4]

3. 企业社会责任理论研究彰显回应性和针对性。所谓企业社会责任理论研究的回应性，是指企业社会责任研究致力于解决社会生活中实际问题的取向。与20世纪理论界将大量的精力倾注于解读企业社会责任的含义、介评国外企业社会责任理论和立法、论证我国确立企业社会责任理念的必要性和可行性等不同，进入21世纪以来，我国关于企业社会责任的理论研究，除重点关注企业社会责任的落实之外，还尤其注重对现实问题的回应。企业社会责任思想除被广泛运用于劳动法、社会保障法、资源环境保护法、消费者保护法等经济法或社会法领域的基本问题的研究外，不少学者还根据企业社会责任的理论和立法，对诸如劳资冲突、环境污染、食品和药品质量安全、矿难等事件或事故以及其他社会问题展开研究。在我国提出深入贯彻落实科学发展观、构建社会主义和谐社会等经济社会发展的重大战略思想后，关于企业社会责任与这些重大战略思想的契合性的解读以及提出相关建议的成果大量涌现。在我国作出加快经济发展方式转变的战略目标以后，一些学者开始关注如何强化和推进企业社会责任从而将加快经济发展方式转变落实到企业的问题。以上这些，都是企业社会责任研究回应性的体现。

针对性与回应性有时是很难区分的，以上所谓企业社会责任理论研究的回应性，一定意义上讲也是其针对性的表现。但这里所谓企业社会责任理论研究的针对性，指的是根据不同类别的企业考究其各自应承担的社会责任的特殊性及寻求相应的特别制度安排的研究取向。进入

---

[1] 按照学者们的解释，司法能动主义（judicial activism），是指司法机构在审理案件的具体过程中，不因循先例和遵从成文法的字面含义进行司法解释的一种司法理念以及基于此理念的行动。当司法机构发挥其司法能动性时，它对法律进行解释的结果更倾向于回应当下的社会现实和社会演变的新趋势，而不是拘泥于旧有成文立法或先例以防止产生不合理的社会后果。因此，司法能动性即意味着法院通过法律解释对法律的创造和补充。司法能动性可以在诸多场合能体现出来，通过发挥司法的能动性，有助于推动软法化企业社会责任的实现。（参见蒋建湘："企业社会责任的法律化"，载《中国法学》2010年第5期。）

[2] 朱慈蕴："公司的社会责任：游走于法律责任与道德准则之间"，载《中外法学》2008年第1期。

[3] 参见王保树："公司社会责任对公司法理论的影响"，载《法学研究》2010年第3期。

[4] 参见蒋大兴："公司社会责任如何成为'有牙的老虎'——董事会社会责任委员会之设计"，载《清华法学》2009年第4期。

21 世纪以来，针对性可谓企业社会责任理论研究的一大特色。有关国有企业社会责任、[1]中小企业社会责任、[2]商业银行社会责任、[3]公用企业社会责任、[4]民营企业社会责任[5]等针对特定类型企业的社会责任研究成果不断呈现。应当说，所有的企业都应承担社会责任；但应当注意的是，缘于不同类别的企业从事的业务、实力大小、面临的问题以及行为取向等有所不同，它们承担社会责任的重点乃至范围是不尽一致的，如何合理界定不同类别企业的社会责任，并在此基础上就其建立健全有针对性的社会责任法律制度，这是需要认真对待的重大而复杂的课题。

二、我国关于企业社会责任的立法

应保护社会公共利益、促进社会福利事业发展的客观需要，加之我国有社会责任据以根植的丰富的本土资源，现行立法将发达市场经济国家视为企业社会责任的一些内容作出了规定。这些内容分散在产品质量法、消费者权益保护法、自然资源法、环境保护法、劳动法、社会保障法、企业所得税法、公益事业捐赠法以及企业法等诸多法律、法规之中。鉴于本书的有关章节对这些内容的许多方面已有述及，因此，以下仅就我国企业法对企业社会责任的规定作一概述。

（一）企业承担社会责任的概括性规定

我国 2005 年 10 月 27 日修订的《公司法》第 5 条第 1 款规定："公司从事经营活动，必须遵守法律、行政法规，遵守社会公德、商业道德，诚实守信，接受政府和社会公众的监督，承担社会责任。"这是我国企业立法首次对企业社会责任作出直接规定，标志着我国企业承担社会责任立法的重大突破。此外，2006 年 8 月 27 日修订的《合伙企业法》第 7 条也规定："合伙企业及其合伙人必须遵守法律、行政法规，遵守社会公德、商业道德，承担社会责任。"

（二）职工对企业经营管理的参与的规定

吸收职工参与企业的经营管理（以下简称职工参与），在其他国家尤其是德国、荷兰等欧洲国家向来被视为是维护职工合法权益以及企业对职工承担社会责任的一种重要方式。在我国，职工参与也有着悠久的历史。《全民所有制工业企业法》规定，企业通过职工代表大会和其他形式实行民主管理；职工代表大会是企业实行民主管理的基本形式，是职工行使民主管理权力的机构；职工代表大会不仅对依法应由厂长决定的事项享有审议并提出意见和建议的职权，而且对事关职工切身利益的事项享有审查同意或者否决的权力甚至审议决定的职权。在集体所有制企业法中，除职工的民主管理得到确认外，职工大会或职工代表大会还被规定为企业的权力机构。私营企业法和外商投资企业法则规定企业通过工会等形式实行民主管理。在《公司法》中，职工参与相对而言规定得更为充分。例如，该法第 18 条第 3 款规定："公司研究决定改制以及经营方面的重大问题、制定重要的规章制度时，应当听取公司工会的意见，并通过职工代表大会或者其他形式听取职工的意见和建议。"除此之外，还规定了职工监事制度、国有独资公司的职工董事制度，并明确规定公司监事会职工代表比例的下限。

[1]　例如，冯梅等：《中国国有企业社会责任论——基于和谐社会的思考》，经济科学出版社 2009 年版。

[2]　例如，徐立青等编著：《中小企业社会责任理论与实践》，科学出版社 2007 年版。

[3]　例如，朱文忠：《商业银行企业社会责任标准与机制研究》，经济管理出版社 2009 年版；王卉彤、高岩：《商业银行社会责任研究》，知识产权出版社 2010 年版；于东智等：《商业银行的社会责任》，中国金融出版社 2011 年版；刘志云等：《商业银行社会责任的法律问题研究》，厦门大学出版社 2011 年版。

[4]　例如，冯果、辛易龙："公用企业社会责任论纲"，载《社会科学》2010 年第 2 期。

[5]　例如，刘藏岩：《民营企业社会责任研究》，浙江大学出版社 2010 年版；易开刚：《民营企业承担社会责任的理论与实证研究——以浙江民营企业为例》，中国社会科学出版社 2011 年版。

（三）劳动保护的规定

劳动保护与职工参与一样，也是维护职工合法权益的一种重要措施，同时又是企业对职工应尽的一项社会责任。我国现行企业法律、法规对此作了明文规定，如《全民所有制工业企业法》第41条、《城镇集体所有制企业条例》第22条、《私营企业暂行条例》第30条以及《公司法》第17条，均要求企业执行国家有关劳动保护的规定，建立必要的规章制度和劳动安全卫生设施，保障职工的安全和健康。

（四）环境保护的规定

环境保护作为企业对社会应尽的一项社会责任，在《全民所有制工业企业法》（第41条）、《城镇集体所有制企业条例》（第22条）、《私营企业暂行条例》（第45条）等企业法律法规中作了规定。按照这些规定，企业应落实环境保护措施，做到文明生产。

（五）对债权人、用户和消费者负责的规定

作为企业社会责任的重要内容，企业对债权人的责任，至关重要的是必须切实履行依法订立的合同，确保交易安全；对用户和消费者的责任，主要体现为保证产品和服务的质量。对此，《全民所有制工业企业法》（第35、38条）、《城镇集体所有制企业条例》（第22条）等企业法律、法规作了明确规定。此外，《公司法》还开宗明义，在第1条将保护公司债权人的合法权益规定为公司立法的宗旨之一。

（六）精神文明建设和遵守职业道德、社会公德、商业道德的规定

在企业法律、法规中规定精神文明建设和遵守职业道德、社会公德、商业道德的内容，是我国企业立法的一大特色。精神文明建设和遵守职业道德、社会公德、商业道德直接涉及社会公众的利益，与作为物质文明建设的营利有联系，更有区别。企业进行精神文明建设和遵守职业道德、社会公德、商业道德可视为是企业社会责任的内容。对此，《全民所有制工业企业法》（第4、5条）、《城镇集体所有制企业条例》（第22条）、《公司法》（第5条）等企业法律、法规有明文规定。

三、我国企业社会责任理论与立法中的主要争议点

迄今为止，对于企业应否承担社会责任的问题，我国理论界和实务界已基本达成肯定性共识，并且这种共识已由企业立法明确认可。然而，在我国理论界和实务界，对于企业社会责任相关问题的认识，依然存在着一些争议点。这些争议点，将成为我国企业社会责任理论研究进一步发展的增长点，同时也是企业社会责任立法中需要面对的问题。

（一）关于企业社会责任的界定

在企业社会责任的界定上，人们的认识还不尽一致，具有代表性的观点主要有以下三种：①企业社会责任是企业对全体股东以及包括政府（或者国家，下同）在内的所有非股东利益相关者承担的责任。这种将"企业社会责任"与"企业责任"相等同的观点，在国外早已存在，[1]我国理论界也有一些追随者，而在我国企业实务界，这种认识更可谓流行。[2]②企业社

〔1〕 See Archie B. Carroll, "Stakeholder Thinking in Three Models of Management Morality: A Perspective with Strategic Implications", In *The Corporation and Its Stakeholders*: *Classic and Contemporary Readings*, Edited by Max B. E. Clarkson, University of Toronto Press, 1998, pp. 139～170.

〔2〕 国家电网公司等诸多企业自2006年起每年发布的上一年度的企业社会责任报告，基本上都按照这种观点编制，一些企业甚至将其对企业股东（或者企业投资人、企业所有者）的利益放在了首要的位置。中国社会科学院经济学部企业社会责任研究中心两度发布的《中国企业社会责任报告编写指南》（CASS‑CSR1.0和CASS‑CSR2.0，CASS‑CSR3.0的编写工作已于2012年3月31日启动）设计的指标体系，也在一定程度上反映了这种观点。

会责任是企业对包括政府在内的所有非股东利益相关者承担的责任。该观点将股东排除在企业社会责任的负责对象之外，这是与上述第一种观点的不同之处；但该观点将政府纳入企业社会责任的负责对象之列，这是与上述第一种观点的相同之处。将企业对政府的责任视为一种企业社会责任的观点，从国外企业社会责任的一些界定中可以寻觅到其踪影，[1]我国目前的学界也有这样的认识。例如，有学者在揭示公司社会责任的含义时提出：公司社会责任是指公司应当对股东这一利益群体以外与公司发生各种联系的其他相关利益群体和政府代表的公共利益所负有的一定责任，主要包括对公司债权人、雇员、供应商、用户、消费者、当地住民的利益以及政府代表的税收利益等所负有的责任。[2]③企业社会责任是企业对除政府以外的非股东利益相关者承担的责任。这种观点认为企业社会责任是企业对非股东利益相关者的责任，并且这里的非股东利益相关者不包括政府。这种观点由于契合了国外早期企业社会责任的倡导者在使用"企业社会责任"一语时所表达的基本意旨，因而在我国一直有不少的主张者。例如，有学者在研究公司社会责任的概念时便指出，"将对出资人的义务纳入公司社会责任是不适当的，因为它是实现公司的营利目标的应有之义。同时，将政府应该办的事情交给公司去办，甚至视为公司的义务，进而等同于公司社会责任，也是不适当的，因为这意味着重新恢复'企业办社会'"。[3]

（二）关于企业的目标定位

企业目标定位是一个与企业社会责任密切相关的问题。对此，学界的争议很大。这方面的主要分歧点，在于就如何处理企业的营利目标与社会责任目标之间的关系问题上存在着不同认识。一些学者认为：企业发展到当代，那种以一元主义的利润最大化作为企业目标的传统已经发生改变，企业的目标应当包括营利目标和社会责任目标，且这两方面的企业目标是并行不悖的。但也有学者在研究公司社会责任中提出：将公司营利最大化与承担社会责任同视为公司的二元化目标，这对于公司的经营者来讲是不现实的；公司社会责任派生于公司谋取自身利益和股东利益最大化，且公司社会责任相对于公司的本质属性——营利性而言具有从属性，是第二位的公司目标。[4]我们接受了公司的社会责任目标，并不意味着我们否定了公司的营利目标，但营利目标是公司目标的基本面，公司社会责任相对于公司营利目标来说也许仅具有补充、纠偏、后位功能；法院在处理涉及公司社会责任的诉讼时，应当首先想到公司是一个商人，其次要通过司法裁决去支持公司成为一个良好的（有良心的）商人，但不能通过司法裁决将公司变成一个和政府一样充满正义的公共机构。[5]

（三）关于企业社会责任的法律性质

对于企业社会责任的性质，人们有不同的理解。在这方面，近年来有人将企业社会责任视为单纯的道德责任，也有人认为企业社会责任包括道德责任和法律责任。此外，还有学者认为，企业社会责任除包括道德责任和法律责任外，还包括软法责任；而作为软法责任的企业社

---

[1] 例如，美国经济发展委员会（The Committee for Economic Development）在1971年6月发表的一篇题为《商事公司的社会责任》（Social Responsibilities of Business Corporations）的报告中，列举了为数众多的（达58种）旨在促进社会进步的行为，并要求公司付诸实施。这些行为涉及10个领域，它们是：①经济增长与效率；②教育；③用工与培训；④公民权与机会均等；⑤城市改建与开发；⑥污染防治；⑦资源保护与再生；⑧文化与艺术；⑨医疗服务；⑩对政府的支持。这其中包含着将政府作为企业社会责任的负责对象的意思。

[2] 参见朱慈蕴："公司的社会责任：游走于法律责任与道德准则之间"，载《中外法学》2008年第1期。

[3] 王保树："公司社会责任对公司法理论的影响"，载《法学研究》2010年第3期。

[4] 参见张士元、刘丽："论公司的社会责任"，载《法商研究》2001年第6期。

[5] 参见蒋大兴：《公司法的观念与解释Ⅱ裁判思维＆解释伦理》，法律出版社2009年版，第116~155页。

会责任，是国家立法中和国家机关制定的规范性文中指导性、号召性、激励性或宣示性的非强制性规范、政治组织创制的自律规范以及社会共同体创制的自治规范对企业社会责任作出反映的结果。企业社会责任的性质不但是一个理论问题，而且也是一个涉及企业社会责任落实的路径及相应机制、制度建设的实际问题，因此，关于这一问题的探讨和争鸣，其意义毋庸置疑。

■ 思考题

1. 怎样理解企业社会责任的含义？
2. 结合实际，试论我国确立企业社会责任的意义。
3. 试述企业社会责任与利润最大化之间的冲突及其平衡法律机制。
4. 评我国企业法关于企业社会责任的规定。

■ 参考书目

1. 刘俊海：《公司的社会责任》，法律出版社 1999 年版。
2. 刘连煜：《公司治理与公司社会责任》，中国政法大学出版社 2001 年版。
3. 卢代富：《企业社会责任研究——基于经济学与法学的视野》，法律出版社 2014 年版。

第三编　市场秩序规制法律制度

第十一章　市场秩序规制法律制度概述

■学习目的和要求

　　了解市场秩序规制法产生和发展的历史，掌握市场秩序规制法的基本含义，充分理解市场秩序规制法基本原则的内涵及它们相互之间的关系，为进一步学习市场体系规制法律制度、反不正当竞争法律制度、反垄断法律制度、消费者权益保护法律制度、产品质量法律制度、广告法律制度和反倾销与反补贴法律制度等打下必要的理论基础。

第一节　市场秩序规制法的含义

一、市场秩序规制法的含义

（一）市场和市场秩序

市场是社会发展到一定阶段的产物，是随着社会分工和交换的出现而出现的。早期的市场被认为是商品交换的场所，但随着社会分工和生产的日益专业化，交换已不再局限于某个时间和某个地点，所有商品交换关系都可称之为市场。根据市场交易的性质可以对市场进行不同的分类，市场体系就是由不同的市场类型构成的有机整体。健康、完备和有序的市场体系是社会经济发展不可缺少的重要条件。

市场主体是市场运行的核心，在市场经济条件下，一切利用自己占有的资源，通过市场交易实现利益的自然人、法人和其他社会组织都可以成为市场主体。市场主体在进行交易和竞争中会形成各种错综复杂而又紧密联系的关系，这些关系既处于形式多样的动态变化之中，又具有某种程度的一致性和反复性。这种兼具有反复性和变动性的市场关系就被称为市场秩序。

"市场秩序"是一个多维的概念，可以从不同的角度进行解读。从经济学意义上考察，可以把它界定为"市场参与者按照特定的市场交易规则安排行为而产生的个人利益与公共利益的协调状态"。[1]这种协调状态是一种不可或缺的公共产品。每个市场主体既是市场秩序的参与者和接受者，同时又是市场秩序的供应者，即市场秩序产生于市场主体的行为之中。从法律的角度来看，市场秩序是指在特定时空范围内形成的一系列法律制度和习俗惯例的总和，以公

---

〔1〕　王蓓根：《市场秩序论》，上海财经大学出版社 1997 年版，第 37 页。

开、公平、公正为目标，旨在保障市场交易顺利进行的一种有条不紊的经济状态。[1]由此可见，市场秩序的核心就是强调市场主体行为的规则性和经济状态的稳定性。

作为社会公共产品，秩序可以分为自然秩序和人为秩序。自然秩序是指社会经济发展中自然形成的商品交易、利益分配等人与人之间的关系的规则总和；人为秩序则是指在人（政府）的主观设计下所形成的商品交易、利益分配等各项规则的总和。在西方市场经济发育、发展、发达过程中，人们曾经无比崇尚自然秩序，认为自然秩序能够自动使个人利益和社会利益达到和谐。然而，事实的发展却并非如此。进入垄断资本主义的西方社会发生了重大的变化，市场竞争变得愈来愈不平等，意思自治成了某些垄断者用以维护垄断地位的有力武器，合同自由也被当作任意限制他人权利和自由的绳索，自由的市场经济制度产生了限制自由的对抗市场的力量。市场秩序的维护不得不由市场本身转移至政府，国家开始对社会经济进行干预，而且这种干预逐步加强，一系列主张政府干预社会经济的经济政策和法律也应运而生，人为的秩序由此进入市场经济社会。

市场经济是强调让市场机制在资源配置中起决定性作用的一种经济体制。[2]市场机制作用的发挥，必须以良好的市场秩序为前提条件，没有这一前提条件，人们所追求的资源配置的效率目标就难以实现。良好的市场秩序决定于两方面的因素：一是市场主体内在的自我调控与自我约束能力；二是市场主体外部的控制力量。当市场主体对自身利益的安排与社会利益基本上达到和谐时，就无需市场主体外部的控制力量，这就是市场机制自发作用下的市场秩序。但是，社会经济发展的历史表明，只有市场机制自发形成的市场秩序并不能充分保证资源合理有效的配置，市场主体的逐利性和有限理性，常常会发生市场主体自身利益与社会利益的冲突，甚至会为了实现自身利益而损害社会公共利益。正如著名经济学家哈耶克（Hayek）所说的："鉴于各种原因，自生自发的发展过程有可能会陷入一种困境，而这种困境则是它仅凭自身的力量所不能摆脱的，或者说，至少不是它能够很快加以克服的。"[3]因此，有必要通过外部控制力量对市场秩序施加影响，以加快和促进良好市场秩序的形成。对市场秩序的规制就是这样一种外在于市场主体的控制力量。

（二）市场秩序规制

"规制"（Regulation）是市场经济国家自 20 世纪 30 年代以来反复出现于政府法令和学者著作中的词语。此概念自从日本学者植草益的《微观经济规制法》一书传入我国以后被广泛使用。"规制"有"规整""制约"和"使有条理"的含义，是利用外部一定的强制力量对某一事物（或行为）偏离应有状态的矫正和规范。因此，规制的发生必然以规制对象的偏颇为前提。只有对已发生偏离轨道的某种状态或行为施加一定外力使其得到矫正时才需要规制。在市场经济体制下，市场主体都以拥有的资源进行自由交换，谋取自身利益的最大化。在社会化程度越来越高的条件下，个体行为对整个社会的秩序产生越来越大的影响。在个体利益增进的同时，不一定也会增进整个社会的利益，有时恰恰相反会减少整个社会的利益，垄断和不正当竞争行为就是这种影响的典型。因此，必须加以纠正，而这一任务就必然落在政府的身上。政府作为市场外在的力量，介入市场经济的运行对市场机制本身无法克服的缺陷进行修正、调节和干预，保证市场机制充分有效地发挥其在资源配置方面的决定性作用，这就是市场秩序规制

〔1〕 李昌麒：《经济法——国家干预经济的基本法律形式》，四川人民出版社 1995 年版，第 333 页。

〔2〕 参见《中共中央关于全面深化改革若干重大问题的决定》（2013 年 11 月 12 日中国共产党第十八届中央委员会第三次全体会议通过）。

〔3〕 ［英］哈耶克：《法律、立法与自由》，邓正来译，中国大百科全书出版社 2000 年版，第 135 页。

的必然性。[1]但另一方面，政府在对市场秩序进行规制的过程中可能存在另外一种缺陷，即政府缺陷。政府的规制行为一定要适度，规制过度或者规制缺位都可能造成政府规制的缺陷。因此，政府只是在市场失效的领域内才发挥作用。"国家权力对经济的促进作用，通常是在国家权力的行使符合客观经济规律或者有利于调动作为生产力中最活跃的因素人的积极性的时候才发生，反之则对经济的发展起破坏或阻碍作用。"[2]因此，一方面需要政府对市场秩序进行规制；另一方面也要对政府规制行为加以约束。正如十八届三中全会通过的《中共中央关于全面深化改革若干重大问题的决定》中所指出的，"经济体制改革是全面深化改革的重点，核心问题是处理好政府和市场的关系，使市场在资源配置中起决定性作用和更好发挥政府作用"。中国共产党第十八届四中全会通过的《中共中央关于全面推进依法治国若干重大问题的决定》明确提出："社会主义市场经济本质上是法治经济。"同时提出要"依法加强和改善宏观调控、市场监管，反对垄断，促进合理竞争，维护公平竞争的市场秩序"。这就进一步勾勒出一条系统推动经济体制改革的路线。市场秩序规制就是既保障政府对市场秩序的规制，同时又对政府的行为进行合理限制的推动市场经济秩序有序运行的过程。

（三）市场秩序规制法

市场秩序规制法是国家从社会经济的整体出发，为了维护市场机制的作用，对影响市场秩序、偏离市场经济基本原则的行为进行规制的法律规范的总称。它是以社会整体利益为本位，为达到社会经济整体协调发展的目的而实施的对市场行为的限制，集中体现了现代经济法的本质和立法宗旨，是现代经济法的核心内容。

从自由资本主义制度确立以来，市场交易和市场竞争都作为平等主体之间的经济关系，由传统的民商法律进行调整；但是，这种调整"仅限于私人之间的自治，并不具有国家政策性的特征"。[3]随着交易和竞争主体之间的关系由于实力悬殊而形成事实上的不平等，原有法律的调整只能成为外在形式上的保护时，如果继续这样的保护，市场秩序则有可能走向反面。而经济法中的市场秩序规制法，就是在特定的市场环境中贯彻某种特定的经济政策，对原有各种交换关系和竞争关系进行特殊安排，使国民经济能够持续、和谐、平衡发展。要达到这一目的，就要对传统法律调整的"平等关系或建立这种关系的条件进行修改甚至破坏"。例如，在商品买卖关系中对消费者利益的倾斜保护，禁止具有市场优势地位的拥有者（抑或市场垄断者）对市场的排他性控制等，就是这种"修改和破坏"的典型，它是一种对依据传统私法形成的市场秩序的根本性矫正。

市场秩序规制法可以分为广义和狭义的两种理解。从广义上说，国家为了市场经济的稳定发展和市场资源的有效利用，所采取的一切干预手段都可理解为市场秩序规制法律，包括特定时期的价格调整法、经济危机时期的危机对策法、对特定产业的振兴促进法、对中小企业的特别保护法等。但一般所讲的市场秩序规制法，更多的是从狭义进行理解，即为规制市场交易秩序和市场竞争秩序的各项法律制度的总称，其中又以规制市场竞争秩序为主要内容。

二、市场秩序规制法的调整对象

法律的调整对象是指法律直接面对的，并对之进行确认、变更、规范、整合或控制的一定类型的社会关系。由以上分析可知，市场秩序规制法的调整对象是国家在矫正市场主体为追求个体利益，损害社会公共利益和社会整体效率的行为时所产生的各类社会关系。市场秩序规制

〔1〕 顾功耘主编：《经济法教程》，上海人民出版社、北京大学出版社2013年版，第362页。
〔2〕 李昌麒：《经济法——国家干预经济的基本法律形式》，四川人民出版社1995年版，第188页。
〔3〕 ［日］金泽良雄：《经济法概论》，满达人译，甘肃人民出版社1985年版，第45页。

法的根本目的，就在于通过调整政府在调控市场秩序的过程中所发生的社会关系，来规范市场秩序并最终形成有序的市场秩序。

除市场秩序规制法外，民商法也承担规范市场秩序的任务。但是，这与具有现代经济法理念的市场秩序规制法在规范市场秩序方面有不同的目标和方式。民商法的基本目标是让最大限度地维护市场主体的经营自由，通过市场机制的作用规制市场秩序，事实上，民商法律就是市场机制法定化的制度体现。但由于市场本身的盲目性可能导致在维护市场主体追求利益的同时，也会带来不同程度的市场缺陷，因此，以遵循市场机制逻辑为基本准则的民商法律制度在建立良好市场秩序方面可能存在局限。作为现代经济法重要组成部分的市场秩序规制法，就是为了弥补民法调整市场关系的不足而创制的。因此，在市场经济条件下，更好地发挥市场机制的作用，应该清晰认识各类法律制度的功能与价值。

根据上述思路可知，市场秩序规制法的具体调整对象，至少应包括以下几个方面：

（一）国家在培育和发展市场体系中所产生的社会关系

现代市场经济应当是一个市场完备、功能齐全的经济资源得到合理有效配置的制度体系。如果某类市场发育不健全或发展滞后，就会制约其他市场的功能发挥，进而影响市场体系的整体效率。显然，市场的自发性和盲目性，市场主体的趋利性等，决定了它们不足以造就完整的市场体系，也不足以消除市场体系内各种市场的无序状态，以实现其运转效率。这就需要体现国家干预的市场秩序规制法来从宏观上克服各类市场间发育的不平衡，从微观上对各类市场进行调控，最终实现市场体系的健全和高效率。在这些平衡与调控过程中，会形成大量的新型的社会关系，其共同的特征就是体现了国家对社会经济生活的干预，这是市场秩序规制法调整的主要内容之一。

（二）国家在维护市场公平竞争中所产生的社会关系

市场经济在本质上是一种竞争型经济，市场配置资源的效率主要是通过竞争机制来实现的。但是，竞争本身又有产生垄断和不正当竞争的趋向，这些垄断和不正当竞争反过来妨碍、限制甚至消灭市场竞争，使市场秩序遭到损坏。因此，为了维护和促进竞争，必须反垄断和反不正当竞争。在反垄断方面，民法的局限是明显的，因为垄断往往通过民法规则的运用而披上合法外衣。尤其是在我国，除了经济垄断以外，经济生活中还存在大量的行政性垄断，由于这种垄断是行政权力滥用的结果，因而靠市场和民法的自发作用很难消除。民法的诚信原则对于不正当竞争有一定的制约作用，但仍有很多不足，例如，它不可能从根本上制止某些不正当竞争行为（如低价倾销）；它只注重不正当竞争给其他经营者造成损害的补救，而不注重从宏观上维持竞争秩序；当不正当竞争行为侵害的是不特定的经营者的正当竞争权时，或者未给特定的经营者造成直接的账面损失时，由经营者通过主张民法上的权利来制止不正当竞争行为，这几乎是不可能的。因此，要维持正常的市场秩序，必须在市场机制和民法规则之外，对市场进行必要的干预，如，对市场主体的行为实施监督管理，以免经济力过度集中而破坏竞争性的市场结构；对大型企业的行为进行监控，防止其滥用经济优势控制市场；禁止限制竞争的联合行为，以实现竞争的充分；规范政府部门的行为，制止地区封锁和部门分割等行政性垄断；查处各种违反商业道德的不正当竞争行为，从而维护竞争的有序。国家在反对垄断及维护公平竞争的过程中，必然会在政府部门之间、政府部门与市场主体之间形成一定的社会关系，这些关系由于体现了国家基于社会公共利益而对社会经济生活的干预，因此，其属于作为经济法重要组成部分的市场秩序规制法的调整对象。

（三）国家在保护消费者权益的过程中所发生的社会关系

消费者对生产经营者的生产经营过程缺乏参与，对产品的适用性和安全性通常只能通过生产经营者的质量表示和其自身的判断力来识别，这就在客观上使消费者成为相对于生产经营者的弱者。尤其在现代社会，由于产品更加复杂，产品的缺陷更为隐蔽，因而加重了消费者的弱势地位。市场的自由竞争和民法的意思自治是不考虑弱者的，所以有必要借助国家干预，通过制定和实施体现国家干预的法律法规，一方面强化生产经营者的质量责任，另一方面提升消费者的地位。这样，消费者与经营者之间的关系，就不仅仅由民法加以调整，作为经济法的市场秩序规制法也要对这种关系进行介入，因而使这种关系成为市场规制法的调整对象。此外，国家在保护消费者权益过程中，还会形成大量其他体现国家干预的社会关系，如消费者保护管理体制中各政府有关部门之间的关系，政府有关部门与消费者和经营者之间的关系等。这些社会关系，也是市场规制法的调整对象。

第二节　市场秩序规制法的产生和发展

一、市场秩序规制法的产生

在人类社会中，自从产生市场以后，就有了保护市场有效运行发展的政府规定，只是规范的范围和程度不同。[1]在现代意义上的市场秩序规制法形成之前，各国就有了单行的法律和判例对经济生活中的竞争行为和竞争关系进行调整，但这些零散的法律法规和现代明确以维护市场秩序为宗旨的市场秩序规制法在性质上是不同的。现代市场秩序规制法诞生于19世纪末叶，一般认为，以美国1890年颁布的《谢尔曼反托拉斯法》和德国1896年颁布的《反不正当竞争法》为标志，翻开了市场秩序规制法的历史篇章。

（一）反垄断法律制度

从17世纪中叶到19世纪中叶，200多年时间里，资本主义经历了从萌芽到发展，最终确立其制度地位的历程。在整个漫长的过程中，一方面，资产阶级代表先进的生产力，为人类社会进步作出了巨大的贡献，"在它不到100年的阶级统治中所创造的生产力，比过去一切世代所创造的全部生产力还要多，还要大"。[2]但另一方面，资本主义制度作为一种自由经济的集中代表，它所带来的灾难与它的贡献同步而行。随着科学技术的巨大进步，大工业生产的迅速发展，资本越来越多地集中到少数大企业手中，资本主义从自由竞争阶段走向了垄断。少数大企业集团为了获取更多的高额利润，愈加疯狂地创造条件垄断市场，防止新的竞争对手进入市场。它们凭借市场优势，单独控制价格、生产和销售排斥竞争；或通过共谋联合控制产品定价、划分市场、抵制新技术等约束相互间的竞争。[3]在19世纪末到20世纪初，美国工业部门的托拉斯（Trust）发展到300多个，占整个制造业总资本40%以上。欧洲的卡特尔、辛迪加等不断涌现，成为垄断的主要形式。由于垄断能够获得固定的超额利润，垄断组织就不再具有技术创新的压力和动力，新技术的采用和劳动生产率的提高受到极大影响。正如列宁在揭露垄

---

〔1〕　我国的法制史学者从《唐律》中就发现了古代反垄断的内容，《唐律·杂律》中规定，为了保障正常的交易，由市场主管机关评定物价，如果评定价格不公的，依法予以处罚；而操纵市场、垄断价格的行为，将受到严厉打击。参见徐永康主编：《中国法制史》，华东理工大学出版社1994年版，第146页；赵贞："唐代的'三贾均市'——以敦煌吐鲁番文书为中心"，载《中国社会经济史研究》2012年第1期。在国外，最早规范竞争关系的法律可以追溯到古罗马时期，当时有禁止粮行阴谋抬高粮食价格行为的规定。英国17世纪初的判例中有明确反对垄断和限制竞争行为的规定。

〔2〕　马克思、恩格斯：《马克思恩格斯选集》（第一卷），人民出版社1975年版，第256页。

〔3〕　美国在1870~1879年间，仅洛克菲勒一家公司就兼并14家石油公司，并控制了另外26家石油公司的多数股票，从而把美国石油生产90%集中到了自己的手中。

断资本的性质时深刻指出的："垄断必然会带来停滞和腐朽的趋势。"垄断一方面限制了竞争，削弱了由自由竞争而产生的市场活力；另一方面，垄断并未消灭竞争，只是使竞争在更高的层次上、更大的范围内进行。一个垄断集团的成功与失败，将会连带很多企业一荣俱荣，一衰俱衰，波及整个国家的经济稳定，甚至导致国家之间的恶性竞争，引发世界大战。因此，无论是从维护资产阶级的整体利益出发，还是从稳定社会经济秩序出发，国家都会考虑通过政策与法律手段对过度的自由竞争进行强制性干预，市场秩序规制法就此应运而生。

1890 年，美国国会通过了《保护贸易与商业免受非法限制与垄断法令》（简称《谢尔曼反托拉斯法》），开反垄断立法之先河。该法旨在反对托拉斯损害竞争机制的行为，虽然条文不多，但确立了重要的法律标准，即"任何人垄断或企图垄断，或与他人联合、共谋垄断州间或与外国间的商业和贸易是严重犯罪"。美国竞争法对世界各国产生的影响十分深远，各国根据自己的情况相继制定了类似的法律，如德国制定了《反对限制竞争法》，[1]旨在规制卡特尔的垄断行为；日本 1947 年通过了《禁止私人垄断和确保公平交易法》。资本主义国家反垄断法的相继出台，表明了反垄断法的诞生在社会发展中的必然性，也标志着现代市场秩序规制法开始成为整个法律体系中的重要组成部分。

（二）反不正当竞争法律制度

与美国制定反垄断法几乎同时，一场围剿不正当竞争行为的立法运动也在各国展开。随着经济的迅猛发展，竞争日益激烈，一些商业领域中不诚实、不道德的行为日渐增多，如仿冒他人商标、名称的行为，不正当的倾销行为，以贿赂手段夺取交易机会的行为以及侵犯他人商业秘密行为等，成为良好市场秩序的公害，极大地影响了经济的正常运行。虽然这些行为对经营者和消费者造成了很大的损害，但依传统的法律却又难以对其进行及时有效的制约。公众强烈要求消除那些不道德的市场竞争行为，维护公平竞争的呼声促使各国政府不得不考虑设计新的法律制度。1896 年，德国首先进行了重要的历史性创新，一改以传统民法对不正当竞争行为进行规制的做法，旗帜鲜明地颁布了《反不正当竞争法》，1909 年在原有基础上经修改后颁布了新法，并一直沿用至今。《反不正当竞争法》在现代经济法律中确立了一个重要的原则，即"在营业中为竞争的目的，采取违反善良风俗的行为是非法的"。[2]根据这一原则，那些虚假的广告宣传行为、故意混淆的"搭便车"行为等，都因其违反善良风俗的性质而受到制止。与此同时，美国的《联邦贸易委员会法》和《克莱顿法》也对"商业中或影响商业的不公平或欺骗性的行为"进行规范。除了对不正当竞争行为进行总的立法以外，各国还对各种具体的不正当竞争行为进行个别立法，如日本的《不当赠品防止法》、美国的《统一商业秘密法》等。这标志着规范垄断行为的法律与规范不正当竞争行为的法律一起，构成了具有社会公共利益保护法性质的崭新的市场秩序规制法律制度，在人类法律制度历史上展开了新的一页。

（三）市场秩序规制国际立法

关于市场秩序规制方面的立法不仅表现为国内立法，区域性和国际性的立法也初见成效。1900 年的《保护工业产权巴黎公约》的修订本中，第一次对不正当竞争行为进行了规定，该公约第 10 条规定："在工商业领域中任何与诚实惯例相悖的竞争行为均构成不正当竞争……"

---

[1] 德国的《反对限制竞争法》又称《卡特尔法》，最初以 1923 年的《卡特尔法》为渊源。尽管由于希特勒的上台使该法变成一纸空文，但其诞生的社会经济条件与《谢尔曼反托拉斯法》大致相当。后来于 1957 年颁布《反对限制竞争法》，1958 年开始实施。

[2] 德国《反不正当竞争法》第 1 条。参见尚明主编：《主要国家（地区）反垄断法律汇编》，法律出版社 2004 年版。

并且以列举的方式对几种特别严重的行为加以禁止，如工商业活动中制造混乱、制造令人误解的商品标记、利用广告诋毁竞争对手等行为。《保护工业产权巴黎公约》的修订，不仅是对欧洲各国国内竞争法的概括和反映，同时也推动了其他国家国内立法。可以认为，后来绝大多数国家的反不正当竞争立法的内容是根据该公约的原则来确定的。

二、市场秩序规制法的发展及趋势

随着现代社会的发展以及专业化和社会分工深度和广度的拓展，知识成为主要的经济要素，经济增长的方式和社会经济结构也发生了根本性的变化；这必然导致市场秩序规制法律制度的发展变化。同时，科学技术的发展也推动了经济全球化和一体化的进程，使得经济关系的变数更加复杂。早期为规制国内市场中的竞争行为而制定的市场秩序规制法显得滞后了。竞争的主体不再仅仅是市场主体之间，在竞争者的背后往往有各国政府的支持和援助，有时国家直接作为市场主体在统一的国际市场里展开竞争；竞争的范围与手段也不仅局限在产品的价格和质量上，而且扩展到了产品之外的服务、技术、投资环境等众多方面。这些变化对法律规制提出了挑战。不仅如此，越来越激烈的竞争对消费者利益也构成了更大的威胁。这就决定了市场秩序规制法的发展趋势：

（一）立法宗旨更关注消费者利益

早期的市场秩序规制法以保护竞争者为目标，针对竞争者的不当行为加以规制，以维护市场的公平竞争。时至今日，消费者利益越来越受到关注。带着浓厚的保护消费者权益色彩的一系列竞争法相继出台，如有关规制食品卫生、消费者信贷、产品标识、虚假广告、引人误解的市场促销手段的法律法规成为竞争立法的主要内容，反垄断立法更是明确了以消费者是否受到损害作为判断市场竞争秩序的主要标准。在日益以消费者为中心的未来社会，市场秩序规制法对消费者保护的趋势将会越来越明显。

（二）法律实施更注重于对经济的调节功能

随着市场竞争的范围和程度都在不断扩大和加剧，矛盾日益激化，市场秩序对各国社会经济的持续发展具有越来越大的影响，各国的市场秩序法律也日益发挥着积极的调节功能。不少国家通过修改法律或制定新法，以适应上述变化。例如，德国的反垄断立法充分考虑到"德国境内外事实上或者潜在的竞争"，严格化和严厉化开始让位于灵活务实。日本的反垄断立法原来以例外条款多而著名，但是，那些曾经因产业政策优先而实施多年的豁免条款现在已荡然无存，法律实施变得日益严厉，这使得日本的市场秩序立法显示出竞争政策优先的战略性变化。[1]美国受判例法的影响，根据每个案件的具体情况来考虑反垄断法的适用情况，体现了反垄断法较强的灵活性。特别是，美国反垄断法创立的与本身违法原则相并列的合理原则，更是为美国灵活处理反垄断问题提供了法律依据。对照美国对电信公司和微软公司相同的垄断行为而不同的处理结果，就不难发现其反垄断的实施与国家发展战略、各类经济政策进行的调节追求各种政策之间的协调。竞争法越来越从刚性转向柔性、灵活和务实，对经济全球化及其发展产生了重大影响。

（三）国际立法进程日益加快

随着经济全球化和一体化进程的加快，国际竞争日趋激烈。跨国合并浪潮迭起，国际卡特尔肆无忌惮，贸易保护主义抬头，为此，如何规制国际经济秩序，维护国际贸易自由和公平竞争，成为世界性的共同问题。正如欧盟委员会认为的，竞争政策在国际市场中具有双重作用，

---

〔1〕　参见徐士英：《竞争政策研究——国际比较与中国选择》，法律出版社 2013 年版，第 25 页。

对内要保护欧盟内部大市场的公平竞争，对外则要保护欧盟企业进入外国市场。国与国之间的竞争使传统竞争法促进公平竞争的价值开始受到挑战。[1]秩序规制的法律在规制企业之间的竞争行为时，也必须对国家妨碍国际竞争的行为进行规制，这就需要尽快确立国际层面上的竞争规则。为此，联合国贸发会议（UNCTAD）进行了不懈的努力，[2]加强国际竞争政策与竞争立法的研究受到关注。在各国经济相互依赖日趋加强的情况下，施行统一的竞争规则已成为必然的趋势。但由于经济发展的不平衡，达到这一目标还有很大的障碍。所以，为竞争法的国际化进行的努力还将继续。

第三节   市场秩序规制法的基本原则

市场秩序规制法的基本原则是指市场秩序规制法立法、执法和司法过程中应当遵循的基本准则，它是由市场秩序规制法的基本任务和调整对象的性质所决定的。市场秩序规制法的基本原则既是立法机关制定市场规制法的指导方针，又是司法机关进行司法活动的基本依据，更是一切市场活动主体的行为规范和评判标准。同时，它还是市场秩序规制法律规范的主要解释依据，可以起到补充法律疏漏、发展学说判例的重要作用。

在长期的立法、执法和司法实践中，世界各国逐渐形成了市场秩序规制法的一些基本原则。这些原则是人们维护竞争机制、提高经济绩效的愿望的反映和提炼，通常具有普遍的适用性与指导作用。

一、维护经济民主原则

市场活动中的经济民主乃经济民主的重要内容，它是指市场主体对市场经济活动的平等和广泛参与。市场活动中的经济民主以市场主体参与市场活动的自由为前提，因此国家应通过立法，为市场主体创造一个进入市场机会均等、商品交易权利自主和市场竞争不受限制的经济环境。市场活动中的经济民主历来是商品经济社会的一个重要价值目标，从古代罗马法到近代资产阶级民法，无不将市场活动中的经济民主作为其最重要的立足点，"意思自治""契约自由"等传统民法的基本原则，正是市场活动中经济民主的集中体现。

然而，维护市场活动中的经济民主，也不得将市场主体参与市场活动的自由推向极端；对自由作出适当的限制，不仅有利于实现个人利益与社会利益的和谐，而且有利于经济民主的真正实现。因为，任何自由如果是无限度的，那么，这种自由必然侵犯和剥夺他人的自由，并最终成为民主的反动。在市场活动中，这一点体现得尤为充分。例如，经营者无限制的自由竞争，将形成不正当竞争和垄断，某些经营者的不正当竞争，必然限制和剥夺其他经营者公平参与竞争的自由，进而损害经济民主，而垄断更是经济上的专制主义的集中体现，其对经济民主的侵害也更为严重。因此，维护市场经济的民主，充分让市场主体进行自由交易和自由竞争，必须在一定范围内，通过国家干预适当限制交易和竞争的自由。可以说，这一点已经成为世界各国的共识。

我国发展市场经济也必须重视维护市场活动中的经济民主，防止和制止强势主体的垄断和不正当竞争对经济民主的危害。尤其值得注意的是，与市场经济发达国家相比，我国在维护市场活动中的经济民主方面，还面临着一项更加艰巨的任务，即寻求国家干预的适当限度。因

---

〔1〕 参见侯作前："经济全球化背景下的中国竞争法的重构"，载《烟台大学学报（哲学社会科学版）》2003年第4期。

〔2〕 参见徐士英：《竞争政策研究——国际比较与中国选择》，法律出版社2013年版，第72～73页。

为，国家干预尽管为市场活动中的经济民主所必需，但过多的国家干预显然会践踏市场活动中的经济民主。然而，我国处在经济体制转变时期，由于国家曾一度对经济生活实行过度干预，政府权力对市场主体的行为实施不恰当影响的情形至今仍然较为严重。因此，要维护市场活动中的经济民主，必须在完善市场经济法律法规体系，反对经济力量过度集中、制止不正当竞争行为的同时，转变政府职能，寻求国家适度干预的途径，使市场的外在环境有利于市场活动的民主化。

二、保障实质公平原则

公平是法律的永恒价值，它反映了人们的相互需要、承认和依赖。在市场经济中，公平体现为市场主体在平等的市场环境中，依据共同的经营规则进行市场交易和竞争。其具体要求是：首先，市场主体的竞争环境应当公平。即竞争者所处的竞争环境一样，不应厚此薄彼，在外部竞争条件上形成非公正的差别待遇。其次，市场主体的交易和竞争活动应当公平。即每个竞争主体都应平等地享受权利、履行义务，相互之间不得歧视。再次，交易和竞争的结果应当公平。即市场主体通过交易和竞争行为，能获得与其付出的代价相符合的法律后果。

与公平在其他场合的表现形式一样，市场经济活动中的公平有形式公平和实质公平之分。从形式上看，只要法律赋予每个市场主体相同的权利，并使其承担相同的义务，就能达到公平的目标。这种形式上的公平是商品经济取代封建特权经济的结果，在法律制度中，此种意义上的公平体现为"意思自治""契约自由""身份平等""私权神圣"等原则，这些原则，成为自由资本主义时期保障公平的重要手段，从而也作为维护形式公平的制度保障而被极度张扬。但是，在进入现代市场经济以后，这种形式意义上的公平并不一定能保证实质上的公平。相反，由于把公平的愿望全部寄托在这种形式之上，反而造成和加剧了事实上的诸多不公平。例如，在市场活动中，一些具有经济特权或经济优势的市场主体单纯强调形式上的公平，在意思自治、契约自由等幌子下，置其他市场主体和消费者的权益于不顾，从而形成经济上的强制和交易结果上的不公平，最终不但在事实上剥夺了他人的公平交易和公平竞争权，而且导致了市场机制的失效。提出市场活动中的实质公平原则，正是因为在自由经济发展的过程中，商品这一"天生的平等派"的外壳已经不同程度掩盖了实质上的不公平。因此，市场秩序规制法以实质上的公平为目标，限制某些特殊市场主体的特殊行为，使市场主体在实质上处于相同的地位，有助于展开有效的交易和竞争行为。

市场活动中的实质公平原则着眼于市场主体实际权利义务的配置及其结果，而非限于形式上的规定。在市场秩序规制法中，它包括两方面相互联系的要求：①对具备优势地位和能力的市场主体的行为进行一定的限制，增加其义务或制止其权利的滥用，以促使其尊重弱势市场主体的公平竞争和公平交易权；②对可能遭受经济特权侵害的弱势市场主体进行特别保护，以提升其地位，从而使其能够与强势市场主体相抗衡，最终为其实现公平竞争和公平交易权提供保障。显然，体现这些限制、保护政策的法律已在很大程度上突破了传统民法以个人权利为本位、重形式而轻实质的倾向，确立了以社会利益为本位，对市场运行的过程和结果进行控制以达到实质意义上的公平的精神。

三、社会整体效率优先原则

市场运行的整体效率，是指市场体系中各类市场主体在运行中所取得的综合经济和社会绩效。通常，市场运行的整体效率（简称市场的宏观效率）与市场体系中各单个市场的运行效率以及各单个市场主体通过市场而获得的效率（简称市场的微观效率）呈正相关关系，但现实地看，市场的宏观效率与市场的微观效率并非总是一致的，有时，追求市场的微观效率，将引起市场的宏观效率的损失。市场秩序规制法作为以社会为本位的经济法的重要组成部分，应当以维护市场的宏观效率为己任，并与民法等其他法律部门一起，寻求市场的微观效率与宏观效率的平衡与互动。

维护市场运行的整体效率原则，为市场秩序规制法的相关制度设计提出了以下要求：

第一，在市场运行的整体效益与市场主体的个体利益之间，应以市场运行的整体效率为重。市场经济是激励市场主体追求自身经济利益最大化的有效的经济体制，民法等传统法律对这种追求给予了绝对和充分的保护。随着生产社会化程度越来越高，个体与社会之间的依存关系越来越密切，个体的权利与自由的行使对社会的影响也越来越大，尤其是，强势个体对自身自由和权力的滥用，会对整个社会产生消极的影响。由此，市场秩序规制法必须面对由于个体利益至上所导致的社会资源配置和利用的低效的问题，为了维护市场运行的整体效率，就不得不对市场主体的个体利益加以必要的限制。在当代，市场秩序规制立法的基础从以个体权利为本位发展为以社会利益为本位，实际上是顺应了社会的这种变化。

第二，当市场的整体效率与公平发生矛盾时，应当优先考虑市场的整体效率。作为现代社会的两个价值目标，公平和效率具有一致性，因为，维护公平有利于调动社会成员积极性和创造力，从而增进效率；保证效率有利于为社会积累更多的财富，从而为实现公平，尤其是高层次的和全社会的公平提供物质基础。但是，公平与效率又是矛盾的，因为，过多的公平会损害效率；过多的效率也会损害公平。例如，在市场领域，一个市场主体经过长时间的不懈努力，终于通过优胜劣汰，击败了所有竞争对手，取得了市场独占地位，这看来是相当公平的，但如果不对这种"公平"加以适当的限制，那么，市场的效率就会减少乃至丧失。应当说，公平与效率是任何法律所必须追求的目标，但不同的法律在追求公平和效率时的侧重点是不一样的。市场经济的要旨在于充分利用市场机制在资源配置方面的效率作用，因此，市场秩序法应以追求效率为重点，在其制度设计上，应着眼于维持和提高市场的整体效率，当公平与市场整体效率发生冲突时，应当贯彻效率优先，兼顾公平的原则。

四、倾斜保护弱者原则

在现代社会，由于各种因素的影响，诸如利益集团之间的冲突、人们认识能力和禀赋的差别、商品信息的不适当分布、社会分配不公、消费者需求的个体差异以及竞争和垄断的加剧等，在作为个体人与群体人总和的人群中，总有一批容易受到损害或者处于社会弱势地位的人群，这类人群很难以自己的力量与处于强势地位的人群进行抗争。如果这类人群的利益得不到法律强有力的保护，那么以追求社会正义为理念的各种法律就难以体现自身的价值。在对社会弱者的保护方面，行政法、民法和经济法都可以在各自的功能范围内发挥作用，但是，以"个体本位"为理念的民法和以"国家本位"为理念的行政法对社会弱者的保护程度远远要小于以"社会本位"为理念的经济法的保护程度。在市场秩序规制法律体系中，有关限制大企业的独占、消除对消费者权益的侵犯、保护中小企业的权益等一系列法律法规都体现了保护弱者的原则。市场秩序规制法对弱者保护不仅仅从维护权利的角度出发，而且还是从维护市场竞争秩序角度考虑的。这是基于以下两个方面的主要原因：一是一些企业规模过大，可能造成独占和垄断，不利于市场经济的竞争性，一旦市场没有竞争机制，社会进步的动力就会丧失；二是市场竞争各主体的强弱不同，容易出现弱肉强食的现象，从而造成市场动荡，影响社会经济甚至政治秩序的稳定。所以，市场秩序规制法确立保护弱者的原则，其意义深远。

确立市场秩序规制法的上述基本原则是市场经济健康、稳定发展的重要保障。这些基本原则不是孤立的，而是相互呼应、协调一致的。因此，对这些基本原则的正确认识和贯彻，应符合全面、综合和发展的客观要求。

■ 思考题

1. 试述市场秩序规制法产生的客观必然性。
2. 试述市场秩序规制法的调整对象。
3. 市场秩序规制法如何贯彻实质公平原则?
4. 市场秩序规制法如何贯彻社会整体效率优先原则?
5. 如何理解经济法领域的倾斜保护弱者原则?

■ 参考书目

1. 王蓓根:《市场秩序论》,上海财经大学出版社 1997 年版。
2. 李昌麒:《经济法——国家干预经济的基本法律形式》,四川人民出版社 1995 年版。
3. 王继军:《市场规制法研究》,中国社会科学出版社、人民法院出版社 2005 年版。
4. 王晓晔、伊从宽主编:《竞争法与经济发展》,社会科学文献出版社 2003 年版。
5. 徐士英:《竞争政策研究——国际比较与中国选择》,法律出版社 2013 年版。
6. 徐士英:《竞争法论》,世界图书出版公司 2007 年版。
6. 杨琴:《日本市场规制法研究》,贵州大学出版社 2013 年版。

第十二章　市场体系规制法律制度

■学习目的和要求

　　市场体系是一个由各类不同市场（消费品、服务、要素等）构成的相互作用、相辅相成的有机整体。如果某类市场发育不全或发展滞后，就会制约其他市场的功能发挥，进而影响市场体系的整体效率。基于以上考虑，本章对经济法中的市场体系规制法律制度作了系统的介绍。学习本章，应了解我国规制各种市场的基本规定，并领会这些规定对我国市场体系建设的意义。

第一节　市场体系规制法概述

一、市场、市场体系与市场体系规制

　　一般认为，市场是各种交易关系的总和。市场是由各种不同的交易组成的，不同性质的交易形态的集合，构成不同的市场类型，由不同类型的市场构成的有机整体，便是市场体系。市场体系有其内在的联系，按照市场经济的内在要求，通过一定的规则、制度作用于市场体系，对市场进行组织、协调、促进、制约，以保证市场结构的合理化、科学化，使各种市场运行规范化、协调化的过程，就是市场体系规制。

　　市场是一种客观存在的社会现象，然而，市场体系怎样构成、市场体系运行的状态如何、市场对资源的配置效率如何等，则在很大程度上受到政府规制程度的影响，一个完全缺乏规制的市场体系，不可能正常、有序、高效地运行。合理的规制可以促进市场的发育，刺激市场的发展，协调市场关系，保证市场交易的公平，维护市场秩序，提高市场的效率，最大限度地实现市场的功能，防止市场可能带来的消极影响。但是，在另一方面，不适当的规制也可能影响市场的正常发育，破坏市场的公平、秩序，影响市场效率，阻碍市场功能的发挥，甚至最终消灭市场。所以，适度、合理的市场规制对于市场经济的正常、健康发展，具有极为重要的意义。

二、市场体系规制法的作用机理

　　通过法律对市场进行规制是为了实现一定的目的，这些目的包括市场的正常发育和完善、市场竞争的公平环境、市场的有序化、市场交易的公平以及市场配置资源的有效性等。市场规制法是通过以下方式实现这些目的的：

　　1. 通过市场规制立法，为市场主体进行市场交易活动、管理主体进行管理活动提供一般的规则，通过规则对市场主体的行为进行约束，使市场主体按照法律规定的规则进行各种市场交易，使市场交易活动按照一定的经济规律有条不紊地进行。

　　2. 通过管理主体依法对市场的监管，保证市场的正常发育与完善，培育健康的市场体系，督促市场主体按照法律要求进行市场交易活动，使市场按照法律确定的规则有序运转。

　　3. 通过市场反馈系统将市场的交易信息以及市场运行过程中存在的问题及时反映给有关

部门，为有关部门修改和完善市场规则体系或根据市场的发展要求调整经济政策提供事实依据，保证市场规则体系能够根据市场的变化不断得以完善，保证国家的宏观经济决策能够准确地反映市场的实际要求，有效地解决市场运行过程中存在的各种问题。

三、市场体系规制的基本内容

（一）对交易主体的规制

市场规制首先通过各种规则对交易主体的约束而发挥作用，对交易主体的规制既是市场规制法的重要内容之一，又是市场规制法发挥作用的基本条件。市场规制法在对交易主体进行分类的基础上，根据不同市场对交易主体的要求，规定了特定市场交易主体的基本条件，并通过监督检查制度使市场主体在进入市场后维持这些基本条件。

市场交易主体进入市场必须具备一定的条件，遵守一定的程序，这些条件和程序规定在市场准入制度之中。但是，市场交易主体不仅在进入市场时应当具备作为交易主体的条件，而且在进入市场后也应继续维持这些条件。对交易主体的规制，除市场准入制度（参见第八章）外，通常还包括以下主体管理制度：

1. 企业年度报告公示制度。我国对企业曾经实行年度检验制度，通过年度检验制度，对市场主体的经营条件和经营能力进行审查，保证经营主体能够维持作为市场主体的基本条件和能力。自2014年3月1日起，我国正式停止企业年度检验工作，将企业年检制度改为企业年度报告公示制度。按照规定，企业应当按年度在规定的期限内，通过市场主体信用信息公示系统向工商机关报送年度报告，并向社会公示，任何单位和个人均可查询。企业"年报"的主要内容包括公司股东（发起人）缴纳出资情况、资产状况等，企业对年度报告的真实性、合法性负责，工商机关可以对企业年度报告公示内容进行抽查。经检查发现企业年度报告隐瞒真实情况、弄虚作假的，工商机关依法予以处罚，并将企业法定代表人、负责人等信息通报公安、财政、海关、税务等有关部门，形成"一处违法，处处受限"。对未按规定期限公示年度报告的企业，工商机关会将其载入经营异常名录。企业在3年内履行年度报告公示义务的，可以申请恢复正常记载状态；超过3年未履行的，工商机关将其永久列入严重违法企业"黑名单"。

2. 变更与注销登记制度。市场主体内部状况发生变更，可能会影响到其他人的利益，因此，通过变更登记制度，可以将市场主体的内部状况的变化及时对社会公开，以保障其他市场主体不致因该市场主体的变更而受到损害。同样，市场经营主体退出市场时办理注销登记手续，也可以起到保护其他市场主体合法利益的作用。

3. 资格、资质评估制度。市场主体所从事的交易应当与自己的能力保持一致，否则，交易对方的利益就可能得不到充分的保护。因此，在某些行业中应实行市场主体资质评估制度，对特定的交易，只允许达到一定资质等级的经营者经营，其目的也是保护交易相对人的利益。

4. 查证验照制度。由市场管理部门通过定期或不定期地对市场经营主体的有关证照进行检查核验，可以避免无交易资格的非市场主体进入市场或不具备某种交易能力的经营者从事某项交易，扰乱市场秩序。

（二）竞争性规制

竞争性规制是为了维持市场的竞争性而对市场活动进行规制。其中，最主要的是反垄断规制和反不正当竞争规制。其目的是消除市场中的垄断因素，维护市场竞争秩序，实现市场充分、有效和有序竞争。有关竞争性规制的内容，请参见第十三、十四章。

（三）对交易内容的限制性规定

对交易内容的限制主要有以下几个方面：

1. 禁止违法交易。任何市场交易主体不得进行违法交易，更不得从事法律明文禁止的交易。法律限制的交易行为，未经有权批准或许可的有关部门批准或同意，也不得进行。

2. 禁止强迫交易。一切市场交易都应当在自愿的基础上进行，任何市场交易主体均不得违反交易对方的意志，强迫对方与自己交易。

3. 禁止显失公平的暴利交易。市场交易应当在平等互利的基础上进行，市场交易主体不得利用双方交易实力的悬殊或利用对方的急需或所处的紧迫情势，要求对方接受显失公平的交易条件，牟取暴利。

4. 禁止欺诈交易。市场交易应当体现交易双方的真实意愿，不得通过传播虚假信息或隐瞒应当告知的信息进行欺骗。

5. 禁止违反社会公共利益交易。任何交易当事人不得通过市场交易损害国家利益、社会成员的共同利益和他人的合法权益，不得违反作为社会价值基础的公共伦理道德，不得违反公共秩序。

（四）对交易价格的限制性规定

对交易价格的限制性规定主要有以下几个方面的基本内容：

1. 遵守定价原则和定价依据。经营者应当按照公平、合法和诚实信用原则，依据生产、经营成本和市场供求状况合理定价。

2. 遵守法律，执行国家价格措施。经营者进行价格活动，应当遵守法律、法规，执行依法制定的政府指导价、政府定价和法定的价格干预措施、紧急措施。

3. 执行明码标价。经营者销售、收购商品和提供服务，应当按照政府价格主管部门的规定明码标价，并注明商品的品名、产地、规格、等级、计量单位、价格或服务项目收费标准等有关情况。

4. 禁止操纵市场价格。经营者不得互相串通，操纵市场价格，损害其他经营者或者消费者的合法权益。

5. 禁止倾销行为。除依法降价处理鲜活商品、季节性商品、积压商品等商品外，经营者不得为了排挤竞争对手或独占市场，以低于成本的价格倾销商品，扰乱正常的生产经营秩序，损害国家利益或其他经营者的合法权益。

第二节　商品市场的法律规制

一、商品市场的定义与分类

商品市场是具备一定形态的实物商品交易的场所和交易关系的总和。商品市场是市场的基本形态，在整个市场体系中处于基础性地位。

根据交易客体不同，商品市场可以分为消费资料市场和生产资料市场。前者是以各种消费资料作为交易对象的市场；后者则是以生产工具和劳动对象作为交易对象的市场。消费资料市场还可以根据交易对象的具体类别不同分为物质消费品市场和精神消费品市场，前者如农副产品市场、服装市场、家用电器市场等；后者如图书市场、音像市场等。这种分类还可以继续细分下去。根据市场交易客体对商品市场进行分类，其意义在于：不同的商品有不同的特点，因此，在管理上应当考虑商品自身的不同属性，对不同商品市场采用不同的管理方式。例如，对于生产资料市场的管理，就不同于对消费资料市场的管理；同样，在消费资料市场中，不同的消费品的管理方式也不完全相同，如国家对食品的管理与对家用电器的管理就存在重大的差别，对食品的管理侧重于食品卫生的保障，对家用电器的管理则强调其安全与性能。

根据市场交易环节的不同，商品市场可以分为批发市场与零售市场。批发市场是同类商品批量交易的市场，通常情况下，它属于不同流通环节的经营者之间的交易市场；零售市场是商品零星交易市场，通常情况下是经营者直接面对消费者和用户的交易市场。批发和零售处于商品流通的不同环节，在市场的管理上也不完全相同。

根据国家对不同商品管制的程度不同，可将商品市场分为开放的商品市场、限制经营的商品市场和国家专营的商品市场。开放的商品市场是指允许一般交易主体经营的商品市场，但开放的商品市场并不意味着国家对该市场不进行任何程度的管理。限制经营的商品市场是指国家对商品的流通进行一定的限制，但仍允许一般市场经营主体按照法律规定的程序取得经营权后从事该商品的经营或从事某一市场环节的经营，如粮食、棉花市场等。国家专营的商品市场，是指由国家专门经营的商品市场，如管制药品市场等。

二、消费品市场管理的规定

在城市化生活方式中，人们通过消费品市场获得各种生活资料，以维持生存和发展。消费品市场直接关系到人民群众的生活质量，因此，加强消费品市场的管理，对保护消费者权益，稳定人民生活，维护市场秩序，都具有重要的作用。

政府对消费品市场的管理，主要通过以下管理监督机构和管理制度的建立、完善而实现：

（一）消费品市场的综合管理制度

国家设立工商行政管理部门，对包括消费品市场在内的各种市场进行综合管理：统一审查消费品市场的经营主体资格，通过工商登记程序，把好消费品市场经营主体的入场关；综合管理消费品市场的交易行为，建立消费品市场的各项管理制度；统一规范消费品的表示行为，对商标、商品说明、广告等消费品表示行为进行统一监督；依法对消费品市场经营活动进行监督，打击各种违法经营、侵害消费者利益、扰乱消费品市场秩序的行为。

（二）消费品质量管理制度

通过设立技术监督部门，对进入包括消费品市场在内的各种市场的商品质量进行专门管理：通过标准化的计量手段，为消费品质量鉴定提供法定的统一标准和权威依据；监测消费品市场的商品质量；会同工商行政管理等部门查处各种违反质量管理的行为。

（三）消费品价格管理制度

通过设立价格管理部门，对包括消费品市场在内的各种市场的价格进行统一管理：根据经济发展状况和市场行情确定消费品价格的定价原则（必要时制定统一价格或浮动价格），对消费品价格进行控制；监督市场主体遵守国家有关价格的法律法规，并会同工商行政管理等部门查处违反价格法、损害消费者利益的行为。

（四）产品召回制度

产品召回制度，是指经营者发现其生产、进口或经销的产品存在重大质量问题，可能危害消费者安全和健康或造成其他严重后果，而依法从市场和消费者手中收回相关产品，并采取补救措施的制度。产品召回制度是防止有缺陷产品损害消费者安全和健康的重要手段，也是市场规制制度的重要组成部分。

（五）产品回收制度

与产品召回制度相关的另一项制度是产品回收制度，产品回收制度主要指对具有再利用价值或可能造成环境污染或其他危害的废旧商品予以回收的制度。如废旧家电的回收，废弃蓄电池的回收等。回收制度根据回收的目的不同，主要有两类：一是利用性回收，二是保护性回收。前者主要是为了再利用相关废旧商品，而后者则主要是为了防止废旧商品造成对环境的污染。利用性回收通常通过市场途径实现，而保护性回收，在很多情况下会作为生产经营者的一种责任（生产者延伸责任）。

（六）消费者参与、监督制度

成立消费者组织，指导、帮助消费者进行各种维权活动。建立消费者听证咨询等制度，听取消费者意见和建议，改进消费品市场的管理工作。鼓励消费者组织和消费者对经营者的行为进行监督，并为消费者投诉提供便利的途径和条件。

（七）特殊消费品专项管理制度

如设立食品安全和药品管理机构，对食品、药品市场进行专门监管，防止不安全食品、药品流入市场，损害消费者的安全和健康。

三、特殊商品的专营和专卖制度

（一）特殊商品专营制度

商品专营，是指由国家设立或指定特定的经营单位专门经营特定商品的制度。对特定的商品实行国家专营，其原因在于某些商品与社会公共利益关系密切，由国家专营，有利于更好地保护广大公众的利益。目前，实行专营的商品主要包括：金银等贵金属；文物；毒性、放射性等药品；民用爆破器材；城市用水、电、气；邮电通信（部分已开放）；食盐、国家储备盐；部分纯碱、烧碱以及化肥、农药、农膜、主要农作物杂交种子等生产资料。

专营商品的经营单位，一般由国家根据商品类别的不同设立，或委托有关部门指定。例如，金银等贵金属，由国家委托中国人民银行统一经营；文物收购由文化行政管理部门指定的单位经营；一类精神药品由计卫部门会同国家食品药品监督管理局指定的经营单位统一经营，二类精神药品由省级计卫部门会同食品药品监督管理部门指定经营；农膜等专营农业生产资料由国家委托中国农业生产资料公司和各级供销合作社专营，主要农作物杂交种子由县级人民政府指定的单位组织经营等。

对实行国家专营的商品，一般由专营该商品的单位统一批发、销售，某些专营商品可以由商业零售企业和个人零售，但经营该商品零售业务的经营者应统一从专营单位进货。

（二）特殊商品专卖制度

商品专卖，是指由国家设立专门机构对特定商品的产、供、销进行统一管理、统一经营。目前我国实行专卖的商品最主要的是部分烟草类商品，国家对烟草专卖品的生产、销售、进出口实行专卖管理和许可证制度，其内容主要包括：

1. 统一收购。属于专卖范围内的烟叶，由烟草公司或其委托的单位按照国家规定的收购标准、价格统一收购。

2. 许可证管理。开办烟草制品的生产企业，必须经国务院烟草专卖行政管理部门批准，取得烟草专卖生产企业许可证，并经工商行政部门核准登记。

3. 统一产品管理。烟草企业应当按照国家规定的卷烟、雪茄烟焦油含量标准进行生产；卷烟、雪茄烟应当在包装上标明焦油含量和"吸烟有害健康"的字样；禁止在广播电台、电视台、报刊上播放、刊登烟草制品广告；卷烟、雪茄烟和有包装的烟丝必须申请商标注册，未经核准注册的，不得生产销售。

第三节   金融市场的法律规制

一、金融市场的定义与分类

通常所谓的金融市场有广义和狭义之分。广义的金融市场是指与货币资金融通有关的各种市场，它包括以银行和其他金融机构为中介而发生的货币资金融通市场、证券市场、期货市场、保险市场、投资市场、基金市场等。狭义的金融市场仅指以银行等金融机构为中介而发生的货币资金融通市场，包括以银行和其他金融机构为中介而发生的款项存贷市场、同业拆借市场、结算市场、票据市场、外汇市场、金融咨询服务市场、信托投资市场、融资担保市场等。本章所指的金融市场是广义的金融市场，但限于篇幅，仅就有关证券、期货、保险和资金市场的管理规定作简要介绍。

现代市场经济是建立在高度发达的信用基础之上的，金融是国民经济的动脉，与各行各业的发展都有着密切的联系，在现代经济中发挥着极为重要的作用。加强金融市场的管理，对于防止金融危机、稳定人民生活、保障社会主义市场经济的健康发展，都具有十分重要的意义。

二、证券市场的管理规定

（一）证券与证券市场

证券有广义和狭义之分。广义的证券包括各种设定或证明法律事实和权利的凭证，它包括两类：一为证书；二为证券。证书是指证明一定法律事实真实性的书面凭证，如出生证、结婚证、借据、合同等。证券则为设定并代表一定权利的凭证，包括金券、资格证券和有价证券三种形式。金券是代表一定金额货币，且为了特定目的可以替代货币而使用的证券，如，邮票、印花、纸币以及各种代金券等。资格证券则是表明证券持有人具有行使一定权利之资格的证券，持券人可凭借资格证券要求义务人履行一定义务，义务人向持券人履行义务后即可免责，因此，又称为免责证券，如各种入场券、车、船票等。有价证券是指表彰具有一定价值的特定民事权利的证券，它包括：汇票、本票、支票等信用证券；股票、债券等投资证券；提单、仓单等商品证券等。狭义的证券仅指有价证券。而证券法上所谓的证券则通常仅指特定的有价证券，即股票、债券等投资证券，本章所指的证券也是从这一意义来理解的。

证券市场是证券交易关系的总和，它包括证券发行市场和证券交易市场。证券发行市场，又称一级市场或初级市场，是证券发行者将证券出售给证券投资者以筹集资金的市场。证券交易市场，又称二级市场或次级市场，是证券投资者相互间就已发行的证券进行交易的市场。证券市场本质上属于生产要素市场，是市场经营者筹集资金的重要渠道，也是投资者进行投资的重要途径。下面就证券市场的管理问题进行简要讨论。

（二）证券市场的管理机构

我国证券市场管理机构是国务院设立的中国证券监督管理委员会（证监会）。为加强证券监管，中国证券监督管理委员会在各省、自治区、直辖市还设立了其派出机构——证监局。此外，中国人民银行、财政部等机构也享有某些管理职责。

证券交易所是依法设立、不以营利为目的、为证券的集中和有组织交易提供场所和设施、履行国家有关法律政策的职责、实行自律管理的会员制事业法人。从性质上说，证券交易所是证券经营行业的自律管理机构。证券交易所的职能包括：提供证券交易的场所和设施；制定证券交易所的业务规则；接受上市申请、安排证券上市；组织、监督证券交易；对会员进行监管；对上市公司进行监管；设立证券登记结算机构；管理和公布市场信息等。证券交易所不得进行以营利为目的的活动，不得经营出版业，不得发布对证券价格进行预测的文字和资料，不得为他人提供担保或从事未经批准的其他业务。

（三）证券发行市场管理

证券发行市场的管理主要贯彻以下制度：

1. 资格限定制度。股票发行的主体必须是有股票发行资格的股份有限公司，其他企业或经济组织不能发行股票。国债由财政部发行，金融债券和投资基金债券由专业银行、信托投资机构、证券公司发行。企业债券的发行主体为具有法人资格的企业。公司债券的发行主体主要是股份有限公司，但国有独资公司或由两个以上的国有企业或两个以上的国有投资主体设立的有限责任公司为筹集生产经营资金，也可以依法发行公司债券。

2. 审批制度。股份有限公司公开发行股票，必须符合法律、行政法规规定的条件，并依法报经国务院证券监督管理机构或者国务院授权的部门核准；未经依法核准，任何单位和个人不得公开发行证券。所谓公开发行，根据《证券法》的规定，包括以下三种情形：①向不特定对象发行证券的；②向特定对象发行证券累计超过200人的；③法律、行政法规规定的其他发行行为。

公司公开发行新股，应当符合《公司法》《证券法》等法律法规规定的条件。符合证券发行条件的公司可依法向国务院证券管理部门或国务院授权部门提出申请。按照《证券法》规定，国务院证券监督管理机构和国务院授权部门设发行审核委员会，依法审核股票发行申请。发行审核委员会由国务院证券监督管理机构的专业人员和所聘请的该机构外的有关专家组成，以投票方式对股票发行申请进行表决，提出审核意见。不予核准的，应当说明理由。

3. 保荐制度。从2004年2月1日开始，我国对证券发行上市实行保荐制度。2014年修订后的《证券法》再次确立了这一制度。根据该法规定，发行人申请公开发行股票、可转换为股票的公司债券，依法采取承销方式的，或者公开发行法律、行政法规规定实行保荐制度的其他证券的，应当聘请具有保荐资格的机构担任保荐人。实施保荐制度的主要目的是通过落实证券公司等中介机构及其从业人员的责任，推动证券上市过程运作的规范化，强化市场约束机制，提高上市公司质量。

4. 预先信息披露制度。根据《证券法》规定，发行人申请首次公开发行股票的，在提交申请文件后，应当按照国务院证券监督管理机构的规定预先披露有关申请文件。其公开的内容主要是申请股票、债券上市的公司申请材料所载明的信息，如公司营业执照、公司章程、股东大会决议、招股说明书、财务会计报告、代收股款银行的名称及地址、承销机构名称及有关的协议等。

5. 信誉评级制度。信誉评级制度主要用于公司债券发行，它是指由专门的信誉登记评定机构根据发行人提供的信息材料，在调查、预测的基础上，通过科学的分析，对拟发行的债券质量、信用和风险作出客观、公正评价，并确定其信誉等级的制度。评级机构根据公司的财务状况和经营状况等情况的分析，确定债券信誉的高低和风险大小，在此基础上，评定债券的等级（一般为三等九级：AAA，AA，A，BBB，BB，B，CCC，CC，C），为投资者作出投资选择提供参考。

6. 承销制度。证券发行有两种形式：一为直接发行，即发行人直接向投资者发行；二为承销发行，又称间接发行，即由证券公司作为发行人与投资者的中介，对发行证券进行代销或包销。其中，包销发行时，承销机构对于没有卖出的证券有义务全部购买；代销发行时，承销机构对于未售出的证券可以退还给发行人。根据我国现行有关法律规定，对股份有限公司公开发行的股票，实行承销制度。发行股票时，由证券公司与发行人签订承销协议，全部购进发行人发行的股票，再由证券公司对投资者销售。发行金额特别巨大的，可以由两个以上的承销机构承销。通过股票发行承销，可以提高股票发行的效率，降低股票发行成本。

7. 发行价格管理制度。股票发行人可以采取面额发行和溢价发行这两种不同的价格发行股票。所谓面额发行，也称平价发行，是指按照股票的票面金额发行股票。所谓溢价发行，是指以高于票面金额的价格发行股票。根据我国现行法律的规定，股票发行价格不得低于票面金额。这一规定的目的在于贯彻资本充实原则，以保护公司债权人的利益。此外，发行股票的价格必须统一，同一次发行的股票其发行价格应当相同，不得对不同投资者适用不同的价格。

8. 票面统一规范制度。股票的形式主要有两种：一为实物股票；二为簿记式股票。前者以按照一定格式制作的票券作为股份的载体；后者又称无形股票，指发行人通过将股票持有人以及持有股票的种类、股数等计入统一制作的股东名册的方式而表彰其所持股份的股票。实物股票必须按照法律规定的格式制作，股票票面应当载明公司名称、公司登记成立日期、股票种类、票面金额及代表的股份数、股票编号等事项。簿记式股票必须使用国家统一制作的股东名册，并按照法律规定的要求记载有关事项。各种债券也必须按照法律规定的格式和要求制作。

（四）证券交易市场管理

广义的证券交易市场既包括在证券交易所挂牌交易的证券市场，也包括非上市证券在不同投资者之间相互转让的交易市场。就一般而言，将所有的证券都纳入证券交易所的交易范围，这不仅没有必要，而且也是不可能的。实际上，我国现行立法也允许在证券交易所以外进行某些证券交易，如根据《公司法》的规定，有限责任公司股东经其他股东的同意可以转让其投资等。非交易所进行的证券交易也应依法进行，根据法律规定，记名股票的转让采取背书或法律规定的其他方式转让的，转让后应由公司将受让人的姓名或名称及住所记载于股东名册；无记名股票的转让，在证券交易场所交付受让人起即发生转让效力。但这里讨论的证券交易市场是狭义的证券交易市场，它专指上市证券在证券交易场所挂牌交易的市场。

1. 集中交易制度。上市股票和债券的交易实行集中交易制度，即相关的交易活动需通过国家设立的证券交易机构进行。证券交易所中上市股票交易实行会员代理制。股票投资者委托证券交易所会员进行交易，投资者相互之间不能直接进行交易。目前，我国上海和深圳证券交易均实行会员代理制。证券交易所会员为法人，通常为具有法人资格的证券公司或信托投资公司。投资者可以自由选择会员，办理委托手续，开设资金账户和股票账户，由会员代理其进行股票的买进和卖出事宜。实行会员代理制，可以使股市交易规范化，有利于降低交易成本、提高交易效率。

投资者在进行具体交易时，通过书面、口头或电话、电报等方式，委托会员买进或卖出。会员接到投资者的委托后，应派出其在该交易所的出市代表执行委托。执行委托时，实行时间优先和价格优先原则：先收到委托的先执行；同时收到委托的，卖出股票的，价格较低的先执行；买进股票的，价格较高的先执行。股票交易实行清算期制度，股票成交后，一般并不立即清算，而等待清算期（上海交易所清算期为每一开市交易日）届至时一并结算。清算后，进入交割程序，交割时由各方通过清算机构按清算差额进行价款和证券的收付。

2. 持续信息公开制度。证券上市后，上市公司应依法进行持续的信息公开：①中期报告与年度报告。上市公司和债券上市交易的公司，应当在每一会计年度的上半年结束之日起2个月内，向国务院证券监督管理机构和证券交易所报送中期报告。在每一会计年度结束之日起4个月内，向国务院证券监督管理机构和证券交易所报送年度报告。中期报告和年度报告都应当公告。②重大事件报告。当公司发生可能股票交易价格产生较大影响的重大事件时，也应当依法及时向证券监督管理机构和证券交易所报送临时报告，并予公告。如公司披露的信息，有虚假记载、误导性陈述或者重大遗漏，致使投资者在证券交易中遭受损失的，发行人、上市公司应当承担赔偿责任；发行人、上市公司的董事、监事、高级管理人员和其他直接责任人员以及保荐人、承销的证券公司，除能证明自己没有过错外，应当与发行人、上市公司承担连带赔偿责任；发行人、上市公司的控股股东、实际控制人有过错的，应当与发行人、上市公司承担连带赔偿责任。

3. 违法交易禁止制度。主要内容包括：

（1）禁止内幕交易。内幕交易是指内幕人员利用其掌握的内幕信息自行进行或指使、建议他人而进行的交易。内幕交易违反了公开、公平原则，是危害股市交易秩序、妨碍股市健康发展的严重违法行为。禁止内幕交易，是各国证券法普遍确立的一项基本制度。我国《证券法》规定，禁止证券交易内幕信息的知情人和非法获取内幕信息的人利用内幕信息从事证券交易活动。证券交易内幕信息的知情人包括：发行人的董事、监事、高级管理人员；持有公司5%以上股份的股东及其董事、监事、高级管理人员，公司的实际控制人及其董事、监事、高级管理人员；发行人控股的公司及其董事、监事、高级管理人员；由于所任公司职务可以获取公司有关内幕信息的人员；证券监督管理机构工作人员以及由于法定职责对证券的发行、交易进行管理的其他人员；保荐人、承销的证券公司、证券交易所、证券登记结算机构、证券服务机构的有关人员；国务院证券监督管理机构规定的其他人。内幕信息，是指证券交易活动中，涉及公司的经营、财务或者对该公司证券的市场价格有重大影响的尚未公开的信息。包括《证券法》第67条第2款所列应当披露的重大事件；公司分配股利或者增资的计划；公司股权结构的重大变化；公司债务担保的重大变更；公司营业用主要资产的抵押、出售或者报废一次超过该资产的30%；公司的董事、监事、高级管理人员的行为可能依法承担重大损害赔偿责任；上市公司收购的有关方案；国务院证券监督管理机构认定的对证券交易价格有显著影响的其他重要信息。为防止内幕交易，我国法律规定：内幕信息的知情人和非法获取内幕信息的人，在内幕信息公开前，不得买卖该公司的证券，或者泄露该信息，或者建议他人买卖该证券。内幕交易行为给投资者造成损失的，行为人应当依法承担赔偿责任。

（2）禁止非法操纵市场行为。根据《证券法》规定，以下行为属于非法操纵市场的行为：单独或者通过合谋，集中资金优势、持股优势或者利用信息优势联合或者连续买卖，操纵证券交易价格或者证券交易量；与他人串通，以事先约定的时间、价格和方式相互进行证券交易，影响证券交易价格或者证券交易量；在自己实际控制的账户之间进行证券交易，影响证券交易价格或者证券交易量；以其他手段操纵证券市场。操纵证券市场行为给投资者造成损失的，行为人应当依法承担赔偿责任。

（3）禁止扰乱市场秩序的行为。根据《证券法》规定，禁止国家工作人员、传播媒介从业人员和有关人员编造、传播虚假信息，扰乱证券市场。禁止证券交易所、证券公司、证券登记结算机构、证券服务机构及其从业人员，证券业协会、证券监督管理机构及其工作人员，在证券交易活动中作出虚假陈述或者信息误导。各种传播媒介传播证券市场信息必须真实、客观，禁止误导。

（4）禁止欺诈行为。证券公司及其从业人员不得从事下列损害客户利益的欺诈行为：违背客户的委托为其买卖证券；不在规定时间内向客户提供交易的书面确认文件；挪用客户所委托买卖的证券或者客户账户上的资金；未经客户的委托，擅自为客户买卖证券，或者假借客户的名义买卖证券；为牟取佣金收入，诱使客户进行不必要的证券买卖；利用传播媒介或者通过其他方式提供、传播虚假或者误导投资者的信息；其他违背客户真实意思表示，损害客户利益的行为。为打击欺诈客户行为，法律规定，欺诈客户行为给客户造成损失的，行为人应当依法承担赔偿责任。

（5）禁止非法利用他人账户进行交易。《证券法》规定，法人不得非法利用他人账户从事证券交易；也不得出借自己或者他人的证券账户给他人进行证券交易。

（6）禁止违规资金入市交易。按照《证券法》规定，禁止资金违规流入股市，禁止任何人挪用公款买卖证券。

三、期货市场的管理规定

期货交易，是指采用公开的集中交易方式或者管理机构批准的其他方式进行的以期货合约或者期权合约为交易标的的交易活动。期货交易包括期货合约和期权合约交易。所谓期货合约，是指由期货交易场所统一制定的、规定在将来某一特定的时间和地点交割一定数量标的物的标准化合约。期货合约包括商品期货合约和金融期货合约及其他期货合约。所谓期权合约，是指期货交易场所统一制定的、规定买方有权在将来某一时间以特定价格买入或者卖出约定标的物（包括期货合约）的标准化合约。期货交易通常不是为了实物的交割和履行，而在于转移价格风险（如以套期保值为目的的买进期货）或赚取风险利润（如短线期货交易）。期货交易是就标准化合约权利义务的概括转让而进行的交易。期货交易具有套期保值和价格发现的基本功能，发展期货市场，对于稳定企业生产、合理引导市场价格，都具有重要的意义。但是，期货交易具有较大的投机性，如果不加强管理，就会对市场秩序带来消极的影响。

为加强期货市场管理，1999 年 6 月国务院发布《期货交易管理暂行条例》，2007 年 3 月又颁布了正式的《期货交易管理条例》，2012 年 10 月 24 日、2013 年 7 月 18 日、2016 年 2 月 6 日国务院对该条例进行了修改。目前，该条例是期货交易管理的主要法律依据。根据《期货交易管理条例》的规定，期货市场管理主要有以下制度：

（一）期货交易的主体制度

1. 期货交易所。期货交易所，是为期货投资者提供交易场所并对期货交易进行组织的非营利性事业机构，它具有独立的法人资格。设立期货交易所，由国务院期货监督管理机构审批。期货交易所不以营利为目的，依照法律规定履行其职责，按照其章程的规定实行自律管理，其负责人由国务院期货监督管理机构任免。未经国务院期货监督管理机构审核并报国务院批准，期货交易所不得从事信托投资、股票投资、非自用不动产投资等与其职责无关的业务。期货交易所应当按照国家有关规定建立、健全保证金制度；当日无负债结算制度；涨跌停板制度；持仓限额和大户持仓报告制度；风险准备金制度等风险管理制度。

2. 期货公司。期货公司是依法设立的经营期货业务的金融机构。期货公司从事期货经纪业务，接受客户委托，以自己的名义为客户进行期货交易，交易结果由客户承担。设立期货公司，应当经国务院期货监督管理机构批准，并在公司登记机关登记注册。期货公司不得从事与期货业务无关的活动，不得从事或者变相从事期货自营业务。期货公司不得为其股东、实际控制人或者其他关联人提供融资，不得对外担保。

期货公司应当建立、健全并严格执行业务管理规则、风险管理制度，遵守信息披露制度，保障客户保证金的存管安全，按照期货交易所的规定，向期货交易所报告大户名单、交易情况。

（二）交易规则

为维护期货交易秩序、提高交易效率，期货交易实行以下特殊的制度和规则：①禁止场外交易制度。期货交易必须在依法设立的期货交易所或监管机构批准的其他交易场所进行。禁止在批准的期货交易场所之外进行期货交易，禁止变相期货交易。②会员经纪与委托交易制。除期货经纪机构自营的业务外，投资者在期货交易所进行期货交易必须由具有会员资格的期货经纪机构经办。期货公司接受客户委托为其进行期货交易，应当事先向客户出示风险说明书，经客户签字确认后，与客户签订书面合同。期货公司不得未经客户委托或者不按照客户委托内容，擅自进行期货交易。期货公司不得向客户做获利保证；不得在经纪业务中与客户约定分享利益或者共担风险，不得隐瞒重要事项或者使用其他不正当手段诱骗客户发出交易指令。③信息公开制度。期货交易所应当及时公布上市品种合约的成交量、成交价、持仓量、最高价与最低价、开盘价与收盘价和其他应当公布的即时行情，并保证即时行情的真实、准确。期货交易所不得发布价格预测信息。④保证金制度。期货交易应当严格执行保证金制度。期货交易所向会员、期货公司向客户收取的保证金，不得低于监管机构、期货交易所规定的标准，并应当与自有资金分开，专户存放。期货交易所向会员收取的保证金，属于会员所有，除用于会员的交易结算外，严禁挪作他用。期货交易所会员的保证金不足时，应当及时追加保证金或者自行平仓。会员未在期货交易所规定的时间内追加保证金或者自行平仓的，期货交易所应当将该会员的合约强行平仓，强行平仓的有关费用和发生的损失由该会员承担。客户保证金不足时，应当及时追加保证金或者自行平仓。客户未在期货公司规定的时间内及时追加保证金或者自行平仓的，期货公司应当将该客户的合约强行平仓，强行平仓的有关费用和发生的损失由该客户承担。⑤业务与资金分离制度。期货公司应当为每一个客户单独开立专门账户、设置交易编码，不得混码交易。期货公司经营期货经纪业务又同时经营其他期货业务的，应当严格执行业务分离和资金分离制度，不得混合操作。⑥风险准备金制度。期货交易所、期货公司、非期货公司结算会员应当按照监管机构、财政部门的规定提取、管理和使用风险准备金，不得挪用。⑦公开集中交易，统一结算、交割制度。期货交易应当采用公开的集中交易方式进行交易。期货交易的结算，由期货交易所统一组织进行。期货交易所实行当日无负债结算制度。期货交易所应当在当日及时将结算结果通知会员。期货公司根据期货交易所的结算结果对客户进行结算，并应当将结算结果按照与客户约定的方式及时通知客户。客户应当及时查询并妥善处理自己的交易持仓。期货交易的交割，由期货交易所统一组织进行。交割仓库由期货交易所指定。⑧违约责任制度。会员在期货交易中违约的，期货交易所先以该会员的保证金承担违约责任；保证金不足的，期货交易所应当以风险准备金和自有资金代为承担违约责任，并由此取得对该会员的相应追偿权。客户在期货交易中违约的，期货公司先以该客户的保证金承担违约责任；保证金不足的，期货公司应当以风险准备金和自有资金代为承担违约责任，并由此取得对该客户的相应追偿权。

（三）市场监管制度

1. 监管机构。国务院期货监督管理机构（证监会）对期货市场实施监督管理，制定有关期货市场监督管理的规章、规则，并依法行使审批权；对期货交易及相关活动，期货交易所、期货公司等市场相关参与者的期货业务活动，进行监督管理；制定期货从业人员的资格标准和管理办法并监督实施；监督检查期货交易的信息公开情况，对期货业协会的活动进行指导和监督；对违反期货市场监督管理法律、行政法规的行为进行查处。

2. 监管措施。主要有：①信息报告制度。期货交易所、期货公司及其他期货经营机构、期货保证金安全存管监控机构，应当向期货监管机构报送财务会计报告、业务资料和其他有关资料。必要时，监管机构可以要求非期货公司结算会员、交割仓库，以及期货公司股东、实际控制人或者其他关联人报送相关资料。对期货公司和其他期货经营机构报送的年度报告应当指定专人进行审核，并制作审核报告。审核中发现问题的，监管机构应当及时采取相应措施。②检查调查制度。监管机构可根据情况对期货市场进行监督检查或调查，被检查、调查的单位和个人应当配合，如实提供有关文件和资料，不得拒绝、阻碍和隐瞒。③保证金安全存管监控制度。期货监督管理机构应当建立、健全保证金安全存管监控制度，设立期货保证金安全存管监控机构，依照有关规定对保证金安全实施监控，进行每日稽核，发现问题应当立即报告期货监管机构。④持续性经营规则。期货监管机构应当制定期货公司持续性经营规则，对期货公司的净资本与净资产的比例，净资本与境内期货经纪、境外期货经纪等业务规模的比例，流动资产与流动负债的比例等风险监管指标作出规定，对期货公司及其分支机构的经营条件、风险管理、内部控制、保证金存管、关联交易等方面提出要求。不符合持续性经营规则或者出现经营风险的，监管机构可以对期货公司及其董事、监事和高级管理人员采取谈话、提示、记入信用记录等监管措施或者责令期货公司限期整改，并对其整改情况进行检查验收。对违反规则要求的行为，监管机构可以区别情形，采取限制或者暂停部分期货业务，停止批准新增业务或者分支机构，限制分配红利，限制向董事、监事、高级管理人员支付报酬、提供福利等措施。违法经营或者出现重大风险，严重危害期货市场秩序、损害客户利益的，可对该期货公司采取责令停业整顿、指定其他机构托管或者接管等监管措施。

四、保险市场的管理规定

保险市场是保险人与投保人之间进行保险交易以及保险人相互之间进行再保险交易的市场。保险市场是金融市场的重要组成部分，对保险市场的规制，2009年2月28日颁布的《中华人民共和国保险法》（2015年修订）等法律规范作了基本的规定，其主要内容包括：

（一）规制机构

国家成立保险监督管理机构（保监会），对保险市场实施监管。保监会是全国商业保险的主管部门，是国务院直属事业单位，根据国务院授权，依法对保险市场实施监督管理。其主要职责包括：①审批保险机构的设立、变更和终止；②监督检查保险公司的业务经营活动、财务状况和资金运用状况，查处保险公司的违法违规经营行为，监管保险公司的偿付能力，以保护被保险人利益；③制定、修订或备案保险条款和保险费率，对保险公司的保险产品进行监管；④查处和取缔非法保险机构以及非法经营或变相经营保险业务的行为。应当指出的是，中国保监会履行的是一种对保险业的行政管理职能，是通过对保险公司偿付能力和市场行为的监督管理来保护被保险人的合法权益。对于保险消费者即广大的投保人、被保险人和受益人与保险公司之间的保险纠纷，中国保监会没有直接裁判的权力。

（二）市场准入

保险业的市场经营主体是各种保险公司，设立保险公司必须经中国人民银行审批。根据《保险法》的规定，保险公司只能采取股份有限公司和国有独资公司的形式。设立保险公司应当具备以下条件：①主要股东具有持续盈利能力，信誉良好，最近3年内无重大违法违规记录，净资产不低于人民币2亿元；②有符合保险法和公司法规定的章程；③有符合保险法规定的注册资本；④有具备任职专业知识和业务工作经验的董事、监事和高级管理人员；⑤有健全的组织机构和管理制度；⑥有符合要求的营业场所和与经营业务有关的其他设施；⑦法律、行政法规和国务院保险监督管理机构规定的其他条件。保险公司的注册资本必须为实缴资本。金融监管部门认为符合上述条件的，予以批准，并发给经营保险业务许可证，申请者凭许可证到工商行政管理部门办理登记，领取营业执照。

（三）费率审批与备案制度

关系社会公众利益的保险险种、依法实行强制保险的险种和新开发的人寿保险险种等的保险条款和保险费率，应当报保险监督管理机构审批。保险监督管理机构审批时，遵循保护社会公众利益和防止不正当竞争的原则。其他保险险种的保险条款和保险费率，应当报保险监督管理机构备案。

（四）偿付能力保障制度

保险的社会功能在于通过保险补偿，使遭受不测风险的单位和个人正常的生产和生活不至于受到严重的损失而不能维继，以保障社会生活的稳定。如果保险公司丧失了偿付能力，那么，这一功能就不能实现。维持保险公司的偿付能力，是保险正常发挥其社会功能的基本条件。因此，《保险法》规定，保险监督管理机构应当建立健全保险公司偿付能力监管体系，对保险公司的偿付能力实施监控。

（五）监督检查制度

保险监督管理机构有权检查保险公司的业务状况、财务状况及资金运用状况，有权要求保险公司在规定的期限内提供有关的书面报告和资料。保险公司依法接受监督检查。保险监督管理机构有权查询保险公司在金融机构的存款。

（六）保险准备金和再保险制度

通过保险准备金制度可以防止保险公司因经营不善等原因而失去偿付能力，不能按照保险合同全面补偿被保险人的损失，使保险公司丧失信用基础。而通过再保险制度，可以分散保险公司的风险，避免因一个保险公司承担过高赔付责任而破产或不能继续正常经营。因此，保险公司应当依法提取各项准备金，并按照法律的规定办理再保险。根据《保险法》规定，保险公司未依法提取或者结转各项责任准备金，或者未按照法律规定办理再保险，或者严重违反法律关于资金运用的规定的，由保险监督管理机构责令限期改正，并可责令调整负责人及有关管理人员。

（七）整顿与接管制度

对保险公司的违法行为，保险监督管理机构可以作出限期改正的决定，保险公司在限期内未予改正的，由保险监督管理机构决定选派保险专业人员和指定该保险公司的有关人员，组成整顿组织，对该保险公司进行整顿。整顿组织在整顿过程中，整顿组织有权监督该保险公司的日常业务。保险公司的负责人及有关管理人员，应当在整顿组织的监督下行使自己的职权。在整顿过程中，保险公司的原有业务继续进行，但是保险监督管理机构有权停止开展新的业务或者停止部分业务，调整资金运用。被整顿的保险公司经整顿已纠正其违反法律规定的行为，恢复正常经营状况的，由整顿组织提出报告，经保险监督管理机构批准，整顿结束。保险公司违反法律规定，损害社会公共利益，可能严重危及或者已经危及保险公司的偿付能力的，保险监督管理机构可以对该保险公司实行接管。接管的目的是对被接管的保险公司采取必要措施，以保护被保险人的利益，恢复保险公司的正常经营。被接管的保险公司的债权债务关系不因接管而变化。接管期限届满，被接管的保险公司已恢复正常经营能力的，保险监督管理机构可以决定接管终止。接管组织认为被接管的保险公司的财产已不足以清偿所负债务的，经保险监督管理机构批准，依法向人民法院申请宣告该保险公司破产。

（八）专家评估制度

为了确保保险事故赔付的公平、公开和公正，法律规定，保险公司和被保险人可以聘请依法设立的独立的评估机构或者具有法定资格的专家，对保险事故进行评估和鉴定。依法受聘对保险事故进行评估和鉴定的评估机构和专家，应当依法公正地执行业务。因故意或者过失给保险人或者被保险人造成损害的，依法承担赔偿责任。依法受聘对保险事故进行评估和鉴定的评估机构收取费用，应当依照法律、行政法规的规定办理。

（九）账本、凭证保管备查制度

保险公司应当妥善保管有关业务经营活动的完整账簿、原始凭证及有关资料。法律规定需要保管备查的账簿、原始凭证及有关资料的保管期限，自保险合同终止之日起计算，不得少于10年。

五、资金市场的管理规定

资金市场是货币资金的流通市场，包括货币存贷市场，同业拆借市场，票据流通、贴现市场，外汇交易市场等。金融监管部门是资金市场的职能管理部门，其他有关机关在法律规定的范围内负责某些方面的管理工作。

（一）对货币存贷市场的管理

货币存贷市场是银行吸收存款及发放贷款的市场，是资金市场的基本组成。对货币存贷市场的管理工作主要有以下内容：

1. 对存款市场的管理。金融监管机构应监督商业银行和其他金融机构在吸收存款过程中严格遵守以下规则：①商业银行在进行储蓄业务过程中，应当遵循存款自愿、取款自由和为储户保密的原则，不得强迫或变相强迫他人进行储蓄，不得无故拖延、拒绝支付存款本息；②应严格遵守有关查询、冻结、扣划个人储蓄存款的规定，不得违反规定侵犯存款人的合法权益，或无故拒绝协助执行司法机关的法律文书；③按照规定时间进行营业活动，不得擅自停止营业或缩短营业时间；④按规定支付存款本息，利率调整必须在监管部门规定的幅度内进行；⑤在经营范围内依法从事存款储蓄业务，不得非法吸收公众存款等；⑥依法交存各种财政性存款，不得擅自转移或挤占；⑦依法交存存款准备金和其他准备金，留足备付金，不得擅自转移或挤占。

2. 对贷款市场的管理。金融监管机构应监督商业银行在贷款过程中严格贯彻执行以下原则和制度：①实行审贷分离、分级审批制度；②在规定的利率浮动幅度内贷款，不得擅自抬高或降低贷款利率，不得采取按比例收取回扣等不正当手段发放贷款；③严格按照规定的条件发放贷款，不得擅自给关系人以优惠的贷款条件；④严格遵守资产负债比例管理规则，资本充足率以及贷款的规模和结构，应符合规定的比例；⑤严格按核定的经营范围从事贷款活动，不得违反规定进行信托投资和股票业务，不得投资于非自用的不动产项目或向境内非银行金融机构或企业投资；⑥严格遵守有关呆账、坏账的管理制度，依法提取呆账准备金，对预期不能收回的呆账和确认无法收回的坏账，应严格按照法律规定的程序确认、核实和冲销。

（二）对同业拆借市场的管理

同业拆借市场是金融机构之间进行短期、临时性头寸调剂的市场。对同业拆借市场的管理，主要有以下要求：①同业拆借业务，只能在经中央银行批准设立的同业拆借市场进行，不得私自开设同业拆借市场或私下进行同业拆借业务；②同业拆借不得超过法律规定的最长期限；③同业拆借获得的拆助资金只能用于特定的目的，即只能用于弥补票据结算和联行汇差头寸的不足，解决临时性的资金周转需要；④不得利用拆助资金进行固定资产的贷款和投资；⑤拆出的资金只能是法律允许的可以拆借的资金，即在交足存款准备金、留足备付金和清偿人民银行到期贷款后的闲置资金。

（三）对票据市场的管理

对票据市场的管理主要有以下要求：①严格按照法律规定的形式和要求签发票据。严禁伪造、变造票据以及故意使用伪造、变造的票据的行为。②签发支票应当具备与支付金额相当的存款金额，禁止签发空头支票；签发汇票、本票应当具备可靠的资金来源。③票据流通应严格按照法律规定的方式进行。④票据应当反映真实的资金往来关系，汇票、本票的出票人不得在出票时作虚假记载、骗取财物。⑤过期作废的票据应当销毁或依法处理，不得使用过期作废票据骗取财物。⑥出票人、持票人不得恶意串通，损害国家、集体和他人的合法权益。⑦金融机构应当严格按照有关业务规则进行票据承兑、付款，或担保业务，不得玩忽职守。⑧票据付款人对见票即付的票据或到期票据应当及时支付，不得故意压票，拖延支付。

（四）对外汇市场的管理

根据《外汇管理条例》等法律规定，外汇市场由国务院外汇管理部门及其分支机构统一管理，外汇市场管理主要实行以下制度：①外汇专营制度。只有经国家外汇管理部门指定的外汇银行才能从事外汇经营业务，未经外汇管理机关批准，任何单位和个人不得经营外汇业务；

经批准经营外汇业务的金融机构，经营外汇业务不得超出批准的范围。②外汇管制制度。国家实行国际收支统计申报制度，凡有国际收支活动的单位或个人，必须进行国际收支统计申报；在中国境内禁止外币流通，不得以外币记价结算；境外机构的经常性项目的外汇收入必须调回境内，境内机构的经常性外汇收入应当按照规定卖给国家指定的银行；属于个人的外汇，可以自己保存，但需要出售的，也必须出售给国家指定的银行；境内机构需要用外汇时，应当凭有效凭证和商业单据在指定的银行购汇，个人因私需用外汇的，应当在限额以内购汇，超过限额的，应当向外汇管理机关提出申请；汇出或携带外汇出境的，应当经外汇管理部门批准；境内机构的资本项目外汇收入，除另有规定的以外，应当调回境内；资本项目的外汇收入，应当在规定的银行开设账户；向境外投资的，应由外汇管理部门查明其外汇来源，经批准后，方可依照规定汇往境外；提供对外担保只能由符合国家规定条件的金融机构和企业办理，并应经外汇管理部门批准。③统一汇价制度。人民币汇率实行以市场供求为基础的、单一的、有管理的浮动汇率制度，人民币汇率由中国人民银行公布；外汇指定银行和经营外汇业务的其他金融机构，应当根据公布的汇率和规定的浮动范围，确定对客户的外汇买卖价格，办理外汇买卖业务。

第四节   技术、信息市场的法律规制

一、技术市场和信息市场的定义

技术市场是技术商品和技术服务交易关系及其交易场所的总称。技术是根据特定的科学原理而形成的解决某一实际问题的方案、工艺、经验和技巧。技术之所以能够成为商品，乃是因为技术具备一定的使用价值，通过技术的掌握和运用，可以满足人们的某种需要。同时，技术方案的产生往往消耗了大量的人类劳动，这种劳动应当得到社会的承认。技术市场可以分为以下几类：

1. 技术成果交易市场。这是指以转让既成技术成果为交易内容的技术市场。

2. 技术服务市场。这是指以技术服务者利用其技术解决特定问题为交易内容的技术市场。

3. 技术培训市场。这是指以传授一定的技术及其运用、操作经验为主要交易内容的技术市场。

4. 技术咨询市场。这是指以提供有关技术信息、进行技术指导、提出技术建议等为主要交易内容的技术市场。其交易对象本质上虽然也是一种服务，但与上文所说的技术服务不同：在技术服务中，技术服务者是亲自、直接地为对方解决某些技术问题；而在技术咨询中，只是就他人所要解决的问题提出自己的看法和建议，供其参考。

5. 技术开发市场。这是指以一定的条件委托他人为解决某一问题研究、设计出某种技术方案为主要交易内容的市场。

6. 技术投资市场。技术不仅可以进行转让，而且，也可以作为资本进行投资，以技术投资为主要交易内容的市场就是技术投资市场。

7. 附属于以上技术市场的其他市场。它包括为技术转让、开发、服务、咨询、培训提供中介服务的中介市场等因技术交易需要而衍生的其他一些市场。

技术市场还可以根据其他方式进行分类，如根据市场组织形式不同，可以将技术市场分为集中型的技术市场、常设型的技术市场和其他技术市场；根据表现形式不同，可以将其分为有形的技术市场和无形的技术市场等。

技术市场是促进科技成果开发和转化的重要途径，是连接科技发明创造与科技成果运用的

桥梁，发展技术市场、促进技术市场的正常发育，是实现科教兴国、创新驱动的重要举措之一，技术市场的管理也应贯彻这一基本精神。

信息市场是信息交易关系和场所的总和。作为信息市场交易对象的信息，主要指具有一定价值的、已经为人们知晓或感觉的各种客观情况。信息市场通常以一定的信息提供、发布、传输等作为交易的主要内容。

信息市场是市场经济高度发达的产物，是一种新型的市场类型。根据交易的内容不同，信息市场大体可以分为三种类型：①信息提供市场，它是以获得一定信息作为交易内容的市场。②信息加工市场，它是以信息的猎获、鉴别、核实、分类、分析、整理等为主要交易内容的市场。③信息的发布与传输市场，它是以对社会或特定的人员发布或传送某种信息为主要交易内容的信息市场。

我国目前尚未颁布有关技术、信息市场管理的统一法律规范，有关技术、信息市场管理的法律规定散见于《科学技术进步法》《促进科技成果转化法》《专利法》和《合同法》等有关法律文件之中。本节将根据这些规定，结合有关理论研究成果，就技术和信息市场管理的基本制度进行简要介绍。

二、技术市场管理的法律规定

技术市场的主管部门是国家科学技术委员会和地方各级科技委员会。国务院各部、委及地方政府各部门在法定职责范围内协助科委对本部门、系统内的技术市场进行管理。根据有关法律规定，技术市场的管理主要内容包括以下几个方面：

（一）市场主体制度

就总体而言，技术市场的主体既可以是个人，也可以是法人。个人作为技术的开发者、设计者，有权依法将自己的研究成果出让给其他人，或以自己掌握的技术为其他人提供服务，因此，技术市场的经营主体并不需要有营业资格。但是，作为专门从事技术贸易的组织，则必须按照法律规定取得经营资格后，才能进行技术贸易活动。技术贸易组织的设定除特别情况外，实行准则主义，符合条件的企业可以在申请工商登记、取得营业执照后，从事技术贸易活动。

（二）技术合同认定登记与备案登记制度

技术合同成立后，当事人应持所订立的技术合同向技术市场管理部门设置的技术合同登记组织申请认定登记，经审核符合条件的，由登记组织进行登记，并发给当事人认定登记证明。技术合同认定登记制度的基本目的也是落实国家规定的有关优惠政策，同时，也可以防止技术交易中的欺诈行为。经认定的技术合同，可以享受有关优惠政策待遇。此外，无论是经认定的技术合同，还是未经认定的技术合同，都实行技术合同备案制度，即合同成立后，由当事人持合同到登记机构申请备案，由登记机关发给合同备案证明。技术合同备案制度可以防止技术交易中的欺诈行为，并可以有效地预防合同纠纷。

（三）技术评估鉴定制度

技术交易的一个重要特点是：在交易过程中，接受技术的一方当事人对于该项技术往往处于无知的状态，持有技术的一方当事人极易利用对方的无知进行虚假的宣传，并提出种种不利于对方的交易条件。为了保证技术交易的公正性，防止技术交易中的欺诈行为，有必要实行技术评估鉴定制度，由专家组成的第三方根据当事人的要求对某些技术进行评估、作出鉴定，使交易双方真正在平等、自愿的基础上进行技术交易活动。目前，我国尚未建立起一套完善的技术评估鉴定制度，这不仅使技术市场的秩序受到严重影响，而且也使一些有能力实施某种技术但对该技术不甚了解的人对技术交易望而生畏，严重影响了科技成果的转化。

（四）技术市场检查监督制度

技术市场管理部门负有对技术市场进行检查监督的职责。技术市场监督检查的重点主要包括：①技术交易中是否存在泄露国家机密或国家保密技术的行为；②是否存在侵犯他人专利权的行为；③是否存在非法窃取或侵占他人技术秘密的行为；④是否存在利用虚假技术进行欺诈活动的行为；⑤是否存在采用欺诈、胁迫等非法手段签订技术合同的行为；⑥是否存在虚假广告宣传的行为；⑦是否存在法律、法规禁止的其他行为。

三、信息市场管理的法律规定

目前，我国信息市场尚处于初步发展阶段，亟待进一步加强。我们认为，信息市场的管理应当侧重于以下制度的建设和完善：

（一）信息服务经营主体的审批制度

目前，我国对新闻、出版、邮电通讯、电台、电视台等重要信息传输和发布主体的设立实行行政许可制度，并对其中某些行业实行国家专营。

（二）实行公共服务与市场经营分离制度

电视台、电台、报社等负有公共服务职能的机构经营信息服务业务，应实行职能分离：在公共服务的范围内，信息服务机构必须严格按照法律履行其公共服务职责，并且，在通常情况下，不得按市场行情收取费用；在市场经营的领域内，可以按照市场规则从事信息服务经营工作。

（三）信息审查制度

信息传输和发布机构在对有关信息进行分类的基础上，对信息进行审查，对有关党和国家的重要机密、军事、国防机密情报、商业秘密、个人隐私、损害他人合法权益的信息、虚假信息以及其他可能影响国家安全、社会公共利益和他人合法权益的信息，不得发布或传播。信息服务经营机构应当设立专门的机构或配备专门人员从事信息审查工作。

（四）信息市场监测制度

国家有关部门应当设立专门组织对信息市场进行监测，发现问题及时处理，并采取补救措施。

（五）信息市场价格管理制度

制定信息交易的作价原则，禁止漫天要价、牟取暴利的行为；固定的信息服务项目应根据其类别不同，分别实行价格申报、价格核定、国家指导定价，乃至国家定价制度；信息市场管理部门应当对信息市场的价格进行检查监督，对违反价格管理的行为及时纠正，并依法严肃处理。

第五节　房地产市场的法律规制

一、房地产市场的定义与分类

房地产市场是房产市场和地产市场的总称。由于房屋必须以土地为基础，有房屋必有土地，因此，人们往往将房产市场和地产市场合称为房地产市场。所谓房地产市场，就是指以房地产开发利用、房地产财产权转移以及房地产交易服务的提供作为交易基本内容的各种交易关系及交易场所。

房地产市场可以根据不同的标准进行分类。根据交易对象的不同，可以将房地产市场分为房产市场和地产市场。

根据房地产市场交易内容的不同，可将房地产市场分为房地产开发市场、房地产交易市场和房地产中介服务市场。其中，以房地产的开发利用为交易内容的市场为房地产开发市场，包括土地使用权出让市场和房地产开发市场；以房地产财产权转移为交易内容的市场为房地产交易市场，包括房地产权利转让市场、房地产租赁市场、房地产抵押担保市场等；为房地产交易提供中介服务的市场为房地产中介服务市场，包括房地产估价市场、房地产经纪市场、房地产信息咨询市场等。

改革开放以来，我国十分重视房地产市场的培育、调控、规制等管理工作。目前与房地产管理有关的法律规范主要包括：《土地管理法》《城市房地产管理法》《城市房地产开发经营管理条例》《城市商品房预售管理办法》《商品房屋租赁管理办法》《城市房地产转让管理规定》等。这些法律规范的颁布，为房地产市场管理的规范化、法制化创造了良好的基础。

二、房地产开发市场的管理规定

房地产开发包括土地资源的供应和土地的开发利用、房屋建设等一系列的活动。根据法律规定，房地产开发市场管理主要有以下制度：

（一）开发用地统一提供制度

在我国，城市土地属于国家所有，因此，土地资源只能来源于国家。国家根据经济发展和城市规划、建设的需要，通过土地使用权出让的方式，授予土地开发者土地使用权。土地资源由国家统一提供，这是由我国土地所有权制度决定的。集体所有的土地只有在依法征用、转为国有土地以后，才能出让。根据法律规定，只有县级以上的人民政府才能代表国家行使土地出让权。

（二）土地资源统一规划、计划开发制度

国家对城市土地使用权的出让实行计划管理，土地使用权的出让必须符合土地利用总体规划、城市规划和年度建设用地计划。县级以上人民政府出让土地使用权，须根据省级以上人民政府下达的控制指标拟订年度出让土地使用权的总面积方案，并报国务院或省级人民政府批准。土地使用权出让必须按规划和计划进行。房地产开发必须严格执行城市规划，按照经济效益、社会效益、环境效益相统一的原则，实行全面规划、合理布局、综合开发、配套建设。

（三）出让条件和方式统一管理制度

土地使用权出让时，出让的每幅地块、用途、年限和其他条件，由市、县人民政府土地部门会同城市规划、建设、房产管理部门共同拟订方案，按国务院规定报经享有批准权的人民政府批准后，由市、县人民政府土地管理部门实施。其中，土地使用权的最高年限由国务院规定。经营性土地一般应采用公开招标、拍卖、挂牌出让的方式（即通常所说的"招拍挂"）出让土地使用权。

（四）土地用途限定制度

土地出让时，应根据城市规划对土地用途进行限制：土地使用权受让人必须按照规定的用途使用土地；需要改变用途的，必须取得出让方的同意，并办理出让合同变更或重签手续；擅自改变土地用途的，土地出让人有权提前收回土地使用权，并对使用权人给予处罚。

（五）房地产开发企业管理制度

房地产开发企业的设立一般实行准则主义，从事房地产开发经营的企业应当具有自己的名称和组织机构，有固定的经营场所，有符合法律规定的注册资本，有足够的专业技术人员和法律、行政法规规定的其他条件。具备条件的，应向工商行政部门申请登记，符合条件的，发给营业执照，房地产开发经营企业才能从事房地产开发业务。

为确保房地产开发的质量，促进房地产开发经营的健康发展，我国对房地产开发企业实行资质管理制度。2000年建设部发布的《房地产开发企业资质管理规定》（2015年5月4日住房和城乡建设部修订）对此进行了专门规定。据此，房地产开发企业按资质条件划分为四个等级（另设暂定资质，有效期1年，用于新设企业）。对每个等级法律规定了其应具备的条件，符合条件的企业可以提出资质申请。经审批部门审查合格的，发给相应《资质证书》。不同资质等级的企业，从事的房地产开发业务的范围不同，企业必须按照《资质证书》确定的业务范围从事房地产开发业务，不得越级承担任务，否则将受到法律的制裁。

（六）限期开发制度

以出让方式取得土地使用权进行房地产开发的，必须按照土地使用权出让合同约定的土地用途、动工开发期限来开发土地。超过出让合同约定的动工开发日期满1年未动工开发的，出让方有权征收相当于土地使用权出让金20%以下的土地闲置费；满2年未动工开发的，出让方有权无偿收回土地使用权。但因不可抗力、政府行为或必需的前期工作造成开发延迟的除外。

（七）标准管理与项目验收制度

房地产开发项目的设计、施工，实行标准管理和项目验收制度：房地产开发项目的设计、施工，必须符合国家的有关标准和规范；房地产开发项目竣工后，经验收合格，才可交付使用。

三、房地产交易市场的管理规定

房地产交易市场包括土地使用权转让市场、土地使用权抵押市场、房屋转让市场、房地产抵押或租赁市场等。房地产交易市场的管理，主要有以下制度：

（一）房地产交易范围限制制度

进入房地产交易市场进行交易的房地产，必须是法律规定允许交易的房地产。以出让方式取得的土地使用权，在获得土地使用权证书并完成法律规定的投资和开发之前，不得进行转让；司法机关和行政机关依法裁定、决定查封或者以其他形式限制房地产权利的房地产，不得转让；依法收回土地使用权的房地产不得转让；共有房地产，未经其他共有人书面同意的，不得转让；权属有争议的，或者未依法办理登记领取权属证书的房地产以及法律、行政法规禁止转让的其他房地产，也不得转让。

（二）房地产价格调节、评估和申报制度

国家有关部门定期确定并公布基准地价、标定地价和各类房屋的重置价格，对房地产市场的价格进行调节。国家实行房地产价格评估制度，房地产价格评估应当遵循公正、公平、公开的原则，按照国家规定的技术标准和评估程序，以基准地价、标定地价和各类房屋的重置价格为基础，参照当地的市场价格进行评估。实行房地产成交价格申报制度，房地产权利人转让房地产，应当向县级以上地方人民政府规定的部门如实申报成交价，不得瞒报或作不实的申报。

（三）房地产权属登记制度

房地产权属变动应当依法进行登记。以出让方式或者划拨方式取得的土地使用权，应当向县级以上地方人民政府土地管理部门申请登记，经核实后，由同级人民政府颁发土地使用权证书。在依法取得的房地产开发用地上建成的房屋，应当凭土地使用权证书向县级以上地方人民政府房产管理部门申请登记，经审核后，发给房屋所有权证书。房地产转让或变更时，应当向县级以上地方人民政府房产管理部门申请房产变更登记，并凭变更后的房屋所有权证书向同级人民政府土地管理部门申请土地使用权变更登记。房地产抵押时，应当向县级以上地方人民政府规定的部门办理抵押登记。因处分抵押房地产而取得土地使用权和房屋所有权的，应当办理过户登记。

（四）特殊房地产交易审批制度

对以划拨方式获得的地产以及建立在该土地上的房产的转让实行审批制度。以划拨方式取得土地使用权的，转让房地产时，应当按照国务院规定，报有批准权的人民政府审批，准予转让的，应当由出让人办理土地使用权出让手续，并依照国家规定缴纳土地使用权出让金，或将转让房地产所获收益中的土地收益上缴国家或按规定作其他处理。

（五）房屋预售许可、备案制度

为了保护受让人的利益，禁止房地产交易中的欺诈行为，对预售房屋实行许可制度（见1994年建设部《城市商品房预售管理办法》，2004年7月20日修订）。房屋的预售应当符合以下条件：①已交付全部土地使用权出让金，取得土地使用权证书；②持有建设工程规划许可证和施工许可证；③按提供预售的商品房计算，投入开发建设的资金达到工程建设总投资的25%以上，并已经确定施工进度和竣工交付日期。符合上述条件的，由县级以上人民政府发给商品房预售许可证明。此外，商品房预售人还应当按照国家有关规定，将预售合同报县级以上人民政府房产管理部门和土地管理部门登记备案。

四、房地产市场的监督检查制度

房地产主管部门和其他有关机关对房地产市场有权在各自的职责范围内进行监督检查。通过监督检查，督促各项管理制度落实，纠正、制止房地产市场中的各种不法行为，并依法对有关行为人进行查处。房地产市场监督的重点应是对以下各种违法行为进行纠正、制止和查处：①违反法律规定擅自批准出让或者擅自出让土地使用权用于房地产开发的行为；②未取得营业执照擅自进行房地产开发和中介业务的行为；③擅自转让依法不得进行转让的房地产的行为；④未经批准转让划拨的土地使用权以及相关房产的行为；⑤擅自进行房产预售的行为；⑥以房地产交易为名采用非法集资、预售或其他方式进行诈骗的行为；⑦违反价格管理规定非法定价或收费的行为；⑧在房地产开发过程中，违反工程质量管理规定，弄虚作假、粗制滥造的行为；⑨在不进行房地产开发投资和建设的情况下直接倒卖土地使用权，非法炒卖房地产，牟取暴利的行为；⑩违反城市规划和出让合同约定的用途进行房地产开发的行为等。

第六节　产权市场的法律规制

一、产权市场的定义与分类

产权市场是指以企业和其他组织的产权转移作为交易基本内容的各种交易关系和交易场所的总称。产权市场是中国近年来随着经济体制改革的深入而逐步形成的一种市场形态。产权交易市场是企业资本商品化的结果，通过产权交易，进行资产重组，可以实现资源配置的优化，扩大企业的经营规模，提高企业的竞争能力。

我国产权交易市场正处于形成时期，有关产权交易的立法还不十分完善。各地区、部门正在根据产权交易的特点摸索有效规范产权交易的管理制度，目前，系统的产权交易立法尚未形成。涉及产权交易的立法主要有：《公司法》、《国有资产评估管理办法》（国务院，1991年）、《企业国有资产产权登记管理办法》（国务院，1996年）、《企业国有产权交易操作规则》（国资委，2009年）等。此外，各地针对产权交易的特点，也制定了一系列地方法规和规章，但就总体而言，产权交易市场的管理制度建设尚处于起步阶段。

二、产权交易管理的一般规定

产权交易应当在明确交易主体、进行产权界定的基础上，按照平等、自愿、诚实信用和公平、公正、公开的原则进行。

（一）产权交易的审批和授权

产权交易应当按照交易对象的财产权关系履行审批或授权手续。国有企业的产权属于国家，国有资产管理部门代表国家行使国有财产的财产权，国有企业（包括国有独资公司）的产权交易应当取得国有资产管理部门的同意。集体企业的产权交易应当经集体企业的职工代表大会或职工大会同意。公司的产权交易，应当取得公司股东大会的同意。

（二）产权交易方式

产权交易既可以采用协议方式进行，也可以采用拍卖或招标投标的方式进行。协议进行产权交易的，应当遵守合同法和其他相关法律的规定。采用拍卖和招标投标方式进行产权交易的，应当遵守有关拍卖和招标投标程序规则。通过交易所收购股票的方式进行产权交易的，应当遵守公司法和证券法的有关规定。

（三）产权交易的确认

依法需要确认的产权交易，交易成立后，应当报有关部门就交易进行确认，经确认后，才能产生产权变动的效果。

（四）产权变更手续

产权交易发生效力后，应当按照法律规定履行产权变更手续：一般财产的产权交易，应当依法履行交付手续；涉及需要登记过户财产的产权交易，应当办理过户登记手续；涉及企业兼并和收购的产权交易，应当在成立后办理企业变更登记和注销登记手续。

三、产权评估的管理规定

为了保证财产交易的公正性，防止利用产权交易侵吞国家、集体财产、损害股东和债权人的利益，有必要建立公正的评估机构对与交易有关的财产或企业进行评估。资产评估机构是产权交易中最重要的中介服务机构。涉及国有资产的产权交易应当进行资产评估，其他产权交易通常也要进行资产评估。资产评估管理制度主要有以下内容：

（一）资产评估资格证书制度

对资产评估机构实行评估资格证书制度，合法取得资产评估资格的机构，才能从事资产评估工作。具备条件的资产评估公司或资产评估事务所、会计师事务所、审计师事务所、财务咨询公司可以申请资产评估资格证书。

（二）评估程序

因产权交易或其他原因可能发生产权变动的企业，可以向资产评估机构提出委托评估要求，国有资产占有单位欲进行资产评估，还应先到国有资产管理部门办理立项审批手续。评估时，应在对相关资产进行清查的基础上采用法律允许的方法进行。评估结束后，应当制作评估报告书。国有资产的评估报告书还应当报国有资产管理部门确认。

（三）评估方法

资产评估可以根据不同情况分别采用收益现值法、现行市价法、重置成本法或清算价格法。

（四）资产评估机构业务规则

资产评估机构在进行资产评估业务时，应当遵循以下规则：①严格遵守国家有关法律、法规、政策和制度；②坚持独立、客观、公正的评估原则；③按期完成资产评估工作；④对评估资料和评估结果严格保守秘密；⑤评估机构和评估人员与委托单位或者其他当事人有利害关系的，应当回避；⑥发现当事人有弄虚作假、营私舞弊等违反国家法律、行政法规行为的，应及时向国有资产管理部门反映；⑦不得采用不正当手段承揽业务；⑧国有资产管理部门规定的其他规则。

四、国有资产产权交易管理的规定

目前，我国国有资产产权交易尚未形成统一的、综合性的交易管理制度。根据国家有关规定和各地资产评估的实际经验，国有资产产权交易除适用一般企业资产交易管理的规定外，还实行以下特殊的管理制度（通过股市进行的国有资产的交易，按照公司法和证券法的有关规定进行，不在此列）：

（一）交易审查制度

涉及规定范围内国有资产的产权交易（如非公司制国有企业或国有独资公司的整体转让等重要转让行为），应经过国有资产管理部门或其他国家管理部门的审查，经审查同意后，才能就该项资产进行交易。

（二）交易主体制度

国有企业的产权转让，一般应由专门的产权运营机构或经国有资产管理部门授权的部门作为转让主体。非公司制国有企业产权整体或部分转让，公司制企业中国家股权的转让，中外合资、中外合作企业中国有资产的产权转让，集体企业或联营企业中国有资产的产权转让等，出让方必须是拥有出资权的国有资产运营机构，如没有建立国有资产运营机构，则由国有资产管理部门授权的部门作为出让主体。此外，国有资产通过中介机构转让的，应当在依法设立的产权转让中介机构进行，从事国有资产产权转让的中介机构一般应为经过国有资产管理局批准设立的转让中介机构（如各种产权交易中心，产权交易市场等）。

（三）资产评估制度

国有资产的转让必须进行资产评估，未经评估的，不得进行转让；国有资产评估的结果应当经过国有资产管理部门确认。

（四）交易底价制度

国有资产管理部门确认资产评估报告后，应根据资产评估报告，确定被转让国有资产产权的底价，交易双方应当以底价以上的价格成交，成交价格下浮到底价以下的，应当经过国有资产管理部门批准。

（五）产权登记和其他登记制度

国有资产转让，应当由双方当事人签订转让合同，合同成立后，产权转让合同当事人应当凭合同和有关文件到国有资产管理局办理产权登记手续，产权转让合同自登记之日起生效。产权交接完毕后，应当由双方当事人根据法律规定办理其他登记手续，如涉及土地使用权变更的，应当办理土地使用权变更登记手续；涉及工商登记事项变更的，应当办理工商登记手续；因企业兼并或收购而使一方当事人消灭的，应当办理注销登记手续。

（六）收益归属与使用制度

国有资产产权交易的收益应当归国家所有，并应按照国家的有关规定进行使用。但对国有资产产权交易的收益由哪个部门支配，目前尚无统一的规定，各地做法不一。一般情况下，国有资产产权交易的收益根据具体情况分别由国有资产经营公司、企业法人或国家授权的部门获得：出让方是国有资产经营公司的，其产权转让收益由该公司取得，国有资产经营公司应当依法在规定的范围内使用；出让方是企业法人的，其产权转让收益由该企业取得，企业在规定的范围内有使用决定权；产权出让方为国家授权部门的，其产权转让收益纳入本级人民政府的国有资产经营预算，由同级人民政府统一安排，可用于支持国有企业的产业结构调整、技术改造或者补充需要扶持的国有企业的资本金；国家授权的部门在出让企业国有资产产权时提供投资项目方案的，其产权转让收益可以直接用于经批准的再投资项目。国有资产管理部门有权对国有资产运营机构和国有企业使用其产权转让收益的情况进行监督检查。

第七节　劳动力市场的法律规制

一、劳动力市场的定义与分类

劳动力市场是劳动力供求双方根据市场交易规则进行双向选择、缔结劳动关系的市场。劳动力市场也是生产要素市场。

劳动力市场可根据不同的标准进行分类。根据交易的内容不同，劳动力市场主要包括劳动力交易市场与劳动服务市场。前者是指以劳动力供求双方在相互选择的基础上缔结劳动关系作为交易内容的市场。后者指为劳动者求职和用人单位用人提供服务的市场，包括职业介绍、用人推荐、就业培训、就业指导、咨询服务等市场。

根据劳动力市场的组织形态不同，可将其分为：集中交流市场、常设劳动力市场和个别交易市场。集中交流市场是由众多用人单位与劳动者集中进行劳动用人选择和职业选择的场所，在这里，劳动力供求双方直接接触、进行相互选择，如各地长期设立或临时设立的人才交流中心、人才交流市场等。常设劳动力市场是指常设的、对劳动力供求双方提供就业与用人服务的劳动力交易市场，中介机构通过搜集求职和用工信息，向劳动者推荐用人单位，向用人单位推荐劳动者，促成双方相互选择、缔结劳动关系。个别交易市场是劳动者与用人单位进行个别接触，在相互了解的基础上，签订劳动合同，缔结劳动关系的市场。

劳动力具有与劳动者的身体不可分离、主体与客体同体的特点，这一基本特点决定：首先，劳动力市场不可能像商品市场那样将劳动力陈列在市场柜台中进行销售，因此，除了用人方与劳动者直接交易外，劳动力市场交易活动一般是在劳动中介机构的参与下进行的，中介机构在劳动力市场体系中具有极为重要的地位。其次，在劳动力市场中，劳动中介机构仅仅为劳动关系双方当事人提供中介服务，而以缔结劳动关系为目的的劳动力交易只能在用人单位和劳动者之间进行。再次，由于劳动力与劳动者不能分离，劳动力的使用往往涉及劳动者的身体健康、生命安全以及人格尊严与自由，因此，劳动力市场的管理必须体现对劳动者特殊保护的原则。

二、劳动力市场管理的一般法律规定

由于劳动力商品的特殊性，劳动力市场的管理也是一个极为复杂的系统工程。改革开放以来，随着劳动力市场的逐渐开放，我国劳动力市场管理制度也逐步得到建立和完善，其基本管理制度和内容包括以下几个方面：

（一）市场主体规制

就劳动力交易而言，交易双方是劳动者和使用劳动者的用人单位。在我国，只有具备劳动能力的劳动者才能参加社会劳动，在一般情况下，年龄达 16 周岁以上、身体健康、适合从事社会劳动工作的自然人，才能进入劳动力市场进行交易。就用人单位而言，它作为劳动力市场的主体之一，应当具有用人权。但用人单位不仅限于企业，诸如国家机关、事业单位、社会团体、其他社会组织、个体工商业者在法律规定的范围内，都享有用工权；公民个人或家庭需要劳动力提供服务的，也可以进入劳动力市场选择所需的劳动者。

劳动力市场中介服务主体是为劳动者求职和用人单位用人提供中介服务的市场主体。目前，我国劳动力市场服务主体包括：由劳动部门组织开办的职业介绍所，乡镇、街道就业服务站等不以营利为目的的就业服务机构，其他部门开办的非营利就业服务机构，非官方的营利性就业服务机构等。设立就业服务机构，应当经过劳动行政部门的批准，营利性的就业服务机构还必须办理工商登记取得营业执照后，才能进入市场，提供市场服务。此外，主办集中交流的

劳动力市场，也应当经过劳动主管部门的批准。内部劳动力市场的设立，可由各单位根据具体情况决定。

（二）求职与用人登记制度

所谓求职登记，是指具有劳动能力和就业愿望的待业人员和失业人员为了获得就业机会，到职业登记机构进行的登记。所谓用人登记，是指用人单位为了获得其所需的劳动力，到职业登记机构就其用人需求情况进行的登记。目前，国家要求具备劳动能力并有就业愿望的城镇待业和失业人员应当进行登记。要求职业介绍机构为其介绍劳动者的用人单位，可以根据需要进行用工登记。通过求职和用工登记，一方面可以使劳动力管理部门能够及时掌握劳动力供需状况，以便采取必要的措施对劳动力市场进行宏观调控；另一方面可以使登记机关、就业服务机构根据用人单位的需要和劳动者的愿望与特长，进行职业推荐工作，促进供求双方缔结劳动关系。

（三）劳动合同鉴证制度

劳动合同鉴证，是劳动合同鉴证机构在对劳动合同依法进行审查的基础上，确认劳动合同的真实性和合法性的鉴证活动。劳动合同成立后，法律要求鉴证的，应当依法办理合同鉴证；没有明确要求的，当事人也可以申请鉴证。劳动合同鉴证的内容主要是审查当事人是否具备签订劳动合同的资格、劳动合同的内容是否合法、合同是否反映了当事人双方的真实意思、合同的条款是否齐备、约定是否明确等。通过合同鉴证，可以有效地防止劳动力市场交易中的违法行为，督促当事人在缔结劳动关系后严格按照合同约定履行义务，避免劳动争议的发生。

（四）劳动合同备案制度

劳动合同成立后，当事人应当将合同交劳动行政部门备案保存。续订、变更、解除劳动合同的，也应将有关证明文件交备案机关保存。但已经鉴证的劳动合同不必另行备案。通过劳动合同备案制度，可以使劳动行政部门及时了解劳动力市场达成交易的情况，并可及时发现、纠正或制止劳动力市场交易中的违法行为。

（五）劳动力市场的价格管理制度

劳动力市场的价格，应在区分劳动力交易市场和就业服务市场的基础上，采取不同的方式进行管理。对于劳动力交易市场，主要通过贯彻执行最低工资制度、工资支付保障制度等劳动报酬制度进行管理，工资或其他形式的劳动报酬实际上是"劳动力价格"，通过各项劳动报酬管理制度，可以防止用人单位过度剥削劳动者，使劳动者获得基本的收入保障。对于就业服务市场，则采用服务市场价格管理的方式进行管理，即通过定额收费、确立收费原则、价格指导、监督检查等措施，保证就业服务收费的公平合理。

（六）监督检查制度

各级劳动行政部门作为劳动力市场的主管部门，负有对各种劳动力市场进行监督检查的职责。监督检查的目的，主要是督促劳动力市场主体在交易过程中严格遵守国家的劳动法律、法规和政策，落实和执行各项劳动力市场管理制度，查处劳动市场中的各种违法行为。劳动力市场的监督检查应特别重视对以下行为的查处：①违法雇用童工的行为；②采取欺诈、胁迫等手段签订劳动合同，要求劳动者提供劳动的行为；③采取强迫、利诱等方式要求劳动者从事违法、不道德、违反社会公共利益或严重侵犯劳动者人格尊严的行为；④不合理的免责行为；⑤违反最低工资和劳动报酬管理制度的行为；⑥劳动服务市场不合理收费行为；⑦利用就业服务进行欺诈活动的行为等。

三、劳动中介服务市场的法律规制

劳动中介服务市场，就是为促成劳动者与用人单位建立劳动关系，而为劳动力供求双方提供求职、用人信息和其他相关服务的市场。从事劳动中介服务市场经营活动的经营者，通常称为劳动中介服务机构（如职业介绍所等）。劳动中介服务市场是劳动者和用人单位获得用人与求职信息的基本来源，中介服务机构如果提供虚假的信息或对劳动力市场交易双方进行不正当的引导，就可能给双方当事人造成严重的侵害。正因为如此，对劳动中介服务市场实行严格的法律规制就显得尤为必要。劳动中介服务市场法律规制的基本内容包括：

（一）劳动中介服务市场的准入制度

设立劳动中介服务机构，应当取得劳动部门的批准，经批准获得劳动中介服务许可证后，才能开展劳动中介服务。申办中介服务机构一般应当具备下列条件：①有机构章程。②有与经营规模相适应的固定经营场所。③有符合法定资格要求的从业人员。④法律、法规规定的其他条件。

申办中介服务机构，一般应由申办单位或个人向当地劳动社会保障部门提出申请。劳动保障行政部门对开办中介服务机构的申请，认为符合条件的，应当在一定的时间内作出批准的决定，并给申办者发放劳动力中介服务许可证。

（二）非法劳动中介服务禁止制度

劳动中介服务机构应当依法经营，不得侵害劳动者和用人单位的合法权益。劳动中介服务机构不得有下列行为：①介绍未满16周岁的未成年人就业；②超出经营范围从事经营活动；③擅自设置收费项目或提高收费标准；④提供虚假劳动力供求信息、作出虚假承诺；⑤以欺诈、诱惑或胁迫方式进行劳动力中介服务活动；⑥伪造、涂改、出租、转让、买卖中介服务许可证；⑦以委托、挂靠、转让、转包等形式从事劳动力中介服务活动；⑧法律、法规禁止的其他行为。

（三）劳动力交流集市的法律规制

劳动力交流集市，是为吸引众多的求职者与用人单位直接接触，相互选择，而由劳动中介服务机构组织举办的群集性劳动力公开交易场所。如各种类型的人才交流会，招聘会等。根据有关法律规范的规定，举办劳动力交流集市，通常应当具备以下条件：①组织者有劳动中介服务许可证；②有举办交流集市的组织方案和措施；③有交流集市的名称和相适应的场所；④有不少于一定数量的用人单位设点参加；⑤安排有相应的管理机构和人员；⑥法律、法规规定的其他条件。交流集市的主办单位应当与进场设点的用人单位签订合同书，并对其进行管理。

■ 思考题

1. 试述市场体系规制法的功能。

2. 试述商品市场法律规制的基本内容。

3. 目前我国金融市场、技术市场、信息市场、房地产市场、产权市场和劳动力市场分别存在哪些问题？如何克服这些问题？

■ 参考书目

1. 洪银兴：《以制度和秩序驾驭市场经济——经济转型阶段的市场秩序建设》，人民出版社 2005年版。

2. 徐善长：《生产要素市场化与经济体制改革》，人民出版社 2005 年版。

3. 王保树主编：《经济法原理》，社会科学文献出版社 1999 年版。

4. 邱本：《市场法治论》，中国检察出版社 2002 年版。

第十三章　反不正当竞争法律制度

■学习目的和要求

　　反不正当竞争法历来是经济法的一个重要组成部分，是市场秩序法的核心。通过本章的学习，应当掌握反不正当竞争法律制度的基本理念和基本制度，特别要重点把握不正当竞争与垄断的相互关系、不正当竞争行为的危害、不正当竞争行为的种类等，学会正确分析、认定和处理各种不正当竞争行为。

第一节　不正当竞争概述

一、不正当竞争的定义和特征

不正当竞争，也称为不公平竞争、违法竞争，是随着市场竞争的日益激烈而产生的一种现象。然而，由于人们对不正当竞争的认识有一个相当长的过程，因而不正当竞争这一概念从提出到现在，其间也才不过160余年。"'不正当竞争'一词是1850年首先在法国出现的"，[1]在法律上，最早定义不正当竞争的是1883年《保护工业产权巴黎公约》。该公约第10条之二的第2款规定："凡在工商业活动中违反诚实经营的竞争行为即构成不正当竞争的行为。"之后，被公认为世界上第一个专门禁止不正当竞争的德国1896年《反不正当竞争法》，则将不正当竞争行为界定为：在营业中为竞争的目的采取违反"善良风俗"手段的行为。我国立法对不正当竞争的界定，反映在1993年颁布的《反不正当竞争法》之中。该法第2条第2款规定："本法所称的不正当竞争，是指经营者违反本法规定，损害其他经营者的合法权益，扰乱社会经济秩序的行为。"

但是，对于不正当竞争，理论上仍有各种不同的解释。在这些解释之中，有两点值得注意：①在内涵的理解上，各种解释虽然存有差异，但在揭示不正当竞争的本质方面却存在明显的共同点，即不正当竞争是相对于正当竞争而言的，其最为本质的特征是采用违反商业道德、商业惯例的手段进行竞争；②在外延的把握上，各种解释可以分为广义和狭义两类，广义的不正当竞争包括垄断行为，狭义的不正当竞争不包括垄断，而与垄断并列。反映在立法中，凡采用"两法并立"立法模式（即反不正当竞争法和反垄断法分别立法）的国家，不正当竞争不包括垄断。而采用"一体化"立法模式（即反不正当竞争和反垄断规定于统一的一部法律中）的国家，不正当竞争则包括垄断。

本书所称的不正当竞争，仅指狭义意义上的不正当竞争，其内涵是：经营者在市场竞争中采用违法手段谋取竞争利益的行为。它有以下几个主要特征：

（一）实施主体是经营者

市场竞争是在经营者之间进行的，不正当竞争总是发生于经营者相互争夺交易机会和经济

［1］　种明钊主编：《竞争法》，法律出版社2002年版，第171页。

利益的"商战"过程之中。因此，一般而言，只有参与竞争的经营者才有可能从事不正当竞争。

所谓经营者，也称为市场主体，是指从事商品经营或者营利性服务的法人、其他经济组织和个人。作为法律上的经营者，应当具备以下几个基本条件：首先，必须具有合法的经营资格。判别有无合法的经营资格主要看该主体有无法律的经营授权或者是否依法办理了工商登记，只有有法律的明确规定或者办理了工商登记，有关组织和自然人才能成为市场主体，参与市场竞争。其次，必须从事专门的市场活动，参与市场关系。如从事商品的生产或销售、从事市场服务等。最后，必须以营利为目的。即经营者必须是为自己谋取经济利益的"经济人"，其进入市场和参与市场的根本目的是自身财产价值的增值。可以说，营利性是经营者与非经营者的最本质区别。

这里应当说明的是：首先，不正当竞争的主体是经营者，这是就一般情况而论的，在特定条件下，如果法律有特别的规定，非经营者也可以成为不正当竞争的实施主体。例如，依照有关法律的规定，一些地方政府为了排挤外地经营者的竞争，强令本地企业低于成本价销售产品，也可能成为不正当竞争的主体，又如商业贿赂中，受贿主体即不限于经营者（如经营者的代理人等）。其次，如果某一组织或个人不具有合法的经营资格，又采用不符合商业道德或商业惯例的手段非法从事经营活动（如无照经营、骗取或伪造执照经营），其行为就不能被认定为不正当竞争；如果其行为给市场中的经营者和消费者造成了损害，受害人可以按普通的民事侵权寻求法律救济。

（二）目的是获得竞争利益

不正当竞争与正当竞争一样，一般说来都是人们的一种自觉活动，其目的是使自己在竞争中处于较有利的地位。具体言之，经营者在实施不正当竞争行为时，主观上往往存在故意，并有明确的谋取竞争利益的目的。

所谓竞争利益，是指能够影响经营者的竞争能力而为竞争者竭力争取的诸种条件。如原材料供应、资金筹集渠道、技术设备、生产条件、人才配备、产品的质量和数量、销售渠道、销售利润以及市场占有率等。竞争利益是竞争者争夺的对象，对于一个竞争者而言，竞争利益具有极大的弹性和变性，在竞争中，每一个竞争者所拥有的竞争利益都会在此消彼长的争夺中不断变化和波动。

经营者的竞争利益与经营者的经济利益，是相互联系又相互区别的两个概念。一般说来，经济利益本身是竞争利益的最高表现，竞争利益最终也要落实到经济利益之中。但是两者存在明显的区别：首先，竞争利益的范围更加广泛，涉及支撑或影响经营者地位的各种因素，而经济利益的范围则相对较窄，主要表现为经营者的收入、利润等；其次，竞争利益有的是不能量化的，而经济利益一般可以量化；最后，二者的变化并不总是同步，有时为了争取竞争利益，经营者可能不得不暂时牺牲一定的经济利益。正因为如此，许多论著将竞争、不正当竞争的目的概括为谋取经济利益，这是不够准确的。

（三）竞争的手段违反了法律

正当竞争与不正当竞争有本质的区别，这种区别集中地体现在两种行为的手段方面。在人们的最初观念中，评判经营者的竞争行为是否正当，一般是以是否符合商业道德或商业惯例为标准的。后来，随着商业道德和商业惯例得到法律的反映和确认，经营者采用不符合商业道德、商业惯例的手段进行竞争，在性质上即具有了违法的属性。例如，诚实信用本是人类社会中的一种道德规范，反映到市场中即成为最重要的商业道德，当法律将诚实信用规定为法律原则并设定相应的保障制度时，违背诚实信用也就违反了法律。总之，在现代社会中，正当竞争与不正当竞争的分界，主要是看经营者所采用的竞争手段是否合法。当然，一个时代的法律不可能将所有的商业道德和商业惯例都加以反映，尤其是商业道德和商业惯例本身也处于不断的变化之中，法律的反映也必然具有一定的滞后性。因此，在认定和处理不正当竞争行为的过程中，商业道德和商业惯例仍然具有一定的意义，可以作为立法不足之补充。

（四）损害其他合法经营者的利益和市场竞争秩序

一方面，不正当竞争直接损害了其他合法经营者的利益，尤其是与不正当竞争者有直接竞争关系的经营者的利益；另一方面，由于不正当竞争的存在会增加市场的道德风险、加大市场交易成本、损害人们正常的竞争关系，因而会扰乱和破坏市场的竞争秩序。正因为如此，以维护竞争秩序为本旨的竞争法历来都将不正当竞争行为作为规制的一大重点。

须注意的是，就一般情况而言，不正当竞争行为会损害消费者的利益。但不正当竞争以非法获得竞争利益为目的，因而在一些具体场合不一定会直接损害消费者的利益，如不当低价销售、不当巨奖销售等。

二、不正当竞争与相关概念的比较

不正当竞争与正当竞争和垄断是竞争法中的相邻概念。对这些概念进行比较，弄清它们之间的联系和区别，对于正确把握不正当竞争的本质，具有重要意义。

（一）不正当竞争与正当竞争

所谓正当竞争，是指建立在平等自愿、诚实信用基础上的良性竞争。它要求参加者具有对等的权利义务和平等的法律地位，并在公平的环境中，遵循公平的竞争规则和公认的商业道德与行为准则，以诚实信用的态度，凭自己的实力、技术和管理水平进行的竞争。

不正当竞争与正当竞争都属于竞争的范畴，二者在产生条件、行为主体等特征方面并无实质性的区别；同时，两者各以对方的存在为存在前提，没有正当竞争，也就没有不正当竞争，反之亦然。但是，正当竞争与不正当竞争在法律与道德的评价上却有天壤之别。它们的区别主要表现在：

1. 采用的手段不同。如前所述，这是两者之间最为本质的区别。正当竞争乃竞争者在平等自愿、诚实信用的前提下，采用法律所许可的手段参与的竞争，故其行为在法律的评价上属于合法竞争；不正当竞争则违背平等自愿、诚实信用等原则，采用非法手段参与竞争，在法律上是一种典型的违法竞争。

2. 竞争的目的不同。正当竞争行为的目的是提高产品和服务质量，提高管理水平，赚取合理的利润；不正当竞争行为的目的是利用竞争机会，采用弄虚作假或其他违反商业道德的手段，谋取某种本来不可能获得的竞争利益或经济利益。

3. 实施的效果不同。正当竞争是在承认和维护市场规则、尊重竞争对手的情况下进行的，因而既是市场规律的展开形式，也是对市场机制的反映和维护；不正当竞争则是借用竞争机会，采用非法手段，谋取不正当利益，其结果必然是损害竞争对手和消费者的利益，扰乱和破坏市场竞争秩序。

（二）不正当竞争与垄断

不正当竞争与垄断在本质上都是对市场规律和市场机制的破坏，都是反竞争的行为；在结果上都损害其他竞争者（或其他经营者）以及消费者的合法权益；而且两种行为有时相互交叉或重叠。但是不正当竞争毕竟不同于垄断，两者之间的区别主要表现在以下几个方面：

1. 实施主体的条件不同。一般而言，不正当竞争行为的实施主体不一定具有经济优势，因此，任何企业或个体经营者都可以实施；垄断行为的实施主体一般需要具有经济上的垄断地位或优势地位。

2. 行为的目的和后果不尽相同。垄断的目的是消除、排斥竞争，而不正当竞争的目的主要是通过不正当的手段获得竞争利益。因此，不正当竞争是以承认竞争为前提的，有竞争才能"浑水摸鱼"，而垄断行为则是以不允许竞争为其目标的。在损害后果方面，不正当竞争是对竞争秩序的破坏；而垄断是对市场竞争格局的破坏，是对竞争度的限制和削弱。

3. 实施的手段不同。垄断一般由经营者凭借自己在市场中的经济地位来实施，在表面上，其手段可能符合平等自愿的市场交易规则，如企业合并、格式合同、商业合作等；而不正当竞争行为则是采用非正常的手段（如欺骗、仿冒、贿赂、巨额奖赏、低于成本销售等）来打击、排挤竞争对手，从而谋取竞争利益。

4. 法律的规制有所不同。法律对不正当竞争的规制侧重于对竞争秩序的维护。而对垄断的规制则侧重于对竞争度的维护。故在一些国家或地区，法律对垄断和不正当竞争分别进行规制，既有反垄断法，也有反不正当竞争法。即使在合并立法的国家，垄断与不正当竞争也是适用不同的法律调整方法来调整的。

三、不正当竞争的表现形式

不正当竞争行为多种多样，可以依据一定的标准，将其分为不同的种类。例如，在理论上，人们即有不同的分类方法。大体说来，不正当竞争行为在理论上的分类，主要有三种视角：一是在将不正当竞争行为与垄断和限制竞争行为三者作出区别的基础上，对不正当竞争行为进行分类；二是在将不正当竞争行为与垄断（广义的包含限制竞争行为的垄断）进行区别的基础上，对不正当竞争行为进行的分类；三是以现行反不正当竞争立法确立的不正当竞争行为的样态为基础对不正当竞争行为进行的分类，即《反不正当竞争法》上的行为，不管它属于垄断还是限制竞争行为，抑或不正当竞争行为，都归入不正当竞争行为，并在此基础上所作的分类。目前采用第二种和第三种分类方法的学者较多。由于本书将垄断和不正当竞争行为专门作了区分，因而对不正当竞争的分类，采用的是第二种与第三种方法相结合的分类方法，即以我国《反不正当竞争法》的规定为基础，但是对其中的垄断行为，如经济垄断、行政垄断等，不再作为不正当竞争行为看待。

在立法上，由于法律传统和立法技巧的不同，各国法律对不正当竞争的表现形式规定不一。大体说来，对不正当竞争的表现形式，法律的规定可以归纳为三种类型：①定义式，即在法律中只规定不正当竞争的定义，以这一定义为判断标准，凡符合该定义的都被认为是不正当竞争；②列举式，即并不对不正当竞争作定义性规定，而具体列举各种不正当竞争行为；③定义加列举，即在法律中既规定不正当竞争的定义，又对各种具体的不正当竞争进行列举。很明显，第一种方式较原则，也较灵活，具有极强的适应性和前瞻性，可以以不变应万变；第二种方式没有第一种方式的应变能力，但因其明确、具体而具有针对性和操作性强的优点；第三种方式既综合了前述两种方式的长处，又避免了前述两种方式的弊端，是"理想化"的处置方式。

我国《反不正当竞争法》采用的是定义加列举的方式。如前所述，该法第2条第2款规定了不正当竞争的定义；同时，为了弥补法律定义过于抽象而操作性差的不足，该法第二章又专门罗列了重要的11种不正当竞争行为。但是，这里应当说明两点：首先，我国《反不正当竞争法》虽然采用定义加列举方式，但这并不意味着已经十全十美，由于定义与列举并未很好地衔接，故其还有不完善之处。其次，我国《反不正当竞争法》在缺乏反垄断法的情况下，承担了反垄断的任务，故对不正当竞争的定义采用的是广义含义，所列举的11种不正当竞争行为中，一般认为有四种行为属于垄断而不属于不正当竞争，这四种行为是：公用企业滥用经济优势、行政垄断、附加不合理条件交易（如搭售）和串通招标投标。

鉴于此，我们认为，我国《反不正当竞争法》中的不正当竞争行为主要有七种：欺骗性交易行为、不当低价销售、不当有奖销售、引人误解的虚假宣传、商业贿赂、侵犯商业秘密和诋毁他人商誉。

第二节　欺骗性交易及其法律规制

一、欺骗性交易行为概述

（一）欺骗性交易行为的定义和特征

采用虚假手段，借用他人的产品名声、企业信誉等推销自己的产品或服务，以此获得交易机会，这是经济生活中的一种最常见的不正当竞争行为。我国屡禁不止的假冒伪劣产品，其中大多数都与这种欺骗性交易行为直接相关。"凡是人们熟悉的名牌商品，几乎都未能幸免被他人假冒或仿冒。制售假冒伪劣商品的重大恶性案件在全国各地时有发生，违法犯罪金额也越来越大。"[1]

所谓欺骗性交易行为，也称仿冒行为，是指经营者采用假冒、仿冒或其他虚假手段，使交易相对人产生混淆或误信，从而获得交易机会的行为。其具有以下几个方面的特征：

1. 主体一般是商品或服务的推销者。欺骗性交易是在推销自己的产品或服务的过程中，采用虚假的标示、说明从事交易的行为，故其主体一般是产品的生产者、销售者和服务的提供者。一般说来，产品或服务的买方从事这一行为的极少。

2. 客观上实施了欺骗行为。这是本行为与其他不正当竞争行为的根本区别。在实践中，欺骗的方式很多，例如，假冒他人注册商标，仿冒知名商品的名称、包装、装潢，冒用认证标志，等等。这些手段或者表现为混淆视听，或者表现为张冠李戴，或者表现为无中生有，对于不知情的交易相对人来说，很容易在主观上产生误信，从而受骗上当。而其他多数不正当竞争行为，如不当低价销售、侵犯商业秘密、商业贿赂、诋毁他人商誉等，所采用的手段大多不具有欺骗性质。

3. 主观上存在使人误信的故意。欺骗性交易行为的目的是通过仿冒、模仿等虚假手段使交易对方产生误信，如将此种产品与彼种知名产品相混淆、将此种质量等同于彼种优质产品的质量等。因此，行为人在实施此种行为时，主观上存在明显的故意。

不过，对于行为人主观上的特征，目前存有一定的争议。有人认为，在欺骗性交易行为中，有时行为人只有过失也能成立，如假冒他人注册商标，就应当包括过失假冒行为。[2]我们认为，这一观点虽然与"欺骗"这一用语不太相称，但为了有力打击不正当竞争，维护市场竞争秩序，可以将其作为一种特殊情况，适用《反不正当竞争法》。这也符合《商标法》的精神。

4. 损害后果的双重性。行为人假冒他人商标、产品等，给其交易相对人以错误的信息，从而影响其交易决策，使其行为与目的相悖，导致利益受损；与此同时，商标、产品等被假冒、仿冒的经营者，不仅相应地减少了交易机会，而且由于假冒伪劣产品给人们造成的恶劣影响，导致信誉受到损害。正因为如此，欺骗性交易行为既损害交易相对人（如消费者）的利益，又损害相关经营者的利益。

---

[1] 种明钊主编：《竞争法》，法律出版社 2002 年版，第 198 页。

[2] 陈志、胡光志主编：《中国市场管理法学》，科学技术文献出版社 1997 年版，第 278 页。

（二）欺骗性交易与相关概念的比较

1. 欺骗性交易与商业混同。有人认为，欺骗性交易也可以称为"商业混同"行为。实际上，我国《反不正当竞争法》规定的欺骗性交易行为与国外法律中的"商业混同"行为是有一定区别的。商业混同主要指仿冒、假冒他人已经存在并享有一定声誉的商标、产品、企业名称、产地等，从而使人们将真假产品混淆，其特征是必须存在仿冒、假冒的对象。然而，我国《反不正当竞争法》中规定的欺骗性交易行为，除了商业混同外，还包括伪造或假冒认证标志等质量标志的行为。因此，二者并不完全等同，欺骗性交易行为的外延比商业混同行为的外延更为宽泛。

2. 欺骗性交易与引人误解的虚假宣传。欺骗性交易行为与引人误解的虚假宣传在本质和危害方面非常相近，而且在实践中两者常发生竞合。但是，两者至少有以下几点差异：首先，发生的场合不同。前者往往发生于具体的交易过程中，后者则发生于宣传过程中。其次，采用的方式不同。前者不一定通过宣传，也不必借助于宣传媒介，后者则必须采用一定的宣传形式，往往需借助于宣传媒体。最后，侵害的对象不同。引人误解的虚假宣传行为一般不直接损害特定的竞争对手的利益，而欺骗性交易行为则直接损害特定竞争对手的利益。因此，引人误解的虚假宣传行为是专门就商业宣传中的不当行为而言的，当两者发生竞合时，如在广告宣传中假冒他人注册商标，应当认定为引人误解的虚假宣传行为。

3. 欺骗性交易与欺骗性有奖销售。欺骗性交易与欺骗性有奖销售均发生于交易过程中，且在实质上都是对客户的欺骗。但两者有以下不同：首先，前者发生于一般的交易场合，后者只能发生于有奖销售的特殊场合。其次，前者是直接在交易的产品或服务上弄虚作假，后者则主要是在奖励方法上弄虚作假。不过，两者有时会发生竞合，即在有奖销售中，经营者借有奖销售的名义推销假冒产品。由于立法将假冒伪劣产品作为打击的一个重点，如果某一不正当有奖销售同时符合欺骗性交易行为的特征，应当认定为欺骗性交易行为。这样能够较充分地体现两种行为在社会危害性和法律规制程度方面的差异。

二、欺骗性交易行为的表现形式

根据我国《反不正当竞争法》第 5 条的规定，欺骗性交易行为有四种类型：假冒他人注册商标，擅自使用与知名商品相同或相近似的名称、包装、装潢，擅自使用他人的企业名称或姓名，在商品上伪造或者冒用质量标志。其中，前三种行为属于商业混同行为，后一种行为属于质量标志欺骗行为。

（一）假冒他人注册商标

假冒他人注册商标，是指采用虚假或其他不诚实的手段，侵犯他人注册商标专用权的行为。因此，假冒他人注册商标的行为，既违反了《反不正当竞争法》，又违反了《商标法》。我国《商标法》第 57 条规定，假冒他人注册商标的行为，主要有以下几种：①未经商标注册人的许可，在同一种商品上使用与其注册商标相同的商标的；②未经商标注册人的许可，在同一种商品上使用与其注册商标近似的商标，或者在类似商品上使用与其注册商标相同或者近似的商标，容易导致混淆的；③销售侵犯注册商标专用权的商品的；④伪造、擅自制造他人注册商标标识或者销售伪造、擅自制造的注册商标标识的；⑤未经商标注册人同意，更换其注册商标并将更换商标的商品又投入市场的；[1]⑥故意为侵犯他人商标专用权行为提供便利条件，帮助他人实施侵犯商标专用权行为的；⑦给他人的注册商标专用权造成其他损害的。

---

〔1〕 这种行为在理论上称为"反向假冒他人注册商标"，是近年我国《商标法》修订中增加的一种商标侵权行为。

（二）擅自使用与知名商品相同或近似的名称、包装、装潢，造成混淆

一般认为，知名商品是指为相关公众所知悉并拥有一定信誉的商品。如获得省、部级名优产品称号以及获得国家驰名商标称号的产品，均被认为是知名商品。商业混同行为的一个特点就是：借他人之商标、产品等已经获得的信誉推销自己的产品或服务，因而仿冒知名商品也就成了一种较为普遍的不正当竞争手段。

值得注意的是，仿冒知名商品的方式是多种多样的，既可以是冒用，也可以是模仿（近似）；既可以表现为名称，也可以表现为包装、装潢等。此外，这种行为在客观上必须给交易的相对人造成认识上的混淆。

（三）擅自使用他人的企业名称或者姓名，使人误认为是他人的商品

企业的名称不仅具有唯一性，且为企业所独有，与企业不可分离。据我国企业法的规定，企业对其名称享有专用权，其他任何人不得侵犯。但是，由于企业名称与企业和企业产品的信誉相联系而具有重要的商业价值，因而也是欺骗性交易侵害的对象。至于姓名，这里有特定的含义，一般是指从事经营的个体经营者在经营中所使用的与其经营相联系的姓名，如个体工商户、个人合伙在市场活动中使用的名字，像"陈某某火锅""王某某菜刀"等，如果他人未经允许使用了这些姓名，造成混淆，即构成不正当竞争。

（四）伪造或冒用质量标志、伪造产地，对商品质量作引人误解的虚假表示

产品的质量标志是产品质量信誉的集中体现，这些标志主要有认证标志、名优标志、等级标志等。一些经营者在竞争中伪造或者冒充质量标志，以此争取交易机会并谋取高额经济利益，从而损害了竞争秩序，故这种行为为法律所禁止。至于商品的产地，往往与商品的信誉有机地联系在一起，从而也具有相当的商业价值，他人伪造产地，会给真正拥有该产地的同类产品造成损害，并损害消费者的利益，故也是一种典型的不正当竞争。

三、欺骗性交易行为的法律规制

在我国，欺骗性交易行为受多种法律的调整，为了保持法律之间的统一性，我国《反不正当竞争法》充分考虑了与《商标法》《产品质量法》之间的协调。《反不正当竞争法》第21条第1款规定："经营者假冒他人的注册商标，擅自使用他人的企业名称或者姓名，伪造或者冒用认证标志、名优标志等质量标志，伪造产地，对商品质量作引人误解的虚假表示的，依照《中华人民共和国商标法》《中华人民共和国产品质量法》的规定处罚。"同时，对于《商标法》《产品质量法》未作规定的欺骗性交易行为，《反不正当竞争法》则作了相应的处理性规定。

经营者假冒他人注册商标属于《商标法》规定的侵犯他人注册商标的行为。《商标法》第60条规定："有本法第57条所列侵犯注册商标专用权行为之一，引起纠纷的，由当事人协商解决；不愿协商或者协商不成的，商标注册人或者利害关系人可以向人民法院起诉，也可以请求工商行政管理部门处理。工商行政管理部门处理时，认定侵权行为成立的，责令立即停止侵权行为，没收、销毁侵权商品和主要用于制造侵权商品、伪造注册商标标识的工具，违法经营额5万元以上的，可以处违法经营额5倍以下的罚款，没有违法经营额或者违法经营额不足5万元的，可以处25万元以下的罚款。对5年内实施两次以上商标侵权行为或者有其他严重情节的，应当从重处罚。销售不知道是侵犯注册商标专用权的商品，能证明该商品是自己合法取得并说明提供者的，由工商行政管理部门责令停止销售。对侵犯商标专用权的赔偿数额的争议，当事人可以请求进行处理的工商行政管理部门调解，也可以依照《中华人民共和国民事诉讼法》向人民法院起诉。经工商行政管理部门调解，当事人未达成协议或者调解书生效后不履行的，当事人可以依照《中华人民共和国民事诉讼法》向人民法院起诉。"这一条规定了

处理侵犯注册商标专用权行为的行政主管机关、纠纷解决机制和受害人的救济途径。其中，侵犯商标专用权的赔偿责任问题，《商标法》第 63 条作了进一步的规定，侵犯商标专用权的赔偿数额，按照权利人因被侵权所受到的实际损失确定；实际损失难以确定的，可以按照侵权人因侵权所获得的利益确定；权利人的损失或者侵权人获得的利益难以确定的，参照该商标许可使用费的倍数合理确定。对恶意侵犯商标专用权，情节严重的，可以在按照上述方法确定数额的 1 倍以上 3 倍以下确定赔偿数额。赔偿数额应当包括权利人为制止侵权行为所支付的合理开支。人民法院为确定赔偿数额，在权利人已经尽力举证，而与侵权行为相关的账簿、资料主要由侵权人掌握的情况下，可以责令侵权人提供与侵权行为相关的账簿、资料；侵权人不提供或者提供虚假的账簿、资料的，人民法院可以参考权利人的主张和提供的证据判定赔偿数额。权利人因被侵权所受到的实际损失、侵权人因侵权所获得的利益、注册商标许可使用费难以确定的，由人民法院根据侵权行为的情节判决给予 300 万元以下的赔偿。同时，《商标法》第 61 条和第 67 条对于假冒他人注册商标构成犯罪的行为也作了规定。第 61 条规定，工商行政管理部门在处理侵犯注册商标专用权案件的过程中，对涉嫌犯罪的，应当及时移送司法机关依法处理。第 67 条则规定了三种犯罪行为：未经商标注册人许可，在同一种商品上使用与其注册商标相同的商标，构成犯罪的；伪造、擅自制造他人注册商标标识或者销售伪造、擅自制造的商标标识，构成犯罪的；销售明知是假冒注册商标的商品，构成犯罪的。须注意的是：因为并非所有的侵权行为都构成犯罪，故《商标法》规定的犯罪行为并不与侵犯注册商标专用权的行为完全对应；即使是对应的行为，在主客观要件方面也有不同的要求。因此，凡涉及犯罪的，应依《刑法》的规定加以认定和处理。

擅自使用他人的企业名称或者姓名、伪造或者冒用认证标志、伪造产地及对商品质量作引人误解的虚假表示的行为，既是一种欺骗性的不正当竞争行为，也属"表示缺陷"一类的质量问题。《产品质量法》第 53 条规定，经营者伪造产品产地的，伪造或者冒用他人的厂名、厂址的，伪造或者冒用认证标志等质量标志的，责令改正，没收违法生产、销售的产品，并处违法生产、销售产品货值金额等值以下的罚款；有违法所得的，并处没收违法所得；情节严重的，吊销营业执照。

就本来意义上，欺骗性交易行为都受《反不正当竞争法》的规制。因此，这里仅指前述《商标法》《产品质量法》未作规定，而必须由《反不正当竞争法》直接规定具体调整方法的情形。《反不正当竞争法》第 21 条第 2 款规定：经营者擅自使用知名商品特有的名称、包装、装潢，或者使用与知名商品近似的名称、包装、装潢，造成和他人的知名商品相混淆，使购买者误认为是该知名商品的，监督检查部门应当责令停止违法行为，没收违法所得，可以根据情节处以违法所得 1 倍以上 3 倍以下的罚款；情节严重的，可以吊销营业执照；销售伪劣商品，构成犯罪的，依法追究刑事责任。

第三节　不当低价销售及其法律规制

一、不当低价销售概述
（一）不当低价销售的定义和特征

价格竞争是市场竞争的重要内容。在激烈的市场竞争中，为了从价格上击败竞争对手，有的经营者不惜以低于成本的价格销售其产品。表面上，经营者会因此而使经济利益受损，但实际上，实施这种行为的经营者往往具有相当的经济实力和优势，他们故意将某种或某类商品的价格压低到成本以下抛售，目的是击败竞争对手，迫使他们退出市场，尔后再抬高商品价格，获取更高的垄断利润。要反映和维护市场的功能，法律就必须保护正当的价格竞争，同时对于不正当的价格竞争给予严厉的打击和制裁。

不当低价销售也称不正当亏本销售、掠夺性定价或不当贱卖，是指经营者以排挤竞争对手为目的，以低于成本的价格销售商品或提供服务的行为。其有以下几个基本特征：

1. 行为主体只能是处于卖方地位的经营者。由于这一行为是针对销售行为而言的，因而处于买方地位的经营者不可能构成这种行为的主体。

2. 行为人主观上存在故意，并具有排挤竞争对手的目的。行为人以低于成本的价格销售商品，必然在一定时期内亏损，经营者明知亏本还自愿低于成本价销售，不是出于无奈，就是一种有意安排。事实上，不正当亏本销售是经营者有意采取的一种行动，其真正目的在于通过低于成本的价格争夺顾客，将竞争对手排挤出市场，从而获得垄断地位，再牟取高额垄断利润。因此，不当低价销售必须是出于故意，并有排斥竞争对手的目的。

3. 行为人客观上实施了以低于成本的价格销售商品的行为。成本是构成商品价格的主要成分和基本依据，商品价格应是成本、税金和合理利润的总和，因此，正常的商品价格总是高于成本的。但是，不当低价销售以排挤竞争对手为目的，违背价值规律以低于成本的价格进行销售，这势必扰乱正常的竞争秩序。正因为如此，在判别是否构成不当低价销售时，必须以行为人客观上已经实施了低于成本销售的行为为要件。

不过，应当注意的是：首先，在实践中销售产品的成本是有差异的，生产或销售同一产品的企业，由于技术、管理等条件的不同，各自的成本也就有所不同。我们认为，判断成本价应当以被诉销售者真实、合法的成本价为依据，而不应当以原告方提供的成本价或市场平均成本价为依据，否则就无法区分先进与落后、正当竞争与不正当竞争的界限。其次，只要行为人以排挤竞争对手为目的实施了低于成本的价格销售商品的行为，就必然构成不正当亏本销售，至于在客观后果上是否使其他同类经营者真正受到排挤，并不影响这种不正当竞争行为的构成。最后，如果实际上并未低于成本价却谎称低于成本价进行销售，则不能认定为不当低价销售，而应当认定为价格欺诈。

4. 侵犯的客体是社会正常竞争秩序。经营者以低于成本的价格销售商品时，表面上看，受损失的是销售者自己，与其他经营者无关，消费者还会因此受益。但事实上并非如此，因为从长远看，经营者低于成本价格销售商品的目的在于排挤竞争对手，然后通过独占市场而推行垄断价格。因此，不当低价销售行为在实质上是违反竞争规律的，是对正常竞争秩序的破坏。

（二）不当低价销售与相关概念的比较

不正当低价销售与国际贸易中的倾销都是破坏正常竞争秩序的低价销售商品的行为，两者在行为方式、客观后果及主观目的方面均极为相似，也许正是基于这一原因，国内有些学者把《反不正当竞争法》中规定的不正当亏本销售也称为"倾销"或"国内倾销"。实际上，不正当亏本销售和国际贸易中的倾销是有区别的，这些区别主要表现在：

1. 存在领域不同。不正当亏本销售存在于国内贸易中，倾销则存在于国际贸易中。

2. 认定标准不同。不正当亏本销售的认定标准主要是考察行为人是否实施了以排挤竞争对手为目的的低于成本价格销售商品的行为，对有正当理由的亏本销售可不视为不正当竞争行为（如为防止变质而处理鲜活商品等）；倾销的认定标准主要是考察行为人在进口国的销售价格是否低于出口国或第三国的合理的正常价格，而正常价格不一定就是低于成本的价格。

3. 适用的法律和处理的方式不同。对不正当亏本销售，适用国内竞争法，受到损害的其他竞争对手享有要求停止侵害、赔偿损失等权利；对倾销，适用国内法中的反倾销法和有关国际条约，通常的处理方式是对倾销商品征收反倾销税。

二、不当低价销售的适用例外

在法律上，并非一切低价销售均能成立不正当竞争行为。在有的情况下，经营者低于成本价销售产品并不违法。此种情形，被有的学者称为"不当低价销售的例外"。其实，不当低价销售是与正当低价销售相对而言的，而正当低价销售属于合理降价的范畴。合理降价是一个含义较宽泛的概念，既可以指部分让利（如折扣）行为，也可以指合理的亏本销售行为。换言之，在有些情况下，即使经营者以低于成本的价格销售商品，只要其目的不是排挤竞争对手，即不应被视为不正当竞争。我国《反不正当竞争法》第 11 条第 2 款规定，有下列情形之一的，不属于不正当竞争行为：

（一）销售鲜活商品

鲜活商品主要是指农副产品，如蔬菜、瓜果、水产品、畜禽肉品等。因为这类产品具有保鲜期短、易变质、易腐烂、销售时间性强等特点，所以，以低于成本的价格销售，只要没有排挤竞争对手的目的，就不构成不正当竞争。

（二）处理有效期限即将届至的商品或者其他积压的商品

具有有效期的商品主要包括食品、饮料、营养品、药品、化妆品等。按照我国《产品质量法》《食品安全法》《药品管理法》等法律法规的规定，这类商品超过有效期后是严禁销售的。积压的商品一般是指因供过于求、被新产品所替代等原因而长期滞销的产品。处理有效期即将届全或者积压产品，往往是经营者不得已而为的降价行为，只要不具有排挤竞争对手的目的，就不属不正当竞争行为。

（三）季节性降价

季节性商品是指那些市场需求随着季节的变化而呈明显变动的商品，如服装、冷饮、电取暖炉等，一旦过了销售季节，其市场需求极少，还按原价就难以售出。这既不利于企业资金的流动，也不利于资源的利用。如果采用降价销售，甚至低于成本的价格甩卖，过季商品就能很快脱手，可以避免生产经营上的困难和社会资源的浪费。

（四）因清偿债务、转产、歇业降价销售商品

有的企业因经营管理不善等原因而负债累累，为了偿还债务而将商品以低于成本的价格出售，这是一种不得已的处置措施。此外，企业基于客观原因而转产、歇业时，也需要尽快处理原有的设备、材料、商品等，在处理过程中以低于成本的价格销售商品，并不属于不正当竞争。

在认定不当低价销售的适用例外时，有两点值得注意：①法律规定的上述几种不当低价销售的例外情况，一般均要求具有一个前提，即不以排挤竞争对手为目的。例如，销售鲜活商品，如果不具有低价处理的合理理由，以排挤其他竞争者为目的，低于成本价销售，同样要构成不正当低价销售；也只有如此认定，才能为鲜活商品市场提供公平竞争的法律机制。②如果假借适用例外之名低于成本价销售，而其目的是排挤竞争对手，则应当认定为不正当低价销售，如谎称转产、搬迁、还债等，以低于成本价销售商品，即属此种情况。

三、不当低价销售的法律规制

《反不正当竞争法》第 11 条第 1 款规定："经营者不得以排挤竞争对手为目的，以低于成本的价格销售商品。"《价格法》第 14 条第 2 项也有类似的规定；1999 年 8 月 1 日国家发展计划委员会发布并于 2010 年 12 月 4 日国务院修订的《价格违法行为行政处罚规定》第 4 条第 1 项又再一次对前述规定作了重申。

对不当低价销售行为的规制，首先涉及不当低价销售行为的认定问题，但《反不正当竞争法》对此并未明确，《价格法》也仅就认定的机关作了规定。《价格法》第 40 条第 2 款规定："……属于是全国性的，由国务院价格主管部门认定；属于是省及省以下区域性的，由

省、自治区、直辖市人民政府价格主管部门认定。"

关于不当低价销售的法律责任，《反不正当竞争法》并未作直接而具体的规定。《价格法》第40条第1款规定，有不当低价销售的行为的，有关主管部门可以责令改正，没收违法所得，可以并处违法所得5倍以下的罚款；没有违法所得的，予以警告，可以并处罚款；情节严重的，责令停业整顿，或者由工商行政管理机关吊销营业执照。《价格违法行为行政处罚规定》第4条对没有违法所得情形下的处理，又作了一定的补充：可以并处10万元以上100万元以下的罚款；第11条又规定：经营者为个人的，对其没有违法所得的价格违法行为，可以处10万元以下的罚款。

第四节　不当有奖销售及其法律规制

一、不当有奖销售的定义和特征

有奖销售是经营者销售商品或提供服务时，附带性地向购买者提供物品、金钱或者其他经济利益的一种促销行为。从奖励的方式上，有奖销售可以分为抽奖式有奖销售和附赠式有奖销售两种。前者又称为悬赏抽奖式有奖销售，是指经营者给每位购买者同等的中奖机会，但是否中奖则依随机抽奖的结果而定；后者则是指对每位购买者按所购商品或服务的价值的一定比例给以同等的金钱或实物赠与。作为一种符合商业习惯的促销手段，有奖销售在实践中具有引发消费者的购买欲望、促进销售额增长、刺激经济发展等作用，但是，有奖销售也有相当的弊端，如果运用不当，就会造成竞争秩序的混乱，并损害消费者的利益。[1]

不当有奖销售是指经营者在有奖销售的过程中弄虚作假或违反法律的限制向客户提供巨额奖励的行为。由于这种有奖销售违背了诚实信用原则和法律对有奖销售的限制，超越了商业习惯和法律的界线，因而在性质上属于不正当竞争，为各国竞争法所禁止。不当有奖销售具有以下特征：

（一）主体一般是出售或提供服务的卖方

不当有奖销售发生于销售环节，一般是由推销商品或服务的经营者所组织和实施，故其主体一般均为卖方。但是，实践中也存在一些例外情况：一些买方在收购过程中采用有奖收购的方式，并采用不正当手段进行奖励。对这种行为的认定，目前虽有一定的争论，但我们认为，该行为在本质方面与不当有奖销售并无二致，一旦发现，应当认定为不正当有奖销售，也只有如此，才能全面地规制不当有奖购销行为。

（二）发生于有奖销售的过程中

即只有在实施有奖销售的场合，才会有不当有奖销售可言。这与欺骗性交易、商业贿赂等不正当竞争行为不同，也与合法的让利、打折（折扣）行为不同。

（三）采用了不合法的奖励方法或奖励幅度

这是不当有奖销售与正当有奖销售最根本的区别。不当有奖销售采用的方法主要表现为有奖欺骗、人为控制奖励进程、借有奖销售推销质次价高的产品、不当巨额有奖销售等。

（四）行为人主观上存在故意

有奖销售是一种有计划、有步骤实施的行为，不当有奖销售仅是在有奖销售行为的实施进程中采用了不合法的手法而已。因此，从事不当有奖销售的行为人主观上存在故意，目的是以

[1] 种明钊主编：《竞争法》，法律出版社2002年版，第182～184页。

不正当的手段促进销售，并以此获得竞争利益。

二、不当有奖销售的表现形式

依据我国《反不正当竞争法》第 13 条的规定，不当有奖销售的表现形式主要有以下三种：

（一）欺骗性有奖销售

欺骗性有奖销售，即经营者采用欺骗方式进行有奖销售的行为。这种欺骗既可以发生在附赠的场合，也可以发生在悬赏抽奖的场合。从实践中来看，欺骗性有奖销售多数发生于悬赏抽奖的过程之中。故悬赏抽奖过程中的欺骗行为是法律规制的重点。欺骗性有奖销售具体又表现为以下几种：

1. 谎称有奖或对所设奖励作虚假表示。谎称有奖是经营者在悬赏抽奖的过程中对外诈称其商品为有奖销售，以招揽顾客购买，实际上该经营者并未采取任何有奖销售的安排，或者对所设奖的种类、中奖概率、最高奖金额、总金额、奖品种类、数量、质量、方法等作虚假的表示，致使购买者受骗上当。在这种情况下，参加购买的消费者根本不能中奖或者所得的奖励与原告知的奖励根本不符。

2. 内定人员中奖。关于内定人员，有的学者又称为内部人员。但我们认为，"内部人员"的范围太窄，不能涵盖实践中的诸多现象，而"内定人员"的范围较宽，采"内定人员"这一提法能较准确地反映实际情况。内定人员中奖就是经营者在悬赏抽奖的过程中将中奖的机会事先直接分配给特定的单位或个人的行为。在内定人员中奖的情况下，经营者实际上剥夺了普通客户（非内定人员）的中奖机会，普通客户成了事实上的受骗上当者。

3. 人为操纵中奖程序。即经营者在悬赏抽奖的过程中，故意将设有中奖标志的产品、奖券不投放市场或者不与无奖的商品、奖券一起投放市场；故意将带有不同奖金金额、不同奖励等级的奖券、奖励标志按不同的时间阶段投放市场。

4. 其他欺骗性有奖销售行为。实践中，欺骗性有奖销售的表现形式是多种多样的，前述三种行为并不能包括所有的情形，故在立法上必须有一定的灵活规定。虽然有的行为不属于前述三种行为，但是只要发生于有奖销售过程中，并在实质上构成欺骗，即可以认定为不正当有奖销售。如在有奖销售中隐瞒事实真相、以各种借口拒绝兑奖等，也是欺骗性有奖销售行为。

（二）推销质次价高的商品

质次价高的商品是消费者不愿意接受的，应通过消费者的选择淘汰出市场。但有些经营者不是依靠提高质量、降低成本、改善服务等方式进行竞争，而是利用购买者投机获利的侥幸心理，借有奖销售来推销质次价高的商品，使优质产品无法公平地与劣质产品进行竞争，发生"劣货驱逐良货"的不正常现象。因此，利用有奖销售推销质次价高的商品，也是法律上规定的一种典型的不当有奖销售行为。

那么，怎样认定其推销的商品是否"质次价高"呢？据现行制度的规定，对于什么是"质次价高"的商品，应由工商行政管理机关依市场同期同类产品的价格、质量和购买者的投诉进行认定。

（三）不当巨额有奖销售

有奖销售有利有弊，为了趋利避害，法律必须对其加以适度控制。就奖励的幅度、金额来看，如果法律没有一定的限制，同样会导致竞争秩序的混乱。按我国《反不正当竞争法》第13 条第 3 项的规定，抽奖式的有奖销售最高奖的金额不得超过 5000 元。因此，凡是在有奖销售活动中，最高奖的金额超过 5000 元的，即为不正当巨额有奖销售。另据规定，如果是以非现金的物品或者其他经济利益作奖励的，则按照同期市场同类商品或服务的正常价格来折算其金额。

三、不当有奖销售的法律规制

不当有奖销售行为在各国普遍存在，只是表现形式和程度有所不同而已。大部分国家对不当有奖销售在公平竞争法律中作出明确规定，以此来限制和规范企业的竞争行为。从各国的竞争立法来看，限制和禁止的不当有奖销售大致可以划分为以下两种情形：①对附赠式有奖销售中的不当竞争的法律规制；②对悬赏式的有奖销售中的不正当竞争的法律规制。

（一）对附赠式有奖销售的法律规制

我国《反不正当竞争法》对附赠式有奖销售中的不正当竞争行为尚未作出明确的规定。从国外的情况看，法律的规制主要是在附赠的商品价值和赠送的方法上进行限制。例如，法国规定有奖销售的赠品与销售物属于同一类型的，则属于不正当赠品，但这种禁止不等于杜绝一切赠品，在竞争法规定的限额和条件下，仍然允许向顾客赠送价值不大的广告用品，赠品的最高额（包括所得税额）不得超过350法郎，而且产品的广告性说明必须明确标在赠品上；如果是样品，还必须标明"免费样品——不得出售"等字样。德国的《附赠法令》规定，商业往来中凡带有"馈赠""奖励""免费""赠品"等词语的广告，均在禁止之列。德国法也允许在销售中附带赠送一些价值低廉的物品，如小气球、小旗子等，但这些物品只能是用来作广告的，上面要有永久性广告标志，所赠金额不得超过主商品价值的3%。日本公正交易委员会根据《不当赠品防止法》的规定，将普通有奖销售分为两部分：①对于商店向所有消费者提供奖品和奖金的销售行为，交易额在50万日元以下的，奖品和奖金的价值不得超过交易额的1/10；交易额在50万日元以上，奖品和奖金价值不得超过5万日元。②对于厂家和批发商为吸引经销单位而向零售商提供奖品或奖金的行为，厂家或批发商每年向每个零售商提供的奖品和奖金的价值总额不得超过10万日元。对于符合商业惯例的某些行为，如附赠附件、送货上门、位于交通不便地方的旅馆为旅客提供接送车辆等，虽然法律对这些做法是允许的，但法律同时又规定不得以"无偿""免费"等词语作广告。

（二）对悬赏抽奖式有奖销售的法律规制

悬赏抽奖式有奖销售易误导市场信息，由于设奖高、对消费者的吸引力大，易引发投机心理，故多数国家对此规制较为严格。德国《附赠法令》禁止以抽奖方式推销商品或服务，如为招徕顾客集体乘坐旅游车而在每辆车中提供抽奖免费座位等。加拿大禁止推销性的有奖销售，除非经过了一定的合法程序，并公正地公布了中奖人数及中奖有关材料。日本则按照交易额大小、企业是否单独进行有奖销售等情况，对最高奖额和奖金总额作了非常详细的规定。

我国《反不正当竞争法》侧重于对悬赏抽奖式有奖销售进行规制。一方面，该法对悬赏抽奖式的有奖销售不仅作了量的规定，即最高奖额不得超过5000元人民币，还对具体的抽奖方式作了规定，如规定经营者应当向购买者明示其所设奖的种类、中奖概率、奖金金额以及兑奖时间、方式等；另一方面，该法对于悬赏抽奖式有奖销售中主要的不正当竞争行为作了列举，并规定了相应的法律责任。如第26条规定，进行不当有奖销售的，"监督检查部门应当责令停止违法行为，可以根据情节处以1万元以上10万元以下的罚款"。

第五节　引人误解的虚假宣传及其法律规制

一、引人误解的虚假宣传概述

（一）引人误解的虚假宣传的定义和特征

引人误解的虚假宣传行为，是指经营者利用广告或其他宣传方法，对商品或服务作与实际情况不符的公开宣传，引起或足以引起其交易相对人对商品或服务产生错误认识的行为。引人误解的虚假宣传违反了诚实信用原则和公认的商业道德，以各种公开宣传手段作引人误解的虚假宣传，欺骗和误导购买者选购商品或接受服务，从而扰乱了市场竞争秩序，为各国竞争者法所禁止。这种行为具有以下几个特征：

1. 主体是实施产品或服务宣传的经营者。引人误解的虚假宣传的主体，可以是卖方，也可以是买方；可以是广告主，也可以是广告经营者，还可以是以广告以外的其他方法进行虚假宣传的其他经营者。

2. 行为发生于宣传过程中。作为引人误解的虚假宣传，必须与宣传相联系。换言之，只有在商业宣传中才可能发生引人误解的虚假宣传，这是引人误解的虚假宣传与普通欺骗性交易行为的根本区别。

3. 所作的宣传引人误解。经营者的宣传行为，必须在客观上引起人们的错误认识，即引人误解，否则即没有引人误解的虚假宣传。至于引起人们误解的原因是什么，在所不问。因此，在法律上，引人误解是构成引人误解的虚假宣传的最终标准或根本标准。

这里涉及两个问题：首先，如何才能判断某一宣传行为"引人误解"。判断引人误解的标准并不取决于宣传者的理解，而取决于受宣传对象对宣传的理解。一般说来，这种理解应以普通消费者的认知能力即一般公众的认识和判断能力为标准，只要一般大众受经营者宣传的影响而对其商品或服务发生了错误认识，即可认定为引起了误解。其次，虚假宣传与引人误解并不具有完全的对应关系。对客户和消费者不产生误解的宣传，即使不真实，也不构成引人误解的虚假宣传；相反，引起消费者误解的宣传，即使是真实的，也应当认定为不正当竞争。

4. 主观方面既包括故意也包括过失。引人误解的虚假宣传，行为人往往具有欺骗和误导购买者选购商品或接受服务的目的，故多数情况下系故意所为。但是，在过失的情况下，只要经营者的宣传在客观上导致了人们的误解，也会成立引人误解的虚假宣传。例如，经营者在发布广告时，对关键性内容表述不当或表述错误，引起人们的误解；又如，广告发布者因不认真审查广告内容而盲目发布了虚假广告，均构成引人误解的虚假宣传。

（二）引人误解的虚假宣传与相关概念的比较

引人误解的虚假宣传与欺骗性交易、商业诽谤、虚假广告等行为均有一定的联系或相似之处，从理论上划清这些行为之间的界限，对于正确认定和处理引人误解的虚假宣传，有重要的意义。由于引人误解的虚假宣传与欺骗性交易行为的区别，本章前面已经作过论述，在此不再重复。

1. 引人误解的虚假宣传与虚假广告。虚假广告一般是指其内容与实际情况不符的广告。它与引人误解的虚假宣传有密切的关系，二者的联系表现在：引人误解的虚假宣传多数都是通过虚假广告的形式加以实施的。但是二者也存在重大的区别：首先，引人误解的虚假宣传除广告形式外，还有其他多种形式。其次，虚假广告没有引人误解的，不能构成引人误解的虚假宣传，而真实的广告如果引人误解，则可以构成引人误解的虚假宣传。二者的关系，可以说是逻辑上的一种交叉关系。

由此可见，有人将虚假广告统统认定为引人误解的虚假宣传，或者将两者等同起来交替使用，本身就是一种"引人误解"的解释。

2. 引人误解的虚假宣传与诋毁他人商誉（商业诽谤）。引人误解的虚假宣传与诋毁他人商誉在某些方面存在相似之处，且在宣传过程中，这两者时常交织在一起。例如，两者均要通过向购买者传播虚假信息来达到推销产品的目的，两者所采用的手段基本上也都是通过一定的媒介或其他手段进行宣传，等等。但是二者之间也有严格的区别，主要表现在：首先，引人误解的虚假宣传是直接宣传自己或委托人的商品或服务，商业诽谤则是虚构和散布竞争对手的企业或商品等方面的虚假消息；其次，引人误解的虚假宣传的目的是推销所宣传的商品或服务，商业诽谤行为的目的是让竞争对手的商品或服务信誉降低，从而抬高自己产品的信誉；最后，引人误解的虚假宣传一般不直接损害特定竞争对手的利益，而商业诽谤行为则直接损害特定竞争对手的利益。

应当注意的是：如果在同一宣传行为中（如同一则广告中），既存在不真实宣传自己商品或服务的内容，也有捏造事实攻击他人商品或服务的内容，那么，在认定时，就应当分别对这两方面的内容加以判别；如果两方面都能成立，则应认定经营者同时构成性质不同的引人误解的虚假宣传和商业诽谤。

二、引人误解的虚假宣传的表现形式

引人误解的虚假宣传在现实生活中有多种表现形式。根据不同的标准，可以将其作不同的分类。如根据实施主体的不同，可以将引人误解的虚假宣传划分为广告主引人误解的虚假宣传、广告经营者引人误解的虚假宣传和其他经营者引人误解的虚假宣传。下面介绍两种主要的分类方法：

（一）引人误解的虚假广告宣传和引人误解的其他宣传

根据宣传是否采用广告，可以将引人误解的虚假宣传分为引人误解的虚假广告宣传和引人误解的其他宣传。这种区分不仅在广告法上具有重要意义，对我们全面认识引人误解的虚假宣传同样具有重要意义。

引人误解的虚假广告宣传是指通过广告宣传，不真实地介绍商品或服务情况，从而引人误解的行为。这种行为有三个特点，即采用广告宣传形式、内容不具有真实性、引起人们的误解。例如，滥用各种夸张性语言或绝对化语言（如使用"国家级""最高级""最佳"等用语）；滥用公众对名人、专家、国家领导人、权威机构的信任作广告宣传；使用含糊其辞、模棱两可的语言或形象作广告；虚构产品或服务的获奖情况、商标权或专利权的授予情况、销售地区或数量等；隐瞒商品或服务本身具有的法律、法规要求应予明示的瑕疵；无根据地使用各种数据、百分比作广告宣传；假冒他人注册商标、专利、厂商名称等侵权性广告；等等。

引人误解的其他宣传是指利用非广告的其他宣传方法，对商品或服务作引人误解的宣传。在实践中，引人误解的虚假宣传主要采用的是广告形式，但宣传的方式很多，除广告这一形式外，还有多种宣传方式，如举办展览会、展销会、博览会、订货会，举办新闻发布会、产品鉴定会、座谈会，散发宣传材料，价格标签，公共场合下领导人对某种产品或服务发表讲话等。在这些宣传活动中，如果经营者提供的信息确实让一般公众发生了误解，同样构成引人误解的虚假宣传。

（二）虚假宣传和引人误解的宣传

根据宣传内容本身是否真实，可把引人误解的虚假宣传分为虚假宣传和引人误解的宣传。这种分类的意义在于，它表明不仅虚假的宣传行为可能构成不正当竞争，某些真实的宣传同样可能构成不正当竞争。

虚假宣传是指经营者对商品或服务情况所作的与客观实际不符，并引人误解的宣传。其根本的特征是宣传内容本身不真实，并引人误解。即宣传的内容传递给人们的信息与产品或服务的实际状况不相符合，而这些信息又引起了人们的误解。不真实的内容主要有捏造的信息、夸大的信息、错漏的信息、含混的信息、虚假的承诺、无端的保证等。

引人误解的宣传指经营者对商品或服务情况所作的可能真实但引人误解的宣传。其特点是：宣传内容可能是真实的，但宣传的效果是引人误解的。如不当的比喻、不当的暗示、错误

的联想、含糊的表述等，都可能引起人们的误解。从实践中的情况来看，这种行为往往是基于人们的过失而发生的，但有时却是经过经营者的精心策划而实施的。如蓄意将"正在申请专利"改为"已经申请了专利"，从语言文字上看，两者似无实质的不同，但从一般公众的认知角度来看，"已经申请了专利"和"已经获得专利"不易区分，从而引起人们的误解。

三、引人误解的虚假宣传的法律规制

从立法形式上看，各国一般对引人误解的虚假宣传采用综合调整方法。我国对引人误解的虚假宣传的法律规制与其他国家及国际上的做法基本相同，除《反不正当竞争法》作出原则性规定外，还在《消费者权益保护法》《广告法》《药品管理法》等相关法律中，从不同的角度作了相应的规定。

引人误解的虚假宣传的法律责任，可分为民事责任、行政责任和刑事责任。《反不正当竞争法》第24条规定："经营者利用广告或者其他方法，对商品作引人误解的虚假宣传的，监督检查部门应当责令停止违法行为，消除影响，可以根据情节处以1万元以上20万元以下的罚款。广告的经营者，在明知或者应知的情况下，代理、设计、制作、发布虚假广告的，监督检查部门应当责令停止违法行为，没收违法所得，并依法处以罚款。"《广告法》第55条第1款也规定，利用广告对商品或者服务作虚假宣传的，由工商行政管理部门责令停止发布广告，责令广告主在相应范围内消除影响，处广告费用3倍以上5倍以下的罚款，广告费用无法计算或者明显偏低的，处20万元以上100万元以下的罚款……对于损害赔偿，《广告法》第56条第1、2款规定，发布虚假广告，欺骗和误导消费者，使购买商品或者接受服务的消费者的合法权益受到损害的，由广告主依法承担民事责任。广告经营者、广告发布者不能提供广告主的真实名称、地址和有效联系方式的，消费者可以要求广告经营者、广告发布者先行赔偿。关系消费者生命健康的商品或服务的虚假广告，造成消费者损害的，其广告经营者、广告发布者、广告代言人应当与广告主承担连带责任。此外，《刑法》第222条还规定了引人误解的虚假宣传的刑事责任："广告主、广告经营者、广告发布者违反国家规定，利用广告对商品或者服务作虚假宣传，情节严重的，处2年以下有期徒刑或者拘役，并处或者单处罚金。"

第六节　商业贿赂及其法律规制

一、商业贿赂概述

（一）商业贿赂的定义和特征

商业贿赂是一种严重的经济腐败现象，它不仅扭曲了公平竞争，与公平竞争的市场规则和法律原则背道而驰，而且败坏了社会风气，与社会文明格格不入。因此，各国立法无不将这种不正当竞争行为作为打击的重点。

所谓商业贿赂，是指经营者以一定的金钱、实物或其他利益，收买交易相对人或其有关人员，以获得交易机会的行为。商业贿赂行为具有以下几个特征：

1. 主体的范围广泛。从实践上看，任何经营者都可能成为商业贿赂的主体，不论是买方还是卖方，也不论是法人、其他经济组织还是公民个人。尤其值得注意的是，商业贿赂的主体较为特殊，它不仅包括享有经营主体资格的经营者，而且包括在经营者的业务中承担一定的工作任务或代为履行一定职责的个人（如推销员、采购员等）。这些人本身并不具有经营主体资格，在履行职责时，他们代表经营者，但进行商业贿赂时却不一定代表经营者。

2. 主观上存在故意。商业贿赂的实质是私下买通对方或对方有关人员从而获得交易机会，因此，它只能由故意构成。其直接目的是获得交易机会，而其最终效果则排挤了竞争对手。

3. 有主交易之外的利益交易行为。商业贿赂是在所达成的交易之外进行的一种利益交易。在这一交易过程中，经营者给予对方或对方有关人员一定的金钱、实物或其他利益，以换取交易，故双方之间除主交易行为外，必然还存在"额外"的利益交易行为。

这里的"有关人员"，是指对主交易起一定影响或决定作用的个人，如企业领导、代理人（如推销员、采购员）等；这里的"利益"范围较广，可以是金钱，也可以是实物，还可以是其他利益。例如，长期为他人提供免费车辆，免费提供国内外旅游，付给他人一定数额的有价证券或免费购货凭证，为他人代办调动或子女就学手续，等等。

应当注意的是：如果一方给予另一方某种利益符合商业习惯，则不能认定为商业贿赂。如正常的接待宴请、馈赠价值小的纪念品或礼品等，即不能认定为"利益交易"。

4. 贿赂行为是秘密进行的。这有两层含义：一是商业贿赂行为是不公开的、私下进行的，贿赂的双方总是设法隐蔽他们之间的利益交易；二是在财务上不开票据，也不入账、不计账，或者制作假票据、制作假账。正因为如此，商业贿赂具有相当大的隐蔽性。

（二）商业贿赂与相关概念的比较

1. 商业贿赂与回扣。在我国当前经济生活中，商业贿赂的主要表现形式是"回扣"。回扣是在交易活动中，一方为争取交易机会，在合同成立后，按主交易额的一定比例暗中从账外向对方或对方有关人员支付钱财或其他利益的行为。回扣的常见的表现形式有：现金回扣、实物回扣、提供其他报酬或服务的回扣。其特征是：首先，回扣发生在市场交易的双方之间，是一方当事人向另一方或其有关人员提供金钱、有价证券或其他财物等利益的行为。其次，回扣是秘密进行的。最后，回扣违反了财务制度，因为回扣总是在账外暗中进行的，给予回扣不记账，收受回扣也不入账，或者以制作假账的方式入账、记账。基于以上特征，我国《反不正当竞争法》第8条将回扣规定为商业贿赂。

但是，回扣与商业贿赂也有明显的区别：回扣是商业贿赂的重要表现形式，但不是唯一的表现形式；除了回扣外，实践中还存在许多非回扣的商业贿赂。故二者之间是一种种属关系。

2. 商业贿赂与折扣。折扣也称为打折、价格减让或让利，是指在市场交易中，卖方以明示方式给予对方一定比例的价格优惠的行为。由于折扣具有公开、明示、双方如实入账等特征，故属于一种符合商业习惯的正当竞争行为。折扣与商业贿赂，尤其是与回扣有许多相似之处，如都发生于交易之中，客观上都要给予对方一定的利益，目的也是争取交易机会等，但是，折扣是一种合法的竞争行为，其与商业贿赂（如回扣）有着本质的区别。这些区别是：

（1）折扣是公开的和明示的。在折扣的场合，经营者要向所有的客户事先声明打折的范围、方法和时间等，这与商业贿赂的秘密性特征截然有别。

（2）折扣是直接给予对方当事人的。在商业贿赂中，经营者给予的利益可能是给予对方的，但在多数情况下可能是给予对方的有关人员的。而折扣只能给予交易的对方，而不是给予对方的有关人员。

（3）折扣必须符合财务制度。即折扣不能是账外给付，双方均应当对折扣如实入账。如果双方以折扣为名，账外暗中给付对方价格优惠，则可能构成商业贿赂。

（4）折扣的比例、方式符合商业习惯。折扣中，打折的比例、打折的商品品种、打折时间、打折的对象等，都要受商业习惯的制约，但商业贿赂中的利益交易是不受商业习惯制约的，而是一种违反常规的操作。

3. 商业贿赂与佣金。佣金是指为交易双方介绍业务、提供服务、撮合成交而获得的报酬。由于佣金也是由经营者为达成交易而支付给他人的，故与商业贿赂有一定相似之处。如都发生于交易过程中，经营者都要向他人支付一定的利益，目的也是争取交易机会等。但是，两者也有本质的区别，主要表现在：

（1）佣金是付给独立的中介人或居间人的。收受佣金的主体是具有独立地位的中间人、经纪人等，他们与达成主交易的双方没有任何隶属关系，而商业贿赂中收受利益的人就是主交易的对方或对方的有关人员。

（2）佣金是明示的和公开的。居间活动是一种合法的市场活动，佣金的支付无需秘密进行。实践中，居间人、经纪人等甚至常常与经营者讨价还价，最后以书面合同的形式给定佣金的支付方法，这与商业贿赂明显不同。

（3）佣金具有劳务报酬的性质。佣金的支付总以中间商的劳动付出和工作成果为根据，在本质上是劳务报酬，而商业贿赂中的利益支付，在本质上是一方对另一方的收买，根本不具有报酬的性质。

（4）佣金的支付符合财务制度。佣金的支付不仅要规定于合同中，而且要按正规程序出具票据、记入会计账目、交纳税收。这也是佣金与商业贿赂的一个本质区别。

须说明的是：商业贿赂与回扣、折扣、佣金等均有一定的联系，也有严格的区别。其中，回扣属于商业贿赂，而其他两种行为则不属于商业贿赂。但是，在认定这些行为时，不能仅看当事人所使用的名称，而应当据行为的实质来认定。如有的人将商业贿赂称为"折扣""佣金""补助""纪念品"等，仍应认定为商业贿赂。

二、商业贿赂的表现形式

关于商业贿赂的表现形式，目前主要有两种分类方法：①据商业贿赂主体所处地位的不同，将商业贿赂分为商业行贿和商业受贿；②以是否采用回扣为标准，将商业贿赂分为回扣和其他商业贿赂。其中，第二种分类方法前面已经有所涉及，下面仅就第一种分类作一简单介绍。

（一）商业行贿

商业行贿是指经营者为了获得交易机会而以一定的金钱、实物和其他利益收买对方或其相关人员的行为。商业行贿与商业贿赂的意思相近，构成要件也基本相同，只不过商业行贿是从给付利益一方的角度反映商业贿赂的特征而已。根据行贿人动机的不同，商业行贿可以分为三种情形：

1. 为争取获得交易机会而行贿。在这种情况下，经营者追求的利益是合法的，只是能否获得这种利益尚处于不确定状态，为了能实际获得这种利益而采用行贿手段。如建筑施工单位根据相应资质等级承包相应规模的工程建设是法律允许的，但这并不等于某一建筑施工单位就必然能承包到某一具体工程，因为其他施工单位也在竞争。该建筑施工单位为了排挤竞争对手而以财物收买工程发包方的行为，就构成商业行贿行为。

2. 为实现确定的合法利益而行贿。此时，经营者所追求的利益是合法的，而且是应该得到的确定利益，但由于要谋求尽快、最好地实现该利益，或者因受到对方或对方有关人员的故意刁难、拖延等而行贿。

3. 为获得非法利益而行贿。经营者不具有某种合法的权利和利益，通过合法的途径也不可能获得这种权利和利益，但为了追求这种利益而行贿。例如，不具备某种产品的法定经营条件，为了取得该产品的经营权而行贿；不具备投标条件而通过行贿参与投标；通过行贿制造、销售假冒伪劣产品，等等。

（二）商业受贿

商业受贿是指经营者或代其履行一定职能的内部人员以及有关国家工作人员，索取或接受经营者的财物或其他利益，并为支付财物或其他利益的经营者谋取交易机会或经济利益的行为。商业受贿与商业行贿是互相依存的，禁止商业行贿必须同时禁止商业受贿，因此，我国《反不正当竞争法》第8条同时将商业行贿和商业受贿列入禁止之列。

需要说明的是：商业受贿与商业行贿虽然相互依存，但两者在构成上还是略有区别。首先，在主体上，商业受贿的主体非常宽泛，一般不受是否具有经营资格的限制。如无经营主体资格的个人、国家工作人员等，都可成为商业受贿的主体。其次，商业受贿中既有受贿，也有索贿，但一般情况下，商业行贿都是以受贿方自愿接受为实现条件的，索贿往往是受贿方主动要求甚至强迫对方给予好处，是一种较为特殊且性质恶劣的受贿方式。

三、商业贿赂的法律规制

在国外，有的国家采用专门立法对商业贿赂进行规制，有的国家则在反不正当竞争法中对商业贿赂作出规制，还有的国家则兼而采之。例如，德国《反不正当竞争法》规定，在商品交易中，行为人以竞争为目的向工业企业的职员或其代理人提供或许诺提供一定的利益，以此作为在取得商品或工业给付时以不正当的方式给自己或第三人换取优惠的相应给付为不正当竞争行为，应处以1年以下徒刑或罚金。又如，美国纽约州的《商业贿赂法》则专门对商业贿赂进行规制，它规定，凡商业广告中被认为提供或者同意提供给雇员、代理人或受委托人利益，且未得到雇主或委托人的同意，意图影响上述人涉及雇主或委托人利益的行为是犯罪行为。但与此同时，美国的《克莱顿法》还从"价格歧视"的角度，将商业贿赂行为归属为不正当竞争。

根据我国的法律规定，商业贿赂行为可以分为一般商业贿赂行为和严重商业贿赂行为（构成犯罪的商业贿赂行为）。因此，商业贿赂行为，由《反不正当竞争法》和《刑法》共同调整。《反不正当竞争法》第22条规定："经营者采用财物或者其他手段进行贿赂以销售或者购买商品，构成犯罪的，依法追究刑事责任；不构成犯罪的，监督检查部门可以根据情节处以1万元以上20万元以下的罚款，有违法所得的，予以没收。"与此相应，《刑法》第163条第1、2款规定，公司、企业或者其他单位的工作人员利用职务上的便利，索取他人财物或者非法收受他人财物，为他人谋取利益或违反国家规定，收受各种名义的回扣、手续费，归个人所有的，数额较大的，处5年以下有期徒刑或者拘役；数额巨大的，处5年以上有期徒刑，可以并处没收财产。第164条第1、3款又规定，为谋取不正当利益，给予公司、企业或者其他单位的工作人员以财物，数额较大的，处3年以下有期徒刑或者拘役；数额巨大的，处3年以上10年以下有期徒刑，并处罚金。单位犯前款罪的，对单位判处罚金，并对其直接负责的主管人员和其他直接责任人员，依照前款的规定处罚。此外，据《刑法》第163条第3款之规定，国有公司、企业或者其他国有单位中从事公务的人员和国有公司、企业或者其他国有单位委派到非国有公司、企业以及其他单位从事公务的人员，构成商业受贿的，应按《刑法》第385、386条规定的受贿罪论处。

第七节　侵犯商业秘密及其法律规制

一、侵犯商业秘密概述

在现代社会，信息的地位日益重要。作为市场领域内的一种特殊信息，商业秘密具有极为重要的经济价值。商业秘密不仅含有经营者在市场竞争中长期投入的劳动和智慧，而且在某些情况下，经营者所拥有的特定的商业秘密，本身就是决定该经营者在市场竞争中生死存亡的关键因素。因此，各国反不正当竞争法几乎毫无例外地将侵犯商业秘密的行为作为防范和打击的一个重点。

侵犯商业秘密，是指经营者采用非法手段获取、披露或使用他人商业秘密的行为。这一行为具有以下主要特征：

1. 行为主体一般是经营者。虽然商业秘密具有重要的经济价值，但是这种价值只有在市场领域才有意义。故侵犯商业秘密的行为人一般来说都是市场中的经营者。不过，侵犯商业秘密行为总是要通过个人来实施，因此，侵犯商业秘密行为有时似乎仅是自然人的个人行为，但是，透过表象我们就可以发现，绝大多数的所谓"个人行为"，都是与不法经营者的意图相联系的，如公民受经营者的指派、胁迫、诱骗而为之窃取他人的商业秘密等，就应认定为经营者的行为，而非具体实施者的个人行为。

2. 行为的对象是商业秘密。这是侵犯商业秘密行为与其他不正当竞争行为的根本区别。商业秘密是随着市场经济的发展和竞争的展开而逐渐形成的一个法律术语。我国《反不正当竞争法》对商业秘密的定义是："不为公众所知悉、能为权利人带来经济利益、具有实用性并经权利人采取保密措施的技术信息和经营信息。"同时，我国《刑法》对商业秘密也作了相同的界定。可以看出，像大多数国家一样，我国采用了广义的界定，并第一次将"信息"作为一种法定的权利加以保护。[1]

依据各国的规定，商业秘密主要包含以下三类：①技术秘密，指人们从经验中或技艺中得来的，能在实践中特别是在工业中应用的技术信息、技术数据或技术知识。技术秘密一般不可能独成一体，而只能依附于某项专利或公开的技术，作为实施主要技术时必备的经验性技巧。②经营秘密，指具有秘密性质的经营管理方法及与经营管理方法密切相关的信息和情报，如推销计划、客户名单、产品价格、销售网络、招投标的标底等资料。③管理秘密，指组织生产和经营管理的秘密，特别是合理有效地管理各部门、各行业之间相互合作与协作，使生产与经营有效运行的经验性信息，如管理模式、公关技巧等。不过，有些国家则把管理秘密纳入技术秘密或经营秘密之中，并不作为单独的一种类别。

商业秘密是法律关系的一种特殊客体，其具有以下一些基本特征：①秘密性。秘密性也称非公知性，是商业秘密最核心的特征，指该种信息不为公众所知悉。一般认为，这种秘密性应该是相对的，即法律并不要求商业秘密是处于绝对的、完全的保密状态下。因为一项商业秘密在使用和管理中是无法避免在一定范围内或一定程度上向外界公开的。内部雇员、合作对象、政府审批的行政机关人员等都有可能接触到商业秘密的内容，但只要权利人采取了一定的保密措施，就可以认定为处于秘密状态的信息。②保密性。保密性又称之为管理性，指权利人对这种秘密采取了一定的保密措施。不过，法律只要求采取了相对合理的保密措施即可，而并不要求其措施必须万无一失。③经济性。经济性也称价值性，它是指商业秘密的使用可以为权利人带来经济上的利益。④实用性。实用性指商业秘密能适用于工农业生产和经营，并创造经济效益和社会效益。任何信息只有同时符合以上四个特征，才能构成法律上所称的商业秘密。

3. 采用了非法的手段。商业秘密经其权利人的许可，可以依法由他人获得和使用。侵犯商业秘密行为之所以非法，就在于未经权利人许可，而采用非法的手段获取、披露或使用他人的商业秘密。非法手段包括盗窃、胁迫、利诱及其他手段。

4. 主观上可能是故意，也可能是过失。侵犯商业秘密的行为，绝大多数是故意行为。这种故意包含三层意思：①明知他人有商业秘密；②明知自己的获取、使用手段违法而实施之，或者明知他人不合法地获取了权利人的商业秘密，而仍然获取和使用该商业秘密；③具有非法

---

[1] 这些信息包括：设计程序、产品配方、制作工艺、制作方法、管理诀窍、客户名单、货源情报、产销策略、招标投标中的标底及标书内容等。

获得竞争利益的目的，或者让权利人因失密、泄密而受损，或者是为了谋取经济利益，或者兼而有之。但是也有一些行为，法律规定即使只有过失也能成立。如第三人应知他人不正当地获得了权利人的商业秘密，而获取、使用或泄漏该商业秘密，也视为侵犯商业秘密的行为。

二、侵害商业秘密的表现形式

商业秘密作为一种信息，具有无形资产的特征。因此，对商业秘密的侵害行为与对物权的侵权行为有很大的不同。美国 1978 年制定的《统一商业秘密法》对此给予了比较明确的界定："侵犯商业秘密系指：①某人明知他人所持的商业秘密为不当取得仍予以接受；②下述人员未经明示或默示同意泄露或使用他人商业秘密：一是使用不当方法获取商业秘密知识的人；二是某人在泄露或者使用商业秘密时，知道或应当知道该秘密源自或经他人使用不当方法取得，或该商业秘密应当予以保密或限制使用，或该商业秘密源自或经他人取得，该他人对商业秘密持有人负有保密或限制使用的请求救济的责任；三是某人在位置实质改变前，知道或应当知道其偶然或过失获知的知识是一项商业秘密。"我国在立法中吸收了世界各地的经验，对侵犯商业秘密的行为以列举的方式作了具体的规定。

（一）以不正当手段获取他人商业秘密

"获取"他人商业秘密的"不正当手段"，是指一切违反诚实信用、公平竞争原则，直接从权利人处获取商业秘密的行为。美国的《统一商业秘密法》规定的"不正当手段"包括"窃取、贿买、不真实表示、违反或诱使违反保密义务，或者通过电子方法或其他方法窥探"。事实上，不正当手段是不可能列举穷尽的，因此，在具体的案件审理中，还需对个案进行分析，只要侵权人不是以正当手段获得，就可以认定为是以不正当手段获得。[1]我国《反不正当竞争法》对"不正当手段"具体规定为："以盗窃、利诱、胁迫或者其他不正当手段获取权利人的商业秘密"的行为。

（二）恶意披露、使用或允许他人使用以违法手段获得的商业秘密

这是行为人侵犯他人商业秘密的继续。非法获取他人商业秘密的行为人将其所获取的商业秘密转告第三人或利用各种方式将其泄露，或自己使用或允许他人使用该商业秘密，都会使权利人受到的损害进一步扩大。我国《反不正当竞争法》第 10 条第 1 款第 2 项对此明确规定，"披露、使用或者允许他人使用以前项手段获取的权利人的商业秘密"，[2]是侵犯商业秘密的行为。

（三）违反约定或者违反权利人的要求披露、使用或允许他人使用商业秘密的行为

行为人可以通过正当手段获得商业秘密，如通过合作合同等。此时，行为人对商业秘密的权利人即负有相应的保密、不得擅自使用等义务，这些义务可以是明示的，也可以是默示的。行为人如果违反这些义务，擅自披露、使用或者允许他人使用该商业秘密，就应当被认定为不正当竞争行为。我国《反不正当竞争法》第 10 条第 1 款第 3 项规定，禁止"违反约定或者违反权利人有关保守商业秘密的要求，披露、使用或者允许他人使用其所掌握的商业秘密"的行为。[3]

---

〔1〕 美国 1978 年《统一商业秘密法》之立法理由书。转引自唐昭红："商业秘密研究"，载梁慧星主编：《民商法论丛》（第 6 卷），法律出版社 1997 年版，第 750 页。

〔2〕 "前项手段"是指我国《反不正当竞争法》第 10 条第 1 款第 1 项所规定的"以盗窃、利诱、胁迫或者其他不正当手段获取权利人的商业秘密"的行为。

〔3〕 这里包括与权利人有义务关系的单位和个人或权利人内部的职工，违反合同约定或者违反权利人关于保密的要求。

（四）第三人侵犯商业秘密的行为

我国《反不正当竞争法》将其称为"视为侵犯商业秘密的行为"，指第三人明知或应知转让人获得该商业秘密是不当取得，或取得后披露、使用或者准许他人使用，仍予以受让或披露的行为。

三、侵犯商业秘密的法律规制

最初意义上的商业秘密立法，是作为对专利制度的补充而出现的。随着公平竞争制度的发展，商业秘密的保护逐渐被纳入竞争法的范围。改革开放以来，我国先后通过多部法律，如《民法通则》《合同法》《反不正当竞争法》《刑法》等，从多个角度对侵犯商业秘密的行为作了规制，从而为商业秘密的保护提供了较为充分的法律保障。

现代市场经济国家和地区，大多设定了公平竞争法对商业秘密的保护规定，并设置了专门的执法单位，如美国的联邦贸易委员会（FTC）、日本的公正交易委员会（FTC）、德国的政府设立的商会调解机构、我国台湾地区的"公平交易委员会"等。这些机构对侵犯商业秘密的行为具有独立的调查和发布行政命令的权力，如命令停止侵权行为、责令改正、处以罚款等。我国台湾地区的"公平交易法"规定，侵犯他人商业秘密的，处罚新台币 50 万元。我国《反不正当竞争法》首次规定了对侵犯商业秘密的行为，"监督检查部门应当责令停止违法行为，可以根据情节处以 1 万元以上 20 万元以下的罚款"。

关于侵害商业秘密行为的民事责任，根据《反不正当竞争法》第 20 条以及我国《民法通则》《合同法》等法律的规定，对侵犯商业秘密的行为，权利人可以要求行为人承担停止侵害、返还财产、赔偿损失等民事责任。

对于侵害商业秘密的犯罪行为，我国《刑法》作了相应的规定：侵犯商业秘密行为，给商业秘密的权利人造成重大损失的，处 3 年以下有期徒刑或者拘役，并处或者单处罚金；造成特别严重后果的，处 3 年以上 7 年以下有期徒刑，并处罚金；单位侵犯他人商业秘密的，对单位判处罚金，并对其直接负责的主管人员和其他直接责任人员，同样依照上述规定处罚。

第八节　诋毁他人商誉及其法律规制

一、诋毁他人商誉概述

随着商品经济的发展，商誉作为一种无形财产，在社会经济生活中显得日益重要。自 1901 年起，英、美等国便开始以判例的形式逐步确立了商誉保护制度；我国实行经济体制改革以后，商品经济不断发展，商誉保护及对商誉的侵犯问题渐渐成为一大社会热点问题。我国的立法适应时代的需要，对商誉的保护作了相应的反应。

诋毁他人商誉也称商业诽谤，是指经营者为了获得竞争利益，捏造、散布虚假事实，损害他人商誉、侵犯他人商誉权的行为。作为一种侵犯商誉的侵权行为，诋毁他人商誉具有以下基本特征：[1]

（一）行为主体是经营者

这里的经营者当然是指市场主体，也就是专门从事商品生产或者经营的法人、其他组织和个人。经营者实施侵犯商誉行为，有两种途径：①经营者自己亲自实施；②经营者通过他人或利用他人实施。这里的他人是指被挑唆、收买、指使或被欺骗而实施侵害他人商誉的社会组织

---

〔1〕　陈志、胡光志主编：《中国市场管理法学》，科学技术文献出版社 1997 年版，第 286 页。

或者个人，根据实践来看，可能是被侵害者的同业竞争者，也可能是政府主管部门或其工作人员，还可能是其他组织或个人。

（二）行为人主观上是出于故意

一般认为，过失侵害他人的商誉，并不构成不正当竞争行为（尽管可能构成民法上的侵权行为）。换言之，竞争法上的侵害他人商誉的行为，必须是出于故意，而且应当以削弱竞争对手的竞争能力为目的。

（三）侵害的客体是特定经营者的商誉权

商誉权是商誉的法律表现形式。商誉是商品信誉和商业信誉的总称。商业信誉是一个市场主体立足于市场进行商业竞争的重要条件，是市场主体整体实力和综合发展水平的集中体现。一般说来，商业信誉表现在一个企业的商业道德、商品质量、服务质量、资信及价格的水平等方面。其特征有三：①社会性，即商业信誉主要是人们对一个市场主体的评价，是社会对一个市场主体的承认程度；②信息性，即商誉在社会中具体体现为一种信息，也就是说，商誉是通过人们的信息传递来传播的；③作为一种无形财产，商誉不能直接产生经济价值，商誉要产生效益，还必须通过一定的媒介，如通过他人或自己的宣传，使客户产生信赖，从而与自己进行交易。商誉权是商誉在法律上的反映，是指市场主体依法对其商誉享有的专有权和商誉不受侵犯的权利；在法律上，商业诽谤行为实质上是对商誉权的侵害。

这有两层含义：①侵犯他人的商誉权，而侵犯商誉权与侵害具体的产品或具体的某一笔交易在本质上是不同的；②这种商誉应当为特定的市场主体所拥有，即商誉必须由明确、具体和不能取代的当事人所有。

（四）客观上表现为捏造、散布有损他人商誉权的虚假信息

首先，侵权者一般既要捏造事实，又要散布这种捏造的事实；但是如果明知是捏造的事实，而出于不正当竞争的目的，仍然予以散布的，也可以构成商誉侵权。其次，散布的事实必须是虚假的，从客观上看，这种所谓的事实是根本不存在的。因此，在传播真实情况中发生一定的误差，不能构成诋毁他人商誉（但可能构成侵犯商业秘密）。最后，虚假的事实必须对商誉权不利，或者造成商誉权的损害。

二、诋毁他人商誉的表现形式

在现实经济生活中，商业诽谤行为的表现形式是多种多样的。根据商业诽谤具体手段的不同，大体上可以将商业诽谤行为归纳为以下几类：

（一）产品附属资料中诋毁他人商誉

这是指在自己的产品说明书及其他文字说明资料中，故意贬低他人的产品信誉。如在说明书中明确说明自己的产品有几大好处，而某某的同类产品则有几大"害处"；又如，在给产品配备的宣传册中，声称某某等几家企业已"即将破产"，而只有他们还"如日中天"等。典型的例子是1992年某省洗涤剂厂在其产品的包装上写道，"普通洗衣粉、肥皂均含磷、含铝，会引发人体患老年痴呆症等多种疾病"，并同时吹嘘自己的产品无毒、无害。

（二）产品交易中诋毁他人商誉

这是指在具体的产品交易过程中，向自己的客户吹嘘自己，攻击他人、贬低他人的信誉。其主要特点是发生于具体的交易过程中，一般是以口头的方式散布不利于同业竞争者的谣言。

（三）新闻、广告中诋毁他人商誉

这是指在新闻媒介发布的新闻、刊登的广告中，对他人的商誉进行攻击或贬低的行为。由于这种行为以新闻媒介为手段，故影响最广、危害性极大。如刊登贬低他人商誉的对比广告，在新闻中故意无中生有、中伤他人的产品等；又如利用召开新闻发布会之机，吹捧自己、贬低他人等。

（四）在公众中散布谣言诋毁他人商誉

这是指经营者为了贬低他人的商誉而在公众中散布不利于竞争对手的谣言。如编造"某公司要破产""某公司已经发不出工资""某厂在生产中掺杂掺假""公安机关已经在追查某公司的违法犯罪行为"等"内部消息""小道消息"向公众散布。这种方式的特点是以口头形式向不特定的多数人传播不利于其竞争对手的虚假消息，以破坏竞争对手的商誉，并使自己从中获利。

（五）组织、唆使、雇佣他人诋毁他人商誉

这是指经营者组织、唆使或者利用他人捏造、散布不利于竞争对手的虚假事实，损害竞争对手的商誉。其特点是组织、唆使、利用他人的经营者并不出面，而是在幕后操纵，因而比较隐蔽；对受损害的经营者而言，举证也比较困难。因此，有关部门在处理具体案件时，应当注意查明事实真相，追究幕后操纵者的法律责任。

三、诋毁他人商誉的法律规制

商誉的形成是一个逐步积累的过程，是一个市场主体长期加多方面努力的结果。但是，商业诽谤行为却可以在极短的时间内给商誉造成毁灭性打击。尤其是在现代信息社会，商誉一方面越来越重要，一方面更显得弱不禁风。如何更好地保护商誉，制裁诋毁他人商誉的行为，就成了当代反不正当竞争法的一个重要课题。

目前，发达国家都严厉制裁商业诽谤行为。例如，德国《反不正当竞争法》规定：以竞争为目的，故意制造或散布、传播诋毁、贬低竞争对手商誉的经济组织或个人，除了承担民事赔偿责任外，还可以对业主和雇员分别追究刑事责任；日本《防止不正当竞争法》也规定：对商业诽谤的行为人，法院可以根据受害人的请求，于责令赔偿损害的同时，采取恢复受害人营业上的信用的必要措施，并对行为人处以3年以下惩役或20万日元以下罚金。此外，对参与实施商业诽谤的法定代表人、代理人或其他工作人员，还可处以罚金刑。又如，我国台湾地区的"公平交易法"也有类似的规定，既规定了民事责任，也规定了刑事责任。

我国《反不正当竞争法》对许多不正当竞争行为都规定了专门的法律责任，但是并未对诋毁他人商誉行为的法律责任作出专门的规定。因此，一般认为，对诋毁他人商誉行为的法律责任应当据《反不正当竞争法》第20条第1款规定的总原则加以确定。该条第1款规定："经营者违反本法规定，给被侵害的经营者造成损害的，应当承担损害赔偿责任，被侵害的经营者的损失难以计算的，赔偿额为侵权人在侵权期间因侵权所获得的利润；并应当承担被侵害的经营者因调查该经营者侵害其合法权益的不正当竞争行为所支付的合理费用。"此外，地方法规与此规定也大同小异（如《海南经济特区反不正当竞争条例》），并无本质的差别。[1]从这些规定来看，我国立法对诋毁他人商誉行为的法律责任规定得太轻，基本上停留于民事责任的范围之内。但是，"对商业诽谤行为，全面规定违法者所应承担的行政责任，民事责任和刑事责任，却是立法者必须努力的方向"。[2]

为了弥补《反不正当竞争法》的缺陷，我国1997年修订的《刑法》已经对诋毁他人商誉行为的刑事责任作了规定。根据《刑法》第221和231条的规定，犯损害商业信誉、商品声誉罪的，处2年以下有期徒刑或者拘役，并处或者单处罚金。单位犯本罪的，对单位判处罚金，并对其直接负责的主管人员和其他直接责任人员，依照上述规定处罚。

---

〔1〕 陈志、胡光志主编：《中国市场管理法学》，科学技术文献出版社1997年版，第294页。

〔2〕 种明钊主编：《竞争法》，法律出版社2002年版，第296页。

■ 思考题

1. 什么叫不正当竞争？它有哪些特征？
2. 简述不正当竞争与垄断之间的关系。
3. 我国《反不正当竞争法》规定了哪些不正当竞争行为？
4. 如何认定不当低价销售行为？
5. 不当有奖销售有哪些表现形式？
6. 论商业贿赂及其法律规制。
7. 试述侵犯他人商业秘密行为的法律规制。
8. 怎样认定诋毁他人商誉的行为？

■ 参考书目

1. 陈有西：《反不正当竞争法律适用概论》，人民法院出版社 1994 年版。
2. 张德霖：《竞争与反不正当竞争》，人民日报出版社 1994 年版。
3. 赵万一：《中国竞争保护法律问题研究》，重庆大学出版社 1996 年版。
4. 陈志、胡光志主编：《中国市场管理法学》，科学技术文献出版社 1997 年版。
5. 种明钊主编：《竞争法》，法律出版社 2002 年版。
6. 李东方主编：《市场管理法教程》，中国政法大学出版社 2003 年版。
7. 刘大洪主编：《反不正当竞争法》，中国政法大学出版社 2005 年版。
8. 孔祥俊：《反不正当竞争法的适用与完善》，法律出版社 1998 年版。
9. 邵建东：《德国反不正当竞争法研究》，中国人民大学出版社 2001 年版。
10. 盛杰民主编：《反不正当竞争法的理论与实务》，中国商业出版社 1994 年版。
11. 倪振峰主编：《竞争的规则与策略——反不正当竞争法活用》，复旦大学出版社 1996 年版。
12. 徐士英主编：《公平竞争法简论——自由经济的"大宪章"》，上海人民出版社 1997 年版。
13. 王晓晔：《竞争法研究》，中国法制出版社 1999 年版。
14. 邱本：《自由竞争与秩序调控》，中国政法大学出版社 2001 年版。

第十四章　反垄断法律制度

■学习目的和要求

　　反垄断法在现代市场经济中具有十分重要的地位，素有"经济宪法"之称。它一般由对垄断协议行为、滥用市场支配地位行为和经营者集中行为三方面的法律规定组成；在我国，还包括对行政性垄断行为的规制的内容。学习本章，要求掌握垄断和反垄断的基本问题、反垄断法的适用除外和域外适用、各种垄断的法律规制，以及反垄断法的实施规则等。

第一节　反垄断法概述

一、垄断

（一）垄断的含义

1. 垄断的经济学含义。垄断最早是一个经济学的概念，它是指一种市场结构的状态，即在市场上只有一个（或少数几个）生产者独占或具有控制地位的情形。"如果一个企业是其产品的唯一的卖者，而且其产品并没有相近的替代品，这个企业就是垄断。"[1]垄断也是一种行为，是"大企业或若干大企业联合起来，控制和操纵市场的行为"。[2]早期的反垄断法律制度强调市场结构，认为企业只要在市场中占有较大的份额，即可能构成垄断，在理论上被称为"结构主义"。[3]现代反垄断法更加重视企业的反垄断行为，占有较高的市场份额被认为是竞争的结果，是企业具有效率的表现，因此，具有市场支配地位本身并不一定违法，重要的是占有支配地位的企业是否滥用了这种市场优势，实施了反竞争的行为，这才是认定垄断的重要标准。这种理论被称为"行为主义"。[4]

　　垄断是自由竞争的必然结果，它是竞争的对立面。[5]市场竞争以及由此产生的集中发展到一定程度，必然产生垄断。而垄断一旦形成，必然代替自由竞争，在市场乃至经济生活中起决

---

〔1〕　[美] 曼昆：《经济学原理》，梁小民译，生活·读书·新知三联书店、北京大学出版社1999年版，第316页。
〔2〕　李棕主编：《世界经济百科辞典》，经济科学出版社1994年版，第11页。
〔3〕　参见陈甬军、胡德宝："反垄断理论的经济学基础"，载《中国物价》2013年第10期；胡志刚："市场结构理论分析范式演进研究"，载《中南财经政法大学学报》2011年第2期；李虹、张昕竹："相关市场的认定与发展及对中国反垄断执法的借鉴"，载《经济理论与经济管理》2009年第5期。
〔4〕　徐士英、唐茂军："滥用相对支配地位行为的法律规制研究"，载《东方法学》2008年第3期。
〔5〕　参见陈俊欧："垄断和竞争的相互关系"，载《教学与研究》1963年第3期；陈家彦："关于社会主义竞争和垄断的断想"，载《经济问题》1987年第12期；郑М文："竞争与垄断悖论及国家的作用"，载《世界经济》1992年第9期；戚聿东："论社会主义市场经济条件下垄断的成因及其作用"，载《学习与探索》1993年第1期；王日易："论反垄断法一般理论及基本制度"，载《中国法学》1997年第2期；游钰："反垄断法价值论"，载《法制与社会发展》1998年第6期。

定性作用。"从自由竞争中生长起来的垄断并不消除竞争，而且凌驾于竞争之上，与之并存"[1]使这种竞争对经济的破坏作用更大。因此，各国对垄断的研究从经济学扩大到法律上，对垄断进行有效的法律规制。

2. 垄断的法律含义。法律上的垄断概念是伴随着反垄断法的出现而出现的。由于各国经济发展水平不同，对垄断所采取的相应对策也各有异。美国《布莱克法律大词典》指出，垄断是指"一个或几个私人或公司享有特权或市场优势，对某一特定的市场或贸易实施的排他性控制，或对某一特定产品的生产、销售、供应的全部控制"。同时，"垄断还表现为一个或少数几个企业支配产品或服务的销售的市场结构状态"。[2]日本《禁止私人垄断及确保公平竞争的法律》中，称垄断是"事业者不论单独或利用与其他事业者的结合、通谋及以其他任何方法，排除或控制其他事业者的事业活动，违反公共利益，实际上限制一定交易领域内的竞争"的行为。南斯拉夫的《防止不正当竞争和垄断协议法》中，对垄断的定义则是"两个或多个联合劳动组织就经营条件达成旨在限制或妨碍自由竞争的协议，而该协议能使两个或多个联合劳动组织对其他联合劳动组织或消费者处于或者能够处于垄断地位或其他特殊地位，这种协议就是垄断协议"。我国 2007 年颁布、2008 年 8 月实施的《反垄断法》中通过列举的方式规定了垄断的概念："本法规定的垄断行为包括：①经营者达成垄断协议；②经营者滥用市场支配地位；③具有或者可能具有排除、限制竞争效果的经营者集中。"

由此可见，反垄断法意义上关于垄断的基本含义是指各国通过法律规定的、经营者在市场运行过程中实施的排除限制竞争或者可能限制竞争的行为或状态。[3]法律意义上的垄断大多具有两个显著的特征，即危害性和违法性。进言之，法律上的垄断是对市场竞争构成实质性危害的行为或状态，相应地，也是违反各国法律明文禁止规定的行为或状态。当然，法律上的垄断具有危害性和违法性，这是就整体和一般而言的。有些限制竞争行为，虽然也对市场竞争构成一定的威胁，但是得到法律的豁免；有些企业尽管在市场中居于优势地位，但是并未滥用这种优势，则不能纳入反垄断法规制的垄断范围。

（二）垄断的分类

在理论上，基于不同的分析需要，人们对垄断作了多种划分，其中主要的分类有：

1. 依据垄断者占有市场的情况，分为独占垄断、寡头垄断和联合垄断。独占垄断也被称为完全垄断，是指一家企业对整个行业的生产、销售和价格有完全的排他性控制能力的情形。即在该企业所在的行业内，不存在任何竞争。这是典型意义上的垄断，也是为各国法律所严格禁止的垄断。寡头垄断又被称为寡占，是指市场上只有为数不多的企业生产、销售某种特定的产品或者服务的状况。每个企业都在市场上占有一定的份额，对产品或服务的价格实施了排他性的控制，但它们之间又存在一定的竞争。联合垄断是指多个相互间有竞争关系并有相当经济实力的企业，通过一定的形式（如垄断协议等），联合控制某一产业的生产或销售的状态。

2. 依据垄断产生的原因，分为经济垄断、国家垄断、行政性垄断、自然垄断等。经济垄断，又被称为市场垄断，是指市场主体通过自身的力量，设置市场进入障碍而形成的垄断。资本主义国家的垄断大多是经济垄断。国家垄断是由国家对某一产业的生产、销售等进行直接控制，不允许其他市场主体进入该市场领域的情况。在奉行计划经济体制的国家，国民经济绝大

---

[1]　列宁：《列宁选集》（第 2 卷），人民出版社 1995 年版，第 630 页。
[2]　*Black's Law Dictionary*, Sixth Edition, West Publishing Co., 1990, p. 1006.
[3]　对市场结构状态的规制仍然是各国《反垄断法》的组成部分，不仅因为市场结构是规制行为者滥用市场优势地位的前提条件，还因为不少国家和地区对市场结构的状态仍然进行一定程度的规制。

部分实行国家垄断。行政性垄断是指由政府行政机构设置的市场进入障碍而形成的垄断。在计划经济向市场经济转轨的过程中，地方和部门保护主义就是典型的行政性垄断。自然垄断是由于特定行业的市场的自然条件或原因而产生的垄断经营。这些行业如果实行竞争经营，则可能导致社会资源的浪费或市场秩序的混乱，如公用企业绝大多数是自然垄断企业。除此之外，还有其他因素形成的各种垄断，如知识产权垄断，其市场进入障碍既非由垄断者自身的力量形成，也不是行政力量形成，而是由法律所赋予的权利。再如，行业组织垄断，也是一种既非市场主体又非国家力量形成的民间行业设置的市场进入障碍。

3. 依据法律对垄断的态度，可分为非法垄断与合法垄断。非法垄断是指一国法律对之作出否定性评价的垄断。实践中，大部分的垄断被认为是非法的。合法垄断是指某些特殊的行业，在特定的阶段，为法律所默许或公开允许进行的垄断。如大多数国家把公用企业的垄断视为合法垄断；烟草、酒类等产品，也赋予了专卖、专营企业以独占经营权；知识产权制度所体现的也是一种合法垄断。

二、反垄断法律制度

为了防止和消除垄断的消极影响，促进和维护市场竞争，保障消费者在市场竞争条件下享有的利益，以限制垄断行为为目标的立法活动已经成为大多数市场经济国家弥补市场体制缺陷的重要内容。[1]

（一）反垄断法的产生与发展

资本主义自由竞争时期，市场主体的意思自治、契约自由作为立法的指导思想，法律制度从整体来讲是以个人权利为本位的，并在此基础上形成了完整、庞大的私法体系。[2]这一法学理论及其影响的法律制度对促进社会经济的发展产生了重要的意义。但是，这种不受约束的自由竞争却带来了资本主义社会严重的矛盾和危机，垄断不仅极大地削弱了竞争应有的效率，而且严重影响社会经济的持续发展。人们开始质疑那些合乎个体效率却不合乎社会整体利益的自由竞争行为，反思个人权利本位的立法理念。对于立法、执法和司法中无条件维护个人自由权利的制度提出了变革要求，这直接导致了现代经济法的产生。其中，以遏制和消除垄断行为负面影响为直接目标的反垄断立法运动顺理成章地成为人类社会的必然选择。1890 年美国的《谢尔曼反托拉斯法》（以下简称"《谢尔曼法》"）被认为是现代反垄断法的鼻祖。该法在拯救和维护市场经济体制、提高社会整体效率、保障市场经济持续发展方面发挥了卓有成效的作用。[3]

美国的反托拉斯立法对世界各国产生了深远的影响，从实体规定和程序规定两个方面均为各国立法提供了良好的借鉴。1957 年，原联邦德国制定了《反对限制竞争法》，并先后进行多次修改，使之成为欧洲各国反对垄断和限制竞争最典型的法律制度。欧盟于 20 世纪 50 年代成立之时签署的《罗马条约》，是保护共同体内的自由贸易与公平竞争最重要的法律。第二次世界大战后，日本颁布了《关于禁止私人垄断和确保公平交易的法律》和《经济力量过度集中排除法》，极大地促进了日本政治和经济民主化的进程。

20 世纪后期，发展中国家和转型经济国家在体制改革过程中也重视制定反垄断法或公平

---

〔1〕 漆多俊：《经济法基础理论》，法律出版社 2008 年版，第 195 页。

〔2〕 参见漆多俊："时代潮流与模块互动——'国家调节说'对经济法理论问题的破译"，载《经济法论丛》2007 年第 13 卷；邱本："重思民法与经济法的关系——写在中国民法典制定之际"，载《社会科学战线》2012 年第 4 期。

〔3〕 徐士英："美国反垄断法纵横谈"，载《政治与法律》1994 年第 1 期。

竞争法，消除计划经济体制的痼疾，保护市场体制的健康运行。在这些国家的立法中，对于政府垄断行为的规制尤其令人瞩目。

（二）国外反垄断立法简介

1. 美国反托拉斯法。美国的反垄断法最早是以规制大型企业托拉斯（Trust）为核心的一系列法律制度。19 世纪末，美国进入垄断资本主义高速发展时期，市场力量迅速集中，市场结构严重失衡。[1]不仅中小企业和消费者在交易中的利益越来越无从保障，整个经济运行乃至社会民主都受制于垄断企业。为制约托拉斯的垄断行为，维护社会经济民主制度，《谢尔曼法》应运而生。该法第 1 条规定，任何限制贸易和商业的契约，不论是以托拉斯形式还是联合或共谋形式，都是严重的犯罪。法律禁止竞争者之间通过包括协同行为在内的协议来固定价格、限制产量、划分市场或排斥其他方式限制竞争。第 2 条规定，任何垄断或企图垄断，或与他人联合共谋垄断贸易和商业的行为是严重的犯罪。法律还规定，如果参与人是公司，将处以不超过 1 亿美元的罚款；如果参与人是个人，则不超过 100 万美元罚款，并可以同时（或单独）处 10 年以下监禁。[2]《谢尔曼法》第 2 条的规定也适用于企业兼并行为，美国联邦最高法院最初一直持这样的观点：在具有直接竞争关系的企业之间兼并而形成的联合体会妨碍竞争。[3]美国反垄断法的实施一百多年以来，法律制度及其实施不断完善。1914 年通过了继《谢尔曼法》之后美国历史上最重要的两部反垄断立法——《克莱顿法》和《联邦贸易委员会法》。前者将价格歧视、排他性合并、股份收购以及董事兼任纳入反垄断法的调整范围，有效地弥补了《谢尔曼法》难以对"集中"加以规制的漏洞；后者更是将"不公平竞争行为"纳入规制的范畴，大大扩展了美国竞争法的内容，并建立了独立的执法机关联邦贸易委员会，与司法部共享反垄断法的执行权。1936 年出台了《罗宾逊—帕特曼法》，该法极大地扩展了《克莱顿法》所列举的不正当竞争的范围，使得小企业免受有效率的大企业的"侵害"。[4]1950 年美国还通过了《塞勒—凯佛威尔法》，弥补了《克莱顿法》的漏洞，将资产收购纳入合并控制的范畴，尤其是 1968 年司法部颁布的《合并指南》，采纳了美国有史以来最严格的合并控制标准。[5]1962 年通过了《反托拉斯民事诉讼法》，强化了司法部的权力，授权司法部可以强制要求被调查企业在反托拉斯民事诉讼中提供有关资料。1976 年通过了《哈特—斯各特—鲁迪南反托拉斯改进法》，该法规定了兼并的申报等制度，凡是达到一定规模的公司之间的合并，必须事先向有关机构申报。美国司法部、联邦贸易委员会还就有关企业兼并制定了数个指导原则，[6]1992 年，司法部和联邦贸易委员会联合发布了企业合并指南，对控制企业合并的核心问题"有益于企业的竞争和消费者的福利"作了进一步的阐明。[7]2010 年，这两个反托拉斯的执法机构又一次联合发布新的企业合并指南，根据经济发展的实际情况淡化了对相关市场界

---

〔1〕 以石油产业为例，仅 1870～1879 年的 10 年间，洛克菲勒公司就兼并了 14 家石油公司，并控制了另外 26 家石油公司的多数股票，从而把美国石油生产的 90％集中到了一家企业手中。在以后 20 多年中，美国工业部门的托拉斯发展到 300 多个，占整个制造业总资本的 40％以上。

〔2〕 钱以能："知识产权许可与垄断行为研究"，载《社会科学》2006 年第 11 期。

〔3〕 许光耀、肖静："《谢尔曼法》第 2 条意义上的'垄断'"，载《时代法学》2010 年第 5 期。

〔4〕 应品广："美国反垄断法的演变轨迹——政治博弈的视角"，载《太平洋学报》2013 年第 2 期。

〔5〕 在一个高度集中的市场，合并企业的市场份额分别达到 4％以上，或者分别达到 10％和 2％以上，或者分别达到 15％和 1％以上，司法部就会加以干预。参见应品广："美国反垄断法的演变轨迹——政治博弈的视角"，载《太平洋学报》2013 年第 2 期。

〔6〕 1968 年、1982 年、1984 年，司法部三次颁布了企业合并指南，对企业合并进行了或宽或严的控制，体现了适应其他经济政策的变化。

〔7〕 徐士英："论企业合并反垄断法律控制的权衡"，载《法学杂志》2006 年第 1 期。

定的考虑，从而强化了对不同商品市场的经济学模型分析的区别。

随着科学技术在经济发展中的地位不断上升，《谢尔曼法》的实施在知识产权领域中也逐渐产生重要影响。早期的司法取向是当竞争法和知识产权法相冲突时，法庭倾向于优先考虑知识产权拥有者的特权。[1]但是这种特权开始扩张到专利技术许可使用方面的限制，[2]法院明显感觉到了知识产权的垄断权利对于技术进步造成的障碍。"两者的潜在冲突在实质上反映了个体权利和社会整体利益之间在特定情况下可能存在的冲突"，[3]美国联邦最高法院在专利案件审理中首次提出了"专利权滥用"的概念，并认可滥用专利权可以作为专利侵权的抗辩理由。20 世纪 70 年代以后，学术界和司法界渐渐达成共识，反垄断法与知识产权法有着共同的目标——促进革新和消费者的福利。知识产权法是通过赋予创造者的独占权利来促进革新，而反垄断法则通过阻止某些可能会损害现存的或潜在的为增进消费者福祉方面的竞争行为来促进社会利益。这种认识从根本上影响和改变了知识产权法律和反垄断法之间的对立关系，集中表现在 1995 年美国司法部和联邦贸易委员会联合发布的《知识产权许可的反托拉斯指南》所确立的三项核心原则中：①知识产权从本质上可以认为和其他任何形式的财产相提并论；②反垄断法并不假定知识产权的权利人会滥用其由于占有知识产权而获得的市场支配力；③知识产权的许可使得公司能够将生产的基本要素整合起来增强竞争力。知识产权法与反垄断法共同调整社会经济关系的结构，在促进技术进步和提高社会整体效率方面显示了强大的功能。[4]

2. 欧盟竞争法。欧盟竞争法是世界竞争法律制度中又一典型模式，它是欧洲经济一体化的主要法律保证，旨在"建立一个共同市场内竞争不被扭曲的制度，以实现保护共同市场完整统一的目标与其他在自由市场经济下的传统目标，诸如保证资源分配的效率，促使企业充分的利用其专有技术和技能，以及鼓励他们发展新技术和新产品"。[5]因此，欧盟竞争法对于国家（政府）垄断给予了与私人垄断同样的关注，不仅针对企业的垄断行为和其他反竞争行为规定了禁止和限制措施，还对国家的反竞争行为（如国家援助）规定了禁止和限制措施。[6]

在欧盟竞争法的三个渊源中，《欧洲共同体条约》（以下简称欧盟条约）[7]中的竞争规则是欧盟竞争法的主要渊源，该条约的第 3（g）项要求建立确保共同体市场内的竞争不被扭曲的制度。第 81 条禁止一切影响或可能影响共同体成员国之间贸易，并具有阻止、限制或扭曲竞争目的或效果的企业之间协议、企业团体决定和协同一致的行为。第 82 条禁止在共同体市场内的企业滥用市场支配地位行为，包括搭售、价格歧视等行为。第 87～90 条是有关国家援助、商业性国家垄断组织和公用企业行为。

欧盟竞争法的第二个组成部分是欧盟部长理事会和欧盟委员会制定的法规、指令和决定。

---

〔1〕　徐士英："论知识产权保护与竞争法实施的协调"，载《时代法学》2006 年第 1 期。

〔2〕　Willard K. Tom & Joshua A. Newberg, "Antitrust and Intellectual Property: from Separate to United Field", *Antitrust Law Journal*, 1997, Vol. 66.

〔3〕　王先林："知识产权行使行为的反垄断法规制——《反垄断法》第 55 条的理解与适用"，载《法学家》2008 年第 1 期。

〔4〕　徐士英：《竞争法论》，世界图书出版公司 2007 年版，第 279 页。

〔5〕　EEC, *Competition Policy in the Single Market*, 2nd. ed. March 1989, Office for Official Publications of the European Communities, p. 13.

〔6〕　马冉："对欧盟环境政策的法律思考"，载《河南大学学报（社会科学版）》2004 年第 1 期。

〔7〕　1992 年《马斯特里赫条约》对《罗马条约》作了较大的修改和补充，正式称为欧盟；1997 年《阿姆斯特丹条约》又进行修改，形成最后的《欧洲联盟条约》（*The Treaty Establishing the European Union*, 1999 年 1 月生效），本文中引用的条款根据该条约规定，条款的顺序与《罗马条约》不同。如《欧盟条约》的第 81 条、第 82 条即《罗马条约》的第 85 条、第 86 条。Http：//europa. eu. int/abc/treaties_ en. htm.

欧盟部长理事会是欧盟的主要立法机构，根据欧盟条约第 83 条第 1、2 项的规定，欧盟部长理事会在一致同意或合理多数同意欧盟委员会提交的立法建议的基础上，征询欧洲议会的意见，可以制定竞争法规或指令。欧盟委员会是竞争法的执行机构，但具有向欧盟部长理事会提出二级立法建议而参与欧盟竞争法起草的职能。

欧盟竞争法的第三个组成部分是欧洲法院的判决和预裁。通过受理有关竞争争议的案件，进一步解释竞争法的基本原则和制度，以判例的形式弥补竞争立法的空白。同时，还通过预裁书的形式向成员国法院解释欧盟条约和二级立法的规定。欧洲法院的判例生成大量的司法解释，丰富和完善了欧盟竞争法律体系。欧洲法院在审理类似案件时，一般应遵循以前判例确定的基本原则。但是客观情况发生变化时可以不受其约束，从而使新的判决更改旧判决。这为欧洲法院配合经济政策灵活适用竞争法提供了制度上的支持。

3. 发展中国家的竞争法。世界上已经有一百多个国家制定了竞争法，其中绝大部分是新近立法的发展中国家。实行经济体制转型的国家也在体制改革的关键时期制定和实施以反垄断法为核心的竞争法律，对经济体制改革进一步深入改革发挥了重要作用。[1]发展中国家的反垄断立法大多出现在经济体制改革过程中，其明显的特征之一就是对体制转换时期的特殊竞争行为加以规制，如对政府限制竞争行为的规制、对外国资本并购境内企业的规制以及不同经济发展水平之间的规制协调等。这些法律的制定与实施为世界竞争法的理论和实践提供了良好的经验，为实行国际竞争规则的制定奠定了基础。

1980 年，联合国第 35 届大会通过了《关于控制限制性商业惯例的多边协议的公平原则和规则》（以下简称"《原则和规则》"），对包括企业卡特尔、滥用市场支配地位、限制竞争的兼并、操纵价格等在内的商业行为进行约束，倡导公平的国际竞争。这是世界上第一个关于反垄断问题的有效的国际条约，此后 30 年中，在联合国贸发会议的主持下，每 5 年举行一次全面审查《原则和规则》的会议，并不断呼吁"所有成员国都执行《原则和规则》的条款"。尽管这一套规则和原则的法律效力还不很令人满意，但发展中国家对世界竞争法发展所作的贡献是不容忽视的。[2]

（三）中国反垄断立法进程

中国反垄断法是世界竞争法的重要组成部分，受到各国的热切关注。始于 20 世纪 80 年代的体制改革遇到了以行政区域障碍为代表的阻力，[3]国家在防止垄断、消除保护等方面进行了一系列的立法活动，诸多行政法规、规章成为回应市场呼声的产物相继出台。尽管这些立法是分散的、不系统的，但是对于规制垄断行为、培育市场经济发挥了重要作用，也为孕育完善的竞争法律制度奠定了基础。

[1] See Ewing, Ky P., *Competition Rules for the 21st Century*: *Principles from America's Experience*, Alphen Pub: Kluwer Law International, 2006, 9, p. 1.

[2] 在 2000 年 9 月联合国贸发会议（UNCTAD）第四次审查会议中，通过了一项决议，即要求重申联合国《原则和规则》的有效性，建议大会为便于援引起见，将《原则和规则》的副标题定为"联合国关于竞争的一套原则和规则"。2015 年 7 月第七次审议中特别强调了消费者利益保护宗旨。

[3] 最早规范垄断行为的是 1980 年国务院颁布的《关于推动经济联合的暂行规定》（现已失效），提出了"打破地区封锁，部门分割"的要求。同年 10 月，国务院又发布了《关于开展和保护社会主义竞争的暂行规定》（现已失效），较为全面地对各个所有制企业、各地区之间开展竞争、鼓励竞争、保护竞争作了规定，特别提出了"任何地区和部门不准封锁市场，不得禁止外地商品在本地区、本部门销售。对本地区生产的原材料必须保证按国家计划调出，不准进行封锁"，"采取行政手段保护落后，抑制先进妨碍商品正常流通的做法是不合法的"，"在经济活动中，除国家指定由有关部门和单位专门经营的产品以外，其余的不得进行垄断、不得独家经营"。

1993 年 9 月 2 日，我国颁布了《反不正当竞争法》。在这一法律中，确立了"鼓励和保护公平竞争，制止不正当竞争行为，保护经营者和消费者的合法权益"的立法宗旨。特别是该法律把垄断行为的几种特定形式进行了概括规定：包括依法取得独占地位的公用企业或其他企业滥用独占地位限制竞争的行为；政府及其所属部门滥用行政权力限制竞争的行为；企业滥用市场优势搭售或附加不合理交易条件的行为，以及串通投标的联合限制竞争行为。1998 年 5 月 1 日生效的《价格法》，对"相互串通，操纵市场价格，损害其他经营者或消费者的合法权益"的价格联合行为、低价倾销行为和"提供相同商品服务，对具有同等交易条件的其他经营者实行价格歧视"的行为等作了明确规定。2000 年 1 月 1 日施行的《招标投标法》规定了串通招标投标行为，并禁止招标人对潜在的投标人的歧视待遇和其他限制投标人竞争的行为。

随着社会主义市场经济体制的建立和深入发展，社会主义市场经济对法治的要求越来越高，维护市场公平竞争、保护消费者利益、提高经济运行效率等发展现实迫切要求一部《反垄断法》出台。1987 年国务院法制局牵头起草了包括反垄断和反不正当竞争两个方面的条例，当时也有过就反垄断问题单独立法的设想。1993 年颁布的虽然是《反不正当竞争法》，但其中包括了一些反垄断的条款。1994 年由国家商务部负责起草反垄断法和有关调研工作，被列入第八届全国人大常委会立法规划，但未最终获批；1998 年，《反垄断法》被列入第九届全国人大常委会立法规划；1999 年当时的国家经贸委和国家工商局联合提出了《中华人民共和国反垄断法大纲（征求意见稿）》。[1]从 2001 年 10 月提出《中华人民共和国反垄断法（征求意见稿）》，到 2006 年 6 月将草案首次提交全国人大常委会审议，经过 13 年的讨论和争议，在吸取各国立法经验的基础上，我国《反垄断法》于 2007 年 8 月 30 日经第十届全国人大常委会第二十九次会议审议通过，并于 2008 年 8 月 1 日正式实施。我国的反垄断法律既保持了世界各国反垄断法的共性，即对于垄断协议行为、滥用市场支配地位行为以及经营者集中行为进行了全面的规制，同时，也针对我国由于计划经济体制所形成的滥用行政权力排除限制竞争的行为作了特殊的规定。该法实施以来，在规制行业限制竞争行为、控制经营者集中以及威慑滥用行政权力限制排除竞争方面，其已经显示出巨大的威力和不可替代的调节功能。以国家商务部、国家发改委和国家工商总局反垄断执法机构处理的案件为例，2008 ~ 2012 年查处的案件涉及单位 131 家，2013 ~ 2014 年查处案件涉及单位 208 家。过去 2 年的案件是之前 4 年的 1.5 倍之多，执法力度之大显而易见。[2]因此，我们有理由相信，在全面深化改革与全面推进依法治国的背景下，《反垄断法》的实施，必将在巩固与完善社会主义市场经济体制、实现经济持续发展方面发挥重要作用。

三、反垄断法的含义与特征

（一）反垄断法的含义

反垄断法[3]是指国家以维护市场公平竞争，保护消费者利益，提高经济运行效率为目的，规制市场各类主体反竞争或可能带来的排除、限制竞争后果的市场行为的法律规范的总称。这可以从以下几个方面进行理解：

1. 反垄断法规制的主体十分广泛。它不仅包括经营者，还包括经营者的联合组织（行业

〔1〕 漆多俊：《转变中的法律——以经济法为中心视角》，法律出版社 2007 年版，第 248 ~ 249 页。
〔2〕 张舟逸："'执法是最好的普法'——专访国家发改委价格司司长许昆林"，载《财经》2015 年第 1 期。
〔3〕 反垄断法在不同的国家或地区有不同的称谓，如美国称为反托拉斯法（Anti - trust Law），欧盟称为竞争法（Competition Law），我国台湾地区称为公平交易法（Fair Trade Law）。我国立法时采用反垄断法的概念，为方便叙述，本书通称为反垄断法（Anti - monopoly Law）。

协会）以及其他社会组织（如政府机构）等。只要是对市场竞争产生影响的主体，都应该纳入反垄断法的适用范围，包括境外的竞争行为。

2. 反垄断法规制的行为形式多样。它包括各种滥用市场支配地位排除和限制竞争的行为、以企业合并的方式谋求垄断地位的行为、以各种协议和联合方式排除和限制竞争的行为，以及滥用行政权力排除、限制竞争的政府行为等。当然，通过正当的市场竞争在市场上占有支配地位，并不是反垄断法必然要规制的对象。只有当这种具有支配地位的经营者滥用其优势排除、限制竞争时，才会进入反垄断法的视野。

3. 反垄断法是实体规定和程序规定紧密结合的法律制度。对垄断行为的认定，需要结合该行为对市场竞争造成的影响加以判断，同时，为迅速制止危害严重的垄断行为，反垄断调查大多依靠行政执法机构进行。因此，关于反垄断法的执法程序规定显得尤其重要。

（二）反垄断法的特征

反垄断法与一国的经济发展有极为密切的联系，因而显示出其独特的性质。首先，反垄断法具有较强的政策性。对垄断行为的规制，在社会经济发展的不同情况下有所不同，以适应不同时期国家的经济政策和政治需要。[1]其次，反垄断法的实施具有一定的灵活性。这一方面表现在视垄断对经济的影响程度，运用不同的规制手段，把垄断与竞争的关系调节在恰当的程度；另一方面，反垄断立法中往往采用原则适用、个别除外，或者类型行为豁免的规定，使反垄断法的政策性得到较有效的体现。最后，反垄断法的调整方法具有多样性。与大多数单纯以任意性或禁止性规范进行调整的法律不同，反垄断法在实施中既有以行政调查、处罚为主的严厉制裁机制，又有通过司法程序进行损害赔偿的诉讼机制。此外，执法机构与当事人之间的预先告知、共同商谈、通过承诺、宽恕等制度进行和解也是近年来采用的协调机制。例如，日本在事先防范上设计了良好的报告制度；我国台湾地区对已经处于垄断状态的企业进行公告，提醒企业约束自己的行为。这些以社会效率的增进为目标的做法，充分体现了现代经济法以效率为核心的可持续发展基本特征。

四、反垄断法的理论基础

反垄断法作为竞争法的重要组成部分，其产生、发展和存续都根植于这样的观念：竞争产生社会效益，垄断则通过反竞争、限制竞争使效益丧失，采用法律手段对垄断进行控制，则可以减少乃至消除垄断造成的损失。因此，反垄断法的制定和实施将有助于社会福利的提高。对此，可以从经济学、伦理学、法学等多个角度加以理解。

（一）反垄断法的经济学基础

对垄断的经济学解说众说纷纭，为反垄断法的制定和实施提供了极为丰富的理论营养。以亚当·斯密为代表的古典经济学家以封闭市场为模型进行研究，认为垄断具有导致减少产量、资源浪费和技术低效的弊端，这一精辟的理论见解为后来反垄断法的研究奠定了基础。新古典经济学的竞争理论建立在完全竞争理论模式基础上，偏重于从单个厂商的角度进行研究。其细致的分析和对市场理想状态的描述，为建立完善的市场秩序提供了参照标准。马克思主义的竞争理论则在前人的基础上，在微观经济的组织基础上展开系统研究，深入考察了竞争机制背后的动力机制、创新动力机制和积累机制。[2]其动态研究和历史研究的方法，以及对动力机制和

---

[1] 如德国和日本都曾经在一定程度上实行对垄断鼓励的政策，随着市场秩序的变化，又对垄断进行较为严格的禁止。美国也在司法过程中对垄断行为进行或紧或宽的调整。其一百年来的反垄断法实施的历史就是一部对市场竞争和经济发展的调节史。

[2] 参见胡汝银：《竞争与垄断：社会主义微观经济分析》，上海三联书店1988年版，第16页。

创新机制的重视，对我们正确认识竞争的作用无疑是极为重要的。现代产业组织理论的先驱们进一步开拓了对垄断研究的新领域，它们集中研究市场进入的壁垒问题，特别是人为的壁垒，把垄断放在效率的标准上来探讨，对垄断形成的条件有更全面的认识，并提出消除垄断的公共政策思路。它们证明，资本集中未必反竞争，高利润未必是反竞争的结果，而可能是高效率的结果，进入壁垒的关键问题是是否存在人为的壁垒。这种极为注重效率标准的观念深刻地影响了现代反垄断法的立法及其实施的理念和制度设计。

近年来，我国经济和法律学者对社会主义市场经济条件下的垄断现象作了有益的思索。有的学者从微观组织基础出发，研究中国的竞争和垄断，寻找行政性垄断与市场垄断的经济技术原因与人为原因；有的学者以制度经济学、古典经济学的理论方法进行研究，认为中国行政性垄断以及与行政性垄断相结合的市场垄断是中国传统体制下的产物，它们要么主要是由经济技术原因引起，要么是制度安排的结果。[1]因而，对垄断的克服途径也分为两种：作为经济体制基础存在的垄断，体制变更是其克服的根本途径；对非体制性的、市场经济共有的垄断，克服的途径则是多方面的。[2]

（二）反垄断法的法学基础

在自由资本主义时期的法律制度与整个社会历史背景相适应，从整体来讲，都是建立在以个人权利为本位的基础之上的，由此形成了彰显和保障个人本位的民法体系。民法以经济主体的意思自治、契约自由为指导思想，保护自由竞争，淡化市场外力量对市场的影响。所有这些，在当时的历史条件下对促进社会经济的迅猛发展起了相当大的作用。但是，市场的自由竞争和优胜劣汰机制，也造成了市场力量的集中，并由此衍生出了自发形成的市场垄断，极大地破坏了经济的和谐发展。面对新的历史境况，西方法律思想发生了由个人权利本位到社会本位的变迁，立法、执法和司法实践中首先考虑的不再是个人自由和权利的绝对性，而是以社会整体利益和谐为指针，考虑用法律对大量市场行为进行规范和调节。由于传统法律体系中严格奉行公法和私法的二元结构，造成了反垄断的不力。此时，以反垄断法为核心的现代经济法应运而生，这种兼跨公法、私法，以社会利益的和谐为目标，采取社会调节手段，规范市场行为的经济法，为西方经济的发展与进步作出了卓有成效的贡献。

（三）反垄断法的伦理学基础

虽然经济学理论对垄断及其危害进行了全面而深入的阐述，但是，这些理论并不必然推导出反垄断立法。只有当对垄断的经济学考虑成为社会思潮，达成社会共识，形成"垄断具有负价值"的伦理观，才能促成反垄断法的制定和实施。如果说经济学主要是从经济效率的角度出发，对垄断作出了否定性的评价，那么，社会伦理思潮则主要是从保护弱者、倡导机会平等、平均分配、经济民主和经济自由等思想来反对垄断的。在西方主要国家的反垄断史上，这些社会伦理思想对立法所起的作用是重大的。

五、反垄断法的基本制度

（一）反垄断法的立法宗旨

大多数国家的反垄断法宗旨呈多元化趋势，其中，维护与促进市场竞争、提高经济运行效

〔1〕 胡汝银：《竞争与垄断：社会主义微观经济分析》，上海三联书店1988年版，第44页。
〔2〕 徐士英："中国反垄断立法基本问题研究"，载顾功耘主编：《新兴市场中的法律问题研究》，世界图书出版公司1997年版，第230页。

率和保护消费者利益与社会公共利益是反垄断法的三大基本目标。[1]

1. 维护与促进市场竞争。在市场经济条件下，某些市场主体通过竞争成为市场的支配者。这种由经济权利演变而来的"经济权力"成为阻碍自由竞争的桎梏；另一方面，由滥用行政权力干预市场竞争而异化出的另一种形式的"经济权力"，也腐蚀了市场经济的竞争机制。因此，保护竞争成了反垄断法不由分说的价值目标，甚至是首要的任务。[2]我国的市场竞争同样面临两种"经济权力"的严峻危害，不仅制约了市场机制资源配置功能的正常发挥，而且阻碍了产业改革的推进历程。从这一角度讲，打破垄断、保护市场竞争是我国反垄断法的第一要务。

2. 提高经济运行效率。现代产业组织理论开拓了反垄断法研究的新领域，把竞争与垄断的适度与否放在效率的标准上进行研究，认为资本集中未必是反竞争的，恰恰相反可能是高效率的结果。市场存在进入壁垒才是必须警惕和否定的。这种注重效率的观点深刻影响了现代反垄断法的立法与执法。[3]多数国家和地区的反垄断法被上述观念主导，把追求经济效率作为反垄断法的宗旨。我国处于发展经济的关键时期，对经济效率的追求理所当然。经济现状与社会发展在客观上决定了提高经济运行效率也必定是我国反垄断法的目标之一。[4]

3. 保护消费者利益与社会公共利益。历史的经验告诉我们，垄断行为获取超额利润一定是以消费者的利益受损为代价的，各国反垄断法的立法过程中大都伴有消费者对垄断力量肆意妄为的抵制热潮。鉴于消费者在监督市场竞争行为中发挥着越来越重要的作用，消费者利益保护也越来越成为反垄断法的主要目标。[5]

垄断损害的不仅仅是消费者利益，更重要的是社会发展的全局性问题。[6]作为经济法体系的重要法律制度，保护公共利益是现代反垄断法承载的重要历史使命。[7]以维护自由公平竞争秩序为己任的反垄断法是现代市场经济的基本法律之一，是现代经济法的重要组成部分。[8]所以，保护社会公共利益自然是我国反垄断法的宗旨所在。事实上，也只有当社会普遍形成"垄断不利于社会持续发展"的共识时，反垄断法的价值才会得到认同。

反垄断法宗旨多元化是社会发展的客观需要，它对社会的全面发展起到了很好的平衡作用；但社会实践也表明，多元化的反垄断法宗旨在具体实施过程中往往存在不同程度的冲突。为了保证反垄断法的有效实施和社会的稳健发展，如何协调多元化反垄断法宗旨之间的冲突仍然是理论与实践上必须要解决的重要问题。根据各国的反垄断法实施经验，大多将消费者利益

[1] 参见我国《反垄断法》第1条的规定，为了预防和制止垄断行为，保护市场公平竞争，提高经济运行效率，维护消费者利益和社会公共利益，促进社会主义市场经济健康发展，制定本法。
[2] 徐孟洲："论我国反垄断法的价值与核心价值"，载《法学家》2008年第1期。
[3] 周晓明、颜运秋："论反垄断法的伦理基础"，载《西南政法大学学报》2014年第3期。
[4] 曹平、王一流："转轨时期我国反垄断法的实施：多元价值目标的冲突与选择"，载《广西社会科学》2010年第12期。
[5] 徐士英：《新编竞争法教程》，北京大学出版社2009年版，第28~29页。
[6] 陶广峰："消费者权益保护与各国反垄断法的发展——兼谈对中国反垄断法的启示"，载《学习与探索》2008年第6期。
[7] 参见张守文："'改革决定'与经济法共识"，载《法学评论》2014年第2期；蒋悟真："反垄断法中的公共利益及其实现"，载《中外法学》2010年第4期。
[8] 参见王晓晔："经济体制改革与我国反垄断法"，载《东方法学》2009年第3期；叶卫平："反垄断法的价值构造"，载《中国法学》2012年第3期；王先林："理想与现实中的中国反垄断法——写在《反垄断法》实施五年之际"，载《交大法学》2013年第2期。

不受损害作为标准进行反垄断法实施中的协调目标。[1]

（二）反垄断法律关系

反垄断法实际上是反映一个国家在一定时期内的竞争政策的法律形式，它是市场竞争秩序法律制度的重要组成部分。反垄断法的调整对象，就是国家对市场中主体间的垄断与竞争行为进行规制所形成的社会关系。市场主体之间的垄断与竞争行为一经国家的反垄断法规范，就形成反垄断法律关系。反垄断法律关系可以从主体、客体和权利义务三个方面进行分析。

1. 反垄断法律关系的主体。反垄断法律关系的主体，是指反垄断法律关系的参与者，即依据国家反垄断法享有权利（或职权）和承担义务（或职责）的当事人。主要包括：

（1）垄断行为的实施者。这是指以控制市场为目的，垄断或企图垄断某一特定市场的企业或企业的联合组织。企业是指依法设立的以营利为目的的经济组织；企业联合组织是指多个企业以一定的方式结合而成的紧密程度不一的各类团体。在某些情况下，一个股份制企业也被认为是企业联合体，如德国《反限制竞争法》规定："法人的股东是企业时，该法人的股东大会决议视为企业协会的决议。"这表明，只要是为控制市场和限制竞争的目的所实施的行为，不管以什么形式出现，都有可能被一国的法律规定为反垄断法的规制对象。此外，在计划经济体制向市场经济体制转换的过程中的国家，大多存在行政主体实施垄断行为的现象，这种行政性垄断也应当成为反垄断法调整的范围，因此，在此种情况下，行政主体也是垄断行为的实施者。

（2）垄断行为的规制者。这是指国家赋予实施反垄断法职权和职责的政府行政机构。反垄断法作为市场秩序规制法的一个主要子部门，其体现了政府对市场秩序的外部干预。当市场产生过度竞争，或市场力量过度集中导致竞争不足，从而影响竞争秩序或社会整体效率下降，以及社会公共利益受到重大影响时，竞争执法部门就会依据反垄断法的规定，进行规制。如发布解散垄断企业的命令、宣布联合协议无效、代表公众对垄断企业提起诉讼等。这些专门机构不同于其他政府行政部门，它一般都具有特别的职权，如美国的"联邦贸易委员会"、日本的"公平交易委员会"和德国的"反垄断法委员会"等，其成员都是由总统或国会直接任命的，是具有准立法权和准司法权的机构。

（3）垄断行为的受害者。垄断行为的受害者并不是垄断和竞争的直接参与者，但是垄断的后果却由他们承受。例如，由于垄断价格的上升而导致消费者支出的增加；由于价格歧视而导致被歧视企业的不当受损等。因此，把垄断行为的受害者列为反垄断法律关系的主体是必要的，它有利于通过受害者权利的保障而制约垄断行为，维护市场秩序，维护被不公平竞争行为侵害的弱小主体的利益。因此，在众多国家的反垄断法中，都把垄断行为的受害者作为受法律保护的主体之一。如美国《谢尔曼法》规定："任何因反托拉斯法禁止的事项而遭受财产或者营业损害的人，可提起诉讼，不论损失大小，一律给予其损害额的 3 倍赔偿及诉讼费和合理的律师费。"日本《独占禁止法》规定，"有私人垄断或不正当限制及限制交易或使用不正当的交易方法的事业者，对受害者负有损害的责任"；我国《反垄断法》也明确规定："经营者实施垄断行为，给他人造成损失的，依法承担民事责任"。[2]由此可见，反垄断法的性质决定了垄断行为的受害者是反垄断法律关系的主体之一。

2. 反垄断法律关系的客体。关于反垄断法律关系的客体，学术界有不同的观点。有学者

---

[1] 丁茂中、徐士英："反垄断法宗旨研究"，载《经济法论丛》2008 年第 1 期。

[2] 参见《反垄断法》第 50 条的规定；《最高人民法院关于审理因垄断行为引发的民事纠纷案件应用法律若干问题的规定》。

认为它应当是一种行为，即"企业和企业联合组织在市场中的竞争行为"，[1]因为反垄断法给市场主体设定了一系列的权利义务，这些权利义务指向的对象是竞争行为，法律正是通过对这些行为的规范，来维护公平竞争的秩序的。也有学者认为，"行为不能作为竞争法律关系的客体"，而主张"竞争法律关系的客体应该是竞争主体权利义务所要达到的一种状态"。其理由是，在竞争法律关系中，"行为是实现竞争权利和履行竞争义务所指向的状态的手段，行为本身并不是权利义务所要达到的目标，而只是引起法律关系产生、变更和消灭的法律事实"。[2]我们认为，反垄断法律关系的客体应是市场秩序规制法律关系的客体，即市场秩序。但是，反垄断法律关系的客体更为集中地体现在市场垄断与竞争的秩序方面，即对具有优势地位的市场主体滥用市场优势控制市场、反对竞争的行为所造成的市场竞争秩序进行调整，以达到市场竞争公平化的目标。这样，我们才可以理解，为什么在一定经济条件下，市场主体的行为会受到反垄断法的规制，而在另一种经济条件下，同样的行为却不认为是违法的。因为法律关注的是在特定经济条件下的竞争秩序，而非市场主体的行为本身。不管是垄断行为的实施者，还是垄断行为的规制者，抑或是垄断行为的受害者，他们的权利义务所指向的对象应该是国家法律极力予以维护的公平竞争秩序。

3. 反垄断法律关系的内容。反垄断法律关系的内容包括反垄断中的权利（或职权）、义务（或职责）。反垄断法对主体权利（或职权）和义务（职责）的设定不同于其他经济法律关系，反垄断法对垄断行为的实施者多为禁止或限制性的义务规定，这些义务规定包括实体规定和程序规定，如企业合并后不得超过一定的市场份额；企业无正当理由不得给予交易相对人歧视性的特别优惠等。与此相反，对垄断行为的受害者则几乎都是救济性的权利规定。如受到垄断行为的损害时，受害人享有变更或解除合同的权利、要求损害赔偿的权利、对非法行为提起诉讼的权利等。对于垄断行为的规制者，反垄断法大多数是设立一系列的职权和职责。如美国、德国、日本、韩国、原南斯拉夫等国家都在其反垄断法中明确规定了行政执法机构的调查权、裁定权、处罚权或审判权。由此可见，不同的法律关系，其内容也有所不同。反垄断法具有现代经济法的显著特征，为维持实质正义而设置不对等的权利义务，这种权限结构的立法，目的在于纠正和克服市场经济运行中出现的市场缺陷，使由于经济实力不同而已经发生倾斜的平等主体之间的权利义务关系，尽可能恢复到平等的状态，保持市场经济竞争机制作用的正常发挥。

六、反垄断法的适用除外与域外效力

（一）反垄断法的适用除外

1. 反垄断法适用除外的含义。反垄断法的适用除外，也称为反垄断豁免，它是指允许特定的市场主体的特定垄断行为不适用反垄断法的基本规定的一种制度。它反映了反垄断法对人的效力方面的特征，也体现了作为调节功能较强的经济法的基本特征。有些经济部门是不允许竞争的，否则会给国家和消费者的利益造成损害。因而，必须有国家指定或允许的企业进行垄断经营。各国反垄断法一般都有适用除外的法律制度。实际上，反垄断法中的各种禁止性规定同反垄断法的除外适用同时存在，在最终的价值取向上并不矛盾。从本质上讲，反垄断法的适用除外是对禁止垄断的有益补充。禁止性规定和适用除外规定的目的都在于更好地维护社会整体经济利益。

---

[1]　曹士兵：《反垄断法研究——从制度到一般理论》，法律出版社1996年版，第6页。
[2]　刘剑文、崔正军主编：《竞争法要论》，武汉大学出版社1996年版，第60页。

2. 反垄断法适用除外的对象。

（1）自然垄断。自然垄断，是指根据产业的性质不宜开展竞争的事业部门，在一定的地域或时期内实行的国家法律允许的独占经营。产生自然垄断的条件是市场的需求容量固定或较小，若有多家企业进行经营，必然产生激烈的价格竞争，其结果会造成各竞争者遭受亏损，而使竞争的企业无法继续经营，最终不得不退出竞争，使这一行业重新出现一家企业单独经营的局面。投资规模大的公用事业、金融企业、农业等大多属于自然垄断的行业。如果竞争过度，反而会给国家资源造成浪费，也给消费者带来损害。

（2）国家垄断。国家垄断是指从有利于国民经济全局发展的目的出发，对某些部门和国有自然资源实行国家（国有企业）独占。国家垄断是和国家在一定时期的经济政策导向密切相关的，是国家对经济运行的一种干预和保护。国家垄断是通过国家权力来实现的，它既包括所有权的垄断，也包括经营权的垄断。世界各国一般都存在一定程度的国家垄断。国家垄断的行业部门各国有所不同，一般集中于交通运输、邮电通讯、能源、土地等。

（3）特定组织和人员的垄断。这些组织和人员包括工会、劳工、自由职业者（含医生、律师、会计师、审计师等），他们之所以被豁免适用反垄断法，是由他们本身所具有的特性决定的。例如，工会组织不适用反垄断法；劳工作为特定的对象不适用反垄断法；各种自由职业者如医生、律师等，由于职业的性质，不宜开展竞争，否则不利于服务质量和职业道德的维护。[1]因此，对其赋予反垄断法的适用豁免是必要的。

（4）法律明确规定的某些特定行为和企业的联合组织。这些行为和组织又可具体分为以下几种情况：①在特定情况下，为促进整体经济和全局利益的行为，如结构危机卡特尔、不景气卡特尔；②为对抗国外垄断、保护本国利益的行为，如进出口卡特尔；③为提高效率，改进技术，减少成本，且不损害竞争的行为，如合理化卡特尔、专门化卡特尔等；④为促进竞争而进行的中小企业对抗大企业的行为，如组建企业协同组织、中小企业合作卡特尔、购货卡特尔等；⑤知识产权的实施行为。

必须指出，得到反垄断法豁免的垄断企业或其他组织，必须在法律规定的范围内开展经营活动，不得滥用其合法垄断的市场优势。如果利用市场优势实施限制竞争行为的话，同样要受到相应的法律规制。如我国《反不正当竞争法》中规定，公用企业和其他依法具有独占地位的经营者，不得限定他人购买其指定的经营者的商品，以排挤其他经营者的公平竞争。

3. 反垄断法适用除外的立法体例。反垄断法适用除外的立法体例，可以分为以下三种：

（1）在反垄断法中直接规定。即在有关的反垄断法中直接规定各种适用除外情况。如德国《反限制竞争法》第 2 ~ 8 条、第 99 ~ 103 条之规定；我国台湾地区在现行"公平交易法"设专章规定了知识产权、公用事业等不适用反垄断法。

（2）制定专门的法律进行规定。如日本在《关于禁止私人垄断及确保公正交易的法律的适用除外的法律》中，对各种适用除外情况进行了专门的规定。美国的反垄断适用除外法则有《韦布—波默林法》《凯普—沃尔斯蒂法》《麦克莱兰福格森法》和《出口贸易法》等。

（3）在相关法律中加以规定。即在其他法律中规定相关的反垄断法适用豁免内容。如日本自 20 世纪 50 年代以来，在许多工业部门的立法中，经通产省同意制定排除反垄断法适用的条文。至 1991 年 6 月统计，日本已在 37 个法律上设立了 56 个卡特尔适用除外体系。这些适用除外规定绕开了反垄断法与本国经济发展的矛盾，促进了经济的发展。如《关于中小企业

---

〔1〕　曹士兵：《反垄断法研究——从制度到一般理论》，法律出版社 1996 年版，第 78 ~ 79 页。

团体组织的法律》《农业协同组合法》《批发市场法》《信用金库法》《仓库业法》和《道路运输法》等。

（二）反垄断法的域外效力

1. 反垄断法域外效力的含义。反垄断法的域外效力，是指作为国内法的反垄断法适用于该国主权范围之外的外国人的情况。一般来说，反垄断法是国内法，它适用"国内法律域内效力"的普通原则。但是，随着国际竞争的日益加强，国际范围内反垄断冲突也日趋激烈。这是域外适用国内反垄断法的一个主要根源。此种域外效力的典型例证，是美国和欧共体（欧盟）的立法例和实践。自美国首开反垄断法适用于域外案件的先河之后，欧盟及其他国家也逐渐采纳此种立法例。全世界约有 50 个国家作了反垄断法的域外适用的规定。我国《反垄断法》第 2 条也对此作了规定："……中华人民共和国境外的垄断行为，对境内市场竞争产生排除、限制影响的，适用本法。"以下主要介绍美国和欧盟竞争法中有关域外效力的主要规定。

2. 美国反垄断法的域外适用。

（1）美国反垄断法域外效力的基本内容。美国所有反垄断的基本法都可以适用于美国的对外贸易。如在《克莱顿法》和《联邦贸易委员会法》中对"商业"一词下定义时，外国的商业与贸易也包括在内。美国反托拉斯法的域外效力，源于 1936 年确立的"域外适用的合理原则"。该原则认为，在对外贸易案件中，判定是否要行使美国法律的域外管辖权，必须考虑这些行为是否对美国的对外贸易产生某些后果，是否限制了美国对外贸易，然后确定这些行为是否属于违反反托拉斯法规定的行为，而且，还应根据国际礼让原则并考虑到其他国家的合法利益。1945 年，在美国联邦司法部指控美国铝公司的子公司——加拿大铝业有限公司一案中，确立了作为现代反垄断法域外效力主要依据的"影响原则"，即在美国本土外订立的合同或实施的行为，如果对美国的国内贸易或对外贸易产生了较大的影响，美国法院享有域外管辖权。在该案中，被告以及其他一些子公司参与一项铝锭国际卡特尔，垄断了美国国内的出口价格，虽然美国铝公司本身未参与该卡特尔，且有关协议又是在美国以外订立的，但最高法院提出"影响原则"，法院认定"任何国家均可就发生在境外但又在其境内产生影响的人和行为，甚至对不对其负有忠诚义务的人行使管辖权"。在美国司法部 1977 年发布的《反托拉斯国际实施指南》中，对管辖权原则又进行了如下阐述："外国交易如对美国商业有实质性的和可以预见的影响，不问其发生地点均应受美国法律管辖。"目前，美国法院在判定是否应主张美国的反托拉斯法域外管辖权时，以"影响原则"为主，但在许多情况下也考虑"合理原则"。

（2）美国反垄断法域外效力的发展。值得注意的是，美国已在以后的法律中，将依据判例法形成的域外适用原则作了成文规定。根据美国 1982 年出口贸易公司法的第四编《外国商贸反托拉斯改善法》，美国法的适用范围是：①所有的进口贸易；②在出口贸易中，对国内交易或进口贸易有直接的、实质性的影响以及有合理预见可能的影响的；③在出口贸易中，对在美国国内经营出口贸易有直接的、实质性的以及有预见可能性的影响的，即对美国国内方面的出口业务产生损害的，都属这一范围。但 1988 年美国司法部发布实施的《关于国际贸易活动中的反垄断法方针》中，却基于独特的考虑，规定了反垄断法的域外适用，必须以对美国消费者产生不良影响为限。1992 年 4 月，美国司法部又取消了这一限定，将域外适用范围重新恢复到 1988 年以前的状况。再者，1976 年美国的《兼并（合并）申报法》中，还规定如果外国同业公司的兼并对美国市场产生一定影响者，也需承担向美国申报的义务。[1]

---

〔1〕〔日〕伊从宽："国际反垄断政策的发展态势"，姜姗译，载《外国法译评》1997 年第 3 期。

3. 欧盟反垄断法的域外适用。

（1）欧盟反垄断法域外效力的基本内容。据欧盟的有关规定，欧盟对反垄断法的域外效力并非是在包括欧盟竞争法在内的欧盟法律中直接规定的，而是通过欧盟委员会的决定以及欧盟法院的判例确立的。据欧洲法院的判决实践，欧洲法院在行使域外管辖权时，依据三个主要原则，即企业一体化原则、结果地原则以及属地主义原则。[1]

第一，企业一体化原则。所谓企业一体化原则，主要是针对母公司同子公司的关系而言的。该原则是于20世纪60年代的"染料案"（Dyestuffs Case）中确立的，欧洲法院认为，虽然参与联合提价的公司中，有的公司的母公司在共同体以外登记注册，然而它们作为母公司，与其下属的设在欧盟领域内的子公司实际上是一个经济实体。因此，可视为该母公司在共同体内实施了有害于竞争的行为。由于欧盟这种企业一体化的标准着眼于外国公司是否在共同体内有分支机构，因而减少了与外国的主权冲突，有利于寻找证据，进行调查和执行判决。

第二，结果地原则。结果地原则是指即使涉案企业的注册地不在欧盟领域内，只要他们在欧盟境内实施了反竞争的行为，并产生了影响成员国之间的贸易的后果，就可以对其适用欧盟的竞争法。如欧盟委员会在查处"纸浆案"中，就对加拿大、美国、瑞典、芬兰、德国等国家的企业之间所达成的旨在限制竞争的协议适用了欧盟竞争法，并对这几家公司进行了处罚。[2]

第三，履地主义原则。履地主义原则是指只要反竞争协议的履行地在欧盟领域内，就可以适用欧盟竞争法，而不管其签订地是否在欧盟领域内。依据这一原则，可能会与上述结果地原则发生冲突。事实上，学者与欧洲法院也持有不同的观点。因此，欧盟竞争法在竞争法的域外适用方面还有待统一。

（2）欧盟反垄断法域外效力的发展。1990年，欧盟竞争法也引入了企业兼并的事前申报制度，它不仅包括境内企业与境外企业间的合并，而且将境外企业的行业兼并对境内产生一定影响的也作为申报的对象。由于反垄断法注重保护的是国家的整体利益，尤其是在对外贸易方面，各国都力图开拓和占领市场，因而以美国为典型的反垄断法域外适用，在许多情况下遭到各国的强烈抵制，从而使反垄断法域外适用的调查、取证、执行都遇到了很多难以克服的困难。如一些发达国家为抵制美国反托拉斯法的域外管制，采取的政府干预、"抵制性"立法和诉讼对抗等。美国、欧盟为解决或缓解这种激烈的冲突和对抗，自20世纪70年代起，同许多国家签订了双边协定，处理相互间在实施反垄断方面的合作问题，并取得了一定成效。

第二节　垄断协议行为法律规制

一、垄断协议行为概述

（一）垄断协议行为的含义

在反垄断法上，垄断协议行为是相对于滥用市场支配地位行为等单个经营者排除或限制竞争的行为而言的，它是指经营者之间以及它们与交易相对人之间通过订立协议、决议、密谋或联合一致的其他协同行为共同排除或限制市场竞争，对经济发展具有或可能具有不利影响，应

---

[1] 阮方民：《欧盟竞争法》，中国政法大学出版社1998年版，第72页。
[2] 阮方民：《欧盟竞争法》，中国政法大学出版社1998年版，第74页。

231

受反垄断法规制的行为。[1]我国《反垄断法》将此界定为垄断协议。该法第 13 条第 2 款规定："本法所称垄断协议，是指排除、限制竞争的协议、决定或者其他协同行为。"[2]垄断协议行为不仅包括书面协议，也包括非书面的合意行为和联合组织（行业协会等）的决定等。行业协会通过"行业自律"行为来限制竞争，以行业协会决议的形式限制价格竞争，也属于垄断协议行为的一种表现形式。[3]我国《反垄断法》第 16 条规定："行业协会不得组织本行业的经营者从事本章禁止的垄断行为。" 在有些情况下，虽然经营者的行为都是独立的，但相互间的默契在事实上达到了限制竞争的效果，因而也被认为是"经营者间的协同行为"。正如欧盟法院在审理垄断协议案时指出的，"企业间的协同行为不需要已经制定出一个事实上的计划"，只要企业独立行为的目的是"影响已存在的或潜在的竞争者市场的行为即可"。[4]

（二）垄断协议行为对市场运行的影响

一般来讲，垄断协议行为对市场经济运行的影响主要是负面效应，尤其是横向垄断协议行为。经济学家亚当·斯密在其著名的《国富论》中断言："从事相同贸易的人们即使是为了娱乐和消遣也很少聚集在一起。一旦聚会，其结果往往不是阴谋对付消费者，便是筹谋抬高价格。"[5]虽然在某些情况下垄断协议行为也会产生积极效果，但从经济的持续发展角度讲，垄断协议行为是需要严格提防与规制的，因为：

1. 垄断协议行为会损害未参与共谋的经营者利益。垄断协议行为不仅限制共谋者以外的竞争者进入市场，使其丧失参与公平竞争的机会，尤其是小企业的建立与发展极易受到排挤；同时，垄断协议行为还可使已经进入市场的非"联合"者的经营活动严重受挫。尤其是那些遭受联合抵制行为的经营者，往往损失惨重，甚至遭受灭顶之灾。

2. 垄断协议行为会损害消费者的利益。无论是哪种垄断协议，消费者都不能通过比较进行自由的选择，只能被迫接受垄断价格和其他的交易条件。在竞争者达成共谋价格的情况下，消费者面对的是一个没有竞争的市场；在纵向垄断协议行为中，经营者限定了转售价格，消费者面对的同样是统一定价。这样的交易条件不会是合理的，交易也将是不公平的。当年美国《反托拉斯》法案提交审议之际，立法者最大的理由就是"垄断使消费者的利益源源不断地流向了经营者的口袋"。

3. 垄断协议行为妨碍竞争机制功能的发挥。竞争机制的一个重要功能就是准确反映市场供求状况，引导企业正确决策，实现资源优化配置。但由于经营者之间以限制竞争为目的达成垄断协议，使商品的价格由于"协议"的强制作用而难以准确反映市场供求矛盾，错误信息不仅严重影响资源流向和效率，而且稀释和削弱市场经济体制的正常运行。

上述垄断协议行为的消极影响使得各国反垄断法对待垄断协议行为的基本态度是否定并予

[1]　参见种明钊主编：《竞争法学》，高等教育出版社 2012 年版，第 246 页；徐孟洲、孟雁北：《竞争法》，中国人民大学出版社 2014 年版，第 120～121 页。

[2]　对于其他协同行为的认定标准，国家工商总局于 2010 年 12 月 31 日公布的《工商行政管理机关禁止垄断协议行为的规定》（国家工商行政管理总局令［2010 年第 53 号]）的第 3 条有较详细的规定，即认定其他协同行为，应当考虑下列因素：①经营者的市场行为是否具有一致性；②经营者之间是否进行过意思联络或者信息交流；③经营者能否对一致行为作出合理的解释。认定其他协同行为，还应当考虑相关市场的结构情况、竞争状况、市场变化情况、行业情况等。国家发改委于 2010 年 12 月 29 日公布的《反价格垄断规定》（国家发展和改革委员会令［2010 年第 7 号]）第 6 条也有类似规定，即认定其他协同行为，应当依据下列因素：①经营者的价格行为具有一致性；②经营者进行过意思联络；③认定协同行为还应考虑市场结构和市场变化等情况。

[3]　徐孟洲、孟雁北：《竞争法》，中国人民大学出版社 2014 年版，第 121 页。

[4]　[英] 亚当·斯密：《国民财富的性质和原因的研究》，郭大力、王亚南译，商务印书馆 1974 年版，第 122 页。

[5]　[英] 亚当·斯密：《国民财富的性质和原因的研究》，郭大力、王亚南译，商务印书馆 1974 年版，第 122 页。

以禁止的。即便是极力倡导合同自由的古典经济学家,也极力主张"尽管法律不阻止同行们的聚会,但是法律应当不给这样的聚会提供便利"。[1]

二、垄断协议行为的表现形式

根据不同的标准,垄断协议行为可以划分为不同的类型。从垄断协议行为的内容来看,它可以分为价格垄断协议行为与非价格垄断协议行为;从垄断协议行为的主体看,它可以分为单个企业之间达成的垄断协议行为与企业联合组织等实施的垄断决议行为;从参与主体间的关系来看,它可以分为横向垄断协议行为与纵向垄断协议行为。大多数国家或地区在立法上主要采取横向垄断协议行为与纵向垄断协议行为的分类进行规制。

(一) 横向垄断协议行为

横向垄断协议行为是具有竞争关系的经营者之间达成的排除限制竞争的协议,横向垄断协议行为被认为是以消灭竞争为目的的严重反竞争行为,因此受到各国反垄断法的严厉规制。我国《反垄断法》第13条对横向垄断协议行为作了规定。[2]

1. 固定价格协议行为。固定价格协议行为是指具有竞争关系的经营者通过协议、决议或者协同行为来确定、维持或者改变价格的行为。价格竞争是市场竞争的核心,如果竞争者之间共同商定价格,在没有替代产品的情况下,市场就失去了竞争,消费者也就丧失了选择的权利,这被认为是对市场竞争机制的严重损害。固定价格协议行为的这种明显的反竞争性质,决定了它必然受到竞争法的严格规制,一般都适用"本身违法原则"。不仅如此,美国、日本等不少国家在反垄断法中还规定固定价格协议行为的参与者除了要承担行政责任之外还要承担刑事责任。我国对固定价格协议的类型有较详细的规定,即禁止具有竞争关系的经营者达成下列价格垄断协议:①固定或者变更商品和服务的价格水平;②固定或者变更价格变动幅度;③固定或者变更对价格有影响的手续费、折扣或者其他费用;④使用约定的价格作为与第三方交易的基础;⑤约定采用据以计算价格的标准公式;⑥约定未经参加协议的其他经营者同意不得变更价格;⑦通过其他方式变相固定或者变更价格;⑧国务院价格主管部门认定的其他价格垄断协议。[3]

2. 划分市场协议行为。划分市场协议行为是竞争者之间为消除竞争达成的划定彼此经营区域或分配销售产品限额的协议行为。这种协议行为包括划分地理市场、划分用户(消费者)市场和划分产品市场。不管是分割销售市场或者原材料采购市场,市场划分协议行为都限制了竞争者之间正常的竞争,形成在一定市场中的独占或者寡占,造成相关市场中的产品单一化和价格扭曲化,对消费者的利益是一种严重侵害。[4]划分市场协议行为也被认为是严重排除竞争行为,在法律实施中也适用自身违法原则予以禁止。我国在《工商行政管理机关禁止垄断协议行为的规定》中规定:禁止具有竞争关系的经营者就分割销售市场或者原材料采购市场达成下列垄断协议:①划分商品销售地域、销售对象或者销售商品的种类、数量;②划分原料、半成品、零部件、相关设备等原材料的采购区域、种类、数量;③划分原料、半成品、零部件、相关设备等原材料的供应商。[5]

---

〔1〕 [英] 亚当·斯密:《国民财富的性质和原因的研究》,郭大力、王亚南译,商务印书馆1974年版,第122页。

〔2〕 参见我国《反垄断法》第13条第1款规定,禁止具有竞争关系的经营者达成下列垄断协议:①固定或者变更商品价格;②限制商品的生产数量或者销售数量;③分割销售市场或者原材料采购市场;④限制购买新技术、新设备或者限制开发新技术、新产品;⑤联合抵制交易;⑥国务院反垄断执法机构认定的其他垄断协议。

〔3〕 参见《反价格垄断规定》(国家发展和改革委员会令 [2010年第7号])第7条。

〔4〕 王秀玲:"反垄断法中的滥用市场支配地位制度研究",载《青海社会科学》2010年第1期。

〔5〕 参见《工商行政管理机关禁止垄断协议行为的规定》(国家工商行政管理总局令 [2010年第53号])第5条。

3. 控制数量协议行为。控制数量协议行为也称控制生产或销售数量协议，是指竞争者之间以维持相关产品价格的高位状态，保障企业的超高利润为目的而采用的限制生产数量的协议行为。参与协议的经营者同意一致减产或不提高产量，人为造成市场始终处于"供不应求"状态。由于价值规律的作用，参与协议的经营者能够持久稳当地通过高价获得经济利益。控制数量协议行为如果再与固定价格协议、限制购买新技术、新设备或者限制开发新技术、新产品等行为结合起来，其危害性格外严重。[1]我国规定禁止具有竞争关系的经营者就限制商品的生产数量或者销售数量达成下列垄断协议：①以限制产量、固定产量、停止生产等方式限制商品的生产数量或者限制商品特定品种、型号的生产数量；②以拒绝供货、限制商品投放量等方式限制商品的销售数量或者限制商品特定品种、型号的销售数量。[2]

4. 限制购买或者开发新技术、新产品行为。限制购买或者开发新技术、新产品行为，是指具有竞争关系的经营者之间通过协议、决议或者其他协同行为，限制购买新技术、新设备或者限制开发新技术、新产品的限制竞争行为。我国规定：禁止具有竞争关系的经营者就限制购买新技术、新设备或者限制开发新技术、新产品达成下列垄断协议：①限制购买、使用新技术、新工艺；②限制购买、租赁、使用新设备；③限制投资、研发新技术、新工艺、新产品；④拒绝使用新技术、新工艺、新设备；⑤拒绝采用新的技术标准。[3]这种横向垄断协议行为，阻碍了社会技术的进步与新产品的开发，故意或客观上维持了技术的落后，减慢产品的更新，损害了消费者的利益，因此，反垄断法基于发展社会生产力、提高经济效益、维护消费者利益和社会公共利益的目的，必须禁止经营者之间限制购买或者开发新技术与新产品的行为。[4]

5. 联合抵制协议行为。联合抵制协议是指经营者达成的以排除限制竞争为目的、协议者共同不与其他经营者（或竞争者）进行交易的联合行为。联合抵制协议在主体上涉及三方当事人，即抵制的号召者、抵制者和被抵制者。联合抵制行为是抵制号召者以损害特定竞争对手为目的的，鼓动抵制者对被抵制者实施断绝供应、购买或其他交易。虽然经济学研究表明，联合抵制也并非反垄断法上绝对禁止的违法行为，因而联合抵制的参与者可以以有助于提高经济效率等理由进行抗辩。[5]但由于这种联合他人加害第三人一般是并无正当理由的，其明显的反商业道德性质还是会受到谴责。我国在《工商行政管理机关禁止垄断协议行为的规定》中规定：禁止具有竞争关系的经营者就联合抵制交易达成以下垄断协议：①联合拒绝向特定经营者供货或者销售商品；②联合拒绝采购或者销售特定经营者的商品；③联合限定特定经营者不得与其具有竞争关系的经营者进行交易。[6]

6. 行业协会限制竞争协议行为。行业协会是现代经济社会有效的自治组织，在技术进步、开拓市场等方面发挥着越来越重要的作用。但是如果组织成员从事垄断协议行为，进行限制竞争的活动也十分便利，如利用行业协会交换价格情报、提供行为建议、统一标准等方式来限制竞争，排挤竞争者。行业协会组织成员从事的垄断协议行为不仅存在一定的隐蔽性，而且由于这些行为是通过行业协会的决定加以实施，有一定的强制力，其对市场竞争机制造成的损害更

〔1〕　李平："垄断行为认定研究"，载《社会科学研究》2008 年第 4 期。
〔2〕　参见《工商行政管理机关禁止垄断协议行为的规定》（国家工商行政管理总局令 ［2010 年第 53 号］）第 4 条。
〔3〕　参见《工商行政管理机关禁止垄断协议行为的规定》（国家工商行政管理总局令 ［2010 年第 53 号］）第 6 条。
〔4〕　徐孟洲、孟雁北：《竞争法》，中国人民大学出版社 2014 年版，第 135 页。
〔5〕　游钰："论联合抵制的法律规制"，载《河北法学》2008 年第 3 期。
〔6〕　参见《工商行政管理机关禁止垄断协议行为的规定》（国家工商行政管理总局令 ［2010 年第 53 号］）第 7 条。

为严重。[1]因此,各国法律都将行业协会作出的决议视为垄断协议而加以规制。[2]我国《反垄断法》第 16 条明确规定行业协会不得组织本行业的经营者从事法律禁止的垄断行为,并对行业协会及其成员的违法行为规定了包括罚款和撤销登记的法律责任。我国禁止行业协会以下列方式组织本行业的经营者从事本规定禁止的垄断协议行为:①制定、发布含有排除、限制竞争内容的行业协会章程、规则、决定、通知、标准等;②召集、组织或者推动本行业的经营者达成含有排除、限制竞争内容的协议、决议、纪要、备忘录等。[3]

（二）纵向垄断协议行为

1. 纵向垄断协议行为的含义。纵向垄断协议行为是指两个或两个以上处于产业上下游不同环节的经营者,以契约、协议或其他方式之合意实施的旨在排除限制竞争以获取某种利益的垄断行为。[4]虽然处于不同经营层次上的企业并不具有直接竞争关系,但纵向垄断协议行为本身却具有限制竞争的性质。只是与横向垄断协议行为不同,纵向垄断协议行为往往是经营者基于其市场优势地位而对他方实施控制的产物,而非竞争者各方共谋的结果。对于优势方来说,为了减少由于下（上）游层面上的市场竞争所带来的利益损失,利用其所处优越地位,以中断供货（或中断购买）为要挟,迫使下（上）游经营者顺从其交易条件。[5]我国《反垄断法》第 14 条规定:禁止经营者与交易相对人达成下列垄断协议:①固定向第三人转售商品的价格;②限定向第三人转售商品的最低价格;③国务院反垄断执法机构认定的其他垄断协议。

2. 限制转售价格协议行为。纵向垄断协议行为的主要形式是限制转售价格协议行为,即经营者对交易相对人就其供给的商品转售给第三人时,必须按照其规定的价格出售。我国《反垄断法》依据对价格限制的差异,明确禁止两类纵向垄断协议行为:固定向第三人转售商品价格和限定向第三人转售商品的最低价格。前者是把转售价格固定在一个数额上,不允许转售商擅自改变;后者是对转售价格规定最低限度,转售商只能在不低于此价格限度内有所变化。无论是固定转售价格,还是限定最低转售价,实际上都是限制了转售商对自己经销商品的定价权,结果是市场上经营同一商品的经营者不能根据各自的竞争状况和成本结构开展价格竞争,无疑就等同于销售商之间达成以相同价格出售商品的协议,只不过这种协议是在强势压力之下被动达成的。尤其是当上游企业之间也存在垄断协议时,该下游销售商们更是不能通过如改变供货方式等来行使自由的定价权利。

由于价格固定在一个水平之上,阻碍了品牌内的竞争,将一部分销售量从低成本销售商转移到高成本销售商,经营效率低下的销售商得以保存,巩固其市场地位而不会被淘汰。即使那些经营有效的销售商也不能将自己的高效率所产生的好处扩展至消费者享受,消费者将不得不支付更高的价格,社会整体利益也受到损失。限制转售价格的协议之所以有约束力,是因为制造商在相关市场中占有优势地位。"违反协议即中断供货"的威胁,使转售商必须执行垄断协议的规定。

维持转售价格的一般由上游制造商发动,也可能是销售商主导的,还可能是双方为了共同

---

[1] 徐士英:"行业协会限制竞争行为的法律调整——解读《反垄断法》对行业协会的规制",载《法学》2007 年第 12 期。

[2] 参见徐士英:"中国关于垄断协议的立法与实施——竞争文化视角的分析",载《法治研究》2014 年第 3 期;吴韬:"论行业协会组织经营者从事垄断协议行为的认定及法律责任",载《中国价格监管与反垄断》2014 年第 5 期。

[3] 参见《工商行政管理机关禁止垄断协议行为的规定》（国家工商行政管理总局令［2010 年第 53 号]）第 9 条。

[4] 参见种明钊主编:《竞争法学》,高等教育出版社 2012 年版,第 260 ~ 261 页。

[5] 郑艳馨:"我国公用企业垄断力滥用之法律规制",中南大学 2011 年博士学位论文。

利益协同合谋的。制造商可能因谋取规模效益，增加市场份额而限定最高转售价格；也可能因维持商品"高价位、高品质"的公众形象而限定最低转售价格。但在现实经济生活中，下游销售商要求制造商限定转售价格的情况也并不少见。因为一旦制造商对商品的转售价格进行限制，便可削弱商品在零售环节上的价格竞争，避免销售商之间的价格比拼，保证获取稳定的利润。而且一些零售商协会也采取各种措施积极配合和协助制造商控制转售价格。[1]

建议价格是一种与限制转售价格相似的现象，制造商对销售商就其所提供商品的转售价格提出建议，但此价格对转售商并没有约束力。销售商没有义务必须按照建议价销售商品，因此一般不会产生排除销售商之间价格竞争的后果。而且由于建议的转售价格使得该信息公众化，提高了定价的透明度，消费者可以避免接受高价，尤其在销售网点不多的偏远地区。但是，如果制造商在实施价格建议时还附上其他约束性的条件（如不采用推荐价格就停止供货等），那就与限制转售价格的行为无异了。2013年初中国白酒名企茅台和五粮液生产商限制转售价格事件就是十分典型的案例。[2]必须注意的是，纵向垄断协议行为还存在着另外一种更大的危害，如果相关市场上的生产商达成共谋垄断协议时，所有的销售商都不能通过改变供货方式来增强自己在定价上的竞争力。[3]2013年8月1日上海市高级人民法院终审判决的强生（上海）医疗器材有限公司、强生（中国）医疗器材有限公司与北京锐邦涌和科贸有限公司一案（以下简称"强生案"）具有重要意义，[4]作为我国首例纵向垄断案件，该案影响巨大，法庭从行为对市场竞争的实质性影响来判断行为的合法性，包括市场结构、市场地位、行为动机以及行为效果四个方面开展分析判断。还进一步提出了在"强生案"中运用的一种不同于欧盟"原则禁止＋例外豁免"做法，又不同于美国"合理分析"原则的"实质效果原则"。[5]该案中所形成的一些新的理念、原则还有待司法实践的检验，但毫无疑问是一种值得肯定的有益的尝试。

3. 其他纵向垄断协议行为。纵向垄断协议行为不仅包括价格上的限制竞争协议行为，也包括非价格的限制竞争协议行为，如排他性交易协议行为、强制性交易协议行为，以及附加不合理交易条件协议行为等。排他性交易协议行为是指产品供应商和销售商约定不得经销除其之外的其他同类竞争者的产品的行为。强制性交易协议行为是指经营者采取利诱、胁迫或其他不正当方法，迫使其他经营者违背自己意愿而与之进行交易的行为，[6]包括公用企业强制性交易行为和硬性搭售安排等。[7]附加不合理交易条件协议行为是指拥有一定市场优势的经营者利用自己的有利地位，迫使交易对手在商品或服务交易时接受不合理的条件的行为。这些协议行为在实践中既可作为纵向垄断协议行为加以规制，也可作为滥用市场支配地位行为加以规制。

三、垄断协议行为的认定

垄断协议行为是现代市场经济条件下主要的垄断形式之一，它抑制了市场竞争机制功能的发挥，损害了其他经营者、消费者和社会的公共利益，但有些时候，一些垄断协议行为又具有

〔1〕 张骏："完善转售价格维持反垄断法规制的路径选择"，载《法学》2013年第2期。
〔2〕 徐士英："茅台受罚为哪般？"，载《上海法治报》2013年4月17日。
〔3〕 徐士英："市场秩序规制法律制度"，载顾功耘主编：《经济法教程》，上海人民出版社、北京大学出版社2013年版，第396页。
〔4〕 参见（2012）沪高民三（知）终字第63号民事判决书。
〔5〕 丁文联："限制最低转售价格行为的司法评价"，载《法律适用》2014年第7期。
〔6〕 王玉辉："日本《禁止垄断法》罚款及其减免制度研究——兼谈对我国《反垄断法》相关制度的借鉴"，载《河北法学》2010年第3期。
〔7〕 张丽华："论搭售的反垄断法规制"，载《当代经济》2012年第17期。

较强的积极作用而不当然具有违法性。垄断协议行为能否成为反垄断法规制的对象，主要是看该协议是否具有排除、限制竞争的效果。[1]

（一）垄断协议的主体认定

垄断协议的主体应该包括反垄断法适用范围内的一切对象，其中以从事经营活动的独立经营者为主。随着参与竞争的主体增多，垄断协议的主体也日益广泛，尤其以行业协会组织的限制竞争决定更加引人注目，[2]如牙医协会的联合定价、球类协会的联合抵制、电视演播联盟的市场分割等。此外，政府部门与经营者的合谋也在不同程度上有所发生。因此，对垄断协议主体的认定，并不必然拘泥于独立的商业企业。只要形成限制市场竞争的合意并实施这种合意，不论参与者的法律性质和形式如何，都应当认定是垄断协议的主体。但应当注意的是，有些法律地位上的独立主体，在事实上可能不具有独立的经济决策能力，这样的主体一般不能认定其为反垄断法意义上的独立主体。例如，母公司与其全资子公司虽然在法律上各自都为独立的法律主体，但子公司完全听命于母公司，没有独立的决策权，包括实施垄断协议行为的决策权，此时母公司与子公司的联合行为一般不属于反垄断法禁止的垄断协议行为。[3]还有，被代理人与代理人订立的限制价格协议，由于协议所反映的都是被代理人的意思，因而不构成反垄断法意义上的两个独立主体。[4]

（二）限制竞争主观意图的认定

主体之间是否具有限制竞争的"合意"，是认定垄断协议的重要要件。[5]这种合意包括有法律拘束力的意思表示和并不具有法律效力的其他合意表示。《欧盟条约》第81条g款规定：所有可能影响成员国之间的贸易，并且具有阻碍、限制或妨害共同市场内部竞争的目的或后果的企业间的协议、企业联合组织的决议和共同行为，都是与共同市场相抵触的，应当予以禁止。

但是垄断协议的主观意图不易证明。很多国家的执法实践表明，参与垄断协议的主体为逃避法律规制往往掩盖或消灭证据，因此，执法机构建立了反推规则，即如果其他事实证据（包括情景证据）能够证实限制竞争协议确实存在，就推定这种协议具有主观故意性。美国法院在认定经营者间的"共谋"行为时，企图通过一系列间接证据，组成一个严密的证据链来形成心证，其客观效果是举证责任倒置，即将本来应有反垄断执法机构或原告承担的对被告"联合"行为的证明责任转由被告在关键的五个要素[6]上负否认的举证责任。被告必须证明没有联合的动机、没有共谋的机会、没有信息往来、没有一致的行为及没有为达成经济目的而合作的必要性，才能逃脱"共谋"的指控。[7]

（三）限制竞争行为的认定

行为者是否实施了垄断协议是从客观方面认定垄断协议违法的要件。但在对垄断协议的判

〔1〕 孙晋、李胜利：《竞争法原论》，武汉大学出版社2011年版，第57页。
〔2〕 叶明："行业协会限制竞争行为的反垄断法规制"，西南政法大学2008年博士论文。
〔3〕 赖源河编审：《公平交易法新论》，台湾月旦出版社1997年版，第258~259页。
〔4〕 徐孟洲、孟雁北：《竞争法》，中国人民大学出版社2014年版，第121页。
〔5〕 参见王玉辉："论垄断协议的行为认定"，载《河南大学学报（社会科学版）》2011年第2期；干潇露："论垄断协议及其规制对传统契约理论的突破"，载《河南理工大学学报（社会科学版）》2011年第4期。
〔6〕 这五个要素是：①形成共谋动机之商业条件是否存在；②可以证明产生共谋机会的证据；③被控公司间有信息往来的证据；④是否遭质疑的行为可以由其中一个公司独立行使而达成其经济目的；⑤一致之行为。转引自种明钊主编：《竞争法学》，高等教育出版社2012年版，第255~256页。
〔7〕 种明钊主编：《竞争法学》，高等教育出版社2012年版，第256页。

断中，更多的是从参与者的实际行为反证其意图的。不管有没有书面正式的协议，只要行为者通过约束和协调各自行为，共谋采取限制竞争的实际行动，就属于法律所规制的内容。所以，一旦企业实施了"可觉察的相同行为"，就应被认定为是实施了垄断协议。所谓可觉察的相同行为，是指："假设没有明显的证据表明，厂商确实聚集在一起制定了串谋价格的公开协议，但是厂商又的确通过索取相同的价格而表现出来了相同的行为方式。"[1]在有些情况下，对于已经达成垄断协议尚未实施的情况，各国反垄断法也对其进行违法性认定。如我国《反垄断法》规定，经营者达成并实施垄断协议的，由反垄断执法机构责令停止违法行为，没收违法所得，并处上一年度销售额 1% 以上 10% 以下的罚款；尚未实施所达成的垄断协议的，可以处50 万元以下的罚款。我国在《工商行政管理机关禁止垄断协议行为的规定》中规定：认定其他协同行为，应当考虑下列因素：①经营者的市场行为是否具有一致性；②经营者之间是否进行过意思联络或者信息交流；③经营者能否对一致行为作出合理的解释。认定其他协同行为，还应当考虑相关市场的结构情况、竞争状况、市场变化情况、行业情况等。[2]

（四）限制竞争后果的认定

竞争者之间的协议、决议或其他安排对于市场竞争被排除或限制的后果之间存在直接的关联性。对这种协议与实施后果间的关联性，各国法院在实践中十分注重。[3]在考虑此项要素时，多数国家认为垄断协议对市场的影响不一定要实际发生，只要能够证明垄断协议一定程度上对市场竞争有发生影响的可能性，以及这种影响的严重性，就足以推断这种影响的存在。

四、垄断协议行为的豁免

由于垄断协议对经济生活具有的双重影响，各国反垄断法律在原则上禁止的同时，往往留出一定空间，对某些垄断协议进行合理分析，实施豁免制度。[4]但豁免的条件十分严格。只有那些符合法律明文规定，有利于社会公共利益与消费者利益的合谋行为才予以豁免。我国《反垄断法》第 13～15 条规定了垄断协议违法性的判定规则。其中第 13 条和第 14 条分别对横向垄断协议和纵向垄断协议作出了原则性禁止，第 15 条列举了豁免适用的共性要件和特性要件。共性要件包含：①不严重限制市场竞争；②消费者分享利益，这两项条件与欧盟竞争法垄断协议豁免条件中"不消除竞争"和"消费者获得公平份额"的内涵相同。特性的要件可以简要概括为：①有利于成本效率；②有利于质量效率；③中小企业卡特尔；④为了社会公共利益；⑤结构危机卡特尔；⑥外贸卡特尔。其中③、⑤、⑥三种类型化的豁免情形是基于中国市场经济现实国情作出的选择，体现了竞争政策[5]与产业政策、贸易政策的协调。值得注意的是，在这三种被予以豁免的垄断协议类型中，中小企业卡特尔和结构危机卡特尔的豁免适用仍需满足共性条件，即不消除竞争并且和消费者分享利益，而外贸卡特尔的豁免适用则无需满足共性条件。虽然美国、德国、日本等国也规定了外贸卡特尔的豁免，但同时要求豁免适用必须

---

〔1〕 W. Kip Viscusi, John M. Vernon, Joseph E. Harrington：《反垄断与管制经济学》，陈甬军等译，机械工业出版社 2004 年版，第 76 页。

〔2〕 参见《工商行政管理机关禁止垄断协议行为的规定》（国家工商行政管理总局令［2010 年第 53 号］）第 3 条。

〔3〕 如《欧盟条约》第 81 条规定：凡是以影响成员国之间贸易，并以阻碍、限制或妨害共同市场内部竞争为目的或具有这种效果的，所有企业间的协议、企业联合一致的决议和联合一致的做法……应该予以禁止。

〔4〕 陈如男："特许经营的反垄断问题研究"，江苏省法学会经济法学研究会 2009 年年会，江苏省法学会经济法学研究会，2009 年 11 月 14 日，徐州。

〔5〕 竞争政策是政府使用的、决定市场竞争机制运作条件的一系列方法和制度工具。参见徐士英：《竞争政策研究——国际比较与中国选择》，法律出版社 2013 年版，第 5 页。

符合特定的程序要求或者实质要件，[1]一般都以不能实质性影响国内市场竞争为基准。由此可见，我国《反垄断法》对外贸卡特尔豁免适用的宽松程度要超过其他国家。

《反垄断法》对垄断协议豁免条件作出的宽泛规定是为了回应我国现阶段竞争政策目标的选择，但是随着我国市场经济逐步成熟，竞争机制被全社会视为推动经济发展的基本手段，经营者应对竞争的能力越来越强，当国家的竞争政策已经能够统领其他经济政策尤其是产业政策的时候，《反垄断法》中的"豁免"规定的必要性也将随之逐步减少。[2]

五、垄断协议行为的法律责任

根据各国的立法及其实践，垄断协议的法律责任主要有以下几种：

（一）行政责任

由于垄断协议对市场竞争的影响直接且严重，各国反垄断法通过对其规定严厉的行政责任加以直接处罚。行政责任主要包括：发布禁止协议的行政命令，对行为人处以行政罚款（课征金）等。对垄断协议行为的罚款一般较为巨大，我国采用韩国、日本等国家的做法，[3]规定对垄断协议的违法者达成并实施垄断协议的，由反垄断执法机构责令停止违法行为，没收违法所得，并处上一年度销售额1%以上10%以下的罚款；尚未实施所达成的垄断协议的，可以处50万元以下的罚款。对于行业协会组织本行业的经营者达成垄断协议的，反垄断法规定执法机构可以处50万元以下的罚款；情节严重的，社会团体登记机关可以依法撤销登记。

（二）民事责任

多数国家规定由于垄断协议受到损害的可以提出损害赔偿的诉讼。如美国《谢尔曼法》第7条规定，任何因反托拉斯法所禁止的事项而遭受损失的人，不论损失大小，都可提起3倍损失赔偿的诉讼。我国《反垄断法》第50条也规定"经营者实施垄断行为，给他人造成损失的，依法承担民事责任"。至于具体的受害者如何提起损害赔偿诉讼，民事诉讼与行政处罚在程序上如何衔接，有待我国反垄断诉讼制度的进一步细化规定。

（三）刑事责任

对于价格固定协议、市场划分协议以及联合抵制等明显具有严重损害市场竞争效果的行为，除了行政处罚之外，有些国家还实施刑事制裁。刑事处罚包括监禁和罚金。如美国法院可以对垄断协议的参与者处以100万美元以下的罚金，对个人可处以10万美元以下的罚金或3年以下监禁。[4]日本禁止垄断法自1990年6月也开始运用刑事制裁措施处理恶性和重大的价格卡特尔和操纵投标案件，同时提高了针对价格卡特尔行为的罚金。[5]我国《反垄断法》目

---

[1] 如德国《反对限制竞争法》要求特定类型的垄断协议豁免必须同时满足有利于效率收益、消费者获得公平份额、对经济利益的获得必不可少和不消除竞争这四项条件。

[2] 徐士英："中国关于垄断协议的立法与实施——竞争文化视角的分析"，载《法治研究》2014年第3期。

[3] 如韩国《规制垄断与公平交易法》规定，"对于实施不正当共同行为的事业者，公平交易委员会可以命令其缴纳不超过总统令规定的销售额的5%的课征金，无销售额的缴纳不超过10亿韩元的课征金"。日本禁止垄断法对于垄断协议的课征金不断提高，2002年的修正案将课征金从100 000 000日元提升到500 000 000日元；2005年修正案又提高了对课征金计算的费率（课征金总额＝费率×违法期间营业额）。对一般犯实行10%的费率，对累犯实行15%的费率。

[4] 时延安、马正楠："以刑罚的力量维护自由竞争——论非法垄断行为犯罪化的必要性"，载《南都学坛》2009年第3期。

[5] 如日本公正交易委员会相继对弹性胶卷价格维持案、保险机构操纵投标案、污水处理公司操纵投标案以及东京市政府操纵投标案提起了刑事指控。

前并未规定违法行为的刑事责任，但是在《招标投标法》中规定了串通投标的刑事责任。[1]

（四）宽恕制度

鉴于垄断协议的隐蔽性和查处的艰难性，美国、欧盟、日本、韩国等国的执法机构利用协议本身的不稳定性，采用激励措施鼓励参与协议的成员向执法部门举报、揭发垄断协议行为，达到获得减免法律责任的目的。对那些向反垄断法机关举报并提供重要证据的成员，各国反垄断法执法机构都规定了给予免除全部或部分法律责任处罚的宽恕处理政策。宽恕政策是反垄断执法的有效政策工具，它有利于提高对垄断协议的执法效率。[2]我国《反垄断法》第46条第2款也规定了相应的宽恕制度，"经营者主动向反垄断执法机构报告达成垄断协议的有关情况并提供重要证据的，反垄断执法机构可以酌情减轻或者免除对该经营者的处罚"。

2014年，我国国家发改委对日本住友等8家零部件企业价格垄断行为依法处罚8.3196亿元，[3]对日本精工等4家轴承企业价格垄断行为依法处罚约4.0344亿元，[4]在两个案件中，当事人多次达成并实施价格垄断协议，违法行为持续时间超过10年，违法情节严重，国家发改委依法予以从重处罚，同时对主动提供重要证据的相关当事人适用了《反垄断法》减轻或免除处罚的条款。[5]正是由于掌握了充分的证据，采用了"宽恕政策"这一有力的政策工具，最终有力地推动了这一具有历史性意义的案件的告破。[6]

第三节　滥用市场支配地位行为法律规制

一、滥用市场支配地位行为概述

（一）滥用市场支配地位行为的含义

滥用市场支配地位行为，是指企业凭借已经获得的市场优势地位，对相关市场上的其他主体实施不公平交易或者排挤竞争对手的行为。滥用市场支配地位行为的前提是企业具有"市

---

[1] 参见《招标投标法》第53条规定，投标人相互串通投标或者与招标人串通投标的，投标人以向招标人或者评标委员会成员行贿的手段谋取中标的，中标无效，处中标项目金额5‰以上10‰以下的罚款，对单位直接负责的主管人员和其他直接责任人员处单位罚款数额5%以上10%以下的罚款；有违法所得的，并处没收违法所得；情节严重的，取消其1~2年内参加依法必须进行招标的项目的投标资格并予以公告，直至由工商行政管理机关吊销营业执照；构成犯罪的，依法追究刑事责任。给他人造成损失的，依法承担赔偿责任。

[2] 游钰："反垄断宽恕政策的理论分析与实证考察"，载《法律科学（西北政法大学学报）》2008年第4期。

[3] 汽车零部件价格垄断案的处罚决定为：①对第一家主动报告达成垄断协议有关情况并提供重要证据的日立，免除处罚。②对第二家主动报告达成垄断协议有关情况并提供重要证据的电装，处上一年度销售额4%的罚款，计1.5056亿元。③对只协商过一种产品的矢崎、古河和住友，处上一年度销售额6%的罚款，分别计2.4108亿元、3456万元和2.904亿元。④对协商过两种以上产品的爱三、三菱电机和三叶，处上一年度销售额8%的罚款，分别计2976万元、4488万元和4072万元。参见国家发展和改革委员会行政处罚决定书［发改办价监处罚2014（2号~13号）］，其中发改办价监处罚〔2014〕2号、10号是涉及两家日企免于处罚的决定书。

[4] 轴承价格垄断案的处罚决定为：①对第一家主动报告达成垄断协议有关情况并提供重要证据的不二越，免除处罚。②对第二家主动报告有关情况并提交涉及中国市场所有证据和销售数据的精工，处上一年度销售额4%的罚款，计1.7492亿元。③对2006年9月退出亚洲研究会但继续参加中国出口市场会议的NTN公司，处上一年度销售额6%的罚款，计1.1916亿元。④对提议专门针对中国市场召开出口市场会议的捷太格特，处上一年度销售额8%的罚款，计1.0936亿元。参见国家发展和改革委员会行政处罚决定书［发改办价监处罚2014（2号~13号）］，其中发改办价监处罚〔2014〕2号、10号是涉及两家日企免于处罚的决定书。

[5] 参见国家发展和改革委员会行政处罚决定书［发改办价监处罚2014（2号~13号）］，其中发改办价监处罚〔2014〕2号、10号是涉及两家日企免于处罚的决定书。

[6] "日企垄断细节揭秘：反垄断常态化让日企决心自首"，载《山西晚报》2014年8月25日。

场支配地位"，本质是"损害市场竞争"。反垄断法对规制滥用市场支配地位的行为经历了由结构主义向行为主义转变的过程。结构主义理论认为，市场结构的不同必然造成经济运转的差异，企业一旦具有支配地位以后，通常会滥用这种优势地位限制或者排除竞争。因此主张法律应当以控制市场结构为重点，对大企业原则上应当禁止，及时解散市场上出现的独占经营的企业，消除对市场竞争的潜在威胁。后来出现的行为主义理论则主张只有当企业滥用市场支配地位时，反垄断法才对其加以规制。行为主义理论的经济学基础是以美国芝加哥学者为代表的效率学派，他们强调市场垄断与效率之间关系的分析，认为反垄断法的目标是促进经济效率的提高。[1]而具有市场支配地位的企业往往是市场竞争的幸存者，企业规模和市场份额大恰恰是有效率的体现，并不必然违法。因此，法律控制的重点应放在具有支配地位企业的经营行为上，以防止滥用优势地位限制市场竞争行为的发生。这一理论在相当程度上影响了反垄断立法及其实施。

(二) 滥用市场支配地位行为理论发展

在行为主义的反垄断政策指导下，有关滥用市场支配地位行为理论近年来有了长足的发展。考察世界各国传统的反垄断立法及其理论研究可以看出，传统反垄断法有关滥用市场支配地位行为的观点一般将"市场支配地位"界定在绝对市场份额基础之上。这种做法在工业化时代本身是完全符合逻辑的，因为没有足够市场份额的企业是无法实施相应垄断行为的。但是伴随着科学技术的飞速发展和市场分工的细化，人们逐渐发现实施传统反垄断法所禁止的滥用市场支配地位行为的主体并不一定完全是具有"绝对市场支配地位"的企业，有的甚至是市场份额微不足道的小企业。在传统相关理论受到社会实践挑战的情况下，有的国家或地区反垄断立法及其执法开始引入相对优势地位理论来弥补与完善传统滥用市场支配地位行为理论。例如美国、德国等，我国台湾地区也将该理论引入并作为实务上的判决依据。[2]

相对优势理论又称为必需设施理论（Essential Facility Doctrine），学界一般将之定义为：某一企业在相关市场上为了与其他的企业竞争所必要的，却因法律上或事实上的理由，实际上不可能由两个或两个以上的企业重复构筑或者在短期内取得的设施，处于市场支配地位的必须设施持有者应当允许竞争对手使用，否则即构成对其市场支配地位的滥用。"必需设施理论"是在美国首先应用的。[3]1973 年著名的"水獭尾"（Otter Tail）案是被认为运用了必需设施理论而作出的经典判决，但法院第一次真正使用"必需设施"这一术语的案件是美国的海科特诉前卫足球公司案。法院认为，"要认定一项设施是必要的，不可缺少并非是必要条件；只要重复建设这些设施在经济上是不可行的，或者拒绝许可使用这项设施严重阻碍市场进入，足以认定这项设施是必要的"。自美国之后，欧盟、澳大利亚、加拿大、日本、意大利等国家和组织先后采用这一理论并应用于反垄断法的实施中。1992 年欧盟委员会在一连串的案件中作出决定："通过持有必需设施而享有市场支配性地位的企业，没有任何正当理由拒绝其他企业使用该设施，或相比自己使用而设定不利的条件许可使用，带来竞争上的不利益的行为，违反了条约第 86 条。"我国并没有在反垄断立法中明确规定"必需设施理论"的应用，但是在《反垄断法》第 18 条规定了认定经营者具有市场支配地位，应当考虑"其他经营者对该经

〔1〕 Herbert Hovenkamp, Antitrust Policy after Chicago, 84 Mich. L. Rev. 213（1985），227.
〔2〕 何之迈：《公平交易法专论》，三民书局 1993 年版，第 548 页。
〔3〕 美国联邦法院在 1919 年的 Colgate 判决中就指出"只要没有形成垄断或者维持垄断的目的"，那么，反托拉斯法纯粹就是长期以来被私营企业认可的并非是限制决定与哪一个权利人进行交易时能够行使的裁量权的权力。因此，当 1912 年的 Terminal Railroad Association 案中首次出现必需设施理论的思想时并不令人奇怪。

营者在交易上的依赖程度"，这实际上将必需设施理论的核心问题——依赖性作为市场支配地位判定的因素之一。[1]

二、滥用市场支配地位行为的表现形式

根据行为主义理论，企业的市场支配地位本身并不必然违法，只有当企业滥用这种市场优势时，法律才对其行为加以禁止。[2]我国《反垄断法》第17条规定了禁止具有市场支配地位的经营者从事的滥用市场支配地位的行为，即不公平的交易价格、低于成本的销售、拒绝交易、强制交易、搭售、价格差别待遇等六种滥用行为。[3]

（一）垄断价格行为

垄断价格行为是指具有市场支配地位的经营者在一定时期内以超高价格销售产品或者以超低价格购买商品的行为。垄断性高价行为是指具有市场支配地位的企业向交易相对人索取不合理的超高的销售价格的行为。[4]在存在竞争的市场条件下，商品的价格是市场竞争的结果，每个企业只能是价格的接受者，而不可能是价格的决定者。但是当企业占有市场支配地位后，往往为了获取高额的垄断利润，利用其自身的市场优势，以不合理的高价销售其垄断产品，使消费者福利转移到垄断厂商手里。垄断性低价行为是指由一个在特殊市场中占支配地位的经济实体向非垄断企业或小生产者购买原材料时所规定的低于商品价值或生产价格的垄断价格，以攫取超额利润或靠损害卖方利益补偿自己的不正当成本的行为。[5]不公平的垄断性低价行为与垄断性高价行为是一个问题的两个方面，都属于滥用市场支配地位对交易相对人进行剥削的行为。因此，规制垄断价格行为成为反垄断法的重要内容之一。

（二）掠夺性定价行为

掠夺性定价行为是指处于市场支配地位的经营者在一定市场和一定期限内以牺牲短期利益（低于成本的价格）的手段销售商品以达到排挤竞争对手的目的，从而消除或限制竞争的行为。这种不正当的低价销售行为在一定时期内似乎有利于消费者，但由于其动机是以牺牲短期利益排挤竞争对手，达到独占市场的长期利益。从长远看，最终受害的仍然是消费者。各国法律都将其作为典型的反竞争行为加以规制，其性质就是滥用市场支配地位的行为。[6]

（三）差别待遇行为

差别待遇行为是指处于市场支配地位的企业在没有正当理由的情况下，对条件相同的交易

---

〔1〕　参见《反垄断法》第18条的规定，认定经营者具有市场支配地位，应当依据下列因素：①该经营者在相关市场的市场份额，以及相关市场的竞争状况；②该经营者控制销售市场或者原材料采购市场的能力；③该经营者的财力和技术条件；④其他经营者对该经营者在交易上的依赖程度；⑤其他经营者进入相关市场的难易程度；⑥与认定该经营者市场支配地位有关的其他因素。

〔2〕　徐士英："市场秩序规制法律制度"，载顾功耘主编：《经济法教程》，上海人民出版社、北京大学出版社2013年版，第390页。

〔3〕　参见《反垄断法》第17条的规定，禁止具有市场支配地位的经营者从事下列滥用市场支配地位的行为：①以不公平的高价销售商品或者以不公平的低价购买商品；②没有正当理由，以低于成本的价格销售商品；③没有正当理由，拒绝与交易相对人进行交易；④没有正当理由，限定交易相对人只能与其进行交易或者只能与其指定的经营者进行交易；⑤没有正当理由搭售商品，或者在交易时附加其他不合理的交易条件；⑥没有正当理由，对条件相同的交易相对人在交易价格等交易条件上实行差别待遇；⑦国务院反垄断执法机构认定的其他滥用市场支配地位的行为。

〔4〕　徐孟洲、孟雁北：《竞争法》，中国人民大学出版社2014年版，第158页。

〔5〕　孙晋、李胜利：《竞争法原论》，武汉大学出版社2011年版，第107页。

〔6〕　参见美国《克莱顿法》第2条及《罗宾逊—帕特曼法》，将掠夺性定价视为价格歧视行为。《欧盟条约》第82条规定，将掠夺性定价构成该条意义上的滥用行为。

对象，就其提供的商品的价格或者其他条件给予明显区别对待的行为。差别待遇行为的形式多样，其中最为常见的是价格歧视。价格歧视包括地区的销售或购买价格差别、特别价格供应或销售差别等。除了价格歧视外，我国在《工商行政管理机关禁止滥用市场支配地位行为的规定》中规定：禁止具有市场支配地位的经营者没有正当理由，对条件相同的交易相对人在交易条件上实行下列差别待遇：①实行不同的交易数量、品种、品质等级；②实行不同的数量折扣等优惠条件；③实行不同的付款条件、交付方式；④实行不同的保修内容和期限、维修内容和时间、零配件供应、技术指导等售后服务条件。[1]对于占有市场支配地位的企业来说，差别待遇是一种有效的市场经营策略，可以通过亲疏不一的交易政策，排挤进入市场的潜在的竞争对手。差别待遇对市场的竞争秩序产生明显的不利影响，还会因其对交易者的歧视从而最终影响消费者的利益。

（四）拒绝交易行为

拒绝交易行为是指具有市场支配地位的经营者无正当理由，拒绝向其他经营者提供商品的行为。我国在《工商行政管理机关禁止滥用市场支配地位行为的规定》中规定，禁止具有市场支配地位的经营者没有正当理由，通过下列方式拒绝与交易相对人进行交易：①削减与交易相对人的现有交易数量；②拖延、中断与交易相对人的现有交易；③拒绝与交易相对人进行新的交易；④设置限制性条件，使交易相对人难以继续与其进行交易；⑤拒绝交易相对人在生产经营活动中以合理条件使用其必需设施。在认定第⑤种方式时，应当综合考虑另行投资建设、另行开发建造该设施的可行性、交易相对人有效开展生产经营活动对该设施的依赖程度、该经营者提供该设施的可能性以及对自身生产经营活动造成的影响等因素。[2]虽然根据合同自由原则，企业有权选择自己的交易伙伴，但如果允许具有市场支配地位的企业或者拥有关键设施的经营者随意拒绝交易，则必然扩大具有市场支配地位企业的垄断范围，使其从原始市场扩张到附属市场，有悖于维护市场竞争的宗旨。拒绝交易行为包括拒绝供应产品或服务、拒绝提供使其他企业已经产生依赖性的必要配件、拒绝知识产权的许可使用等。但并非拒绝交易行为都是违法的，必须认定该拒绝交易行为使得相关市场的竞争受到损害才能确认其违法性。

（五）搭售和附加不合理交易条件行为

搭售行为也称为捆绑销售行为，它是指在相关产品市场上拥有优势地位的企业强迫买方接受与其所出售的产品或服务无关的其他产品或服务的行为，或者要求交易对方签订接受上述条件的协议。[3]也有人把搭售称为作为出售产品的条件，卖主要求买主向他购买另一种产品的协议。[4]搭售不仅限制了交易自由，而且将具有市场支配地位企业的市场优势不正当地延伸到被搭售产品的市场，使之免于竞争压力。为了维护市场参与者的经营自由和有效竞争的机制，对搭售及附加不合理交易条件的行为必须进行有效规制。我国在《工商行政管理机关禁止滥用市场支配地位行为的规定》中规定：禁止具有市场支配地位的经营者没有正当理由搭售商品，或者在交易时附加其他不合理的交易条件：①违背交易惯例、消费习惯等或者无视商品的功能，将不同商品强制捆绑销售或者组合销售；②对合同期限、支付方式、商品的运

[1] 参见《工商行政管理机关禁止滥用市场支配地位行为的规定》（国家工商行政管理总局令［2010年第54号］）第7条。
[2] 参见《工商行政管理机关禁止滥用市场支配地位行为的规定》（国家工商行政管理总局令［2010年第54号］）第4条。
[3] 参见倪振峰："捆绑销售：垄断势力延伸的利器"，载《探索与争鸣》2011年第11期；许光耀：《欧共体竞争法研究》，法律出版社2002年版，第211页。
[4] 参见［美］理查德·A.波斯纳：《反托拉斯法》，孙秋宁译，中国政法大学出版社2003年版，第230页。

输及交付方式或者服务的提供方式等附加不合理的限制;③对商品的销售地域、销售对象、售后服务等附加不合理的限制;④附加与交易标的无关的交易条件。

(六) 排他性交易行为

排他性交易行为又称为独家交易行为,是指处于市场支配地位的企业要求经营伙伴在特定的市场内不能与除其之外的其他竞争对手进行交易的行为。在现实社会中,独家交易主要表现为"专营专卖""独家经销"。发达国家对独家交易的规范大致有两种做法,一种是欧共体的立法例,事先通过法律法规对某些行为的适法性明确规定,使一些合理的独家经营得以存在和发展。另一种是事先并未具体规定行为的适法性,而是在案件审理过程中,通过实际考察其行为效果而确定,如美国关于纵向限制竞争行为的规定及其法院的相关判例。[1]我国在《工商行政管理机关禁止滥用市场支配地位行为的规定》中规定:禁止具有市场支配地位的经营者没有正当理由,实施下列限定交易行为:①限定交易相对人只能与其进行交易;②限定交易相对人只能与其指定的经营者进行交易;③限定交易相对人不得与其竞争对手进行交易。[2]

三、滥用市场支配地位行为的认定

对滥用市场支配地位行为的认定是一个完整的过程。首先需要界定经营者的产品所涉及的相关市场,以确定其竞争范围;其次要确定经营者在相关市场上是否占有支配地位;最后再判定经营者是否滥用了市场支配地位排除或限制竞争。

(一) 相关市场的界定

相关市场是指经营者在一定时期内就特定商品或服务进行竞争的商品范围和地域范围。[3]这就是说,界定相关市场必须考虑产品范围、地域范围,同时还必须考虑时间方面的因素。[4]

1. 相关产品市场。相关产品市场是指相互可替代的所有产品所构成的特定市场,即具有竞争关系的所有产品所构成的市场范围。[5]对相关产品市场的界定,可以从两方面入手:

(1) 消费者需求替代性。这是以消费者需求弹性为判断标准的界定方法。如果消费者对两种产品在价格、品质和用途方面都认为是可替代的,则该两种产品应属于同一市场具有竞争关系的。这种关系可以表述为:需求弹性(D) = A 产品需求数量的变动/B 产品价格的变动。如果需求弹性 D 是正数,A 产品和 B 产品就是替代关系。如果 D 是负数,则两者是互补关系。

(2) 生产者供给替代性。生产者供给替代性的基础是供给弹性理论。[6]生产供给的可替代性以市场内存在的"潜在竞争"作为前提,如当涉案产品的价格足够高时,有可能诱发其他潜在生产者转换生产,从而使市场的供给增多,形成对产品价格的抑制。如果供给数量的增加比例对潜在竞争者十分敏感,则表示其他厂商比较容易转换生产,厂商价格的抬高就不易维持。[7]

2. 相关地域市场。相关地域市场是指消费者能够有效地选择各类可竞争产品,供应商能

---

[1] 参见美国《谢尔曼法》第 1 条、《克莱顿法》第 3 条以及《联邦贸易委员会法》第 5 条规定。

[2] 参见《工商行政管理机关禁止滥用市场支配地位行为的规定》(国家工商行政管理总局令〔2010 年第 54 号〕)第 5 条。

[3] 参见《国务院反垄断委员会关于相关市场界定的指南》(2009 年 5 月 24 日)第 3 条。

[4] 孟雁北:"互联网行业相关市场界定的挑战——以奇虎诉腾讯反垄断案判决为例证",载《电子知识产权》2013 年第 4 期。

[5] 孙凌云:"论市场支配地位之认定",载《河南省政法管理干部学院学报》2010 年第 5 期。

[6] 供给弹性是指当涉案厂商将产品价格抬高某一百分数时,市场上相同产品的供给量相应增加的比例。

[7] 唐绍均:"反垄断法中与新经济行业相关市场的界定",载《现代经济探讨》2008 年第 11 期。

够有效地供应产品的一定地理区域。在确定相关地理市场时，应当考虑两个主要因素：①区域间交易的障碍。这包括交易成本障碍（如产品运输成本等）和法律障碍（如政府管制行业或特许经营权等）。②产品特性。产品性质直接影响市场地域的大小，如产品可长期保存的，其市场范围就可能扩大；相反，产品销售地域性较强的（如报纸等），其地域市场的范围就比较狭小。

3. 相关时间因素。在市场竞争过程中，时间对于相关市场的确定有着十分重要的影响。[1]时令、机遇或其他因素都会使市场竞争格局发生明显变化。知识产权的时效也会影响市场界定的相关度。[2]

（二）市场支配地位的认定

市场支配地位是指经营者在相关市场中对交易价格和交易条件处于独立决策而无须考虑其他经营者，并足以影响市场竞争的地位。认定企业是否拥有市场支配地位是判定经营者滥用支配地位影响竞争行为的先决条件。[3]市场支配地位的认定存在两种立法模式：一种是以欧盟为代表的以法律条文明确规定；另一种是以美国为代表的在案件审理中进行认定。

我国反垄断法对市场支配地位的认定采取了综合认定的立法模式。首先，对市场支配地位作了基本的界定，即是指经营者在相关市场内具有能够控制商品价格、数量或者其他交易条件，或者能够阻碍、影响其他经营者进入相关市场能力的市场地位。其次，对执法机关在认定经营者具有市场支配地位时应当考虑的因素作了明确规定，包括企业的市场份额、市场控制力、技术财务实力、竞争者进入难易程度等因素。[4]再次，为了操作的方便，还规定了可以推定为具有市场支配地位的情形，其主要依据是市场份额。[5]最后，对不应当被推定为市场支配地位的情形作了规定。[6]显然，这是采用了欧盟模式的成文法规定。

我国2011年2月1日开始施行的《工商行政管理机关禁止滥用市场支配地位行为的规定》对市场支配地位的认定原则、推定规则以及抗辩等有较详细的规定。

认定经营者具有市场支配地位，应当依据下列因素：①该经营者在相关市场的市场份额，以及相关市场的竞争状况。市场份额是指一定时期内经营者的特定商品销售额、销售数量等指标在相关市场所占的比重。分析相关市场竞争状况应当考虑相关市场的发展状况、现有竞争者的数量和市场份额、商品差异程度以及潜在竞争者的情况等。②该经营者控制销售市场或者原材料采购市场的能力。认定经营者控制销售市场或者原材料采购市场的能力，应当考虑该经营者控制销售渠道或者采购渠道的能力，影响或者决定价格、数量、合同期限或者其他交易条件的能力，以及优先获得企业生产经营所必需的原料、半成品、零部件及相关设备等原材料的能力。③该经营者的财力和技术条件。认定经营者的财力和技术条件，应当考虑该经营者的资产

---

〔1〕 丁茂中："相关时间市场的界定问题探析"，载《经济法论丛》2010年第2期。

〔2〕 郜翔："知识产权反垄断中的相关市场界定研究"，载《科技进步与对策》2011年第15期。

〔3〕 阎桂芳、刘红："滥用市场支配地位的反垄断规制研究"，载《生产力研究》2010年第10期。

〔4〕 参见《反垄断法》第18条的规定，认定经营者具有市场支配地位，应当依据下列因素：①该经营者在相关市场的市场份额，以及相关市场的竞争状况；②该经营者控制销售市场或者原材料采购市场的能力；③该经营者的财力和技术条件；④其他经营者对该经营者在交易上的依赖程度；⑤其他经营者进入相关市场的难易程度；⑥与认定该经营者市场支配地位有关的其他因素。

〔5〕 参见《反垄断法》第19条的规定，①一个经营者在相关市场的市场份额达到1/2的；②两个经营者在相关市场的市场份额合计达到2/3的；③三个经营者在相关市场的市场份额合计达到3/4的。

〔6〕 参见《反垄断法》第19条第1款第2项、第3项规定的情形，其中有的经营者市场份额不足1/10的，不应当推定该经营者具有市场支配地位；被推定具有市场支配地位的经营者，有证据证明不具有市场支配地位的，不应当认定其具有市场支配地位。

规模、财务能力、盈利能力、融资能力、研发能力、技术装备、技术创新和应用能力、拥有的知识产权等。对于经营者的财力和技术条件的分析认定，应当同时考虑其关联方的财力和技术条件。④其他经营者对该经营者在交易上的依赖程度。认定其他经营者对该经营者在交易上的依赖程度，应当考虑其他经营者与该经营者之间的交易量、交易关系的持续时间、转向其他交易相对人的难易程度等。⑤其他经营者进入相关市场的难易程度。认定其他经营者进入相关市场的难易程度，应当考虑市场准入制度、拥有必需设施的情况、销售渠道、资金和技术要求以及成本等。⑥与认定该经营者市场支配地位有关的其他因素。[1]

关于推定规则，有下列情形之一的，可以推定经营者具有市场支配地位：①一个经营者在相关市场的市场份额达到1/2的；②两个经营者在相关市场的市场份额合计达到2/3的；③三个经营者在相关市场的市场份额合计达到3/4的。第②、③种情形中有的经营者市场份额不足1/10的，不应当推定该经营者具有市场支配地位。[2]

关于抗辩，被推定具有市场支配地位的经营者，能够根据《工商行政管理机关禁止滥用市场支配地位行为的规定》第10条所列因素，证明其在相关市场内不具有控制商品价格、数量或者其他交易条件，或者不具有能够阻碍、影响其他经营者进入相关市场的能力，则不应当认定其具有市场支配地位。[3]

（三）滥用市场支配地位行为的认定

根据行为主义理论，企业获得市场支配地位本身并不违法，只有滥用这种市场优势时，才会受到反垄断法的禁止。从目前大多数国家和地区的反垄断立法来看，都采用了法律明确规定滥用市场支配地位行为的立法模式，禁止那些具有市场优势的经营者以对市场竞争产生重大影响的方式损害市场竞争。我国对涉嫌滥用市场支配地位的经营者赋予了抗辩的权利，即涉嫌滥用市场支配地位行为的经营者，在工商行政管理机关规定的期限内，可以陈述其行为合理性的理由并提供有关证据。[4]

值得注意的是，一些国家的法律中还规定，某些拥有网络或基础设施优势的经营者拒绝竞争者以适当报酬接入自己网络或基础设施的行为，也属于滥用市场支配地位的行为。如德国《反对限制竞争法》规定，其他竞争者由于法律上的理由（国家不允许再建设）或事实上的理由（不具备再建设的特殊条件），非使用该网络或其他基础设施无法在前置或后置的市场上作为竞争者从事活动，具有上述支配地位的企业就不能拒绝竞争者接入使用的请求。[5]除非企业能够证明这种使用因企业经营或其他方面的事由是不可能的，或者是不能合理期待的。我国《反垄断法》第18条中的第4项"其他经营者对该经营者在交易上的依赖程度"能否解释为这种相对优势地位，还需通过立法或者司法解释才能得以运用。

四、滥用市场支配地位行为的法律责任

滥用市场支配地位行为对市场竞争具有危害性，但这些企业在经营与创新方面的效率也值

---

[1]　参见《工商行政管理机关禁止滥用市场支配地位行为的规定》（国家工商行政管理总局令［2010年第54号］）第10条。

[2]　参见《工商行政管理机关禁止滥用市场支配地位行为的规定》（国家工商行政管理总局令［2010年第54号］）第11条。

[3]　参见《工商行政管理机关禁止滥用市场支配地位行为的规定》（国家工商行政管理总局令［2010年第54号］）第12条。

[4]　参见《工商行政管理机关禁止滥用市场支配地位行为的规定》（国家工商行政管理总局令［2010年第54号］）第13条。

[5]　姚保松："《反垄断法》中的基础设施条款探析"，载《西南政法大学学报》2008年第4期。

得重视，因此需要在规制时加以权衡。发达国家在对滥用市场支配地位行为的制裁方面分为三种类型：约束性制裁、救济性制裁与惩罚性制裁，体现了对这种权衡的考虑。[1]

（一）约束性制裁

约束性制裁主要包括行政和解、签发停止令和行政劝告等几个方面的措施。

和解协议是指执法机构与违法当事人可通过谈判达成行政和解协议，如美国司法部与当事人达成和解协议，涉嫌对象停止并修正自己的涉嫌行为，以符合执法机关的要求，经联邦法院审查后可签发"同意令"。停止令是指执法机构责令经营者停止违法行为，如美国联邦贸易委员会有权签发"停止令"，责令当事人停止违法行为或修正正在实施的行为。对于违反停止令的，联邦贸易委员会可以处以每日1万美元的程序性罚款。行政劝告是在采取行政执法手段之前的行为纠正机制，如日本公正交易委员会在认为有违反反垄断法的行为时，可以劝告涉嫌对象采取适当措施加以矫正，不直接运用行政执法程序进行制裁。

（二）救济性制裁

救济性制裁的实施有三种方法：①分拆大企业。反垄断执法机关可以根据具体情况将涉嫌具有市场支配地位的企业分拆成为若干个小企业，这一般在反垄断法早期加以应用。②没收违法所得。这是在美国司法判例中确立起来的方法。③损害赔偿。很多国家的反垄断法规定，受到市场支配地企业的垄断行为造成损害的当事人都可以提起损害赔偿诉讼。[2]美国在这个方面规定为3倍损害赔偿。[3]

（三）惩罚性制裁

惩罚性制裁包括：①行政罚款，即对于滥用市场支配地位的行为进行数额较大的罚款，如意大利竞争局可以对经营者处以上一财政年度营业额1%～10%的罚款，日本公正交易委员会可以责令违法企业按照一定比例向国库缴纳课征金。②刑事罚金和判处徒刑。美国法律规定对实施垄断和限制贸易行为的构成犯罪的企业可处以100万美元以下的罚金，个人参与者将被处以10万美元以下罚金以及3年以下监禁。

我国《反垄断法》对滥用市场支配地位行为确立了行政责任与民事责任，即经营者违反本法规定，滥用市场支配地位的，由反垄断执法机构责令停止违法行为，没收违法所得，并处上一年度销售额1%以上10%以下的罚款。经营者实施垄断行为，给他人造成损失的，依法承担民事责任。

第四节　经营者集中行为法律规制

一、经营者集中行为概述

（一）经营者集中行为的含义

经营者集中也称"合并"或"结合"，反垄断法中的经营者集中的含义与商法中的规定不完全一致，由于它规制的重点并非企业法律人格的变化或资产的转移，而是经营者集中之后是否增强了企业在市场中的支配地位，从而增强了滥用支配地位或者共谋的可能性。前者称为经营者集中产生的"单边效应"，后者则称为经营者集中的"协调效应"。只要能够形成或可能形成市场力量过度集中，这些行为就会成为反垄断法规制的对象，显然，这要比商法的范围宽

---

[1]　王磊："试论对滥用市场支配地位行为的法律制裁方式"，载《学术交流》2005年第6期。
[2]　王健："日本反垄断法的私人执行制度——历史演进与最新发展"，载《太平洋学报》2007年第7期。
[3]　叶卫平："惩罚性赔偿的制度思考"，载《上海财经大学学报（哲学社会科学版）》2009年第5期。

泛得多。经营者集中除了包括合并之外，还包括各种由于经营权转移导致的市场力量集中的行为，包括股份持有、干部兼任、营业受让等行为。

（二）经营者集中行为的类型

经营者集中可分为横向集中、纵向集中与混合集中三个类型。横向集中发生在相同产品的生产者和销售者之间，直接影响市场结构，从而影响竞争格局，因而一直是各国反垄断法控制的重点。纵向集中是不同经营环节的经营者之间以减少交易成本或控制上下游市场为目的的集中，由于不直接表现为减少竞争者，故被认为对市场竞争的影响较小。但越来越多的事实表明，纵向集中会导致上、下游相关市场内力量对比发生变化，从而对该市场内的竞争产生影响。混合集中是指属于不同产业领域不同经营环节的企业集中，虽然混合集中各方不存在直接的竞争关系，对市场竞争产生的影响较小，但是，当经营者通过不同产业或经营环节的集中，极大地增强对市场的绝对控制力时，其影响竞争的潜在威胁也是不容忽视的。

二、经营者集中行为对市场竞争的影响与评估

经济学理论认为，经营者集中行为可能导致两种效应：单边效应和协同效应。单边效应是指集中会导致经营者获得更大的市场势力，从而增强提高价格、降低产量、排挤竞争对手、损害消费者利益的能力。协同效应是指集中可能会为经营者之间达成共谋或协调行为创造结构性条件，因为企业合并后会减少市场上经营者的数量，经营者势力更加均衡，从而为共谋创造对称的结构性条件。但是，潜在的效率因素仍有可能在一定程度上对这两种效应加以抵消。

（一）评估经营者集中行为的主要考虑因素

在我国，由商务部依法对经营者集中行为进行反垄断审查评估。审查评估经营者集中行为，根据个案具体情况和特点，需综合考虑下列因素：①参与集中的经营者在相关市场的市场份额及其对市场的控制力；[1]②相关市场的市场集中度；[2]③经营者集中对市场进入、技术进

---

[1]　参见《商务部关于评估经营者集中竞争影响的暂行规定》（商务部公告〔2011 年第 55 号〕）第 5 条：市场份额是分析相关市场结构、经营者及其竞争者在相关市场中地位的重要因素。市场份额直接反映了相关市场结构、经营者及其竞争者在相关市场中的地位。判断参与集中的经营者是否取得或增加市场控制力时，需综合考虑下列因素：①参与集中的经营者在相关市场的市场份额，以及相关市场的竞争状况；②参与集中的经营者产品或服务的替代程度；③集中所涉相关市场内未参与集中的经营者的生产能力，以及其产品或服务与参与集中经营者产品或服务的替代程度；④参与集中的经营者控制销售市场或者原材料采购市场的能力；⑤参与集中的经营者商品购买方转换供应商的能力；⑥参与集中的经营者的财力和技术条件；⑦参与集中的经营者的下游客户的购买能力；⑧应当考虑的其他因素。

[2]　参见《商务部关于评估经营者集中竞争影响的暂行规定》（商务部公告〔2011 年第 55 号〕）第 6 条：市场集中度是对相关市场的结构所作的一种描述，体现相关市场内经营者的集中程度，通常可用赫芬达尔－赫希曼指数（HHI 指数，以下简称赫氏指数）和行业前 N 家企业联合市场份额（CRn 指数，以下简称行业集中度指数）来衡量。赫氏指数等于集中所涉相关市场中每个经营者市场份额的平方之和。行业集中度指数等于集中所涉相关市场中前 N 家经营者市场份额之和。市场集中度是评估经营者集中竞争影响时应考虑的重要因素之一。通常情况下，相关市场的市场集中度越高，集中后市场集中度的增量越大，集中产生排除、限制竞争效果的可能性越大。

步的影响；[1]④经营者集中对消费者和其他相关经营者的影响；[2]⑤经营者集中对国民经济发展的影响；[3]⑥应当考虑的影响市场竞争的其他因素。[4]

评估经营者集中时，除考虑上述因素，还需综合考虑集中对公共利益的影响、集中对经济效率的影响、参与集中的经营者是否为濒临破产的企业、是否存在抵消性买方力量等因素。[5]

（二）评估经营者集中行为的方式

评估经营者集中对竞争产生不利影响的可能性时，首先考察集中是否产生或加强了某一经营者单独排除、限制竞争的能力、动机及其可能性。当集中所涉及的相关市场中有少数几家经营者时，还应考察集中是否产生或加强了相关经营者共同排除、限制竞争的能力、动机及其可能性。当参与集中的经营者不属于同一相关市场的实际或潜在竞争者时，重点考察集中在上下游市场或关联市场是否具有或可能具有排除、限制竞争效果。[6]

（三）评估经营者集中行为的后果

经营者集中具有或者可能具有排除、限制竞争效果的，商务部应当作出禁止经营者集中的决定。但是，经营者能够证明该集中对竞争产生的有利影响明显大于不利影响或者符合社会公共利益的，商务部可以作出对经营者集中不予禁止的决定。对于不予禁止的经营者集中，商务部可以决定附加减少集中对竞争产生不利影响的限制性条件。[7]

三、经营者集中控制程序制度

（一）经营者集中的申报制度

事先申报制度是指各国反垄断法对市场竞争具有重大影响的合并事项必须事先向竞争主管机关进行申报的强制性规定。至于什么是重大的合并事项，各国都规定了一些具体的

---

〔1〕 参见《商务部关于评估经营者集中竞争影响的暂行规定》（商务部公告［2011 年第 55 号］）第 7、8 条：经营者集中可能提高相关市场的进入壁垒，集中后经营者可行使其通过集中而取得或增强的市场控制力，通过控制生产要素、销售渠道、技术优势、关键设施等方式，使其他经营者进入相关市场更加困难。评估经营者集中竞争影响时，可考察潜在竞争者进入的抵消效果。如果集中所涉及的相关市场进入非常容易，未参与集中的经营者能够对集中交易方的排除、限制竞争行为作出反应，并发挥遏制作用。判断市场进入的难易程度，需全面考虑进入的可能性、及时性和充分性。经营者通过集中，可更好地整合技术研发的资源和力量，对技术进步产生积极影响，抵消集中对竞争产生的不利影响，并且技术进步所产生的积极影响有助于增进消费者利益。集中也可能通过以下方式对技术进步产生消极影响：减弱参与集中的经营者的竞争压力，降低其科技创新的动力和投入；参与集中的经营者也可通过集中提高其市场控制力，阻碍其他经营者对相关技术的投入、研发和利用。

〔2〕 参见《商务部关于评估经营者集中竞争影响的暂行规定》（商务部公告［2011 年第 55 号］）第 9、10 条：经营者集中可提高经济效率、实现规模经济效应和范围经济效应、降低产品成本和提高产品多样化，从而对消费者利益产生积极影响。集中也可能提高参与集中经营者的市场控制力，增强其采取排除、限制竞争行为的能力，使其更有可能通过提高价格、降低质量、限制产销量、减少科技研发投资等方式损害消费者利益。经营者集中可能提高相关市场经营者的竞争压力，有利于促使其他经营者提高产品质量，降低产品价格，增进消费者利益。凭借通过集中而取得或增强的市场控制力，参与集中经营者可能通过实施某些经营策略或手段，限制未参与集中经营者扩大经营规模或削弱其竞争能力，从而减少相关市场的竞争，也可能对其上下游市场或关联市场竞争产生排除、限制竞争效果。

〔3〕 参见《商务部关于评估经营者集中竞争影响的暂行规定》（商务部公告［2011 年第 55 号］）第 11 条：经营者集中有助于扩大经营规模，增强市场竞争力，从而提高经济效率，促进国民经济发展。在特定情况下，经营者集中也可能破坏相关市场的有效竞争和相关行业的健康发展，对国民经济造成不利影响。

〔4〕 参见《商务部关于评估经营者集中竞争影响的暂行规定》（商务部公告［2011 年第 55 号］）第 2、3 条。

〔5〕 参见《商务部关于评估经营者集中竞争影响的暂行规定》（商务部公告［2011 年第 55 号］）第 12 条。

〔6〕 参见《商务部关于评估经营者集中竞争影响的暂行规定》（商务部公告［2011 年第 55 号］）第 4 条。

〔7〕 参见《商务部关于评估经营者集中竞争影响的暂行规定》（商务部公告［2011 年第 55 号］）第 13 条。

数额。我国也采用了经营者集中的事先申报制度，并明确规定了经营者集中的申报标准。[1]
与此同时，《反垄断法》第22条对可以不申报的情形也作了规定，参与集中的一个经营者拥
有其他每个经营者50％以上有表决权的股份或者资产的或者参与集中的每个经营者50％以上
有表决权的股份或者资产被同一个未参与集中的经营者拥有的，可以不向国务院反垄断执法机
构申报。

（二）经营者集中的审查制度

1. "初步审查"和"进一步审查"。经营者集中的审查是指竞争执法机关对参与集中经营
者的申请按照法律规定的标准所进行的审查。经营者集中审查分为"初步审查"和"进一步审
查"。[2]"初步审查"是竞争执法机关对符合申报要求的申请人所提交的材料是否符合法定
要求所进行的形式审查。如果该集中对市场竞争不构成严重影响，一般都会通过。[3]如果竞争
执法机构认为该集中可能对市场竞争将产生较为严重的影响，则需要对集中进行进一步的审
查，也称为实质性审查。[4]进一步审查主要根据通过对该集中对市场可能形成的进入障碍、对
竞争者和消费者的影响等，作出是否禁止经营者集中的决定。[5]

2. 经营者集中审查的标准和因素。对企业合并进行反垄断控制的最终标准应当是社会的
整体效益是否得到增进，这是各国的共识，但具体的审查标准在不同国家有不同的规定。[6]美
国控制企业合并的标准是以消费者的福利是否削弱作为核心标准。德国反垄断法的合并控制标
准则以"竞争"作为唯一的考察点，即考虑合并后是否可能严重影响市场竞争为标准。我国
法律以保护竞争为基本标准，同时又兼顾了效率标准。[7]

明确了经营者集中的审查标准后，各国反垄断法还规定了对于经营者集中审查需要考虑的
因素，包括市场结构、企业实力、技术条件、对竞争者和消费者的影响等。在所有这些因素
中，相关市场的结构、参与集中的经营者在相关市场的市场份额及其控制力是最重要的。此
外，还要考虑企业的市场地位及其经济能力、经营者集中对市场进入、技术进步的影响，经营

---

〔1〕　国务院2008年8月颁布了《关于经营者集中申报标准的规定》，经营者集中达到下列标准之一的，经营者应当
　　　事先向国务院商务主管部门申报，未申报的不得实施集中：①参与集中的所有经营者上一会计年度在全球范围
　　　内的营业额合计超过100亿元人民币，并且其中至少两个经营者上一会计年度在中国境内的营业额均超过4亿
　　　元人民币；②参与集中的所有经营者上一会计年度在中国境内的营业额合计超过20亿元人民币，并且其中至少
　　　两个经营者上一会计年度在中国境内的营业额均超过4亿元人民币。营业额的计算，应当考虑银行、保险、证
　　　券、期货等特殊行业和领域的实际情况。
〔2〕　周谊："经营者集中的反垄断审查制度刍议"，载《时代法学》2014年第1期。
〔3〕　参见《反垄断法》第23条规定，经营者向国务院反垄断执法机构申报集中，应当提交下列文件、资料：①申报
　　　书；②集中对相关市场竞争状况影响的说明；③集中协议；④参与集中的经营者经会计师事务所审计的上一会
　　　计年度财务会计报告；⑤国务院反垄断执法机构规定的其他文件、资料。申报书应当载明参与集中的经营者的
　　　名称、住所、经营范围、预定实施集中的日期和国务院反垄断执法机构规定的其他事项。
〔4〕　参见《反垄断法》第25条规定，国务院反垄断执法机构应当自收到经营者提交的符合本法第23条规定的文件、
　　　资料之日起30日内，对申报的经营者集中进行初步审查，作出是否实施进一步审查的决定，并书面通知经营
　　　者。国务院反垄断执法机构作出决定前，经营者不得实施集中。
〔5〕　参见《反垄断法》第26条第1款规定，国务院反垄断执法机构决定实施进一步审查的，应当自决定之日起90
　　　日内审查完毕，作出是否禁止经营者集中的决定，并书面通知经营者。作出禁止经营者集中的决定，应当说明
　　　理由。审查期间，经营者不得实施集中。
〔6〕　徐士英："论企业合并反垄断法律控制的权衡"，载《法学杂志》2006年第1期。
〔7〕　参见《反垄断法》第28条。

者集中对消费者和其他有关经营者的影响，经营者集中对国民经济发展的影响。[1]除此之外，反垄断执法机构认为应当考虑的影响市场竞争的其他因素。[2]此外，有些国家和地区的竞争法（如欧盟等）还规定要考虑成立合资经营企业这种形式的集中对形成垄断协议或上下游市场的影响等因素。

3. 经营者集中审查的效率抗辩。经营者集中对市场具有双重的影响，一方面通过直接能够提高经济效率，另一方面也可能增加市场势力，影响市场竞争，损害消费者福利。这就形成了经营者集中反垄断审查的核心内容："减损竞争"和"促进效率"两大因素的权衡。这就是各国法律中规定的经营者集中效率抗辩制度，即当经营者集中被禁止时，经营者可以以集中对社会经济效率的提高大于其对市场竞争所产生的负面影响为由，申请反垄断执法机构不予禁止。我国《反垄断法》第28条规定，经营者能够证明该集中对竞争产生的有利影响明显大于不利影响，或者符合社会公共利益的，国务院反垄断执法机构可以作出对经营者集中不予禁止的决定。

（三）经营者集中的简易程序[3]

2014年2月，商务部公布了《关于经营者集中简易案件适用标准的暂行规定》和《商务部反垄断局关于经营者集中简易案件申报的指导意见（试行）》。为明确经营者集中简易案件的适用标准、方便经营者申报、适应经济社会发展新形势，我国适时出台了关于经营者集中简易程序的规定。

1. 经营者集中简易程序适用范围。符合下列情形的经营者集中案件，为简易案件：①在同一相关市场，所有参与集中的经营者所占的市场份额之和小于15%；②存在上下游关系的参与集中的经营者，在上下游市场所占的份额均小于25%；③不在同一相关市场、也不存在上下游关系的参与集中的经营者，在与交易有关的每个市场所占的份额均小于25%；④参与集中的经营者在中国境外设立合营企业，合营企业不在中国境内从事经济活动；⑤参与集中的经营者收购境外企业股权或资产的，该境外企业不在中国境内从事经济活动；⑥由两个以上经营者共同控制的合营企业，通过集中被其中一个或一个以上经营者控制。[4]

2. 经营者集中简易程序申报准备。在正式申报前，经营者可以就拟申报的交易是否符合简易案件标准等问题向反垄断局申请商谈。商谈不是经营者集中简易案件申报的必经程序，经营者自行决定是否申请商谈。

经营者集中简易程序申报时，应提交如下文件资料：①申报书。申报人身份证明或注册登

---

[1] 孙晋、余喆："我国外资并购反垄断规制的不确定性及对策——从被禁止的可口可乐并购汇源案谈起"，载《东方法学》2010年第3期。

[2] 参见《反垄断法》第27条的规定，审查经营者集中，应当考虑下列因素：①参与集中的经营者在相关市场的市场份额及其对市场的控制力；②相关市场的市场集中度；③经营者集中对市场进入、技术进步的影响；④经营者集中对消费者和其他有关经营者的影响；⑤经营者集中对国民经济发展的影响；⑥国务院反垄断执法机构认为应当考虑的影响市场竞争的其他因素。

[3] 参见《关于经营者集中简易案件适用标准的暂行规定》（商务部公告［2014年第12号］）和《商务部反垄断局关于经营者集中简易案件申报的指导意见（试行）》。

[4] 参见《关于经营者集中简易案件适用标准的暂行规定》（商务部公告［2014年第12号］）第3条：符合前述规定但存在下列情形的经营者集中案件，不视为简易案件：①由两个以上经营者共同控制的合营企业，通过集中被其中的一个经营者控制，该经营者与合营企业属于同一相关市场的竞争者；②经营者集中涉及的相关市场难以界定；③经营者集中对市场进入、技术进步可能产生不利影响；④经营者集中对消费者和其他有关经营者可能产生不利影响；⑤经营者集中对国民经济发展可能产生不利影响；⑥商务部认为可能对市场竞争产生不利影响的其他情形。

记证明，境外申报人须提交当地有关机构出具的公证和认证文件。集中委托代理人申报的，应当提交经申报人签字的授权委托书。②集中对相关市场竞争状况影响的说明。③集中协议。④参与集中的经营者经会计师事务所审计的上一会计年度财务会计报告。⑤反垄断局要求提交的其他文件资料。

3. 经营者集中简易程序的审查。经审核申报材料，符合简易案件标准的经营者集中，反垄断局按简易案件立案；不符合简易案件标准的经营者集中，申报人应按非简易案件重新申报。申报人提交的文件、资料不齐备、不完整或不准确的，应在反垄断局规定的时限内补充、修改、澄清或说明。

反垄断局在立案前拟退回简易案件申请，或立案后拟撤销简易案件认定时，应听取申报人的意见，并对其提出的事实、理由和证据进行核实。申报人隐瞒重要情况或者提供虚假材料、误导性信息的，反垄断局可以责令申报人按非简易案件重新申报，并依据《反垄断法》第52条规定追究相关经营者和个人的法律责任。

符合下列情形的经营者集中案件，商务部可以撤销对简易案件的认定：①申报人隐瞒重要情况或者提供虚假材料、误导性信息；②第三方主张经营者集中具有或可能具有排除、限制竞争效果并提供相关证据；③商务部发现集中交易情况或相关市场竞争状况发生重大变化。

四、经营者集中行为的法律责任

经营者集中行为根据申请者的不同情况承担相应的法律责任，主要是行政责任。包括：

（一）禁止集中

例如，2009 年商务部禁止美国可口可乐公司与中国汇源公司的经营者集中反垄断申报。[1]这是自 2008 年《反垄断法》实施以来唯一禁止的一起经营者集中交易。[2]各国法律规定，如果可以预见因合并将出现控制市场的地位或加强控制市场的地位，那么反垄断当局就可以禁止此合并。[3]如我国《反垄断法》第28条规定，经营者集中具有或者可能具有排除、限制竞争效果的，国务院反垄断执法机构应当作出禁止经营者集中的决定。一旦作出禁止合并的处分，企业就不得完成该合并，其他人也不得参与完成集中。[4]

（二）附条件同意集中

经营者集中可能使原来拥有优势的企业进一步增强市场支配地位，因此，以附条件同意的方式剥离优势企业的某些强势业务、资产、产能等，就成为反垄断的法律救济方式之一。欧盟在其所有申报合并的案件中，除了无条件批准的以外，有 77% 的案件是通过资产或业务剥离的方式结案的。[5]我国《反垄断法》第29条也规定了减少经营者集中可能带来的限制竞争后果的救济方式。"对不予禁止的经营者集中，国务院反垄断执法机构可以决定附加减少集中对

〔1〕 参见商务部公告，载 http://fldj. mofcom. gov. cn/aarticle/ztxx/200903/20090306108494. html，2015 年 1 月 13 日访问。

〔2〕 "简报：盘点 2008 年以来商务部附条件批准的并购交易"，载中国经济网，http://m. hexun. com/news/2014 - 08 - 08/167371071. html，2015 年 1 月 13 日访问。

〔3〕 周昀："试论企业合并禁止的豁免"，载《辽宁大学学报（哲学社会科学版）》2007 年第 6 期。

〔4〕 中国国家商务部根据《反垄断法》的规定，否决了对美国可口可乐公司与中国汇源果汁集团有限公司的经营者集中案。商务部认为，"此项经营者集中具有排除、限制竞争效果，将对中国果汁饮料市场有效竞争和果汁产业健康发展产生不利影响。鉴于参与集中的经营者没有提供充足的证据证明集中对竞争产生的有利影响明显大于不利影响或者符合社会公共利益，在规定的时间内，可口可乐公司也没有提出可行的减少不利影响的解决方案，因此，决定禁止此项经营者集中"。参见 2009 年第 22 号中华人民共和国商务部公告。

〔5〕 卫新江：《欧盟、美国企业合并反垄断规制比较研究》，北京大学出版社 2005 年版，第 100 页。

竞争产生不利影响的限制性条件。"《反垄断法》实施以后,我国竞争执法机关已经对多起经营者集中案件实施了附条件同意的审查,截至 2014 年 8 月,我国商务部共附加限制性条件批准了 24 起经营者集中申请。[1]2014 年 12 月 4 日商务部公布了《关于经营者集中附加限制性条件的规定(试行)》(已于 2015 年 1 月 5 日起施行)对限制性条件的种类、限制性条件的确定、限制性条件的实施、限制性条件的监督、限制性条件的变更和解除以及法律责任等进行了详细规定。其中,对参与集中的经营者的限制性条件包括如下种类:①剥离有形资产、知识产权等无形资产或相关权益等结构性条件;②开放网络或平台等基础设施、许可关键技术(包括专利、专有技术或其他知识产权)、终止排他性协议等行为性条件;③结构性条件和行为性条件相结合的综合性条件。[2]

(三)解散已合并企业

对于经营者集中后有损市场竞争的企业,反垄断主管机关下令解散已经结合的企业团体。如德国法律规定,联邦卡特尔局已经下令禁止的合并即使已经完成,也必须进行解散。

(四)未依法申报经营者集中[3]的法律责任

商务部负责未依法申报经营者集中的调查处理工作。商务部根据工作需要,可以委托省级商务主管部门协助调查本地区内的未依法申报经营者集中。对商务部依法实施的调查,拒绝提供有关材料、信息,或者提供虚假信息,或者隐匿、销毁、转移证据,或者有其他拒绝、阻碍调查行为的,商务部依据《反垄断法》第 52 条的规定给予处罚。

经调查认定被调查的经营者未依法申报而实施集中的,商务部可以对被调查的经营者处 50 万元以下的罚款,并可责令被调查的经营者采取以下措施恢复到集中前的状态:①停止实施集中;②限期处分股份或者资产;③限期转让营业;④其他必要措施。商务部进行处理时,应当考虑未依法申报行为的性质、程度、持续的时间,以及依据《未依法申报经营者集中调查处理暂行办法》第 8 条第 3 款作出的竞争效果评估结果等因素。

经营者对商务部依据作出的决定不服的,可以先依法申请行政复议;对行政复议决定不服的,可以依法提起行政诉讼。[4]

(五)其他方式

对于人事兼任、合资经营、委托经营等形式的企业合并,还可采用解除职务、宣告合同无效等方式进行处罚。严重的还有刑事责任,如美国反垄断结果对不经申报擅自合并的企业,法院可处以违反期内每天高达 1 万美元的罚金。

我国《反垄断法》规定,经营者违反本法规定实施集中的,由国务院反垄断执法机构责令停止实施集中、限期处分股份或者资产、限期转让营业以及采取其他必要措施恢复到集中前的状态,可以处 50 万元以下的罚款。给他人造成损害的,则依法承担相应的民事责任。

---

[1] 详见"简报:盘点 2008 年以来商务部附条件批准的并购交易",载中国经济网,http://m.hexun.com/news/2014-08-08/167371071.html,2015 年 1 月 13 日访问。

[2] 参见《关于经营者集中附加限制性条件的规定(试行)》(商务部令 [2014 年第 6 号])。

[3] 参见《未依法申报经营者集中调查处理暂行办法》(商务部令 [2011 年第 6 号])第 2 条:未依法申报经营者集中,是指经营者集中达到《国务院关于经营者集中申报标准的规定》设定的申报标准,经营者未依照《反垄断法》的规定事先向商务部申报而实施的集中。银行业金融机构、证券公司、期货公司、基金管理公司和保险公司营业额的计算,适用《金融业经营者集中申报营业额计算办法》。

[4] 参见《未依法申报经营者集中调查处理暂行办法》(商务部令 [2011 年第 6 号])。

第五节 行政性垄断行为法律规制

一、行政性垄断行为概述

在国家为克服市场缺陷而进行的经济干预日益增多的同时，也出现了不少地方政府不当行使行政权力设置市场壁垒，排除、限制竞争的现象。这些现象被称为行政性垄断行为。[1]这不是中国独有的现象，即便是在发达国家，也不可避免地存在这种以行政权力为支撑形成的特殊的垄断。但是作为转型经济的我国，由于传统体制的影响甚广，客观情况迫切需要反垄断法对行政性垄断行为加以规制。因此，我国反垄断法将行政性垄断行为纳入规制的范围，既是推进经济体制改革的有效路径，也是顺应世界发展趋势的必要举措。[2]

（一）行政性垄断行为的含义

行政性垄断是滥用行政权力排除限制竞争的俗称，[3]按照我国《反垄断法》的规定，是指行政机关和法律、法规授权的具有管理公共事务职能的组织滥用行政权力，排除或者限制竞争而形成的市场垄断行为。行政性垄断行为是现代市场经济条件下国家经济管理职能异化的产物，其存在的空间维度具有广泛性。在经济体制转轨的国家或地区表现尤为明显。将反垄断法适用于行政性垄断行为是各国的普遍做法，美国、欧盟等国家和地区都将行政机关滥用公权力限制竞争的行为纳入反垄断法的管辖范围，把行政机关从事反竞争行为作为市场行为一并适用反垄断法。经济转型国家由于存在严重的滥用行政权力限制竞争的现象，在反垄断立法中对行政性垄断行为进行了特别的规定。[4]乌克兰国甚至以"权力机关、地方自治政府机关、限制性经济管理监管机关的反竞争行为"为题设专章对行政性垄断进行规制。

（二）行政性垄断行为的性质

行政性垄断行为的主要形式是阻止市场进入，即地方保护、行业部门垄断，以及行政强制交易等行为，行政性垄断行为其实并非传统意义上的纯粹行政行为，它已经是一种融入市场、与市场紧密结合的行政行为，实际上是一种行政性的市场垄断行为，其危害性较之市场垄断尤甚。市场垄断行为是一种相对的垄断，是市场主体滥用其市场优势的结果，这种市场优势是市场主体在竞争过程中取得的，竞争的动态性、阶段性决定了这种优势具有非永久性和可替代性。而行政性垄断行为源于滥用行政权力"给予"某些经营者进入市场和维持市场的"特殊"待遇，造成其他经营者失去通过竞争获得进入市场的机会。经营者以这种方式获得的对市场的独占地位无法随着市场机制的成熟而有效抑制。受到这种行政权力庇护和支持的企业在市场中获得的优势自然就不是源于竞争。由于行政权是法律所赋予的，因而具有永久（至少是长久）的独占性，利用这种市场优势设置的障碍相应地具有了稳定性和不可替代性。因此，行政性垄断行为是一种"借行政权力之名，行垄断市场之实"的行为，兼有行政性和市场性（经济性）

---

[1] 行政机关滥用行政权力排除限制竞争的行为在我国一般简称为行政性垄断，本书为叙述方便也采用这一称谓。

[2] 顾功耘主编：《经济法教程》，上海人民出版社、北京大学出版社2013年版，第409页。

[3] 在《反垄断法》颁布之前，在对于滥用市场支配地位排除限制竞争行为进行研究讨论时，一般都称之为"行政性垄断"或"行政垄断"，并一直沿用至反垄断法颁布之后，这似乎已经成为约定俗成的提法了。学术界和立法机关虽然对此有不同意见，但为了讨论的方便，本书仍然采用"行政性垄断"这一提法。

[4] 俄罗斯《关于商品市场竞争和限制垄断活动的俄罗斯联邦第941号法律》第1条规定："本法为预防和终止下列行为确定组织基础和法律基础：……②联邦行政机构、俄联邦各部门的行政权了机关、地方政府以及其他被授予上述行政机构的职责和权力的机构或组织的限制竞争活动。"蒙古《禁止不公平竞争法》第3条规定："本法应当公平地适用于参加市场竞争的法律实体和政府以及地方行政组织。"

的双重特性。[1]它是一种公权和私权融合所产生的限制市场竞争的社会现象。行政性垄断行为从本质上讲仍然是一种市场垄断，只是垄断力的源头来自行政权力，是公权与私权结合限制竞争的垄断行为，[2]它始于垄断市场的需要，目的是占据市场的优势地位，最终的结果是获得排他性的垄断利益。[3]

（三）行政性垄断行为的类型

1. 行政性强制经营行为。这是指直接以行政权力为根据而发生的强制经营行为。主要表现为行政机关或法律、法规授权的具有管理公共事务职能的组织滥用行政权力，限定或者变相限定单位或者个人经营、购买、使用其指定的经营者提供的商品。行政性强制经营行为是政府通过滥用行政权力造就市场的垄断，使特定经营者在相关市场内享有独占地位。如斯维尔科技有限公司诉广东省教育厅行政垄断案，该案中，维尔科技有限公司状告广东省教育厅滥用行政职权指定广联达公司的软件为2014年全国职业院校技能大赛"工程造价基本技能"赛项的独家软件。该案是一起较典型的行政性强制经营行为。

2. 地区垄断行为。这是指行政机关和法律、法规授权的具有管理公共事务职能的组织滥用行政权力，采取某些手段，妨碍商品在地区之间的自由流通，尤其是为了排挤本地区以外的产品进入本地区而设置障碍所采取的行为，包括：对外地商品设定歧视性收费项目和标准、规定歧视性检验技术要求和措施；针对外地商品采取行政许可、设置关卡或其他阻碍商品自由流通的手段；对于外地投资经营者在本地投资、设立分支机构或招投标活动设定歧视性资质要求、评审标准；或者采取与本地经营者不平等待遇等方式等。所有这些行政性措施的目的都是排挤外来竞争者，实现区域垄断经营。如2014年9月国家发改委公告的河北省交通运输厅等部门违反《反垄断法》滥用行政权力排除限制竞争行为案，该案中，河北省有关部门对本省客运班车实行通行费优惠政策，实质上是对本省客运班车经营者按照通行费额给予经济补偿，使河北省客运班车经营者的通行费成本大幅低于其他省份相关经营者，导致外省经营者处于不利的竞争地位。该案是一起典型的地区垄断行为。[4]

3. 制定垄断性行政规定行为。行政性垄断从表面上看是市场被分割与垄断，但这种垄断力的来源则是行政权力的滥用。行政机关通过制定含有排除限制竞争内容的规定（行政条例、行政规章和规范性文件等），使某些市场主体获得独占经营的市场地位，而其他竞争者则被完全排除了进入市场的可能性。[5]由于行政规定的法律效力，使其危害较之市场竞争所形成的垄断更加严重，因此也更难消除。如被称为反垄断第一案的国家质检总局被诉案。2008年8月1日，北京市4家防伪企业向北京市第一中级人民法院提出诉讼，称国家质检总局违反《反垄断法》及《产品质量法》等规定，强制要求9大类69种产品生产进入电子监管网并进行产品赋码，而电子监管网只由一家公司经营，实际上确立了该公司的垄断地位。[6]

---

[1] 邹健敏："国有控股公司反垄断初探"，载《法商研究》1997年第1期。

[2] 漆多俊："中国反垄断立法问题研究"，载《法学评论》1997年第4期。

[3] 参见徐士英："竞争政策视野下行政性垄断行为规制路径新探"，载《华东政法大学学报》2015年第4期；徐士英："以竞争法规制行政性垄断：把权力关进制度笼子的有效路径"，载《中国价格监管与反垄断》2015年第1期。

[4] 参见国家发改委价格监督检查与反垄断局公告：《国家发展改革委依法建议河北省人民政府纠正交通运输厅等部门违反〈反垄断法〉滥用行政权力排除限制竞争行为》（2014年9月26日）。

[5] 徐士英："反垄断法规制行政垄断是我国的必然选择——解读反垄断法草案"，载《中国工商管理研究》2007年第6期。

[6] 何颖思："质检总局被诉垄断"，载《广州日报》2008年8月5日。

二、我国行政性垄断主要成因分析

虽然行政性垄断产生的直接原因是行政权力的滥用，但是它有着深层次的根源。我国目前有关行政性垄断成因研究相对比较丰富，这些研究表明我国行政性垄断主要是由以下几个方面的原因造成的：

（一）政府干预主义

政府的干预可以分为恶意干预和良性干预。良性干预是政府的法定职责，政府作为行政权的行使主体，对各种复杂的社会关系进行调整，使之呈现一种良性的运行状态，是政府的管理职责之一。但我们所讲的政府干预，显然是恶意干预。这种政府干预主义的行政意识由来已久，其根源于传统的计划经济体制。在这种体制中，政府大包大揽，对经济的干预"无微不至"，甚至取代了诸多经济组织的职能，结果是政府的"大政府小社会"意识得到加强。[1]我国从1979年经济体制改革开始，国家对经济生活的垄断管理从根基上被动摇，经济生活发生了巨大的变化。首先，国家的行政权力和国家所有权从合并行使变为分别行使，政府对经济的直接管理逐步向宏观调控过渡。政企开始分离，"国营企业"改为"国有企业"，国家不再直接干预企业的经营管理活动，企业按民法、公司法、企业法的规定成为独立的商事主体。其次，所有制结构发生变化，单一的公有制不再存在，代之以公有制为主体、多种经济成分并存的所有制结构。在现有企业中，除了国有企业、集体企业，还有私营企业、外资企业和由多种经济成分共同组成的有限责任公司、股份有限公司。最后，市场经济体制得以确立。自1992年小平同志在南方谈话中提出了"社会主义也可以搞市场经济"以来，我国的市场经济体制经历了二十多年的发展，改革初见成效，人们也逐渐熟悉了市场规范、价值规律和竞争机制。但是，政府干预、行政权力的影响根深蒂固。由于长期以来企业是政府的附属物，政府对于管理企业驾轻就熟，企业对于政府依赖成性。因此，有问题找"市长"不找"市场"的惯性在相当一部分企业中仍然存在。政府的"有力干预"与企业的"自愿服从"为行政性垄断的产生提供了坚实的思想基础。

（二）利益多元化

经济体制改革，是要形成一种国家宏观总管，地方、部门分级负责，企业自主经营的多层次的有效管理模式。权利的分享，意味着义务的分担。多层权利、多种义务形成了多元化的利益。地方政府有地方利益，部门行政机构有部门利益，企业有经营利益，同时企业利益又与地方、部门利益息息相关。过去在"划分收支、分级包干"的财政体制下，财政上缴任务固定，收入越多，地方留成越多，地方留成多则被视为地方政府官员的一大政绩。在税制改革以后，利税分流，本区域内的企业收入越多，地方政府所得的地方税和企业上缴的利润就越多，地方政府官员的政绩也就越大。可见，地方利益包括两部分：一是财政收入；二是业绩表现。财政收入往往成为衡量地方业绩的一个重要指标。地方企业是地方政府财政收入的重要支持者。为了增加地方财政收入，地方政府便会竖起羽翼，将地方企业置于地方行政权保护之下，采取种种"优惠"政策，帮助本地企业占领市场，限制外地企业和商品的进入。[2]同样，行政部门也会为了实现本部门的利益，设置本行业市场的限入条件。应该看到，利益多元化是形成行政性垄断的重要原因，但并不是必然原因。利益多元本意是为放权给市场主体，增加竞争的内在动力和活力。行政性垄断的产生仅仅是对改革的错误理解和行政机关片面追求局部利益的结果。消除垄断，并不是要取消利益分化、权力分层的改革政策，而是要纠正行政机关在放权让

〔1〕　李茂化："我国行政性垄断的成因及制止措施探析"，载《湖湘论坛》2003年第6期。
〔2〕　参见李黎："行政性垄断的成因与规制研究"，载《政府法制》2003年第6期。

利的改革中的错误做法，还权于企业，使企业真正拥有自主经营的权力和自我承担风险的能力，使企业成为真正的市场主体，使不同市场主体的利益追求形成有活力的竞争。

（三）权力寻租

"寻租"一词最初是由安娜克鲁格在分析政府运用限额来控制本国进口和外汇供给产生垄断利益时提出，后来公共选择学派扩大了"寻租"一词的含义，其代表人物布坎南认为，政府运用法律或行政手段对财富进行再分配或对经济活动实施管制时，就会人为地造成"权力"稀缺而形成"租金"，寻租就是对这种租金予以寻求的活动。如前所述，我国实行的政府主导型经济，政府对经济生活干预频繁。政府干预并不必然导致寻租，但是政府干预却是寻租活动产生的一个必要条件。从政府干预的范围来看，政府干预应尽量限于公共事务领域。我国政府是一个全能政府，不仅干预公共事务，也干预私人经济活动。政府对产品价格管制和对进入特定行业的限制，往往是基于该资源稀缺和特定行业有着丰厚的利润，亦即存在巨大"租金"。正因为这样，寻租者不惜一切代价来进行寻租。此时关键的问题是政府是否对寻租者的寻租活动存在"响应"。在我国经济体制转轨时期，体制内部本身存在着矛盾，最令人担忧的是行政权力并没有退出经济领域。政府对产权的分配不是采取市场机制，而是依行政手段来进行。行政机关无法可依、有法不依现象严重，导致行政机关的行为带有很大的随意性。[1]为了促进自身利益，行政机关和官员就会利用自己所控制的权力来进行产权安排以谋求自身利益。

三、规制行政性垄断行为的必要性

（一）行政性垄断行为的危害性

1. 扭曲市场机制。行政性垄断行为大多是为了本地区、本部门的利益运用行政权力，人为地设置障碍，肢解和割裂市场，导致无法形成开放统一的市场体系。这种行为必定扭曲市场机制的有效运转，使市场失去应有的调节功能，降低资源配置的效率。[2]

2. 削弱企业竞争能力。行政性垄断行为从表面上看似乎可以维护局部的利益，但这种做法恰恰忽视了利益产生的根源——企业竞争机制的培育。它是以牺牲整体利益、长远利益作为代价的。有了政府的保护或者压制，企业在市场上失去了竞争的动力和压力，创新机制减弱，腐朽力量增添，影响社会经济的发展。

3. 违背公平竞争原则。行政性垄断行为通过其不正当行使行政权力，在市场上人为制造出地位不平等的竞争者，对企业的经营或加以特别保护，或进行强制干预，或滥用行政命令强制企业从事限制竞争的行为。不仅与公平竞争理念相悖，从本质上抹杀了市场竞争的精神，也使企业的利益受到侵害。

（二）规制行政性垄断行为的意义

行政性垄断行为实质上是政府不当干预市场经济的典型，行政性垄断行为表面上是政府的行政行为，但其行政权力的行使往往带有明显的局部利益目标。为了实现这些局部利益，行政权力往往会超越其行使应有的界限。[3]尤其是通过发布行政规定进行限制和排除竞争，会使市场竞争机制更加可能受到比其他市场垄断行为更严重的损害。因此，消除行政性垄断行为的过程就是市场经济国家不断改善政府经济管理职能、不断提高经济效率的过程。[4]由于在滥用行

---

〔1〕 参见周书会："行政垄断之成因分析"，载《湖北社会科学》2004 年第 2 期。

〔2〕 曾乐元："政府主动干预市场应当遵循的基本原则"，载《理论导刊》2007 年第 6 期。

〔3〕 徐士英："政府干预与市场运行之间的防火墙"，载《华东政法大学学报》2008 年第 2 期。

〔4〕 徐士英："反垄断法规制行政垄断是我国的必然选择——解读反垄断法草案"，载《中国工商管理研究》2007 年第 6 期。

政权力限制竞争的情况下，政府行政行为已渗透到市场经济领域，难以通过简单的行政手段加以纠正和制止，但仅仅依靠市场竞争机制又不能令其自行消除，必须要以维护市场竞争机制为宗旨的竞争法对其进行直接规制，才能获得实际的效果。[1]

四、行政性垄断行为的认定

行政性垄断行为是在市场经济初级阶段或者经济转型国家表现尤为突出的一种限制竞争行为。[2]当前，在全面深化改革与全面推进依法治国的背景下，我国的改革进入深水区，最大的障碍就是与经济利益紧密相连的权力，这种权力不仅不会轻易退出市场，还利用权力进一步侵蚀市场。对于行政权力的规制，显然已经成为我国依法治国的首要任务。权力必须关进制度的笼子，而反垄断法就是这样一个有效的、科学的制度笼子。完善反垄断法关于行政性垄断行为规制的制度，将极大地推进约束行政权力的民主进程。行政性垄断行为在本质上是行政权力与市场利益结合产生的反竞争力量。以竞争法规制行政性垄断是各国现代市场法制的共同趋势，也应当成为我国将权力关进制度笼子的有效路径。[3]

（一）行政性垄断行为的主体

行政性垄断行为的主体首先是滥用行政权力的政府机关。[4]行政机关利用行政权力对市场竞争进行不正当干预，限制正常的市场竞争，导致市场机制扭曲，竞争效率下降时，政府的这种行为就应当受到法律的约束。但这种约束不包括国家为社会整体利益考虑所采取的限制竞争措施，如特定产业或商品的专营和专卖等。除了行政机关之外，行政性垄断行为的主体还包括代为行使某些公共事务管理职能的社会组织或企业，我国《反垄断法》将其规定为"法律、法规授权的、具有管理公共事务职能的其他组织"，[5]如行业协会、企业团体、事业单位等。在美国反托拉斯法诉讼中，政府限制竞争的行为也受到高度重视，认为以下三种情况是必须禁止的：一是私人引诱政府所作出的限制竞争行为；二是政府部门制定的限制竞争的管理制度；三是经政府批准同意的由私人实施的反竞争行为。[6]可以看出，行政性垄断行为的主体也是相当宽泛的，并不拘泥于行政机关。

（二）行政性垄断行为的违法性判断

判断行政性垄断行为的违法性主要在于两个方面：一是滥用行政权力；二是排除限制竞争，而后者又是判断是否"滥用"的前提。滥用行政权力可以有多种表现，如果不是以行政权力排除、限制竞争，也不能构成反垄断法意义上的行政性垄断；反之，即便是在行政权的授予、行使等方面没有违反相关法律，行政行为的形式和程序也没有违法，但其实施的结果却给市场竞争带来了损害，即有可能被认定为行政性垄断。关于排除、限制竞争的认定，主要在于该行政行为是否具备支配性、排除性和损害性的评价。支配性，即其对市场主体的经营活动是否进行直接或间接的制约，剥夺或者限制市场主体的经营自主权。排除性，即是否在一定经济领域中使某些市场主体的经营活动难以继续进行，或者限制了市场主体的自由竞争权，包括现实的排除和有排除的可能性。损害性，即是否对原来已经存在的市场竞争造成了妨碍或损害。

---

〔1〕　徐士英："中国竞争政策论纲"，载《经济法论丛》2013 年第 2 期。

〔2〕　徐孟洲、孟雁北：《竞争法》，中国人民大学出版社 2014 年版，第 196 页。

〔3〕　参见徐士英："竞争政策视野下行政性垄断行为规制路径新探"，载《华东政法大学学报》2015 年第 4 期；徐士英："以竞争法规制行政性垄断：把权力关进制度笼子的有效路径"，载《中国价格监管与反垄断》2015 年第 1 期。

〔4〕　漆多俊："反垄断立法中的行政性垄断问题"，载《时代法学》2006 年第 2 期。

〔5〕　参见《反垄断法》第 8 条及第五章内容。

〔6〕　Ernest Gellhorn & William E. Kovacic, *Antitrust Law and Economics in a Nutshell*, Fourth Edition, West Group, p. 481.

这种损害指已经或者可能给市场竞争带来不良影响的危险性，而不必是已经发生的结果。[1]

（三）行政性垄断行为的客观后果

行政性垄断行为的客观要件是对竞争的实质性限制和损害，即行为的危害性。确定行政性垄断行为的危害性可以从两方面展开：一是相关市场的竞争受到实质性限制。比如地方政府采取优惠政策扶植本地企业，对外地企业采取歧视性限制，阻止外地商品进入本地市场。二是相关市场主体的经济利益受到损害。比如政府和有关部门对企业的产品采取封锁、限制和其他歧视措施，致使该企业的产品销售受阻、产品积压，预期的经济效益未能实现。只有具备以上两方面的因素，同时证明行政机关滥施的行政行为与以上两个结果存在因果关系，垄断行为的危害性要件才能成立。

五、行政性垄断行为的法律责任

行政性垄断行为在现实生活中存在的普遍性和危害性，要求反垄断法必须加以规制而不能回避。[2]规制行政性垄断行为的关键在于明确行为主体的法律责任。

我国《反垄断法》对行政机关和法律、法规授权的具有管理公共事务职能的组织滥用行政权力排除、限制竞争的行为进行了原则性的规定。行政机关和法律、法规授权的具有管理公共事务职能的组织滥用行政权力，实施排除、限制竞争行为的，由上级机关责令改正；对直接负责的主管人员和其他直接责任人员依法给予处分。反垄断执法机构可以向有关上级机关提出依法处理的建议。法律、行政法规对行政机关和法律、法规授权的具有管理公共事务职能的组织滥用行政权力实施排除、限制竞争行为的处理另有规定的，依照其规定。

2011年2月1日开始施行的《工商行政管理机关制止滥用行政权力排除、限制竞争行为的规定》对行政机关和法律、法规授权的具有管理公共事务职能的组织滥用行政权力排除、限制竞争的行为作了较详细的规定，即国家工商行政管理总局和省、自治区、直辖市工商行政管理局依照《反垄断法》第51条的规定，可以就行政机关和法律、法规授权的具有管理公共事务职能的组织滥用行政权力排除、限制竞争的行为表现及其后果，向其有关上级机关提出依法处理的建议。同时，对于经营者以行政机关和法律、法规授权的具有管理公共事务职能的组织的行政限定、行政授权或其制定、发布的行政规定为由，达成、实施垄断协议和滥用市场支配地位行为的，依照《工商行政管理机关禁止垄断协议行为的规定》《工商行政管理机关禁止滥用市场支配地位行为的规定》处理。[3]

六、行政性垄断行为的其他规制

在全面深化改革、进一步推进建设法治政府背景下，2014年7月8日国务院公布了《国务院关于促进市场公平竞争维护市场正常秩序的若干意见》（国发〔2014〕20号），该意见针对打破地区封锁提出：对各级政府和部门涉及市场准入、经营行为规范的法规、规章和规定进行全面清理，废除妨碍全国统一市场和公平竞争的规定和做法，纠正违反法律法规实行优惠政策招商的行为，纠正违反法律法规对外地产品或者服务设定歧视性准入条件及收费项目、规定歧视性价格及购买指定的产品、服务等行为，并落实了负责部门。[4]

---

〔1〕 徐士英："市场秩序规制法律制度"，载顾功耘主编：《经济法教程》，上海人民出版社、北京大学出版社2013年版，第415页。

〔2〕 漆多俊："反垄断立法中的行政性垄断问题"，载《时代法学》2006年第2期。

〔3〕 参见《工商行政管理机关制止滥用行政权力排除、限制竞争行为的规定》（国家工商行政管理总局令〔2010年第55号〕）第5~7条。

〔4〕 参见《国务院关于促进市场公平竞争维护市场正常秩序的若干意见》（国发〔2014〕20号）。

值得关注的是，我国全国人大常委会第十一次会议于 2014 年 11 月 1 日审议通过的《全国人民代表大会常务委员会关于修改〈中华人民共和国行政诉讼法〉的决定》把行政机关滥用行政权力排除或者限制竞争的行为纳入了受案范围，并且不再区分具体行政行为和抽象行政行为，而是统一为行政行为。该决定已于 2015 年 5 月 1 日起施行。这有助于拓宽规制行政性垄断行为的路径，同时也将增加由行政性垄断行为所造成的危害的救济渠道。

第六节　反垄断法的实施

一、反垄断法的执法机构

反垄断的实施有广义和狭义之分，狭义上的反垄断实施仅指行政性执法机构，广义上的反垄断实施还包括反垄断司法机关。由于反垄断法的司法有专门的司法程序和规则，因此，我们主要研究反垄断法的行政执法机构。[1]

（一）西方主要国家反垄断法的执法机构

美国反托拉斯执法主体是司法部反托拉斯局和联邦贸易委员会。司法部反托拉斯局成立于 1903 年，联邦贸易委员会是根据 1914 年《联邦贸易委员会法》设立的一个独立执法机构。司法部反托拉斯局和联邦贸易委员会是相互平行的两个机构，共同负责执行反托拉斯法，具体职责有明确分工。

法国反垄断执法体系包括法国经济财政工业部和竞争委员会。经济财政工业部负责反垄断案件的调查，并将案件提交竞争委员会。竞争委员会是根据 1986 年《价格与竞争自由法》设立的独立的反垄断执法机关，负责反垄断案件的裁决。

德国反垄断执法体系包括联邦经济部、联邦卡特尔局、州卡特尔局和反垄断委员会。经济部是联邦政府中负责宏观经济管理的部门，其主要职责之一是制定包括反垄断政策在内的竞争政策，它是根据 1957 年《反限制竞争法》设立的独立的联邦机关，隶属于联邦经济部长。卡特尔局局长和副局长由经济部长提名，经内阁决议后由总统任命。卡特尔局按行业分类，内设九个审议处、一个基础处和一个欧洲处。卡特尔局享有执法权、处罚权、批准权和监督权等。州卡特尔局隶属于州政府，负责州内卡特尔事务。反垄断委员会是独立的咨询机构。

英国的反垄断执法机构体系包括公平贸易局和垄断与兼并委员会。公平贸易局属于政府范围，领导者是公平贸易总局长。垄断与兼并委员会具有报告职能和上诉职能，限制性行为法院的主要职责是根据总局长的报告审理限制性贸易协议和零售价格维持案件，以决定这些行为是否与公众利益一致。1988 年的英国《竞争法》设置竞争委员会取代垄断与兼并委员会，并继续行使相关职权。

日本和韩国的反垄断执法机构是唯一的。日本公正交易委员会是根据日本 1947 年《禁止垄断法》设立的反垄断执法机构。公正交易委员会隶属于首相，独立行使职权。在实施反垄断法的过程中，具有准立法和司法机关的性质。公正交易委员会采取委员会制，由主席和四个委员组成。公正交易委员会事务总局负责公正交易委员会的日常事务。公正交易委员会事务总局在秘书处的领导下，下设办公厅、经济事务局和调查局。韩国公平交易委员会是根据韩国 1980 年《限制垄断及公平交易法》设立的反垄断执法机构，它隶属于国务院总理，独立处理事务。公平交易委员会由委员长一人、副委员长一人及委员等七人组成。公平交易委员会享有

---

[1]　徐孟洲、孟雁北：《竞争法》，中国人民大学出版社 2014 年版，第 81 页。

执法权和协调权等。

通过前面的考察，不难发现：不同国家的反垄断法执法机构设置存在很大差异，但是它们之间存在一个很大的共同特点，即这些机关的地位在法律上都具有非常高的独立性。美国的司法部直接隶属于总统，享有对《谢尔曼法》高度的管辖权；联邦贸易委员会委员由总统提名参议院同意才予以任命，委员会依法享有一般的行政权、准司法权和准立法权。德国的卡特尔局享有执法权、处罚权、批准权、监督权等。日本的公正交易委员会隶属于首相，在实施反垄断法的过程中具有准立法权和司法机关的性质。

（二）我国反垄断法的执法机构

执法机构设置是我国反垄断法制定过程中争论比较激烈的一个问题，草案中相关设置方案也是经常变化。虽然最终通过的版本中形成了一个反垄断分割执法的局面，但理论界关于反垄断法执法机构的设定的观点比较一致，即应该建立一个高度独立、统一的反垄断法执法机构。[1]

我国有自身的特殊国情，反垄断立法不能照搬其他国家模式，但是很多国家的实践已经证明了反垄断执法机关必须具有高度独立和权威的地位，这样才能保障反垄断法的有效实施。在我国当前反垄断立法中，这种高度独立的反垄断法执法机构设置受到了极大的冲击，主要原因在于政府部门对反垄断执法权力资源的争夺。相关执法部门之间对反垄断执法权力资源的争夺不仅导致反垄断法出台的阻力加剧，也使得应有的反垄断执法机制方案得不到立法采纳。

我国《反垄断法》第9条规定，国务院设立反垄断委员会，负责组织、协调、指导反垄断工作指导反垄断工作，履行下列职责：①研究拟订有关竞争政策；②组织调查、评估市场总体竞争状况，发布评估报告；③制定、发布反垄断指南；④协调反垄断行政执法工作；⑤国务院规定的其他职责。国务院反垄断委员会的组成和工作规则由国务院规定。《反垄断法》第10条规定，国务院规定的承担反垄断执法职责的机构，依照本法规定，负责反垄断执法工作。国务院反垄断执法机构根据工作需要，可以授权省、自治区、直辖市人民政府相应的机构，依照本法规定负责有关反垄断执法工作。从上两条规定看，我国采取二元化立法模式，分别设立议事协调机构和具体执法机构。[2]根据反垄断委员会的上述职责，可以看出，该委员会不是一个行政执法机构，而是一个组织、协调和指导反垄断工作的议事协调机构，也可以说是一个领导反垄断行政执法的机构。鉴于中国反垄断执法权被严重分割的现状，设立反垄断委员会作为反垄断执法机关之间的协调机构是非常必要的。此外，国家设立一个级别高的反垄断委员会，不仅有利于在我国推动竞争政策、倡导竞争文化，也有利于保障反垄断执法的统一性、公正性和权威性。[3]根据第十一届全国人民代表大会第一次会议批准的国务院机构改革方案和《国务院关于机构设置的通知》（国发〔2008〕11号），在反垄断执法工作方面，明确由商务部承担国务院反垄断委员会组织、协调、指导反垄断方面的具体工作，同时根据"三定方案"明确了商务部、国家发改委和国家工商总局在不同领域反垄断方面的职责分工：商务部负责"经

〔1〕参见种明钊：《竞争法学》，高等教育出版社2012年版，第358～362页；王晓晔：《反垄断法》，法律出版社2011年版，第333～337页；徐士英：《新编竞争法教程》，北京大学出版社2009年版，第107～108页；盛杰民："完善《反垄断法》实施之我见"，载《中国物价》2013年第12期；王健："权力共享制抑或权力独享制——我国反垄断执法机关权力配置模式及解决方案"，载《政法论坛》2013年第3期；"《反垄断法》或年底出台，专家提设独立反垄断机构"，载《北京现代商报》2006年5月12日。

〔2〕徐士英：《新编竞争法教程》，北京大学出版社2009年版，第108页。

〔3〕王晓晔：《反垄断法》，法律出版社2011年版，第336页。

营者集中的反垄断审查等工作",并承担国务院反垄断委员会的具体工作;[1]国家发改委拥有"依法查处价格违法行为和价格垄断行为"的职责;[2]国家工商总局"负责垄断协议、滥用市场支配地位、滥用行政权力排除限制竞争方面的反垄断执法工作（价格垄断行为除外）"。[3]

十八大以来，特别是 2013 年 11 月党的十八届三中全会提出全面深化改革以来，我国的改革面貌焕然一新，各项改革有序推进。2014 年 7 月 8 日国务院公布了《国务院关于促进市场公平竞争维护市场正常秩序的若干意见》（国发〔2014〕20 号），该意见在放宽市场准入方面提出由发展改革委、财政部、商务部牵头负责打破地区封锁，由发展改革委牵头负责打破行业垄断。在改革监管执法体制方面提出要解决多头执法，不同部门下设的职责任务相近或相似的执法队伍，逐步整合为一支队伍；进一步提出要消除多层重复执法。对反垄断、商品进出口、外资国家安全审查等关系全国统一市场规则和管理的事项，实行中央政府统一监管。[4]这些新变化充分体现了国家对市场公平竞争和维护市场秩序的新认识，反映了我国未来在行政执法方面的改革方向，对于人们所诟病的多头执法问题，相信在不久的将来就会得到有效解决。

二、反垄断法实施的基本原则

反垄断法实施的基本原则是指在反垄断法实施过程中所应遵循的基本指导思想，它对反垄断执法与司法具有重要的影响。从世界各国和相关地区的反垄断法实施情况看，反垄断法实施有三个基本原则：

（一）本身违法原则

本身违法原则最早是由美国法院在 *United State v. Trenton Potteries Co.* 一案中确立的，[5]其基本含义是指某些行为的目的与后果就是排除竞争，该行为本身就是一种非法的对竞争的不合理限制，无需考虑该行为是否具有合理性，因而不需要更多的证据来证明其对市场是否造成实质性的损害。[6]本身违法原则仅从事实本身出发进行裁决，存在明显的不确定性缺陷。行为本身只是与竞争相关的因素之一，以行为本身直接判断其违法可能带来不公正的判决。但因这种做法简化了判断标准，在一定程度上提高了执法和司法的效率。本身违法原则通常仅适用于固定价格、限制产量或市场划分等严重限制竞争的行为。[7]

（二）合理原则

由于市场竞争的盲目性和无序性，在需要的情况下，限制竞争有利于社会整体效率的提高。因此，竞争的限制被认为有合理与不合理之分。在判断某种限制竞争行为合理与否时，要全面考察与该限制行为有关的特有的事实，如行为意图、行为方式、行为后果等。只有在企业存在谋求垄断的意图，并且造成了实质性限制竞争后果的情况下，其行为才构成违法，这就是

[1] 参见"中国商务部新'三定'方案获国务院批准，成立反垄断局"，载新华网，http://news.xinhuanet.com/newscenter/2008-08/23content_9651448.htm，2015 年 1 月 13 日访问。
[2] 参见"国家发改委新'三定'方案获批，集中精力抓宏观调控"，载新华网，http://news.xinhuanet.com/fortune/2008-08/21content_9573632.htm，2015 年 1 月 13 日访问。
[3] 参见"国务院批准国家工商总局主要职责内设机构和人员编制规定"，载新华网，http://news.xinhuanet.com/gsdt/xwxxaw? Infid=465.htm，2015 年 1 月 13 日访问。
[4] 参见《国务院关于促进市场公平竞争维护市场正常秩序的若干意见》（国发〔2014〕20 号）。
[5] *United State v. Trenton Potteries Co.*，273 U.S. 392, 47 S. Ct. 377, 71 L. Ed 700 (1927), 214, 217, 259.
[6] [美]欧内斯特·盖尔霍尔等：《反垄断法与经济学》（第五版），任勇等译，法律出版社 2009 年版，第 175 页。
[7] 国家工商行政管理局条法司：《现代竞争法的理论与实践》，法律出版社 1993 年版，第 42~43 页。

合理原则的内涵。[1]合理原则始于美国反托拉斯法实施的初期的判例,[2]与本身违法原则相比,虽然因为合理原则所考虑的因素较多,可能会使企业面对标准的不确定性和案件审理中执法机关判断的复杂性,但是合理原则考虑实际的市场效果,比较符合事实原貌,因此被各国普遍采用。我国《反垄断法》对垄断行为的判断也主要采用合理原则。

(三) 域外效力原则

反垄断法的域外效力是指一国的反垄断法对影响国内竞争的域外行为行使管辖权的制度。反垄断法域外适用有着深刻的社会经济根源,随着国际经济的发展,跨国企业的活动对本国的市场产生了许多巨大的影响,国家为了维护本国的经济利益,作出域外适用规定是势在必行的。反垄断法的域外适用制度已成为反垄断立法的普遍趋势和通行制度。[3]为了防止和制止境外发生的垄断行为对国内市场竞争产生不利影响,我国《反垄断法》对域外适用作出了规定:中华人民共和国境外的垄断行为,对境内市场竞争产生排除、限制影响的,适用本法。[4]

三、反垄断法的行政执法程序

我国《反垄断法》对垄断案件的处理程序作了明确的规定,分为调查程序、行政复议和行政诉讼程序以及利害关系人的民事诉讼程序。[5]

(一) 调查程序的启动

根据《反垄断法》第38条,反垄断调查程序的启动分为两种情形:一是依职权调查;二是接受举报后展开调查。对于涉嫌垄断行为,任何单位和个人有权向反垄断执法机构举报。反垄断执法机构应当为举报人保密。举报采用书面形式并提供相应事实和证据的,反垄断执法机构应当进行必要的调查。

(二) 调查程序的开展

我国《反垄断法》第39条第1款规定,反垄断执法机构调查涉嫌垄断行为时,可以采取下列措施:①进入被调查的经营者的营业场所或者其他有关场所进行检查;②询问被调查的经营者、利害关系人或者其他有关单位或者个人,要求其说明有关情况;③查阅、复制被调查的经营者、利害关系人或者其他有关单位或者个人的有关单证、协议、会计账簿、业务函电、电子数据等文件、资料;④查封、扣押相关证据;⑤查询经营者的银行账户。

此外,《反垄断法》第39条第2款、第40条、第41条对执法机构的调查作了程序性规则要求:首先,采取上述规定的措施,应当向反垄断执法机构主要负责人书面报告,并经批准。其次,反垄断执法机构调查涉嫌垄断行为,执法人员不得少于二人,并应当出示执法证件。执法人员进行询问和调查,应当制作笔录,并由被询问人或者被调查人签字。最后,反垄断执法机构及其工作人员对执法过程中知悉的商业秘密负有保密义务。

(三) 被调查者在调查程序中的权利和义务

关于被调查者在调查过程中的权利义务,《反垄断法》第42、43条规定,被调查的经营

---

〔1〕 安淑新:"我国反垄断的重点、难点及其对策相关研究综述",载《当代经济管理》2013年第1期。
〔2〕 *Addyston Pipe & Steel Co. v. U. S.*, 175 U. S. 211 20 S Ct. 96, 44 L. Ed. 136(1899)。此案件的判决使得"合理性"在审理中可以成为一个抗辩的理由。参见 [美] 欧内斯特·盖尔霍尔等:《反垄断法与经济学》(第五版),任勇等译,法律出版社2009年版,第169页。
〔3〕 林燕萍:"论冲突规范在竞争法域外适用中的作用及其特点",中国国际私法学会2010年年会暨涉外民事关系法律适用法研讨会,中国国际私法学会,2010年9月1日,天津。
〔4〕 王晓晔:"反垄断法——中国经济体制改革的里程碑",首届中国法学名家论坛,华东政法大学,2009年4月24日,上海。
〔5〕 参见《反垄断法》第38、39、53条。

者、利害关系人或者其他有关单位或者个人应当配合反垄断执法机构依法履行职责，不得拒绝、阻碍反垄断执法机构的调查。被调查的经营者、利害关系人有权陈述意见。反垄断执法机构应当对被调查的经营者、利害关系人提出的事实、理由和证据进行核实。

（四）关于调查结果

对于反垄断执法机构的调查结果，《反垄断法》第44条作了规定，即反垄断执法机构对涉嫌垄断行为调查核实后，认为构成垄断行为的，应当依法作出处理决定，并可以向社会公布。

（五）经营者承诺

为鼓励、促使涉嫌垄断行为的经营者主动认识自己行为的违法性，提高反垄断执法机构的审查效率，很多国家的反垄断法都有经营者和解制度的规定，我国《反垄断法》中表现为"经营者承诺"的规定。

我国《反垄断法》第45条规定，对反垄断执法机构调查的涉嫌垄断行为，被调查的经营者承诺在反垄断执法机构认可的期限内采取具体措施消除该行为后果的，反垄断执法机构可以决定中止调查。中止调查的决定应当载明被调查的经营者承诺的具体内容。

反垄断执法机构决定中止调查的，应当对经营者履行承诺的情况进行监督。经营者履行承诺的，反垄断执法机构可以决定终止调查。

有下列情形之一的，反垄断执法机构应当恢复调查：①经营者未履行承诺的；②作出中止调查决定所依据的事实发生重大变化的；③中止调查的决定是基于经营者提供的不完整或者不真实的信息作出的。

（六）行政复议和行政诉讼程序

我国《反垄断法》第53条针对被调查者对处理决定不服的情形，作了较具体的规定：①反垄断执法机构依据《反垄断法》第28条、第29条作出的决定不服的，可以先依法申请行政复议；对行政复议决定不服的，可以依法提起行政诉讼。②对反垄断执法机构作出的上述规定以外的决定不服的，可以依法申请行政复议或者提起行政诉讼。

此外，我国《反垄断法》第10条规定，国务院反垄断执法机构依照本法规定，负责反垄断执法工作。国务院反垄断执法机构根据工作需要，可以授权省、自治区、直辖市人民政府相应的机构，依照本法规定负责有关反垄断执法工作。

四、反垄断法的私人执行

反垄断法的实施既可以通过执法机构来进行，也可以通过私人来进行，前者称为反垄断法的公共执行，后者称为反垄断法的私人执行。[1]公共执行即是政府执行反垄断法的活动，即反垄断行政执法机关作为公共利益的代表，通过行使公权力执行反垄断法，[2]如我国反垄断三大执法机关：商务部、工商总局和发改委在各自职权范围内对垄断违法行为所采取的执法措施都属于公共执行。[3]私人执行是指受限制竞争行为侵害的自然人、法人和其他市场主体向法院提起反垄断诉讼。[4]私人执行有多种方式，如举报、仲裁和诉讼，我国《反垄断法》第38条及第50条对之有相应的规定。反垄断私人执行的最主要方式是私人诉讼，指私人当事人通过诉

〔1〕 王健："关于推进我国反垄断私人诉讼的思考"，载《法商研究》2010年第3期。
〔2〕 王晓晔：《反垄断法》，法律出版社2011年版，第347页。
〔3〕 颜运秋等：《经济法实施机制研究——通过公益诉讼推动经济法实施》，法律出版社2014年版，第197页。
〔4〕 王晓晔：《反垄断法》，法律出版社2011年版，第348页。

讼方式来执行反垄断法。[1]反垄断私人诉讼主要是民事诉讼，即原告指控被告有限制竞争行为，并且由此使他们受到了损害。反垄断私人诉讼也包括行政诉讼，即原告指控行政机关滥用行政权力限制竞争，并由此使他们受到了损害，[2]这一点在我国《行政诉讼法》中体现得尤为突出。[3]

我国《反垄断法》第50条规定，"经营者实施垄断行为，给他人造成损失的，依法承担民事责任"。最高人民法院于2012年5月公布的《关于审理因垄断行为引发的民事纠纷案件应用法律若干问题的规定》明确反垄断民事诉讼不需要以行政执法程序前置为条件，减轻了一直为人们所诉病的原告的举证责任。[4]随着《反垄断法》和《关于审理因垄断行为引发的民事纠纷案件应用法律若干问题的规定》生效，依据这些规定的反垄断民事诉讼在我国屡见不鲜，有些案件在国内外还有较大的影响。如2009年4月周泽诉中国移动通信集团北京有限公司和中国移动通信集团公司垄断纠纷案，该案中，周泽指控中国移动与其不存在租赁关系，却强行以收取手机"月租费"作为提供中国移动通信服务的附加条件；此外，中国移动向其收取的"全球通"月租费及具体的通信服务价格与对其他用户的收费标准存在差异，构成了在没有正当理由的情况下，对条件相同的交易相对人实施价格差别待遇。这两种行为均涉嫌违反《反垄断法》第17条，构成了滥用市场支配地位的行为。周泽向法院提出了判决被告停止收取月租费、退换已交月租费1200元等诉讼请求。经北京市第二中级人民法院调解结案：中国移动尽管否认它在中国电信市场占支配地位，但它不再向周泽收取月租费，此外还以"感谢"的名义补偿周泽1000元，周泽撤诉。[5]这个案件是《反垄断法》实施以来首例原告获得损害赔偿的案件，因为原告对被告各项要求几乎都予以满足，原告基本胜诉。[6]此外还有2008年12月唐山人人信息服务有限公司诉北京百度网讯科技有限公司垄断纠纷案，[7]2011年11月奇虎公司诉腾讯公司和腾讯计算机公司滥用市场支配地位案，[8]2012年8月刘孝五诉广东省足协和珠超公司差别待遇纠纷案，[9]2014年10月米时科技诉奇虎科技滥用市场支配地位及不正当竞争案[10]等。上述一系列私人反垄断诉讼，不仅说明了我国公民和企业的反垄断意识不断增强，也显示了私人反垄断执法在我国反垄断执法初期的重要性。[11]

反垄断公共执行和私人执行恰如鸟之两翼，缺少私人执行的反垄断法实施独翅难飞，因此我们应重视我国反垄断私人诉讼制度的改进。尤其在我国目前行政效率低下、腐败盛行、行政

---

[1] 颜运秋、周晓明、丁晓波："我国反垄断私人诉讼的障碍及其克服"，载《政治与法律》2011年第1期。

[2] 王晓晔：《反垄断法》，法律出版社2011年版，第348页。

[3] 最新修订的《行政诉讼法》第12条第1款关于人民法院受案范围，第8项规定：认为行政机关滥用行政权力排除或者限制竞争的。

[4] 徐士英："反垄断民事诉讼实践性增强——'反垄断法司法解释'之解读"，载《上海法治报》2012年6月20日，第B7版。

[5] 参见"中国移动被诉垄断案原被告和解"，载http://blog.sina.com.cn/s/blog_4bdb1fa00100g27j.html，2015年1月13日访问。

[6] 王晓晔：《反垄断法》，法律出版社2011年版，第352页。

[7] 参见"反垄断第一案：法院驳回人人公司诉讼请求"，载反垄断法网，http://www.antitrustlaw.net.cn/atl/news/News_View.asp?NewsID=143，2015年1月13日访问。

[8] 最高人民法院，(2013)民三终字第4号，奇虎公司诉腾讯公司和腾讯计算机公司滥用市场支配地位案。

[9] 参见"中国体育反垄断第一案在广州中级人民法院开庭审理（一审）"，载新浪网，http://sports.sina.com.cn，2015年1月13日访问。

[10] 参见"移动互联网反垄断第一案将开庭：米时科技诉360"，载腾讯网，http://tech.qq.com/a/20141016/023550.htm#rd，2015年1月13日访问。

[11] 王晓晔：《反垄断法》，法律出版社2011年版，第352页。

性垄断严重的情形下，私人诉讼更是具有极其宝贵的制度价值。我们希望反垄断私人诉讼能够得到应有的重视，发挥其强大的制度功能，为推进我国反垄断法的顺利实施增加强劲动力。[1]

■ 思考题

1. 简述反垄断法的理论基础。

2. 我国反垄断法为何要对部分垄断协议行为进行豁免？不适用反垄断法规定的垄断协议行为应当具备什么样的限制条件？

3. 行业协会订立的自律性规则和决定是否可以视为垄断协议？试举一例说明。

4. 反垄断执法机构确认经营者构成滥用市场支配地位的行为需要经过哪些步骤？

5. 界定相关市场的方法主要有哪些，我国采取的是何种界定方法？

6. 我国是否采取经营者集中事先申报制度？反垄断执法机构对经营者集中要进行哪些具体的审查？如果未依法申报要承担哪些法律责任？

7. 行政性垄断行为的危害有哪些？我国在反垄断法中规制滥用行政权力排除、限制竞争行为有何重要意义？

■ 参考书目

1. 全国人大常委会法制工作委员会经济法室编：《〈中华人民共和国反垄断法〉条文说明、立法理由及相关规定》，北京大学出版社 2007 年版。

2. 徐士英：《竞争政策研究——国际比较与中国选择》，法律出版社 2013 年版。

3. 包锡妹：《反垄断法的经济分析》，中国社会科学出版社 2003 年版。

4. 孔祥俊：《反垄断法原理》，中国法制出版社 2001 年版。

5. 叶卫平：《反垄断法价值问题研究》，北京大学出版社 2012 年版。

6. 王晓晔：《反垄断法》，法律出版社 2011 年版。

7. 孙晋、李胜利：《竞争法原论》，武汉大学出版社 2011 年版。

8. 戴龙：《日本反垄断法研究》，中国政法大学出版社 2014 年版。

9. 尚明：《对企业滥用市场支配地位的反垄断法规制》，法律出版社 2007 年版。

10. 丁茂中：《反垄断法实施中的相关市场界定研究》，复旦大学出版社 2011 年版。

11. 刘宁元：《反垄断法域外管辖冲突及其国际协调机制研究》，北京大学出版社 2013 年版。

12. 钟刚：《反垄断法豁免制度研究》，北京大学出版社 2010 年版。

13. 邓志松：《论行政垄断的成因、特点及法律规制》，法律出版社 2012 年版。

14. 王先林：《中国反垄断法实施热点问题研究》，法律出版社 2011 年版。

15. 王健、朱宏文：《反垄断法实施问题研究》，法律出版社 2013 年版。

16. 文学国、孟雁北、高重迎：《反垄断法执行制度研究》，中国社会科学出版社 2011 年版。

17. 黄勇、董灵：《反垄断法经典判例解析》，人民法院出版社 2002 年版。

18. 刘继峰主编：《反垄断法案例评析》，对外经济贸易大学出版社 2012 年版。

[1]　颜运秋等：《经济法实施机制研究——通过公益诉讼推动经济法实施》，法律出版社 2014 年版，第 209 页。

第十五章   消费者权益保护法律制度

■学习目的和要求

　　了解消费者权益保护法在经济法体系中的重要地位和作用；理解消费者的涵义；掌握消费者权益保护法的基本原则；重点掌握消费者权益的保护体系、消费者权利的内容及侵害消费者权益行为的法律责任等；学会运用消费者权益保护法知识分析和处理侵犯消费者权益的案件。

第一节   消费者权益保护法概述

一、消费者运动的兴起与消费者权益保护立法

（一）消费者的定义

　　人类的生存和发展离不开社会再生产的重要环节——消费。消费通常有两种解释：①从广义上讲，消费既包括人类在生产过程中对各种生产资料的消耗（即生产消费），也包括人类为满足个人需求对各种生活资料的消耗（即生活消费）；②从狭义上讲，仅指生活消费。

　　作为消费主体的消费者，按照国际上通行的做法和世界各国保护消费者权益法的规定，一般都是限定生活消费的主体并给予特别的保护。我国《消费者权益保护法》第2条规定："消费者为生活消费需要购买、使用商品或者接受服务，其权益受本法保护；本法未作规定的，受其他有关法律、法规保护。"

　　按照《消费者权益保护法》的规定，消费者的涵义包括以下方面：①消费者是购买、使用商品或接受服务的自然人。法人和其他社会组织不具有消费者资格，因为生活消费的终极消费主体只能是自然人。在生活消费过程中，有时商品的购买者与使用者是一致的，有时则不一致，如购买商品后给其他家庭成员、亲戚、朋友等使用，自己承担服务费用后由他人实际利用等。因此，消费者的范围是非常广泛的，既包括购买商品或服务的人，也包括使用商品或接受服务的人。我们将消费者限定于个体成员，并不否定法人及其他社会组织在其权利受到侵害时可以依照其他法律规定得到救济。②消费者购买、使用的商品或接受的服务是由经营者提供的。消费者是与经营者相对的一种法律关系主体。当某人为了生活需要而购买或使用他人提供的商品或服务时，他就是这种商品或服务的消费者，而提供商品或服务的一方即为经营者。经营者既可以是法人、其他社会组织，也可以是自然人。作为消费者从经营者那里获得的商品或服务的对价条件，通常情况下是货币，也可以是提供劳务和便利等。不支付任何代价而接受经营者赠与的商品或提供的服务者则不属于消费者的范畴。因此，因无偿赠与的商品或提供的服务而致损害的，不应适用《消费者权益保护法》，而应当按照其他法律规定得到救济。③消费者是为满足生活需求而进行生活消费活动的人。有些商品如粮食、水、电等既可以是生活消费资料，也可以用于生产经营领域。区分消费者与经营者的根本所在不是所购买的商品具体是什么，而是其购买目的是为生活消费需要，还是为生产消费需要，两者的法律地位是不同的。另

外，在我国广大农村目前的生产经营条件下，为保护广大农民的切身利益，《消费者权益保护法》第 62 条作了特别规定："农民购买、使用直接用于农业生产的生产资料，参照本法执行。"

明确界定消费者的涵义具有十分重要的意义，它既可以明确当事者的身份，有效保护消费者的权益，实现消费者权益保护法的立法宗旨，还可以避免因对消费者的界定不清产生模糊认识，造成执法混乱。我国《消费者权益保护法》于 1994 年 1 月 1 日施行以来，一直存在对第 2 条关于消费者定义的不同理解，特别是随着消费者权益意识的增强和"职业打假"的出现，其在实际适用中产生了一些模糊认识。法院对于"知假买假"请求惩罚性赔偿是否予以支持的问题，无论法学界还是审判实践中都存在不同认识。有的法院支持，有的法院不予支持。为此，最高人民法院于 2014 年 1 月 9 日发布了《关于审理食品药品纠纷案件适用法律若干问题的规定》（2014 年 3 月 15 日施行）。该司法解释第 3 条规定："因食品、药品质量问题发生纠纷，购买者向生产者、销售者主张权利，生产者、销售者以购买者明知食品、药品存在质量问题而仍然购买为由进行抗辩的，人民法院不予支持。"这次发布的司法解释支持了食品、药品"知假买假"的索赔。我们认为该规定也应该适用于其他商品的消费领域，这对于统一司法尺度、打击无良商家、维护消费者权益、净化市场环境具有重要意义。关于对所谓"职业打假人"，甚至形成职业打假公司的"知假买假"，该司法解释没有明确规定。职业打假本身是一把双刃剑，一方面能够对日益猖獗的假冒伪劣行为起到制约、遏制作用，但也可能产生一些道德风险或者市场秩序上的问题。

如何理解《消费者权益保护法》第 2 条中的"为生活消费需要"这个限定词的涵义和作用，即"为生活消费需要"是把《消费者权益保护法》调整的范围限定于生活消费，还是把消费目的或动机作为认定消费者的主观要件，无论从《消费者权益保护法》的立法宗旨，还是从比较法的角度看，认定消费者应以"限定生活消费"的客观标准为准，而不能理解为以"为生活消费需要"的主观消费目的或动机。参考国外的立法例，大都没有将消费目的纳入法律，并以此来界定消费者。美国《布莱克法律词典》对消费者的定义是："所谓消费者，是指从事消费之人，亦即购买、使用、持有以及处理物品或服务之人……消费者是指最终产品或服务的使用人，因此，其地位有别于生产者、批发商、零售商。"泰国 1979 年颁布的《消费者保护法》规定："所谓消费者，是指从卖主或从生产经营者那里购买商品和接受服务的个人。"国际标准化组织对消费者的定义是："为了个人目的购买或使用商品和服务的个体社会成员。"日本 2000 年 5 月颁布的《消费契约法》规定："本法所称'消费者'仅指个人（从事经营或为经营而成为合同当事人的场合除外）。"可见，"为生活消费需要"是为了把生活消费同生产消费、消费者同经营者区别开来，把《消费者权益保护法》调整的范围限定于生活消费，而不是为判断其主观动机。

（二）消费者运动的兴起及消费者权益保护立法

消费者与经营者是经济利益的相对人，双方之间的矛盾自商品经济产生之初就已存在。但在简单商品经济时期并不十分突出，那时如果经营者侵犯了消费者的利益，通常依照保护双方意思自治、地位平等的私法（民法）来解决。随着社会的发展，特别是现代市场经济条件下，消费者与经营者之间的矛盾日益激化，消费者越来越处于劣势地位，这是因为：①生产的社会化和专业化程度越来越高，使得经营者与消费者的身份被固定下来，不能替换。在某一特定领域，消费者仍然是社会个体成员，而经营者由于采取了现代经济组织形式，其实力日益强大，使得消费者不能与之势均力敌，只能处于弱者地位。②随着现代科学技术的进步和应用，科技含量高的产品大量问世，使得消费者发生认识困难，难辨真伪、优劣；而有些经营者为追求利益最大化不惜采取各种手段，造假、假冒、偷工减料、虚假宣传、垄断、误导消费者等，侵害消费者利益的情况日益严重，使得消费者更加处于不利地位。消费者势单力薄，很难直接、有效地向生产经营者主张自己的权利，不得不寻求法律上的支持和保护。于是要求打破传统私法自治原则，国家适当干预经济生活，明确消费者的弱者地位并给予法律上特别保护的呼声越来越高，尤其是在20世纪50~60年代，终于引发了世界范围内的消费者运动。各国消费者运动的兴起对消费者权益保护法律制度的发展起到了巨大的推动作用。世界上最早制定消费者利益保护法的国家是美国，即1890年美国国会通过的《保护贸易和商业不受非法限制和垄断损害法》（即《谢尔曼法》），该法也是公认的现代经济法产生的标志。它体现了国家适度干预经济生活、限制市场垄断行为、反对不正当竞争等观念，从而保护了消费者利益。1898年，美国成立了世界上第一个全国性的消费者组织——全国消费者同盟。此后，美国制定了大量有关保护消费者利益的法律，这些法律涉及消费品安全、卫生管理、交易规则、产品责任、商品标示及商标管理等各个领域。现在，美国保护消费者利益的法律制度已相当完善。继美国之后，其他一些资本主义国家也都相继形成了保护消费者利益的法律法规体系。有的国家（如英国、日本等）除了有保护消费者利益的单行法规外，还颁布实施了保护消费者利益的基本法。

随着国际贸易往来的加强，为保护各国消费者的共同利益，消费者保护法的发展越来越呈现出国际化趋势。目前，保护消费者利益的国际立法主要有1985年联合国通过的《保护消费者准则》和欧洲理事会通过的《消费者保护宪章》等。

我国的消费者运动及消费者权益保护法的产生较晚。随着我国社会主义市场经济体制的改革，生产者、经营者独立的经济地位得以确立，极大地调动了生产者经营者的积极性，从而使消费品种类及服务项目日益丰富，技术含量日益提高。一方面满足了人们日益增长的物质文化生活需求；同时不可避免地发生了一些侵害消费者利益的事件，且愈演愈烈。我国于1984年12月经国务院批准成立了中国消费者协会，之后，各省、市、县等各级消费者协会相继成立。中国消费者协会于1987年9月被国际消费者组织联盟接纳为正式会员。由于消费者权利意识的觉醒，广大消费者强烈要求国家通过立法形式保护消费者利益，这就极大地推动了我国消费者权益保护法的立法进程。1993年10月31日第八届全国人大常委会第四次会议通过了《消费者权益保护法》，该法于2013年10月25日第十二届全国人民代表大会常务委员会第五次会议通过修订。这是我国保护消费者权益的基本法。此外，许多法律法规中还有大量关于保护消费者权益的法律规范，主要有：《反不正当竞争法》（1993年9月2日第八届全国人大常委会第三次会议通过）、《药品管理法》（1984年第六届全国人大常委会第七次会议通过，2015年修正）、《化妆品卫生监督条例》（1989年国务院发布）、《进出口商品检验法》（1989年2月21日第七届全国人大常委会第六次会议通过，2013年修正）、《产品质量法》（1993年2月22日第七届全国人大常委会第三十一次会议通过，2009年修正）、《食品安全法》（2009年2月28日第十一届全国人大常委会第七次会议通过，2015年修订）以及《计量法》《标准化法》《商标法》《广告法》《价格法》等法律、法规。

我国基本已形成了比较完善的消费者权益保护法律体系，今后，应进一步修改不适应市场经济发展要求的条款，进一步完善消费者权益保护法律法规。例如，准确界定消费者涵义，增加保护消费者权益的条款，完善对消费争议的解决机制并加大对侵害消费者权益行为的处罚力度等。同时，一个更重要的任务就是要严格执法。

二、消费者权益保护法的定义与调整对象

（一）消费者权益保护法的定义

消费者权益保护法有广义与狭义之分，狭义的消费者权益保护法仅指全国人大常委会通过的《消费者权益保护法》；广义的消费者权益保护法是指由国家制定、颁布的具有保护消费者合法权益功能的各种法律规范。通常情况下多采用广义的定义。

（二）消费者权益保护法的调整对象

消费者权益保护法的调整对象，是指因保护消费者利益而产生的各种社会关系，具体包括：①国家机关与经营者之间的关系，主要是指国家有关管理部门在对经营者的生产、销售、服务活动进行监督管理，以及对侵害消费者合法权益的行为给予制裁过程中所发生的社会关系；②国家机关与消费者之间的关系，主要是指国家管理部门在为消费者提供指导、服务与保护过程中所发生的社会关系；③经营者与消费者之间的关系，主要是指经营者因违法行为给消费者造成损害，消费者请求赔偿，以及消费者在对经营者进行监督过程中所发生的社会关系。

三、消费者权益保护法的立法宗旨与基本原则

（一）消费者权益保护法的立法宗旨

消费者权益保护法是国家基于消费者的弱者地位而给予其特别保护，以维护真正的公平交易及市场秩序的法律。其立法宗旨十分明确，正如《消费者权益保护法》第1条规定的，该法的立法宗旨是"为保护消费者的合法权益，维护社会经济秩序，促进社会主义市场经济健康发展"。

（二）消费者权益保护法的基本原则

1. 对消费者特别保护原则。消费者与经营者从法律地位上讲是平等的，但在实际消费关系中，消费者客观上处于弱者地位。为真正实现双方地位平等、交易公平，国家对消费者应给予特别保护，这是消费者权益保护法最基本的原则，也是国家义不容辞的责任。对消费者特别保护原则体现在法律规范上，即国家通过立法形式站在消费者立场上，对经营者的活动进行一定的限制与约束，偏重其义务规范，对消费者则偏重其权利规范，并对消费者权利的实施给予保障。对消费者特别保护原则还体现在法律适用上，当消费者的权利保护与其他权利（如经营者的民事权利）保护发生冲突时，应当优先保护消费者的权利。同一纠纷有多种法律可适用时，应当优先适用消费者权益保护法（即消费者权利优于其他普通民事权利，消费合同优于普通民事合同），当然，也并不排斥其他法律对消费者的共同保护。

我国《消费者权益保护法》充分体现了对消费者利益特别保护的原则。《消费者权益保护法》第二章专章规定了消费者的各项权利，第三章专章规定了经营者的各项义务。同时，在《广告法》《产品质量法》《药品管理法》《反不正当竞争法》中也都对经营者的行为进行了限制和约束，体现了对消费者利益特别保护的原则。

2. 行政监督与社会监督相结合原则。保护消费者权益，除了立法上的倾斜外，更需要各部门严格执法作保障。各级国家行政管理机关应加强对经营者的监督管理，有关国家机关对侵害消费者合法权益的行为，应给予制裁，对消费者应给予帮助，使其增强自我保护意识和能力。我国《消费者权益保护法》第5条第1、2款规定："国家保护消费者的合法权益不受侵害。国家采取措施，保障消费者依法行使权利，维护消费者的合法权益。"该法第四章还专门规定了各种国家机关对消费者合法权益的保护职责。

保护消费者合法权益也是全社会的共同责任。仅有行政监督还不够，还必须与社会监督相结合，这也是保护消费者权益的一项基本原则。我国《消费者权益保护法》第6条第2款规定，国家鼓励、支持一切组织和个人对损害消费者合法权益的行为进行社会监督。第3款规定，大众传播媒介应当做好维护消费者合法权益的宣传，对损害消费者合法权益的行为进行舆论监督。社会监督范围十分广泛，包括各种社会团体的监督、企事业单位的监督、各级消费者组织的监督、各种传播媒介的监督以及广大人民群众的监督，以切实保障消费者的合法权益不

受侵害。

3. 补偿性与惩罚性相结合原则。对侵害消费者合法权益的行为给予一定的制裁，是对消费者合法权益的终极保护。我国《消费者权益保护法》根据经营者侵害消费者合法权益的具体情况不同，分别规定了不同的制裁方法，并坚持补偿性与惩罚性相结合的原则。即当经营者侵害了消费者的合法权益时，首先应当赔偿消费者的实际损失，包括直接损失和间接损失，以及适当的精神损害赔偿。其次，对其不法行为给予相应的惩罚，直至承担行政责任或刑事责任。即使经营者侵害了消费者的合法权益尚未造成实际损失，也应承担一定的赔偿责任，这实际是对不法经营者的惩罚性规定。我国2013年新修正的《消费者权益保护法》第55条第1款规定："经营者提供商品或者服务有欺诈行为的，应当按照消费者的要求增加赔偿其受到的损失，增加赔偿的金额为消费者购买商品的价款或者接受服务的费用的3倍……"第55条第2款规定："经营者明知商品或者服务存在缺陷，仍然向消费者提供，造成消费者或者其他受害人死亡或者健康严重损害的，受害人有权要求经营者依照本法第49条、第51条等法律规定赔偿损失，并有权要求所受损失2倍以下的惩罚性赔偿。"该条即是这种惩罚性条款。这样规定十分必要，充分体现了消费者权益保护法的立法宗旨，即尊重弱者，加强了对弱者的保护，维护市场公平竞争秩序。

第二节　消费者的权利和经营者的义务

一、消费者的权利

消费者的权利，是指消费者在消费活动中，即在购买、使用商品和接受服务过程中，依照法律规定所享有的各项权利。消费者的权利是我国消费者权益保护法的核心内容。按照我国《消费者权益保护法》第二章的规定，消费者的权利主要包括以下几项：

（一）人身、财产的安全权

简称安全权，是指消费者在购买、使用商品或接受服务时享有的人身、财产安全不受损害的权利。这是消费者最基本的权利，具体说就是消费者有权要求经营者提供的商品或者服务，符合保障人身、财产安全的要求。

（二）消费内容知悉权

简称知悉权，也称知情权，是指消费者享有的知悉其购买、使用的商品或者接受的服务的真实情况的权利。这是消费者作出消费决定的前提，其具体内容是，消费者有权根据商品或者服务的不同情况要求经营者提供商品的价格、产地、生产者、用途、性能、规格、等级、主要成分、生产日期、有效期限、检验合格证明、使用方法说明书、售后服务，或者服务的内容、规格、费用等有关真实情况。

（三）消费内容选择权

简称选择权，是指消费者享有的自主选择商品或者服务的权利。《消费者权益保护法》第9条规定了消费者自主选择权的主要内容：①有权自主选择提供商品或者服务的经营者；②有权自主选择商品品种或者服务方式；③有权自主决定购买或者不购买任何一种商品、接受或者不接受任何一项服务；④消费者在自主选择商品或者服务时，有权进行比较、鉴别和挑选。消费者在全面知悉商品或服务的真实情况的前提下，有自主选择权，不受任何人制约。

（四）公平交易权

公平交易权，是指消费者在与经营者进行交易时所享有的获得公平的交易条件的权利。这里所谓公平的交易条件，主要包括质量有保障、价格合理、计量正确以及自愿交易等。公平交易权实际上是《民法通则》关于民事活动应当遵循自愿、公平、等价有偿、诚实信用原则的具体化。

（五）侵权损害求偿权

简称求偿权，是指消费者因购买、使用商品或者接受服务受到侵权以及受到人身、财产损害时，依法享有的请求并获得赔偿的权利。

（六）监督权

消费者的监督权，是指消费者享有的对商品或者服务以及保护消费者权益工作进行监督的权利。消费者的监督权包括：有权检举、控告侵害消费者权益的行为和国家机关及其工作人员在保护消费者权益工作中的违法失职行为；有权对保护消费者权益工作提出批评、建议。

（七）获得消费知识权

获得消费知识权，是指消费者享有的获得有关消费和消费者权益保护方面的知识的权利。消费者获得消费教育的权利，具体包括：①消费者享有获得与商品和服务密切相关的知识和信息的权利，以便实现消费者的自主选择权，满足其消费需求；②消费者有权获得有关消费者利益保护方面的法律知识，以便能够运用法律维护自身的合法权益，增强消费者的自我保护意识和能力；③消费者享有获得有关消费咨询的权利。

（八）消费者受尊重权

消费者受尊重权，是指消费者在购买、使用商品或者接受服务时，享有的其人格尊严、民族风俗习惯得到尊重的权利。尊重消费者的人格尊严和民族风俗习惯是社会文明的标志，也是尊重和保障人权的重要内容。

（九）消费者结社权

消费者结社权，是指消费者享有的依法成立维护自身合法权益的社会团体的权利。消费者作为弱者，有时靠自己单个的力量难以维护自身合法权益，依法行使结社权，可以使消费者由弱小、分散变得集中、强大，从而加强消费者与拥有雄厚经济实力和经验的经营者相抗衡的力量。因此，法律赋予消费者有权成立保护自身利益的自治团体，目前主要是各级消费者协会。

二、经营者的义务

经营者的义务是与消费者的权利相对应的，消费者的权利能否实现取决于经营者是否依法履行了其应尽的义务。因此，明确经营者的义务并使之履行对于保护消费者权益至关重要。按照我国《消费者权益保护法》第三章的规定，经营者的义务包括如下内容：

（一）遵守法律法规

经营者向消费者提供商品或者服务，应当履行《产品质量法》和其他有关法律、法规的规定义务。经营者和消费者有约定的，应当按照约定履行义务，但双方的约定不得违背法律、法规的规定。

（二）接受消费者监督

经营者应当听取消费者对其提供的商品或者服务的意见，接受消费者的监督，不得以任何方式拒绝消费者的监督。

（三）保障消费者人身和财产安全

为了保障消费者在消费过程中享有的人身、财产安全的权利，法律规定经营者必须做到：①经营者应当保证其提供的商品或者服务符合保障人身、财产安全的要求。对可能危及人身、财产安全的商品和服务，应当向消费者作出真实的说明和明确的警示，并说明和标明正确使用商品或者接受服务的方法以及防止危害发生的方法。②经营者发现其提供的商品或者服务存在严重缺陷，即使正确使用商品或者接受该服务时仍然可能对人身、财产安全造成危害的，应当立即向有关部门报告和告知消费者，并采取防止危害发生的措施。

（四）信息提供

经营者有义务提供一切真实信息，不作虚假宣传，这是消费者实现知情权的保障。这一义务包括：①经营者应当向消费者提供有关商品或者服务的真实信息，不得作引人误解的虚假宣传；②经营者对消费者就其提供的商品或者服务的质量和使用方法等问题所提出的询问，应当作出真实、明确的答复；③商店提供的商品应当明码标价；④经营者应当标明其真实名称和标记；⑤租赁他人柜台或者场地的经营者，应当标明其真实名称和标记。

（五）出具凭证、单据

经营者提供商品或者服务，应当按照国家有关规定或者商业惯例向消费者出具购货凭证或者服务单据；消费者索要购物凭证或者服务单据，经营者必须出具。购物凭证或者服务单据是双方消费关系的证明，经营者依法出具凭证或单据，既是对经营者经营活动的监督，也是双方发生纠纷时解决纠纷、明确双方权利义务范围的依据。

（六）品质担保

经营者有义务为消费者提供符合品质要求的商品和服务。对此，《消费者权益保护法》及《产品质量法》都作了相关规定。《消费者权益保护法》第23条作了如下规定：①经营者应当保证在正常使用商品或者接受服务的情况下其提供的商品或者服务应当具有的质量、性能、用途和有效期限；但消费者在购买该商品或者接受该服务前已经知道其存在瑕疵，且存在该瑕疵不违反法律强制性规定的除外。②经营者以广告、产品说明、实物样品或者其他方式表明商品或者服务的质量状况的，应当保证其提供的商品或者服务的实际质量与表明的质量状况相符。

（七）保证提供可提供的商品或服务

经营者对已有的、可提供的商品和服务，应当保证提供；不得寻找借口拒绝提供，如对供不应求的紧俏商品不上柜台而进行内部销售、出租车司机无正当理由而拒载等。

（八）售后服务

为防止出现某些经营者重销售、轻售后服务的现象，切实保障消费者权益的实现，法律规定经营者必须建立健全售后服务体系。新《消费者权益保护法》加大了经营者的"三包"服务范围。经营者提供商品或者服务，按照国家规定或者与消费者的约定，应承担包修、包换、包退或者其他售后责任的，应当按照国家规定或者约定履行，不得故意拖延或者无理拒绝。没有国家规定和当事人约定的，消费者可以自收到商品之日起7日内退货；7日后符合法定解除合同条件的，消费者可以及时退货，不符合法定解除合同条件的，可以要求经营者履行更换、修理等义务。

（九）不得从事不公平、不合理交易

经营者不得以格式合同、通知、声明、店堂告示等方式作出对消费者不公平、不合理的规定，或者减轻、免除其损害消费者合法权益时所应当承担的民事责任。格式合同、通知、声明、店堂告示等含有上述所列内容的，其内容无效。

（十）尊重消费者人格

经营者应当尊重消费者的人格，不得对消费者进行侮辱、诽谤，不得搜查消费者的身体及其携带的物品，不得侵犯消费者的人身自由。

（十一）尊重消费者个人信息等隐私权

经营者收集、使用消费者个人信息，应当遵循合法、正当、必要的原则，明示收集、使用信息的目的、方式和范围，并经消费者同意。经营者收集、使用消费者个人信息，应当公开其收集、使用规则，不得违反法律、法规的规定和双方的约定收集、使用信息。

经营者及其工作人员对收集的消费者个人信息必须严格保密，不得泄露、出售或者非法向他人提供。经营者应当采取技术措施和其他必要措施，确保信息安全，防止消费者个人信息泄露、丢失。在发生或者可能发生信息泄露、丢失的情况时，应当立即采取补救措施。

第三节　消费者权益保护体系

一、消费者权益保护机构

对消费者合法权益的保护，仅靠某一个机关或某一个部门是不够的，只有靠国家和社会各方面力量形成一个保护体系，互相配合，才能使消费者的合法权益真正得到保护。目前，我国消费者权益的保护主要有国家机关的保护、大众传播媒介的保护及消费者组织的保护。

（一）立法机关的保护

国家立法机关通过制定消费者权益保护法，保护消费者的利益。有效保护消费者利益的前提应当是有法可依。国家立法机关对消费者权益的保护体现在两方面：①立法机关通过制定反映消费者意见和要求的消费者权益保护法，明确规定消费者享有哪些权利，经营者应履行哪些义务，使消费者利益保护有法律依据；②立法机关通过对现行法律的修改、废止等不断完善消费者权益保护法，以便适应新的经济发展水平及消费者权益保护的执法需要。

（二）行政机关的保护

国家各级行政机关通过组织、管理、协调、监督等手段贯彻执行消费者权益保护法，保护消费者合法权益。国家各级行政机关是保护消费者合法权益的重要职能部门，其主要职责是：各级人民政府应当加强领导、组织、协调、督促有关行政部门，做好保护消费者合法权益的工作；各级人民政府应当加强监督，预防危害消费者人身、财产安全行为的发生，及时制止危害消费者人身、财产安全的行为；各级人民政府以及各级工商行政管理部门、物价、技术监督、卫生、食品检验、商检等行政管理机关，均应在各自的职责范围内，依法加强对经营者的监督管理，以保护消费者的合法权益；各行政管理部门都应开辟渠道，听取消费者及社会团体对经营者的交易行为、商品和服务质量的意见，并及时查处解决。

（三）公安、司法机关的保护

公安、司法机关应各司其职，保护消费者合法权益。公安机关对涉及暴力侵权的消费纠纷，应及时查处，防止矛盾激化。公安、检察机关对侵犯消费者利益可能构成犯罪的案件，应根据各自权限，积极立案侦查、起诉。人民法院对消费纠纷案件和侵权案件，应积极受理，依法及时作出裁判。人民法院还应当采取措施，方便消费者提起诉讼，对符合我国《民事诉讼法》起诉条件的消费者权益争议，必须受理并及时审理。在实践中还应建立并完善集团诉讼制度、小额法庭制度、独任审判制度等，以便及时、有效地保护消费者权益。

（四）新闻舆论机构的监督

大众传播媒介，自己首先有责任做遵守法律、保护消费者权益的模范，杜绝参与到侵犯消费者权益的行为中来。例如，制作、发布虚假广告，虚假宣传等。同时，大众传播媒介有责任做好维护消费者合法权益的宣传工作，对损害消费者合法权益的行为进行舆论监督。特别要发挥广播、电视、报刊等大众传播媒介的作用，积极宣传消费者权益保护法和消费知识。同时，对侵害消费者合法权益的行为予以批评、曝光，任何单位和个人不得干涉新闻机构对保护消费者权益的舆论监督活动。

（五）消费者组织的保护

消费者为维护自身合法权益，有权行使结社权，成立各种消费者组织。目前，我国消费者组织的主要形式是各地的消费者协会。中国消费者协会于 1984 年 12 月 26 日在北京成立。1989 年中国保护消费者基金会成立。目前，各省、市、县级都有消费者协会，不少地区的乡、村、街道也设有消费者协会，形成了遍布全国的消费者权益保护网，为保护消费者权益发挥了积极作用。

依据我国《消费者权益保护法》第 36、37 条的规定，消费者协会和其他消费者组织是依法成立的对商品和服务进行社会监督的保护消费者合法权益的社会组织。其中，消费者协会履行下列公益性职责：①向消费者提供消费信息和咨询服务，提高消费者维护自身合法权益的能力，引导文明、健康、节约资源和保护环境的消费方式；②参与制定有关消费者权益的法律、法规、规章和强制性标准；③参与有关行政部门对商品和服务的监督、检查；④就有关消费者合法权益的问题，向有关部门反映、查询，提出建议；⑤受理消费者的投诉，并对投诉事项进行调查、调解；⑥投诉事项涉及商品和服务质量问题的，可以委托具备资格的鉴定人鉴定，鉴定人应当告知鉴定意见；⑦就损害消费者合法权益的行为，支持受损害的消费者提起诉讼或者依照本法提起诉讼；⑧对损害消费者合法权益的行为，通过大众传播媒介予以揭露、批评。消费者组织的根本宗旨是维护消费者利益，因此，消费者组织不得从事商品经营和营利性服务，不得以牟利为目的向社会推荐商品和服务，消费者协会为消费者提供的服务一般应免费，各级人民政府对消费者协会履行职能应当予以支持并酌情予以资助。

二、消费者权益保护方式

对消费者权益保护分两种情况：①在消费纠纷发生之前，主要通过行政监督和社会监督的方式实现；②在消费纠纷发生后，则主要通过处理消费纠纷和追究经营者、生产者法律责任的方式予以保护。

（一）消费争议解决的途径

依据我国《消费者权益保护法》的规定，消费者与经营者发生消费争议时，可以通过下列途径解决：

1. 与经营者协商和解。消费争议发生后，消费者可以直接向经营者或生产者交涉、索赔，达成和解协议，解决消费纠纷。

2. 请求消费者协会调解。这种方式是在消费者协会的主持下，使争议双方自愿达成和解协议。消费者协会应在查明事实、分清是非、明确责任的基础上进行调解。消费者协会的调解属民间调解，其调解协议不具有法律强制力，要靠双方自愿履行。

3. 向有关行政部门申诉。消费争议发生后，消费者可以根据商品或服务的性质以及侵害事由向工商、物价、商检、卫生等有关行政监督部门申诉。有关行政部门应当根据各自的职责范围及时查处。

4. 向仲裁机构申请仲裁。这是由争议双方根据达成的仲裁协议，将消费争议提交仲裁机构进行裁决来解决争议的方式。消费者申请仲裁的条件是与经营者事先订有仲裁条款（或协议）或争议发生后达成仲裁协议。符合仲裁条件的，不论是否经过了协商、调解、申诉，消费者都可以向仲裁机构申请仲裁。仲裁机构的裁决是终极裁决，当事人应自觉履行，不得起诉。

5. 向法院提起诉讼。消费争议双方没有签订仲裁条款或协议的，不论是否经过协商、调解、申诉等，消费者都可以直接向法院起诉。

（二）经营者承担责任的原则

经营者侵犯消费者利益应承担责任，一般以过错责任为原则，即经营者是故意或过失侵犯消费者利益的。消费者自身对侵权的发生亦有过错的，应根据情况减轻或免除经营者的责任。

经营者的侵权行为是由不可抗力造成的，不承担责任。当几个法律都有关于经营者承担责任的规定时，除法律、法规有特别规定的以外，一般应优先适用《消费者权益保护法》，这是国家对消费者特别保护的需要。为了有效保护消费者利益，《消费者权益保护法》还特别规定了经营者和其他赔偿主体之间的连带责任。

1. 消费者在购买、使用商品时，其合法权益受到损害的，可以向销售者要求赔偿。销售者赔偿后，属于生产者的责任或者属于向销售者提供商品的其他销售者的责任的，销售者有权向生产者或其他销售者追偿；因商品缺陷造成人身、财产损害的，可以向销售者要求赔偿，也可以向生产者要求赔偿。属于生产者责任的，销售者赔偿后，有权向生产者追偿。属于销售者责任的，生产者赔偿后，有权向销售者追偿。消费者在接受服务时其合法权益受到损害的，可以向服务者或其他责任者要求赔偿。

2. 消费者在购买、使用商品或者接受服务时，其合法权益受到损害，因原企业分立、合并的，可以向变更后承受其权利义务的企业要求赔偿。

3. 使用他人营业执照的违法经营者提供商品或者服务，损害消费者合法权益的，消费者可以向其要求赔偿，也可以向营业执照的持有人要求赔偿。

4. 消费者在展销会、租赁柜台购买商品或者接受服务，其合法权益受到损害的，可以向销售者或者服务者要求赔偿。展销会结束或者柜台租赁期满后，也可以向展销会的举办者、柜台的出租者要求赔偿。展销会的举办者、柜台的出租者赔偿后，有权向销售者或者服务者追偿。

5. 消费者因经营者利用虚假广告提供商品或者服务，其合法权益受到损害的，可以向经营者要求赔偿。广告经营者、发布者如不能提供经营者的真实名称、地址和有效联系方式的，应当承担赔偿责任。

（三）经营者承担责任的方式

依据新修正的《消费者权益保护法》的规定，适当加重了经营者由于违法的情节、性质不同，分别或同时承担民事责任、行政责任和刑事责任。

1. 经营者应当承担民事责任的概括性规定。经营者提供商品或者服务有下列情形之一的，除《消费者权益保护法》规定外，应当依照《产品质量法》和其他有关法律、法规的规定，承担民事责任：①商品或者服务存在缺陷的；②不具备商品应当具备的使用性能而出售时未作说明的；③不符合在商品或者其包装上注明采用的商品标准的；④不符合商品说明、实物样品等方式表明的质量状况的；⑤生产国家明令淘汰的商品或者销售失效、变质的商品的；⑥销售的商品数量不足的；⑦服务的内容和费用违反约定的；⑧对消费者提出的修理、重作、更换、退货、补足商品数量、退还货款和服务费用或者赔偿损失的要求，故意拖延或者无理拒绝的。

2. 经营者承担民事责任的方式。

（1）经营者侵犯消费者人身权的民事责任形式主要有：①经营者提供的商品或者服务，造成消费者或者其他受害人人身伤害的，应当支付医疗费、治疗期间的护理费、因误工减少的收入等费用；造成残疾的，还应当赔偿残疾生活辅助具费和残疾赔偿金。②经营者提供商品或者服务，造成消费者或者其他受害人死亡的，还应当支付丧葬费、死亡赔偿金。③经营者侵害消费者的人格尊严或者侵犯消费者人身自由的，应当停止侵害、恢复名誉、消除影响、赔礼道歉，并赔偿损失。

（2）经营者侵犯消费者财产权的民事责任形式主要有：①经营者提供的商品或者服务，造成消费者财产损害的，应当按照消费者的要求，以修理、重作、更换、退货、补足商品数量、退还货款和服务费用或者赔偿损失等方式承担民事责任；消费者与经营者另有约定的，按照约定履行。②对国家规定或者经营者与消费者约定包修、包换、包退的商品，经营者应当负责修理、更换或者退货；在保修期内 2 次修理仍不能正常使用的，经营者应当负责更换或者退货；对包修、包换、包退的大件商品，消费者要求经营者修理、更换、退货的，经营者应当承担运输等合理费用。③经营者以邮购方式提供商品的，应当按照约定提供；未按照约定提供的，应当按照消费者的要求履行约定或者退回货款，并应当承担消费者必须支付的合理费用。④经营者以预收款方式提供商品或者服务的，应当按照约定提供；未按照约定提供的，应当按照消费者的要求履行约定或者退回预付款，并应当承担预付款的利息及消费者必须支付的合理费用。⑤依法经有关行政部门认定为不合格的商品，消费者要求退货的，经营者应当负责退货。⑥经营者提供商品或者服务有欺诈行为的，应当按照消费者的要求增加赔偿其受到的损失，增加赔偿的金额为消费者购买商品的价款或者接受服务的费用的 3 倍；增加赔偿的金额不足 500 元的，为 500 元。法律另有规定的，依照其规定。这是对经营者欺诈行为惩罚性赔偿的规定。

经营者明知商品或者服务存在缺陷，仍然向消费者提供，造成消费者或者其他受害人死亡或者健康严重损害的，受害人有权要求经营者依照《消费者权益保护法》第 49 条、第 51 条等法律规定赔偿损失，并有权要求所受损失 2 倍以下的惩罚性赔偿。

3. 经营者承担行政责任的情形及其承担的方式。经营者有下列情形之一，除承担相应的民事责任外，还应承担行政责任。其他有关法律、法规对处罚机关和处罚方式有规定的，依照法律、法规的规定执行；法律、法规未作规定的，由工商行政管理部门或者其他有关行政部门责令改正，可以根据情节单处或者并处警告、没收违法所得、处以违法所得 1 倍以上 10 倍以下的罚款，没有违法所得的，处以 50 万元以下的罚款；情节严重的，责令停业整顿、吊销营业执照等：①提供的商品或者服务不符合保障人身、财产安全要求的；②在商品中掺杂、掺假，以假充真，以次充好，或者以不合格商品冒充合格商品的；③生产国家明令淘汰的商品或者销售失效、变质的商品的；④伪造商品的产地，伪造或者冒用他人的厂名、厂址，篡改生产日期，伪造或者冒用认证标志等质量标志的；⑤销售的商品应当检验、检疫而未检验、检疫或者伪造检验、检疫结果的；⑥对商品或者服务作虚假或者引人误解的宣传的；⑦拒绝或者拖延有关行政部门责令对缺陷商品或者服务采取停止销售、警示、召回、无害化处理、销毁、停止生产或者服务等措施的；⑧对消费者提出的修理、重作、更换、退货、补足商品数量、退还货款和服务费用或者赔偿损失的要求，故意拖延或者无理拒绝的；⑨侵害消费者人格尊严、侵犯消费者人身自由或者侵害消费者个人信息依法得到保护的权利的；⑩法律、法规规定的对损害消费者权益应当予以处罚的其他情形。

4. 经营者承担刑事责任的规定。依据我国《消费者权益保护法》的有关规定，追究经营者刑事责任的情况主要包括：①经营者提供的商品或者服务，侵害消费者合法权益，构成犯罪的，依法追究刑事责任；②以暴力、威胁等方法阻碍有关行政部门工作人员依法执行职务的，依法追究刑事责任；③国家机关工作人员有玩忽职守或者包庇经营者侵害消费者合法权益的行为，情节严重构成犯罪的，依法追究刑事责任。

■ 思考题

1. 现代消费者保护法有哪些基本特点？如何理解消费者的"弱势"地位？
2. 为什么说消费者保护法具有经济法的性质？
3. 如何理解消费者的定义？"知假买假者"是消费者吗？
4. 我国消费者的基本权利有哪些？经营者的义务有哪些？

5. 评价消费者组织在维护消费者权益中的作用。
6. 如何理解经营者的侵权责任和合同责任？
7. 如何认识消费争议？解决消费争议的途径有哪些？

■ **参考书目**

1. 李昌麒、许明月编著：《消费者保护法》，法律出版社 2005 年版。
2. 张严方：《消费者保护法研究》，法律出版社 2003 年版。
3. 刘益灯：《国际消费者保护法律制度研究》，中国方正出版社 2005 年版。
4. 杨淑文：《新型契约与消费者保护法》，中国政法大学出版社 2002 年版。

第十六章   产品质量法律制度

■学习目的和要求

产品质量法律制度从保障产品的安全性、实用性等质量特性的角度对消费者权益提供保护。学习本章，应当掌握产品质量监督和产品质量责任法律制度的基本内容，重点领会产品责任法律制度的具体内容，学会运用产品责任的理论和法律规范分析和处理产品责任案件。

第一节   产品质量法概述

一、产品和产品质量的含义

（一）产品

广义上的产品，是指自然物以外的一切劳动生产物。但各国产品质量立法所适用的产品，并没有如此广泛；并且，不同国家的产品质量立法对产品范围的界定也不尽相同。

在美国，产品责任法中所指产品外延相对较宽。美国商务部 1979 年公布的专家建议文本《统一产品责任示范法》第 102 条规定："产品是具有真正价值的、为进入市场而生产的，能够作为组装整件或者作为部件、零件交付的物品，但人体组织、器官、血液组成成分除外。"该定义用概括的方式，界定了产品的内涵。出于保护产品使用者的基本公共政策的考虑，法官们的态度倾向于采用更广泛、更灵活的产品定义。[1]例如，在"兰赛姆诉威斯康星电力公司"案中，法院确认电属于产品；1978 年"哈雷斯诉西北天然气公司"案中，将天然气纳入产品范围；同年，科罗拉多州法院在一个案件中裁定，血液应视为产品；此外，关于计算机软件是否属于产品，学者们认为，普通软件批量销售，广泛运用于工业生产、服务领域和日常生活，与消费者利益息息相关，生产者处于控制危险的较有利的地位，故有必要将普通软件列为产品。可见，在美国的立法、司法实践和理论中，产品责任法适用的产品范围相当广泛。

在欧洲国家，1985 年《欧洲经济共同体产品责任指令》第 2 条规定："产品是指初级农产品和狩猎物以外的所有动产，即使已被组合在另一动产或不动产之内。初级农产品是指种植业、畜牧业、渔业产品，不包括经过加工的这类产品。产品也包括电。"与美国相比，该指令所界定的产品范围较为狭窄。欧共体成员国此后根据该指令出台的产品责任立法，基本上遵循了该指令对产品的这一界定。不过，基于保护消费者权益的考虑，欧洲国家产品责任法适用的产品范围有扩大的趋势。例如，1999 年，欧盟发布了新的产品责任指令，对 1985 年指令作了修改；新指令规定，成员国将不再享有免除农产品生产者因农产品缺陷而致人损害的责任的权力，并要求成员国从 2000 年 12 月 4 日起对农产品适用新的产品责任规则。

在我国，现行《产品质量法》第 2 条第 2 款规定："本法所称产品是指经过加工、制作，

---

[1]　[美] 史蒂芬·J. 里柯克："美国产品责任法概述"，邹海林译，载《法学译丛》1990 年第 4 期。

用于销售的产品。"具体讲，按照该法的相关规定，在中华人民共和国境内从事产品生产、销售活动，必须遵守本法。本法适用于经加工、制作，用于销售的产品，不适用于下列产品：①建设工程。但建设工程使用的建筑材料、建筑构配件和设备，属于该法规定的产品范围的，适用该法规定。②未经加工、制作的天然物品和初级农产品。③虽经加工、制作，但不用于销售的产品。④军工产品。这类产品的质量监督管理办法，由国务院、中央军事委员会另行制定。此外，该法还规定，因核设施、核产品造成损害的赔偿责任，法律、行政法规另有规定的，依照其规定。因此，核设施、核产品属于不完全适用于该法。

（二）产品质量

产品质量，是指反映产品满足明示和隐含要求的能力的特性的总和。这里所谓"明示要求"，是指以合同、产品说明、广告、实物样品或其他明确的方式表明的质量要求；这里所谓"隐含要求"，是指虽未明示，但可以通过法律、法规、有关标准的强制性规定，以及用户和消费者对产品的基本期望等依据作出判断的质量要求。

"产品质量"与"产品的使用价值"是一对既相联系又有区别的概念。产品的使用价值，是指作为商品的产品能够满足人们某种需要的属性。"产品质量"与"产品的使用价值"都是用以揭示产品满足人们需要的属性的术语。同时，对具体的产品而言，二者又是互为依存的：没有使用价值，便无所谓质量可言；产品缺乏一定的质量，又势必影响产品的使用价值，甚至会使产品成为无任何使用价值的东西。产品的使用价值与产品质量的主要区别在于：前者主要反映的是产品的效用；后者揭示的则是产品发挥效用的程度。

"产品质量"是一个相对的概念。人们对产品质量的要求会因时间、地点、产品及其用途等方面的不同而有所差异。因此，对反映产品满足明示或隐含要求能力的特性（即产品质量特性）的具体内容，也就难以作出完整的统一界定。但产品的适用性和安全性应当视为一切产品共同的基本质量特性。至于产品的其他质量特性，应视具体情况分别予以确定。我国目前一些著述将机器设备等部分工业产品的质量特性（如使用寿命、可维修性等）视为一切产品的质量特性，由于这些质量特性不能作为食品等产品的质量衡量标准，因而这种认识应当说失之偏颇。

二、产品质量立法

（一）国外产品质量立法

国外产品质量立法可以追溯到迄今很久远的年代。早在公元前18世纪，古巴比伦的《汉谟拉比法典》便有建筑师建造房屋和船工制造船舶质量不合格要受处罚的规定。罗马法作为古代法中反映商品生产和商品交换关系最完备、最典型的法律，更是注重对产品质量的保障。为了确保商品的质量，维持正常的经济秩序，罗马法确定了卖方对标的物的瑕疵担保责任：当产品有瑕疵时，买主有权请求解除契约或减少价金。早期的罗马法规定，卖主承担这种责任，仅以有特约为限，后来发展到以买卖契约本身为基础，而不以订有特约为必要。但买主对卖主提起诉讼，必须具备三个条件：①产品须有重大瑕疵，以至于不合原来的用途或减少了大部分价值，但当事人另有特约的，不在此限；②瑕疵须在订约时已存在，并须于起诉时尚未消灭；③物品的瑕疵须隐藏于物品内部，并且未能被买主察觉。罗马法关于卖主对标的物的瑕疵担保责任的规定，为后世大陆法系国家的民法典所普遍借鉴。《法国民法典》《德国民法典》和《日本民法》均规定，保证买卖标的物无瑕疵是出卖人的主要义务；标的物有瑕疵时，买受人享有请求减少价金、赔偿损失及解除买卖合同等权利。英美法系国家的判例和制定法也有类似规定。

与资本主义大工业生产的到来和商品经济的不断发展相伴随的产品危险日益增强、缺陷更为隐蔽、损害事件日渐频繁，以及消费者保护运动的浪潮逐步高涨，使得资本主义国家的产品质量立法进入了一个全新的时代。从19世纪中叶开始，以英美两国的判例为肇始，西方发达资本主义国家逐步形成了解决产品致人损害案件的产品责任制度。有关产品质量纠纷的法律调整也逐步分为两种方式：①未造成损害的产品质量纠纷，按传统的合同法追究质量违约责任，但承担违约责任的前提是当事人之间有直接的合同关系。②因产品缺陷造成损害的，按产品责任法追究产品责任，而不问受害人与责任人之间有无合同关系。由于国际贸易的日益频繁，涉外产品责任事件的增加，有关产品责任的国际公约也陆续产生。重要的如《欧洲经济共同体产品责任指令》、《关于产品责任适用法律的公约》、欧洲理事会《涉及人身伤害与死亡的产品责任公约》等。此外，西方一些发达资本主义国家还用立法的形式，逐步确立起对涉及人们健康的食品、药品、化妆品及其他关系国家信誉的产品进行质量监管的法律制度，这就意味着，西方国家对产品质量的立法，已在一定程度上涉及产品质量监管关系问题。

（二）我国产品质量立法

我国是世界上较早进行产品质量立法的国家之一。据史料记载，我国关于产品质量的法律规定，最早见于西周。为了确保官府所需产品和其他重要产品的质量，西周奴隶主阶级通过立法，确立了一系列产品质量管理措施，其中影响较大的包括：①物勒工名。这是世界古代质量管理史上中国所采取的一项独特措施，其基本含义是：在产品上铭刻或勒写制造工匠的名字，发现产品质量不合格时，将追究工匠及经管人的责任。②禁止劣质产品在市场上出售。即所谓"用器不中度""兵本不中度""布帛精粗不中数、幅广狭不中度""五谷不时、果实未熟"等，均"不鬻于市"。③实行商品分级陈肆的原则。所谓"以陈肆辨物而平市"，就是要求在市场上，将质量相近的商品陈列在一起，以免消费者上当受骗。④严格产品质量责任。凡提供的产品质量不合格的，将给行为人以刑罚处罚。西周的这些质量管理措施，受到后世封建统治阶级的重视并被一直沿用。

在秦朝及其以后的各封建朝代，我国产品质量立法日趋完善。其立法的重点主要包括以下几个方面：①关于度量衡。如秦始皇统一全国后，即颁布法令，将秦国的度量衡推行天下，并实行定期的检验制度。②关于仓库管理。《秦律》规定，仓库管理不善致粮食损失，主管官员要受惩罚，仓库的有关人员共同赔偿损失的粮食；仓库保管的器物要登记编号，并刻上永久性标志，若器物的编号与登记的编号不符或未刻上永久性标志，则主管官员要受惩罚；仓库保管的皮革受损，主管人员要受惩罚。《唐律》对仓库管理的规定共计14条，涉及仓库的看守、物品保管和出入等方面的内容，对违反规定的，处以严刑。如该法规定，仓库及聚集财物保管不当致有损失的，计所损失坐赃论。《明律》对仓库管理的规定增至24条，并特别强调，对损坏仓库财物的行为，要视情节轻重予以处罚。③关于手工产品生产的质量管理。《秦律》规定，制造同种器物，其大小、长短和宽度应相等。手工产品要经常评比，县官上交的新产品被评为下等的，生产者和管理者要受惩罚，连续3年评为下等的加重惩罚。《唐律》《明律》《清律》也规定，手工产品应按一定的规程进行生产，凡制造并销售质量不合格产品的，要区别不同情况论罪。生产供军事和官家使用的产品若质量不合格的，加重处罚。

新中国成立之初，由于实行高度集权的计划体制，我国虽然对质量工作有所重视，但并未将它摆到应有的位置，基本上未用法律手段调整质量关系，致使产品质量、消费者的利益长期缺乏可靠的法律保障。自1978年开始，我国逐步推行全面质量管理，质量立法工作开始起步。截至1992年底，先后颁布了《工业产品质量责任条例》（现已失效）、《乡镇企业工业产品质量管理办法》（现已失效）、《中华人民共和国标准化法》等数十个有关产品质量的法律、法规。这些法律、法规对于保障和提高产品质量起到了应有的作用。但是，随着改革的深入，市场经济体制的建立健全，以往的一些行政法规便失去了适应力。从总体上看，产品质量低、经济效益差、物质消耗高是我国经济建设中长期存在的一个突出问题，因质量问题引起的恶性事故也愈演愈烈，触目惊心。为了使我国产品质量立法协调化、系统化，同时加大对质量违法行为的打击力度，1993 年 2 月 22 日，第七届全国人民代表大会常务委员会第三十次会议通过了《产品质量法》；2000 年 7 月 8 日，第九届全国人民代表大会常务委员会第十六次会议又通过了《关于修改〈中华人民共和国产品质量法〉的决定》，对该法作了第一次修正，由此进一步强化了对产品质量的监督，依照该决定修改后的《产品质量法》已于 2000 年 9 月 1 日起施行。[1]此外，我国还先后出台了《农产品质量安全法》（2006 年）、《食品安全法》（2009 年）以及大量有关产品质量检验、认证、监督等方面的行政法规和部门规章。这些法律法规和部门规章的颁行，为质量监督管理部门执法及消费者权益保护提供了依据。

三、产品质量法的定义

产品质量法是调整产品质量监督管理关系和产品质量责任关系的法律规范的总称。

我国产品质量法作为一种规制市场秩序以及保护消费者权益的重要法律规范，其基本框架主要由以下几个部分组成：

1. 产品质量基本法。此即《产品质量法》。该法共 6 章 74 条，其规定的基本内容为产品质量监督和产品质量责任。按照规定，该法并不适用于所有的产品，至于未纳入该法适用范围的产品，其质量监督和质量责任适用其他相关法律或行政法规的规定。

2. 产品质量基本法的配套法规。如《认证认可条例》等。

3. 特定产品质量法。如《农产品质量安全法》《食品安全法》等。

4. 其他法律、法规中有关产品质量的规定。如《标准化法》中有关质量标准的规定，《侵权责任法》中有关产品责任的规定等。

"产品质量法"与"产品责任法"是一对易于混淆的概念。产品质量法，是指调整产品质量监督关系和产品质量责任关系的法律规范的总称。为了确保和提高产品质量，保护消费者的权益，各国都十分重视产品质量关系的法律调整，但市场经济发达国家的产品质量立法，主要表现为产品责任法。产品责任法，是指调整缺陷产品致人人身和财产损害所产生的民事赔偿关系的法律规范。产品责任法与我国产品质量法的主要区别在于：前者仅仅明确产品的生产者或销售者对其生产或经销的产品因缺陷致人损害所应承担的民事责任，不涉及生产者和销售者管理产品质量以及国家监督产品质量等问题；后者除规定产品责任外，还对衡量产品质量的基准、生产者和销售者保障产品质量、国家和社会监管产品质量等问题作出规定。

我国对产品质量采取产品质量法的立法体例，是因为在我国当今的情况下，仅靠市场机制和事后的民事责任追究制度，不能完全解决产品质量问题；除此之外，还必须强化产品质量的宏观监督和微观管理，就产品质量建立起事前、事中和事后的保障体系，才能切实确保和不断提高产品质量。因此，制定既包括产品质量监管，又包括产品质量责任（含生产者和经营者的产品质量义务和责任、产品责任等）两方面内容的法律，才更符合我国的实际。

---

[1]　鉴于第十届全国人大常委会第十七次会议于 2005 年 8 月 28 日通过了《中华人民共和国治安管理处罚法》，该法自 2006 年 3 月 1 日起施行的同时废止了《中华人民共和国治安管理处罚条例》，因此，2009 年 8 月 27 日第十一届全国人大常委会第十次会议通过的《全国人民代表大会常务委员会关于修改部分法律的决定》，对《中华人民共和国产品质量法》作了第二次修正。这次修正将《中华人民共和国产品质量法》第 69 条中针对阻碍产品质量监督部门或者工商行政管理部门的工作人员依法执行职务尚不够刑事处罚的行为，由原规定"依照治安管理处罚条例的规定处罚"，修改为"依照治安管理处罚法的规定处罚"。

第二节 产品质量监督管理法律制度

产品质量监管法律制度，是指产品质量立法确立的对产品质量的形成、维持和提高进行监督管理的主体、方式、程序等方面的制度安排。

我国产品质量监管法律制度的框架，主要由《产品质量法》搭建。该法确立了产品质量监管体制，明确了产品质量监督的具体措施，设定了产品质量违法行为的法律责任。这些规定，是国家和社会对产品质量实施监管的基本依据。但是，该法仅仅适用于经过加工、制作，用于销售的产品，诸如服务、建设工程、军工产品以及未经加工、制作的天然物品等特殊产品，不适用于该法所确立的质量监管法律制度。不过，国家针对这些特殊产品的立法所确立的产品质量监管特别法律制度，仍然属于我国产品质量监管法律制度体系的组成部分。以下仅介绍我国《产品质量法》所确立的产品质量监督管理法律制度。

一、产品质量监督体制

产品质量监督体制，是指产品质量监督组织机构的设置及其职权划分制度的统称。

我国产品质量监督体制与我国经济体制相适应，经历了一个曲折的演变过程。自新中国成立之初至20世纪70年代末，国家在政府部门先后设立了标准局、锅炉压力器安全监察局、船舶检验局、进出口商品检验局等质量监督机关，但并未形成严密的质量监督组织体系，监督的产品也相当有限。十一届三中全会以后，我国产品质量监督逐步形成了"统一领导、分工负责、分级管理"的体制。1985年3月国务院批准的《产品质量监督试行办法》规定，由国家标准局主管全国的产品质量监督工作，省、自治区、直辖市人民政府标准化管理部门负责管理本地区的产品质量监督工作。1986年4月国务院发布的《工业产品质量责任条例》又规定，由各级经委负责对产品质量监督进行统一领导和组织协调；各级行业主管部门和企业主管部门负责本行业、本部门的产品质量管理工作。为了克服我国质量监督工作中存在的管理分散、机构重叠、相互分割等问题，1988年7月，国务院决定撤销原国家标准局、国家计量局，将国家经委质量局等并入组建成国家技术监督局，作为国务院统一管理全国技术监督工作的职能部门。根据1998年3月第九届全国人民代表大会通过的国务院机构改革方案，国家技术监督局经过改组，更名为国家质量技术监督局。2001年，又将国家质量技术监督局、国家出入境检验检疫局合并，组建国家质量监督检验检疫总局。

《产品质量法》在总结我国产品质量监督实践和立法经验教训的基础上，确立了我国产品质量监督机构。按照规定，我国产品质量监督机构的构成是：①国务院产品质量监督部门，目前是国家质量监督检验检疫总局；②县级以上地方产品质量监督部门，即县级以上地方人民政府质量技术监督部门；③县级以上各级人民政府有关部门，即产品质量监督部门之外的其他依法对产品质量监督负有责任的县级以上政府有关部门，如各级工商行政管理部门。

产品质量监督机构主要行使以下职权：

1. 产品质量宏观监督。各级人民政府应当把提高产品质量纳入国民经济和社会发展规划，加强对产品质量工作的统筹规划和组织领导，引导、督促生产者、销售者加强产品质量管理，提高产品质量，组织各有关部门依法采取措施，制止产品生产、销售中的违法行为。国务院产品质量监督部门主管全国产品质量监督工作，国务院有关部门在各自的职责范围内负责产品质量监督工作，县级以上地方产品质量监督部门主管本行政区域内的产品质量监督工作，县级以上地方人民政府有关部门在各自的职责范围内负责产品质量监督工作。

2. 产品质量违法案件查处。县级以上产品质量监督部门根据已经取得的违法嫌疑证据或者举报，对涉嫌违反《产品质量法》规定的行为进行查处时，可以行使以下职权：①对当事人涉嫌从事违反《产品质量法》的生产、销售活动的场所实施现场检查；②向当事人的法定代表人、主要负责人和其他有关人员调查、了解与涉嫌从事违反本法的生产、销售活动有关的情况；③查阅、复制当事人有关的合同、发票、账簿以及其他有关资料；④对有根据认为不符合保障人体健康和人身、财产安全的国家标准、行业标准的产品或者有其他质量问题的产品，以及直接用于生产、销售该项产品的原辅材料、包装物、生产工具，予以查封或者扣押。

县级以上工商行政管理部门按照规定的职责范围，对涉嫌违反《产品质量法》规定的行为进行查处时，可以行使以上各项职权。

二、产品质量检验制度

产品质量检验，是指按照特定的标准，对产品质量进行检测，以判明产品是否合格的活动。这里的"标准"，可以是国家标准、行业标准、地方标准或企业标准，但有强制性标准的产品，须按强制性标准检验。产品质量检验按检验主体，可分为第三方检验和生产经营者自行检验；根据检验的性质，可分为国家检验和民间检验；根据检验的方式，可分为全数检验和抽样检验；根据检验的环节，可分为出厂检验和入库检验。《产品质量法》对产品质量检验的规定，主要包括两方面的内容：

1. 生产经营者自行检验。按照规定，产品质量应当检验合格，不得以不合格产品冒充合格产品。

2. 第三方检验。第三方检验是指由生产方和购买方以外的产品质量检验机构对产品质量进行的检验。与上述第一种检验不同，这种检验通常只是在特定的情况下、针对特定的产品适用；并且其直接目的，主要不在于建立生产经营者的质量保证体系，而在于获取特定产品的质量信息，以便为产品质量纠纷处理和产品质量监督活动提供决策的依据。产品质量发生争议，由当事人申请或争议处理机关决定将争议产品提交检验机构检验，这是最常见的一种第三方检验，《产品质量法》第48条对这种情况下的产品质量检验作了规定。此外，适用"第三方检验"的情况还有很多，如，在国家产品质量抽查中，可以根据需要，对抽查的产品进行检验（《产品质量法》第15条）；在产品质量认证中，也要适用"第三方检验"，以查明特定产品是否具备获准认证的条件。《产品质量法》对第三方检验的规定，集中体现在产品质量检验机构的组织和活动要求上，具体涉及了三项内容：①产品质量检验机构的资格。按照规定，产品质量检验机构必须具备相应的检测条件和能力，经省级以上人民政府产品质量监督部门或其授权的部门考核合格后，方可承担产品质量检验工作。另外，考虑到我国现行的一些法律、行政法规对某些特殊产品的质量检验机构作了专门规定，[1]为使法律达到协调，《产品质量法》又规定，法律、行政法规对产品质量检验机构另有规定的，依照有关法律、行政法规的规定执行。②产品质量检验机构的性质。按照《产品质量法》的规定，除依照其他有关法律、行政法规设置的某些特殊产品的质量检验机构外，产品质量检验机构是社会中介机构，必须依法设立，不得与行政机关和其他国家机关存在隶属关系或者其他利益关系。③产品质量检验机构的工作规范。即必须依照有关标准，客观、公正地出具检验结果。

三、标准化管理制度

标准是对重复性事物和概念所作的统一规定。它以科学技术和实践经验的综合成果为基础，经有关方面协商一致，由主管机关批准，以特定形式发布，作为共同遵守的准则和依据。

---

〔1〕　例如，我国《药品管理法》第6条规定："药品监督管理部门设置或者确定的药品检验机构，承担依法实施药品审批和药品质量监督检查所需的药品检验工作。"

产品质量的标准化管理，是产品质量标准及与产品质量有关的其他标准的制定、实施活动的总称。它是实现产品质量管理专业化、社会化和现代化的前提，也是促进技术进步，改进产品质量，提高社会经济效益的基本保障。

（一）产品质量标准的制定

按照我国标准化法的规定，凡工业产品的品种、规格、质量、等级或者安全、卫生要求，工业产品的设计、生产、检验、包装、储存、运输、使用方法或者生产、储存、运输中的安全、卫生要求，工业生产的技术术语、符号、代号和制图方法等，需要统一的技术要求，应当制定标准。产品质量标准按其制定的部门或者单位以及适用范围的不同，分为国家标准、行业标准、地方标准和企业标准。国家标准是指由国务院标准化行政主管部门制定的，对全国经济、技术发展有重大意义而在全国范围内统一的标准。行业标准是指由国务院有关行政主管部门制定并在全国某个行业范围内统一实施的标准。对没有国家标准而又需要在全国某个行业范围内统一的技术要求，应制定行业标准。行业标准应报国务院标准化行政主管部门备案。地方标准是由省级标准化行政主管部门制定，并在本省、市、自治区范围内统一实施的标准。对于没有国家标准和行业标准的工业产品安全、卫生要求，可以制定地方标准。地方标准应报国务院标准化行政主管部门和国务院有关行政主管部门备案。企业标准是指由企业制定并在本企业范围内实施的标准。企业生产的产品没有国家标准和行业标准的，应当制定企业标准。企业的产品标准应报当地政府标准化行政主管部门和有关行政主管部门备案。已有国家标准和行业标准的，国家鼓励企业制定严于国家标准和行业标准的企业标准，在企业内部适用。制定标准应当有利于产品质量的全面提高，并做到有关标准的协调、配套。

（二）产品质量标准的实施

我国标准化法将标准按性质的不同，分为强制性标准和推荐性标准。强制性标准是必须执行的标准，它包括部分国家标准和行业标准以及全部地方标准，主要有药品标准，食品安全标准，兽药标准，产品及产品生产、储运和使用中的安全、卫生标准，劳动安全、卫生标准，运输安全标准，国家需要控制的重要产品质量标准，等等。推荐性标准是不具有强制执行效力，由执行者自愿采用的标准，强制性标准以外的标准是推荐性标准，国际标准也是推荐性标准。为了保障强制性标准的实施，引导人们执行推荐性标准，《产品质量法》规定，可能危及人体健康和人身、财产安全的工业产品，必须符合保障人体健康和人身、财产安全的国家标准、行业标准；未制定国家标准、行业标准的，必须符合保障人体健康和人身、财产安全的要求。禁止生产、销售不符合保障人体健康和人身、财产安全的标准和要求的工业产品。

四、认证认可制度

所谓认证，是指由认证机构证明产品、服务、管理体系符合相关技术规范、相关技术规范的强制性要求或者标准的合格评定活动；所谓认可，是指由认可机构对认证机构、检查机构、实验室以及从事评审、审核等认证活动人员的能力和执业资格予以承认的合格评定活动。

认证认可是国际上通行的提高产品、服务的质量和管理水平的重要手段；开展认证认可工作，对于从源头上确保产品安全，规范市场行为，指导消费和促进对外贸易具有重要作用。我国自1981年开始认证试点，并建立了我国第一个认证委员会——中国电子元器件认证委员会。此后，又成立了电工产品、水泥、橡胶避孕套、汽车安全玻璃、卫星地面接收设备、方圆标志等认证委员会。1991年5月7日，国务院发布了《产品质量认证管理条例》（现已失效）；1992年1月30日，原国家技术监督局发布了《产品质量认证管理条例实施办法》（现已失效）、《产品质量认证委员会管理办法》、《产品质量认证质量体系检查和检验机构评审员管理办法》（现已失效）、《产品质量认证证书和认证标志管理办法》（现已失效）等规范。在总结我国认证以往立法经验的基础上，《产品质量法》第14条对认证作了规定："国家根据国际通用的质量管理标准，推行企业质量体系认证制度。企业根据自愿原则可以向国务院产品质量监督部门认可的或者国务院产品质量监督部门授权的部门认可的认证机构申请企业质量体系认证。经认证合格的，由认证机构颁发企业质量体系认证证书。国家参照国际先进的产品标准和技术要求，推行产品质量认证制度。企业根据自愿原则可以向国务院产品质量监督部门认可的或者国务院产品质量监督部门授权的部门认可的认证机构申请产品质量认证。经认证合格的，由认证机构颁发产品质量认证证书，准许企业在产品或者其包装上使用产品质量认证标志。"

上述立法对于加强产品质量的监督管理，提高产品质量水平，曾经发挥过重要作用。但是，这些立法也日益暴露出以下亟待解决的问题：①这些立法只对认证作了规定，对于我国开展的认可并未涉及，并且关于认证的规定也只涉及企业质量体系认证（相当于现行认证制度中的管理体系认证）和产品质量认证，未就服务认证提供法律依据。②对于我国在认证认可领域存在的政出多门、监督不力、有效性不足、虚假认证、认证机构和人员缺乏自律等问题，这些立法并未提供有效的应对措施。③这些立法只对自愿认证作了规定，未从保护国家安全、防止欺诈行为、保护人体健康或者安全、保护动植物生命或者健康、保护环境等目的出发，确立强制认证制度。为了解决以上问题，使认证认可工作和活动真正纳入法制化、规范化的轨道，有效地在认证认可领域推行依法行政，加强对认证认可市场监管力度，2003年9月3日，国务院公布了《中华人民共和国认证认可条例》，自2003年11月1日起施行，并同时废止了1991年5月7日国务院发布的《产品质量认证管理条例》。根据《认证认可条例》，国家质量监督检验检疫总局公布了《认证证书和认证标志管理办法》（2004年）、《有机产品认证管理办法》（2004年，现已失效）、《强制性产品认证机构、检查机构和实验室管理办法》（2004年）、《实验室和检查机构资质认定管理办法》（2005年，现已失效）、《认证咨询机构管理办法》（2005年）、《认证培训机构管理办法》（2005年，现已失效）、《强制性产品认证管理规定》（2009年）等部门规章；国家认证认可监督管理委员会还根据《认证认可条例》和国家质量监督检验检疫总局公布的部门规章，公告了大量有关认证认可的行政规范性文件。2016年2月6日，国务院公布了《国务院关于修改部分行政法规的决定》，对《认证认可条例》进行了修改。《产品质量法》与上述行政法规、有效的规章和行政规范性文件一起，共同构建起了我国目前的认证认可制度。

我国认证认可制度的具体内容十分广泛，其中尤其重要的制度主要包括以下几项：

1. 统一的认证认可监督管理制度。为了解决我国认证认可政出多门、监督不力、有效性不足等问题，2001年，国务院决定成立国家认证认可监督管理委员会，作为国务院授权履行行政管理职能，统一管理、监督和综合协调全国认证认可工作的主管机构。对此，《认证认可条例》规定：国家实行统一的认证认可监督管理制度；国家对认证认可工作实行在国务院认证认可监督管理部门统一管理、监督和综合协调下，各有关方面共同实施的工作机制。

2. 统一的认可制度。统一的认可制度是确保认可结果的有效性和权威性的前提，也是开展认可结果的国际互认活动的必然要求。为此，2002年国务院提出，国家只建立一套认可制度体系、建立集中统一的国家认可机构。为了确立统一的认可制度，《认证认可条例》第37条规定："国务院认证认可监督管理部门确定的认可机构（以下简称认可机构），独立开展认可活动。除国务院认证认可监督管理部门确定的认可机构外，其他任何单位不得直接或者变相从事认可活动。其他单位直接或者变相从事认可活动的，其认可结果无效。"根据《认证认可条例》，2006年3月经国家认证认可监督管理委员会批准，在整合原中国认证机构国家认可委员会和原中国实验室国家认可委员会的基础上，正式成立了中国合格评定国家认可委员会，统一负责对认证机构、实验室和检查机构等相关机构的认可工作。

3. 认证机构的设立许可制度。针对我国一度存在的认证机构良莠不齐、认证市场秩序比较混乱的实际情况，《认证认可条例》确立了认证市场的准入制度。按照规定，凡设立认证机构，都应当符合《认证认可条例》规定的条件，经国务院认证认可监督管理部门批准并取得法人资格后，方可从事批准范围内的认证活动；未经批准，任何单位和个人不得从事认证活动。

4. 自愿认证与强制认证相结合的制度。按照《认证认可条例》的规定，任何法人、组织和个人可以自愿委托依法设立的认证机构进行产品、服务、管理体系认证。同时，为了保护国家安全、防止欺诈行为、保护人体健康或者安全、保护动植物生命或者健康、保护环境，国家规定相关产品必须经过认证的，应当经过认证并标注认证标志后，方可出厂、销售、进口或者在其他经营活动中使用。这就是"中国强制性认证"（China Compulsory Certification，简称"3C认证"或"CCC认证"）制度。根据这一制度，国家对必须经过认证的产品，应当统一产品目录，统一技术规范的强制性要求、标准和合格评定程序，统一标志，统一收费标准；统一的产品目录由国务院认证认可监督管理部门会同国务院有关部门制定、调整，由国务院认证认可监督管理部门发布，并会同有关方面共同实施；列入目录的产品，必须经国务院认证认可监督管理部门指定的认证机构进行认证。[1]

5. 认证认可机构的行为规范制度。《认证认可条例》规定：认证认可活动应当遵循客观独立、公开公正、诚实信用的原则。为了确保认证认可活动切实遵循这些原则，《认证认可条例》还从多方面对认证认可机构的行为作出了规范，包括：认证机构不得与行政机关存在利益关系，不得接受任何可能对认证活动的客观公正产生影响的资助，不得从事任何可能对认证活动的客观公正产生影响的产品开发、营销等活动，不得以委托人未参加认证咨询或者认证培训等为理由拒绝提供本认证机构业务范围内的认证服务，不得向委托人提出与认证活动无关的要求或者限制条件；认可机构应当公开认可条件、认可程序、收费标准等信息，受理认可申请中不得向申请人提出与认可活动无关的要求或者限制条件，不得接受任何可能对认可活动的客观公正产生影响的资助；等等。

五、以抽查为主要方式的产品质量监督检查制度

《产品质量法》规定，国家对产品质量实行以抽查为主要方式的监督检查制度。监督抽查制度是推动企业保证和提高产品质量的重要措施。其主要内容有：

1. 监督抽查的产品。主要有三类：①可能危及人体健康和人身、财产安全的产品；②影响国计民生的重要工业产品；③消费者、有关组织反映有质量问题的产品。

2. 监督抽查工作的组织。监督抽查工作由国务院产品质量监督部门规划和组织；县级以上地方产品质量监督部门在本行政区域内也可以组织监督抽查。但是，国家监督抽查的产品，地方不得另行重复抽查；上级监督抽查的产品，下级不得另行重复抽查，但下级监督抽查的产品，上级可以进行重复抽查。

3. 监督抽查的实施。①监督抽查应具有突然性。即不得事先通知被查企业；样品应当在市场上或者企业成品仓库内的待销产品中随机抽取。对依法进行的产品质量监督检查，生产

---

[1] 为了规范强制性产品认证工作，提高认证有效性，维护国家、社会和公共利益，国家质量监督检验检疫总局制定并于2009年7月3日公布了《强制性产品认证管理规定》，自2009年9月1日起施行。此前，国家质量监督检验检疫总局和中国国家认证认可监督管理委员会于2001年12月3日公告了《第一批实施强制性产品认证的产品目录》。后又多次公布（或调整）实施强制性产品认证的产品目录。

者、销售者不得拒绝。②根据监督抽查的需要，可以对产品进行检验。生产者、销售者对抽查检验的结果有异议的，可自收到检验结果之日起 15 日内向实施监督抽查的产品质量监督部门或者其上级产品质量监督部门申请复检，由受理复检的产品质量监督部门作出复检结论。为防止借抽查之名加重被检查人的负担，检验抽取样品的数量不得超过检验的合理需要，并不得向被检查人收取检验费用，监督抽查所需检验费用按照国务院规定列支。

4. 监督抽查的产品质量不合格的处理。依法进行监督抽查的产品质量不合格的，由实施监督抽查的产品质量监督部门责令其生产者、销售者限期改正。逾期不改正的，由省级以上人民政府产品质量监督部门予以公告；公告后经复查仍不合格的，责令停业，限期整顿；整顿期满后经复查产品质量仍不合格的，吊销营业执照。监督抽查的产品有严重质量问题的，依照《产品质量法》的规定处罚。此外，为了使社会及时了解产品质量状况，充分发挥产品质量抽查的督促作用，《产品质量法》还规定，国务院和省、自治区、直辖市人民政府的产品质量监督部门应当定期发布其监督抽查的产品的质量状况公告。

六、产品质量的社会监督制度

产品质量的社会监督，是指用户、消费者、保护消费者权益的社会组织以及新闻媒介等对产品质量实施的监督。如何实施产品质量的监督、管理，保证产品质量，维护正常的社会经济秩序，这是一个复杂的问题，需要从全社会综合治理的角度去考虑。为此，《产品质量法》既明确了质量技术监督部门履行产品质量监督的职责，也规定了有关行业、企业主管部门和综合经济管理部门履行产品质量监督的职责，同时还明确了产品质量的社会监督问题。按照规定，消费者有权就产品质量问题，向生产者、销售者查询；有权向产品质量监督管理部门、工商行政管理部门及有关部门申诉，接受申诉的部门应当负责处理。保护消费者权益的社会组织可以就消费者反映的产品质量问题建议有关部门负责处理，支持消费者对因产品质量造成的损害向人民法院起诉。

第三节　生产者、销售者的产品质量责任和义务

一、生产者的产品质量责任和义务

按照《产品质量法》规定，生产者的产品质量责任和义务，主要有以下几项：

（一）对其生产的产品的质量负责

按照规定，生产者生产的产品应当符合以下要求：①不存在危及人身、财产安全的不合理危险，有保障人体健康，人身、财产安全的国家标准、行业标准的，应当符合该标准；②具备产品应当具备的使用性能，但是，对产品存在使用性能的瑕疵作出说明的除外；③符合在产品或其包装上注明采用的产品标准，符合以产品说明、实物样品等方式表明的质量状况。

（二）遵守质量表示制度

按照规定，产品或其包装上的标识应当符合下列要求：①有产品质量检验合格证明。②有中文标明的产品名称、生产厂厂名和厂址。③根据产品的特点和使用要求，需要标明产品规格、等级、所含主要成分的名称和含量的，用中文相应予以标明；需要事先让消费者知晓的，应当在外包装上标明，或者预先向消费者提供有关资料。④限期使用的产品，应当在显著位置清晰地标明生产日期和安全使用期或者失效日期。⑤使用不当，容易造成产品本身损坏或者可能危及人身、财产安全的产品，应当有警示标志或者中文警示说明。

此外，《产品质量法》规定，裸装的食品和其他根据产品的特点难以附加标识的裸装产品，可以不附加产品标识；易碎、易燃、易爆、有毒、有腐蚀性、有放射性等危险物品以及储

运中不能倒置和有其他特殊要求的产品，其包装质量必须符合相应要求，依照国家有关规定作出警示标志或者中文警示说明，标明储运注意事项。

（三）不得为法律禁止实施的行为

按照规定，生产者不得生产国家明令淘汰的产品；不得伪造产地，不得伪造或冒用他人的厂名、厂址；不得伪造或冒用认证标志等质量标志；生产产品不得掺杂、掺假，不得以假充真、以次充好，不得以不合格产品冒充合格产品。

二、销售者的产品质量责任和义务

《产品质量法》规定，销售者的产品质量责任和义务主要包括：①建立并执行进货检查验收制度，验明产品合格证明和其他标识。②采取措施，保持销售产品的质量。③遵守产品质量表示制度。其具体要求与生产者的质量表示义务相同。④不得为法律禁止实施的行为。按照规定，销售者不得销售失效、变质产品；不得伪造产地，不得伪造或者冒用他人的厂名、厂址；不得伪造或者冒用认证标志等质量标志；销售产品，不得掺杂、掺假，不得以假充真，以次充好，不得以不合格产品冒充合格产品。

第四节　产品责任

一、产品质量责任与产品责任

界定产品责任的含义，有必要事先对产品质量责任加以说明。产品质量责任主要是我国理论界和实务界使用的一个概念，它泛指产品的生产者、销售者以及对产品质量负有直接责任的人员违反产品质量义务或责任所应承担的各种形式的法律后果。按照《产品质量法》的规定，产品质量责任包括三大类：

（一）产品质量民事责任

产品质量民事责任，是指违反产品质量义务所应承担的民事法律后果。产品质量民事责任又可以进一步划分为两类：

1. 产品质量合同责任。它又被称为品质瑕疵担保责任，这是买卖合同的一方当事人（卖方）违反产品质量明示的或默示的担保所应承担的违约责任。《产品质量法》对产品质量合同责任的规定，主要体现在第40条中。按照规定，售出的产品有下列情形之一的，销售者应当负责修理、更换、退货；给购买产品的消费者造成损失的，销售者应当赔偿损失：①不具备产品应当具备的使用性能而事先未作说明的；②不符合在产品或者其包装上注明采用的产品标准的；③不符合以产品说明、实物样品等方式表明的质量状况的。销售者按规定负责修理、更换、退货、赔偿损失后，属于生产者的责任或者属于向销售者提供产品的其他销售者（以下简称供货者）的责任的，销售者有权向生产者、供货者追偿。销售者未按照上述规定给予修理、更换、退货或者赔偿损失的，由产品质量监督部门或者工商行政管理部门责令改正。此外，考虑到同样的产品具有不同的用途，不同的用途可以有不同的质量要求，《产品质量法》还规定，生产者之间、销售者之间、生产者与销售者之间订立买卖合同、承揽合同有不同约定的，合同当事人按合同约定执行。

2. 产品责任。它又被称为产品侵权责任，是指产品的生产者、销售者因其生产、售出的产品存在缺陷，从而造成他人人身、该缺陷产品以外的其他财产损害而依法应承担的赔偿责任。

（二）产品质量行政责任

这是指违反产品质量法的单位或个人所应承担的行政性法律后果。《产品质量法》规定的行政处罚方式包括：责令停止生产、销售产品；没收违法生产、销售的产品；没收违法所得；罚款；吊销营业执照；责令改正；治安处罚；等等。《产品质量法》未就适用于个人责任者的行政处分作出规定，对此，应适用其他有关法律、法规的相关规定。

（三）产品质量刑事责任

这是指违反产品质量法、构成犯罪的行为人所应承担的刑事法律后果。这种法律后果，表现为对行为人科以一定的刑罚。

由此可见，在我国，产品责任与产品质量责任是一种种属关系，前者为种，后者为属；后者是一种综合责任，它包括了前者。

产品责任是在19世纪中叶英美两国判例的基础上产生和发展起来的一种民事责任。它最初是作为合同责任来对待的，当事人之间的合同关系被视为是构成产品责任的前提。1842年英国"温特博特姆诉赖特案"（Winterbottom v. Wright）首创的"无合同，无责任"原则在英美法中奉行了近百年之久。"无合同，无责任"原则限制、剥夺了一些与产销人无合同关系的缺陷产品受害人的赔偿请求权，其保护的重心是产销人，适应和反映了当时资本主义国家大力发展生产的要求。进入20世纪以后，随着生产的高度发展和消费者保护运动的日益高涨，立法和司法逐步将保护消费者权益放到了重要地位。20世纪20～30年代，英美两国法院率先开始适用侵权法理论来处理产品责任案件。按照这一理论，只要产品因缺陷造成了他人人身、财产损害，不论受害人与产销人是否有合同关系，都将按照一定的归责原则追究产销人的责任。近年来，各国通过立法和司法实践，已形成了共识，即产品责任是一种侵权责任，产品责任纠纷应由专门的产品责任法来调整。

我国虽未制定专门的产品责任法，但《产品质量法》仍是将产品责任按侵权责任予以规定的。

二、产品责任的归责原则

产品责任的归责原则，是指据以确定产品的生产者和销售者承担产品责任的基本准则。早期各国的产品责任法确认的是一般过错责任原则，即产品质量事故发生后，生产者和销售者是否承担损害赔偿责任，取决于他们对产品的缺陷有无过错，并且受害人对生产者或销售者的过错负有举证责任，如果他们不能证明生产者或销售者的过错，那么就不能获得赔偿。很显然，这一归责原则限制了受害人获得法律救济的机会。为了保护消费者权益，现代各国产品责任法逐步抛弃了这一传统的归责原则，确立了一些新的归责原则，其中尤为重要的是严格责任原则、过错推定原则和担保原则。《产品质量法》在一定程度上也贯彻了这些原则。

（一）严格责任原则

严格责任原则的提法主要见诸英美法系国家；在大陆法系国家，严格责任原则一般被称为无过错责任原则或无过失责任原则。其基本含义是：生产者生产的产品因缺陷造成他人人身和财产损害时，不论生产者是否有过错，均应向受害人赔偿。按照这一原则，生产者产品责任的构成，不以他对其产品存在的缺陷有过错为条件；受害人也无需对生产者的过错承担举证责任。但是，对于产品存在缺陷以及产品缺陷与损害后果之间的因果关系，受害人仍负有证明义务。

严格责任原则是美国法院首创的一项产品责任归责原则。严格责任思想的最早表述，见于1944年"埃斯可拉诉可口可乐瓶装公司案"（Escala v. Coca-Cola Bottling Company）中泰勒（Traynor）法官的意见，但该意见并未被采纳。严格责任作为一项归责原则，最早确立于1963年"格林曼诉尤巴电力公司案"（Greenman v. Yuba Power Products Inc.）的判决中，加利福尼亚州最高法院在该案的判词中对严格责任原则作了如下表述：制造商将产品投入市场，明知其产品将不被检验而被使用，则制造商对该缺陷产品所致人身损害应承担严格责任。此即所谓"格林曼规则"。法院在适用严格责任原则时，其审查的重点是产品本身及使用所引起的危险，而不在于制造商在设计和生产产品过程中是否尽到了合理的注意义务，这就免除了受害人对制造商有过错的证明责任。加利福尼亚州最高法院确立的这一规则，得到了美国大多数州的赞同，并对世界各国产生了深远的影响。1985 年通过、1988 年生效的《欧洲经济共同体产品责任指令》便规定，对产品责任适用严格责任原则，并要求成员国在 3 年内修改法律，使之与指令一致。目前，欧盟成员国均已按指令要求制定了新的产品责任法，实行严格责任原则。

在我国，《产品质量法》规定，因产品存在缺陷造成人身、缺陷产品以外的其他财产损害的，生产者应当承担赔偿责任。按照国内多数人的见解，这一规定贯彻了严格责任原则。

（二）过错推定原则

过错推定原则又称过失推定原则或疏忽原则。按照这种原则，由于生产者或销售者的疏忽，造成产品缺陷，或者由于生产者、销售者应当知道产品有缺陷而没有知道，并把产品投入流通，从而造成他人人身、财产损害的，生产者、销售者在主观上便有过错，应当承担赔偿责任。过错推定原则最先是由美国"麦克弗森诉别克汽车公司案"（*Macpherson v. Buick Motor Company*）的判决确认的，之后被许多国家所采用。

过错推定原则包含了两项互相联系的内容：①生产者或销售者的过错是他们承担责任的前提。这里的过错，指过失或疏忽。生产者或销售者故意致人损害虽应承担责任，但这是另一种性质的法律责任。过错推定原则的这层含义与一般过错原则是相同的。②免除受害人对生产者或销售者过错的举证责任。主要通过两种方式来免除：一是"举证责任倒置"，即生产者或销售者无过失的举证责任主要由其自己证明，在其不能证明时，即推定其有过失。二是"事实自证规则"，即生产者或销售者的过错仅凭损害事实发生便足以证明，除非他们能提出自己无过错的充足理由及其他法定的免责事由，否则将承担过失责任。过错推定原则的这一层含义，是它与一般过错责任原则的根本区别。

过错推定原则与严格责任原则有着一致性：①二者都以扩大法律救济为目的，以提高受害人求偿权的实现程度为宗旨；②二者都免除了受害人对生产者或经营者过错举证的责任；③二者有共同的免责条件，即严格责任原则下的免责条件对过错推定原则仍然适用；④从理论上讲，过错推定原则没有脱离过错责任的窠臼，而仅在追究致害人责任时的观念有所不同而已，亦即严格责任原则不以致害人的过错为其责任的构成要件，过错推定原则则反之。同时，严格责任原则不以致害人的过错作为侵权责任的构成根据，但严格责任原则并非完全不考虑过错，特别是受害人的过错，往往成为责任是否成立或者减免的重要考虑因素。因此，过错推定原则在事实上十分接近严格责任原则。不过，过错推定原则由于仍以生产者或销售者的过错作为其承担责任的观念基础，因而它与严格责任原则仍有差异。

应予说明的是，过错推定原则自确立以来虽然仍在适用，但鉴于它承认缺陷产品的制造者或销售者通过证明自己无过错而获免责的可能性，因而与严格责任原则相比，它对于缺陷产品受害者利益的保护作用毕竟有其不足。为了最大限度地发挥法律的救济功能，近年来，产品责任的归责由过错推定原则向严格责任原则过渡，已成为各国法制的共同趋势。但对销售者按过错推定原则归责，仍然被许多国家保留了下来。

在我国，《产品质量法》第 42 条规定：由于销售者的过错使产品存在缺陷，造成人身、他人财产损害的，销售者应当承担赔偿责任；销售者不能指明缺陷产品的生产者也不能指明缺陷产品的供货者的，销售者应当承担赔偿责任。第 43 条规定：因产品存在缺陷造成人身、他人财产损害的，受害人可以向产品的生产者要求赔偿，也可以向产品的销售者要求赔偿。属于产品的生产者的责任，产品的销售者赔偿的，产品的销售者有权向产品的生产者追偿。属于产品的销售者的责任，产品的生产者赔偿的，产品的生产者有权向产品的销售者追偿。上述规定意味着，销售者承担产品责任，应以其过错的存在为条件，但这并不是说对销售者适用一般过错责任这一归责原则，而应按过错推定原则去理解其适用的归责原则。唯有如此，才能给受害人提供应有的保护。至于生产者和销售者之间的追偿关系，由于其已不是产品责任问题，因而应按一般过错责任原则确定其各自应负的责任。如果按这种思路理解上述规定，则可以认为，这些规定与世界各国的立法精神是基本一致的。

（三）担保原则

担保原则又称违反担保原则，是指产品致他人人身、财产损害后，按照生产者或销售者对产品质量的担保追究其产品责任的一种归责原则。生产者或销售者对产品质量的担保分为默示担保和明示担保。按照目前多数国家产品责任法的规定，作为产品责任的一项归责原则，担保原则中的"担保"主要是指明示担保。对于生产者或销售者违反默示担保，致他人人身、财产损失的情况，一般按产品有缺陷来对待。

在我国，《产品质量法》第41～45条将产品存在缺陷作为产品责任的构成要件，而第46条对缺陷的范围又界定得较窄，未将产品不符合明示的质量状况视为产品的缺陷，因此，可以说，《产品质量法》关于生产者或销售者违反担保致人身、财产损害赔偿问题的规定，尚付阙如，这不利于消费者利益的法律保护。确立担保原则这一归责原则，应当说是解决这一问题的一条思路。

三、产品责任的构成要件

产品责任的构成要件，是指生产者或销售者承担产品责任的法律要件。按照各国产品责任法的规定，产品责任的构成要件因归责原则的不同而有所差异。

（一）适用严格责任原则场合下产品责任的构成要件

适用严格责任原则确定和追究产品责任时，其要件主要包括：

1. 产品有缺陷。按照各国的一般解释，产品缺陷是指产品缺乏人们期待的安全性。我国《产品质量法》将它定义为"产品存在危及人身、他人财产安全的不合理的危险；产品有保障人体健康和人身、财产安全的国家标准、行业标准的，是指不符合该标准"。产品缺陷可以按不同的标准分类。依形成阶段的不同，可分为产品投入流通前形成的缺陷和投入流通后形成的缺陷。前者又包括设计缺陷、原材料缺陷、制造装配缺陷和指示缺陷等。按隐蔽程度的不同，可分为当时科学上能发现的缺陷和科学上尚不能发现的缺陷。我国《产品质量法》和世界各国产品责任法，均将产品投入流通前的缺陷和科学上能发现的缺陷作为产品责任的构成要件，其他缺陷为免责的范围。

2. 有损害事实存在。即产品因缺陷造成了人身、缺陷产品以外的其他财产的损害。如果产品有缺陷，但并未造成人身或财产损害，或者仅造成缺陷产品本身的损害，均不构成产品责任；在这种情况下，生产者或销售者仅按法律关于品质瑕疵担保责任的有关规定，承担修理、更换、退货或者赔偿损失的责任。

3. 产品缺陷与损害后果之间有因果关系。因果关系是客观事物之间的前因后果的关联性。产品缺陷与损害后果之间有因果关系，即是说损害的结果是由产品缺陷直接导致的。在产品责任事故中，损害后果的发生往往是由多种原因导致的，因此，必须确定产品缺陷是引起损害后果的唯一原因或直接原因，产品责任才能成立，生产者也才承担责任。

（二）适用过错推定原则场合下产品责任的构成要件

适用过错推定原则确定和追究产品责任时，除具备上述适用严格责任原则场合下产品责任的三项构成要件外，还须具备一个要件，即生产者或销售者主观上有过错。但如前所述，为了更好地保护消费者利益，各国基本上已不要求受害者承担这种过错的证明责任，而是通过"举证责任倒置"或"事实自证规则"来确定生产者或销售者过错之有无。

（三）适用担保原则场合下产品责任的构成要件

按照美国等一些国家的规定，适用担保原则确定和追究产品责任时，应具备的主要条件包括：①生产者或销售者对产品质量有明示担保；②受害人相信该担保；③损害是由于产品不符合生产者或销售者的担保所引起的。

四、产品责任的免除

产品质量事故发生后，生产者或销售者通过提出法定的免责事由可以全部或部分地免除赔偿责任。各国产品责任立法对产品责任的免除都有规定。在我国，除有关民事立法确立了民事责任免除的一般条件外，《产品质量法》还针对产品责任的特殊性，参照各国立法，规定了免除生产者产品责任的条件。按照规定，生产者能够证明有下列情形之一的，不承担赔偿责任：①未将产品投入流通的；②产品投入流通时，引起损害的缺陷尚不存在的；③将产品投入流通时的科学技术水平尚不能发现缺陷的存在的。《产品质量法》未就销售者的免责条件作出规定，对此，应按民事立法的一般规定确定。

五、产品责任的赔偿范围

产品责任的基本形式为损害赔偿。关于赔偿的范围，各国规定有所不同。美国法律规定最宽，对人身损害，其赔偿范围包括身体、健康和精神损害；对财产损害，其赔偿范围包括直接损失和间接损失；并且，对赔偿总额一般没有限制。而欧洲、日本等国家，大多不将精神痛苦的代价列入赔偿范围，且欧盟还有最高赔偿限额的规定。在我国，《产品质量法》规定，因产品存在缺陷造成受害人人身伤害的，侵害人应当赔偿医疗费、治疗期间的护理费、因误工减少的收入等费用；造成残疾的，还应支付残疾者生活自助具费、生活补助费、残疾赔偿金以及由其扶养的人所必需的生活费等费用；造成受害人死亡的，并应当支付丧葬费、死亡赔偿金以及由死者生前扶养的人所必需的生活费等费用。因产品存在缺陷造成受害人财产损失的，侵害人应当恢复原状或折价赔偿。受害人因此遭受其他重大损失的，侵害人应当赔偿损失。

值得注意的是，我国目前已有精神损害赔偿的规定。2001年，最高人民法院发布的《关于确定民事侵权精神损害赔偿责任若干问题的解释》明确规定，精神损害的赔偿范围包括对生命权、健康权、身体权、死者的人格利益等，同时，对不予受理或不予支持的精神损害赔偿的情形作出了规定，即受害人为法人或者其他组织的；在侵权之诉中未提出，侵权之诉结束之后基于同一事实另行请求精神损害赔偿的；未造成严重后果的。由此看来，产品侵权可以引起精神损害赔偿责任。

六、产品责任的诉讼时效

诉讼时效是指权利人在法定期间内不行使请求权，即丧失依诉讼或仲裁程序强制义务人履行义务的权利的法律制度。权利人能够依诉讼或仲裁程序强制义务人履行义务的法定期间，是诉讼时效期间。《产品质量法》参照世界多数国家的立法例，对产品责任的诉讼时效作了明确规定。按照规定，因产品存在缺陷造成损害要求赔偿的诉讼时效期间为2年，自当事人知道或者应当知道其权益受到侵害时起计算。同时，为了体现公平原则，平衡产品的生产者和消费者之间的利益，《产品质量法》又规定：因产品存在缺陷造成损害要求赔偿的请求权，在造成损害的产品交付最初消费者满10年丧失；但是，尚未超过明示的安全使用期的除外。

■ 思考题

1. 怎样理解我国《产品质量法》中的"产品"？
2. 产品质量认证与企业质量体系认证有何异同？
3. 简述产品责任的归责原则。
4. 试述品质瑕疵担保责任与产品责任的竞合及其处理。
5. 试述我国《产品质量法》与《消费者权益保护法》的关系。

■ 参考书目

1. 李昌麒、许明月编著：《消费者保护法》，法律出版社 2014 年版。
2. 刘文琦：《产品责任法律制度比较研究》，法律出版社 1997 年版。
3. 曹建明：《国际产品责任法概说》，上海社会科学院出版社 1987 年版。
4. 刘静：《产品责任论》，中国政法大学出版社 2000 年版。

第十七章 广告法律制度

■**学习目的和要求**

　　广告是经营者推销其产品的重要手段，是用户和消费者了解产品最直观和最快捷的方式。规范化的广告运作能够有效地解决经营者与用户和消费者之间的信息不对称的问题，并有助于形成良好的市场竞争秩序；也正因为如此，广告法律制度成为市场秩序规制法律制度体系中的重要内容。学习本章的基本要求是：理解广告和广告法的定义，掌握广告行为准则、广告活动的法律规范以及国家对广告的监督管理制度。

第一节 广告法概述

一、广告的定义

　　广告即广而告之，是指企事业单位、机关、团体或公民为了特定的目的，通过一定的媒介或形式向社会公众传播某种信息的宣传活动。

　　广告作为现实生活中人们普遍运用的一种宣传方式，其构成须具备以下要素：①广告主。即自行或者委托他人设计、制作、发布广告的企事业单位、机关、团体或公民。广告主作为广告活动的主体之一，在广告活动中处于决定性地位，没有广告主，就不会存在任何广告经营者和广告发布者，也不会形成广告活动。②广告信息。即广告的主要内容，包括商品、劳务、观念等方面的信息。任何广告均须以特定的信息为内容，以实现发布广告的目的。③广告媒介或形式。广告媒介是传播广告信息的中介物或手段，包括报刊、广播、电视、电影、路牌、橱窗、印刷品、霓虹灯等。广告信息还可以通过体育比赛、文艺演出等形式传播，这些传播广告信息的形式，即为广告形式。通过一定的媒介或形式传播信息，这是广告区别于直接的劝说、介绍等宣传方式的重要标志。

　　广告可以依据不同的标准进行分类：①以广告是否具有营利性目的为标准，可以分为营利性广告和非营利性广告。前者是指以营利为目的的广告，一切商业广告（或经济广告）均属营利性广告；后者是指不以营利为目的，而是为了谋求社会公共利益或进行某种社会活动的广告，如环境保护广告、交通安全广告、安全用电广告、防盗广告、禁烟广告、禁赌广告、计划生育广告等。②以广告的内容为标准，可以分为商业广告、文化广告、社会服务广告和政府公告等。商业广告是宣传商品、劳务信息的广告；文化广告是宣传教育、科学、出版、电影、图书等内容的广告；社会服务广告是宣传挂失、寻人、征婚等内容的广告；政府公告是政府为传达特定的政策和其他信息而发布的文告，如《企业法人登记公告》等。③以广告媒介为标准，可以分为报刊广告、广播广告、电视广告、电影广告、路牌广告、橱窗广告、印刷品广告、霓虹灯广告、车身广告等。④以广告覆盖的区域为标准，可分为全国性广告、地区性广告等。⑤以传播的诉求方式为标准，可以分为情感性广告，说明性广告、悬念性广告、趣味性广告等。

我国现行广告法规定的广告，主要是各种形式的商业广告，即，商品经营者或者服务提供者通过一定媒介或形式，直接或间接地介绍自己所推销的商品或者服务的宣传活动。商业广告之所以作为我国《广告法》规范的对象，其基本考虑是：在市场经济活动中，最常见、最可能给消费者和社会公众造成影响的，主要是商业广告，而且商业广告的性质、特点和监督管理不同于政府公告、公益广告等其他广告，不便在《广告法》中一并规定。本章以下涉及的广告，也仅指商业广告。

二、广告法及其调整对象

（一）广告法的定义

广告法是指调整广告关系的法律规范的总称。它是国家广告监督管理机关对广告实施监督管理的依据，也是广告主、广告经营者、广告发布者和广告代言人进行广告活动的行为准则。

广告法是随着广告在社会生活中渗透作用和影响力的日益增强而逐步形成和完善起来的一种法律规范。西方国家现代广告业已经历了 300 多年的发展历程，迄今已形成了较为完备的广告法律法规体系。世界大多数国家和地区没有专门的广告法，基本上是把广告作为市场促销活动的一个环节，在其他规范市场行为的法律法规中涉及广告。在我国，调整广告关系的基本法是 1994 年 10 月 27 日第八届全国人民代表大会常务委员会第十次会议通过的《中华人民共和国广告法》。2015 年 4 月 24 日，第十二届全国人民代表大会常务委员会第十四次会议对该法进行了修订，修订后的《广告法》自 2015 年 9 月 1 日起施行。

（二）广告法的调整对象

广告法的调整对象是广告关系。广告关系是广告监督管理机关、广告审查机关、广告主、广告经营者、广告发布者、广告代言人等主体相互之间，在广告监督管理、广告审查和广告活动过程中所发生的社会关系。按照我国《广告法》规定，这里所谓"广告监督管理机关"，是指县级以上人民政府工商行政管理部门；"广告审查机关"是指依法对特殊广告负有审查职责的有关行政主管部门；广告主是指为推销商品或者服务，自行或者委托他人设计、制作、发布广告的自然人、法人或者其他组织；广告经营者是指接受委托提供广告设计、制作、代理服务的自然人、法人或者其他组织；广告发布者是指为广告主或者广告主委托的广告经营者发布广告的自然人、法人或者其他组织；广告代言人是指广告主以外的，在广告中以自己的名义或者形象对商品、服务作推荐、证明的自然人、法人或者其他组织。

广告法调整的广告关系，主要包括以下几方面的内容：

1. 广告监督管理机关在实施广告监督管理过程中与广告主、广告经营者、广告发布者和广告代言人发生的社会关系。广告监督管理是市场监管的重要内容，我国各级工商行政管理部门作为国家专门的市场执法和监督机构，对广告负有监督管理的职责。广告法对这种社会关系进行调整，其主要目的在于为工商行政管理部门监督管理广告活动提供依据，并进而建立正常的广告秩序。

2. 广告审查机关在实施广告审查的过程中与广告主发生的社会关系。广告法调整这种社会关系，主要目的在于为广告审查机关审查广告提供依据，进而确保特殊商品广告的质量，维护人身、财产的安全。

3. 广告活动主体在进行广告活动的过程中相互间发生的关系。这是指广告主、广告经营者、广告发布者、广告代言人在广告承揽、设计、制作、代理、代言、发布等活动中发生的社会关系。这类关系具有平等、自愿、有偿的特点，主要表现为广告合同关系。广告法调整这类社会关系，主要目的在于明确广告主、广告经营者、广告发布者和广告代言人在广告活动中的权利义务，减少、避免和正确处理广告纠纷，维护社会经济秩序。

第二节　广告内容准则

广告内容准则，是指广告传播的信息应当达到的要求。我国《广告法》分别对广告内容的一般准则和特殊商品、服务广告的特殊内容准则作了明确、具体的规定。

一、广告内容的一般准则

广告内容的一般准则，是指各种广告传播的信息都应当达到的共同性要求。广告内容的一般准则主要有：

（一）真实

广告内容的真实，是指广告应当实事求是地介绍商品或者服务，不得含有虚假或者引人误解的内容，不得欺骗、误导消费者。广告主应当对广告内容的真实性负责；广告以虚假或者引人误解的内容欺骗、误导消费者的，构成虚假广告。

我国《广告法》对广告内容真实的规定，主要包括：①广告使用数据、统计资料、调查结果、文摘、引用语等引证内容的，应当真实，并表明出处。②广告中涉及专利产品或者专利方法的，应当标明专利号和专利种类；未取得专利权的，不得在广告中谎称取得专利权；禁止使用未授予专利权的专利申请和已经终止、撤销、无效的专利做广告。③广告代言人在广告中对商品、服务作推荐、证明，应当依据事实，符合《广告法》和其他有关法律、行政法规规定，并不得为其未使用过的商品或者未接受过的服务作推荐、证明。

（二）准确、清晰

广告内容的清晰、准确，是指广告对商品或者服务的介绍应力求清楚，不得含糊其辞、模棱两可。《广告法》对广告内容真实性的规定，主要包括：①广告中对商品的性能、功能、产地、用途、质量、成分、价格、生产者、有效期限、允诺等或者对服务的内容、提供者、形式、质量、价格、允诺等有表示的，应当准确、清楚、明白。②广告中表明推销的商品或者服务附带赠送的，应当明示所附带赠送商品或者服务的品种、规格、数量、期限和方式。③法律、行政法规规定广告中应当明示的内容，应当显著、清晰表示。④广告应当具有可识别性，能够使消费者辨明其为广告；大众传播媒介不得以新闻报道形式变相发布广告；通过大众传播媒介发布的广告应当显著标明"广告"，与其他非广告信息相区别，不得使消费者产生误解。

（三）合法

从广义上讲，广告内容的合法，指广告传播的信息达到法律对广告内容的所有要求，因此，广告内容的真实、准确、清晰，也是广告内容合法的当然体现和要求。但这里所谓"合法"是狭义的，仅指广告内容对真实、准确、清晰以外的其他要求的遵守或不违背。《广告法》对广告内容的合法性要求，主要有以下规定：

1. 广告不得有以下情形：①使用或者变相使用中华人民共和国的国旗、国歌、国徽，军旗、军歌、军徽；②使用或者变相使用国家机关、国家机关工作人员的名义或者形象；③使用"国家级""最高级""最佳"等用语；④损害国家的尊严或者利益，泄露国家秘密；⑤妨碍社会安定，损害社会公共利益；⑥危害人身、财产安全，泄露个人隐私；⑦妨碍社会公共秩序或者违背社会良好风尚；⑧含有淫秽、色情、赌博、迷信、恐怖、暴力的内容；⑨含有民族、种族、宗教、性别歧视的内容；⑩妨碍环境、自然资源或者文化遗产保护；⑪损害未成年人和残疾人的身心健康；⑫贬低其他生产经营者的商品或者服务；⑬法律、行政法规规定禁止的其他情形。

2. 广告内容涉及的事项需要取得行政许可的，应当与许可的内容相符合。

3. 广播电台、电视台发布广告，应当遵守国务院有关部门关于时长、方式的规定，并应当对广告时长作出明显提示。

二、特殊广告的特殊内容准则

特殊广告的特殊内容准则，是指某些特殊商品和服务广告的内容应当达到的特殊要求。《广告法》对以下特殊广告规定了特殊内容准则：

（一）医疗、药品、医疗器械广告

这几种广告不得含有下列内容：①表示功效、安全性的断言或者保证；②说明治愈率或者有效率；③与其他药品、医疗器械的功效和安全性或者其他医疗机构比较；④利用广告代言人作推荐、证明；⑤法律、行政法规规定禁止的其他内容。

此外，麻醉药品、精神药品、医疗用毒性药品、放射性药品等特殊药品，药品类易制毒化学品，以及戒毒治疗的药品、医疗器械和治疗方法，不得作广告；以上药品以外的处方药，只能在国务院卫生行政部门和国务院药品监督管理部门共同指定的医学、药学专业刊物上作广告。药品广告的内容不得与国务院药品监督管理部门批准的说明书不一致，并应当显著标明禁忌、不良反应。处方药广告应当显著标明"本广告仅供医学药学专业人士阅读"，非处方药广告应当显著标明"请按药品说明书或者在药师指导下购买和使用"。推荐给个人自用的医疗器械的广告，应当显著标明"请仔细阅读产品说明书或者在医务人员的指导下购买和使用"。医疗器械产品注册证明文件中有禁忌内容、注意事项的，广告中应当显著标明"禁忌内容或者注意事项详见说明书"。除医疗、药品、医疗器械广告外，禁止其他任何广告涉及疾病治疗功能，并不得使用医疗用语或者易使推销的商品与药品、医疗器械相混淆的用语。广播电台、电视台、报刊音像出版单位、互联网信息服务提供者不得以介绍健康、养生知识等形式变相发布医疗、药品、医疗器械广告。

（二）农药、兽药、饲料和饲料添加剂广告

这几种广告不得含有下列内容：①表示功效、安全性的断言或者保证；②利用科研单位、学术机构、技术推广机构、行业协会或者专业人士、用户的名义或者形象作推荐、证明；③说明有效率；④违反安全使用规程的文字、语言或者画面；⑤法律、行政法规规定禁止的其他内容。

（三）烟草广告

《广告法》严格控制通过广告传播有关烟草的信息。具体规定包括：①禁止在大众传播媒介或者公共场所、公共交通工具、户外发布烟草广告；②禁止向未成年人发送任何形式的烟草广告；③禁止利用其他商品或者服务的广告、公益广告，宣传烟草制品名称、商标、包装、装潢以及类似内容；④烟草制品生产者或者销售者发布的迁址、更名、招聘等启事中，不得含有烟草制品名称、商标、包装、装潢以及类似内容。

（四）保健食品广告

这类广告不得含有下列内容：①表示功效、安全性的断言或者保证；②涉及疾病预防、治疗功能；③声称或者暗示广告商品为保障健康所必需；④与药品、其他保健食品进行比较；⑤利用广告代言人作推荐、证明；⑥法律、行政法规规定禁止的其他内容。此外，保健食品广告应当显著标明"本品不能代替药物"。广播电台、电视台、报刊音像出版单位、互联网信息服务提供者不得以介绍健康、养生知识等形式变相发布保健食品广告。

（五）酒类广告

这类广告不得含有下列内容：①诱导、怂恿饮酒或者宣传无节制饮酒；②出现饮酒的动

作；③表现驾驶车、船、飞机等活动；④明示或者暗示饮酒有消除紧张和焦虑、增加体力等功效。

（六）教育、培训广告

这类广告不得含有下列内容：①对升学、通过考试、获得学位学历或者合格证书，或者对教育、培训的效果作出明示或者暗示的保证性承诺；②明示或者暗示有相关考试机构或者其工作人员、考试命题人员参与教育、培训；③利用科研单位、学术机构、教育机构、行业协会、专业人士、受益者的名义或者形象作推荐、证明。

（七）招商等有投资回报预期的商品或者服务广告

这类广告应当对可能存在的风险以及风险责任承担有合理提示或者警示，并不得含有下列内容：①对未来效果、收益或者与其相关的情况作出保证性承诺，明示或者暗示保本、无风险或者保收益等，国家另有规定的除外；②利用学术机构、行业协会、专业人士、受益者的名义或者形象作推荐、证明。

（八）房地产广告

发布这类广告，房源信息应当真实，面积应当表明为建筑面积或者套内建筑面积，并不得含有下列内容：①升值或者投资回报的承诺；②以项目到达某一具体参照物的所需时间表示项目位置；③违反国家有关价格管理的规定；④对规划或者建设中的交通、商业、文化教育设施以及其他市政条件作误导宣传。

（九）农作物种子、林木种子、草种子、种畜禽、水产苗种和种养殖广告

这些广告关于品种名称、生产性能、生长量或者产量、品质、抗性、特殊使用价值、经济价值、适宜种植或者养殖的范围和条件等方面的表述应当真实、清楚、明白，并不得含有下列内容：①作科学上无法验证的断言；②表示功效的断言或者保证；③对经济效益进行分析、预测或者作保证性承诺；④利用科研单位、学术机构、技术推广机构、行业协会或者专业人士、用户的名义或者形象作推荐、证明。

第三节　广告行为规范

一、广告行为和广告行为规范的定义

（一）广告行为的定义

广告行为又可称之为广告活动，是指广告主、广告经营者、广告发布者和广告代言人设计、制作、发布、代言广告等行为的总称。它具有以下几方面的特点：

1. 广告行为的主体是广告主、广告经营者、广告发布者和广告代言人。在我国，县级以上工商行政管理部门对广告负有监督管理职责；有关行政主管部门对特殊广告在发布前负有审查职责，但它们都不是广告行为的主体，而分别是广告监督管理机关和广告审查机关。

2. 广告行为包括广告的设计、制作、发布和代言。在这些活动中，广告设计、制作和发布既可由广告主自己进行，也可以由广告主委托他人进行，如广告主委托广告经营者进行广告设计、制作，委托广告发布者进行广告发布等；而广告代言，只能是由广告主以外的自然人、法人或者其他组织进行。广告主自行或委托他人进行广告设计、制作、发布，广告代言人接受委托以自己的名义或者形象对商品或者服务作推荐、证明，均是广告行为的具体表现。

3. 广告行为是受法律调整的行为，必须依照法律的规定进行。否则，不但不能产生有关广告行为主体预期的法律效果，还会受到法律的追究。

（二）广告行为规范的定义

我国《广告法》中的广告行为规范，是指各种广告行为基于其特殊性应当遵守的专门性或者针对性规定。从广义上讲，我国《广告法》规定的广告内容准则，也是重要的广告行为规范。但是，广告内容准则侧重于对广告传播的信息应当达到的要求作出规定，而广告行为规范则主要从各种广告行为的特殊性出发，分别为其各自设定相应的具有针对性的规则。

广告行为是一种重要的市场活动。随着我国社会主义市场经济体制的确立和发展，广告行为日益繁荣，对促进销售、繁荣社会经济发挥了重要作用。但是，广告行为在不断高涨的同时，也出现了一些问题。例如，利用广告推销假冒伪劣产品，贬低竞争对手，进行不正当竞争，在广告中夸大产品和服务的功效，欺骗和误导消费者等现象一直较为普遍。这些问题的存在，不仅影响了广告业的声誉，妨碍了广告业的健康发展，也严重破坏了社会主义市场经济秩序，损害了国家利益和社会公共利益。这就决定了国家必须对广告行为进行必要的干预，以便在充分发挥广告积极作用的同时，预防和制裁广告违法行为。为此，《广告法》在对广告内容准则作出规定的同时，还对各种广告行为的规范作了明确。

二、广告行为主体的义务

《广告法》规定的广告行为主体的义务，主要包括以下内容：

1. 依法签订广告合同。即广告主、广告经营者、广告发布者之间在广告活动中应当依法订立书面合同。

2. 不得从事不正当竞争行为。即广告主、广告经营者、广告发布者不得在广告活动中进行任何形式的不正当竞争。不正当竞争是指从事商品经营或营利性服务的法人、其他经济组织和个人违反法律规定，损害其他经营者的合法权益，扰乱社会经济秩序的行为。《反不正当竞争法》规定了多种不正当竞争行为。《广告法》规定广告活动主体不得在广告活动中进行任何形式的不正当竞争，包括不得从事这些行为中的任何行为，即广告活动主体不得以任何不正当竞争手段从事广告活动，也不得在其设计、制作、发布的广告中包含任何不正当竞争的内容。

3. 遵守国家有关广告业务资质的规定。具体内容包括：①广告主委托设计、制作、发布广告，应当委托具有合法经营资格的广告经营者、广告发布者；②广播电台、电视台、报刊出版单位从事广告发布业务的，应当设有专门从事广告业务的机构，配备必要的人员，具有与发布广告相适应的场所、设备，并向县级以上地方工商行政管理部门办理广告发布登记。

4. 确保广告及其相关活动真实。具体要求是：①广告经营者、广告发布者应依据法律、行政法规查验有关证明文件，核实广告内容。对内容不符或者证明文件不全的广告，广告经营者不得提供设计、制作、代理服务，广告发布者不得发布。②广告发布者向广告主、广告经营者提供的覆盖率、收视率、点击率、发行量等资料应当真实。③广告代言人在广告中对商品、服务作推荐、证明，应当依据事实，符合本法和有关法律、行政法规规定，并不得为其未使用过的商品或者未接受过的服务作推荐、证明；对在虚假广告中作推荐、证明受到行政处罚未满3年的自然人、法人或者其他组织，不得利用其作为广告代言人。

5. 不得侵犯他人的合法权益或者损害未成年人的身心健康。具体要求是：①广告主或者广告经营者在广告中使用他人名义或者形象的，应当事先取得其书面同意；使用无民事行为能力人、限制民事行为能力人的名义或者形象的，应当事先取得其监护人的书面同意。②任何单位或者个人未经当事人同意或者请求，不得向其住宅、交通工具等发送广告，也不得以电子信息方式向其发送广告；以电子信息方式发送广告的，应当明示发送者的真实身份和联系方式，并向接收者提供拒绝继续接收的方式；利用互联网发布、发送广告，不得影响用户正常使用网络；在互联网页面以弹出等形式发布的广告，应当显著标明关闭标志，确保一键关闭；公共场所的管理者或者电信业务经营者、互联网信息服务提供者对其明知或者应知的利用其场所或者信息传输、发布平台发送、发布违法广告的，应当予以制止。③不得利用不满10周岁的未成年人作为广告代言人；不得在中小学校、幼儿园内开展广告活动，不得利用中小学生和幼儿的教材、教辅材料、练习册、文具、教具、校服、校车等发布或者变相发布广告，但公益广告除外；在针对未成年人的大众传播媒介上不得发布医疗、药品、保健食品、医疗器械、化妆品、酒类、美容广告，以及不利于未成年人身心健康的网络游戏广告；针对不满14周岁的未成年人的商品或者服务的广告不得含有劝诱其要求家长购买广告商品或者服务、可能引发其模仿不安全行为的内容。

6. 建立健全广告的内部管理制度。广告经营者、广告发布者应当按照国家有关规定，建立健全广告业务的承接登记、审核、档案管理制度。

7. 广告收费公开。广告经营者、广告发布者应当公布其收费标准和收费办法。

8. 不得设计、制作、发布国家禁止的广告。即法律、行政法规规定禁止生产、销售的产品或者提供的服务，以及禁止发布广告的商品或者服务，任何单位或者个人不得设计、制作、代理、发布广告。

三、户外广告管理

（一）户外广告的定义

户外广告，是指在露天场地或公共场所设置的广告。与其他广告相比，户外广告具有以下特点：①长期固定或出现在露天场地或公共场所，利用露天场地和公共场所人员集中的特点，能较好地实现广告宣传的目的。②表现形式多样，对地区和消费者的选择性和针对性较强。它一方面可以根据地区特点和风俗习惯选择广告形式；另一方面也可以根据广告内容的特点选择相应的广告表现形式。③传真度高，费用低。一些户外广告甚至成为一定地区的标志和象征，给人以难以忘怀的印象，而其设计、制作和设置费用，往往较通过大众传播媒介发布广告的费用低。

户外广告是在历史上较早出现的一种广告类别。世界上最原始的户外广告是地中海沿岸的腓尼基人创造的，他们将贩卖的物品刻画在贸易大道两旁的街道上，用以招揽顾客。随着商业和文化的发展，户外广告的形式越来越多样化。1882年，英国人哈默（Hamer）在伦敦安装了世界上第一个灯光广告，为后来霓虹灯广告的发展奠定了基础。我国的户外广告也有着悠久的历史，其最初形式有酒旗广告、招牌广告、幌子等，以后又出现了其他形式的户外广告。

（二）户外广告的管理

户外广告必然对市容环境、生产、生活产生一定影响。设置得好，可以美化市容环境，方便生产、生活，否则，将破坏市容环境以及生产、生活秩序。为此，必须对户外广告的设置实施一定的管理。基于这一考虑，《广告法》对户外广告的管理作了规定。按照规定，县级以上地方人民政府应当组织有关部门加强对利用户外场所、空间、设施等发布户外广告的监督管理，制定户外广告设置规划和安全要求。有下列情形之一的，不得设置户外广告：①利用交通安全设施、交通标志的；②影响市政公共设施、交通安全设施、交通标志、消防设施、消防安全标志使用的；③妨碍生产或人民生活，损害市容市貌的；④在国家机关、文物保护单位、风景名胜区等的建筑控制地带，或者县级以上地方人民政府禁止设置户外广告的区域设置的。

第四节　广告监管法律制度

一、广告监督管理法律制度的定义和功能

广告监管法律制度，是指为了保证、促使广告活动遵守广告准则、广告行为规范和其他相关规定，而由广告法确立的政府监管、社会监督广告活动的制度。

广告监管法律制度是市场规制法律制度的重要内容，它与市场规制的其他一些制度一道，共同维护社会经济秩序，并促进广告业的健康发展。具体而言，广告监管法律制度的功能，主要体现在以下几个方面：

1. 广告监管法律制度是消费者权益保护不可或缺的制度。我国《消费者权益保护法》从消费者保护政策基准、调整消费合同的角度，为消费者权益提供倾斜性保护；《产品质量法》《农产品质量安全法》《食品安全法》等特定产品质量法，则从保障和提高产品的安全性、实用性等质量特性的角度，为消费者权益提供保护。在现实生活中，经营者利用广告损害消费者合法权益的现象时有发生。例如，经营者利用广告推销假冒伪劣产品、在广告中夸大产品和服务的功效从而欺骗和误导消费者等，都是直接损害消费者合法权益的行为。对这些行为，《消费者权益保护法》等法律确立了其民事责任，但这毕竟是事后的民事救济制度；事前、事中的预防和行政责任追究，都需要由广告监管法律制度来实现。因此，广告监管法律制度与其他相关法律一道，为保护消费者权益提供保护。

2. 广告监管法律制度对于维护公平竞争环境具有积极的效应。在引人误解的虚假宣传、诋毁他人商誉的不正当竞争行为中，有的是利用广告来实施的。我国《反不正当竞争法》等相关法律虽然规定了其法律责任，但这也毕竟是事后的救济制度，在预防这些不正当竞争行为发生上，虽然有多种途径，但广告监管法律制度是最为有效的制度。

3. 广告监管法律制度有利于促进广告业的健康发展。广告业在社会主义市场经济中具有重要的作用和地位。1993 年，国务院批转原国家计委《全国第三产业发展规划基本思路》，把广告业正式列为第三产业中的一个行业，广告业由此步入快速发展的轨道。然而，广告业的健康发展，取决于广告活动的规范。广告监管法律制度正是实现广告活动规范化，促进广告业健康发展的重要保障。

二、广告监管法律制度的主要内容

（一）广告监管体制

广告监管体制，是指广告监管机关的设置及其职权划分的制度。

按照《广告法》的规定，县级以上人民政府工商行政管理部门是广告监督管理机关。在广告监管实践中，除工商行政管理部门以外，政府的一些其他部门也享有广告管理的权力。工商行政管理部门和政府有关部门在广告监管上的分工是：国务院工商行政管理部门主管全国的广告监督管理工作，国务院有关部门在各自的职责范围内负责广告管理相关工作；县级以上地方工商行政管理部门主管本行政区域的广告监督管理工作，县级以上地方人民政府有关部门在各自的职责范围内负责广告管理相关工作。

作为广告监督管理主管机关的县级以上人民政府工商行政管理部门，在广告监管方面的职权主要包括：

1. 对从事广告发布业务的广播电台、电视台、报刊出版单位，依照法定的条件和程序进行广告发布登记。

2. 受理广告违法行为的投诉、举报，同时建立健全广告监测制度并完善监测措施，及时

发现广告违法行为的线索。

3. 对涉嫌广告违法行为进行调查。在这方面，工商行政管理部门可以行使的具体职权有：①对涉嫌从事违法广告活动的场所实施现场检查；②询问涉嫌违法当事人或者其法定代表人、主要负责人和其他有关人员，对有关单位或者个人进行调查；③要求涉嫌违法当事人限期提供有关证明文件；④查阅、复制与涉嫌违法广告有关的合同、票据、账簿、广告作品和其他有关资料；⑤查封、扣押与涉嫌违法广告直接相关的广告物品、经营工具、设备等财物；⑥责令暂停发布可能造成严重后果的涉嫌违法广告；⑦法律、行政法规规定的其他职权。

4. 对认定为违法的广告行为，依法进行处理或者处罚。

政府有关部门按照法律、行政法规规定的职责范围实施广告管理。其中，《广告法》以及其他法律、行政法规规定应当进行审查的广告，由有关行政主管部门对广告内容进行审查；对于经审查批准的广告，有关行政主管部门应将审查批准文件送同级工商行政管理部门，并及时向社会公布。

（二）广告审查

广告审查，是指对某些特殊商品和服务广告在发布前由有关部门（广告审查机关）依照法律、行政法规的规定审核、查验其内容的活动。

我国《广告法》除规定广告经营者、广告发布者应当按照国家有关规定建立、健全广告业务的审核制度，不得设计、制作、代理、发布内容不符或者证明文件不全的广告之外，还专门确立了政府有关部门对广告的审查制度。按照规定，发布医疗、药品、医疗器械、农药、兽药和保健食品广告，以及法律、行政法规规定应当进行审查的其他广告，应当在发布前由有关部门（广告审查机关）对广告内容进行审查；未经审查，不得发布。广告主申请广告审查，应当依照法律、行政法规向广告审查机关提交有关证明文件。广告审查机关应当依照法律、行政法规规定作出审查决定，并应当将审查批准文件抄送同级工商行政管理部门。广告审查机关应当及时向社会公布批准的广告。任何单位或者个人不得伪造、变造或者转让广告审查批准文件。

（三）广告违法行为查处

涉嫌违反广告法的行为，由县级以上人民政府工商行政管理部门依法进行调查，并对认定为违反广告法的行为，根据法律规定和违法情况的不同，给予责令停止发布广告、责令改正、责令消除影响、没收违法所得、没收广告费用、罚款、暂停广告发布业务、撤销广告审查批准文件、吊销广告发布登记证件、吊销营业执照等行政处罚。

（四）广告活动的社会监督

按照我国《广告法》的规定，任何单位或者个人有权向工商行政管理部门和有关部门投诉、举报违反广告法的行为，工商行政管理部门和有关部门应当向社会公开受理投诉、举报的电话、信箱或者电子邮件地址。接到投诉、举报的部门应当自收到投诉之日起7个工作日内予以处理并告知投诉、举报人。消费者协会和其他消费者组织对违反广告法规定，发布虚假广告侵害消费者合法权益，以及其他损害社会公共利益的行为，依法进行社会监督。

■ 思考题

1. 简述广告法的调整对象。
2. 试述广告的一般准则。
3. 简述广告活动主体的义务。
4. 简述广告审查的意义。

5. 试述制止虚假广告的法律对策。

6. 案例分析（按照现行《广告法》对本案的认定和处理提出意见并说明理由）。

2003 年 6 月 11 日~20 日，某市电信公司在《××晨报》上刊载了一则广告。该广告是这样创意的：在一张载有"通信有限责任公司电话费发票"等文字的黑白照片上，以粗体字标上"高额话费"，并在广告上画面上以同样醒目的其他字体标上"如此重负，你怎么受得了？""小灵通包月随便打话费轻轻松松"等字样。虽然"通信有限责任公司电话费发票"等文字之前用纸张覆盖，看不出其所指的是哪家通信有限责任公司的电话费发票，但该发票的格式、字体、项目和布局等设计，均与该市某移动通信有限责任公司出具给消费者的发票一模一样。

某市电信公司的上述行为，引起了该市移动通信有限责任公司的不满，作为回应，该公司也委托该市某广告有限责任公司设计、制作，并于 2003 年 7 月 22 日~8 月 5 日在《××晨报》《××日报》《××商报》和《××经济报》上刊载了一则广告。该广告上有如下文字："手机掉线让你失去了什么？愉快的心情！以及更多的钱！！""选择了不好的网络，一个电话的费用变成了几个电话的费用！！原本想省钱却花了更多的钱……""真烦！又掉线啦！！打一个电话就掉了 5 次……浪费了我 5 个电话的钱！！！我要用移动！！！！""我用移动，顺畅沟通的感觉真好！""网络好才是真的省钱""中国最大的移动通信网络运营商——中国移动网络覆盖全国 99% 以上的县市高效优质的网络让你的每一分话费都物超所值"。

某市电信公司认为该市移动通信有限责任公司的广告宣传违法，遂向市工商行政管理局举报，要求查处；而该市移动通信有限责任公司则认为电信公司的广告宣传违法，诉请人民法院解决。

问：电信公司和移动公司的广告是否违反我国现行规定？为什么？本案应如何处理？

■ 参考书目

1. 李德成：《广告业前沿问题法律策略与案例》，中国方正出版社 2005 年版。
2. 王军：《广告管理与法规》，中国广播电视出版社 2003 年版。

第十八章 反倾销和反补贴法律制度

■学习目的和要求

　　倾销、补贴发生在国际产品与服务贸易的过程中，它既涉及国际市场竞争，也涉及国内市场的竞争。有关反倾销和反补贴的立法一部分属于国际竞争法，一部分属于国内竞争法，国际法属性的反倾销、反补贴法与国内法属性的反倾销、反补贴法往往是相互联系、相互渗透的。目前反倾销、反补贴的国际立法与内国立法以及内国立法间尽管趋同性很强，但仍然存在较大的差异。本章内容侧重于内国反倾销、反补贴法律制度的介绍。学习本章，应当初步了解倾销、补贴的基本含义，反倾销、反补贴的意义以及反倾销和反补贴的基本法律制度框架。

第一节　倾销和补贴

一、倾销、补贴的定义

　　倾销和补贴主要是国际经济贸易中的一种现象，是随着商品交易国际化即国际贸易的发展而产生、发展的。之所以说"主要是国际贸易中的一种现象"，是因为一方面，倾销和补贴最初确实源于国际贸易，而且，一直是国际贸易中很难解决却又不得不努力解决的一个重大问题，有关反倾销和反补贴的法律冲突及其调整，也主要体现于国际法领域；另一方面，在最近二三十年中，一些国家的立法已经出现了规制国内贸易中的倾销和补贴的趋势。[1]

　　作为国际贸易中的一种经济现象，倾销和补贴究竟产生于何时，似很难作出准确的结论。据说，早在英国伊丽莎白时期就有倾销行为，但是普遍出现倾销则是在工业革命发生后，资本主义广泛开拓海外市场的时期。有人认为，早在1776年，亚当·斯密在《国富论》中就论及了出口补贴，也就是现在的出口倾销问题。《国富论》对出口补贴的论述，无疑是对当时社会经济生活中已经出现的倾销或补贴现象的一种反映。此外，美国在其独立之初，曾受到英国产品倾销的影响，为保护其年轻的工业，对英国的产品倾销进行了抵制；19世纪末期，英国等欧洲国家也曾受到外国倾销食糖的影响。[2]到20世纪初，倾销和补贴进一步泛滥，引起了许多国家的及国际社会的高度重视，继而演变为当今世界一种重要而突出的国际问题。

　　随着我国经济体制改革的不断深入和对外贸易的全面发展，特别是2001年11月26日《反倾销条例》和《反补贴条例》的公布，"倾销"和"补贴"两词已逐渐为人们所熟悉。2001年12月11日我国宣告正式加入世界贸易组织，反倾销和反补贴的法律观念，从更深的层

---

〔1〕 仅在西方国家已经出现了规制国内倾销和补贴的法律，而且我国近年来也以立法的形式开始对国内倾销进行制约。如我国的《反不正当竞争法》《价格法》及其配套的法规，就有反国内贸易中的倾销的规定。1999年8月1日国家发展计划委员会发布的《价格违法行为行政处罚规定》（已于2010年12月4日第三次修订）第4条第1项就对"以低于成本的价格倾销"行为作出了处罚规定。

〔2〕 张玉卿编著：《国际反倾销法律与实务》，中国对外经济贸易出版社1993年版，第15页。

次上影响我国的经济生活和法律生活。然而，究竟何为倾销、何为补贴，这不仅是理论上需要澄清和回答的问题，而且也是立法上必须解决的一个重要问题。

（一）倾销的含义

1. 倾销在经济学上的含义。在经济学界，对倾销（Dumping）一词的含义，人们存在着不同的认识。倾销，作为商业政策名词，最早是在英国 1903～1904 年间关税的辩论会上提出来的。[1]但在经济学界，倾销一词因社会历史阶段的不同及人们对它的认识不同，而存在着各种各样的解释。在传统意义上，倾销就是指商品进入一国市场的价格低于其在另一国的价格。然而这一看法并不是一个权威的定论。美国哈佛大学教授塔斯克（Taussig）认为，倾销是以一种价格推销于国外，而以另一种较高的价格将货物售给国内购买者的行为；[2]美国威斯康辛大学经济学教授伊利（Ely）认为，凡货物在国外售价较国内为低者为倾销；[3]英国经济学者马歇尔（Marshall）则认为，凡以低于成本之价格出售其货物以打倒其他国家之工业的行为称为倾销；[4]如此等等，不一而足。这些观点尽管可能存在这样那样的不足，但是，至少可以给我们以下几点启示：首先，倾销属于商品交换或商业贸易的范畴；其次，倾销与商品的不同的销售价格有关；最后，倾销总是发生于不同的国家和地区之间。而这三点启示，基本上反映了倾销的主要经济特征。

总结起来，倾销就是指一国以低于在本国或在第三国的销售价格向另一国推销出口产品的行为。因此，这里的低价一般说来其价位差的幅度较大（倾销价格有时甚至大大低于成本价格），而不是一般意义上的由市场价格的波动所引起的价格偏低，低价价格的确立依据与其说是市场信息，还不如说是倾销者的主观意志。难怪倾销在经济学界又被人们称作"价格倾销"了。[5]从本质上看，倾销应当属于一种不正当竞争行为。尽管在经济学界也有人宣扬倾销的合理性，但是，无论从其动机和目的还是从其手段和后果上看，倾销的本质都是对国际贸易基本商业道德和公平交易准则的破坏，它损害产品进口国的产业，冲击进口国的市场，扰乱正常的国际贸易秩序。

2. 倾销在法律上的含义。倾销在经济学上的含义，应当是其法律含义的客观基础。但是经济学的含义不能取代法律上的含义。倾销在法律上的含义，除了应当包括经济学上的基本特征之外，还应当包含法律判断及法律规制方面的特征。

尽管各国及国际立法对倾销含义的规定有一定差异，然而有关规定的基本方面仍然是一致的。其中，我国法学界比较推崇的乃是《关税与贸易总协定》（General Agreement on Tariffs and Trade，缩写为 GATT，以下即简称 GATT）对倾销含义的表述。[6]GATT 第 6 条规定："各缔约国认为，用倾销的手段将一国产品以低于正常价值的办法挤入另一国贸易内，如因此对某缔约国领土内已建立的某项工业造成重大损害或产生重大威胁，或者对某一国内工业的新建产生严重阻碍，这种倾销应该受到谴责。"

但是，应当说明的是，GATT 第 6 条是以美国 1921 年的反倾销法为蓝本而制定的，[7]虽然

〔1〕 赵学清编著：《国际反倾销法理论与实务》，重庆大学出版社 1995 年版，第 5 页。

〔2〕 Taussig, *Principle of Economics*, Vol. 1, Nabu press, p. 207.

〔3〕 Ely, *Outlines of Economics*, Nabu press, p. 369.

〔4〕 Marshall, *Industry and Trade*, p. 159.

〔5〕 张瀚闻主编：《关贸总协定与国际贸易技术保证》，东北工学院出版社 1992 年版，第 29 页。

〔6〕 赵学清编著：《国际反倾销法理论与实务》，重庆大学出版社 1995 年版，第 6 页；另参见张玉卿编著：《国际反倾销法律与实务》，中国对外经济贸易出版社 1993 年版，第 3 页。

〔7〕 何勤华主编：《美国法律发达史》，上海人民出版社 1998 年版，第 449 页。

从总体上揭示了倾销的法律含义，但毕竟还是偏于原则和笼统。为了对这条规定的缺失进行补救，在 1967 年关税贸易协定"肯尼迪回合"谈判中，GATT 又对这一条作出了更为具体明确的规定，这就是所谓的"肯尼迪回合反倾销法"，亦称为《反倾销守则》（1967 *GATT Anti-dumping Code*）。之后，1979 年"东京回合"所达成的反倾销法即"关税和贸易总协定修订的反倾销法"，又对 1967 年的《反倾销守则》进行了一些补充和修订（如规定原则上承认发展中国家在经济发展战略中可适当采用倾销手段等），并于 1980 年 1 月 1 日起实施。GATT 第 6 条的变化历程，深刻地说明了法律上对倾销的界定远比经济学上的界定要严格得多，也困难得多。

我国《反倾销条例》第 3 条规定："倾销，是指在正常贸易过程中进口产品以低于其正常价值的出口价格进入中华人民共和国市场。"不过，这一规定仍然存有不甚明确和完善之处，如用"进入"一词，含义就不十分明确，又如，是否需要对我国的产业造成损害，单从本条也无从知晓，在认定倾销时还必须引用其他条文方能明确。因此，我们认为，法律上的倾销应当界定为：违反反倾销法的规定，以低于反倾销法允许的最低价格向进口国推销产品并给进口国或第三国造成损害的行为。可见，倾销具有以下几个基本特征：

（1）倾销是向一国市场低价推销产品的行为。这是倾销最基本的特性。如果不存在向他国低价推销产品，就不可能有所谓的倾销。

（2）倾销是违反反倾销法的行为。这是法律上倾销与经济学上倾销的根本区别。事实上，在经济学上看来属于倾销的行为，在法律上则不一定属于倾销，例如，销售的价格偏低，但并未突破反倾销法的最低限制，即不为法律上的倾销；有时即使某一产品的推销价格已经突破了反倾销法规定的最低限制，反倾销法也可能宣布这种行为并不违法。如我国《反倾销条例》第 9 条就将来自一个国家（地区）的倾销进口产品的数量占同类产品总进口量的比例低于 3% 的，规定为"可忽略不计"，但是，低于 3% 的若干国家（地区）的总进口量超过同类产品总进口量 7% 的除外。

（3）倾销对进口国或在进口国从事贸易的第三国造成了损害。从法律上讲，如果某种销售行为已经构成了经济上的倾销，但是并未给产品进口国或第三国造成任何损害，那么法律即不能认定这一行为构成倾销或对之加以制裁。

（4）倾销与损害之间应当具有因果关系。仅有倾销行为、损害是不够的，只有当二者之间发生一定的联系，前者是后者的原因，后者是前者的结果时，倾销才可能受到反倾销法的制裁。

（二）补贴的含义

1. 补贴在经济学上的含义。补贴（Subsidy）是指一国政府在国际贸易中为增加某一产品的出口或限制某一产品的进口，而对某些行业或企业（或其产品）提供无偿的经济支持或扶助的行为。

从其发生的领域来看，这里的补贴只能发生于国际贸易之中。补贴原本是指一个国家的政府对国内的某一行业或企业（或其产品）给予无偿支持、扶助的行为。在此意义上，补贴属于一国国内经济政策的范畴，它本身"作为一个国家的一项经济、社会政策是无可指责的"。[1]但是，在国际贸易中，一国政府为了鼓励出口或减少进口而对某些行业或企业提供补贴，就可能导致对别国出口产品的损害或者对别国本土产品甚至本土工业的损害。在此情况下，一国的国内政

---

〔1〕 张玉卿编著：《国际反倾销法律与实务》，中国对外经济贸易出版社 1993 年版，第 137 页。

策也就具有了国际意义，必须受国际贸易法律规范的制约。

从其对象来看，补贴的对象大体可以分两类：一是本国的出口商品或其生产企业，二是与进口商品相同或类似的商品或其生产企业。

从其手段上看，补贴采用的手段是提供无偿的经济支持和扶助，这种经济支持和扶助，可以是直接的，也可以是间接的，如直接给予出口商品的企业以财政补助，或对生产与进口商品同类产品的企业给予免税或提供其他优惠条件等。

2. 补贴在法律上的含义。法律上的补贴与经济学上的补贴的含义是有差别的。不过，有关国家及国际反补贴法对补贴的规定，往往是从其经济含义入手的。例如，有人在描述美国的反补贴法时，将补贴的含义概括为："指一国政府以各种形式的价格支持和收入支持，以直接或间接增加从其领土输出某种产品或者减少向其领土内输入某种产品的政府性措施。"[1]我国《反补贴条例》第3条规定："补贴，是指出口国（地区）政府或者其任何公共机构提供的并为接受者带来利益的财政资助以及任何形式的收入或者价格支持。"补贴在法律上的特征主要表现在以下几个方面：①补贴是政府对经营者的一种无偿的经济支持。这是构成补贴的根本事实前提。②补贴必须具有违法性。即只有这种补贴超过反补贴法规定的最低限度，不能为反补贴法所容忍时，才会被作为制裁的对象。如美国反补贴法"规定了一个可以忽略不计的补贴范围，如果该补贴没有超过这项限度，该补贴就会被视作零而不征收反补贴税"。[2]一般政府的补贴在1%的范围内即可视为没有补贴。我国《反补贴条例》第9条也规定了"微量补贴"，即补贴金额不足产品价值1%的补贴，以及来自发展中国家（地区）而补贴金额不足产品价值2%的补贴；另根据第28条的规定，"微量补贴"不属于反补贴之列。③补贴必须给他国造成损害。即一项补贴如果没有损害，也就不能作为反补贴法的制裁对象。这里的损害与倾销所造成的损害，并无本质的区别；有的国家甚至规定，对补贴所造成的损害以及对这种损害的调查程序，适用反倾销法中的有关规定（我国原《反倾销和反补贴条例》也是如此）。④补贴与损害之间有因果关系。任何人只能对自己的行为及其后果负责。因此，如果补贴与进口国工业的损害无关，或不能证明是由补贴行为所引起，就不能以反补贴法对之实行制裁。

二、倾销与补贴的关系

倾销与补贴是两个不同的概念，但是它们因同时作为国际贸易中的经济现象又有一定的联系和一些相似之处。其中，我们认为，两者的共同点是本质的，差别则是非本质的。

（一）倾销与补贴的联系

倾销与补贴具有十分紧密的联系。从法律上看，反倾销与反补贴法自一开始就像孪生兄弟，形影不离；在实践中，同一种情况可以适用反补贴法，也可以适用反倾销法。GATT自形成之初，就是将二者规定于同一或同样的条款之中，源出于此的各国立法也几乎都将二者纳入同一部法律之中。"在过去十几年中，这两项法律如同西方国家限制进口产品的两把斧头，其作用不可低估。"[3]两者的联系主要表现在：

1. 发生于国际贸易之中。倾销和补贴，不论采用何种方式，都必须损害了国际贸易，如限制了进口产品的销售，给外国同类产品的市场带来打击等。相反，与国际贸易无关的倾销与补贴（如不涉及国际贸易的国内市场中的倾销和补贴），都不构成这里的倾销和补贴。

2. 必须通过价格来体现。倾销自然直接体现为一种低价销售，而补贴最终也必然体现在

---

〔1〕　何勤华主编：《美国法律发达史》，上海人民出版社1998年版，第455页。

〔2〕　何勤华主编：《美国法律发达史》，上海人民出版社1998年版，第457页。

〔3〕　张玉卿编著：《国际反倾销法律与实务》，中国对外经济贸易出版社1993年版，第138页。

产品竞争价格之上。实际上，补贴本身就是引起倾销的一种重要原因，补贴的一个重要结果就是导致受补贴企业向国外进行倾销；倾销和补贴是国际贸易价格战中密切关联的两种主要手段。

3. 造成的损害后果相同。即都要对一国的产品、工业形成损害，都不利于国际贸易秩序（关于它们的具体危害后文还将作专门论述）。

4. 本质上都是不正当或不公平竞争。从本质上看，倾销与补贴都是对国际市场基本准则的破坏，是对诚实信用、公平、公正贸易原则的践踏。

5. 法律规定的原则、方法和程序基本相同。如我国原《反倾销和反补贴条例》（已废止）第39条就规定：补贴造成的损害、反补贴调查和反补贴措施的实施，适用有关反倾销的规定。尽管我国《反倾销条例》和《反补贴条例》对反倾销和反补贴的程序分别作了规定，但是，两种程序大体上仍然是相同的。

（二）倾销与补贴的区别

倾销与补贴毕竟是两个不同的概念，也是两种具有不同特征的经济现象，它们的区别主要表现在以下几个方面：

1. 实施主体有所不同。倾销的实施主体一般是出口商品的企业，补贴的实施主体一般是一国的政府。因此，理论界有一种说法，即反倾销法是制裁企业的（商品生产者或销售者）法律，而反补贴法是针对一国政府的法律。

2. 发生的具体场合有所不同。倾销发生于出口商品的场合；补贴主要发生于出口商品的场合，但也可以发生于进口商品时对国内生产同类商品的行业、企业提供补贴的情形。

3. 发生作用的方式有所不同。倾销是实施者以不正常的低价向外国推销产品，它往往无须借助中间环节即可以实现其目的，低价销售的过程本身也就是倾销的过程；而补贴则必须要通过被补贴企业的低价销售，才能发挥实际效用和实现其目的，即给予补贴的行为本身不能对他国的产品造成损害，而于补贴的同时或之后，受补贴的企业、行业以低价销售自己产品，并给外国产品或企业造成损害时，才可构成国际贸易中的补贴。

三、倾销、补贴的表现形式

倾销、补贴行为的表现是多种多样的。而对这些表现，通常可以采用一定的方式进行归类。归类的目的在于对各种不同类型的倾销和补贴行为进行分析，为认定和处理不同类型的倾销、补贴行为提供理论方法或理论依据。

（一）倾销的表现及其分类

对倾销行为的表现进行分类，理论界一般采用两条标准：一是以倾销的时间长短来分类，二是以倾销的目的和动机来分类。[1]

1. 根据倾销时间的长短，可以分为：

（1）突发倾销（Sporadic Dumping）。突发倾销也被译为"偶发性倾销"或"偶然倾销"。按照提出这种分类方法的雅各布·文纳（Jacob Vimer）的观点，它是指出口商在短时间之内处理掉大批库存商品的一种倾销行为。不过，与其他经济学家有较大分歧的是，雅各布·文纳认为，这种倾销是无足轻重的倾销行为；而其他经济学家则认为这种倾销对进口国的危害最大。从立法上看，1979年GATT"东京回合"达成的《反倾销守则》则采用了后一种观点。[2]

（2）短期倾销（Short-run Dumping）。它是指在一段时间内进行倾销，当把竞争对手挤出

---

〔1〕 赵学清编著：《国际反倾销法理论与实务》，重庆大学出版社1995年版，第8~10页。
〔2〕 张玉卿编著：《国际反倾销法律与实务》，中国对外经济贸易出版社1993年版，第4页。

市场后，再以垄断价格进行销售的行为。其特点是以亏本的方式掠夺市场，在挤走竞争对手、占领市场后，再以垄断高价出售，而获得利润。

（3）长期倾销（Long‐term Dumping）。即长期或永久地以低于正常价值的价格出口某一产品的倾销行为。从其时间来看，它具有持续性长的特点；从其发生的原因来看，这种倾销多数产生于该产品在出口国已经过剩的场合；从其目的来看，这种倾销是为了从总体水平上维持产品的成本价，并以此保持原有的生产规模。

2. 根据倾销产生的动机和目的，可以分为：

（1）保持竞争地位的倾销。在国际贸易激烈的竞争中，一些企业由于各种原因而逐渐处于劣势，为了争回市场，他们可能通过低于正常价值的价格销售的手段进行销售，这就是所谓的保持竞争地位的倾销。

（2）开辟和占领市场的倾销。即为了扩大自己的市场份额，击败竞争对手，建立自己的垄断地位而低于正常价格甚至低于成本价进行销售的行为。这种情况有时也发生于为新产品挤入市场而推销的场合。[1]

（3）销售过剩产品的倾销。在市场竞争中，由于供需矛盾的变化，或投资过度等原因，而使得一些产品供大于求，为了维持其生产能力和生产规模，促进资金流动，减少失业或避免失业，而在国外市场进行低价推销，这种情形即为销售过剩产品的倾销，也称为维持"规模生产"的倾销。

（4）为新产品挤入市场的倾销。指某一新产品制造面市之后，为了将该产品打入国际市场，在销售国站稳脚跟，而以低于正常价值的价格甚至低于成本的价格销售新产品的行为。

（5）以赚取外汇或完成出口任务为目的的倾销。这是一种比较特殊的动机和目的，如在一些国家，企业有出口任务或完成创汇任务，当这些任务因某种原因而没有完成或完成希望不大时，企业就有可能采用倾销的方式来加以补救。

（二）补贴的表现及其分类

1. 根据补贴的对象，可以分为：

（1）一般补贴。又称为生产补贴或国内补贴，指一国政府仅就某一产品的生产给予其国内生产企业的补贴。这种补贴如果不涉及与进口产品竞争，就不会构成国际贸易中的补贴。但是，一旦受补贴的产品与同类进口产品发生竞争，并由此引起进口产品的生产企业受到损害，就可能构成国际贸易中的补贴。

（2）出口补贴。这是国际贸易中最传统也是最主要的补贴方式。它是指一国政府专门对生产出口产品的企业所提供的补贴。GATT《反补贴守则》中列举的 12 种补贴，基本上都是属于对出口产品的补贴。[2]接受这种补贴的企业可以以低价在国外销售自己的产品，从而给所在国的同类产品及其生产企业或行业造成损害。

2. 根据补贴的方式，可以分为：

（1）直接补贴。即一国政府以给予现金或其他现实财产的方式对国内企业或出口产品的生产企业进行的补贴。这种补贴，其方式是直接的，其财产是现实的，因而容易辨别。

（2）间接补贴。间接补贴与直接补贴相比，较为隐蔽。它是指政府并不直接给予受补贴企业现实的财产，而仅向受补贴的企业提供一定的政策优惠，受补贴的企业则可以从中得到一定的好处，可以以低价销售自己的产品。例如，政府不是给予生产企业现实的金钱或财产，而

---

〔1〕　赵万一：《中国竞争保护法律制度研究》，重庆大学出版社 1996 年版，第 216 页。
〔2〕　张玉卿编著：《国际反倾销法律与实务》，中国对外经济贸易出版社 1993 年版，第 138 页。

是通过给予优惠贷款利息、提供技术支持、减税或免税等方式给予生产企业的补贴。

3. 根据国际反补贴法的态度，可以分为：

（1）可诉讼性补贴。这是指缔约方政府或公共部门给企业提供的财政援助、税收减免、价格支持等造成其他缔约国国内工业的损害或其他缔约国的利益的损害，而可以通过诉讼解决的补贴。

（2）不可诉讼性补贴。这是指缔约方政府为促进地区经济发展、环境保护、就业结构调整等而给予的支持、补贴，以及企业与科研机构依合同进行研究所给予的补贴等，其不可以通过诉讼解决。

（3）禁止使用性补贴。这是指国际反补贴法规定的各缔约方不得使用的补贴。

须说明的，补贴除了以上分类外，还有另一些分类方法。如有的国家依据补贴发生在产品形成过程中的不同阶段，将一般补贴与"上游补贴"（Upstream Subsidy）划分开来。上游补贴不是对某一成品而是对某一成品形成前的原料、零配件、半成品进行的补贴。[1]

我国《反补贴条例》第3条将补贴区分为财政资助和收入或价格支持两大类，同时列举了财政资助的4种具体形式；第6条则涉及8种具体的补贴，其中，第8种是除前7种方式之外的"其他补贴"。

四、倾销、补贴的利弊

倾销和补贴到底对国际贸易有利还是有害，这是理论界长期争论的一个问题。以倾销为例，学者间大体存在两种不同的观点：即利大于弊和弊大于利。前者可以简称为"有利论"，后者可以简称为"有害论"。

（一）倾销、补贴的作用

持"有利论"者以"倾销都为短期的"为假设性前提，认为倾销和补贴有其合理性，这些合理性主要表现在：[2]

1. 有利于进口国的竞争。这是因为，倾销、补贴可以使进口国的一些垄断行业或产品受到挑战或冲击，从而打破原有的垄断格局；可以刺激进口国与进口产品同类产品的生产部门降低成本、提高生产效率并参与国际竞争；可以使进口国的企业购买到价格低廉的产品或原料，并以此提高进口国企业的竞争能力等。

2. 有利于进口国的消费者。倾销的直接好处就是有利于消费者，而倾销本身又是短期的，因此，倾销给进口国带来的损害就会小于它给进口国消费者带来的利益。

3. 暂时性倾销符合市场规律。任何一项产品的先期低价试销售，在国际贸易中应属于正常的市场行为，对这种正常的销售行为不应当从法律上加以限制。

4. 反倾销、反补贴措施属于国际贸易壁垒的范畴。各个国家相互采用反倾销措施，无疑给自由的国际贸易树起了人为的贸易壁垒，会阻碍国际贸易的正常进行，阻止商品的国际竞争，因此它对国际贸易的发展是不利的，应当予以拆除。

值得注意的是，最近有人专门讨论了倾销、补贴的好处及反倾销、反补贴法的负面作用，认为反倾销制度实质上是实施国为失去了比较成本优势的内国工业提供保护的一种手段，反倾销往往有损实施国消费者的利益，特别是它会阻碍国际竞争，使资源向错误方向转移，对自由

---

〔1〕　朱榄叶："从美国与欧共体关于面粉、通心粉出口补贴的纠纷看关税与贸易总协定下的反补贴制度"，载司法部教育司编：《国际经济法学研究文集》，法律出版社1996年版，第113页。

〔2〕　赵学清编著：《国际反倾销法理论与实务》，重庆大学出版社1995年版，第10～11页。

贸易秩序造成潜在的威胁。因此,主张"彻底变革或完善"现行反倾销制度。[1]这些主张不外乎是对倾销"有利论"的一种再次重申。

(二)倾销、补贴的危害

但是,与前述观点相反,许多经济学家和法学家认为,倾销和补贴对经济的发展和国际贸易是极为不利的。就其本质来看,倾销、补贴应当是一种有害行为,"有害论"的观点应当更具有合理性,这种合理性也正是反倾销和反补贴法的存在依据。倾销和补贴的危害主要表现在:

1. 对出口国的损害。倾销及受补贴的企业享有各种各样的优惠条件,它们进行低价倾销,却仍然可以获得利益,然而,这对于出口国中生产同类产品的其他企业来说,却是有害无利。比如,由于倾销企业具有经济上的有利地位甚至是垄断地位,在它们倾销的同时,生产同类产品的其他企业却无法进行倾销,只能眼看着倾销企业夺去它们的国外市场;同时,倾销为进口国的企业购买低价的产品或原料提供了机会,使得那些使用出口国产品和原料的企业降低生产成本,提高经济效益,当这些企业将自己的产品销售到第三国时,就会压缩原出口国同类产品在第三国的市场占有份额。此外,向国外进行倾销,一般均要以牺牲国内消费者的利益为代价,"墙外损失墙内补",到国外倾销的损失总会直接或间接地转移到国内的消费者头上。难怪在1970年日本指控索尼公司彩电案中,日本国内的消费者就毫不犹豫地参加了抗议的行列。

2. 对进口国的损害。倾销、补贴的损害集中表现在对进口国的损害方面。对进口国的损害又可以分为两个层次:

(1)直接的损害。即,使进口生产与所倾销产品相同的产品的那些企业或行业受到严重的冲击,轻则造成产品滞销、生产下降、市场萎缩,重则造成企业破产或行业的崩溃。据美国国际贸易委员会的分析,如果倾销的进口产品的市场份额增加5%,进口国的相应工业也会受到同样比例的损害。

(2)潜在的损害。潜在的损害(Implied Injury)也称为"暗含损害"。据美国约翰·杰克逊教授的分析,潜在的损害可以分为三种情况:[2]①造成进口国的企业失去了在没有倾销的情况下本可以获得的扩大市场的机会。②对与倾销产品没有直接关系的其他生产企业或行业的损害。这些企业生产的产品与进口产品不属于同一种类,也不存在直接的竞争关系,但是由于倾销产品的存在,也可以使得它们失去市场,如由于国内的某种产品直接受到倾销产品的损害,并因此而萎缩,这同样可以引起国内其他产业的停滞,引起原料供应商、中间商、服务商市场的萎缩等。③对进口国消费倾销产品的工业的损害。如果进口国工业采用倾销的进口产品作为原材料或零部件生产另一产品,因接受了错误的低价信号而扩大了生产,并形成对倾销产品的依赖,一旦出口国停止倾销产品的供应(停止进口)或停止倾销(恢复正常价位),就会导致进口国的这部分工业蒙受巨大的损害。

3. 对第三国的损害。如果一项倾销产品在进口国市场与第三国的出口产品存在竞争,则倾销的一方就会因倾销而占据优势,相反,第三国的产品市场份额则会受到挤压、削弱,甚至会被挤出进口国的市场。尤其是第三国产品在受到倾销的损害的同时,该国的消费者却无法享受倾销的低价产品的实惠,换言之,在这种情况下,第三国只能白白蒙受损害,而不可能有任何的好处。正是基于这样的考虑,在国际上一般都主张,第三国可以作为申请人要求进口国对出口国倾销的产品展开反倾销调查。

---

[1] 朱圆:"反倾销制度的价值分析",载顾功耘、罗培新主编:《经济法前沿问题》,北京大学出版社2006年版,第148~162页。

[2] 张玉卿编著:《国际反倾销法律与实务》,中国对外经济贸易出版社1993年版,第8页。

第二节 反倾销和反补贴立法

一、反倾销、反补贴法的含义和本质

（一）反倾销、反补贴法的含义

长期以来，理论界在研究反倾销和反补贴法时，着力于对倾销和补贴的概念探索，以至直到目前，还很少有人刻意对反倾销、反补贴法的概念进行过界定。似乎只要把倾销和补贴的概念及其判别的法律标准探索清楚，反倾销、反补贴法的概念即可迎刃而解。我们认为，这种观念虽然确有道理，但倾销、补贴与反倾销、反补贴法毕竟是两个不同的范畴。从法律角度对反倾销、反补贴法进行研究，仍然有其独立的意义。

反倾销、反补贴法是指调整产生于国际贸易中的反倾销、反补贴社会关系的法律规范的总称。理解这一概念应当注意以下几个方面的含义：

1. 调整对象的特定性。反倾销和反补贴法的调整对象是十分清楚明确的，这就是在反倾销和反补贴的过程中所产生的社会关系，简称反倾销、反补贴关系。从主体来看，包括倾销、补贴的实施者，倾销、补贴的受害者，对倾销和补贴案件有管辖权的政府机构、司法机关等；从内容来看，这种关系是以是否构成倾销或补贴，应否采用反倾销或反补贴措施，倾销、补贴实施者应当承担何种法律后果等为内容。

2. 适用范围的特殊性。反倾销、反补贴法适用于国际贸易领域。不管是国内法规范还是国际法规范，都应当是针对国与国之间的贸易行为而制定的，换言之，各国针对自己国内的倾销和补贴（如国内企业在与国内其他企业竞争中的倾销）所制定的有关法律，是纯粹的国内法。

3. 法律规范的总和性。反倾销、反补贴法是由相互关联、相互协调的一系列法律规范所构成的一个法律规范系统。首先，单一的、零散的法律规范，不能称为反倾销和反补贴法，如在反倾销、反补贴法正式产生以前，所存在的反倾销和反补贴的个别法律规范，即不能称为反倾销和反补贴法，同样，现代各国立法中个别有关反倾销和反补贴的规定，虽然是反倾销和反补贴法的组成内容，也不能称为反倾销和反补贴法（可以称为反倾销反补贴法律规范）。其次，反倾销、反补贴法的法律规范有其结构方式。如按照法律内容的逻辑层次来组织其规范，并必须保持这些规范的协调性和统一性，使之成为一个严密的有机的统一系统。

（二）反倾销、反补贴法的本质

反倾销、反补贴法的本质可以从以下四个方面来考察：

1. 反倾销、反补贴法既有国内法属性，也有国际法属性。反倾销、反补贴法虽然总是以进口和出口产品的销售为规制对象，其适用也总是要涉及对国外产品销售者的制裁，但是，反倾销、反补贴法是基于国家对国际贸易规制的需要而产生的，属于国家的国际贸易管理法律制度。同时，反倾销、反补贴产生于国际贸易的过程中，反倾销、反补贴从来都是作为国际问题来对待的，各国反倾销、反补贴立法需要约束主权国家的国际法来协调，因此，反倾销、反补贴法自产生以来就在向国际统一立法方面发展。目前，以 WTO 为代表的国际反倾销、反补贴统一立法，已经成了所有成员方甚至非成员方所遵守的国际法规范。

应当说明的是，国际法属性的反倾销、反补贴法与国内法属性的反倾销、反补贴法是相互联系、相互渗透的。一国承担了反倾销、反补贴方面的国际法义务后，往往通过转换立法或并入立法的方式，将国际反倾销、反补贴法上的义务转换成相应的国内法义务。随着 WTO 成员方的增加，国际反倾销、反补贴法约束的国家越来越多，内国反倾销、反补贴立法间以及与国际立法间的趋同性日益增强。

2. 国内法属性的反倾销、反补贴法属于内国经济法范畴，但国际法属性的反倾销、反补贴法属于国际经济法范畴。国际经济法是调整公共权力（含国家权力）干预国际经济运行的法律，是国家对国际经济活动进行规制的国际法规范。这种法律与传统意义上的国际私法（即国际民法）是不同的，二者之间的区别主要体现在：国际民法主要是解决各国民法对同一种民事关系的不同规定之间的冲突，而对国际民事活动并未采用公共权力来进行干预；国际经济法主要不是解决各国对同一经济关系调整中的冲突，而是要解决通过国际私法制度本身难以解决、需要借助公共权力对私法进行干预的问题。

倾销和补贴发生于国际贸易中，而且主要是私人（企业等）自愿实施的贸易行为，这种行为本是私法范畴上的行为。但是，这种行为在效果上损害了一国的工业或损害了一国某些企业的利益，破坏了国际贸易秩序，而要对之采用私法上的手段进行救济，是十分困难甚至不太可能的，这就必须借助某种公共权力，采用比较直接和有力的手段对之进行规制。反倾销、反补贴法即是公共权力干预倾销和补贴的法律化，应当属于国际经济法的范畴。

3. 国内法属性的反倾销、反补贴法属于内国竞争法范畴，但国际法属性的反倾销、反补贴法属于国际竞争法的范畴。国际经济法的内容是十分丰富的，而国际竞争法是国际经济法中的最重要组成部分。所谓国际竞争法，是指调整国际贸易中的竞争关系的法律，它包括国际反垄断法、国际反不正当竞争法两大部分。按照学界的通常观点，倾销和补贴是国际贸易中的两种主要的不正当竞争行为，而对之进行规制的法律，自然应当属于反不正当竞争法的范畴。

4. 反倾销、反补贴法是实体规范和程序规范的统一。不论是 GATT 中反倾销、反补贴规定，还是各国的反倾销、反补贴法，都同时规定了实体问题和程序问题。[1]如，既规定了倾销和补贴的含义、表现、法律认定标准，又规定了提起反倾销和反补贴诉讼的条件、方法、调查程序及处理程序等。正如有人在分析西方反倾销法时所指出的那样："西方的反倾销法是集实体权利与程序规则和集法律与经济为一体的法律。"[2]

二、反倾销、反补贴法的产生和发展

（一）反倾销、反补贴法的产生

倾销、补贴是国际贸易发展中产生的现象，反倾销和反补贴法则又是倾销和补贴发展到一定阶段的产物。从历史上看，反倾销法经历了漫长的历史过程，它远比反补贴法的历史更为悠久。因此，讨论反倾销、反补贴法的历史，不得不从反倾销法着手。

早在1901年，为了抵制糖产品的倾销，英国和荷兰签订了一项联合抵制糖倾销的协议，在以后的18年间，相继有10个欧洲国家加入了这一协议。[3]1901年，澳大利亚在其《工业保护法》中也正式采用国内立法的方式来反对外国产品的倾销。[4]这些就是国际贸易历史上最早的反倾销法律文件，这些法律文件的形成预示着反倾销法的萌芽。

目前理论界公认的世界上第一部反倾销法，是1904年加拿大通过的《反倾销法》。该法第19条规定，外国出口商将其货物以低于出口国国内市场价格水平在加拿大销售，如果该出口货物是加拿大所能制造或生产的相同或类似产品，则除了关税之外，还要征收倾销税。这部

---

[1]　须说明的是，这里的程序，主要指反倾销和反补贴的行政调查处理程序，而不是指法院的诉讼程序。
[2]　张玉卿编著：《国际反倾销法律与实务》，中国对外经济贸易出版社1993年版，第160页。
[3]　赵学清编著：《国际反倾销法理论与实务》，重庆大学出版社1995年版，第15页。
[4]　张玉卿编著：《国际反倾销法律与实务》，中国对外经济贸易出版社1993年版，第15页。

法律的诞生，预示着专门的反倾销法已经正式形成。之后，这部法律对其他国家的外贸立法产生了深刻的影响，各国为了保护自己的工业，纷纷效法。如美国在其 1916 年的《税收法》中，依照加拿大的反倾销法制定了反倾销措施，而美国的反倾销法的有关规定，又是 GATT 第 6 条的蓝本。第一次世界大战后，新西兰、德国、日本、罗马尼亚也相继对外国商人的不公平竞争问题进行了立法，作了与前述内容相同或相似的规定。

这一时期，反倾销、反补贴法还不尽完善，也还不够普及。其主要特点是：①反倾销、反补贴法主要是国内法，具有普遍意义的反倾销、反补贴国际法规范并未形成；②比较注意反倾销，而对反补贴没有在立法上引起足够的重视；③在立法上侧重于将反倾销和反补贴作为一种贸易保护手段，贯穿着浓厚的贸易保护主义思想，而未注意防止反倾销和反补贴措施对国际贸易的负面影响（即形成新的贸易壁垒）。

（二）反倾销、反补贴法的发展

以 1948 年 GATT 生效为标志，反倾销、反补贴法进入了全新的发展时期。"在 1948 年前，反倾销法一直限于国内法的范畴，至《关税与贸易总协定》缔结，反倾销规则发展成为一项影响国际贸易的重要国际法律制度，各国的反倾销立法也随着 GATT 的相应规定而不断得到修改和补充。"[1]GATT 是《关税与贸易总协定》的英文缩写，它是国际贸易自由化唯一的带有总括性的准则。其签订 60 多年来，成员方先后就有关国际贸易的问题进行过 8 轮谈判，并签署了一系列的规范性文件。其中就有针对反倾销和反补贴而制定的专门的条款或文件。这些条款和文件主要有：1948 年 GATT 第 6、16 条等关于反倾销和反补贴的规定及其以后的修改；1967 年"肯尼迪回合"的《反倾销守则》；1979 年"东京回合"的《反倾销守则》和《反补贴守则》；1995 年 1 月 1 日生效的"乌拉圭回合"的"反倾销和反补贴协定"；[2]等等。

与此同时，各国的反倾销和反补贴立法，也异常活跃。先是欧美发达国家，继而是广大的发展中国家，都纷纷制定和完善自己的反倾销和反补贴法。而且，各国的立法一方面深受 GATT 的影响，另一方面又对 GATT 的反倾销和反补贴谈判起到了一定的推动作用。

这一时期，反倾销和反补贴法的发展有了质的飞跃。其主要特点是：①反倾销和反补贴法已经从单纯的国内立法转向了以国际立法为主线、各国立法共同发展的道路上，而这一变化预示着国际贸易中反倾销和反补贴法的发展方向。②在重视反倾销的同时对反补贴也给予了充分的重视，反倾销和反补贴往往被看作相似的问题进行规定，甚至经常被规定在一个条文或一个法律文件之中。③反倾销和反补贴法以前所未有的速度在世界范围内普及，并出现了国际法律与国内立法的互动和逐渐趋于统一的局面。④在充分注意反倾销、反补贴法的必要性的同时，对它们可能形成新的贸易壁垒的问题有了更深的认识。⑤由于发展中国家力量的增强，国际反倾销和反补贴法对它们的利益有一定的照顾。

此外，这一时期，反倾销和反补贴法还出现了一些明显的、新的发展趋势。如在近年的立法中已经出现了强化反规避措施、监视下游产品（Downstream Product Monitoring）、规制第三国倾销（Third Country Dumping）、降低工业损害的标准、扩大法律适用范围等新的规定。[3]

〔1〕 曹建明："国际经贸法律制度与关贸总协定"，载司法部教育司编：《国际经济法学研究文集》，法律出版社 1996 年版，第 32 页。

〔2〕 乌拉圭回合反倾销协定全称为《关于实施 1994 年关贸总协定第六条的规定》；乌拉圭回合达成的反补贴协定为《补贴与反补贴措施协定》。

〔3〕 张玉卿编著：《国际反倾销法律与实务》，中国对外经济贸易出版社 1993 年版，第 149～154 页；另参见赵学清编著：《国际反倾销法理论与实务》，重庆大学出版社 1995 年版，第 37～43 页。

三、我国反倾销、反补贴立法

（一）立法背景

自改革开放以来，我国对外贸易出现了前所未有的发展势头，对国内经济和世界经济都产生了重大而深刻的影响。据统计，到 1993 年时，我国进出口贸易额已经达到 1957 亿多美元，比 1949 年的 3.4 亿美元增长了 575 倍，当时，对外贸易已占我国国民生产总值的 1/3，而且，我国在世界贸易排名中已经跃居第 11 位。此后，对外贸易继续以强劲的势头向纵深发展。随着我国对外贸易的深入发展，倾销、补贴的问题日益突出，并成了制约我国对外贸易的一个重要因素。这表现在两个方面：

第一，我国的出口产品不断被外国列入反倾销调查的名单之中，或被提起反倾销之诉，给我国的对外贸易造成了巨大的经济损失和心理压力。据不完全统计，自 1979 年欧共体对中国出口的糖精提起首例反倾销调查起，先是欧美，继而是南北美及澳洲国家，对我国的出口产品相继提起了反倾销调查，不仅涉讼的案件多，而且近年来有急剧增长的趋势。1979～1994 年底的 15 年间，国外对我国出口产品提起的反倾销案件就达 190 件之多，其中，1979～1990 年的 11 年间，我国出口产品被提起反倾销调查的案件有 98 件，平均每年 8 件；而 1991～1994 年就有 92 件，平均每年递增 9 件。[1] 近年来，随着我国出口产品的增多，我国产品在国外受反倾销、反补贴之诉的案件更呈上升趋势。与此同时，一向不太引人注目的反补贴问题，也在我国的对外贸易中开始出现。为了重返 GATT，我国对外贸易体制作了一系列的改革，1991 年即取消了对出口产品的补贴，但是也就在同年 10 月，美国生产者即针对我国给予三资企业的所得税和关税减免等优惠，对我国的电风扇提出了反补贴投诉。[2] 据统计，到 2014 年，中国已连续 19 年成为世界上受到反倾销反补贴调查最多的国家，仅 2014 年就受到 97 项反倾销、反补贴调查。[3]

由于我们对国际反倾销、反补贴法有一个了解、认识和观念转变的过程，而在较长的一段时间内不善于应付这类案件，在对外贸易中处于被动和不利地位。如我国涉诉企业法律观念淡薄，自我保护意识差，加之缺乏人力、资金等，而惧怕"打官司"，不愿意对国外的指控进行应诉，部分企业常常放弃应诉的权利。[4]"放弃应诉等于放弃合法的申诉权利，不战而败，自愿接受经济处罚，其危害很大，后患无穷。"[5]

第二，由于我国对反倾销、反补贴法的作用认识不足，在相当长的时期内没有制定出反倾销和反补贴法，因而在进口产品的过程中，对国外的倾销和补贴缺乏应有的制约，在"不知不觉"中受到了国外产品倾销和补贴的损害，待到发现问题时，已经很难处理。如日本的柯达胶卷就在中国长期倾销而在一段时期内未引起我国的重视。

在这种日趋复杂的背景下，我国立法如何适应客观形势的需要，保护我国的出口，规制国外的不正当贸易行为，便成了一个不得不认真对待和解决的问题。

[1] 赵学清编著：《国际反倾销法理论与实务》，重庆大学出版社 1995 年版，第 192～194 页。
[2] 曹建明："重返关贸对中国企业的挑战及法律对策"，载司法部教育司编：《国际经济法学研究文集》，法律出版社 1996 年版，第 50 页。
[3] 张维："中国连续 19 年成受到反倾销反补贴调查最多国家"，载《法制日报》2015 年 7 月 3 日。
[4] 丁伟："必须尽快扭转反倾销案应诉不力的局面"，载司法部教育司编：《国际经济法学研究文集》，法律出版社 1996 年版，第 91～96 页；另参见何勤华主编：《美国法律发达史》，上海人民出版社 1998 年版，第 459 页注释。
[5] 丁伟："必须尽快扭转反倾销案应诉不力的局面"，载司法部教育司编：《国际经济法学研究文集》，法律出版社 1996 年版，第 94 页。

（二）立法进程

我国反倾销、反补贴立法，可以从广义和狭义两方面来理解。广义的反倾销、反补贴立法，包括我国为对付国际上对我国的反倾销、反补贴调查，进行的对策性立法，如改革我国的现行法律制度，使之与国际通行的做法一致，以尽量减少或避免国外对我国的产品提起反倾销和反补贴之诉；制定一些应付国外反倾销、反补贴调查的规范等，指导和规范我国的企业在国外反倾销和反补贴调查中保护自己的利益。如1994年4月12日我国对外贸易经济合作部发布的《关于中国出口产品在国外发生的反倾销案件的应诉规定》（现已失效），规定被诉企业必须提供资料组织应诉，否则将被取消申请出口配额与许可证直至剥夺其外贸经营权，并处以罚款。狭义的反倾销、反补贴立法，仅指我国规制外国产品在我国市场的倾销和补贴的立法。据我国的实践，我国反倾销、反补贴立法大体可以分为两个阶段：

1. 创立阶段（1997年以前）。在1978年改革开放前，我国实行闭关政策和高度集中统一的计划经济体制，对外贸易极不发达，且受国家的严格控制，根本谈不上反倾销、反补贴立法的问题。改革开放后，我国的对内对外政策均发生了根本性的变化，国际贸易不断向纵深发展，也只有在这种情况下，才有可能进行反倾销、反补贴立法的问题。

为了对国外产品在我国的倾销、补贴进行规制，在广泛了解、研究国外反倾销、反补贴立法和充分考虑我国的对外贸易实践的基础上，经过长期的准备，我国终于将反倾销和反补贴立法提上议事日程。最先规定反倾销、反补贴的正式法律，应当是1994年7月1日实施的《对外贸易法》。该法第4条规定，国家依法维护公平、自由的对外贸易秩序。第5条规定，中华人民共和国根据平等互利的原则，促进和发展同其他国家和地区的贸易关系。这两条规定确立了我国对外贸易包括反倾销、反补贴的基本原则。与此相呼应，第30条规定："产品以低于正常价值的方式进口，并由此对国内已建立的相关产业造成实质损害或者产生实质损害的威胁，或者对国内建立相关产业造成实质阻碍时，国家可以采取必要措施，消除或者减轻这种损害或者损害的威胁或者阻碍。"

《对外贸易法》的这些规定，虽然相当原则和笼统，但是它毕竟为我国的反倾销、反补贴提供了基本依据，实现了我国反倾销、反补贴法从无到有的历史性跨越，奠定了我国反倾销、反补贴法的法律基础，并为反倾销、反补贴立法的发展指明了方向。它标志着我国反倾销、反补贴法已经初步确立，具有十分重要的法律意义和实践意义。

2. 建立法律体系阶段（1997年以后）。《对外贸易法》虽然已经颁布，但是，该法只规定了反倾销、反补贴的基本原则，要在实践中实施，还有许多具体问题因缺乏应有的明确规定而很难操作；加之，实践中国外产品对我国的倾销仍然十分突出。立法与实践的不相适应，要求我们必须尽快完善有关规定。经过一段时间的准备，1997年3月25日，国务院发布了《反倾销和反补贴条例》（现已失效），该条例于发布之日起生效；共分6章，共42条，对反倾销和反补贴的实体问题及程序问题作了较为全面、具体的规定。

然而，《反倾销和反补贴条例》毕竟不够成熟，有的规定太粗，有的内容尚付阙如，不能适应经济发展和我国加入世界贸易组织进程的需要。以此为背景，我国于2001年11月26日同时公布了《反倾销条例》和《反补贴条例》，这两个条例均自2002年1月1日起生效，而原《反倾销和反补贴条例》同时废止。它们的公布，标志着我国反倾销和反补贴法的法律体系已经建立。

《反倾销条例》和《反补贴条例》公布实施后，针对国家机构调整及实施过程中出现的问题，我国于2004年3月对这两个条例进行了修改（修改后的两个条例于2004年6月1日起施行）。修改的主要内容有：确定商务部为反倾销、反补贴的统一的主管机构；对一些少数条文进行了修正；对个别文字作了修改。这次修改，使我国的反倾销和反补贴立法更加趋于完善。

第三节　反倾销、反补贴法的适用

一、倾销、补贴的法律认定标准

（一）倾销的法律认定

根据世界各国和国际反倾销法的规定，倾销的法律认定要件有三：倾销幅度（其中又包括正常价值、出口价格及二者的差）、倾销损害和二者之间的因果关系。我国《反倾销条例》第二章也作了类似的规定。

1. 倾销幅度（Dumping Margin）。倾销幅度又称为倾销率或倾销差额，是指正常价值与出口价格之差额。其计算方法是：正常价值－出口价格＝倾销幅度。倾销幅度是认定倾销的经济依据，也是构成倾销的首要法律条件。只有倾销幅度大于零，才有可能构成反倾销法上的倾销。由于倾销幅度取决于正常价值和出口价格两个因素，因而确定倾销幅度的关键是对这两种价格的认定。

（1）正常价值（Normal Value）。正常价值，在美国又称为公平价值（Fair Value），或外国市场价值（Foreign Market Value）。关于其含义，"无论是关贸总协定及其《反倾销法典》，还是欧美反倾销法均未对'正常价值'的定义作出明确的规定"。[1]我们认为，按其本意，正常价值应当是指在没有进行倾销的情况下商品的销售价格。

根据 GATT 及西方国家反倾销法的规定，认定正常价值的一般方法有三种：国内售价、向第三国的出口价和结构价格。此外，国际上还有一些针对特殊情况的特殊判定方法。特殊方法主要有：低于成本销售时的正常价值的确定方法，对所谓"非市场经济国家"产品正常价格的确定方法（如替代国价格等）等，限于篇幅，本书不再详述。我国《反倾销条例》第4条规定："进口产品的正常价值，应当区别不同情况，按照下列方法确定：①进口产品的同类产品，在出口国（地区）国内市场的正常贸易过程中有可比价格的，以该可比价格为正常价值；②进口产品的同类产品，在出口国（地区）国内市场的正常贸易过程中没有销售的，或者该同类产品的价格、数量不能据以进行公平比较的，以该同类产品出口到一个适当第三国（地区）的可比价格或者以该同类产品在原产国（地区）的生产成本加合理费用、利润，为正常价值。进口产品不直接来自原产国（地区）的，按照前款第1项规定确定正常价值；但是，在产品仅通过出口国（地区）转运、产品在出口国（地区）无生产或者在出口国（地区）中不存在可比价格等情形下，可以以该同类产品在原产国（地区）的价格为正常价值。"这一规定与国际上的通行的一般做法是一致的。

第一，国内售价。即被诉倾销产品在其本土市场上的销售价格。如甲国的某一产品出口到乙国，被乙国提起反倾销调查，那么，该产品在甲国市场上的销售价格，为国内售价，可以作为该产品的正常价格。

国内售价一般是在市场规律的作用下形成的，能够较好地反映产品的价值；而且，从倾销者的一般手法来看，其在国外倾销的同时，总要在国内市场上保持较高的价位，否则在国外的倾销也就难以为继。因此，将被诉产品的国内售价作为是否构成倾销的经济标准是具有相当的合理性的。

但是，国内售价有批发价也有消费价，是以批发价为准还是以市场消费价为准？二者需不

---

[1]　赵学清编著：《国际反倾销法理论与实务》，重庆大学出版社 1995 年版，第 44 页。

需在立法上加以区分？"相对而言，欧盟法在这方面则显得较为全面，它明确规定作为正常价值的国内市场价格，应为有利于确定倾销成立的消费价格。"[1]而我国法律并未对此作出规定，从而可能在实践中为倾销者留下更多的抗辩机会，这是我国立法尚需完善之处。

那么，应当如何确定国内售价呢？这又是实践中必然出现的一个问题。对此，通行的做法是用三个标准加以衡量：①这种价格是符合国内正常贸易方式的一种价格，即这种价格是在市场规律的作用下形成的，而不能是人为的安排或通过不正当的手段获得的价格等；②这种价格是实际支付的或应当支付的价格，而不是虚拟的价格；③这种价格应当具有代表性，即能够反映当时同类或相似产品价格的一般水平，能够反映该产品相当数量的交易量。如果在国内的交易量与出口交易量悬殊，就可能不具有可比性（如有的国家规定，在国内的销量低于出口销量的5%时，其国内的销售价格即因不具有代表性而不能作为认定倾销的依据）。

须说明的是，在国际反倾销法中，一般都规定，当能够确定出口产品的国内售价时，必须首先适用国内售价来判断是否构成倾销。即在确定正常价值的三种方法中，国内售价必须作为首选方法。

第二，向第三国的出口价。这种价格是指被诉产品在出口国和进口国之外的第三国市场上的销售价格。如甲国的某一产品出口到乙国和丙国，而被乙国提起反倾销调查，这种产品在丙国市场上的价格即为向第三国的出口价，乙国就可以用该出口价格作为正常价格。

向第三国的出口价作为正常价格，是有条件的。欧美国家的反倾销法基本上都规定，只有在不能适用国内售价的情况下，才可以选用这种方法。如在出口国或原产地的国内市场上不存在与被诉产品相同的以正常贸易方式销售的产品，或者相对出口国而言，在国内市场上的销售量达不到一定的比例，使其不具有代表性，此时才可选用向第三国出口的价格作为正常价格。

产品有可能出口到多个国家，怎样确定第三国，也就不无问题。国际上通行的做法，是对第三国的选择标准进行规定，其条件包括：①出口到该国的产品必须与被诉产品相同或最相似；②出口国产品的出口量多的国家；③在推销渠道上与在调查国的推销渠道类似；④出口到该国的产品须达到一定量（如出口到该国的产品量是否达到出口到调查国的产品量的5%）。

值得注意的是，使用这种方法也有一定的不足，"西方国家一般不愿意使用这个办法，因为一个公司在甲国倾销很可能在乙国也倾销，故得不出真实的正常价值"。[2]

第三，结构价格。这是指通过对被诉产品生产成本、管理费用和利润的估算而得出的价格。如甲国的某一产品出口到乙国，乙国对这种产品提起了反倾销调查，在无法确定或无法使用国内售价时，直接对被诉产品的生产成本进行估算，然后加上一定的费用和利润，所得出的价格，再以此作为该产品的正常价值。

结构价格的适用同样必须以国内售价无法确认或无法使用为前提，但是，它与向第三国的出口价却是选择性的，即在向第三国的出口价与结构价格之间，反倾销机构可以任选一种加以适用。

（2）出口价格（Export Price）。出口价格也就是被诉产品在进口国（即反倾销调查国）市场上的销售价格。在美国反倾销法中，出口价格又被称为"美国价格"（这是站在美国的角度的一种称呼法）。出口价格是认定倾销的又一个必要因素。

对于出口价格的认定，美国和欧盟反倾销法均有较为详细的规定，而且美国与欧盟的做法

〔1〕 刘家瑞："中国与欧盟最新反倾销立法的比较研究"，载《国际商务》1998年第5期。
〔2〕 张玉卿编著：《国际反倾销法律与实务》，中国对外经济贸易出版社1993年版，第26页。

又略有差异。[1]我国《反倾销条例》第 5 条规定："进口产品的出口价格，应当区别不同情况，按照下列方法确定：①进口产品有实际支付或者应当支付的价格的，以该价格为出口价格；②进口产品没有出口价格或者其价格不可靠的，以根据该进口产品首次转售给独立购买人的价格推定的价格为出口价格；但是，该进口产品未转售给独立购买人或者未按进口时的状态转售的，可以以商务部根据合理基础推定的价格为出口价格。"根据这一规定并结合国际上的做法，可以看出，确定出口价格的方法有二：

第一，销售价格。即产品实际销售的价格。在美国，销售价格被分为购买价格（Purchase Price）和出口商销售价格（Exporter's Sales Price），前者实际上是产品进入美国之前从生产者处订购产品的价格；后者则是指进口商品出售给美国市场上与出口商没有任何特殊关系的第一位买主的价格。这两种价格也就是美国对出口价格进行认定的两种方法。欧盟的规定与美国的稍有不同，它主张以实际支付或者应支付的价格为出口价格，具体适用时可分别情况确定实际支付或者应支付的价格。我国的规定则与欧盟的规定基本相同。

第二，推定出口价格（Constructed Export Price）。欧盟的法律对此作了规定，即在一定条件下可以依据某种合理基础，确定产品的出口价格。所谓"一定条件"，欧盟法律规定有四种情况：无出口价格、存在联属关系、补偿安排和出口价不可靠。换言之，在销售价格与出口价格的选择上，应优先适用销售价格，当无法适用销售价格时，才适用推定出口价格。所谓"合理基础"则主要是"以首次转售价格代替出口价格"。欧盟法律中关于推定出口价格的规定是欧盟法律与美国法律在认定出口价格方面的主要不同之处。我国《反倾销条例》第 5 条仿效了欧盟法律的规定模式，对有条件地适用推定出口价格的方法进行了确认。

2. 倾销损害。损害是适用反倾销制裁措施的又一法律要件。即使有倾销行为，如果没有对进口国造成损害，进口国当然也就不能将其诉诸法律。从国际反倾销法的规定来看，倾销的损害主要涉及损害对象、损害形式两大问题。我国《反倾销条例》对这两个问题也作了相应的规定。

（1）损害对象。对于损害对象，国际上通行的做法，都是将其界定为"国内产业"。而对什么叫国内产业，各国的规定略有差异。大体说来，有两种规定方式：一是将国内产业界定在进口国的同类产品或者类似产品的全部企业或者占同类或相似产品大部分生产量的企业；二是并不将国内产业界定为全国范围内的生产企业，而是把市场作更细小的划分，每一相对独立的市场，生产与进口产品相同或相类似的产品的企业，也构成国内产业。美国和欧盟的立法采用此种方法。[2]两种规定方式的一个重要差别，在于前者将国内产业界定于全国范围，因而对倾销损害的认定要求较高，例如，某一进口产品仅在一国的局部地区倾销或仅造成局部地区企业的损害，就可能无法对之采取反倾销措施。后者则有利于对倾销的认定，某一产品尽管没有在全国造成损害，也可以认定其对国内企业造成了损害，而绳之以法。《反倾销条例》第 11 条在界定国内产业时，对欧盟的做法也作了一定的借鉴，该条第 2 款规定："在特殊情形下，国内一个区域市场中的生产者，在该市场中销售其全部或者几乎全部的同类产品，并且该市场中同类产品的需求主要不是由国内其他地方的生产者供给的，可以视为一个单独产业。"

（2）损害的种类。国际上将倾销损害的种类，划分为三种：实质损害、实质损害威胁和

---

〔1〕　张玉卿编著：《国际反倾销法律与实务》，中国对外经济贸易出版社 1993 年版，第 42～51 页；另参见赵学清编著：《国际反倾销法理论与实务》，重庆大学出版社 1995 年版，第 60～63 页。

〔2〕　张玉卿编著：《国际反倾销法律与实务》，中国对外经济贸易出版社 1993 年版，第 53 页；另参见赵学清编著：《国际反倾销法理论与实务》，重庆大学出版社 1995 年版，第 79 页。

阻碍工业的建立。而三者之间是选择性的，即，只要具备其中之一即构成倾销损害。从国际上来看，欧美国家一般喜欢用第一种标准；第二、三种损害标准很少有人援用。

第一，实质损害（Material Injury）。又有人译为"重大损害"。对重大损害，各国立法并未进行具体解释，但从其立法内容来看，它应当是指倾销对进口国的国内产业已经造成的现实的重大（或实质上）的危害。

实质损害具有危害的现实性和危害的严重性两个特点。即这种损害必须是已经发生的，而且所造成的损害不是微不足道或无关紧要的。

确定实质损害的通常方法有：①进口产品的进口数量的增长幅度。因为倾销的一个重要目的是掠夺市场，所以，其进口量的增长情况，往往也就是对进口国的损害的一种客观反映。对进口量的考察又有对进口量的绝对增长量和相对增长量的考察两种方法。有时进口量表面上减少，但在进口国市场中同类产品的占有份额却相对增加，这就是相对增长量。②进口国国内同类产品价格的下降幅度。如果因发生倾销而导致国内同类产品不得不降价销售，价格下降的幅度即是倾销实质危害的又一个反映。③国内工业所受的影响。如国内工业的生产、设备利用、库存、销售、市场份额、价格、利润、投资回收、观念流通量及雇工情况（十大经济指标），因倾销而受到的影响，也是倾销实质危害的体现。此外，国外及我国的法律还规定，如果倾销产品涉及两个或更多国家的产品时，可以将这些国家的产品累积计算其损害（如我国《反倾销条例》第9条）。

第二，实质损害威胁（Threat of Material Injury）。这是指倾销造成进口国国内工业实际重大损害的现实的可能性。

构成实质损害威胁的条件有三：①必须存在重大损害威胁的事实，如有证据证明有人已经购进某种产品，尚在运输途中，而且有证据证明这种产品一旦投放进口国市场，将给进口国的产业造成实质损害；②重大损害是可能实现的；③重大损害威胁是现实或正在来临的。

确定实质损害威胁的具体因素是多种多样的。如欧盟法律将倾销或补贴产品在欧盟的增长比率和原产地国或出口国的出口能力，作为确定是否构成实质损害威胁的重要因素。

第三，对建立国内工业的实质阻碍（Material Retardation of the Establishment of an Industry）。这是倾销的另一种损害形式，它是指因为国外产品的倾销，而使进口国的某一新的工业不能建立。

确定这种损害时应当注意，实质阻碍必须是已经发生的阻碍，而不是对一项设想、计划的阻碍。因此，一般认为，对新建工业的损害应当发生于进口国建立新工业的过程之中。换言之，如果某一工业尚未真正开始着手建立，也就谈不上阻碍的问题。

3. 倾销与其损害之间的因果关系。在认定构成倾销和确定其损害后，还必须认定二者之间的因果关系（Causation）。不过，反倾销与反补贴法中的因果关系，与其他部门法律中的因果关系相比，有一定的特殊性。"反倾销法意义上的因果关系，只要求倾销行为与损害结果之间存在某种联系即可，至于二者之间是否内在、本质联系，是否主次关系，这对于反倾销机构反倾销措施来讲，是无关紧要的。"[1]

（二）补贴的法律认定

补贴的法律构成要件与倾销的构成要件基本相同：即补贴、补贴的损害和这两者之间的因果关系。除对补贴行为的认定与对倾销行为的认定差异较大外，对损害以及补贴与损害之间的

〔1〕 赵学清编著：《国际反倾销法理论与实务》，重庆大学出版社1995年版，第97页。

因果关系的认定，则没有差别。我国《反补贴条例》在补贴的认定方面，也作了与倾销认定相近似的规定。因此，下面仅就补贴行为认定的特殊内容作简单的讨论。

1. 补贴行为。据我国《反补贴条例》第3条及第6条的规定，补贴行为可以分为财政支持和收入或价格支持两类，具体有八种表现形式：①以无偿拨款形式提供补贴；②以贷款形式提供补贴；③以贷款担保形式提供补贴；④以注入资本的形式提供补贴；⑤以提供货物或者服务形式提供补贴；⑥以购买货物形式提供补贴；⑦以放弃或者不收缴应收收入形式提供补贴；⑧其他补贴。

但是有一些行为虽已属于补贴，但并不违法。一般认为，不属于反补贴法上的补贴的行为主要有：①用于工业研究和开发中的补贴；②为扶持经济落后地区的补贴；③为环境保护而实施的补贴。

2. 补贴的幅度。不是任何补贴都构成反补贴法上的补贴。这不仅表现在法律对补贴的例外情况的规定上，而且还表现在：即使不属于例外，但因补贴的幅度未达到法律不能容忍的程度，也不能适用反补贴措施。补贴幅度是指出口产品的正常价值与出口价格的差额，这与倾销幅度的认定是相同的。

据"乌拉圭回合"反补贴协议的规定，有三种情况：如果一项补贴低于1%，可以视补贴为零，而不适用反补贴法；为鼓励发展中国家加速取消补贴的步伐，在反补贴协议生效后8年内，可享受8%的补贴幅度；对其他非GATT成员国的发展中国家则可享有2%的补贴幅度。[1]

3. 补贴适用的国家。美国等国家认为，补贴不适用于"非市场经济国家"。对非市场经济国家的补贴只能适用反倾销法加以规制。因为在这些国家，企业财产与国家财产是没有明确界线的，国家不能"自己补贴自己"。

二、反倾销、反补贴调查

GATT及欧美国家的反倾销、反补贴法都对反倾销和反补贴的调查程序作了规定，我国《反倾销条例》《反补贴条例》也有专章规定。从国际、国内的立法规定来看，反倾销调查与反补贴调查所适用的程序是大体相同的。这些程序主要包括：

（一）程序的提起

反倾销和反补贴程序可以由两种原因引起：一是当事人的申请，二是反倾销和反补贴机构的决定。对此，欧盟的立法规定为申请，美国的立法和我国的立法规定为申请或自行立案。

1. 申请（Petition Filing）。申请也叫申诉（Complaint），是指进口国的有关当事人请求法定主管机关对国外某种产品展开反倾销或反补贴调查的行为。提出申诉应当注意以下几个问题：

（1）申请人。申请人必须具有申诉的资格和条件。这些资格和条件主要表现在：①应当是与所控进口产品直接相关，这可称为关联性；②应当是受害的企业或其他社会组织，这可以称为法律利害性；③能够代表国内的一个工业（或产业），这可称为代表性。

到底哪些人可以作为申诉人，各国立法稍有差异。欧盟的立法规定，任何能够代表欧盟某项工业的欧盟的生产商或协会均可以提出申诉；美国的立法则规定，任何能代表美国一个工业的企业、公司或协会、工会，都可以提出申请，而反补贴还可以由美国政府提起。我国《反倾销条例》第13条和《反补贴条例》第13条均规定：国内产业或者代表国内产业的自然人、法人或者有关组织（以下统称申请人），可以依规定向商务部提出反倾销或反补贴调查的书面申请。

---

〔1〕 何勤华主编：《美国法律发达史》，上海人民出版社1998年版，第457页。

（2）申请书及其主要内容。申请应当采用书面申请形式。其内容主要有：申请人的基本情况，如名称、地址等；被控进口产品与受害国内产品的情况，进口产品和受害产品的名称、种类等；倾销或补贴产品的数量、价格及其对工业造成的损害；倾销或补贴与损害之间的因果关系；法律规定的其他内容。此外，申请书应当附具必要的证据。对此，我国《反倾销条例》第14条和《反补贴条例》第14条作了明确的规定。

（3）申请的主管机关。申诉必须向法律规定的主管机关提出。主管机关是指一国主管反倾销、反补贴案件，负责反倾销、反补贴调查的组织。国际立法中并未规定由一国的哪一部门来主管反倾销、反补贴调查事务。涉及有关反倾销、反补贴机构时，一般均使用"当局"或"主管当局"的概念加以表述。至于欧美各国的立法，则有专门的规定。如美国为美国商务部（DOC）和美国国际贸易部，欧盟为欧盟委员会（具体负责是其下属C局I处）。我国立法对反倾销和反补贴的主管机构也作了明确的规定，这就是国家商务部。

2. 自行立案。自行立案就是在当事人没有提出申诉的情况下，反倾销或反补贴主管机关在有充分证据证明进口产品构成倾销、补贴时，作出反倾销或反补贴决定的行为。

自行立案的适用条件有三：①当事人没有提起申诉；②反倾销和反补贴主管机构已经掌握充分的证据证明某一进口存在倾销或补贴；③只能由反倾销和反补贴的主管机关决定。我国《反倾销条例》第18条和《反补贴条例》第18条对此作了规定。

（二）审查立案

这是适用于当事人申诉时的一种程序。其程序是，主管机关在收到当事人的申诉后，要在法律规定的时间内，依照法律规定的方法和程序，对申请进行审查。如果认为申请符合要求，又有充分的证据的，即可作出立案决定；反之则可作出不立案的决定。对此，我国和欧美国家的规定基本上一致。

（三）展开调查

主管机关作出立案决定后，应当组织反倾销或反补贴调查。对调查程序的具体规定，各国立法虽存有差异，但其基本内容并无本质的区别。我国《反倾销条例》和《反补贴条例》对调查程序所作的规定，大体上与国外的规定相同，其主要内容包括：

1. 调查期限。根据我国《反倾销条例》第26条和《反补贴条例》第27条之规定，反倾销或反补贴调查，应当自立案调查决定公告之日起12个月内结束；特殊情况下可以延长，但延长期不得超过6个月。

2. 调查内容。主要包括：对倾销或补贴是否存在，是否造成了对国内工业的损害，二者之间有无因果关系等。

（四）初步裁定（Preliminary Determination）

我国立法规定，经过调查，主管机关应当对调查的结果进行整理、分析，然后分别不同情况作出初步裁定，并将初步裁定结果予以公告。裁定结果有两种：一是不构成倾销或补贴；二是构成倾销或补贴。如果裁定构成倾销或补贴的，主管机关应当展开进一步的调查，同时，可以对被诉进口产品采取临时反倾销或反补贴措施。

（五）最终裁定（Final Determination）

主管机关在作出构成倾销或补贴的初步裁定后，经过进一步的调查，便可根据进一步调查的结果，作出构成倾销或补贴，或者不构成倾销或补贴的最终裁定，并将裁定予以公告。

（六）终止程序

我国《反倾销条例》和《反补贴条例》对此有具体的规定。如发生下列情形之一，应当终止调查：申请人撤回申请的；初步裁定不存在倾销或补贴及其损害的；最终裁定不存在倾销或补贴及其损害的；倾销、补贴幅度或者倾销、补贴产品的进口量可以忽略不计的等。

此外，有的国家或地区还规定，义务承担也可以作为反倾销反补贴调查程序终止的原因。义务承担，就是出口商在反倾销调查中调查机构作出构成倾销的初步裁定后，主动申请承担义务（提高出口产品价格或愿意采取其他补救措施），经反倾销机构的审查并同意而履行承诺的行为（类似于被诉人主动要求履行义务而和解）。如欧盟的反倾销法即将"价格承担"（Price Undertaking）协议规定为调查程序终止的一个重要原因。

三、反倾销、反补贴措施

经过调查，认为国外的产品已经构成倾销或者补贴的，在调查机关作出初步裁定后，即可采取法律制裁或补救措施。反倾销和反补贴的措施主要是征收反倾销或反补贴税。此外，有的国家还规定，要求提供保证金或者其他形式的担保，这也是反倾销和反补贴的措施。我国法律对这些方式都作了规定。

（一）反倾销税（Antidumping Duty）

反倾销税是反倾销法确定的制裁倾销的主要措施。它是指在正常关税之外征收的一种特殊的税。反倾销税的征收与正常关税的征收是并行不悖的，它不影响进口国对倾销产品征收正常的关税。也正因为如此，反倾销税才有其制裁的意味。

根据计税方式的不同，反倾销税可以分为四种：①从价税（Ad Value Duty）。即按进口产品价格的固定百分比征收的税。②从量税（Specific Duty）。即按倾销产品的单位计算税额所征收的税。③综合税（Mixed Duty）。也称为混合税，即对倾销产品同时征收从价税和从量税。④差价税（Variable Duty）。即按倾销产品的正常价值与实际进口价值之间的差额计征的税。

按反倾销税与反倾销程序的关系，反倾销税可以分为三种：①临时反倾销税（Provisional Antidumping Duty）。这是在主管机关展开反倾销调查并作出构成倾销的初步裁定而采取的一种制裁措施。之所以是"临时"的征税，主要是它发生于反倾销调查期间，构成倾销的初步裁定之时，而初步裁定并非最终裁决，故它不一定是最终的反倾销税。②追溯征税（Retroactive Application of AD Duties）。即在紧急情况下，可对自开征临时反倾销税之日前一定时期内的进口产品征收反倾销税。GATT、美国和欧盟均规定，追溯征税可以追溯到采取临时反倾销税开征之前 90 天；我国《反倾销条例》第 44 条也规定追溯征税的期限为 90 天。③固定反倾销税（Definitive AD Duties），这是指依据反倾销调查的最终裁决对倾销产品征收的税，从其含义来看，尤其是与临时反倾销税相对而言，将其译为"确定的反倾销税"可能更为贴切。

反倾销税向进口商征收，而不是向出口商和生产商征收的。我国《反倾销条例》第 40 条规定："反倾销税的纳税人为倾销进口产品的进口经营者。"尤其值得注意的是，向进口商征收了反倾销税后，出口商或生产商不得替进口商代为缴纳，也不得以其他方式给予进口商以补偿。根据欧盟的规定，一旦发现出口商有这类行为，即可把出口商承担的税额作为附加的反倾销税予以征收（这即是所谓的"反吸收条款"，Anti–absorption）；美国则把补偿额从产品的出口价中扣除，再计征反倾销税，从而扩大倾销幅度，增大反倾销税的税额。

反倾销税的税额，一般据倾销幅度（有的还要参照损害幅度）确定，且不得超过倾销幅度。如果征收的反倾销税已经超过倾销幅度，当事人可以申请退还超过部分的税额。

反倾销税的征收有一定的时间限制。这种限制被称为"日落条款"（Sunset Clause），即征税期限过后，反倾销税就像太阳下山一样自动消失。根据 GATT 的有关规定，征收反倾销税的时间限制为 5 年。为了与此协调，我国《反倾销条例》第 48 条规定，反倾销税的征收期限和价格承诺的履行期限不超过 5 年。

（二）反补贴税（Countervailing Duty）

反补贴税是对构成补贴的进口产品所征收的一种税。反补贴税是反补贴的主要措施。它在许多方面，与反倾销税的规定是相同的。不过两种税之间，也还有一定的差异。主要表现在：

1. 适用的条件不同。反补贴税适用于政府对出口产品给予经济资助的场合，而反倾销税则适用于倾销的场合，这种倾销可能有政府的资助，也可能没有政府的资助。

2. 适用的国家不同。按西方法律的规定，反倾销税一般均不适用于"非市场经济国家"，反倾销税则可以适用于任何经济形态的国家。

3. 具体的计税范围不同。反倾销税以"倾销幅度"为基准，而反补贴税则以"补贴金额"或"补贴幅度"为基准。

（三）经济担保

经济担保是反倾销和反补贴机构采取的要求提供保证金或其他形式的担保的一种措施。如果最终裁决认定被诉产品不构成倾销或补贴，不征收反倾销税和反补贴税的，收取的保证金和其他担保应当予以退还。如我国《反补贴条例》第29条规定：初裁决定确定补贴成立，并由此对国内产业造成损害的，可以采取临时反补贴措施；临时反补贴措施采取以保证金或者保函作为担保的征收临时反补贴税的形式。

四、反倾销、反补贴法适用争端的解决

1995年1月1日生效的乌拉圭回合反倾销、反补贴协定的生效，使世界贸易组织成员有了普遍遵守的统一立法和程序，并有了解决彼此争端的比较完善的机制。世界贸易组织争端解决机构在争端裁决中也进一步明确了国际反倾销、反补贴法适用中的一问题，如国有企业和国有银行在何种情况下可以被视为"公共机构"。[1]

虽然乌拉圭回合的反倾销、反补贴协定在实体和程序两方面严格了国际反倾销和反补贴的纪律，使总协定确立的国际反倾销与反补贴立法更加完善，但由于对非市场经济国家的补贴与倾销的确认问题、反规避问题等未涉及，在价格、损害、因果关系以及反倾销、反补贴调查程序、税额计算等问题的处理方面给成员方主管当局自由裁量权过大，[2]致使成员方反倾销、反补贴内国立法与实践分歧较大，各国反倾销、反补贴法适用引发的成员方间的国际贸易争端不可避免，且日益增多。当这些内国法适用引致的争端发生时，世界贸易组织争端解决机构为其提供了自动的、强制的、准司法属性的争端解决机制与程序，各成分方可以方便、充分地利用这一机制和程序来解决他方内国反倾销、反补贴法适用引起的争端。

■ **思考题**

1. 什么是倾销？什么是补贴？二者有何关系？
2. 简述我国反倾销、反补贴的立法进程。
3. 我国立法中规定的反倾销、反补贴的措施有哪些？

■ **参考书目**

1. 张玉卿编著：《国际反倾销法律与实务》，中国对外经济贸易出版社1993年版。
2. 赵学清编著：《国际反倾销理论与实务》，重庆大学出版社1995年版。

---

[1]　参见中国诉美国反倾销和反补贴措施案（DS379）。在该案中，争端解决机构裁定，国有企业只有在经政府授权行使政府职能时才能视为"公共机构"，仅受政府控制不视为"公共机构"。

[2]　余劲松、吴志攀主编：《国际经济法》，北京大学出版社、高等教育出版社2014年版，第219、220页。

第四编　宏观经济调控和可持续发展法律制度

第十九章　宏观经济调控和可持续发展法律制度概述

■学习目的和要求

　　本章涉及的是宏观经济调控法和可持续发展法的基本理论问题。学习本章，应掌握宏观经济调控、宏观经济调控法、可持续发展、可持续发展法律制度等范畴的基本含义；了解宏观经济调控法和可持续发展法律制度的构成。

第一节　宏观经济调控法律制度概述

一、宏观经济调控法的定义和调整对象

（一）宏观经济调控的定义

　　宏观经济调控是指国家从经济运行的全局出发，运用各种宏观经济手段，对国民经济总体的供求关系进行调节和控制。《中共中央关于建立社会主义市场经济体制若干问题的决定》中指出："建立社会主义市场经济体制，就是要使市场经济在国家调控下对资源配置起基础性作用。为实现这个目标，必须建立以间接手段为主的完善的宏观调控体系保障国民经济健康运行。"党的十八届三中全会通过的《中共中央关于全面深化改革若干重大问题的决定》明确指出："科学的宏观调控，有效的政府治理，是发挥社会主义市场经济体制优势的内在要求。""宏观调控的主要任务是保持经济总量平衡，促进重大经济结构协调和生产力布局优化，减缓经济周期波动影响，防范区域性、系统性风险，稳定市场预期，实现经济持续健康发展。"可见，宏观经济调控，不仅是社会主义市场经济发展的宏观要求，而且在社会主义市场经济中占有极其重要的地位。

　　宏观经济调控理论是在 20 世纪 30 年代由英国著名的经济学家凯恩斯（Keynes）提出的，后经过其学生和支持者的阐释、修补和发展逐渐趋于完善。1929～1933 年的经济危机，猛烈地冲击着自由竞争和自由经营的传统理论，"看不见的手"已逐渐失去了对自由市场经济的调节作用，于是经济学家开始认识到完全自由的市场经济并非完美无缺，必须有其他调节方式加以弥补，在这种情况下，凯恩斯提出了一套与传统经济学不同的理论，经济学说史将其称之为"凯恩斯革命"。凯恩斯认为，在现代资本主义条件下，市场机制已不能充分发挥自动调节的作用，自由放任政策已不适应了。因此，他主张国家应当运用财政政策、金融政策对经济实行

全面干预和调节。只有这样，才能解决资本主义的危机和失业问题。在分析方法上，凯恩斯变以往的个量分析为总量分析，试图从总体上研究资源的充分利用问题。1936年，凯恩斯发表了他的代表作《就业、利息和货币通论》，至此，国家干预经济的理论或者说宏观经济调控理论正式形成。第二次世界大战以后，西方经济学家在凯恩斯理论的基础上，提出了一整套需求管理理论，强调通过财政政策和货币政策，使总供给与总需求相平衡，以达到既无通货膨胀又无失业的经济稳定增长目标。进入20世纪70年代以后，西方市场经济国家出现了失业与通货膨胀并存的"滞胀"现象，凯恩斯主义理论受到新的挑战。以美国的萨缪尔逊为代表的"后凯恩斯主义"者主张通过研究供给方面的问题，以弥补凯恩斯需求管理理论的不足和缺陷。尽管凯恩斯的国家干预理论存在很多缺陷，不能从根本上治愈西方市场经济的痼疾，但他所提出的宏观调控理论，对所有实行市场经济的国家都具有重要的借鉴作用。

宏观经济调控是对国民经济总体的供求关系进行的调节和控制。国民经济总体的供求关系，指社会总供给和社会总需求关系。社会总供给是指国民经济在一定时期内能够提供给社会的全部商品和劳务总量。社会总需求是指全社会生产需求和消费需求的总和。社会总供给和社会总需求能否保持平衡，对国民经济平衡具有重要的意义。当总供给大于总需求时，可能会造成社会资源的浪费；当总需求大于总供给时，可能会造成物价全面上涨，引起经济生活的动荡。因此，要使国民经济保持持续、健康的发展，就必须努力保持总供给和总需求的平衡，而要保持总供给和总需求平衡，就必须加强宏观经济调控。

社会总供给和总需求的平衡，包含着相互联系、相互制约的两个方面：总量平衡和结构平衡。总量平衡是结构平衡的前提，结构平衡是总量平衡的基础。只有总量平衡，国家调整产业结构的决策才能不受物价波动的干扰而合理和准确，从而使经济运行在良性循环的状态下进行；只有结构平衡，才能使产业结构、产品结构与社会的需求结构相适应，从而使总量平衡得以长期地维持。因此，在宏观经济调控过程中，不能把总量平衡和结构平衡割裂开来，只有把两者结合起来，才能收到预期的效果。

（二）宏观经济调控的特征

1. 以总量平衡为调控的主要目标。与直接调控相比较，宏观调控的主要目标不是微观主体的具体经济行为，而是以国民经济的总量平衡为主要目标。市场作为经济活动的综合实现场所，反映的是总供给与总需求的矛盾运动过程。国家的宏观经济决策通过市场转化为各种市场信号，形成要素流动和投资决策的指示器，将企业的经济行为纳入宏观调控的轨道。随着供求关系的变化，市场信号会作出新的反应，形成新的市场信号，并反馈到宏观调控主体。宏观调控主体经过处理，又会作出新的宏观经济调控决策。如此不断地循环往复，使总供给与总需求逐步趋于平衡，实现宏观调控的预期目标。

2. 以间接手段为主要的调控方式。宏观调控作为现代市场经济的主要标志，既区别于传统的市场经济，也与计划经济调控方式不同。传统的市场经济主要依靠"看不见的手"来调节，计划经济体制主要依靠政府对微观经济主体的直接管理。现代市场经济主要依靠"看不见的手"和"看得见的手"相互配合、相互作用，而这只"看得见的手"主要表现为计划、财政、金融、产业政策、价格等间接手段，其作用发挥则是通过市场中介引导市场主体，使市场主体的微观经济活动同宏观经济发展目标衔接并一致起来。市场在宏观经济中发挥着信息传递的作用。国家向市场输入保证国家经济调控目标实现的经济参数，使它们在市场经济中发生内部机理变换，最终输出符合宏观调控需求的市场信号，达到对市场主体经营决策进行引导的目的。

3. 以经济利益为实现调控目的的主要手段。在市场经济中，追求经济利益是微观经济主体生产经营的直接动力，这就决定了国家要实现宏观经济调控的目的就必须利用各经济主体的利益欲望，通过改变经济利益关系的方式激励各经济主体的行为基本符合国家宏观调控的要求。只有这样，才能达到宏观经济调控的目的。

（三）宏观经济调控法的定义和调整对象

宏观经济调控法作为经济法的重要组成部分，同宏观调控理论一样也经历了一个发展过程。早期的宏观调控法以危机对策法的形式出现，主要表现在美国的罗斯福"新政"时期。经济大危机爆发以后，罗斯福推行一系列经济调节政策，在短短的几个月内就出台了70多部法规，其中主要的法令有《紧急银行法》《金融改革法》《产业复兴法》《农业经济调整和农业信贷法》《社会救济法条例》等法案，这些法案的实施使美国的经济危机得以缓解。

第二次世界大战后，随着经济社会化程度的不断提高，西方市场经济国家政府的职能发生变化，维持和保障有效的市场运行、引导和促进社会经济发展逐渐成为政府的重要工作。德国在1945年成立了综合计划委员会，通过计划引导经济发展。日本在指导、促进、稳定经济方面制定了一系列调控法规，如《中小企业基本法》《农业企业振兴资金法》《促进农业现代化资金放置法》《果农振兴特别措施法》《促进渔业现代化资金法》《外汇管理法》《外贸管理法》等。

宏观经济调控法，简言之，是调整宏观经济调控关系之法。宏观经济调控关系是指国家在宏观调控中与其他社会组织发生的各种社会经济关系，如计划关系、财税调节关系、价格调控关系等，它包含以下几个方面的含义：

1. 宏观经济调控关系的一方主体是国家。它是国家为了实现总供给与总需求的基本平衡，促进经济结构的优化，引导国民经济持续、快速、健康发展，对国民经济总体活动进行调整和控制过程中所发生的社会经济关系。

2. 宏观经济调控关系是国家在履行管理经济职能，以间接手段调控经济运行过程中所发生的间接管理关系。

3. 宏观经济调控关系是国家在对国民经济的总体调控过程中，与市场主体之间普遍发生的社会经济关系。

按照宏观经济调控的功能和目的来划分，可以把这些关系划分为两类：①指导性社会经济关系，指国家在引导市场经济行为方向过程中发生的调控关系，包括因执行产业政策过程产生的社会经济关系、因计划而产生的社会经济关系；②调节性社会经济关系，是指国家实施经济调节手段所发生的社会经济关系，包括财税调节关系、金融调节关系、价格调节关系等。

通过上述对宏观调控关系的分析，我们可以对宏观经济调控法作这样一个定义：宏观经济调控法是调整国家在宏观经济调控过程中与其他社会组织所发生的各种社会经济关系的法律规范的总称。

（四）宏观经济调控法的特征

1. 调整范围的整体性和普遍性。整体性指宏观调控法是对整个国民经济活动进行调整。宏观经济调控法不像某些具体经济法规，只调整个别领域、个别层次中具体的经济关系，而是着眼于国民经济整体的调整，它不仅对国民经济的生产、交换、分配、消费再生产诸环节进行调整，而且对国民经济系统中各地区、各产业的经济活动进行调整。通过整体调整，达到国民经济良性运行、持续发展的目的。

普遍性宏观经济调控措施以对所有的经济主体调控为目的，而不是以干预个别具体的市场主体行为为目的。不论企业的所有制性质或组织形式如何，国家都一视同仁，它涉及哪个产业或企业，就对哪个产业或企业产生作用。

2. 调整方法的指导性和调节性。宏观经济调控法的整体性和普遍性的特点，排斥了采用行政指令方法的可能性，决定了宏观调控法律制度必须采取别的调整方法，因为宏观经济调控法的着眼点是承认并维护市场主体的合法地位和合法权益，国家作为调控主体只能通过市场以间接方式将其意志影响市场主体。这些间接的方式表现为指导和调节。所谓指导性，是指某项特定的法律制度所具有的指导和作用，如计划指导、产业政策指导。它是通过一定的法律规定，为市场主体指明具体的行为方向和行为所能达到的范围。所谓调节性，是指某些特定的法律制度通过鼓励和抑制市场主体的行为以达到宏观调控的目的，如税率、利率等。宏观经济调控法就是以指导性调整方法引导市场主体从事经营活动的方向的；以调节方法促使市场主体的行为顺乎其方向，加快二者整体的结合，成为国家实现宏观经济调控的有效途径。

3. 调整手段的综合性和协调性。调整手段的综合性和协调性是指宏观经济调控法在调整国家经济的运行时，不仅要运用计划、价格、税收、财政、金融等多种手段，而且要把这几种调控手段相互渗透、相互配合、相互作用。

宏观调控方法的这一特征是由宏观调控法的调整对象和指导性、调节性特征所决定的。宏观调控法不仅调整指导性调控关系，而且调整调节性调控关系，而这两类调控关系既有区别之处，也有密切关系。这就既要求有多种不同的调整手段，又要求运用上要相互渗透、相互配合、相互作用。如果国家仅以指导性手段引导市场主体的方向，而不以调节性手段予以配合，其引导作用就不能很好地发挥。因为调节性手段经济性很强，具有经济利益激励机制。利益机制把国家的意志转化为具体的社会经济利益目标，通过市场主体自身利益驱动，使国家意志得以体现。

二、宏观经济调控法的体系

宏观经济调控法的体系是指调整宏观经济调控关系的规范性文件体系。关于宏观经济调控法的体系由哪些规范性文件组成，我国法学理论界有不同的认识。有的研究者认为，应由宏观调控主体法、宏观调控手段法、市场行为规范法和宏观调控监督法组成。有的研究者认为，应包括规范政府各经济管理部门自身行为法和政府调控市场经济运行法。也有的研究者认为，宏观经济调控法应分为国家直接管理国民经济法、国家间接管理国民经济或者间接参与经济活动法和国家直接参与国民经济活动法。还有的研究者认为，宏观调控法应由计划法、经济政策法和调节手段法组成。以上无论哪种观点，都从一个侧面揭示了宏观调控法的调整范围及其性质，对于建立完备的宏观经济法律调控体系都有积极的意义。但这些观点存在着一个共同的问题，即把某一项具体的宏观调控法（如计划法、价格法）"肢解"了。因为某一个具体的宏观经济调控法既有对宏观调控主体自身行为的规范，又有对主体进行宏观调控手段的规范，还有对主体自身实施监督接受监督的规范。[1] 我们认为，对宏观经济调控法结构的研究，应从宏观调控法的调整对象入手，因为每一具体宏观经济调控关系都有其特殊性，每一类宏观经济调控关系都有其共同性，因而调整这些宏观经济调控关系的法律、法规的特点就有一致性。这样就可以避免对某一具体宏观经济调控法的"肢解"，又便于对宏观调控法律体系的结构进行分类研究。宏观经济调控关系包括指导性宏观经济调控关系和调节性宏观经济调控关系。与此相适应，我国需要建立和完善的宏观经济调控法律体系，也应由两类规范性文件组成：①规范指导性宏观经济调控关系的法律和法规，如产业调节法、计划法；②规范调节性宏观经济调控关系的法律、法规，如金融法、国有资产管理法、环境法、自然资源法、能源法等。

---

〔1〕 李昌麒：《经济法——国家干预经济的基本法律形式》，四川人民出版社 1995 年版，第 389 页。

第二节　可持续发展法律制度概述

一、可持续发展和可持续发展法律制度的定义

"可持续发展"的提法始于 20 世纪 60 年代末期。这一概念是在 1972 年斯德哥尔摩世界环境大会上正式提出来的。对可持续发展的定义颇多，巴伯在其著作中将可持续发展定义为："在保护自然资源的质量和其所提供的服务的前提下，使经济发展的净利益增加到最大限度，以保证维持最多人数的生存。"[1]一些生态学家和经济学家将可持续发展明确定义为："保护和加强环境系统的生产和更新能力"，即可持续发展是不超越环境系统再生能力的发展，是寻求一种最佳的生态系统以支持生态的完整性和人类愿望的实现，使人类的生存环境得以持续。[2]布伦特兰夫人在她提交给联合国世界环境与发展委员会的《我们共同的未来》报告中，把可持续发展定义为："既满足当代人的需要，又不对后代人满足其需要的能力构成危害的发展。"[3]20 世纪 80 年代初，在联合国拟定的《共同危机》报告中，明确地采纳了布伦特兰夫人的表述，即将可持续发展定义为："可持续发展是既满足当代人的需要，又不对后代人满足其需要的能力构成危害的发展。"并把可持续发展战略主要表述为：生态的持续发展，经济的持续发展。[4]其中，生态持续是基础，经济持续是条件，社会持续是目的。[5]总之，可持续发展的核心是经济、社会、科技、人口、资源、环境相互协调地、持续不断地发展，降低发展之成本，既使地球之资源与环境得到保护，又使经济得到持续之增长；既满足当代人的需要，又满足后代人继续发展的要求，从而实现现代内公平与代际公平的统一。

从可持续发展概念的提出到可持续发展的发展观确立，世界各国都经历了从认识到付诸实践的过程。我国作为世界上最大的发展中国家，在改革开放过程中，结合我国的实际情况，切实重视可持续发展，并随着我国社会经济的发展丰富了可持续发展观的内容。20 世纪 80 年代末，我国就确立了可持续发展理念；1992 年，在里约热内卢召开的联合国环境与发展大会上通过了《21 世纪议程》，中国政府也向世界作出了承诺：中国将保持经济与环境保护协调发展，将《21 世纪议程》付诸行动。1994 年 3 月，国务院通过了《中国 21 世纪议程——中国 21 世纪人口、环境与发展白皮书》，确定了我国经济、社会、资源和环境相互协调的可持续发展目标。十五大报告明确提出了在现代化建设中必须实施可持续发展战略。十六届三中全会第一次以中央文件形式全面阐述了科学发展观，提出了树立科学发展观实现全面协调可持续发展。十七大报告首次提出"生态文明"，这是科学发展观的一次升华，把建设生态文明作为实现全面建设小康社会奋斗目标的新要求。十八大报告把生态文明建设提升到与经济建设、政治建设、文化建设、社会建设并列的战略高度，并要求生态文明建设融入经济建设、政治建设、文化建设、社会建设的各方面和全过程，实现中华民族可持续发展。十八届五中全会深化了对科学发展规律的认识，提出了坚持创新发展、协调发展、绿色发展、开放发展、共享发展的新发展观，丰富了可持续发展的内容。

可持续发展法律制度是指一国以实现人类的共同持续发展为目标，以追求有限资源的代内

---

〔1〕　范柏乃、马庆国："国际可持续发展理论综述"，载《经济学动态》1998 年第 8 期。

〔2〕　范柏乃、马庆国："国际可持续发展理论综述"，载《经济学动态》1998 年第 8 期。

〔3〕　范柏乃、马庆国："国际可持续发展理论综述"，载《经济学动态》1998 年第 8 期。

〔4〕　郭祥才："邓小平关于生产力持续发展的战略思考"，载《学习与思考》1998 年第 8 期。

〔5〕　王全兴、樊启荣："可持续发展立法初探"，载《法商研究》1998 年第 3 期。

和代际公平分配为核心而建立起来的具有不同法律效力和立法层次，涉及经济、社会、人口、资源、环境和科技等领域的一系列法律、法规的有机组合体系。这一定义包含下列两个方面的含义：

1. 可持续发展法律制度是可持续发展理论在法律上的具体反映。可持续发展是一国乃至全球所有人共同的利益取向，同时作为一种先进的科学的治国方略，还将被各国立法所确立。各国通过立法的手段，将可持续发展战略以法律的形式宣示于社会，成为人们行为之共同准则，以利可持续发展目标的实现。此处，可持续发展法律制度是可持续发展理论的表现形式，可持续发展客观要求是其合理性内核。

2. 可持续发展法律制度以全社会的协调发展为立法目的。可持续发展法律是以有限资源代际分配的公平性为其调整范围的，涉及经济、社会、人口、资源、环境和科技等诸多领域，并以促进人口、经济、社会、资源和环境的协调发展为目标，即坚持以经济建设为中心，以社会全面协调发展为导向，认真吸取世界各国的经验和教训，高度重视保护环境，合理开发利用资源，积极推进经济体制和经济增长方式的两个根本性转变的方针，重视在国家宏观指导下发挥市场对资源配置的决定作用，提高资源利用效率，促进资源节约和环境保护。[1]

二、可持续发展法律制度的特征

（一）可持续发展法律制度的调整对象具有多样性

可持续发展涵盖经济、社会、人口、资源、环境和科技等不同的领域，体现出不同类型的多样性，即生物多样性（包括遗传多样性、物种多样性、生态系统多样性等）、区域多样性（包括社区多样化、经济贸易开发多样化、国家多样化、国际性区域多样化等）、经济多样化（包括经济体制多样性、经济主体条件多样性、经济运作调控方式多样性等）、社会多样性（包括社会制度多样性、社会组织多样性、民族文化多样性等）。[2]可持续发展的多样性，决定了可持续发展法律制度调整对象的多样性，例如，在环境法律制度中就是以调整在环境资源保护和防止、治理环境污染中产生的各种社会关系为其对象；而科技法律制度则是以科技管理关系和科技财产关系以及与科技财产关系密切联系的人身关系为其调整对象的。

（二）可持续发展法律制度具有高层次的社会本质性

可持续发展是强调代内与代际公平的发展战略，这种理念使得可持续发展法律制度本身具有高层次意义上的社会本质特性。首先，可持续发展法律制度所强调的社会本质的范围与以往的任何法律制度都有所不同。可持续发展法律制度是以全球人类的可持续发展为其目标范围，而不是以一国内公民或居民的利益为目标范围。其次，可持续发展法律制度所注重的社会本位突破了现实时间范畴，以代际资源公平分配为其视野范围，最大限度地为人类未来的发展留有资源空间。正如在同代人之间存在着公平的概念一样，在不同代人之间也存在着公平问题。[3]可持续发展追求的公平，包含两层含义：①当代公平即同代人之间的横向公平；②不同代之间的纵向公平。可持续发展所追求的公平理念是同代公平与代际公平的有机契合。[4]

（三）可持续发展法律制度的内容具有技术因素含量高的特性

可持续发展法律制度中的诸多部门法，都具有技术因素含量高的特点。这是因为可持续发

---

〔1〕 李鹏：《共同努力缔造一个和平与发展的新世界》（在 1996 年 9 月 19 日各国议会联盟第 96 届大会上的讲话）。
〔2〕 蔡守秋："论可持续发展对我国法制建设的影响（下）"，载《法学论坛》1997 年第 2 期。
〔3〕 〔英〕戴维·皮尔斯、杰瑞米·沃福德：《世界无末日：经济学、环境与可持续发展》，张世秋等译，中国财政经济出版社 1996 年版，第 77 页。
〔4〕 王全兴、樊启荣："可持续立法初探"，载《法商研究》1998 年第 3 期。

展法律制度是以人与自然的和谐发展为主要目标的。在更大程度上是人对自然以及自然规律的尊重，或者说是自然对人的约束。其中，生态规律如自然资源的有限性、不可再生性特征，就决定了人以及人所制定的法律必须尊重这种自然科学技术规范的规律；再如生态系统中有物物相关规律，环境承载能力有限规律，多样稳定规律，物质能量输出输入动态平衡规律，物质、循环转化与再生规律等。这些规律要求立法完善环境影响评价制度，完善排污总量控制制度，重视维持生态系统的稳定性和多功能性。[1]从立法实践看，许多国家的立法中已含有大量的技术规范，例如，美国的《清洁空气法》《联邦水污染控制法》《河岸带管理法》《海洋保护、研究和庇护法》《安全饮用水法》《林业和山地可更新资源规划法》《渔业保护和管理法》《联邦土地政策和管理法》等；法国的《反对大气污染和臭气法》《放射性废弃物管理法》等；德国的《航空器噪声法》《联邦大气污染控制法》《环境责任法》《联邦污染控制法》《废弃物处置法》以及《联邦水法》等。在上述法律中，都包含有大量的技术性条款以及相应的技术性指标体系，与其他法律制度比较而言，可持续发展法律制度的技术性特征较为明显。

（四）可持续发展法律制度具有国际统一性与协作性

可持续发展是人类共同发展问题，不仅仅是一国一地的生存发展问题。人类只拥有一个地球，人类又拥有共同的未来。可持续发展涉及人类在地球上能否继续生存的重大问题。由世界自然保护同盟、联合国环境规划署和世界野生生物基金会合编的《保护地球——持续生存战略》明确指出：各国应通过一个关于可持续性的全球宣言和盟约，使各国对可持续生存的道德准则作出承诺，并应将可持续生存原则纳入他们的国家宪法和立法之中。因此，加强可持续发展法律制度的交流、借鉴是世界各国的共同需要。

三、可持续发展法律制度的构成

可持续发展法律制度是以一国宪法为基础，以环境保护法和自然资源法为主体，辅之以经济、人口、科技、社会等部门法的综合性法律体系。

我国目前已经形成了以宪法为统帅，以环境保护法、自然资源法为主体的可持续发展法律体系。

我国《宪法》规定："国家保护和改善生活环境和生态环境，防治污染和其他公害"，"国家保障自然资源的合理利用，保护珍贵的动物和植物。禁止任何组织或者个人用任何手段侵占或者破坏自然资源"。根据《宪法》的规定，我国制定了《环境保护法》《水污染防治法》《大气污染防治法》《固体废物污染环境防治法》《海洋环境保护法》《森林法》《草原法》《渔业法》《矿产资源法》《土地管理法》《水法》《野生动物保护法》《水土保持法》《农业法》等。此外，国务院制定或修订了《自然保护区条例》《野生植物保护条例》等多项环境保护行政法规，国务院有关部门还发布了大量的环境保护行政规章。各级地方人民代表大会和地方人民政府为实施国家环境保护法律，结合本地区的具体情况，制定和颁布了大量环境保护地方性法规。此外，国家颁布了不少环境保护标准。

■ **思考题**

1. 何谓宏观调控？它有哪些特征？
2. 我国宏观调控的主要目标是什么？
3. 宏观调控法的定义、特征及调整对象是什么？

---

[1]　李挚萍："论实施可持续发展战略对完善我国环境立法的影响"，载《中山大学学报（社会科学版）》1998年第2期。

4. 宏观调控法的手段有哪些?

5. 宏观调控法有哪些基本原则?

6. 宏观调控法由哪些法律制度构成?

7. 可持续发展法律制度有哪些基本特征?

8. 简述可持续发展法律制度的构成。

■ 参考书目

1. 漆多俊主编:《宏观调控法研究》,中国方正出版社 2002 年版。

2. 卢炯星:《宏观经济法》,厦门大学出版社 2000 年版。

3. 王守渝、弓孟谦:《宏观经济调控法律制度》,中国经济出版社 1995 年版。

4. 中国 21 世纪议程管理中心编:《中国 21 世纪议程》,科学出版社 1995 年版。

5. 中国环境科学出版社编:《中华人民共和国可持续发展国家报告》,中国环境科学出版社 2003 年版。

第二十章 产业调节法律制度

■学习目的和要求

　　产业调节法是经济法的重要组成部分，是宏观调控法中的基本法之一。本章围绕产业调节法的概念和基本内容展开介绍。通过对本章的学习，应理解产业调节法在经济法中的地位与作用，产业调节法的特征与内容，产业结构法、产业组织法、产业技术法的基本内容，理解产业调节法相关法律的关系。

第一节　产业调节法概述

一、产业调节法的定义和特征

（一）产业调节法的定义

　　产业调节法是关于促进产业结构合理化，规定各产业部门在社会经济发展中的地位和作用，规范产业调节关系，确定国家实施产业调节的基本措施和手段的法律规范的总称。其目的在于通过对产业结构的宏观调控，增进市场机制的效果，弥补市场机制的缺陷，促进资源在国民经济各产业部门间、在各区域间的合理配置，提高宏观经济效益，实现国民经济增长和社会可持续发展。

　　国家从法律上规范产业调节的各种制度构成产业调节法，它是以国家为调控主体，对产业结构、产业组织、产业技术以及相关领域进行调控的法律手段的综合，是经济法的组成部分，是宏观调控法中的基本法。

　　产业调节法所调整的是国家在实现产业结构的合理化和高级化的过程中产生的各类社会关系，这些社会关系包括：

　　1. 产业结构关系。产业结构关系是指国家在调节第一、二、三产业之间或同一产业内部（部门、行业、产品）和地区产业的比例关系和协调状况时所产生的各种社会关系。关于产业结构关系内容的界定，主要受国内经济学界部分学者将产业结构进一步划分为部门结构和地区结构两个方面的启发。具体包括农业、工业、服务业之间的对比关系和协调状况，农、轻、重之间的对比关系和协调，国家调节原材料工业同加工工业之间的对比关系和协调状况，国家调节一般产业与高技术产业的对比关系和协调状况，还包括资源在一个国家不同地区之间的合理配置以及区域间的协调发展等。

　　2. 产业组织关系。产业组织关系是指国家在调节产业内部组织结构时产生的各种社会关系，其中涉及政府、市场、企业以及国际经济环境等诸方面。具体而言，主要包括农业产业化过程中的各种关系，工业中大企业与中小企业的关系以及企业之间的合并、改组、垄断与竞争关系，国内产业发展与对外开放关系，国家经济参与国际竞争与国际分工关系，政府间的经济合作关系等。

　　3. 产业技术关系。产业技术关系是指国家在调整产业结构时所产生的技术应用和创新关系，包括各产业部门之间和产业内部技术应用和技术创新关系，促进高新技术产业发展以及高新技术在各产业部门中的应用关系，等等。

4. 其他相关的社会关系。其他相关的社会关系是指围绕产业结构优化和产业调节政策制定的规范化、科学化、民主化而产生的各种社会关系。包括制定和实施产业政策的组织、结构、人员之间的职权职责关系，保障决策科学化、民主化的各种程序所涉及的社会关系，国家为纠正或弥补单纯市场机制下市场主体无力承担或不愿承担社会责任而给产业调整带来的负面影响时所产生的社会关系等。

（二）产业调节法的特征

产业调节在很大程度上是一个生产力问题。产业调节从本质上说，是政府的一种经济行为，在市场经济条件下，它有着同企业的经济行为一样的理性要求。这些都决定着产业调节法的一些不同于经济法其他部门的特性：

1. 综合性。产业调节法作为国家宏观调控的重要法律，其调整对象、调整方法都具有显著的综合性特征。首先，产业调节法的客体是一国国民经济的整体，涉及资源配置、劳动力配置及投资规模方向等重大的经济结构问题，由此而产生的各种社会关系中主体多样、层次结构复杂，具有综合性。其次，由于调整对象的广泛性、复杂性，为实现产业调节法促进资源合理配置和经济持续稳定增长的目的，必然要求采取综合性的调整方法和手段，运用积极鼓励和倡导、激励和扶持、消极限制和禁止、处罚和制裁等多重措施进行综合调节。最后，产业调节必须遵循可持续发展的基本原则，实现经济、社会和环境的协调发展，保障经济结构与社会结构的发展性、持续性、整体性、高效性、和谐性、多样性、公平性、开放性、阶段性和协调性。可持续发展作为中国经济发展的必由之路，也是产业调节法的价值目标，由于可持续发展本身即是一种综合性极强的发展模式，因而要求产业调节法具有综合性。

2. 指导性。从立法结构上讲，产业调节法应属于宏观调控法中的基本法，它对于整个宏观调控立法具有指导意义。产业调节法所规定的立法目标和原则，以及它所建立的各项基本制度、调整方法和手段对于其他宏观调控立法都具有指导意义。这也是由于产业调节法的调整对象的特殊性质所决定的，产业政策法律化的过程，实际上就是协调规划、计划、财政、金融、价格、外贸等各项调控措施的过程，它所涉及的都是国民经济结构这一立国支柱稳固与安全问题，是涉及当代及其后代发展的根本问题，因此它也必须对整个宏观调控法具有指导性。

3. 协调性。现代市场经济的发展要求国家及其代表者政府的经济作用成为维护和保护有效的市场经济运行、引导和促进社会经济发展的一种内在条件和有机组成部分，要求对产业的调节成为现代市场经济条件下法律体系的基本内容，进而要求产业调节法成为协调市场调节机制与国家调节机制的重要法律之一。产业结构的合理化、资源配置的优化以及可持续发展都涉及多种因素，产业调节法正是通过建立规范的、科学的、民主的预测和决策程序，保证国家对市场调节的效率和效能，克服市场机制的自发性、盲目性，协调局部利益与整体利益、当前利益与长远利益、个人利益与社会公共利益、经济发展与环境资源保护等各种关系。

4. 灵活性。产业结构在本质上是一个动态的发展过程，任何一个国家的产业结构都不会也不应该是一成不变的，随着经济与科技的发展，产业结构都将发生变化并日趋复杂，过去合理的产业结构也可能成为制约经济社会进一步发展的严重障碍，支持过去产业结构的基本理论也可能被新的经济和社会发展所摒弃。可持续发展是对人类传统发展模式的一次巨大变革，是转变人类生产、生活、消费方式和观念的革命，它要求建立全新的产业结构，寻求建立新的产业结构的理论，这些变化必然要在法律上得到反映，这就必然要求对原有的法律进行修改和调整，制定新的产业调节法以适应可持续发展的要求。事实上，无论是联合国环境与发展大会制定的《21 世纪议程》，还是中国的《21 世纪议程》，都提出了按照可持续发展的要求对于现行的法律系统进行重新评估并根据评估结论进行修改的要求。作为将重要的经济政策法律化的产业调节法，当然也要适应这一要求。根据一定时期和一定发展阶段的经济与社会发展的整体目标确定不同的产业政策并使之法律化，通过立法形式突出不同的调整目标，是产业调节法的又一特点。

二、产业调节法的宗旨

一切经济法律法规的颁行都是基于它们能够完成某些有价值的社会目标，[1]产业调节法的宗旨，就是指产业调节法所要达到的基本社会目标。产业调节法的宗旨是：通过运用各种调整手段实现对产业结构的调节，促进资源合理配置，实现国民经济持续稳定增长，保证经济与社会的协调发展。

产业调节法通过规定各产业部门在社会经济发展中的地位和作用，确定政府经济职能的基本原则和方式，体现政府对于市场机制的主动作用，体现政府对于克服市场机制缺陷的决心与意志，使市场主体在规划自己的经济行为时保有一定程度的信心，减少人为的不确定性。[2]

资源合理配置和有效利用，是产业结构成长和充分发挥结构效应的必要条件。但在单纯的市场机制下，社会经济个体凭借自己对市场的价值判断或价值规律的自发作用来配置资源，极易造成资源的浪费和利用效率低下，影响国民经济的整体运行。因此，要实现经济的持续稳定发展，必须发挥政府在产业结构调节方面的主动性，采取各种间接调控手段和引导措施，促进结构优化，促进资源的合理配置，为经济运行的高效率奠定坚实的基础。

产业调节法作为政府宏观经济行为的主要法律依据，一方面通过提高经济运行效率来促进经济的稳定增长；另一方面则在调控过程中注重解决效率与公平的矛盾，兼顾公平与社会公共利益，调控和促进社会与经济的良性运行和协调发展。作为市场主体的经济个体，都是以营利为目的、以利润最大化为目标参与到经济运行过程中来的。产业调节法运用各种手段调整资源配置方式，可以消除个体营利行为的不良影响，保护社会公益，防止各种非法、不当的逐利行为给社会、国家和国民造成损害，促进经济法最高目标的实现。

三、产业调节法的体系

关于产业调节法的内容与结构，学术界还存在不同认识。我们认为，根据经济学上关于产业调节的基本理论，按照法律规则的价值判断与制度设计原理，产业调节法应由以下几个部分的内容构成：

（一）产业结构调节法

产业结构调节法是促进产业之间资源合理分配的一种法律制度。它主要包括三次产业调节以及区域产业结构调节两个方面的内容。

在三次产业调节方面，主要包括整体产业结构规划制度、保护和扶植战略产业制度、调整和援助衰退产业制度以及促进产业结构合理化的其他相关制度等。

在区域产业结构调节方面，主要包括确定区域功能制度、区域结构调整制度、区域开发制度、区域协调发展制度等。

---

〔1〕　［美］莱斯特·C. 瑟罗：《得失相等的社会——分配和经济变动的可能性》，李迈宇译，商务印书馆 1992 年版，第 118 页。

〔2〕　［英］弗里德利希·冯·哈耶克：《自由秩序原理》，邓正来译，生活·读书·新知三联书店 1997 年版，第 282 页。

（二）产业组织调节法

产业组织调节法是关于政府对产业组织进行调节的各项法律制度的总称，是政府协调市场结构、市场行为和市场结果之间相互关系的法律规则，其主要目标是使企业运行具有活力，保护有效竞争机制，符合产业结构调整方向，充分利用规模经济，取得最大经济效益。产业组织调节法的内容主要包括确保经济自由和资源最佳配置制度以及弥补市场机制的不足，以确保社会经济效益的制度。

（三）产业技术调节法

产业技术调节法是规定与产业结构转换相适应的产业技术发展目标、途径、措施的法律规范的总称，目的在于促进产业技术进步，推动产业结构合理化、高级化。产业技术调节法的主要法律制度包括产业技术结构的选择和技术发展方面的法律制度、促进资源向技术开发领域投入的制度以及基础性研究的资助与组织制度。

第二节 产业调节法的基本制度

产业结构调节法律制度是促进产业之间资源合理分配的一种法律制度，它应包括第一、二、三产业基本结构法、产业内部各行业和各业种结构改善法、地区结构改善法、产品结构改善法以及与结构改善相配套的手段方法。

产业结构调节法的核心在于促进产业结构合理化、高级化和资源的合理配置、区域的协调发展和国民经济整体运行的稳定与健康。产业组织调节、产业技术调节都要围绕产业结构调节的目标而进行，因此，产业结构调节法律制度在产业调节法中占有重要地位。产业结构调节法律制度的主要内容包括产业结构合理化和区域协调发展两个方面。

一、产业结构合理化制度

（一）整体产业结构规划制度

整体产业结构规划是国家或政府根据一定时期内整个社会经济发展的情况提出的产业结构的长期设想。在完全的市场机制作用下，产业结构也会自发地形成并发展到高级化阶段，欧美国家在过去大多经过了这样的历程，但它们的产业结构高级化过程漫长而曲折，并付出了极大的代价。因而有些后起国家吸取了这一教训，在经济起步时即按照欧美已形成的产业结构，有计划地规划自己的产业结构从低级到高级发展的步骤和政策，从而用较小的代价和较短的时间走完欧美走过的路。现代各国经济的发展证明，政府经济规划对于发展经济收到了显著的成效。第二次世界大战以后，法国、德国和日本等都成功地运用经济规划，迅速医治了战争给国民经济带来的创伤，连一向奉行自由市场而管得最少的美国政府也开始了对国民经济进行规划。[1]产业结构规划制度是法律所规定的关于产业结构整体规划工作的原则、程序、权利、义务和法律责任的总称。

整体产业结构规划是直接关系到国民经济和社会发展全局的事业，科学地规划产业结构有利于经济的持续发展和国家整体产业素质及产业综合竞争能力的提高，[2]因此它必须以科学的原则作为指导。我们认为，整体产业结构规划除了应遵循经济法和产业调节法的基本原则外，还必须有自己的独特原则来指导具体的规划活动。概括起来，这些独特的原则应当包括：

---

〔1〕 ［美］莱斯特·C. 瑟罗：《得失相等的社会——分配和经济变动的可能性》，李迈宇译，商务印书馆1992年版，第210～213页。

〔2〕 陆百甫主编：《大调整：中国经济结构调整的六大问题》，中国发展出版社1998年版，第88～92页。

1. 效益性。它要求从中长期的经济发展出发，充分体现资源的合理配置和产业结构高级化的指导思想，使整体产业结构规划具有经济效益性，以维护社会经济发展的整体利益。

2. 补充性。它要求产业结构规划应当成为在充分利用市场机制的前提下弥补市场机制不足的重要手段。制定产业结构规划并不是为了排斥市场机制的作用，而是对市场机制进行补充。

3. 时间性。它要求对整体产业结构规划应当根据不同时期内经济社会发展情况及时予以修正，计划周期不宜过长。

4. 确定性。它要求整体产业结构规划的范围确定、内容明确。产业结构规划牵涉国民经济各部门、各环节，因此，必须通过法律规范规划工作的程序，明确各主体的权利义务，并规定相应的法律责任，以保证规划的实施。

总的说来，产业结构合理化过程就是产业结构高级化过程。在产业结构的总体规划下，应区别各类产业，采取不同措施。对于第一、二、三产业，应根据国民经济发展的要求确立基本结构和重点发展方向。在各产业内部，应确立战略产业或重点产业，采取保护、扶植手段促进其发展；对于衰退产业，应采取调整、援助措施，使其能顺利过渡；而对于一般产业，则应采取增强活力的措施。只有这样，才能使新兴产业迅速发展，使传统但又富有生机的产业力量不断增强，使衰退产业的劳动力和资金不断向其他产业转移，最终使整个产业结构不断优化。

（二）保护、扶植战略产业制度

战略产业是一国为实现产业结构高级化目标所选定的对于国民经济发展具有重要意义的具体产业部门，它具有如下基本特点：①在国民经济中占有较高份额；②有着广阔的市场前景和巨大的社会需求；③产业关联度高，可以带动和影响其他一系列产业的发展；④是国家竞争力的主要支撑力量。[1]各国的战略产业部门都是根据其不同的经济、技术发展水平和对未来经济技术发展的预见来确定的。如美国在 20 世纪 80 年代初制订了一系列高科技发展计划，将电子计算机、信息技术、生物技术、海洋工程等确定为战略产业。美国的产业结构由传统的产品经济向知识经济转变的过程就是根据美国多年来产业结构发展的阶段、技术创新的能力、经济效益和对未来经济发展的预测等多种因素所决定的。[2]保护、扶持战略产业是各国实现产业结构合理化的一项重要措施，也是各国产业政策所要实现的直接目标。[3]

保护、扶持战略产业的法律制度是关于确定战略产业的标准、程序以及保护和扶持战略产业的法律措施和手段的总和。国家要根据社会经济发展的整体规划和需要来制定相应的法律，确定战略产业。一般而言，国家选定的战略产业应是对国民经济的稳定持续发展具有重要意义的产业，主要包括：①新兴产业，即那些在新技术基础上发展起来的朝阳型产业；②成长产业，即那些由于技术革新而飞跃发展，并在国民经济中起举足轻重的传统产业；③支柱产业，即那些在现阶段对国民经济的发展起支撑作用的产业；④出口主导产业，即已经或可能发展成为具有较强国际竞争能力的产业。

---

[1]　陆百甫主编：《大调整：中国经济结构调整的六大问题》，中国发展出版社 1998 年版，第 87 页。

[2]　关于美国产业政策对于美国经济发展的影响，见陈宝森：《美国经济与政府政策：从罗斯福到里根》，世界知识出版社 1988 年版；[美] 赫伯特·斯坦：《总统经济学：从罗斯福到里根以及未来总统经济政策的制定》，刘景竹译，中国计划出版社 1989 年版。

[3]　[日] 小林实：《90 年代日本与世界经济》，毛良鸿、许少强、汪莹译，上海翻译出版公司 1991 年版，第 26～27 页。

战略产业确定以后，必须采取相应的保护和扶植措施，以促进战略产业的发展，实现产业结构的合理化、高级化。这就需要通过制定一系列法律法规，具体地规定保护和扶植战略产业的手段和措施。常用的保护和扶植手段可归纳为四个方面：①保护手段，即在国际规则允许的范围内，采取贸易保护措施，保护尚处于幼小阶段、缺乏竞争力的战略产业；②投资手段，即通过财政优先为战略产业的公共基础设施、设备进行投资，确立有利于战略产业发展的投资方向；③税收等优惠，主要是采取一些特别措施，给予战略产业以种种优惠，如重要产品的税负制度、税额扣除、收入扣除、特别折旧、准备金和基金、压缩记账等，以振兴技术、扩大出口；④战略性技术引进，主要是对于一些新兴的技术部门，引进国内外先进技术和设备，并予以低息贷款等金融优惠，以加速本国产业技术进步的进程，缩短与国际先进水平的差距。

必须指出的是，战略产业并不是一成不变的，有些新兴产业和成长产业经过一段时间的发展又可能转变为衰退产业，成为调整和援助的对象。因此，就需要不断地确定新的战略产业，并根据新的战略产业的发展情况制定相应的保护、扶植措施，制定相应的新法律。

（三）调整、援助衰退产业制度

衰退产业即所谓的夕阳产业，一般是指经过一段时间发展后出现衰退或处于困境中的产业。某些夕阳产业对于国民经济的整体发展还具有一定的意义，对于社会的安定也有不可忽视的作用，因此，必须采取调整和援助措施，以维持其发展。日本在战后最早出现的衰退产业是煤炭业，以后是纺织业、造船业、有色金属业、石油化工业等，对此，日本制定了各种调整和援助法律，如针对纺织业的《纤维工业设备临时措施法》《纤维工业临时措施法》《纤维工业结构改善临时措施法》《纤维特殊法》《新纤维法》等。[1]调整、援助衰退产业制度就是规定发展、调整和援助衰退产业各种手段和措施的法律制度总和。

及早发现已经和即将陷入衰退的产业，及时采取措施进行救援和调整，以减少经济损失和社会动荡，是调整、援助衰退产业制度的基本目标。因此，有必要根据不同产业的不同特点制定相应的法律，实行各种援助政策，调整内部结构，促使其顺利地缩减过剩设备，缩小规模、转移资本与劳力，实行整体产业结构的不断优化。

对于衰退产业的调整、援助措施主要可概括为如下方面：①调整设备。主要是加速折旧以至报废"过剩设备"，以降低设备的生产能力。②调整内部结构。其目的主要是，通过对衰退产业的内部结构进行调整，加速现代技术对衰退产业的改造过程，促进设备现代化和知识密集化，增加衰退产业的生存能力。③调节剩余资本和剩余劳动力，以维持社会稳定。对于衰退产业经过设备调整和结构调整后出现的剩余资本和剩余劳动力，采取稳定措施，以维持就业和居民生活的稳定，其中包括预防失业措施，优先为衰退产业或萧条地区的离职者提供就业机会，实施转业培训，促使中小企业实现就地转业和从外地引进投资等。④采取补贴措施。即专门为企业的技术改造发放低息贷款，建立工业现代化基金等。⑤吸收外国资本。即为外国投资者提供各种便利，吸引外国资金，增强企业改造的能力。

对于衰退产业的调整和援助虽然不是一国产业调节法的重点，但由于衰退产业直接影响到整个国民经济发展速度和经济效益，甚至直接影响社会的安定，因而是各国普遍重视的一个问题。衰退产业的顺利调整是劳动力和资本合理流动的必要条件，也是产业结构向合理化高级化发展的必经过程，因此，关于衰退产业的调整、援助措施的选择也就十分重要。

---

〔1〕 关于日本对衰退产业的调整援助法律制度，参见小宫隆太郎等编：《日本的产业政策》，黄晓勇译，国际文化出版公司1988年版；李伯溪、钱志深主编：《产业政策与各国经济》，上海科学技术文献出版社1990年版。

（四）促进产业结构合理化的相关制度

影响产业结构合理化的因素很多，促进产业结构合理化也必须有相应的配套措施，其中最主要的制度有：

1. 能源结构调整制度。能源作为最基本的生产资料之一，对经济发展的作用是不容置疑的，一国的能源结构与产业结构的关系也是显而易见的。能源产业属于国民经济结构中的基础产业部分，能源产业的发展状况与一国国民经济发展的整体水平密切相关。随着产业结构的升级，一些国家的能源消费结构也经历了以煤炭为主向以石油为主的转换过程。过去以煤炭为主要能源，煤炭工业一直是高投入并受到保护的产业，而现在以石油为主要能源的国家，石油不仅成为各个部门生产的燃料，而且成为重要的工业原料，与石油直接相关的产业如石油化工、塑料、橡胶、合成材料、汽车、航空、造船等部门也迅速发展。由于能源结构与产业结构的密切关系，各国也十分注重采取有利于产业结构合理化的能源调整制度，如发展节能型产业，尽可能利用廉价能源，节省资本和劳动的投放，以提高劳动生产率等。

2. 环境保护制度。经济的发展和实现某些产业高速发展的产业结构调整目标，如果不重视环境保护，必然带来污染和生态破坏等一系列环境问题。因此，在制定产业结构调整目标时，也必须注意经济发展与环境保护的协调问题。严重的环境污染和破坏会造成社会公害，反过来又会影响经济建设的顺利进行和持续发展，最终成为制约经济发展的因素，影响整个产业结构合理化目标的实现。所以，产业调节法必须考虑与环境保护的法律制度相协调，保证社会、经济、环境的协调发展，以求得经济效益、社会效益与环境效益的统一。

二、区域协调发展制度

实现产业结构的区域性平衡，是国家进行产业结构调整的又一重要目标。为了达到这一目标，各国都制定了一些促进区域开发的经济政策，制定了专门的促进区域开发的法律。区域协调发展制度就是国家根据不同地区的资源环境承载能力、发展基础和潜力，按照发挥比较优势、加强薄弱环节，促进地区产业结构合理化以及区域间结构优化的法律规范体系。在中国，经过二十多年的经济体制改革和发展，已经确立了东部、中部、西部和东北四大板块协调发展的整体战略。为了解决东部与其他区域间的发展不平衡，国家摒弃了计划经济时代所实行的"拆东墙补西墙"方式，而是通过制定发展总体战略、完善区域协调互动机制、建立财政转移支付等制度，带动中西部与东部共同发展。

（一）区域发展总体战略制度

自20世纪中后期以来，随着经济的迅速发展和全球性经济与发展问题的不断出现，产业结构调整过程中配置新的经济增长点问题引起人们的广泛关注，同时，通过对发达地区与不发达地区实现有差别的产业结构调整战略，促进产业的战略性转移、实现协调发展也是各国现代经济发展中高度重视的问题。世界各国都在认真分析各自的区域开发因素，定位自己的比较优势，采取有针对性的政策措施，制定实现区域协调发展的战略与对策。我国的区域类型多样，区域发展不平衡问题十分突出，经过多年的改革开放，产业结构布局的区域性调整已经成了一个重大而迫切需要解决的发展战略问题。20世纪70年代末，我国的区域开发开始展开，我国先后设立了深圳、珠海等经济特区，制定了开发上海浦东新区的政策，还提出了西部大开发、振兴东北老工业基地、中部崛起等区域开发计划。到现在，基本形成了推进西部大开发、振兴东北地区等老工业基地、促进中部地区崛起、鼓励东部地区率先发展的区域发展总体战略，为形成合理的区域发展格局规划了蓝图。在我国，区域总体发展战略制度主要包括以下几个方面的内容：

1. 确定国家区域发展总体战略。党的十六届三中全会以后，在科学发展观指导下，按照统筹区域协调发展的要求，中央进一步明确提出了我国现代化建设区域发展总体战略布局，即"实施西部大开发，振兴东北地区等老工业基地，促进中部地区崛起，鼓励东部地区率先发展，形成东中西互动、优势互补、相互促进、共同发展的新格局"。《十一五规划》经过全国人民代表大会的批准，将这一战略上升成了国家发展战略。

西部地区地大物博，能源矿产资源优势突出，是我国重要的能源基地和原材料基地，实施西部大开发具有关系全局的重大战略意义。东北老工业基地被誉为新中国工业的摇篮，为我国建设完备的工业体系做出过历史性贡献，东北地区资源丰富，土地肥沃，矿产资源丰富，交通基础设施较为发达，有着很大的发展潜力和多方面有利条件。中部地区地处我国中心地带，具有明显的区位优势和综合资源优势，这里是我国重要的农产品生产基地、能源基地和重要的原材料基地，促进中部地区崛起，是统筹区域发展、促进东中西互动、实现优势互补、共同发展的必然选择。东部沿海地区是我国改革开放的先行地区，区位优势明显，经济实力雄厚，基础设施比较完善，对外开放水平高，科技教育发达，人才资源丰富，具有继续率先发展的优势和条件。

国家根据不同区域的特点所确定的区域发展总体战略，具有明显特点：①战略布局更加完整。首次把东中西和东北地区作为一个整体，完整地阐明了四大区域的战略布局，充分体现了"全国一盘棋"、各地区共同发展和共同富裕的一贯思想。②发展定位更加准确。西部地区要增强自我发展能力，东北地区要在改革开放中实现振兴，中部地区要在发挥承东启西和产业发展优势中崛起，东部地区要增强国际竞争力和可持续发展能力。③发展重点更加清晰。针对西部地区资源丰富，而生态环境脆弱、基础设施滞后、产业发展不足的突出问题，要求西部地区加强基础设施建设和生态环境保护，充分发挥资源优势，大力发展特色产业，要求东北地区加快产业结构调整和国有企业改革改组改造，发展现代农业，着力振兴装备制造业，要求中部地区抓好粮食主产区建设，发展有比较优势的能源和制造业，加强基础设施建设，加快建立现代市场体系。④政策导向更加明确。国家继续在经济政策、资金投入、产业发展等方面，加大对中西部地区的支持。同时，也强调东部地区发展是支持区域协调发展的重要基础。

2. 主体功能区制度。"主体功能区"是规划上的一个概念，具体是指基于不同区域的资源环境承载能力、现有开发密度和发展潜力等，将特定区域确定为特定主体功能定位类型的一种空间单元。主体功能区制度是有关主体功能区规划和发展的各种法律制度的总称。主体功能区制度是实现国家区域发展总体战略的重要内容。

我国《国民经济和社会发展第十一个五年规划纲要》本着统筹考虑未来我国人口分布、经济布局、国土利用、城镇化格局，明确不同区域的功能定位，优化生产力空间布局，规范空间开发秩序，逐步形成合理的空间开发结构的思路，将全国划分为四大主体功能区，并实施不同的开发原则：

（1）优化开发区域是指国土开发密度已经较高、资源环境承载能力开始减弱的区域。要改变依靠大量占用土地、大量消耗资源和大量排放污染实现经济较快增长的模式，把提高增长质量和效益放在首位，提升参与全球分工与竞争的层次，继续成为带动全国经济社会发展的龙头和我国参与经济全球化的主体区域。

（2）重点开发区域是指资源环境承载能力较强、经济和人口集聚条件较好的区域。要充实基础设施，改善投资创业环境，促进产业集群发展，壮大经济规模，加快工业化和城镇化，承接优化开发区域的产业转移，承接限制开发区域和禁止开发区域的人口转移，逐步成为支撑全国经济发展和人口集聚的重要载体。

（3）限制开发区域是指资源承载能力较弱、大规模集聚经济和人口条件不够好并关系到全国或较大区域范围生态安全的区域。要坚持保持优先、适度开发、点状发展，因地制宜发展资源环境可承载的特色产业，加强生态修复和环境保护，引导超载人口逐步有序转移，逐步成为全国或区域性的重要生态功能区。

（4）禁止开发区域是指依法设立的各类自然保护区域。要依据法律法规和相关的规划实行强制性保护，控制人为因素对自然生态的干扰，严禁不符合主体功能定位的开发活动。

从产业结构调整的角度看，主体功能区制度的目的是逐步使不同区域的产业结构逐渐达到平衡与协调，实现分工合理、特色明显、优势互补的区域产业结构。它体现了打破行政区域谋发展的理念，使各个地区的发展内涵和结构都建立在当地资源环境承载能力的基础上，并符合区域的主体功能。强调尊重自然规律，在全国960万平方公里的国土空间上，既要有开发，更要有保护，引导经济布局、人口分布适应自然，从源头上、根本上扭转我国生态环境恶化的趋势，逐步实现"一方水土"与"一方经济""一方人口"相协调的空间开发格局。

3. 东部地区与中西部地区协调互动制度。东部沿海地区与中西部地区合作制度，是指我国东部沿海发达地区与中西部欠发达地区加强技术合作、优势互补、经济联合，东部地区对中西部地区给予资金和技术支持，中西部地区发挥能源、原材料等优势支持东部地区发展的互利互惠、共同发展的制度。由于我国改革开放以来的政策扶持以及优越的地理位置等因素，东部沿海地区的经济实力和技术水平都远远高于中西部地区，这导致了地区间贫富差距过大，也不利于我国经济的进一步发展。在这种情况下，国家应该采取措施鼓励东部沿海地区的企业向中西部地区发展，组织好中西部地区对东部沿海地区的劳务输出。中西部地区虽然经济落后，却有着丰富的自然资源和劳动力资源。因而，东部经济发达地区采取多种形式与中西部地区联合开发资源，利用中西部地区丰富的劳动力资源，发展劳动密集型产业，将既有利于中西部地区的发展，也有利于东部地区的经济再上一个新台阶。东部沿海地区与中西部地区合作制度应该是在平等互利、优势互补的基础上，走相互协调、共同发展的道路，绝不能放弃、牺牲或者损害一方的利益。只有这样，才有利于缩小地区间的差距、有利于人民的共同富裕、有利于国家的长治久安。

实现东部地区与中西部地区的协调互动，其一，要健全市场机制，打破行政区划的局限，促进生产要素在区域间自由流动，引导产业转移。其二，要健全合作机制，鼓励和支持各地区开展多种形式的区域经济协作和技术、人才合作，形成以东带西、东中西共同发展的格局。其三，要健全互助机制，发达地区要采取对口支援、社会捐助等方式帮扶欠发达地区。其四，要健全扶持机制，按照公共服务均等化原则，加大国家对欠发达地区的支持力度，加快革命老区、民族地区、边疆地区和贫困地区经济社会发展。其五，要健全补偿机制，对于因主体功能区开发目标限制，为其他区域提供基础资料、保护生态环境而自身发展受到影响的地区，应建立生态补偿、发展补偿等各种补偿机制，使不同功能区域的人民能够共享发展成果。

（二）区域发展制度

制定区域总体发展战略的目的在于明确不同主体功能区的发展定位，实现统筹协调发展，但总体发展战略的实现则有赖于对不同区域采取不同的制度措施，因此，区域发展制度是区域产业结构调整的重要内容。

1. 经济特区法律制度。经济特区是指一国或某一地区基于特定的经济目的而依法设置的，实行特殊经济管制和特殊经济政策的特定区域。经济特区的种类很多，其主要功能在于加速区域经济发展，扩大对外贸易，加快吸引外商投资和引进先进科学技术与科学管理经验，并以此带动相关区域经济发展。世界上最早出现的经济特区是意大利于1547年在热那亚建立的自由港——雷格亨港。其后，欧洲发达资本主义国家相继建立了本国的自由港和自由贸易区。第二次世界大战前，几乎各大洲的主要贸易区都设立了自由港或自由贸易区。第二次世界大战之后，新兴国家以及许多发展中国家也建立了多个各具特色的经济特区。进入20世纪80年代以来，世界各类经济特区发展迅猛，无论是数量还是种类都有很大发展，而且朝着多功能综合性特区的方向发展。我国1978年召开的十一届三中全会，确立了改革开放的重大战略方针，并于1980年8月26日首先在广东省的深圳、珠海、汕头和福建省的厦门设立了经济特区，其后，又于1988年4月在海南建立了经济特区。经济特区在管理上采取较为灵活的体制，有较多的经济活动自主权以及相应的特别立法权。

经济特区法是指调整经济特区在发展过程中，实施特殊经济管理体制及特殊经济政策所发生的社会经济关系的法律规范的总称。中国经济特区立法是中国实行对外开放政策的产物，它在经济特区的经济发展与法制建设中发挥着重要的作用。经济特区法主要包括经济特区的性质、目的、功能、类型、法律地位等方面的法律制度；经济特区的管理体制方面的法律制度；经济特区实行特殊的具体经济政策措施等方面的法律制度；经济特区的劳动与社会保障等方面的法律制度；经济特区有关经济体制改革方面的法律制度；经济特区立法的法律制度以及其他方面的法律制度。我国《立法法》正式确立了经济特区的立法权，特区立法引领了特区市场经济的大发展，并起到了很强的辐射、示范作用，为全国性立法提供了宝贵的经验。

2. 贫困地区发展支持制度。贫困地区是指相对而言生产能力低下、生产方式落后、经济发展缓慢、文化生活贫瘠、交通闭塞、贫困人口相对集中的地域。我国的贫困人口多集中在中西部地区，虽然其占全国人口的比例在逐年减少，但总量仍然很大。贫困地区的经济和社会发展整体水平低，严重制约着文化教育、医疗卫生事业的发展。人口素质的低下更使之缺乏独立抵御市场风险和参与市场竞争的能力，这对我国整体社会经济的发展和人民生活水平的提高都有很大的阻碍。贫困地区形成的原因也各不相同，除地理环境、自然资源方面的原因以外，也有国家政策不合理、受传统落后思想观念束缚等原因。国家近年来十分重视对贫困地区的开发，但由于贫困地区交通不便、信息不灵，又多处于自然条件恶劣、生态环境脆弱的高山区、深山区、石山区、黄土高原区、偏远荒漠区、地方病高发区以及自然灾害频发区，再加上长期观念的束缚，开发的难度非常大。但是消灭贫困作为我国社会发展的一个重要目标，近年来取得了很好的效果。贫困地区经济开发具有明显的区域性，在开发贫困地区的过程中，国家产业政策的制定和实施，要照顾到贫困地区的特殊性，对贫困地区给予支持。根据我国贫困地区的实际情况，对贫困地区的开发应该纳入整个市场经济的发展之中，而不是将其与外部市场分割开来，这对贫困地区经济的健康发展和市场体系的发育和形成将十分有利。

贫困地区发展支持制度，是指国家为了帮助贫困地区经济的发展而采取的包括产业政策、扶贫政策、税收优惠等在内的一系列政策、措施。对贫困地区发展的支持制度主要包括：

（1）实行贫困地区工资补贴政策。贫困地区需要大量的人才，而发达地区依靠其工资优势吸引了许多贫困地区急需的人才，因而对贫困地区实行工资补贴政策将有利于贫困地区留住人才。

（2）对到贫困地区投资的企业实行优惠政策。凡到贫困地区兴办开发性企业，可以通过适当方式使用当地的扶贫资金进行联合开发，对在国家确定的贫困地区新办的企业，可在3年内减征或免征所得税。

（3）强化政府宏观调控。为了改善贫困地区的基础设施，搞好公益性项目，政府要通过大力改善投资环境吸引经济发展所必需的要素资源流入这些地区。

此外，国家在贫困地区的对外贸易、经济合作、交通、通信建设等方面也应该采取优惠制度，支持贫困地区的经济发展。

3. 中西部地区优惠制度。中西部地区指位于我国中西部，经济相对欠发达的 20 个省、市、自治区。具体而言中西部地区包括黑龙江、吉林、内蒙古、山西、河南、湖北、湖南、江西、安徽、四川、重庆、云南、贵州、西藏、广西、陕西、甘肃、宁夏、青海、新疆等 20 个省、直辖市、自治区，人口占全国的 63%，面积占全国的 86%。广大的中西部地区地大物博、资源丰富，历史上曾经是全国政治、经济、文化中心，为中华民族的文明做出了重大贡献，然而到近代则逐步走向了衰落。可以说，东西部的差距由来已久，改革开放以来又进一步拉大，这其中有长期积累的历史原因，有区位与政策等客观原因。中西部地区生态脆弱，这种脆弱的生态又能否满足人口增长的需求，能否支撑经济的开发，关系着该地区经济的发展，也关系着整个国家国民经济的发展。

中西部地区优惠制度是指我国为促进中西部地区的发展而给予的财政、税收、投融资、产业开发、基础性建设等多方面的优惠政策。这些优惠政策主要包括：

（1）调整国家对中西部地区的投融资政策。一方面，国家要逐步扩大政策性银行对中西部地区贷款发放的比重，将国家的建设资金更多地投向中西部地区；另一方面，在重大项目立项及其前期工作、财政补贴、投资参股和控股、投资风险担保等方面，对经济欠发达地区实施区别对待和同等条件下优先照顾等优惠政策。

（2）实施中央财政转移支付制度。从"九五"计划开始，国家逐步增加对中西部地区的财政支持，逐步提高中央财政在中西部地区的投入比重，并对中西部地区各种优势产品尤其是资源性产品的价格进行调整，提高中西部地区通过市场机制进行自我发展的能力。

（3）优先安排中西部地区的资源开发和基础设施建设项目。对作为全国性基地的中西部资源开发项目，国家应实行投资倾斜；对跨地区的能源、交通运输、通信等重大基础性设施项目，应以国家投资为主进行全面建设；加快对中西部地区加工工业区的建设，引导资源加工型和劳动密集型产业向中西部地区转移；加强中西部地区与东部沿海地区的交流与合作，推进中西部地区经济发展。

第三节　产业组织与产业技术调节制度

一、产业组织调节制度

产业组织有广义和狭义之分，狭义的产业组织是指存在于经济实体内部（如企业）的组织结构。广义的产业组织还包括存在于经济实体外部的（即企业之间）组织形态，亦即具有同一属性的企业之间的相互关系。在社会化生产过程中，企业之间总会形成一定的相互关系，这种相互关系的结构就叫做产业组织。本章关于产业组织一般理论的阐述主要参考了国内产业经济学的相关理论研究成果，在此恕不一一列明。产业组织调节法是关于政府对产业组织进行调节的各项法律制度的总称，是政府协调市场结构、市场行为和市场结果之间相互关系的法律规则，其主要目标是使企业运行具有活力，保护有效竞争机制，符合产业结构调整方向，充分利用规模经济，取得最大经济效益。

早期资本主义经济下，一切都是由市场机制来自动调节，通过自由竞争来促使社会经济资源的合理分配。随着垄断资本的出现，市场被垄断，经济活动失去活力，限制了市场机制对资源分配的调节作用。因此，必须由国家干预产业内部结构关系，为企业创造一个良好的市场竞争环境。企业的规模经济也是市场竞争的要求，然而，追求规模经济的结果又使垄断发展。政府应通过一系列产业组织法律法规和产业组织政策确保经济自由和资源的最佳分配，弥补市场机制的不足，适应社会和国际竞争需要，确保社会安全和社会公平。[1]使国民经济各产业发展既能充分利用国际市场资源，又能维护国家经济安全，各产业部门及其组成部分的企业在追求规模经济的同时，保持市场竞争活力。

从产业调节的整体上看，产业结构调节主要是解决资源在产业间的分配问题，而产业组织调节则主要解决各个产业内资源配置问题。表面上看，企业采取何种组织形式，是企业自身的事情，但千万个企业是否能够形成良性的关系则是事关整个国民经济运行的大问题。所谓产业结构，无非就是各类、各种企业组成的产业的相互关联。企业采取何种组织形式、某一产业内各种企业的组织方式以及各企业相互间的关系，既涉及企业自身的经济效益，也关系到整个产业乃至整个国民经济发展的速度和效益。产业结构的调整必须建立在产业组织合理和高效的基础上，国家要对产业结构进行调整，必然要干预产业组织的发展方向和目标，以使之适应社会经济可持续发展的需要。在此意义上，产业组织调节也是产业调节的重要内容。产业组织调节的法律制度是关于规范产业内部企业资源配置形式及其企业间相互关系的各项制度的总称，其核心内容就是调整组织规模经济与反垄断之间的关系。

值得注意的是，国家所进行的产业组织调节，必然是也只能是一种宏观的间接调控，并不是像计划经济时期那样直接为企业设定组织形式和经营方式，直接干预企业的生产经营。在市场经济条件下，企业有自主选择组织形式和生产经营方式的自由，但这种自由必须限制在国家对国民经济和社会发展的总目标和总原则之内。国家可能采取各种积极的鼓励、诱导、扶持措施，引导企业采取符合国家经济发展总目标的组织形式，如为发展规模经济，鼓励组建企业集团等；国家也可能采取各种消极的限制、禁止、取缔措施，对不利于实现经济发展总目标的企业组织形式予以控制，如对非法垄断的企业予以强制解散等。因此，产业组织调节法与设立企业、具体规定企业设立规则的企业组织法并非同一层次的法律，产业组织调节法与企业组织法既不能互相混淆，也不能互相代替。

产业组织调节制度的内容主要包括如下方面：

（一）确保经济自由和资源最佳配置制度

企业是社会的细胞，无论是发展经济还是实现产业结构调整的目标都要以企业具有活力作为前提，因此，产业组织调节法的首要内容就是保证企业能够充满活力，使企业能够保持对政府各种激励措施作出积极敏锐的反应。这就要求政府一方面给企业尽量提供必要的支撑条件，另一方面又让企业在竞争机制中运行，并建立以下制度：①维持与扩大竞争范围的制度，如对经济管制的限制性和禁止性规定、外贸和外资自由化制度、鼓励和扶持出口的制度等。②为了进行积极的竞争而采取的扶植制度，包括对中小企业的扶植制度、对中小企业合并改组的鼓励制度等。③完善合理竞争环境的制度。如培植各种要素市场、鼓励公平竞争的制度等。

（二）补充市场机制的不足以确保社会经济效益的制度

这一制度的目的在于通过政府宏观调控实现外部经济领域的内部化。

外部性问题是市场机制自身无法或无力解决的问题，必须有公共权力的介入，才能有效地限制和解决。这就要求通过立法建立以下制度：①垄断调控立法。政府应对各种垄断行为，根据社会公共利益的需要进行调节，对有害于整体社会经济发展的垄断行为和垄断形式予以禁止；对存在规模经济的公用事业，在允许垄断的同时，限制其弊害；对有利于增强国际竞争能力的特殊行业或企业，则通过企业改组和设备投资鼓励其发展规模经济。②经济信息立法。以

〔1〕 以上论述部分采自藤岛安之观点，参见周叔莲等编：《国外产业政策研究》，经济管理出版社1988年版。

法律形式明确政府在推行产业规划、提供供求预测信息以及推进技术开发、过剩设备处理、促进资源流动等方面的权利义务，确保经济的健康顺利运行。

二、产业技术调节制度

产业结构高级化必须具备两个条件：一是资金能力；二是技术结构的高级化。从某种意义上讲，产业结构高级化的核心是技术结构高级化。因此，国家的技术发展战略以及相应的技术进步法律制度是与产业结构调整联系最紧密的制度。为适应产业结构高级化、合理化，各国都采取立法手段，制定各种技术进步法律制度，促进技术结构的高级化。

产业技术法是规定与产业结构转换相适应的产业技术发展目标、途径、措施的法律规范的总称，目的在于促进产业技术进步，推动产业结构合理化、高级化。产业技术法的范围包括产业技术选择和技术发展法、促进技术引进法、开发法、基础技术研究资助法等。

产业结构合理化和高度化的根本动力是科技进步。因为任何一次产业结构的重大变革都离不开科学技术的重大发现、发明和创造，它们之间的前进步伐是一致的，发展轨迹是平行的，相关程度是最密切的。如果技术进步发生在某一重点行业，使整个行业技术体系发生全新的变化，并导致劳动生产率提高、产品成本下降，就有可能使产业结构发生较大的变化。当技术进步积累到一定程度，使生产能力发生质的飞跃，生产方式发生变革，或出现新的产业，就会使整个产业技术体系和产业结构发生急剧变化。

在产业结构调整中，不仅要有产业组织法的支撑，还要有产业技术法与之配套，特别是产业技术法有着重要的作用。在可持续发展战略下，要保障资源的可持续利用，就必须以提高经济发展的技术含量为前提，改变过去那种大量消耗资源的落后生产方式，技术进步在未来的经济发展中具有更为重要的作用。要保护资源的持续利用、实现经济发展的目标，必须推动技术进步；而企业对技术进步的追求缺乏动力和压力，这就需要政府承担推动全社会科技进步的责任，为企业科技进步创造条件、为全社会科技进步提供基础。

产业技术法律制度主要包括三个方面的内容：[1]

（一）产业技术结构的选择和技术发展方面的法律制度

产业发展的物质基础是技术进步，如果一个企业缺乏技术创新能力，那么，该企业在竞争环境中就难以生存和发展，一个企业的创新能力越强，其发展的潜力越大。产业技术法正是通过促进企业技术进步从而促进产业技术进步的法律保障。当今产业结构逐步表现出技术密集型趋势，因而产业技术法对产业结构升级具有决定性意义。在这种情况下，国家必须通过制定合理的推动技术进步的政策，促进技术进步。从产业调整的角度来看，国家关于技术进步的法律首先是确定一国技术进步的基本目标和技术发展方向；其次是确定重点发展的技术产业部门和对传统产业的技术创新要求。具体包括制定一国的技术进步基本法，技术密集型产业结构转换法，重点技术产业发展促进法，并制定相关的技术标准，对产业主体进行经济性评价，鼓励采用先进技术。

（二）促进资源向技术开发领域投入的制度

产业结构的优化与升级在很大程度上取决于技术进步，产业组织的成长也与技术进步密切相关，在资源能源都十分有限的情况下，技术进步是一国经济与社会发展的根本动力。但由于技术本身所具有的高风险性（技术风险和商业风险），一般企业宁愿等待别人的开发成果也不轻易涉足，而技术产生的收益又是巨大的。国家为了促进企业的科技进步，就必须通过立法引

---

[1]　对于产业技术法律制度的论述，主要参考了倪正茂：《科技法学导论》，四川人民出版社 1990 年版；李艳华等：《科技法导论》，中国检察出版社 1996 年版；郑林：《产业经济学》，河南人民出版社 1992 年版。

导资源向技术开发领域流动，并使投资者得到因投资技术开发而应获得的利益，以逐步实现以技术进步带动产业升级、实现产业结构优化的目的。促进资源向技术开发领域投入的制度应包括鼓励技术引进的制度、鼓励对引进技术的消化吸收制度、技术产权交易制度、技术风险投资制度、鼓励企业技术创新的制度、鼓励科研机构与企业的联合技术开发制度、政府财政和税收的特别制度等积极鼓励引导制度。同时还包括对企业的技术评价制度、加速设备折旧制度、产品淘汰制度、产品标准和质量标准制度等限制和禁止性措施。通过各种制度和措施促进技术开发与产业结构的选择和转换相结合。

（三）基础性研究的资助与组织制度

基础性技术研究是技术进步的前提，没有基础性研究的突破，就不可能有大的技术进步。但基础性研究较之一般开发性研究有投入大、周期长、不确定性大、无直接经济效益的特点，因而一般的企业无力承担，或不会在基础性研究方面有较大的投入兴趣。国家从整体发展的高度必须担当其组织和资助基础性研究的职责，保证一国在世界科技领域的领先地位。一般说来，基础性研究的资助和组织制度主要包括对基础性研究组织资格的确定制度，对企业无力承担而又必须进行的科学研究提供经费支持的制度，为企业不愿意承担的属于公益性的基础性研究（如环境保护等）提供经费的制度，为特定的高新技术领域或产业提供资助和优惠政策的制度等。

■ **思考题**

1. 产业调节法在宏观调控法中处于何种地位？为什么说它是宏观调控基本法之一？
2. 为什么说产业结构调节法是产业调节法的核心？
3. 我国区域产业调节的法律制度有哪些？

■ **参考书目**

1. 吕忠梅、陈虹：《经济法原论》，法律出版社 2007 年版。
2. 李艳华等：《科技法导论》，中国检察出版社 1996 年版。
3. 倪正茂：《科技法学导论》，四川人民出版社 1990 年版。
4. 张雪楳：《产业结构法研究》，中国人民大学出版社 2005 年版。
5. 周振华：《产业结构优化论》，上海人民出版社 1992 年版
6. 何荣天：《产业技术进步论》，经济科学出版社 2000 年版。
7. ［美］施蒂格勒：《产业组织和政府管制》，潘振民译，上海人民出版社、上海三联书店 1996 年版。
8. ［美］莱斯特·C. 瑟罗：《得失相等的社会——分配和经济变动的可能性》，李迈宇译，商务印书馆 1992 年版。

第二十一章　计划法律制度

■学习目的和要求

　　在市场经济体制下，虽然市场是决定资源配置的机制，但计划仍不失为引导国民经济健康运行、实现宏观经济调控目标的有效手段之一。学习本章，应了解计划、计划法的基本含义；掌握计划的形式、计划制订和实施的法律调整。

第一节　计划法概述

一、计划法的定义

"计划"一词，有广义和狭义之分。广义的计划是指国家对整个社会经济活动的部署或安排；狭义的计划是指国家通过制定经济、社会发展战略，编制和组织实施中长期计划方案来诱导经济运行，调控经济发展。它是市场经济体制下国家宏观经济调控的手段之一。

（一）我国计划的发展

我国正在经历从计划经济体制向市场经济体制的转变，因而计划的性质、内容也有了很大的变化。从性质上看，在计划经济体制时期，计划是指令性的，具有命令与服从的特征。在市场经济条件下，计划作为宏观调控手段之一，其基本性质是指导性的。市场机制是整个经济运行和资源配置的基本性机制，计划仅是对市场的宏观反映和总体指导，具有战略性、宏观性、政策性的特征。它不是政府对各个市场主体行为的指令和对市场份额的分配，至于在不属于市场发挥作用的领域和非正常情况下，政府采取的某种代替市场配置资源的计划也只是对总体上实行指导性计划的补充或权宜之计，并不改变市场经济条件下计划的基本性质。从内容上看，传统计划经济体制下，国家计划直接管理微观经济活动，定指标、分投资、批项目、分物资，企业的产、供、销直接由国家计划管理；而市场经济条件下，国家计划内容的重点则是制定和提出经济发展的总体规划、重大方针和政策，实现总量平衡，其具体内容是：①确定经济和社会发展战略。经济和社会发展战略是指一定时期内经济和社会发展的总目标，包括国民经济和社会发展的总体战略、科技进步战略、产业结构调整战略、区域经济协调战略、经济进步与社会进步战略。②确定宏观经济调控目标和计划指标。宏观经济调控目标是政府在总体上把握市场运行基本态势的基础上向社会公开展示的宏观经济政策取向和市场运行的宏观经济政策环境。计划指标，是由指标名称和计划数字两部分组成的具体计划任务，是计划任务的数字表现。调控目标和计划指标，不仅为市场主体在竞争中自主决策提供最基本的宏观信息导向，同时也是政府有关经济管理部门制定具体宏观经济政策和运用经济杠杆的依据。③确定宏观经济政策。计划所包括的宏观经济政策，主要是：以调节总需求为重点的经济总量平衡政策，以产业政策为核心的经济结构政策，兼顾效率与公平的收入分配政策，以谋取国际比较利益的国际经济政策，以及对作为上述宏观政策的政策手段的财政政策、金融政策、投资政策等的综合协调。[1]计划的这些内容是密切联系的。发展战略和调控目标，引导社会各界（政府经济管理部门、市场主体）的行为方向，宏观经济政策是为实现发展战略和调控目标而采取的措施。

（二）西方国家计划的发展

在西方一些市场经济国家的宏观调控体系中，计划作为政府对社会经济生活进行干预的手段之一，不仅在确定经济发展的目标和战略，而且在调节产业结构和促进经济动态的平衡和协调过程中发挥着重要的作用。法国从 1947 至 1992 年已经连续实行了 10 个中长期计划。每个计划不仅有明确的战略目标，而且有相应的产业结构政策，如第一至第三个计划（1947～1961年）的发展目标和战略是复兴战后经济和实现工业装备的现代化。为此，政府确定的煤、电、钢、水泥、交通、农机、化肥等基础产业为优先发展产业，放慢制造业的发展速度，形成了以劳动密集型基础产业为重心的产业结构。第四至第六个计划（1962～1975 年）确定了提高劳动生产率，增强国际竞争力，以工业化推动国民经济大幅度增长的战略目标。在这一时期，政府把发展产业的重点由基础部门转向制造业及石油化工等新兴部门，产业结构由劳动密集型为主转向了以资本和技术密集型为主。20 世纪 70 年代中期以后，法国经济处于"滞胀"时期，第七和第八个计划（1976～1985 年）的主要目标是宏观经济平衡和重新调整产业结构。为此，国家收缩和改造了资源消耗多、劳动生产率低的基础产业部门，重点发展信息、微电子生物工程等高技术产业。产业结构由以资本、技术密集型为主向以知识和技术密集型为主的产业转换。[2]日本自第二次世界大战后，相继推行了 12 个全国性的经济计划，并以此指导政府有关部门的工作，诱导市场主体的行为，促进国民经济协调、健康的发展。

二、计划法的调整对象

计划法是我国宏观调控法的重要组成部分，是调整计划关系的法律规范的总称。

计划关系是计划主体在计划活动中所发生的社会关系。这里所说的计划主体，包括审批主体（如权力机关）、管理主体（如各级人民政府及其职能部门）、实施计划主体（如企业、事业单位）等。计划活动是指计划的编制、审批、执行、监督、检查以及调整与修改的全过程。

计划关系可以分为两大类：①间接计划关系，即由国家运用经济政策、经济杠杆等手段引导计划执行主体的经济活动所发生的计划关系；②直接计划关系，即计划执行主体因完成国家的指令性计划而产生的计划关系。

在计划体制时期，国家管理计划的主要形式是通过下达命令性计划指标实现的。因此，直接计划关系是计划法的主要调整对象。在社会主义市场经济体制下，市场调节对资源的配置起决定性作用，计划作为国家宏观调控的一种手段，只起导向性作用，国家通过经济政策、经济杠杆等手段引导计划执行主体的活动向着国家规定的经济活动和社会发展的方向发展，在此活动中产生的计划关系主要是间接性的计划关系，所以，计划法调整的对象是间接性的计划关系。

新中国成立以后，我国非常重视对计划关系的法律调整，先后制定了《国民经济计划编制暂行办法》（1952 年 1 月颁布）、《关于编制国民经济年度计划暂行办法（草案）》（1953 年8 月颁布）、《国家计划委员会暂行组织通则》（1955 年 10 月颁布）、《关于改进计划管理体制的规定》（1958 年 9 月颁布）、《关于改进计划体制工作的若干暂行规定》（1984 年 10 月颁布）等规范性文件。这些规范性文件对于加强当时的计划工作和完善计划法制建设发挥了重要而积

---

〔1〕　白和金："现代市场经济宏观调控模式的国际比较和中国经济的宏观管理体制改革"，载国家计委国民经济综合司编：《中外专家论当代市场经济的宏观调控》，中国财政经济出版社 1996 年版。

〔2〕　魏礼群、利广安主编：《国外市场经济的宏观调控模式与借鉴》，中国计划出版社 1994 年版，第 112 页。

极的作用。随着我国市场经济体制的建立和不断完善，这些法规已不能适应经济发展的需要，尽快制定具有中国特色的计划法已迫在眉睫。

三、我国计划法的立法模式

十四届三中全会以后，我国确立了市场经济体制。市场经济要不要计划及计划法，理论界有不同的看法。有些研究者认为，我国的市场经济处于初始阶段，在许多方面还残留着产品经济的弊端，因此，在这种情况下，强调计划是不合适的，目前的任务是放手开展自由竞争，通过市场竞争达到优胜劣汰的目的。当市场经济发展到一定阶段时，再进行计划调控，实施国家的计划干预。这种观点实质上是"市场经济补课论"的翻版，是自由放任主义的表现，是不可取的。我国市场经济的建立与西方资本主义国家市场的产生和发展是不同的。我国的市场经济一开始就面临着内在国际市场经济的挑战，它经不起任何经济危机的打击或破坏，因此，我们在一开始就应重视计划的调控和加强计划立法。

关于计划立法的模式，目前世界上有三种：①法典式。即颁布计划法，规范所有的计划关系。例如，罗马亚尼的《经济和社会发展计划法》。②分散式。即没有完整的计划法典，计划关系分别由一些系列单独的经济法规调整。③结合式。即颁布单独的计划法，以规范计划活动中的一般性问题，如计划体制、计划的基本原则等，同时还在行政法、经济法中规范具体的计划行为及相关的计划关系。我们认为，第三种模式比较适合我国。原因是：①我国的市场经济体制初步确立，计划法作为宏观调控法是必不可少的，但计划法的调整对象都有哪些？我们还不可能一下子就弄清楚，因此不可能制定一部计划法典。②计划工作在市场经济条件下也要法制化，国家应对计划活动过程中的基本原则和一般问题作出规定，以规范计划主体的行为。因此，在市场经济条件下，我国应有一部单独的计划基本法。

四、计划的形式

计划可以从不同角度进行分类。

1. 按计划的是否量化分为指标性计划和政策性计划。指标性计划包括指导性计划指标和指令性计划指标；政策性计划包括政府的经济纲领、综合经济政策报告等。

2. 按计划内容可分为综合性计划、行业计划和专项计划。综合计划是指国民经济和社会发展计划，包括经济、科技、社会发展计划；行业计划是指某一行业的发展计划，包括发展目标、发展重点等内容；专项计划指某一重要领域和解决重点问题的专门性计划。

3. 按计划期限可以分为长期计划、中期计划和短期计划。长期计划是指十年以上的纲领性计划，是国家在较长时期内的任务和目标的总体规划。其主要任务是：①正确分析国内外政治经济形势和科学技术发展的趋势，进行客观经济预测，提出发展战略；②确定国民经济和社会发展的方向、目标、步骤、重点、重大比例关系、发展速度、重要指标和重大建设项目；③规定实施长期计划的重大政策和措施。中期计划一般是五年计划，是长期计划的实施性计划，是国民经济和社会发展计划的基本形式。中期计划的主要任务是：①确定计划期间经济增长速度和重大比例关系；②确定人民生活提高的幅度和社会发展的主要目标；③规定重要的经济和科技政策及计划实现的重大措施。短期计划一般是年度计划，是落实中期计划的具体行动计划。其主要任务是：①根据中期计划和经济运行的实际情况确定国民经济和社会发展的任务，合理安排生产和人民生活；②制订实施年度计划的具体措施。在这三种计划形式中，长期计划和中期计划在宏观经济调控中具有特别重要的意义，因为市场经济条件下的计划是一种纲领性、指导性计划，目的在于保障和引导市场健康运行，而不是对各个市场主体行为的具体指令和分配。另外，重大科学技术成果的应用、产业结构的调整、生产布局的改变、大中型基本建设项目的落实等都需要中长期计划来安排，短期计划难以完成这些任务。所以，在市场经济条件下，国家必须重视中长期计划的编制和实施。

4. 按执行计划的职责主体或是否具有强制性，分为约束性计划指标和预期性计划指标。约束性计划指标是指政府在公共服务和公共利益领域对有关部门提出的工作要求，是政府必须通过合理配置公共资源和有效运用行政力量确保实现的指标，该计划指标具有强制性。预期性计划指标是政府期望的发展目标，主要领先市场主体的自主行为来实现，是一种指导性、导向性指标。

2006 年第十届全国人民代表大会第四次会议批准的"十一五"规划首次把社会经济发展目标分为约束性计划指标和预期性计划指标，反映了我国社会主义市场经济发展的客观需要，更好地体现了社会主义市场经济条件下规划的定位，有利于理顺政府和市场的关系，强化政府在公共服务和涉及公共利益领域需要履行的职责。约束性计划指标是一个动态指标，它随着社会经济发展变化而不断调整，正如习近平总书记在中国共产党第十八届五中全会上作的《关于〈中共中央关于制定国民经济和社会发展第十三个五年规划的建议〉的说明》所讲的："十一五规划首次把单位国内生产总值能源消耗强度作为约束性指标，十二五规划提出合理控制能源消费总量。现在看，这样做既是必要的，也是有效的。根据当前资源环境耐性的严峻形势，在继续实行能源消费总量和消耗强度双控的基础上，水资源和建设用地也要实施总量和强度双控，作为约束性指标……"因此，约束性计划指标和预期性计划指标是不断变化的，预期性计划指标在一定的社会经济发展期，也可能被确定为约束性计划指标。

第二节　计划制订的法律调整

一、计划制订的定义

计划制订是指计划编制机构根据国内、国际的社会经济形势及发展趋势和宏观经济规律的要求，对涉及国民经济全局和长远发展的战略目标、重要任务、具体措施等进行预测、论证、编制、审议等活动。依法调整计划制订过程中所发生的社会关系，对于保障计划编制的民主化、计划制订的科学性和可行性具有重要的意义。

二、计划编制的机构及其职责

计划编制的机构包括计划的制订、审批和管理机构。由于各国的国情及计划的内容不同，计划编制机构及其职责也不一样，例如，日本政府的经济企划厅，负责制订中长期经济计划，提出各财政年度的《经济预测和经济运营的基本态势》，编写《经济白皮书》《世界经济白皮书》等，对政府的经济政策进行调整。法国的计划机构有：①决策机构——中央计划委员会。该委员会由总统任主席，成员包括计划总署主任、计划和国土整治部长等中央政府官员以及地方和社会各界代表。其职能主要是确定编制计划大政方针，并对计划的执行情况进行检查和修改。②编制机构——计划总署。计划总署是在政府总理的直接领导下负责计划起草和进行正常协调的常设职能机构。③协调机构——现代化委员会（直属计划总署领导）。成员包括行政官员、议员、专家、工会和雇主协会代表等。委员会按不同的经济和社会专题组成。各委员会主席由总理任命。主要职能是讨论政府的计划方针，起草本专题范围内的工作报告。计划制订后，委员会解散。④审议机构——国民议会和经济社会委员会。[1]

在我国，根据计划内容的不同，计划由不同的机构进行编制。全国性的国民经济和社会发

---

〔1〕　魏礼群、利广安主编：《国外市场经济的宏观调控模式与借鉴》，中国计划出版社 1994 年版，第 114 页。

展计划由国务院编制和管理，由国家计划主管部门负责编制的具体编制工作；全国性的行业计划由国务院各个部门负责编制。地方性的国民经济和社会发展计划由地方人民政府编制管理，同级人民政府的计划主管部门负责具体编制工作。国家计划主管部门是全国国民经济和社会发展规划的具体编制者，在计划制订过程中承担着重要的职责。其主要职责有：①研究提出国民经济和社会发展战略、中长期规划和年度发展计划，研究提出总量平衡、发展速度和结构调整的调控目标及调控政策，衔接、平衡各主要行业的行业规划。②做好社会总需求和总供给等重要经济总量的平衡和重大比例关系的协调，搞好资源开发、生产力布局和生态环境建设规划，引导和促进全国经济结构合理化和区域经济协调发展。③负责汇总和分析财政、金融等部门以及其他国民经济和社会发展的情况，分析研究国际、国内经济形势，进行宏观经济的预测；参与研究财政政策、货币政策，研究提出运用税率、利率、汇率和价格等重要经济手段的政策建议。④提出全社会固定资产投资总规模，规划重大项目的布局；安排国家财政性建设资金，指导和监督国外贷款建设资金的使用，指导监督政策性贷款的使用方向；会同有关部门确定政策性银行的贷款总量，确定商业银行贷款、直接融资用于固定资产投资的总量；安排国家拨款建设项目；组织和管理重大项目稽查特派员工作。⑤研究提出利用外资的发展战略，确定总量平衡和结构优化的目标和政策，负责全国外债的总量控制、结构优化和监测工作，做好国际收支平衡。⑥制定价格政策，监督价格政策的执行，协调价格总水平，制定和调整国家管理的重要商品价格与重要收费。⑦研究分析国内、国外两个市场的供求状况，做好重要商品国内供求和进出口的总量平衡及重要农产品进出口计划，搞好粮食宏观调控，管理国家粮食储备和物资储备，指导、监督重要商品的国家订货、储备、轮换和国家投资，引导和调控市场。⑧做好科学技术、教育、文化、卫生等社会事业以及国防建设与整个国民经济和社会发展的衔接平衡，推进重大科技成果的产业化，提出经济与社会协调发展、相互促进的政策，协调各项社会事业发展中的重大问题。⑨研究制定投融资、计划、价格等体制改革方案并组织实施，参与有关法律、法规的起草和协调实施。⑩承办国务院主办的其他事项，如根据国务院规定，管理国家粮食储备。

三、计划制订的程序

计划制订的程序是指计划法主体在制订计划时应遵循的行为规则，包括确定计划的初步方案、编制计划、审议通过计划三个阶段。

（一）确定计划的初步方案

计划的初步方案，由国家计划主管部门在掌握大量经济信息的前提下，进行科学预测，分析研究社会经济形势及发展趋势并提出计划方针和目标的总体设想。该项工作应在计划期前2年开始进行。

经济信息是编制计划的基础和依据，是计划工作的出发点。经济信息的内容十分丰富，包括统计资料、会计资料、情报资料、党和国家的有关方针和政策、各有关专业部门和综合职能部门的业务资料，以及社会、自然、地理方面的信息等。计划编制机构在广泛收集信息的基础上，必须进行科学分析，去伪存真，探索其内在联系和规律性，得出比较科学的结论。如果没有系统深入的分析研究，只停留在搜集信息、汇总情况的水平上，经济信息就不能为宏观经济调控和计划工作提供科学依据。

科学预测是指在正确理论的指导下，借助科学知识对经济发展的趋势、结构变化和政策效应以及国际形势变化对我国经济发展的影响等进行认真预测和分析，揭示和预见其未来的发展趋势和规律性。科学预测不仅能为宏观经济调控和计划工作提供全面、充分的依据，还可以减少计划制订的盲目性，提高计划的科学性。

制订正确的计划不仅要了解宏观经济现象的历史，分析宏观经济现象的现状，还要预测未来经济和社会发展的趋势，不科学地预测未来，便不能正确地反映未来，因而就不能编制出科学的计划。正因为如此，世界上有些国家成立了社会经济发展预测机构，并把计划预测工作作为制订计划的重要组成部分。我国的计划初步方案由国家计划主管部门提出，报国务院批准。

（二）编制计划

各级人民政府及其计划管理部门，根据国家确定的计划方针、目标和政策，起草本地区的计划，上报国家计划主管部门，由国家计划主管部门综合平衡后报国务院，形成国家正式计划草案。各级人民政府在编制计划过程中，除采用现代科学的系统方法、评审方法和科学方法外，还应注意协商制订和综合平衡。

协商制订就是政府在制订计划时，应扩大参与计划制订的单位和人员的范围，提高计划的社会参与度，吸收有关专家、学者、企业家和人民群众的代表参加，并认真听取他们的意见，使计划的制订和实施成为政府、企业和社会各界通过直接对话形成共识的过程。通过协商沟通政府和社会各界人士对社会经济发展的认识，使计划目标、方针、政策兼顾各方的利益。这是计划成为社会各界和各个经济主体的共同纲领的基础，也是指导性计划得以实施的最重要保证。世界上有些国家对计划的协商制订也很重视，例如，日本"官民协调体制"中的审议会，就是由官、产、学组成，它在政府计划决策的民主化、科学化方面发挥了重要的作用。法国计划总署领导的现代化委员会，其成员组成也具有广泛性，它不仅有行政官员、议员，还有专家、工会和雇工协会代表。

综合平衡是编制计划的基本方法。综合平衡就是政府在制订计划时，对全社会的人力、财力、物力进行统筹计划、合理安排，从总体上求得社会总供给和社会总需求之间的平衡，使社会生产能大体按比例协调发展。目前，在计划综合平衡时，要注意运用各种现代化的计划手段和分析手段，寻求求平衡的最优比例和最佳方案。

（三）审议通过计划

各级人民代表大会及其常务委员会是审议、批准和监督计划执行的国家权力机关。全国性的综合计划由全国人民代表大会审议批准，地方计划由地方各级人民代表大会审议批准；全国和地方的行业计划与专项计划，则分别由国务院和同级人民政府批准。

第三节　计划实施的法律调整

一、计划实施的主要措施

计划批准后，各级人民政府或政府授权部门应积极组织实施，各企业和基层单位应切实按照社会需要和本单位的实际情况组织实施，涉及指令性计划的单位应保证计划的完成，任何单位或个人都不得擅自修改或拒不执行。

计划实施的措施和手段有经济手段、法律手段和行政手段。经济手段是通过调整经济利益关系而间接发挥其调节作用，它包括实施各种经济政策措施和利用经济杠杆等。法律手段主要是通过经济立法和执法来调节经济活动。行政手段是指政府机构运用行政权力对市场、企业和有关经济活动所进行的超经济行政强制。在社会主义市场经济条件下，政府的经济计划是以经济政策和经济杠杆为主要手段来贯彻执行的。具体措施有：

（一）信息引导

在企业成为独立的市场主体和市场体系日益完备的情况下，企业不再依靠国家计划来获得资源和市场份额，而需要了解客观经济政策和及时、准确的市场信息。指导性计划本身就具有宏观信息的导向作用。政府机构发布的信息就其权威性和重要性而言，能够在相当大的程度上影响市场主体的行为和预期目的，但这种信息导向必须真实地反映经济运行和市场供求的态势和发展趋势，有利于市场健康运行，而绝不允许以虚假的、错误的信息误导和操纵市场。

（二）与计划相互配合的金融、财政政策

计划、金融和财政是我国三家最有权威的宏观调控部门，对于我国经济稳定和发展起着举足轻重的作用，因此，三部门之间应强调互相配合。计划管理部门制订社会发展计划，确定社会和经济发展战略和目标，安排重点建设项目，进行综合平衡时，财政、金融应积极配合，制定切实可行的财政和金融政策，保证国家宏观经济调控的实施和计划落实。

（三）政策性投融资

把政策性投融资作为实施国家产业政策的重要杠杆，是后起发达国家和新兴工业化国家的成功经验。中国作为发展中国家，要发挥计划引导长期资源配置的优势，就需要把政策性投融资作为实施产业政策的有力杠杆纳入计划调控手段中，计划管理部门要研究提出政策性投融资的规模、结构、使用方向和可供选择的重点建设项目。政策性投融资机构在国家计划指导下，按照不追求利润最大化，但要保证资金依安全有效的原则独立运作。

（四）把国家订货、国家储备、国家投放作为稳定市场、稳定物价的物质手段

国家计划要在预测市场供求总体态势和发展趋势的基础上，根据保持宏观经济稳定、保障市场健康运行的要求，合理安排国家重点资源的国家订货、国家储备和国家投放，适时适度地对市场供求进行吞吐调节，以利于开展有效竞争，防止市场剧烈波动，抑制通货膨胀。

二、计划实施过程的调整

国民经济和社会发展计划，经法定程序正式批准后便具有法律效力，一般不作修改或调整。只有遇到下列特殊情况时，才能修改或调整计划：①发生特殊重大的自然灾害，严重影响原定计划任务完成的；②发生未能预料的重大情况，必须改变计划的；③国际关系发生重大变化，严重影响国内经济生活的；④发生其他特殊重大情况，必须改变计划的；等等。

修改或调整计划必须由原计划审批机关批准。

■　思考题

1. 试述计划法在经济法体系中的地位。
2. 试述计划制订和实施的法律调整。

■　参考书目

《中华人民共和国国民经济和社会发展第十二个五年规划纲要》。

第二十二章　固定资产投资法律制度

■学习目的和要求

　　固定资产投资不但可以满足人们的需求，实现投资者所追求的经济利益或者社会效益，而且在经济增长中发挥着重要作用。但要实现固定资产的投资目的和经济平稳、快速发展，必须维持良好的建设市场秩序，保持适度的投资规模和合理的投资结构。因此，加强和改善投资监管，这是建设市场规制的重要内容；控制投资规模、优化投资结构，则是宏观调控的重要工作。而要有效监管投资、控制投资规模、优化投资结构，进而实现建设市场监管和宏观调控的目标，必须建立健全固定资产投资法律制度。鉴于我国目前投资体制正处于改革之中，固定资产投资立法薄弱，因此，本章的学习目的和要求是：从我国既有投资立法和投资体制改革的方向上，把握固定资产投资法律制度的框架结构及其主要内容。

第一节　固定资产投资法概述

一、固定资产和固定资产投资的定义

（一）固定资产的定义

"固定资产"是与"流动资产"相对应的一个概念，是指使用期限较长，单位价值较高，并且在使用过程中保持其原来物质形态的资产。

我国关于固定资产的官方解释，仅涉及企业中的固定资产。[1]按照财政部有关财务、会计的相关文件的规定，企业中的固定资产必须同时具备以下条件：①为生产商品、提供劳务、出租或经营管理而为企业所持有。这意味着：企业持有固定资产的目的是生产商品、提供劳务、出租或经营管理；企业持有的固定资产是企业的劳动工具或手段，而不是用于出售的产品。这里值得注意的是，所谓"出租"的固定资产，是指用以出租的机器设备类固定资产，不包括以经营租赁方式出租的建筑物；后者在企业财会制度中属于企业的投资性房地产，不属于固定资产。②使用寿命超过一个会计年度。固定资产的使用寿命，是指固定资产可供企业使用的预计期间，或者固定资产所能生产产品或提供劳务的数量。通常，固定资产的使用寿命是指固定资产可供企业使用的预计期间，比如，自用房屋、建筑物的使用寿命，一般用企业使用它们的预计年限来表示。而对于某些机器设备或运输设备等固定资产，其使用寿命往往以这些固定资产所能生产产品或提供劳务的数量来表示，例如，发电设备按其预计发电量估计其使用寿命，汽车、飞机等交通运输工具按其预计行驶的里程估计其使用寿命。固定资产使用寿命超过一个会计年度，意味着固定资产属于长期资产，随着使用和磨损，通过计提折旧方式逐渐减少账面

---

[1]　这方面的解释虽然针对的是企业中的固定资产，但是，其对于理解国家机关、事业单位、社会团体等单位中的固定资产的含义，也具有参考价值。

价值。③属于有形资产且能够在长期使用过程中保持其原有的实物形态。至于其价值，则逐渐地、部分地转移到所生产的产品成本或当期费用中。因此，不具备实物形态的无形资产、在使用过程中改变其实物形态且其价值一次性发生转移的流动资产，都不属于固定资产的范围。④单位价值在规定的标准以上。至于单位价值应达到的具体标准，一般由各行业、各部门视具体情况而定。只有单位价值在规定的标准以上的资产才划归固定资产的范畴，这意味着对于单位价值低的资产（例如，工业企业所持有的工具、用具、备品备件、维修设备等，施工企业所持有的模板、挡板、架料等，地质勘探企业所持有的管材等），尽管具有固定资产的某些特征，但并不作为固定资产对待；在企业财会实务中，这些资产通常被确认为存货。

固定资产可以按不同的标准进行分类：

1. 按照表现形态的不同，可以分为房屋、其他建筑物、机器、设备、设施、运输工具，以及其他形式的固定资产。

2. 按经济用途的不同，可以分为生产经营用固定资产和非生产经营用固定资产。前者指直接参加或者直接服务于生产经营过程的固定资产，如机器、设备、运输工具、厂房等；后者指不直接参加或者不直接服务于生产经营过程的固定资产，如职工宿舍、校舍等。

3. 按照权属的不同，可分为自有固定资产和租入固定资产。前者是指使用者享有所有权的固定资产；后者是指使用者以支付租金为代价占有、使用的，使用人不享有所有权的固定资产。

4. 按照使用情况的不同，可以分为使用中固定资产、未使用固定资产和不需用固定资产。使用中固定资产，是指正在参与使用者生产、经营、服务、生活等过程的固定资产。由于季节性生产、大修理等原因而停止使用的固定资产和在车间替换使用的固定资产，也视为使用中固定资产。未使用固定资产，是指尚未使用的新增固定资产，调入尚待安装的固定资产，扩建、改建中的固定资产，以及经批准停止使用的固定资产。不需用固定资产，是指使用者不需用、业经批准准备处置的固定资产。

（二）固定资产投资的定义

固定资产投资，是指建造、补偿和更新固定资产的活动的总称。

我国固定资产投资法适用的固定资产投资，仅包括基本建设投资和更新改造措施投资两部分。

1. 基本建设，是指利用国家预算基建拨款、自筹资金、国内外基本建设贷款以及其他专项基金进行的，以扩大生产能力（或新增工程效益）为主要目的的工程新建、扩建及有关工作。主要包括：为经济、科技和社会发展而平地起家新建项目；为扩大生产能力或新增工程效益而建分厂、主要生产车间、矿井、铁路干支线（包括复线）、码头泊位等项目扩建；为改变生产力布局而进行的全厂性迁建；遭受各种灾害，毁坏严重，需要重建整个企、事业的恢复性项目建设；没有折旧基金和固定收入的行政、事业单位增建活动用房和职工宿舍；等等。

2. 更新改造措施，是指利用基本折旧基金、国家更新改造措施财政投入、自有资金、国内外技术改造贷款等资金，对现有企事业原有设施进行技术改造（包括固定资产更新）以及相应配套的辅助生产、生活福利设施等工程建设和有关工作。

在固定资产投资中，基本建设投资主要是以外延为主的固定资产扩大再生产；更新改造措施投资主要是以内涵为主的固定资产再生产。从理论上讲，正确地区分两者，合理安排两者的投资规模、投资比例，统筹规划新建、扩建和更新改造项目，对于提高投资效益，保障社会再生产的顺利进行具有重要意义。但在实践中，这两者往往难以区分，故我国固定资产投资管理实务界对它们未作明显的不同对待。

二、固定资产投资法的定义和调整对象

固定资产投资法作为经济法的组成部分，是指调整国家在干预固定资产投资活动的过程中所发生的经济关系的法律规范的总称。

在我国社会主义市场经济体制下，投资者从事的固定资产投资活动从根本上讲是一种民事活动，但与一般的民事活动不同，固定资产投资活动直接影响甚至决定着国民经济的持续、快速、健康发展。如果对固定资产投资活动采取完全放任的态度，则国家所追求的保持投资规模和速度与国力相适应、维持各类投资之间的适当比例关系、合理布局生产力、确保国家重点建设项目等基本目标就会落空；投资膨胀，盲目建设、重复建设；只顾眼前利益和局部利益、忽视长远利益和全局利益等投资领域中的无序现象也就不可避免。因此，在充分发挥市场对固定资产投资活动的调节作用的同时，综合运用经济的、法律的和必要的行政手段，确立以宏观调控和监管为基本内容的固定资产投资国家干预体系，便显得尤为迫切。固定资产投资法便是这种情况下，国家用以干预固定资产投资活动的一种重要手段。

作为固定资产投资法调整对象的国家在干预固定资产投资活动的过程中所发生的经济关系，是指对固定资产投资具有调控或监管职权的各国家机关和其他机构相互之间、它们与投资者、投资项目的实施者之间，在组织固定资产投资中所发生的一切具有国家干预性质的经济关系。这种经济关系，有别于作为固定资产投资关系另一组成部分的固定资产投资合同关系。固定资产投资合同关系，是指投资者、投资项目的实施者在完成一定的投资项目的过程中所发生的平等主体之间的经济关系。例如，投资者与勘察设计单位、建筑施工单位在投资项目的实施过程中所发生的承包关系等，这些经济关系由民法调整。

我国固定资产投资体制长期处于不断探索和完善之中，因而迄今未颁布以"固定资产投资法"或"投资法"命名的法律，有关固定资产投资的行为规范，除《招标投标法》《招标投标法实施条例》等少量法律、行政法规外，更多表现为国家发展和改革委员会等部门制定的部门规章、国务院及其有关部门发布的规范性文件。依近年来投资体制改革的方向，我国未来的固定资产投资立法，将着力于以下几个方面进行相应的制度构建：①确立企业的投资主体地位；②规范政府投资行为；③加强和改善投资的宏观调控；④加强和改进投资的监督管理。[1]

第二节　固定资产投资体制及其改革

一、固定资产投资体制的定义

固定资产投资体制，是指国家机关、投资者、融资者在固定资产投资的实施、固定资产投资的宏观调控和监督管理等活动中的权责划分制度。

按照我国关于投资体制改革的相关文件，"固定资产投资体制"囊括的内容非常广泛，从一定意义上讲，固定资产投资法律制度的所有内容都源自固定资产投资体制，是固定资产投资体制的法律化。[2]固定资产投资体制所包括的内容，大致可以划分为两类：①固定资产投资管理体制。这是指对固定资产投资具有宏观调控或监督管理职能的国家机关在实施固定资产投资

---

[1] 也正因为我国有关企业和政府固定资产投资国家层面的立法还在进行之中，因而，本章关于我国固定资产投资法律制度的介绍，更多地是结合我国投资体制改革的实践举措，从应然角度进行的总结。

[2] 例如，2004年7月16日发布的《国务院关于投资体制改革的决定》就涉及"转变政府职能，确立企业的投资主体地位""完善政府投资体制，规范政府投资行为""加强和改善投资的宏观调控""加强和改进投资的监督管理"等广泛的内容。而这些内容，正是构建固定资产投资法律制度应致力于解决的主要问题。

宏观调控或监督管理过程中的权责划分制度。②投资者、融资者在固定资产投资中的权责制度。这是指在一定的固定资产投资管理体制下，投资者、融资者在进行固定资产投资或融资活动中的权利义务制度。

鉴于我国目前尚未制定专门的固定资产投资法律法规，有关固定资产投资及其宏观调控和监督管理的行为规范，主要体现为固定资产投资体制改革的举措，因此，了解固定资产投资体制及其改革，对于把握固定资产投资的立法走向，进而从应然的角度解构固定资产投资法律制度，这是十分必要的。

二、固定资产投资体制改革

一定的固定资产投资体制是一定的经济体制的重要组成部分和集中反映。自新中国成立后，在一个相当长的时期内，我国实行高度集权的计划经济体制。在这样的体制下，我国对固定资产投资拥有宏观调控和监督管理职能的部门十分广泛，除计划部门、财政部门和建设行政主管部门外，还包括企业的政府主管部门、行业主管部门、工商行政管理部门、物资管理部门、土地管理部门、人民银行等。各种固定资产投资管理部门都采用高度集中的统一计划对固定资产投资进行管理。企事业单位的固定资产投资立项，必须由国家有关部门按照国家计划统一决定；投资所需的资金，必须由财政统一分配，并采取无偿拨款的形式；投资所需的物资，必须由国家通过物资管理部门和商业部门统一调拨或分配；投资所获得的收益，也主要上缴国家财政，亏损则由国家补贴。这种投资体制将投资的决策、风险、责任和利益基本甚至全部归由国家，不利于调动企事业单位的积极性，其弊端已为实践所证明。

党的十一届三中全会以后，尤其是社会主义市场经济体制确立以来，伴随着我国经济体制改革的不断深化，固定资产投资体制的改革也被逐步提上了议事日程并日益推向深入。

在从1978年开始经济体制改革至最终确立社会主义市场经济体制的十余年里，尽管我国实行的是计划经济体制，但市场机制对于资源配置的作用已受到重视。反映在固定资产投资体制上，就是国家下放了固定资产投资的管理权限，扩大了地方、企事业单位和个人对固定资产投资活动的参与，并在投资项目的建设中引入竞争机制。以1984年9月发布的《国务院关于改革建筑业和基本建设管理体制若干问题的暂行规定》等规范为主要依据而推行的建设资金拨改贷、减少建筑材料和设备供应的中间环节、简化投资项目的审批手续并下放审批权限、允许集体和个人兴办建筑业等政策，则是体现这一时期固定资产投资体制改革方向的基本措施。

十四大决定我国实行社会主义市场经济体制后，按照1993年11月党的十四届三中全会作出的《中共中央关于建立社会主义市场经济体制若干问题的决定》的要求，我国固定资产投资体制改革继续向纵深方向发展。通过对固定资产投资进一步放权以及在固定资产投资活动中进一步引入市场机制，我国整个固定资产投资领域发生了深刻的变化。投资管理部门由过去那种种类繁多、相互之间权责任不明、对投资活动干预过多的局面，转变为按照精简（如撤销物资管理部门）、效益（如取消完全由商业部门根据国家计划分配建设所需物资和设备的做法，主要通过富有效率的市场机制配置资源）和合理分工（即依照各种投资管理部门的职能，划定其各自在固定资产投资活动管理中的职权）的原则，确定投资管理部门并进行固定资产投资管理活动；投资资金由过去主要靠国家财政拨款，转变为由投资者自筹资金、银行贷款、财政投入和利用外资等多种渠道予以解决；投资主体由过去主要是中央政府转变为中央和地方政府、企事业单位、个人和外商等多元化的构成格局；再生产的形式由过去主要靠铺新摊子、上新项目转变为在搞好新建项目的同时，开始更加注重已有项目的技术改造，走内涵再生产的道路；投资项目的建设实施由行政分配任务、物资和设备，逐步向引入竞争机制、实行招标投标的办法转变。随着2004年7月16日《国务院关于投资体制改革的决定》（国发［2004］20

号）的发布，我国投资体制进入继续深化改革的新阶段，并最终打破了传统计划经济体制下高度集中的投资管理模式，初步形成了投资主体多元、资金来源多渠道、投资方式多样、项目建设市场化的新格局。

2013 年 11 月 12 日党的十八届三中全会通过的《中共中央关于全面深化改革若干重大问题的决定》基于处理好政府和市场的关系，使市场在资源配置中起决定性作用和更好发挥政府作用的改革目标，提出了未来投资体制改革方向，这些改革方向主要包括：深化投资体制改革，确立企业投资主体地位，企业投资项目，除关系国家安全和生态安全、涉及全国重大生产力布局、战略性资源开发和重大公共利益等项目外，一律由企业依法依规自主决策，政府不再审批；国有资本投资项目允许非国有资本参股；国有资本投资运营要服务于国家战略目标，更多投向关系国家安全、国民经济命脉的重要行业和关键领域，重点提供公共服务、发展重要前瞻性战略性产业、保护生态环境、支持科技进步、保障国家安全。根据 2004 年 7 月 16 日发布的《国务院关于投资体制改革的决定》和党的十八届三中全会确立的投资体制改革方向，国务院、国家发展和改革委员会、财政部、住房和城乡建设部发布了一系列部门规章和规范性文件，用以指导投资体制改革实践。用法律法规固化投资体制改革的成果，是未来投资立法的重要任务。

第三节　固定资产投资监管法律制度

一、我国固定资产投资监管法律制度的构建思路

与市场监管的其他一些法律制度相比，固定资产投资监管法律制度对于宏观调控目标的实现具有更加直接的影响，因为固定资产投资监管尤其是其中的固定资产投资准入监管法律制度的完善情况，在很大程度上决定着能否保持适度的投资规模和合理的投资结构这个宏观调控目标。[1]

近年来，我国固定资产投资监管法律制度的构建，总体上是按照完善社会主义市场经济体制的改革方向以及与此相适应的投资体制改革的不断深化而展开的。这其中最为重要的思路，主要包括以下几项：

1. 根据投资项目的不同性质进行投资准入制度设计。近年来，我国固定资产投资实践按照国民经济各行业的性质和特点，将投资项目划分为竞争性项目、基础性项目和公益性项目，并在此基础上确定各类投资主体的投资范围、融资渠道和投资方式。

竞争性项目主要包括机电、轻工、纺织、石化、精细化工、建材、医药等市场调节为主的工业项目以及商业服务业、房地产项目。基础性项目主要包括农业、水利、林业、交通运输、邮电、能源、冶金矿山等基础设施和基础工业项目。公益性项目主要包括科研、教育、文化、卫生、体育、公共环境保护及其他社会公益事业项目，公、检、法等政权机关的建设项目，以及党政机关、社会团体办公设施、国防设施建设项目。国家在固定资产投资主体的投资范围和投融资渠道、方式问题上总的要求是：竞争性项目以企业为基本投资主体，投融资活动推向市场，由企业通过市场筹资、建设和经营，经批准，外商可参与直接投资。政府要逐步从竞争性项目投资中退出。对竞争性项目投资，政府的职责主要是加强产业政策指导，扶植这些产业中直接增强国力、符合规模经济、技术先进的支柱产业项目以及高新技术开发项目。基础性项目

---

〔1〕　也正是基于这样的考虑，本书将固定资产投资法律制度置于宏观调控法律制度中加以介绍；同时，为了使固定资产投资法律制度的体系得到完整的展现，本章在此对固定资产投资监管法律制度的主要内容进行专门涉及。

主要由中央及各级地方政府集中必要的财力、物力进行投资，并吸收企业和外商参与投资。公益性项目主要由各级政府运用财政资金安排建设，同时鼓励企业、个人投资兴办公益性项目。中央、地方和企业都应贯彻"量力而行、尽力而为"的原则，按确定的各自的投资范围进行项目建设，中央政府除了区别不同情况对经济不发达地区给予扶持外，原则上不再对属于地方和企业投资范围的项目给予补助性投资。要充分发挥各类银行对基础性项目融资的作用。国家开发银行作为政策性的金融机构，其主要任务，应当是建立长期的稳定的资金来源，筹集和引导社会资金用于重点建设，办理政策性重点建设贷款和贴息业务，投资项目不留资金缺口。商业银行要按照国家产业政策积极参与对基础项目的融资，鼓励商业银行联合向基础性项目发放银团贷款。

2. 将固定资产投资监管法律制度建设的重点放在企业和政府的固定资产投资上。固定资产投资主体，包括企业、事业单位和社会团体等非企业组织、公民、政府以及在我国投资法和投资实务中作为特殊投资主体对待的外商（外国的公司、企业、其他经济组织和个人）。由于事业单位和社会团体等非企业组织的固定资产投资监管可以参照企业固定资产投资监管规定执行，公民参与固定资产投资主要是适用民事立法有关规定的民事活动，外商来华从事固定资产投资有专门的外商投资企业法规范，因而，近年来我国关于投资体制改革的实践，重点对企业和政府进行固定资产投资及其监管作了明确。

3. 对于固定资产投资是否使用政府性资金在监管制度设计上实行区别对待。政府性资金与社会资金作为投资使用，其各自的投向、目的等有所不同：前者主要投向基础性、公益性领域，其目的在于实现公共目标。后者主要投向竞争性领域，其目的在于营利；当然，国家也鼓励社会资金参与基础性、公益性项目的投资，但这并不改变社会资金投资的营利本质。由于公共目标难以完全通过人们的自由意志达成，而营利应当主要奉行意思自治原则，因而，对政府性资金投资的监管，必须严于对社会资金投资的监管，以便确保政府性资金投资所应当追求的公共目标得以实现。近年来，我国对企业和政府固定资产投资制度的探索和实践，正是按照这样的认知而进行的；对政府固定资产投资实行的审批制，就严于对企业固定资产投资推行的核准制和备案制。

二、企业固定资产投资监管法律制度

我国在计划经济体制时期，企业的固定资产投资实行不分资金来源和投向、不分项目性质，一律按投资规模大小分别由各级政府及有关部门审批的管理办法。在近年来的投资体制改革实践中，本着落实企业投资自主权，发挥市场配置资源的决定性作用的目的，我国对于企业固定资产投资项目（以下简称"企业投资项目"）一律不再实行审批制，而根据项目不同情况，分别实行核准制或者备案制。因此，企业固定资产投资监管法律制度，主要由企业投资项目核准和备案制构成。纳入政府核准制和备案制的企业投资项目，包括各类企业在中国境内不使用政府投资建设的固定资产投资项目、中国境内各类企业及其通过境外企业或机构实施的境外投资项目；企业投资项目申请使用政府投资的，除分别情况实行核准制或者备案制外，还应当遵守政府投资管理的有关规定。

（一）企业投资项目核准制

1. 企业投资项目核准的定义。企业投资项目核准，是指政府或者政府投资主管部门依法对不使用政府投资建设的企业投资重大项目是否合法、是否符合社会公共利益进行审核，并决定是否准予实施的行政行为。与计划经济体制时期我国对企业投资项目实行的审批制既审查企业投资项目的合法性、公共性事项，又审查企业投资项目经济上的可行性、经济效益不同，企业投资项目核准只审核企业投资项目的合法性和公共性事项，而对于企业投资项目的市场前景、经济效益、资金来源和产品技术方案等，则依法由企业自主决策、自担风险，企业投资项目核准不得审核，否则构成非法干预企业投资自主权的行为。

2. 企业投资项目核准制的主要内容。在我国目前固定资产投资实务中，企业投资项目核准制适用的主要依据，是国家发展和改革委员会于 2014 年 5 月 14 日发布、自 2014 年 6 月 14 日起施行《政府核准投资项目管理办法》。按照该办法的规定，企业项目核准制的内容主要包括以下几项：

（1）纳入核准制的企业投资项目范围。按照我国固定资产投资的相关规定和实践操作，实行核准制的企业投资项目，限于关系国家安全和生态安全、涉及全国重大生产力布局、战略性资源开发和重大公共利益等项目。为了规范政府对企业投资项目的核准，防止政府滥用企业投资项目核准权，落实企业投资自主权，国务院制定和颁布《政府核准的投资项目目录》，明确实行核准管理的企业投资项目的具体范围，划分项目核准机关的核准权限；《政府核准的投资项目目录》由国务院投资主管部门会同有关部门研究提出，报国务院批准后实施，并根据情况适时调整；未经国务院批准，各部门、各地区不得擅自调整《政府核准的投资项目目录》确定的核准范围和权限。

（2）项目申请报告的内容及编制。由于企业投资项目核准只审核项目的合法性和公共性事项，而不涉及经济上的可行性和经济效益等属于企业自主判断的问题，因而企业不再像计划经济体制时期那样提交项目建议书、可行性研究报告和开工报告等文件，仅需向政府或者政府投资主管部门提交项目申请报告和相关附送文件。项目申请报告的主要内容包括：①项目单位情况；②拟建项目情况；③资源利用和生态环境影响分析；④经济和社会影响分析。项目申请报告通用文本由国务院投资主管部门制定，主要行业的项目申请报告示范文本由相应的项目核准机关参照项目申请报告通用文本制定，明确编制内容、深度要求等。项目申请报告应当由项目单位自行或者委托具有相关经验和能力的工程咨询单位自主编制，任何行政机关不得干预；项目单位应当对项目申请报告以及依法应当附具的文件的真实性、合法性和完整性负责。

（3）项目申请报告及附送文件的报送。按照《政府核准的投资项目目录》确定的核准范围和权限，地方企业投资建设应当由国务院有关部门核准的项目，应当由项目所在地省级人民政府有关部门提出初审意见后，向相应的项目核准机关报送项目申请报告；属于国务院投资主管部门核准权限的项目，项目所在地省级人民政府规定由省级政府行业管理部门初审的，应当由省级人民政府发展改革部门与其联合报送；国务院有关部门所属单位、计划单列企业集团、中央管理企业投资建设应当由国务院有关部门核准的项目，直接向相应的项目核准机关提交项目申请报告，并附项目所在地省级人民政府有关部门的意见。企业投资建设应当由国务院核准的项目，按照以上程序向国务院投资主管部门报送项目申请报告，由国务院投资主管部门审核后报国务院核准。新建运输机场项目由相关省级人民政府直接向国务院报送项目申请报告。企业投资建设应当由地方人民政府核准的项目，应当按照地方人民政府的有关规定，向相应的项目核准机关报送项目申请报告。

项目单位报送项目申请报告时，应当依法附送以下文件：①城乡规划行政主管部门出具的选址意见书（仅指以划拨方式提供国有土地使用权的项目）；②国土资源（海洋）行政主管部门出具的用地（用海）预审意见（不涉及新增用地，在已批准的建设用地范围内进行改扩建的项目，可以不进行用地预审，但需提供已有土地使用权证）；③属于重特大项目范围的，[1]

---

[1]　重特大项目的范围，由国务院投资主管部门商有关部门研究提出，并报国务院批准确定。

还应附送环境影响评价审批文件；④根据有关法律的规定应当提交的其他文件。

（4）项目的审查和决定。项目核准机关在受理项目申请报告后，应当根据以下条件进行审查：①符合国家相关法律法规和宏观调控政策；②符合发展规划、产业政策、技术政策和准入标准；③合理开发并有效利用了资源；④不影响我国国家安全、经济安全和生态安全；⑤对公众利益，特别是项目建设地的公众利益不产生重大不利影响。对外商投资项目，还应当审查是否符合《外商投资产业指导目录》《中西部地区外商投资优势产业目录》、国家资本项目管理和外债管理的有关规定。

项目核准机关在受理项目申请报告后需要评估的，应当采取竞争方式委托具有相应资质的工程咨询单位进行评估；对于涉及有关行业管理部门职能的项目，项目核准机关应当商请有关行业管理部门出具书面意见；项目建设可能对公众利益构成重大影响的，项目核准机关在作出核准决定前，应当及时采取适当方式征求公众意见；对于特别重大的项目，可以实行专家评议制度。项目核准机关可以根据评估意见、部门意见和公众意见等，要求项目单位对相关内容进行调整，或者对有关情况和文件做进一步澄清、补充。

按以上要求审查后，项目核准机关认定项目符合核准条件的，应当出具项目核准文件；不符合核准条件的，项目核准机关应当出具不予核准决定书，并说明不予核准的理由。

项目违反相关法律法规，或者不符合发展规划、产业政策和市场准入标准要求的，项目核准机关可以不经过委托评估、征求意见等程序，直接作出不予核准的决定。

（5）核准项目的变更。取得项目核准文件的项目，有下列情形之一的，项目单位应当及时以书面形式向原项目核准机关提出调整申请；原项目核准机关应当根据项目具体情况，出具书面确认意见或者要求其重新办理核准手续：①建设地点发生变更的；②建设规模、建设内容发生较大变化的；③项目变更可能对经济、社会、环境等产生重大不利影响的；④需要对项目核准文件所规定的内容进行调整的其他情形。

（6）项目核准的效力。我国固定资产投资实践关于企业投资项目核准的效力，主要包括以下规定：①取得项目核准文件是项目开工的条件之一，项目单位依据项目核准文件依法办理规划许可、土地使用、资源利用、安全生产等相关手续后，即可开展项目的实施。②项目核准文件自印发之日起有效期2年。在核准文件的有效期内未开工建设的，项目单位应当在有效期届满前的30个工作日之前向原项目核准机关申请延期，原项目核准机关应当在有效期届满前作出是否准予延期的决定；在有效期内未开工建设也未按照规定向原项目核准机关申请延期的，原项目核准文件自动失效。③项目核准机关对不符合法定条件的项目予以核准，或者超越法定职权予以核准的，核准手续无效。

（7）对经核准的企业投资项目实施活动的监督。按照规定，项目核准机关和国土（海洋）资源、城乡规划、环境保护、安全监管、建设、审计及行业管理等有关部门，应当按照职责分工加强对企业投资项目的事中事后监管，建立年度监管报告发布制度；各级地方人民政府有关部门应按照职责分工，加强对本行政区域内企业投资项目的监督检查，发现违法违规行为的，应当依法予以处理。

（二）企业投资项目备案制

1. 企业投资项目备案的定义。企业投资项目备案，是指项目单位在不使用政府投资开展政府核准投资项目以外的其他固定资产投资活动前，向备案机关告知投资项目的信息，由备案机关对符合备案范围的投资项目予以确认，并进行投资项目信息管理的行政行为。

企业投资项目核准和企业投资项目备案都是适用于不使用政府投资的项目的固定资产投资监管制度，并且都具有事前（项目实施前）强制性。但是，企业投资项目备案和企业投资项目核准又是两种不同的企业固定资产投资监管制度。从适用范围看，企业投资项目核准针对的是列入《政府核准的投资项目目录》中的重大项目，即关系国家安全和生态安全、涉及全国重大生产力布局、战略性资源开发和重大公共利益等项目；而企业投资项目备案则针对的是《政府核准的投资项目目录》以外的一般项目。从审查内容看，企业投资项目核准涉及较为广泛，几乎囊括了合法性和公共性的所有事项；而企业投资项目备案仅对项目是否合法、是否符合产业政策进行把关，除不符合法律法规的规定、产业政策禁止发展、需报政府核准或审批的项目外，备案机关均应当予以备案。从办理方式看，企业投资项目核准需要履行申请、受理、委托评估、征求意见、协调和调整等程序才能出具核准文件或不予核准决定书；企业投资项目备案则不同，其程序更加简便，目前采取的方式主要是企业通过在线平台提交申请，履行投资项目信息告知义务后，在线打印备案文件。

对企业投资项目实行备案制，是我国固定资产投资体制改革的重要内容，是确立企业投资主体地位、落实企业投资决策自主权的关键所在。认真做好备案工作，有利于及时掌握和了解企业的投资动向，更加准确、全面地对投资运行进行监控；有利于贯彻实施国家的法律法规、产业政策和行业准入制度，防止低水平盲目重复建设；有利于及时发布投资信息，引导全社会投资活动；有利于及时发现投资运行中存在的问题，并采取相应的调控措施。

2. 企业投资项目备案制的主要内容。我国尚无企业投资项目备案制的国家层面立法，目前确立这一制度国家层面的主要依据，是 2004 年 7 月 16 日发布的《国务院关于投资体制改革的决定》（国发 [2004] 20 号）以及 2004 年 11 月 25 日发布的《国家发展和改革委员会关于实行企业投资项目备案制指导意见的通知》。按照以上两个规范性文件的要求，实行备案管理的项目按照属地原则分级备案；企业投资项目备案制的具体实施办法和分级备案权限，由各省级人民政府制定。根据国务院和国家发展和改革委员会的规范性文件，结合各地的固定资产投资实践，企业投资项目备案制的主要内容包括以下几项：

（1）企业投资项目备案的范围。企业投资项目备案的范围，是不使用政府投资建设，且未列入《政府核准的投资项目目录》范围内的企业的固定资产投资项目。

（2）企业投资项目备案的程序。企业投资项目备案，按以下程序办理：①申请。实行备案管理的企业投资项目，项目单位通过在线平台向项目备案机关提交项目备案申请，依法履行投资项目信息告知义务，并遵循诚信和规范原则。项目备案机关应当制定项目备案申请格式文本，包括以下内容：项目单位情况；项目名称和建设地点、规模、内容；项目总投资估算和资金来源意向；项目的产业政策分析。项目单位应当对申请材料及信息的真实性、合法性和完整性负责。②审查、备案。企业投资项目备案申请提出后，项目备案机关应当及时对备案项目的基本信息进行核查，备案信息不完整的，应当及时以适当方式提醒和指导项目单位补正。除产业政策禁止发展，或者依法应报核准或审批的项目外，项目备案机关应当在规定的工作日内予以备案。

（3）企业投资项目备案的变更。项目备案后，项目法人发生变化，项目建设地点、规模、内容发生重大变更，或者放弃项目建设的，项目单位应当通过在线平台向项目备案机关提交备案变更申请，修改相关信息。项目备案机关应对变更信息核查确认，重新予以备案或予以撤销。

（4）企业投资项目备案信息互通共享。企业投资项目备案后，项目备案机关应当将项目备案文件及时抄送相关部门，项目备案信息应通过在线平台实现互通共享，项目单位可以通过在线平台打印备案文件。

（5）对经备案的企业投资项目实施活动的监督。在我国固定资产投资实务中，对经备案的企业投资项目的实施所进行的监督，采取的措施与对经核准的企业投资项目实施的监督相同。

三、政府固定资产投资监管法律制度

（一）政府固定资产投资的定义

政府固定资产投资，在我国固定资产投资实务中通常被简称为政府投资，是指使用国家预算安排的政府投资资金所进行的固定资产投资活动。这里所谓国家预算，是指依照法定程序对国家在未来一个会计年度内的财政收入和财政支出所进行的计划或者安排。依据我国现行《预算法》第4条的规定，预算由预算收入和预算支出组成；政府的全部收入和支出都应当纳入预算。这意味着：政府投资的资金来源于预算收入，政府投资的支出也应当纳入预算；以前政府收取、提取和使用预算外资金进行固定资产投资的情况，将不再合法存在。

政府投资不但具有维护国家安全、弥补市场机制在一些经济和社会领域不能有效配置资源的缺陷等作用，而且事关"投资主体多元化、资金来源多渠道、投资方式多样化、项目建设市场化"的投资体制新格局的形成。此外，政府投资还可以带动社会资金参与投资，从而满足人们的需求，促进经济增长，繁荣社会经济。因此，政府投资是投资体系中不可或缺的一种投资方式。

（二）政府固定资产投资监管法律制度的主要内容

我国启动政府投资立法已有多年。2010年1月，国务院法制办公室公布了由国家发展和改革委员会报送审议的《政府投资条例（征求意见稿）》，征求社会各界的意见，但由于对一些问题争议很大，这个条例至今仍未出台。不过，从我国投资体制改革的方向看，仍然可以勾画出政府投资监管法律制度构建的大致方向。

1. 政府投资实行审批制。政府投资审批，是指政府或者政府有关部门依法对政府投资是否合法，是否符合社会公共利益，在技术和经济上是否必要、合理、可行等进行全面审核，并在此基础上决定是否准予项目实施的行政行为。政府投资审批制是一种严于企业投资项目核准制的固定资产投资监管制度，按照固定资产投资体制改革的实践，对于政府投资项目，审批机关除如同企业投资项目核准制那样，审查其是否合法和是否符合社会公共利益外，还应当按照职责分工和资金使用方式，分别审批项目建议书、可行性研究报告、初步设计或者资金申请报告。

2. 合理界定政府投资范围。政府投资主要用于关系国家安全和市场不能有效配置资源的经济和社会领域，包括加强公益性和公共基础设施建设，保护和改善生态环境，促进欠发达地区的经济和社会发展，推进科技进步和高新技术产业化。能够由社会投资建设的项目，尽可能利用社会资金建设。合理划分中央政府与地方政府的投资事权。中央政府投资除本级政权等建设外，主要安排跨地区、跨流域以及对经济和社会发展全局有重大影响的项目。

3. 健全政府投资项目决策机制。进一步完善和坚持科学的决策规则和程序，提高政府投资项目决策的科学化、民主化水平；政府投资项目一般都要经过符合资质要求的咨询中介机构的评估论证，咨询评估要引入竞争机制，并制定合理的竞争规则；特别重大的项目还应实行专家评议制度；实行政府投资项目公示制度，广泛听取各方面的意见和建议。

4. 规范政府投资资金管理。编制政府投资的中长期规划和年度计划，统筹安排、合理使用各类政府投资资金，包括预算内投资、各类专项建设基金、统借国外贷款等。政府投资资金按项目安排，根据资金来源、项目性质和调控需要，可分别采取直接投资、资本金注入、投资补助、转贷和贷款贴息等方式。以资本金注入方式投入的，要确定出资人代表。要针对不同的资金类型和资金运用方式，确定相应的管理办法，逐步实现政府投资的决策程序和资金管理的

科学化、制度化和规范化。

5. 简化和规范政府投资项目审批程序，合理划分审批权限。按照项目性质、资金来源和事权划分，合理确定中央政府与地方政府之间、国务院投资主管部门与有关部门之间的项目审批权限。对于政府投资项目，采用直接投资和资本金注入方式的，从投资决策角度只审批项目建议书和可行性研究报告，除特殊情况外不再审批开工报告，同时应严格政府投资项目的初步设计、概算审批工作；采用投资补助、转贷和贷款贴息方式的，只审批资金申请报告。具体的权限划分和审批程序由国务院投资主管部门会同有关方面研究制定，报国务院批准后颁布实施。

6. 加强政府投资项目管理，改进建设实施方式。规范政府投资项目的建设标准，并根据情况变化及时修订完善。按项目建设进度下达投资资金计划。加强政府投资项目的中介服务管理，对咨询评估、招标代理等中介机构实行资质管理，提高中介服务质量。对非经营性政府投资项目加快推行"代建制"，即通过招标等方式，选择专业化的项目管理单位负责建设实施，严格控制项目投资、质量和工期，竣工验收后移交给使用单位。增强投资风险意识，建立和完善政府投资项目的风险管理机制。

7. 引入市场机制，充分发挥政府投资的效益。各级政府要创造条件，利用特许经营、投资补助等多种方式，吸引社会资本参与有合理回报和一定投资回收能力的公益事业和公共基础设施项目建设。对于具有垄断性的项目，试行特许经营，通过业主招标制度，开展公平竞争，保护公众利益。已经建成的政府投资项目，具备条件的经过批准可以依法转让产权或经营权，以回收的资金滚动投资于社会公益等各类基础设施建设。

第四节　固定资产投资的宏观调控

一、固定资产投资的宏观调控的定义

固定资产投资的宏观调控是国家宏观调控的重要内容，是指国家为实现固定资产投资的规模合理和结构的优化，而对固定资产投资所实施的调节与控制。

固定资产投资规模合理，要求固定资产投资规模与国力相适应，即与国家所能提供的人力、物力和财力相适应。这就需要对全社会的投资规模进行统一的综合平衡，通过对投资总需求与总供给的调控，保持投资总规模的适度增长，根治投资膨胀。

固定资产投资结构优化意味着：①固定资产投资所形成的生产力布局优化。所谓生产力布局，是指国民经济各部门、再生产各环节、生产力各要素的地域分布与组合。生产力布局优化，要求根据各地区的资源条件、市场条件和地区开发状况分配投资，促进各地区各种资源的有效利用，在全国范围内实现资源的最佳配置，防止盲目建设、重复建设以及只顾眼前和局部利益、不顾长远和全局利益的倾向。②固定资产投资所形成的产业结构优化。所谓产业结构，是指各个产业部门之间和每个产业部门内部的组织与构成情况，以及它们之间存在的相互联结、相互制约的关系。产业结构优化要求在固定资产投资活动中正确安排和处理第一、二、三产业之间以及它们各自内部的投资比例关系，在兼顾各种产业的发展的同时，优先考虑落后产业的投资。

二、我国加强和改善固定资产投资宏观调控的实践

为了实现固定资产投资规模的合理和结构的优化，近年来我国在固定资产投资体制改革中，不断探索加强和改善固定资产投资宏观调控的新思路。目前，这方面的具体措施主要包括以下几项：

（一）健全固定资产投资宏观调控的组织体系

各级人民政府发展改革委（计委）是主管固定资产投资的综合部门，应当在各级人民政府的领导下，担负起固定资产投资宏观调控的职责。国家发展和改革委员会应当在国务院领导下会同有关部门，按照职责分工，密切配合、相互协作、有效运转、依法监督，调控全社会的投资活动，保持合理投资规模，优化投资结构，提高投资效益，促进国民经济持续、快速、协调、健康发展和社会全面进步。行业主管部门应当转变职能，集中精力做好行业规划，加强行业管理，同时会同发展改革委（计委）、金融等部门搞好年度计划的编制工作。财政部门应当根据资金平衡情况及经济建设需要，按照计划安排提供项目建设资金。国家开发银行应根据国家确定的资金规模和重大比例关系，在征求有关主管部门和地方意见的基础上提出项目资金配置方案，报国家发展和改革委员会综合平衡后纳入国家投资计划。建设、规划、土地资源管理等部门应当按照国家投资计划做好相关工作，保证项目建设顺利实施。

（二）强化国家产业政策对固定资产投资的引导作用

国家根据经济发展的新情况，适时制定近期和中长期的国家产业政策，定期发布鼓励、限制和禁止发展的产品目录。各行业主管部门和各地区根据国家产业政策，制定本部门、本地区的产业发展规划和方针。对符合国家产业政策、具有规模经济效应的项目，在贷款、贴息、发行债券等方面给予支持。国家限制发展的项目，其投资审批权应当适当集中，银行贷款和债券发行等要从严控制。国家禁止发展的项目，任何部门、地方、单位和个人都不得审批建设。

（三）改进投资宏观调控方式

国家综合运用经济的、法律的和必要的行政手段，对全社会投资进行以间接调控方式为主的有效调控。国务院有关部门应当依据国民经济和社会发展中长期规划，编制教育、科技、卫生、交通、能源、农业、林业、水利、生态建设、环境保护、战略资源开发等重要领域的发展建设规划，包括必要的专项发展建设规划，明确发展的指导思想、战略目标、总体布局和主要建设项目等。按照规定程序批准的发展建设规划是投资决策的重要依据。各级政府及其有关部门应当努力提高政府投资效益，引导社会投资。国家制定并适时调整国家固定资产投资指导目录、外商投资产业指导目录，明确国家鼓励、限制和禁止投资的项目。建立投资信息发布制度，及时发布政府对投资的调控目标、主要调控政策、重点行业投资状况和发展趋势等信息，引导全社会投资活动。建立科学的行业准入制度，规范重点行业的环保标准、安全标准、能耗水耗标准和产品技术、质量标准，防止低水平重复建设。在投资计划上，应当改进投资总量计划指标体系，编制投资计划的重点，逐步从编制年度投资工作量计划，转为编制年度投资资金计划，从资金源头入手，对投资总量进行调控。同时，注重对在建总规模的宏观调控，把总量调控和结构调整、效益提高结合起来。

（四）协调投资宏观调控手段

根据国民经济和社会发展要求以及宏观调控需要，合理确定政府投资规模，保持国家对全社会投资的积极引导和有效调控。灵活运用投资补助、贴息、价格、利率、税收等多种手段，引导社会投资，优化投资的产业结构和地区结构。适时制定和调整信贷政策，引导中长期贷款的总量和投向。严格和规范土地使用制度，充分发挥土地供应对社会投资的调控和引导作用。

（五）加强和改进投资信息、统计工作

加强投资统计工作，改革和完善投资统计制度，及时、准确、全面地反映全社会固定资产存量和投资的运行态势，并建立各类信息共享机制，为投资宏观调控提供科学依据。建立投资风险预警和防范体系，加强对宏观经济和投资运行的监测分析。

■ 思考题

1. 如何完善我国的固定资产投资体制?
2. 试述投资项目的核准制、备案制和审批制的异同。

■ 参考书目

1. 杨紫烜主编:《经济法》,北京大学出版社、高等教育出版社 2010 年版。
2. 李昌麒主编:《经济法学》,法律出版社 2007 年版。

第二十三章　金融法律制度

第一节　金融法概述

一、金融法的定义和调整对象

（一）金融法的定义

金融法是调整金融关系的法律规范的总称。它是国家领导、组织、管理金融业和保障金融秩序的基本手段和基本方法，是国家宏观调控法的重要组成部分。

金融，简单地说就是货币资金的融通。一般是指与货币流通和银行信用有关的一切经济活动。例如，货币的发行、流通和回笼，存款的吸收与支付，贷款的发放与收回，票据的承兑与贴现，银行同业拆借，金银和外汇的买卖，国内、国际的货币收支与结算，有价证券的发行与交易等活动。在我国，一切金融业务活动，都必须通过中央银行、商业银行、政策性银行和其他金融机构进行。国家禁止非金融机构经营金融业务。新中国成立以后，尤其是中共十一届三中全会以来，我国为适应经济活动及金融体制改革的需要，制定了一系列金融法规，主要有：《中国人民银行法》、《商业银行法》、《经济特区外资银行、中外合资银行管理条例》（现已失效）、《金银管理条例》、《金库条例》、《外汇管理暂行条例》（现已失效），等等。这些法律法规的颁布和实施对于促进我国金融业及金融市场的发展具有重要的作用。

（二）金融法的调整对象

金融法的调整对象是金融关系，它是指金融机构相互之间以及它们与其他社会组织、个人之间，在货币资金融通过程中所发生的金融监督关系和资金融通关系，具体表现为金融监管关系和资金融通关系。

1.金融监管关系。它是指国家金融管理机关与银行、非银行金融机构的金融管理关系。包括：①金融主管机关因各类银行、非银行金融机构的设立、变更、接管和终止而产生的主体资格监管关系；②中央银行因货币发行与流通而同各类金融机构与非金融机构之间形成的货币发行关系、现金与转账结算等货币流通管理关系；③金融主管机关对各类金融机构的业务活动进行的业务行为监督关系，包括存款贷款管理、结算管理、信托管理、保险管理、证券发行与交易管理等关系。

2. 资金融通关系。它是指银行等金融机构之间以及非金融机构的法人、其他组织和个人之间的融资关系。包括：①银行与非金融机构、自然人之间因存款、储蓄行为而发生的存款关系和储蓄关系；②银行与非金融机构、自然人之间因贷款所产生的借贷关系；③金融机构之间因同业拆借、票据转贴现、汇兑结算、外汇买卖等活动而发生的同业资金贴现、汇兑结算、外汇买卖等活动而发生的同业资金往来关系；④还包括证券发行与交易关系、信托关系、保险关系；等等。

二、金融法的体系

金融法的体系是由调整不同领域的金融关系的法律规范所组成的有机联系的统一整体。按照金融法的科学体系，它应当包括银行法、证券法、票据法、信托法和保险法等。但是，考虑到证券法、票据法、信托法和保险法已在作为核心课程之一的商法中讲授，故本书只介绍金融法中的银行法和金融监督法。

第二节　中国人民银行法

一、中国人民银行的历史发展

中国人民银行是唯一代表国家进行金融控制和管理金融的特殊金融机构。中国人民银行是中华人民共和国中央银行。

从历史上看，中央银行制度最早萌芽于17世纪中叶，最先具有中央银行名称的是瑞典国家银行。该行成立于1656年，最初是以私人资本形式出现的。1668年起才由国家出资并改名为瑞典国家银行。当时该行并不具备现代中央银行的职能，17世纪末以后，才逐步发展为瑞典的中央银行。实际上，最先执行中央银行职能的是1694年成立的英格兰银行。1844年英国通过的《英格兰银行条例》是世界上最早的中央银行法，该条例正式确立了英格兰银行的中央银行地位。19世纪以后，世界各国大多采用了中央银行制度，纷纷成立了中央银行，但其名称各有不同。有的直接用国家命名，如英格兰银行、法兰西银行、日本银行等；有的称之为国家银行，如比利时国家银行、希腊国家银行；有的称为储备银行，如美国联邦储备银行、印度储备银行；有的则直接称为中央银行，如土耳其中央银行、阿根廷中央银行。

我国最早的中央银行是1905年设立的户都（大清）银行。1924年，孙中山在广州设立过中央银行。新中国成立后，我国设立了中国人民银行，但长期以来，它是一个综合性的国家银行，既执行中央银行的职能，担负领导和管理全国金融事业的职责，又兼营工商信贷、储蓄和结算业务，具有国家机关和经济组织的双重性质。1983年9月，国务院作出了《关于中国人民银行专门行使中央银行职能的决定》。根据这个决定，中国人民银行专门行使中央银行的职能，不再办理工商信贷业务、结算业务和储蓄业务，从而确立了中国人民银行为中央银行的法律地位。1986年1月，国务院又颁布了《银行管理暂行条例》（现已失效），进一步强化了中国人民银行作为中央银行的地位和职权。社会主义市场经济体制建立以后，为了确定中国人民银行的地位和职责，保障国家货币政策的正确制定和执行，建立和完善中央银行宏观调控体系，加强对金融业的监督管理，制定了《中国人民银行法》。该法经第八届全国人民代表大会第三次会议于1995年3月18日通过，并于当日发布实施。2003年12月27日，第十届全国人民代表大会常务委员会第六次会议又通过了《关于修改〈中华人民共和国中国人民银行法〉的决定》，新的《中国人民银行法》于2004年2月1日起施行。

二、中国人民银行的性质和地位

（一）中国人民银行是国家的中央银行

中国人民银行的性质是由其在国家机构和国民经济中所处的地位决定的，并随中国人民银行制度的发展而不断改变。现在的中国人民银行较改革开放以前的中央银行，在地位和性质上已经发生了很大的变化，它已发展为代表国家管理金融的特殊机关，处于我国金融业的首脑和领导地位，已具备了一般中央银行的性质，具体表现在：

1. 它是国家机构的一个组成部分。中国人民银行代表国家制定和推行统一的货币金融政策，管理和监督全国金融机构活动，代表国家管理金融市场，参与国际金融活动，管理外汇，其领导人由国家任命。由此可见，中国人民银行是国家机构的组成部分。

2. 它是一国信用制度的枢纽，是国家干预和调节经济的重要工具。中国人民银行虽然是国家机构的一个组成部分，但它与一般政府管理机构又不同。它是一国信用活动的组织者和主动干预者，它虽然不直接与社会公众发生贷款行为，但仍要为政府和金融机构办理银行业务与提供金融服务。如对各金融机构的存贷款业务、为政府代理国库业务等。此外，中国人民银行的管理手段主要采取经济办法，如利率政策、贴现政策、汇率政策、公开市场业务政策等，而一般的政府管理机构主要采用行政管理手段。

（二）中国人民银行与最高国家权力机关和行政机关的关系

为了进一步了解中国人民银行的性质和地位，我们还可以从它与全国人民代表大会的关系，与国务院的关系上来进行分析。

1. 中国人民银行与全国人民代表大会的关系。《中国人民银行法》第 6 条规定："中国人民银行应当向全国人民代表大会常务委员会提出有关货币政策情况和金融业运行情况的工作报告。"这是我国首次以立法的形式明确了中国人民银行与全国人民代表大会的关系，即中国人民银行应当向全国人民代表大会或者常务委员会报告工作，并接受其监督。中国人民银行作为我国中央银行和宏观经济调控机构之一，其制定和执行的货币政策以及对全国金融业的监督管理情况如何，对全国经济总体目标将会产生重大的影响。因此，作为全国最高的权力机关，有权了解货币政策情况和金融管理情况，并认真进行监督和检查。另一方面，这也是加强中国人民银行独立性的又一法律措施，使中国人民银行更具有相对独立性。

2. 中国人民银行与国务院的关系。《中国人民银行法》第 2 条规定："中国人民银行是中华人民共和国的中央银行。中国人民银行在国务院领导下，制定和执行货币政策，防范和化解金融风险，维护金融稳定。"该法第 7 条规定："中国人民银行在国务院领导下依法独立执行货币政策，履行职责，开展业务，不受地方政府、各级政府部门、社会团体和个人的干涉。"这些规定既明确了中国人民银行的法律地位，并为中国人民银行依法履行职责提供了可靠的法律依据，又使其与国务院的关系通过法律确定下来。二者的关系具体表现在两个方面：①中国人民银行是国务院的直属机构，是国务院的一个组成部分。它的活动与政府的经济总目标是一致的。②中国人民银行对国务院的相对独立表现为：中国人民银行行长由全国人民代表大会及其常务委员会决定，由国家主席任免。中国人民银行实行行长负责制，行长领导中国人民银行的工作，中国人民银行在法定权限内，依法独立执行货币政策和履行其他职责。

三、中国人民银行的职能

（一）中国人民银行是发行的银行

发行的银行是指有权发行银行券、纸币的银行。垄断货币发行特权，使其成为全国唯一的货币发行机构，是中央银行不同于商业银行及其他金融机构的独特之处之一。根据《中国人民银行法》的规定，中国人民银行作为发行的银行，其主要职责体现在：决定年度货币供应量，报国务院批准后执行；负责办理人民币的统一印制和发行业务；制定货币发行制度；设立人民币发行库；调拨人民币发行基金。

（二）中国人民银行是政府的银行

政府的银行是指中央银行作为政府管理金融的工具为政府服务。中国人民银行作为政府的银行，其职责表现在：经理国库，持有、管理、经营国家外汇储备、黄金储备，作为国家的中央银行从事有关的国际金融活动；在公开市场上买卖国债和其他政府债券及外汇；代理国务院财政部门向各金融机构发行、兑付国债和其他政府债券。

（三）中国人民银行是银行的银行

银行的银行是指其与商业银行和其他金融机构发生业务往来，对商业银行发生存贷款关系及资金往来结算关系，是全国存贷款准备金的保管者，金融票据交换中心，全国银行业的最后贷款者。中国人民银行作为银行的银行，主要职责有：要求金融机构按照规定的比例交存存款准备金，集中保管存款准备金；向商业银行提供贷款；充当全国金融机构的资金结算中心。

（四）中国人民银行是管理金融的银行

中国人民银行作为管理金融的银行，是指中央银行有权制定和执行货币政策，并对商业银行和其他金融机构的业务活动进行领导、管理和监督。其主要职责有：①发布与履行其职责有关的命令和规章；②依法制定和执行货币政策；③发行人民币，管理人民币流通；④监督管理银行间同业拆借市场和银行间债券市场；⑤实施外汇管理，监督管理银行间外汇市场；⑥监督管理黄金市场；⑦持有、管理、经营国家外汇储备、黄金储备；⑧经理国库；⑨维护支付、清算系统的正常运行；⑩指导、部署金融业反洗钱工作，负责反洗钱的资金监测；⑪负责金融业的统计、调查、分析和预测；⑫作为国家的中央银行，从事有关的国际金融活动；⑬国务院规定的其他职责。

四、中国人民银行的货币政策目标

（一）货币政策的定义

货币政策也就是金融政策，是中央银行为实现其特定的经济目标而采用的各种控制和调节货币供应量或信用量的方针和措施的总称。包括：信贷政策、利率政策和外汇政策。它是针对整个国民经济运行中的经济增长、通货膨胀、国际收支以及与此相联系的货币供应量、利率、汇率等问题而实行的一种宏观经济政策。其目的是通过对社会总需求的调整间接地影响社会总供给的变动，从而促进整个社会总需求与总供给的平衡。货币政策包括三个方面的要素：货币政策目标，货币政策中介目标和货币政策工具。货币政策目标，一般说来有四个：稳定货币、充分就业、促进经济增长和平衡国际收支等。具体到各个国家又有所不同：有的采取单一目标，即把稳定货币作为中央银行的货币政策目标；有的采取双重目标，即把稳定货币和经济增长作为中央银行的货币政策目标；有的则采取多重目标，即把稳定货币、充分就业、经济增长、国际收支平衡作为中央银行的货币政策目标。货币政策的中介目标是实现货币政策最终目标的桥梁。1993 年 12 月 25 日国务院发布了《关于金融体制改革的决定》，该《决定》指出："货币政策的中介目标和操作目标是货币供应量、信用总量、同业拆借利率和银行备付金率。"可见我国把货币供应量和信用总量作为货币政策中介目标，把同业拆借利率和银行备付金率作为操作目标。货币政策工具，即中央银行借助什么样的手段、采用什么方式去实现货币政策目标，一般包括：再贴现政策、存款准备金政策和公开市场政策。

（二）中国人民银行的货币政策目标

《中国人民银行法》第 3 条规定，中国人民银行的"货币政策目标是保持货币币值的稳定，并以此促进经济增长"。这一规定既确定了"稳定货币"的第一属性，又明确了"稳定货币"的最终目标，界定和理顺了稳定货币与发展经济增长的关系。它既不同于把"稳定货币"作为中央银行货币政策的单一目标，也区别于以"稳定货币，发展经济"为中央银行货币政策的双重目标。单一的货币政策目标强调了"稳定货币"的第一性，而忽略了经济发展，导致稳定货币政策的目的不明确。双重目标在实际执行中往往出现畸轻畸重，相互冲突和对抗，如有的国家以牺牲稳定货币为代价来求得经济发展。《中国人民银行法》所规定的我国中央银行的货币政策目标，既充分肯定了"稳定货币"是第一性的，又明确稳定货币的目标是"促进经济增长"，它是在克服单一目标片面性的同时，对双重目标内容和关系的重新界定。这一规定既适应大力发展社会主义市场经济的内在要求，又符合我国现阶段的国情。目前，我国正处于经济起飞时期，要大力发展社会主义市场经济，缩小差距，赶上经济发达国家，经济必须保持一定的增长速度，而要保持经济持续、快速、健康发展，必须保持货币的稳定。只有在稳定货币的基础上，才能进一步促进经济的增长，达到积极稳定地发展的良性循环。另外，我国中央银行法未将"充分就业""国际收支平衡"作为中国人民银行货币政策目标，这主要是因为我国工业化程度还不高，农业人口占全国总人口的80%，整个国民经济的国际化程度有待于进一步加强。因此，《中国人民银行法》将保持货币币值的稳定并以此促进经济增长作为货币政策目标是符合我国国情的。

（三）中国人民银行的货币政策工具

《中国人民银行法》第23条规定，我国中央银行可以运用的货币政策工具有以下六种：

1. 存款准备金政策。存款准备金政策是指中央银行在法律所赋予的权力范围内通过规定或调整商业银行缴存中央银行的存款准备金比率，控制商业银行的信用创造能力，间接地控制社会货币供应量的活动，其主要内容包括：①规定存款准备金率；②规定存款准备金的缴存范围；③规定存款准备金缴存时间以及迟缴、少缴的处罚。

2. 基准利率政策。基准利率是利率体系中起主导作用的基础利率，它的水平和变动决定其他各种利率的水平和变化。中国人民银行通过对基准利率的调整来实现紧缩银根或放松银根的目的。

3. 再贴现政策。贴现就是以未到期的票据向商业银行转让，融通资金。再贴现是指商业银行或其他金融机构将贴现所获得的未到期票据向中央银行转让，也就是商业银行和中央银行之间的票据买卖和资金让渡。再贴现政策就是中央银行通过制定或调整再贴现利率来干预和影响市场利率及货币市场的供应与需求，从而调节市场货币供应量的一种金融政策。其内容包括：再贴现的条件、对象和范围，再贴现率，再贴现的业务程序。

4. 再贷款政策。再贷款是指中央银行对商业银行的贷款。中国人民银行通过再贷款控制和调节商业银行的信贷活动，从而控制和调节货币供应量和信用总量。

5. 公开市场政策。公开市场政策是指中央银行为实现货币政策目标而在公开市场上买进或卖出有价证券的行为。根据《中国人民银行法》的规定，我国中央银行公开市场业务仅限于买卖国债和其他政府债券及外汇，不能从事其他有价证券，如公司债券、股票等的买卖。1997年4月12日中国人民银行发布的《公开市场业务暨一级交易商管理暂行规定》，规定了公开市场业务交易的品种、对象、方式等具体事项。

6. 其他货币政策工具。如货币限额、消费信用控制、不动产信用控制等。

五、我国中央银行的组织机构

中国人民银行实行行长负责制。行长领导中国人民银行的工作，副行长协助行长工作。中国人民银行设行长一人，副行长若干人。行长人选根据国务院总理的提名由全国人民代表大会决定；全国人民代表大会闭会期间，由全国人民代表大会常务委员会决定，由国家主席任免。

副行长由国务院总理任免。

中国人民银行根据履行职责的需要设立分支机构，作为中国人民银行的派出机构。中国人民银行对分支机构实行集中统一领导和管理。中国人民银行的分支机构根据中国人民银行的授权，负责本辖区的金融监督管理，承办有关业务。

六、人民币发行管理

人民币发行管理，主要是人民币发行计划的编制管理和人民币发行计划的执行管理。

（一）人民币的法律地位

人民币是我国的法定货币。在我国境内，凡以货币计算的债权、债务以及经济业务、劳动报酬，都必须以人民币为支付工具进行计价折算；以人民币支付的一切公共的和私人的债务，任何单位和个人不得拒收。为了贯彻执行我国独立自主的货币政策，避免国际金融市场的不利影响，人民币只限于国内流通使用，禁止携带出境。凡携带或私运国家货币出入国境者，一律没收；出入国境的邮件，查有夹带国家货币者，没收其货币。但携带小额人民币作为纪念的，海关可以在规定的限额内予以放行。

（二）货币发行决定权属于国务院

货币发行关系着全国的商品生产和流通，关系着币值、物价和人民生活的稳定，因此，货币发行权必须集中于中央。1949 年 9 月中国人民政治协商会议第一次会议通过的《中国人民政治协商会议共同纲领》明确规定，货币发行权属于国家。《中国人民银行法》第 5 条规定，中国人民银行就年度货币供应量、利率、汇率和国务院规定的其他重要事项作出的决定，报国务院批准后执行。国家禁止伪造、变造人民币；禁止出售、购买伪造、变造的人民币；禁止运输、持有、使用伪造、变造的人民币；禁止故意毁损人民币；禁止在宣传品、出版物或者其他商品上非法使用人民币图样。任何单位或个人不得印制、发售代币票券以代替人民币在市场上流通。残缺、污损的人民币，按照中国人民银行的规定兑换，并由中国人民银行负责收回、销毁。

（三）货币发行由中国人民银行执行

国家授权中国人民银行掌管货币发行，中国人民银行是我国唯一的货币发行机关。

中国人民银行设立人民币发行库，在其分支机构设立分支库。分支库调拨人民币发行基金应当按照上级库的调拨命令办理。任何单位和个人不得违反规定动用发行基金。

七、中国人民银行业务活动的法律规定

（一）中国人民银行业务活动的特点

中国人民银行是我国的中央银行，为履行其调节经济、金融监管的职能，必然要开展业务活动。作为特殊的金融机构，中国人民银行的业务活动有其特点：①业务活动不以营利为目的；②对商业银行的存款不付利息；③业务对象是政府、商业银行和其他金融机构。

（二）中国人民银行业务活动的范围

根据《中国人民银行法》第四章的规定，中国人民银行的主要业务有：①为银行业金融机构开立账户；②要求金融机构交存存款准备金；③确定中央银行基准利率；④为在中国人民银行开立账户的金融机构办理再贴现；⑤向商业银行提供贷款；⑥在公开市场上买卖国债和其他政府债券及外汇；⑦依照法律、行政法规的规定经营国库；⑧代理国务院财政部门向各金融机构组织发行、兑付国债和其他政府债券；⑨组织或协助组织金融机构相互之间的清算系统，协调金融机构相互之间的清算事项，提供清算服务；⑩法律、行政法规规定的其他业务。

中国人民银行在进行业务活动时，不得对金融机构的账户透支；不得对政府财政透支，不得直接认购、包销国债和其他政府债券；不得向地方政府、各级政府部门提供贷款，不得向非

银行机构以及其他单位和个人提供贷款，但国务院决定中国人民银行可以向特定的非银行金融机构提供贷款的除外；不得向任何单位或个人提供担保。

八、中国人民银行金融监督管理的法律规定

（一）金融监督管理的定义

金融监督管理简称金融监管，是指中央银行依据法律准则和法律程序对金融主体、金融业务活动和金融市场实行检查、稽核、组织和协调。金融监管是中国人民银行的重要职能和职责之一。中央银行实施金融监督，对于保证货币政策的顺利实施，抑制通货膨胀，保障公众利益，保持社会安定以及保证金融体系安全，保证金融市场稳定，都具有十分重要的意义。中共十八届三中全会通过的《中共中央关于全面深化改革若干重大问题的决定》明确指出："落实金融监管改革措施和稳健标准，完善监管协调机制，界定中央和地方金融监管职责和风险处置责任。"这一规定为改革和完善我国金融监管法律制度明确了方向。

（二）金融监管的目标

1. 保证金融业经营的安全性。保证金融业经营的安全性就是保证整个银行体系存贷款的安全可靠，从而维持广大存款人及社会公众的合法权益，保证金融业务的稳定。金融机构以货币信用为经营活动的内容，以追逐利润的最大化为唯一的经营目标。经营风险较大的经营业经营活动的失败会破坏整个社会的信用链条，以至动摇货币制度，造成社会经济的混乱，因此，必须加强对其监督，并把经营的安全性作为监管的首要目标。

2. 保证中央银行货币金融政策的一致性。所谓货币金融政策的一致性，是指通过中央银行的外部监督管理，使商业银行经营活动与中央银行的货币政策目标保持一致。中央银行运用各种货币政策工具推行其政策，实现货币政策目标时，是以商业银行业务经营活动为其中介而传导的。但商业银行以追求利润的最大化为经营目标。因此，中央银行的政策意向往往与商业银行的业务经营活动不一致。有鉴于此，中央银行为了保证货币政策的顺利实施，就必须通过严格的监督管理活动，限制商业银行那些与中央银行政策意向不一致的经营活动，促使它们配合中央银行贯彻实施货币政策。

3. 保持金融市场的稳定性。金融市场是把社会闲置资金引导到生产建设中去的媒介。健全的金融市场是货币政策有效发挥作用的基础。中央银行参与金融市场的重要任务就是稳定金融市场，为社会经济的发展创造一个良好的融通资金的环境。因此，中央银行必须通过金融监督管理活动，保持金融市场的稳定性，进而实现国有经济持续、健康、协调发展。

（三）中国人民银行金融监管的对象和内容

1. 中国人民银行金融监管的对象。中国人民银行金融监管的对象是国有商业银行、地方商业银行、保险公司、信托投资公司、财务公司、证券公司、租赁公司、城乡信用合作社等银行和非银行金融机构。

2. 中国人民银行金融监管的内容。中国人民银行对金融监管的内容主要包括：①监管银行业同业拆借市场和银行间债券市场；②监督管理黄金市场；③实施外汇管理，监管银行间外汇市场；④监管支付结算与清算。

（四）中国人民银行的金融监管机构的主要职权

根据《中国人民银行法》第五章的规定，中国人民银行在对金融机构进行监督管理时，享有以下主要职权：

1. 全面监督检查权。全面监督检查权是指中国人民银行有权对金融机构以及其他单位和个人的下列行为进行检查监督：①执行有关存款准备金管理规定的行为；②与中国人民银行特种贷款有关的行为；③执行有关人民币管理规定的行为；④执行有关银行间同业拆借市场、银行间债券市场管理规定的行为；⑤执行有关外汇管理规定的行为；⑥执行有关黄金管理规定的行为；⑦代理中国人民银行经理国库的行为；⑧执行有关清算管理规定的行为；⑨执行有关反洗钱规定的行为。

2. 直接监督检查权。直接监督检查权是指当银行业金融机构出现支付困难，可能引发金融风险时，为了维护金融稳定，中国人民银行经国务院批准，有权对银行业金融机构进行检查监督。

3. 建议检查监督权。建议检查监督权是指中国人民银行根据执行货币政策和维护金融稳定的需要，可以建议国务院银行业监督管理机构对银行业金融机构进行监督检查。国务院银行业监督管理机构应当自收到建议之日起 30 日内予以答复。

4. 要求报送资料权。要求报送资料权是指中国人民银行根据履行职责的需要，有权要求银行业金融机构报送必要的资产负债表、利润表以及其他财务会计、统计报表和资料。

5. 行政处罚权及法律、行政法规规定的其他权利。

第三节　商业银行法

一、商业银行法概述

（一）商业银行的定义及特点

商业银行是指依照《商业银行法》和《公司法》设立的吸收公众存款、发放贷款、办理结算等业务的企业法人。它的基本职能是通过各种融资渠道和信用手段筹集货币资金，为商品生产和商品流通提供所需的货币资金和信用工具，促进国民经济发展。

商业银行有以下几个基本特点：①它的资金来源主要是吸收公众存款，特别是它吸收的活期存款。西方国家习惯上将经营一年以下短期信用的银行称为商业银行，这是其他金融机构所不能从事的业务。②它主要从事商业性货币信用业务，且业务范围比较广泛，不受专业分工的限制，与其他银行相比，被称为百货公司式的银行。③它以追求利润的最大化为经营目的。

（二）商业银行的分类

按银行资本的组织形式不同，可以将商业银行分为以下三类：

1. 国有商业银行。包括中国工商银行、中国农业银行、中国银行、中国建设银行等。严格讲，"国有银行"是全部资本来源于国家的银行。近年来，随着国有商业银行的股份制改造，真正意义上的国有商业银行并不存在，但经过股份制改造后的国有控股的商业银行，习惯上也被称为国有商业银行。

2. 股份制商业银行。包括交通银行、招商银行、深圳发展银行、烟台住房储蓄银行、蚌埠住房储蓄银行、福建兴业银行、广东发展银行等。

3. 外资银行。包括：香港上海汇丰银行、标准渣打（麦加利）银行（深圳、厦门、珠海、海口分行）、东亚银行深圳厦门分行、华侨银行有限公司（厦门分行）、东京银行（深圳、上海分行）、日本兴业银行（上海办事处）、第一劝业银行（上海分行）、三和银行（深圳、上海分行）、花旗银行（深圳、上海等分行）、美洲银行（上海分行）、里昂信贷银行（厦门分行）等。

（三）商业银行法的定义

商业银行法是调整商业银行在设立、变更、终止及开展业务活动中发生的各种社会关系的法律规范的总称。商业银行法的内容包括商业银行的性质、种类、地位、法律形式、管理体制、业务范围、监督管理、法律性质等。我国规范商业银行行为的基本法律是 1995 年 5 月 10

日第八届全国人民代表大会常务委员会第十三次会议通过，1995 年 7 月 1 日起施行的《中华人民共和国商业银行法》。2003 年 12 月 27 日第十届全国人民代表大会常务委员会第六次会议审议通过了《关于修改〈中华人民共和国商业银行法〉的决定》（自 2004 年 2 月 1 日起施行）。2015 年 8 月 29 日第十二届全国人民代表大会常务委员会第十六次会议通过了《全国人民代表大会常务委员会关于修改〈中华人民共和国商业银行法〉的决定》（自 2015 年 10 月 1 日施行）。

二、商业银行的设立、变更、接管和终止的法律规定

（一）商业银行的设立

1. 设立的条件。商业银行的设立是指商业银行创办人依照法律规定的条件和程序，取得商业银行合法资格的行为。《商业银行法》第 11 条规定："设立商业银行，应当经国务院银行业监督管理机构审查批准。未经国务院银行业监督管理机构批准，任何单位和个人不得从事吸收公众存款等商业银行业务，任何单位不得在名称中使用'银行'字样。"

设立商业银行应该具备下列条件：①有符合《商业银行法》和《公司法》规定的章程。②有符合《商业银行法》规定的注册资本最低限额，即设立全国性商业银行的注册资本最低限额为 10 亿元人民币，城市合作商业银行的注册资本最低限额为 1 亿元人民币，农村合作商业银行的注册资本最低限额为 5000 万元人民币。注册资本应当是实缴资本。中国银监会根据经济发展可以调整注册资本最低限额，但不得少于前述规定的限额。③有具备任职专业知识和业务工作经验的董事长（行长）、总经理和其他高级管理人员。④有健全的组织机构和管理制度。⑤有符合要求的营业场所、安全防范措施和与业务有关的其他设施。

同时，设立商业银行，还应当符合其他审慎性条件。

国务院银行业监督管理机构审查设立申请时，应当考虑经济发展的需要和银行业竞争的状况。经批准设立的商业银行，由国务院银行业监督管理机构颁发经营许可证，并凭许可证向工商行政管理部门办理登记，领取营业执照。

2. 商业银行的法律地位。商业银行是经营货币信用业务的金融企业，是具有民事权利能力和民事行为能力，依法自主经营、自负盈亏的企业法人，银行以其全部法人财产独立承担民事责任。商业银行与中央银行不同，不是国家的金融行政监管机关，没有进行金融行政管理的职权。商业银行与政策性银行也不同，不承担国家的政策性金融业务。商业银行在其经营自主权范围内开展业务活动，坚持效益性、安全性、流动性的经营原则，实行自主经营、自担风险、自负盈亏、自我约束、以追求利润最大化为经营目的。

3. 商业银行分支机构的设立及法律地位。《商业银行法》第 19 条规定："商业银行根据业务需要可以在中华人民共和国境内外设立分支机构。设立分支机构必须经国务院银行业监督管理机构审查批准。在中华人民共和国境内的分支机构，不按行政区划设立。商业银行在中华人民共和国境内设立分支机构，应当按照规定拨付与其经营规模相适应的营运资金额。拨付各分支机构营运资金额的总和，不得超过总行资本金总额的 60%。"申请人应当向国务院银行监督管理机构提交下列文件、资料：①申请书。申请书应当载明拟设立的分支机构的名称、营运资金额、业务范围、总行及分支机构所在地等。②申请人最近 2 年的财务会计报告。③拟任职的高级管理人员的资格证明。④经营方针和计划。⑤营业场所、安全防范措施和与业务有关的其他设施的资料。⑥国务院银行监督管理机构规定的其他文件、资料。

国务院银行监督管理机构对设立分支机构的申请进行审查，对符合法律规定的，予以批准设立，发给经营许可证。经批准设立的商业银行分支机构，由国务院银行监督管理机构颁发经营许可证，并凭该许可证向工商行政管理部门办理登记，领取营业执照。由于分支机构不是法

人，不具有法人资格，故其领取的是"营业执照"。商业银行的分支机构在总行范围内依法开展业务，其民事责任由总行承担。

（二）商业银行的变更

商业银行的变更包括商业银行的事项变更和主体变更。

1. 事项变更。主要包括：①变更名称；②变更注册资本；③变更总行或分支行所在地；④调整业务范围；⑤变更持有资本总额或股份总额5%以上的股东；⑥修改章程；⑦中国银监会规定的其他事项。

2. 主体变更。主要变更是指商业银行的分立与合并。商业银行的分立是指商业银行依照有关法律规定分成两个或两个以上商业银行的行为；而商业银行的合并是指2个或2个以上的商业银行按照有关法律规定组成一个新的商业银行的行为。商业银行的分立、合并适用《中华人民共和国公司法》的规定，并经中国银监会审查批准。

（三）商业银行的接管

接管是指中国银监会在商业银行已经或者可能发生信用危机、严重影响存款人利益时，对该银行采取的整顿和改组等措施。接管的目的是保护存款人的利益，恢复商业银行的正常经营能力。由于中国银监会自身不从事经营活动，接管也不是为了自己利益，而是为了他人利益，且不以营利为目的，所以，《商业银行法》第64条第2款规定："被接管的商业银行的债权债务关系不因接管而变化。"就是说，因接管而产生的民事责任，仍由被接管的商业银行承担。

（四）商业银行的终止

终止是指商业银行因出现解散、被撤销和被宣告破产等法律规定的情形而消灭其法律主体资格的法律行为。商业银行因下列原因而终止：

1. 解散。它是指银行由于出现了法定事由或公司章程规定的情况，而停止对外的经营活动，清算未了结的债权债务，使银行法人资格消灭的法律行为。解散由银行股东会议通过后，向中国银监会提出申请，并附解散的理由和支付存款的本金和利息等债务清偿计划，经中国银监会批准后解散。

2. 撤销。商业银行应当依照法律、法规的规定正确使用经营许可证，如果违反法律规定进行经营活动，中国银监会有权吊销其经营许可证，撤销违法经营的商业银行。《商业银行法》第74条明确规定了中国银监会可吊销商业银行经营许可证的情形。另外，《商业银行法》第23条规定，商业银行自取得营业执照之日起无正当理由超过6个月未开业的，或者开业后自行停业连续6个月以上的，由中国银监会吊销其经营许可证。

3. 破产。商业银行因不能支付到期债务，可以经中国银监会同意后，由人民法院依法宣告破产，商业银行因破产而终止。

三、商业银行的组织体制、组织形式和组织机构

（一）我国商业银行的组织体制

我国商业银行实行的是总分行制的组织体制。总分行制也称为分支行制，是指依法可以在国内外开设分支机构的银行体制。在分支行体制下，各商业银行经营范围广、经营规模大，与社会发生的信用关系广泛，金融业务多种多样，经营成本也相对较低。其总行可以对各分支行机构的业务活动及资金进行合理调剂，尽量分散和减少信用风险，因此，总分行制是目前世界上绝大多数国家商业银行所实行的一种体制。我国《商业银行法》第19条第1款规定："商业银行根据业务需要可以在中华人民共和国境内外设立分支机构。"

（二）商业银行的组织形式

《商业银行法》第17条第1款规定："商业银行的组织形式、组织机构适用《中华人民共和国公司法》的规定。本法施行前设立的商业银行，其组织形式、组织机构不完全符合《中华人民共和国公司法》规定的，可以继续沿用原有的规定，适用前款规定的日期由国务院规定。"根据该规定，我国商业银行的组织形式有两种：有限责任公司形式的商业银行和股份有限公司形式的商业银行。

1. 有限责任公司形式的商业银行。它又有两种存在的形式：①有限责任公司式的商业银行。它是指 2 个以上、50 个以下股东共同出资设立经营银行业务，股东以其出资额为限对银行承担责任，银行以其全部资产对银行的债务承担责任的商业银行。②国有独资公司形式的商业银行。它是指由国家授权投资机构或者国家授权的部门单独投资设立的有限责任公司形式的商业银行。国有独资公司形式的商业银行是有限责任公司形式商业银行的特殊表现形式，它只有一个股东，即国家。国有独资商业银行的章程由国家授权投资的机构或者国家授权的部门依照公司法的规定制定，或由董事会制定，报国家授权投资的机构或者国家授权的部门批准。国家授权投资的机构或者国家授权的部门依照法律、行政法规的规定，对国有独资商业银行的国有资产实施监督管理。

2. 股份有限公司形式的商业银行。它是指银行的全部资本分为等额股份，股东以其所持股份为限对银行承担责任，银行则以其全部资产对银行的债务承担责任的商业银行。

（三）商业银行的组织机构

根据《商业银行法》第 17 条的规定，我国商业银行的组织机构包括股东会或股东大会、董事会、行长或总经理、监事会。

1. 股东会或股东大会。根据《公司法》的规定，有限责任公司形式的商业银行设股东会，股份有限公司形式的商业银行则设股东大会。股东会或股东大会是商业银行的权力机构，依法行使下列职权：①决定商业银行的经营方针和投资计划；②选举和更换董事，决定有关董事的报酬事项；③选举和更换股东代表出任的监事，决定有关监事报酬事项；④审议批准董事会的报告；⑤审议批准监事会或监事的报告；⑥审议批准商业银行的年度财务预算方案；⑦审议批准商业银行的利润分配方案和弥补亏损方案；⑧对商业银行增加或减少注册资本作出决议；⑨对发行金融债券作出决议；⑩对有限责任公司形式商业银行的股东向股东以外的人转让出资做出决议；⑪对商业银行合并、分立、变更组织形式、解散和清算等事项作出决议；⑫修改商业银行的章程。

商业银行股东会或股东大会由董事会召集，董事长主持。董事长因特殊原因不能履行职务时，由董事会指定的副董事长或其他董事主持。

国有独资商业银行不设股东会，由国家授权投资的机构或者国家授权的部门授权董事会行使股东的部分职权，决定重大事项。但商业银行的合并、分立、解散、增减资本和发行金融债券，必须由国家授权投资的机构或者国家授权的部门决定。

2. 董事会。根据《公司法》的规定，商业银行设董事会。董事会是商业银行的决策执行机构。董事会的成员，有限责任公司形式的商业银行为 3 ~ 13 人，股份有限公司形式的商业银行为 5 ~ 19 人。国有独资商业银行的董事会成员由 3 ~ 9 人组成，由国家授权投资的机构或者国家授权的部门按照董事会的任期委派或更换。董事任期由章程规定，但每届任期不得超过 3 年，可连选连任。董事会设董事长 1 人，副董事长 1 ~ 2 人。董事长、副董事长产生的办法，有限责任公司形式的商业银行由章程规定；国有独资公司形式的商业银行由国家授权投资的机构或者国家授权的部门从董事会成员中指定；股份有限公司形式的商业银行由董事会以全体董事过半数选举产生。董事长为商业银行的法定代表人。

商业银行董事会对股东会或股东大会负责，行使下列职权：①负责召集股东会或股东大会，并向股东会或股东大会报告工作。②执行股东会或股东大会的决议。③决定商业银行的经营计划和投资方案。④决定商业银行的年度财务预算方案、决算方案。⑤制订商业银行的利润分配方案和弥补亏损方案。⑥制订商业银行增加或减少注册资本的方案以及发行金融债券的方案。⑦拟定商业银行合并、分立、解散的方案。⑧决定商业银行内部管理机构的设置。⑨聘任或者解聘行长（总经理）；根据行长（总经理）的提名，聘任或者解聘副行长（副总经理）、财务负责人；决定其报酬事项。⑩制定公司的基本管理制度。

董事长会议由董事长召集和主持。董事长因特殊原因不能履行职务时，由董事长指定副董事长或者其他董事召集和主持。有限责任公司形式的商业银行董事会的议事方式和表决程序由章程决定；股份有限公司形式的商业银行董事会会议每年度至少召开 2 次，并且应由 1/2 以上的董事出席方可举行，董事会作出的决议，必须经全体董事过半数通过。

3. 行长或总经理。行长或总经理为商业银行的日常经营管理机关，由董事会聘任或解聘。行长或总经理对董事会负责，行使下列职权：①主持商业银行的经营管理工作，组织实施董事会决议；②组织实施商业银行年度经营计划和投资方案；③组织实施商业银行年度经营计划和投资方案；④拟订商业银行内部管理机构设置方案；⑤拟订商业银行的基本管理制度；⑥制定商业银行的具体规章；⑦提请聘任或解聘副行长或副经理和财务负责人；⑧聘任或解聘除应由董事会聘任或解聘以外的经营管理人员；⑨商业银行章程或董事会授予的其他职权。

商业银行的行长或总经理可列席董事会会议。

4. 监事会。商业银行应按《公司法》的规定设立监事会。监事会的成员不得少于 3 人，由股东代表和适当比例的职工代表组成，具体比例由章程规定。监事会中的职工代表由职工民主选举产生。董事、行长及财务负责人不得兼任监事。监事的任期每届为 3 年，可连选连任。监事会行使下列职权：①检查商业银行的财务；②对董事、行长或总经理执行职务时违反法律、法规或者章程的行为进行监督；③当董事和行长或总经理的行为损害商业银行的利益时，要求其予以纠正；④提议召开临时股东大会；⑤商业银行章程规定的其他职权。

监事也可列席董事会会议。

国有独资商业银行的监事会由中国人民银行、政府有关部门的代表、有关专家和本行工作人员的代表组成。监事会产生办法由国务院规定。监事会对国有独资商业银行的信贷资产质量、资产负债比例、国有资产保值增值等情况以及高级管理人员违反法律、行政法规或章程的行为或损害银行利益的行为进行监督。

四、商业银行的监督管理

（一）商业银行的自我监督

1. 建立、健全业务管理、现金管理和安全防范制度。商业银行按照中国人民银行规定建立、健全本行的业务管理、现金管理和安全防范制度。业务管理制度包括资产管理、负债管理和中间业务管理的基本规则；现金管理制度包括银行本身的现金业务管理和对开户单位的现金管理监督规则；安全防范制度包括对现金库、银行账户、保管箱及消防、安全保卫等方面的防范措施。

2. 建立、健全自身及其分支机构的稽核检查制度。《商业银行法》第 60 条规定，商业银行应当建立、健全本行对存款、贷款、结算、呆账等各项情况的稽核、检查制度。内部稽核、检查是一种对于商业银行自身及其分支机构所从事的业务活动，以会计核算资料为主要依据，以法律、法规和有关规定为标准，对存款、贷款、结算、呆账等情况的真实性、合法性、安全性和效益性进行检查的一种内部经济监督方式。这种自我监督对于商业银行合法、安全、有效地经营是十分重要的。

（二）中国银监会和中国人民银行的监督管理

1. 资产负债比例管理。它是指《商业银行法》规定的商业银行在经营过程中，应该达到的资本充足率、资产流动比率等指标，并以此规范商业银行的经营活动，保证资金的安全性、流动性和营利性。它是中央银行对商业银行实行监督管理的一项重要内容。我国《商业银行法》第 39 条规定，商业银行贷款应当遵守下列资产负债比例管理的规定：①资本充足率不得低于 8%；②流动性资产余额与流动性负债余额的比例不得低于 25%；③对同一借款人的贷款余额与商业银行资本余额的比例不得超过 10%；④国务院银行业监督管理机构对资产负债比例管理的其他规定。

《商业银行法》施行前设立的商业银行，在其施行后，其资产负债比例不符合上述规定的，应当在一定时期内达到资产负债比例的要求。

2. 商业银行同业拆借的管理。商业银行在进行同业拆借时，应当遵守中国人民银行规定的期限，拆借的期限最长不得超过 4 个月。禁止利用拆入资金发放固定资产贷款或者用于投资。拆出资金限于交足存款准备金、留足备付金和归还中国人民银行到期贷款之后的闲置资金。拆入资金用于弥补票据结算、联行汇差头寸的不足和解决临时性周转资金的需要。

3. 商业银行其他方面的监督管理。商业银行在中华人民共和国境内不得从事信托投资和股票业务，不得投资于非自用不动产，不得向非银行金融机构和企业投资。商业银行应当定期向中国人民银行报送资产负债表、损益表以及其他财务会计报表和资料。中国人民银行有权依照银行法规定，随时对商业银行的存款、贷款、结算、呆账等情况进行检查监督。商业银行应当按照中国人民银行的要求，提供财务会计资料、业务合同和有关经营管理方面的其他信息。

（三）国家审计机关的审计监督

《商业银行法》规定，商业银行应当依法接受审计机关的审计、监督。

第四节　政策性银行法

一、政策性银行法的定义

政策性银行是由政府创办的、不以营利为目的的专门经营政策性贷款业务的银行机构。它是适应贯彻国家产业政策、调控宏观经济的需要产生的。在 20 世纪 30 年代，美国、德国、日本率先建立了政策性银行。第二次世界大战后，各国为了恢复战争创伤、发展经济，设立了一批政策性银行，后又为发展基础产业、扶植落后地区经济发展，各国普遍建立了各自的政策性银行体系。我国的政策性银行在 20 世纪 90 年代以后才开始建立。1993 年 12 月 25 日，国务院发布《关于金融体制改革的决定》，提出深化金融改革，组建政策性银行。我国先后组建的中国国家开发银行、中国进出口银行、中国农业发展银行均属于政策性银行。政策性银行是专门配合政府的社会经济政策、贯彻政府的经济意图而设立的，它是政府发展经济、调整产业结构、进行宏观经济调控的金融机构。其作用在于弥补商业银行在资金配置上的缺陷，健全与优化一国金融体系的整体功能，促进国民经济全面、健康发展。

政策性银行与商业银行相比有以下法律特征：

1. 政策性银行由政府创办，属于政府的金融机构。如德国《复兴开发银行法》规定，复兴开发银行为政府所有，其中联邦政府占 80% 的股份，各州政府占 20% 的股份。我国的《国家开发银行章程》第 7 条规定，国家开发银行注册资本为 500 亿元人民币，由财政部核拨。

2. 政策性商业银行不以营利为目的。政策性银行以贯彻和执行政府的社会经济政策为己任，主要是为国家重点建设和按照国家产业政策扶植的行业及企业提供政策性贷款，自主保本经营。

3. 政策性银行主要从事贷款业务，不吸收存款。其资金来源是政府提供的资本金、各种借入资金和发行金融债券筹措的资金，其资金运作多为长期贷款和资本贷款。

因此，政策性银行法是规定政策性银行的组织和行为的法律规范的总称。其内容包括政策性银行的性质、地位、资金来源和运作、业务范围、组织形式和组织机构设立、变更和终止等。

二、中国国家开发银行的法律规定

（一）中国国家开发银行的性质和任务

中国国家开发银行是专门从事政策性国家重点建设贷款及贴息业务的银行，是直属国务院领导的政策性金融机构，对由其安排投资的国家重点建设项目，在资金总量和资金结构配置上负有宏观调控的职责。

中国国家开发银行在金融业务上接受中国人民银行的指导和监督。开发银行总部设在北京。随着业务的发展，开发银行经批准可在国内外设置必要的办事机构。开发银行对国家政策性贷款的拨付业务，优先委托中国建设银行办理，并对其委托的有关业务进行监督。

开发银行的主要任务是：按照国家的法律、法规和方针、政策，建立长期稳定的资金来源，筹集和引导社会资金用于国家重点建设。投资项目不留资金缺口，用于支持国家基础设施、基础产业和支柱产业的大中型基本建设和技术改造等政策性项目及其配套工程的建设。从资金来源上对固定资产投资总量进行控制和调节，优化投资结构，从而逐步建立投资约束和风险责任机制，提高投资效益，促进国民经济持续、快速、健康发展。

（二）中国国家开发银行资金来源、注册资本、经营的业务范围及规则

国家开发银行的资金来源于财政部核拨，其注册资本为 500 亿元人民币。

开发银行主要经营和办理的业务是：①管理和运用国家核拨的预算内经营性建设基金和贴息资金；②向国内金融机构发行金融债券和向社会发行财政担保建设债券；③办理有关的外国政府和国际金融组织贷款的转贷，经国家批准在国外发行债券，根据国家利用外资计划筹借国际商业贷款等；④向国家基础设施、基础产业和支柱产业的大中型基本建设和技术改造等政策性项目及其配套工程发放政策性贷款；⑤办理建设项目贷款条件评审、咨询和担保等业务，为重点建设项目物色国内外合资伙伴，提供投资机会和投资信息；⑥经批准的其他业务。

（三）中国国家开发银行的内部组织形式及财务会计制度

1. 中国国家开发银行的组织形式。中国国家开发银行是由原来负责中国建设银行的一部分政策性业务的机构和国家投资机构组成的，负责管辖中国建设银行和国家投资机构。中国国家开发银行只设总行，不设分支机构。中国国家开发银行总部设在北京。

中国国家开发银行实行行长负责制，设行长 1 人，副行长若干人，均由国务院任命。行长负责全行工作，副行长协助行长工作。中国国家开发银行行长主持行长会议，研究决定以下重大事项：①审定本行的业务方针、计划和重要规章；②审查行长的工作报告；③审定筹资方案，确定政策性贷款计划；④审查、通过本行年度财务决算报告；⑤审定其他重大事项。

2. 中国国家开发银行的监事会。中国国家开发银行设立监事会。国家开发银行监事会由国务院派出，对国务院负责，代表国家对国家开发银行的发展战略、经营管理工作实施监督。监事会的主席，由各监事会成员单位定期轮换担任，每届任期为 3 年。监事会的主要职责是：①监督国家开发银行执行国家方针政策的情况；②监督国家开发银行执行国家方针政策的情况；③监督国家开发银行资金使用方向和资产经营状况；④提出国家开发银行行长的任免建议。监事会不能干预国家开发银行的具体业务。

3. 中国国家开发银行财务会计的规定。中国国家开发银行按照《会计法》《企业会计准则》《企业财务通则》和财政部有关金融、保险企业财务、会计制度执行。中国国家开发银行以公历自然年度为会计年度，每年向财政部报送年度财务决算。中国国家开发银行基本财务报表为资产负债表和损益表，每年定期公布，并由中华人民共和国的注册会计师和审计事务所出具审计报告。

三、中国农业发展银行的法律规定

（一）中国农业发展银行的性质和任务的规定

中国农业发展银行是负责筹集农业政策性信贷资金、办理国家规定的农业政策性金融业务的银行，是直属国务院领导的政策性金融机构。根据《中国农业发展银行章程》的规定，中国农业发展银行是注册资本为200亿元人民币的独立法人，实行独立核算，自主、保本经营，企业化管理。

中国农业发展银行的主要任务，就是按照国家的法律、法规和方针政策，以国家信用为基础，筹集农业政策性信贷资金，承担国家规定的农业政策性金融业务，代理财政性支农资金的拨付，为农业和农村经济发展提供优惠低息贷款。

（二）中国农业发展银行组织机构的规定

中国农业发展银行是直属国务院领导的政策性金融机构，在业务上接受中国人民银行的指导和监督。

中国农业发展银行在机构设置上实行总行、分行、支行制。其中，总行设在北京。分支机构的设置，则须经中国人民银行批准后，在若干农业比重大的省、自治区设派出机构（分行或办事处）和县级营业机构。

中国农业发展银行实行行长负责制，对其分支机构实行垂直领导的管理体制。总行设行长1人，副行长若干人，由国务院任命。行长为法定代表人，负责全行工作，副行长则协助行长工作。分行的正、副行长由总行任命；支行的正、副行长由所在省、自治区、直辖市分行任命。职员则实行行员制。其中，行长负责全行工作，主持行长会议，研究并决定以下重大事项：①本行的业务方针、计划和重要规章制度；②行长的工作报告；③国家重点农业政策性贷款项目；④本行年度决算报告；⑤有关本行的其他重大事项。

中国农业发展银行设立监事会。监事会由国务院派出，对国务院负责，代表国家对中国农业发展银行的发展战略、经营管理工作实施监督。监事会设主席1人，由国务院任命。监事会的主要职责是：①监督中国农业发展银行执行国家方针政策的情况；②检查中国农业发展银行的业务经营和财务状况；③查阅、审核中国农业发展银行的财务会计资料；④监督、评价中国农业发展银行行长的工作，提出任免、奖惩建议。但应当注意的是：监事会只是对中国农业发展银行起监督、检查、评价的作用，却不干预中国农业发展银行的具体业务。具体业务主要是由中国农业发展银行行长主持负责的。

（三）中国农业发展银行经营业务活动的规定

中国农业发展银行主要经营和办理下列业务活动：①办理由国务院确定、中国人民银行安排资金并由财政部予以贴息的粮食、棉花、油料、猪肉等主要农副产品的国家专项储备贷款。②办理粮、棉、油、肉等农副产品的收购贷款及粮油调销、批发贷款；办理承担国家粮、油等产品政策性加工任务企业的贷款和棉麻系统棉花初加工企业的贷款。③办理国务院确定的扶贫贴息贷款、老少边穷地区发展经济贷款、贫困县县办工业贷款、农业综合开发贷款以及其他财政贴息的农业方面的贷款。④办理国家确定的小型农、林、牧、水利基本建设和技术改造贷款。⑤办理中央和省级政府的财政支农资金的贷款拨付，为各级政府设立的粮食风险基金开立专户并代理拨付。⑥发行金融债券。⑦办理业务范围内开户企事业单位的存款。⑧办理开户企事业单位的结算。⑨境内筹资。⑩办理经国务院和中国人民银行批准的其他业务。

（四）中国农业发展银行财务会计制度的规定

从中国农业银行改组而新建的中国农业发展银行，作为独立的法人，其资本金从原来的中国农业银行资本金中拨出一部分解决。中国农业发展银行接管原中国农业银行和中国工商银行的农业政策贷款（债权），并接受相应的人民银行贷款（债务）。

中国农业发展银行的财务会计制度，按照《会计法》《企业会计准则》《会计财务通则》和财政部有关金融、保险企业财务、会计制度执行。中国农业发展银行以公历自然年度为会计年度，每年向财政部报送年度财务决策。中国农业发展银行基本财务报表为资产负债表和损益表，每年定期公布，并由中华人民共和国的注册会计师和审计事务所出具审计报告。

四、中国进出口银行的法律规定

（一）中国进出口银行的性质和任务

中国进出口银行是对我国进出口业实行政策性贷款业务的专业银行，是经营国家进出口方面业务的政策性金融机构。其主要任务是执行国家产业政策和外贸政策，也就是说，进出口银行要以金融手段支持我国出口贸易的发展，尤其是支持机电产品和成套设备出口，以促进出口商品结构的升级换代。

（二）中国进出口银行的资金来源和注册资本

中国进出口银行的资本由财政部核拨。该行资金来源主要是财政专项资金和对金融机构发行的金融债券。

业务范围主要是：为大型机电成套设备进出口提供买方信贷和卖方信贷；为成套机电产品出口信贷办理贴息及出口信贷担保。不办理商业银行业务。

该行坚持自担风险、保本经营，不与商业性金融机构竞争，其业务受中国人民银行监督。

（三）中国进出口银行的经营范围、经营原则和经营措施

1. 进出口银行的经营范围。包括：①提供进出口信贷；②提供信贷担保等业务；③兼办出口信用保险业务；④其他业务。

2. 经营原则。中国进出口银行必须坚持自主、保本经营，实行企业化管理的原则。进出口银行作为政策性银行，要通过经营活动，为支持我国成套设备与机电产品出口做出贡献；要在经营活动中取得效益，把政策性与效益性统一起来。银行加强管理，综合经营，增收节支，在取得财政合理补贴后实现保本和争取盈利。

3. 经营措施。从总体上讲，要增强风险意识，建立安全防范机制。

（四）中国进出口银行的组织机构与财务制度

中国进出口银行设董事会。董事会设董事长1人，视需要设副董事长。董事长可兼银行行长。董事长、银行行长都由政府或政府部门授权任免。

中国进出口银行设监事会。监事会由国务院派出，对国务院负责，代表国家对中国农业发展银行的发展战略、经营管理工作实施监督。监事会设主席1人，由国务院任命。监事会受国务院委托对其经营方针及国有资产的保值、增值情况，对银行行长的经营业绩进行监督检查，对银行行长的工作作出评价和建议。

中国进出口银行只设总行，不设营业性分支机构，其信贷业务由中国银行和其他商业银行代理，在个别大城市，可设派出机构（办事处或代表处），负责调查统计和监督代理等事宜。

中国进出口银行的财务制度与其他政策性银行类似。

■ **思考题**

1. 试述金融法及其体系。
2. 试述金融法在防范和化解金融风险中的作用。
3. 试述金融法在经济法体系中的地位。
4. 试述中国人民银行的地位和职能。
5. 中国人民银行的货币政策工具有哪些?
6. 商业银行有哪些特征?
7. 什么是政策性银行? 它有哪些特征?

■ **参考书目**

1. 朱大旗:《金融法》,中国人民大学出版社 2007 年版。
2. 强力:《金融法》,法律出版社 2004 年版。
3. 吴志攀:《金融法概论》,北京大学出版社 2000 年版。

第二十四章　国有资产监督管理法律制度

第一节　国有资产监督管理法律制度概述

一、国有资产、国有资产监督管理和国有资产监督管理法的定义

（一）国有资产的定义及分类

国有资产是指国家依法取得和认定的，或者国家以各种形式对企业投资和投资收益、国家向行政事业单位拨款等形成的财产。国有资产是国家所有权的客体，国家是国有资产所有权的唯一主体。

国有资产包括以下三类：

1. 经营性资产。经营性资产是指国家作为投资者，投资于各种类型的企业，用于生产、经营或者服务性活动而形成的国有资产及其收益。这部分国有资产被称为企业国有资产。

2. 非经营性资产。非经营性资产是指国家以拨款或者其他形式形成的，由行政事业单位占有、使用的各类资产。

3. 资源性资产。资源性资产是指具有开发价值，依法属于国家的自然资源。资源性资产主要包括：土地、矿藏、水流、森林、草原、海洋、湖泊和滩涂等。我国绝大多数自然资源属于国家所有。

国家投入于非营利性的行政和事业单位的国有资产的管理及其使用，由于在理论上与公权力机关及公共团体的组织法密不可分，因此应当属于行政法的调整范围，故本章不予论述。土地、森林、矿产、水流等国有自然资源的管理，由《土地管理法》《森林法》《水法》《矿产资源法》等自然资源保护和管理方面的专项性法律进行调整，在理论上应当属于自然资源法的调整范围，因此也不纳入本章的论述范围。本章只阐述国家投资于企业之中的经营性国有资产的管理及其运营的基本法律制度，因此，下述"国有资产"仅指"企业国有资产"。

（二）国有资产监督管理的定义

国有资产监督管理是指政府及其国有资产监管机构依法对国有资产所有权的行使、管理权限划分、资产运营状况、收益获取、资产处分等行为所进行的监督、管理活动的总称。

国有资产管理的主要任务是：①确保国有资产的国家所有权不被侵犯；②优化国有资产结构；③保障国有资产的保值增值；④正确处理国家所有权人与企业事业单位使用权人之间的关

系，维护国有资产使用单位的合法权益。

（三）国有资产监督管理法的定义

国有资产监督管理法是指调整政府及其国有资产监管机构在监督管理国有资产的投资、运营、收益、处分过程中与国有资本投资公司、运营公司之间发生的社会关系的法律规范的总称。现行国有资产管理法最主要的是第十一届全国人大常委会第五次会议于 2008 年 10 月 28 日通过、于 2009 年 5 月 1 日起施行的《中华人民共和国企业国有资产法》，该法共 9 章 77 条，主要对企业国有资产的监督管理体制、国家出资企业、关涉国有资产出资人权益的重大事项、国有资本经营预算等问题作了比较全面的规定。2015 年 10 月 25 日，国务院发布了《关于改革和完善国有资产管理体制的若干意见》（以下简称《国资管理意见》），该意见明确要求，正确处理好政府与市场的关系，以管资本为主，加强国有资产监管，改革国有资本授权经营体制，真正确立国有企业的市场主体地位。

二、国有资产监督管理法的基本原则

（一）国家统一所有、政府分级监管的原则

国家统一所有是指国家是国有资产的所有者，国务院代表国家统一行使国有资产的所有权，其他任何地区、任何单位都不是国有资产的所有者主体。政府分级监管是指县级以上各级人民政府，依法或依照国务院的授权，对其管辖的国有资产具体行使所有权的管理职能。

党的十八届三中全会的决定，明确指出："公有制为主体、多种所有制经济共同发展的基本经济制度，是中国特色社会主义制度的重要支柱，也是社会主义市场经济体制的根基。""必须毫不动摇巩固和发展公有制经济，坚持公有制主体地位，发挥国有经济和主导作用。"国有资产作为公有资产的重要组成部分，其所有权只有掌握在国家手中，才能体现其全民所有的性质，才能发挥其在国民经济中的主导作用。但是我国是一个地域宽广的国家，国家资产不仅很多，而且分布很广泛，国务院不可能对国家资产都进行直接管理，它除了对一部分中央管辖的国有资产进行管理外，还可授权地方政府对其管辖的国有资产进行管理，以充分调动地方各级人民政府的积极性。国家统一所有、政府分级监管的原则，集中表现在国务院与地方人民政府对国有资产享有的权利不同。国务院享有对国有资产管理的立法权、资产划拨权、财产处置的决定权、收益权和监督权；地方各级人民政府对其直接管辖的国有资产行使有限制的占有权、使用权、收益权和处分权。

（二）政府的公共管理职能与国有资产出资人职能分开的原则

政府的公共管理职能与国有资产出资人职能分开是指政府以社会管理者的身份行使的职能与财产所有者的代表身份行使的职能相分离。这两种职能分开，主要是因为这两种职能产生的依据及性质不同。政府的公共管理职能依据的是政治权力，而国有资产出资人的职能依据的是财产权利。马克思曾经指出："在我们面前是两种权力，一种是财产权，也就是所有者的权利；另一种是政治权力，即国家的权力。"[1]坚持这两种职能分开的原则，不仅有利于彻底克服计划经济体制下长期形成的政企不分、政资不分造成的各种弊端，同时也有利于资产的增值和保值。

（三）国有资产的所有权与经营权相分离的原则

国有资产的所有权与经营权相分离是指在保持国有资产所有权不变的前提下，国有资产占有者、使用者对国家授予其经营管理的财产依法享有经营权。经营权是从所有权中派生出来的

---

[1] 《马克思恩格斯选集》（第 1 卷），人民出版社 1995 年版，第 170 页。

一种独立的财产权。但国有企业经营权的存在，并不否认国家对国有资产的所有权。所有权与经营权分离的原则产生于我国的经济体制改革时期，并在改革中得到了发展和完善。该原则是1984年10月党的十二届三中全会提出来的，目的是改革国有企业原有的经营管理模式，搞活国有企业。1988年颁布的《全民所有制工业企业法》，对两权分离原则在法律上首次作了规定。该法规定："企业的财产属于全民所有，国家依照所有权和经营权分离的原则授予企业经营管理。企业对国家授予其经营管理的财产享有占有、使用和依法处分的权利。"1992年颁布的《全民所有制工业企业转换经营机制条例》从14个方面对经营权作了具体规定。党的十四届三中全会作出的《关于建立社会主义市场经济体制若干问题的决议》又明确提出企业法人财产权。[1]1994年7月施行的《公司法》又进一步规定，公司股东作为出资者按投入公司的资本额享有所有者的资产受益、重大决策和选择管理者等权利；公司中的国有资产所有权属于国家。公司享有由股东投资形成的全部法人财产权，从而使所有权与经营权相分离的原则发展为出资者所有权与企业法人财产权相分离的原则，使所有权与经营权分离理论得到了完善。

第二节　国有资产监督管理的基本法律制度

一、国有资产监督管理体制概述

（一）国有资产监督管理体制的定义及沿革

国有资产监督管理体制是指国有资产管理的机构设置、职权（或职责）划分、管理方式等有关制度的总称。

我国国有资产监督管理体制随着计划经济向市场经济改革的转变，经历了多次改革。在计划经济时期，我国国有资产监督管理体制是按照传统的经济理论建立起来的，国家没有设立国有资产监督管理的专门机构，实行了一种国有资产监督管理主体多元化的体制。政府通过按产品门类设置的经济部门统一组织国有企业的经济活动，企业的生产活动和产品的销售活动按政府下达的指令性计划完成，财政、银行、计委、企业主管部门等都是国有资产监督管理的主体。这一时期，国有资产监督管理体制的基本特点是分级管理、多头管理和计划管理。随着经济体制改革的推进，国有企业按照所有权与经营权分离的原则，建立了新的经营体制，在这种条件下，既要坚持国有资产所有权不变，保障所有者权益，又要使企业成为独立自主的商品生产者，强化其在经营上的责任，这就需要建立一套适应经济发展新形势的国有资产监督管理体制。1988年1月国务院决定建立国家国有资产管理局，由财政部归口管理，这一方案在1988年七届人大一次会议上得到了通过。1988年8月，中央编制委员会正式批准了国有资产管理局的"三定"方案。1988年10月国有资产管理局挂牌成立。中央一级国有资产管理机构的成立，解决了我国长期在国有资产监督管理体制中存在的多头管理问题，标志着我国国有资产监督管理体制改革进入了一个新的时期。为了进一步深化国有资产监督管理体制改革，1993年11月，党的十四届三中全会通过的《中共中央关于建立社会主义市场经济体制若干问题的决定》指出："对国有资产实行国家统一所有，政府分级监管、企业自主经营的体制"，并强调"按照政府的社会经济管理职能和国有资产所有者职能分开的原则，积极探索国有资产管理和经营的合理形式和途径"。1998年，国家国有资产管理局被撤销并入财政部，机械、化工、内贸、煤炭等15个行业经济部门被改组为隶属于国家经贸委的"局"，并明确不再直接管理企

---

[1]　对于什么是企业法人财产权，学术界有多种界说。

业。但是，这一改革形成了"五龙治水"的局面，即：财政部行使收益及产权变更职能；大企业工委或金融工委行使选择经营者的职能；国家经贸委行使重大投资、技改投资的审批及产业政策的制定，国有企业的破产、重组、兼并、改制等职能；国家计委行使基本建设投资管理职能；劳动部负责审批企业工资总额。出资人权利的分割行使，使得各部门从自身部门利益出发对企业行使权利，但谁都不负责任，由此导致国有资产主体缺位、国有资产的产权制度不清晰、国有资产经营效益低下且流失严重等后果。2002 年 11 月，"十六大"针对我国国有资产监督管理体制中存在的新问题，提出"继续调整国有经济的布局和结构，改革国有资产管理体制"，"建立中央政府和地方政府分别代表国家履行出资人职责，享受所有者权益，权利、义务和责任相统一，管资产和管人、管事相结合的国有资产管理体制"。这一次改革建立了国有资产出资人代表制度，落实了国有资产保值、增值责任，增强了国有企业的竞争力。但政企不分、政资不分的问题仍然没有解决，政府与市场的关系没有彻底理顺，国有企业的市场主体没有真正确立。2013 年 11 月党的十八届三中全会通过的决定明确提出，完善国有资产管理体制，由现行的管人、管事、管资产转向以管资本为主，加强国有资产监管改革国有资本授权经营体制。2015 年 10 月 25 日国务院发布的《国资管理意见》对改革和完善国有资产监督管理机构的职能、国有资本授权经营体制等问题作出了明确规定，依法理顺了政府与国有企业的出资关系，推进了国有资产监管机构职能和监管方式转变，依法确定了国有企业的市场主体地位。

国务院国有资产监督管理委员会成立以后，解决了我国长期以来在国有资产监督管理体制中存在的多头管理问题。

（二）国有资产监督管理机构及其职责

根据《企业国有资产监督管理暂行条例》等法规的规定，国家实行由"国务院和地方人民政府分别代表国家履行出资人职责，享受所有者权益，权利、义务和责任相统一，管资产和管人、管事相结合"的国有资产监督管理体制。国务院代表国家对除金融机构以外的关系国民经济命脉和国家安全的大型国有及国有控股、国有参股企业，重要基础设施和重要自然资源等领域的国有及国有控股、国有参股企业，履行出资人职责。国务院履行出资人职责的企业，由国务院确定、公布。省、自治区、直辖市人民政府和设区的市、自治州级人民政府分别代表国家对由国务院履行出资人职责以外的国有及国有控股、国有参股企业，履行出资人职责；其中，省、自治区、直辖市人民政府履行出资人职责的国有及国有控股、国有参股企业，由省、自治区、直辖市人民政府确定、公布，并报国务院国有资产监督管理机构备案；其他由设区的市、自治州级人民政府履行出资人职责的国有及国有控股、国有参股企业，由设区的市、自治州级人民政府确定、公布，并报省、自治区、直辖市人民政府国有资产监督管理机构备案。国务院，省、自治区、直辖市人民政府，设区的市、自治州级人民政府，分别设立国有资产监督管理机构。国有资产监督管理机构根据授权，依法履行出资人职责，依法对企业国有资产进行监督管理。

按照《国资管理意见》的规定，国有资产监管机构的主要职责，是专司国有资产监管，不再行使政府公共管理职能，也不得干预企业经营自主权，具体是：根据授权代表本级人民政府对监管企业依法履行出资人职责，以管资本为主，重点管好国有资本布局、规范资本运作、提高资本回报率、维护资本安全，更好地服务于国家战略目标，实现保值、增值。监管的重点是：①加强战略规划引导，加快优化国有资本布局结构；②加强对国有资本运营质量及监管企业财务状况的监测，强化国有产权流转环节的监管；③改进和完善考核指标体系，应把资本运营质量、效益和收益等经济增加值为主要考核指标，同时把转型升级、创新驱动、合规经营、履行社会责任纳人考核范围；④严格规范国有企业领导人员薪酬分配；⑤建立健全奖惩制度。

（三）改革国有资本授权经营体制

按照《国资管理意见》的要求，我国将进一步改革国有资本授权经营体制。主要内容有：①改组组建国有资本投资、运营公司。主要通过划拨现有商业类国有企业的国有股权，以及国有资本经营预算注资组建，以提升国营资本运营效力，提高国有资本回报率；或选择具有一定条件的国有独资企业集团改组设立，以服务国家战略，提升产业竞争力。②明确国有资产监管机构与国有资本投资、运营公司关系。政府授权国有资产监管机构依法对国有资本投资、运营公司履行出资人职责。国有资本监管机构按照"一企一策"原则，明确对国有资本投资、运营公司授权的内容、范围和方式，依法落实国有资本投资、运营公司董事会职责。国有资本投资、运营公司对授权范围内的国有资本履行出资人职责，依法自主开展国有资本运作，对所出资企业行使股东职责，维持股东合法权益。③界定国有资本投资、运营公司与所出资企业关系。国有资本投资、运营公司依法对所出资企业行使股东权利，以出资额为限承担有限责任。

二、国有资产产权界定

产权，是指财产所有权以及与财产所有权有关的经营权、使用权等财产权。

产权界定是指国家依法划分财产所有权和经营权、使用权等产权归属，明确各类产权主体行使权利的财产范围及管理权限的一种法律行为。国有资产产权界定，对于明晰国有资产产权关系，防止国有资产流失，维护国有资产所有者的合法权益，保护其他财产主体的合法权益，促使社会主义市场经济的发展，具有重要的意义。目前，我国规范国有资产产权界定的法律规范主要有：《国有资产产权界定和产权纠纷处理暂行办法》《集体企业国有资产产权界定暂行办法》等。

（一）国有资产的范围

在我国，国有资产包括国有企业中的国有资产、集体所有制企业中的国有资产、中外合资经营企业和中外合作经营企业中的国有资产、股份制企业和联营企业中的国有资产等。国有资产界定的目的之一，就是要明确各种企业中的哪些资产属于国有资产。

1. 国有企业中的国有资产。国有企业中的国有资产主要包括：①国家授权投资机构和部门以货币、实物、国有土地使用权、知识产权等向企业投资形成的国家资本金；②国有企业运用国家资本金及在经营中借入的资金等所形成的税后利润，经国家批准后留给企业作为增加投资的部分，以及从税后利润中所提取的盈余公积金和未分配利润等；③以国有单位名义担保，完全用国内外借入资金投入创办的或完全由其他单位借款创办的国有企业，其受益积累的净资产；④国有企业接受馈赠而增加的国家资本金及其收益；⑤国有企业从留利中提取的福利基金、职工奖励基金而相应增加的所有者权益；⑥国有企业中党、政、工会组织等占用企业的财产。

2. 集体所有制企业中的国有资产。集体所有制企业中的下列资产属国有资产：①国有单位以货币、实物、国有土地使用权、知识产权等所创办的、以集体所有制名义注册登记的企业单位，其资产所有权应界定为国家所有，但法律、法规和协议规定属于集体企业，并经国有资产监督管理机构认定属于无偿资助的除外；②国有单位用国有资产在集体企业中投资，以及按照投资份额应取得的资产收益留给企业发展生产的资本及其权益；③在供销合作社、信用合作社等单位中由国家拨入的资本金；④集体企业和合作社改组为股份制企业时，由土地折价部分形成的国家股份和其他所有者权益；⑤其他按法律、法规规定应属于国有的资产。

3. 中外合资经营企业和中外合作经营企业中的国有资产。中外合资经营企业和中外合作经营企业中的下列资产界定为国有资产：①中方以国有资产投入的资本总额，包括现金、实物、土地使用权和无形财产；②以国有资产投资的中方以分得利润向企业再投资后者优先购买另一方股份的投资活动中所形成的资产；③可分配利润以及从税后利润中提取的各项基金中中方按国有资产投资比例所占有的相应份额，但不包括已提取用于职工福利、奖励等分配给个人的消费基金；④中方职工的工资差额和企业中依法按中方工资总额提取的中方职工住房补贴等。

4. 股份制企业和联营企业中的国有资产。股份制企业和联营企业中的下列资产应界定为国有资产：①国有单位或者授权投资部门向企业投资形成的国有股份；②国有企业向企业投资形成的国有企业法人股份；③股份制社会公积金、公益金中，国有单位按投资应占有的份额。

（二）国有资产产权界定的组织实施

国有资产产权界定工作，应按照资产的现行分级分工管理关系，由各级国有资产监督管理机构会同有关部门进行。经常性的产权界定工作由国有资产监督管理机构负责，省级以上国有资产监督管理机构应当成立产权界定和产权纠纷调处委员会，具体负责产权界定和纠纷调处工作。

1. 应当进行国有资产产权界定的情形。占有、使用国有资产的单位，发生下列情形之一的，应当进行产权界定：①与外方合资、合作的；②实行股份制改造和与其他企业联营的；③发生兼并、拍卖等产权变动的；④国家机关及其所属事业单位创办企业和其他经济实体的；⑤国有资产监督管理机构认为需要界定的其他情形。

2. 国有资产产权界定的程序：①全民所有制单位的各项资产及对外投资，由全民所有制单位首先进行清理和界定，其上级主管部门负责督促和检查。必要时也可以由上级主管部门或国有资产监督管理机构直接进行清理和界定。②全民所有制单位经清理、界定，已清楚属于国有资产的部分，按财务隶属关系报同级国有资产管理机构认定。③经认定的国有资产，须按规定办理产权登记等有关手续。

占有国有资产的其他单位的产权界定，可以参照上述程序办理。

（三）国有资产产权纠纷处理程序

1. 国有单位之间产权纠纷的处理程序：①调解和裁定。国有单位之间因对国有资产的经营权、使用权等发生争议而产生的纠纷，由当事人协商解决。经协商不能解决的，应向同级或共同上一级国有资产监督管理机构申请调解和裁定。必要时报有管辖权的政府裁定，但最终裁定权由国务院行使。②申请复议。对裁定不服的，可以在收到裁定之日起15日内，向上一级国有资产监督管理机构申请复议，上一级国有资产监督管理机构应当自收到复议申请之日起60日内作出复议决定。

2. 全民所有制单位与其他经济成分之间的产权纠纷的处理程序：①协商。即由全民所有制单位提出处理意见，报同级国有资产监督管理机构同意后，与对方当事人协商解决。②司法程序。经协商不能解决的，依司法程序处理。

三、重大事项中的国有资产监管

为了预防国有资产流失，保障国有资产的保值增值，《企业国有资产法》对国有资产经营过程中相关重大事项中国有资产监管作了明确规定。

（一）重大事项的范围

根据《企业国有资产法》第30条的规定，涉及国有资产出资人权益的重大事项，包括国家出资企业的合并、分立、改制、上市、增加或减少资本、发行债券、进行重大投资、为他人提供大额担保、转让重大财产、进行大额捐赠、分配利润、解散、申请破产等共13项。

（二）各类企业相关重大事项的一般性监管

1. 国有独资企业和国有独资公司相关重大事项的监管。国有独资企业、国有独资公司涉及合并、分立、增加或减少注册资本、发行债券、分配利润、解散、申请破产等事项，依法由具体履行出资人职责的机构决定。属于《企业国有资产法》第30条规定的其他事项，国有独资企业由企业负责人集体讨论决定，实践中，通常是由企业经理（厂长）办公会议决定，国有独资公司则由董事会按照法定或章程约定的议事规则决定。

2. 重要的国有独资企业、国有独资公司、国有资本控股公司相关重大事项的监管。《企业国有资产法》第34条第1款规定：重要的国有独资企业、国有独资公司、国有资本控股公司的合并、分立、解散、申请破产以及法律、行政法规和本级人民政府规定应当由履行出资人职责的机构报请本级人民政府批准的重大事项，履行出资人职责的机构在作出决定或者向其委派参加国有资本控股公司股东会会议、股东大会会议的股东代表作出指示前，应当报请本级人民政府批准。

3. 国家出资企业相关重大事项的民意表达机制。国家出资企业的合并、分立、改制、解散、申请破产等重大事项，应当听取企业工会的意见，并通过职工代表大会或其他形式听取职工的意见和建议（《企业国有资产法》第37条）。在这一民意表达机制中，国家出资企业有法定重大事项发生时，负有召集企业工会、职工代表大会或以其他适当方式听取工会和职工的意见和建议的义务，因此也可推知，企业工会以及职工代表大会依法也应当享有要求企业管理者召集会议，并以合理、适当的方式听取职工意见和建议的权利。

（三）企业改制中的国有资产监管

1. 企业改制的类型。我国《企业国有资产法》所规定的企业改制包括三种情形：①国有独资企业改为国有独资公司；②国有独资企业、国有独资公司改为国有资本控股公司或非国有资本控股公司；③国有资本控股公司改为非国有资本控股公司。

2. 企业改制的决定权。企业改制的决定权是指具体决定是否进行企业改制以及以何种方式进行企业改制的权利。企业改制应当制定改制方案，改制方案的内容主要包括：改制后的企业组织形式、企业资产和债权债务处理方案、股权变动方案、改制的操作程序、资产评估和财务审计等中介机构的选聘等。

国有独资企业、国有独资公司的改制决定权由具体履行出资人职责的机构享有，国有资本控股公司的该职权则由包括履行出资人职责的机构在内的公司股东会、股东大会享有。

重要的国有独资企业、国有独资公司的改制，具体履行出资人职责的机构在直接行使决定权以前必须将改制方案报经本级人民政府批准；重要的国有资本控股公司的改制，具体履行出资人职责的机构在对其委派参加股东会、股东大会的股东代表发出指示前，也应当将指示内容报经本级人民政府批准。

企业改制如果涉及重新安置企业职工的，还应当制定职工安置方案，并经职工大会或者职工代表大会审议通过。

3. 改制企业的资产价值确定。改制企业的资产价值确定包括清产核资、财务审计和资产评估三种基本方式。清产核资是指通过账务清理、财产清查、价值重估等方式，认定改制企业的各项资产损益；财务审计是指对改制企业的各项财务收支活动进行的审计，目的在于保证这些收支活动的真实性与合法性；资产评估是指委托资产评估机构通过法定标准和程序，以科学的方法，对资产的现有价值进行的评价和估算。

法律还对涉及以改制企业的实物、知识产权、土地使用权等非货币财产折算出资和股份时的评估活动设置了禁止性规范，即不得将财产低估折价或者有其他损害出资人权益的行为。

（四）与关联方交易当中的国有资产监管

1. 关联方的法定含义。《企业国有资产法》所谓的关联方，是指国家出资企业的董事、监事、高级管理人员及其近亲属，以及由这些人所有或者实际控制的企业。可见，《企业国有资产法》上的关联方主要包括两种主体类型：一种是自然人，即国家出资企业的董事、监事、高级管理人员及其近亲属；法律对"近亲属"的范围并未明确，从法理上来讲，应当包括国家出资企业董事、监事及高级管理人员的配偶、父母、子女、兄弟姐妹、祖父母、外祖父母等亲属。另一种是企业法人，即由国家出资企业的董事、监事、高级管理人员及其近亲属全部出资成立和经营的独资企业、公司，由这些人控股经营的公司，以及虽未控股但通过各种方式实际控制其经营的企业。

2. 对关联方的禁止性规定。我国《企业国有资产法》第43条规定，国家出资企业的关联方不得利用与国家出资企业之间的交易，谋取不当利益，损害国家出资企业利益。可见，我国法律并不禁止关联方与国家出资企业之间的一切交易行为，而是禁止关联方利用交易谋取不当利益，损害国家出资企业出资人利益的行为。所谓不当利益，就是指利用关联交易，在损害国家出资企业利益的基础上，所获取的私人利益，因此，判断不当利益的关键是看关联交易是否已经或者可能使国家出资企业的利益减损，而关联方却因此利益增加。

3. 对特定国家出资企业的禁止性规定。我国《企业国有资产法》第44条规定，国有独资企业、国有独资公司、国有资本控股公司不得无偿向关联方提供资金、商品、服务或者其他资产，不得以不公平的价格与关联方进行交易。所谓以不公平的价格与关联方进行交易，既包括以明显不合理的高价从关联方购进商品或者服务，还包括以明显不合理的低价向关联方转让商品、服务或者其他财产。

4. 履行出资人职责的机构对特定行为的批准权。未经履行出资人职责的机构同意，国有独资企业和国有独资公司不得从事以下行为：①与关联方订立财产转让、借款的协议；②为关联方提供担保；③与关联方共同出资设立企业，或者向董事、监事、高级管理人员或者其近亲属所有或实际控制的企业投资。

四、国有资产评估

国有资产评估，是指评估机构根据特定的目的，遵循公正、客观、实事求是的原则，依照法定的程序，运用科学的方法，对国有资产的现价进行评定和估算的法律活动。国有资产评估对于防止国有资产流失，维护市场竞争主体的合法权益，促进市场经济的发展具有重要的意义。目前，我国规范资产评估活动的法律规范有：1991年11月16日国务院发布的《国有资产评估管理办法》、1992年7月18日原国家国有资产管理局发布的《国有资产评估管理办法施行细则》、2001年12月31日财政部发布的《国有资产评估违法行为处罚办法》等。

（一）资产评估机构

资产评估机构，是指依法设立、取得资产评估资格、从事资产评估业务活动的社会中介组织。

根据2011年8月11日财政部发布的《资产评估机构审批管理办法》的规定，资产评估机构组织形式为合伙制或者有限责任公司制（以下简称"公司制"）。依法设立的资产评估机构名称中应当包含"资产评估"字样。

1. 设立合伙制资产评估机构，除符合国家有关法律法规规定外，还应当具备下列条件：①有2名以上符合本办法规定的合伙人；②有5名以上注册资产评估师；③合伙人实际缴付的出资总额不低于人民币10万元，其中，以特殊的普通合伙形式设立的，合伙人实际缴付的出资总额不低于人民币30万元。

2. 设立公司制资产评估机构，除符合国家有关法律法规规定外，还应当具备下列条件：①由 2 名以上的股东出资设立；②有 8 名以上注册资产评估师；③注册资本不低于人民币 30 万元。

3. 合伙人或者股东应当具备下列条件：①持有注册资产评估师证书；②取得注册资产评估师证书后，近 3 年连续专职从事资产评估业务；③成为合伙人或股东前 3 年内，未因评估执业行为受到行业自律惩戒或者行政处罚。

资产评估机构根据内部管理需要，在符合设立资产评估机构以及资产评估机构的合伙人或者股东的条件的情况下，可以增加 1 名非注册资产评估师的自然人担任行政管理合伙人或者股东，但合伙制资产评估机构的首席合伙人和公司制资产评估机构的法定代表人应当由该机构持有注册资产评估师证书的合伙人或者股东担任。

设立资产评估机构，应当由全体合伙人或者股东共同作出决议，向省级财政部门提出申请，并提交：资产评估机构设立申请表；工商行政管理部门出具的名称预核准通知书；出资证明；合伙人或者股东简历以及担任首席合伙人或者法定代表人的人选；省级资产评估协会核实的注册资产评估师注册情况汇总表及合伙人或者股东无不良执业记录的证明材料；注册资产评估师证书和身份证的复印件；注册资产评估师转所申请表；合伙协议或者公司章程；办公场所的产权或者使用权的有效证明；内部管理制度等申请材料。

省级财政部门作出批准设立资产评估机构决定的，应当向申请人出具批准文件。申请人持批准文件到工商行政管理部门办理完成注册登记后，应当向省级财政部门申领资产评估资格证书，同时将营业执照复印件以及在工商行政管理部门备案的合伙协议或者公司章程报省级财政部门备案。省级财政部门批准设立资产评估机构的，应当将批准文件及申请材料报财政部门备案，同时将批准文件抄送同级资产评估协会和中国资产评估协会。资产评估机构依法从事资产评估业务，不受行政区域、行业限制，任何组织和个人不得非法干预。

（二）国有资产评估的范围

各类占有国有资产的企业和事业单位（以下简称"占有单位"）有下列行为之一的，应当对相关国有资产进行评估：①整体或部分改建为有限责任公司或者股份有限公司；②以非货币资产对外投资；③合并、分立、清算；④除上市公司以外的原股东股权比例变动；⑤除上市公司以外的整体或者部分产权（股权）转让；⑥资产转让、置换、拍卖；⑦整体资产或者部分资产租赁给非国有单位；⑧确定涉讼资产价值；⑨法律、行政法规规定的其他需要进行评估的事项。

占有单位有下列行为之一的，可以不进行资产评估：①经各级人民政府及其授权部门批准，对整体企业或者部分资产实施无偿划转；②国有独资企业、行政事业单位下属的独资企业（事业单位）之间的合并、资产（产权）划转、置换和转让。

占有单位有其他经济行为，当事人认为需要的，可以进行国有资产评估。

占有单位有下列行为之一的，应当对相关非国有资产进行评估：①收购非国有资产；②与非国有单位置换资产；③接受非国有单位以实物资产偿还债务。

（三）国有资产评估的原则

国有资产评估工作涉及国家及社会各方面的经济利益，是一项政策性很强的工作。在国有资产评估过程中应坚持以下原则：

1. 真实性原则。所谓真实性原则，包含三个方面的涵义：①进行评估所依据的数据资料必须是真实的。提供数据资料的人，必须实事求是，提供真实的、客观存在的数据资料。进行评估的人对其数据资料的真实性应进行考察鉴别。②评估过程是真实的，即必须是按照规定确实是实施了每一个评估步骤，而不是只估不评，随意虚估。③提供的评估报告必须是真实的，即不能弄虚作假。

2. 科学性原则。所谓科学性原则，即要充分运用国有资产评估中的客观规律来开展评估工作。国有资产评估的规范、标准、程序、方法等必须符合客观规律。与此同时，国家有关部门制定的评估规则必须反映资产价值表现的规律。

3. 可行性原则。可行性原则又称有效性原则，是指提出的评估结果必须被法律所承认，评估结果必须在法律上有效。具体而言，评估组织必须是合法的，其程序、方法、标准均是依照法定程序进行的。

（四）国有资产评估方法

国有资产评估的基本方法有收益现值法、重置成本法、现行市价法和清算价格法。

1. 收益现值法。这是将评估对象剩余寿命期间每年（或每月）的预期收益，用适当的折现率折现，累加得出评估基准日的现估值，以此估算资产价值的方法。其中，折现率是指未来收益折算成现时资本金的比例，包括安全收益率和风险收益率两个因素。收益现值法主要运用于企业承包、租赁、股份经营、兼并、企业经营评价、中外合资、中外合作等以企业整体经济活动为评估对象的资产评估。

2. 重置成本法。这是用现时条件下被评估资产全新状态的重置成本，减去该资产的实体性贬值、功能性贬值和经济性贬值而估算资产价值的方法。重置成本法主要适用于单项资产的评估。以单项资产或企业整体参加企业承包、租赁、股份经营、联营、兼并、企业经营评价时，均可采用重置成本法评定资产重估价值。

3. 现行市价法。这是通过市场调查，选择一个或几个相同或类似资产的市场价格与评估对象相比较，评定资产重估价值的方法。现行市价法是从卖的角度来考虑待评估资产的变现值，其评估价值大小受市场的制约。现行市价法是资产评估中的一种重要方法，较之重置成本法更加灵活，适用范围更大，操作过程也更加简化。

4. 清算价格法。这是依据企业破产法的有关规定，根据企业清算时其资产可变现的价值评定资产重置价值的方法。清算价格一般通过市场售价比较法来估算。清算价格法适用于我国破产法规定的经人民法院宣告破产的企业的资产评估。

（五）国有资产评估程序

国有资产评估的法定工作程序主要包括以下几个阶段：

1. 申请立项。这是指依法需要进行国有资产评估的占有单位，向国有资产监督管理机构提出进行国有资产评估的申请并提交资产评估申请书的行为。国有资产监督管理机构接到评估申请书后，应及时通报申请单位，并填报《资产评估立项表》，申报单位在接到立项通知后，可自行委托资产评估机构，对立项通知书规定的的范围进行评估。

2. 资产清查。这是指按评估的范围对待评估资产的实存数量、质量情况所进行的实地盘点，并作出清查报告的行为。申请单位收到准予资产评估立项通知书后，可以委托资产评估机构评估资产。受委托的资产评估机构应当在对委托单位的资产、债权、债务进行全面清查的基础上，核实资产账面与实际是否相符，经营成果是否真实，据以作出鉴定。

3. 评定估算。这是指资产评估人员根据评估的特定目的和有关的资料，依据法定评估标准，对委托评估的资产价值进行评定和估算，并提出评估报告的行为。委托单位收到资产评估机构的资产评估报告书后，应当报其主管部门审查；主管部门审查同意后，报批准立项的国有资产管理部门确认资产评估结果。

4. 验证确认。国有资产监督管理机构接到请求确认的资产评估报告后，应进行全面审核，与被评估单位的主管部门、财政部门进行协商，核实评估结果是否真实可靠、计算准确、客观公正；然后，由国有资产监督管理机构对资产评估结果作出是否确认的决定。资产评估一经确认，正式下达资产评估确认通知书。经国有资产监督管理机构确认的评估结果，自批准之日起1年内有效。

被评估的单位接到资产评估结果确认通知书或者裁定通知书后，应根据资产评估的目的和国家有关会计制度进行财务处理。

（六）违反资产评估制度的法律责任

1. 占有单位和直接责任人员的责任。占有单位违反有关资产评估的法律规定，提供虚假情况和资料，或者与资产评估机构串通作弊，致使资产评估结果失实的，国有资产监督管理机构可以宣布资产评估结果无效，并可以根据情节轻重，单处或者并处下列处罚：①通报批评；②限期改正，并可处以相当于评估费用以下的罚款；③提请有关部门对单位主管人员给予行政处分，并可以处以相当于本人3个月基本工资以下的罚款。情节严重，构成犯罪的，由司法机关依法追究刑事责任。

2. 资产评估机构的责任。资产评估机构作弊或者玩忽职守，致使资产评估结果失实的，国有资产管理主管部门可以宣布资产评估结果无效，并可以根据情节轻重，对该资产评估机构给予下列处罚：①警告；②停业整顿；③吊销国有资产评估资格证书。情节严重，构成犯罪的，由司法机关依法追究刑事责任。

■ 思考题

1. 试述我国国有资产监督管理体制。
2. 国有资产监督管理法应遵循哪些基本原则？
3. 试述国有资产评估制度的基本内容。
4. 评我国现行国有资产运营、监管体制。
5. 试述治理国有资产流失的法律对策。

■ 参考书目

1. 顾功耘等：《国有经济法论》，北京大学出版社2006年版。
2. 屈茂辉：《中国国有资产法研究》，人民法院出版社2002年版。
3. 谢次昌：《国有资产法》，法律出版社1999年版。

第二十五章　价格法律制度

第一节　价格法概述

一、价格法的定义

　　价格法是调整价格关系的法律规范的总称。价格是商品生产和商品交换发展到一定阶段的产物，是价值形式长期发展的结果。价格作为价值的货币表现，反映了商品生产和交换特有的经济关系，体现着商品生产经营者之间相互交换产品，从而相互交换劳动的关系。价格这一本质特征说明商品生产经营的劳动要得到社会承认，就必须通过交换，实现交换价值，而交换价值是由市场供求关系决定，并在公平竞争中形成的。因此，合理的市场价格的形成，要有比较充分、公平的市场竞争环境。由于我国市场经济体制才初步建立，市场机制还不完善，市场竞争还不充分，生产经营者定价行为还不规范，致使市场价格的形成缺乏市场竞争的良好环境和市场机制的有效制约。因此，依法规范经营者的价格行为和政府的定价行为，理顺价格关系，是我国社会主义市场经济发展的客观要求。

二、价格法的调整对象

　　价格法的调整对象是价格关系。价格关系是指在价格的制定、执行和监督过程中发生的各种社会经济关系。具体地讲是指以下几种价格关系：

　　1. 各级人民政府价格主管部门、其他有关部门在制定、调整和执行商品价格和服务价格中所发生的价格关系。

　　2. 经营者在自主定价过程中与政府价格主管部门、其他有关部门、行业组织在价格指导、监督和检查过程中所发生的价格关系。

　　3. 各级人民政府价格主管部门、其他有关部门和经营者之间因执行或违反价格法律、法规和政策而发生的价格关系。

三、我国价格法的发展

　　改革开放以来，我国非常重视对价格关系的法律调整。在不同时期，制定了相应的法律规范。为了适应企业制度的改革，国务院于 1982 年 8 月发布了《物价管理暂行条例》。该条例以法规形式赋予了企业一定的定价权，初步确立了价格监督检查制度，规定了企业在生产经营活动中的价格行为准则。这一条例虽然改变了政府统一定价的价格管理模式，但由于价格改革处于初始阶段，政府定价在价格形成上仍占绝对优势。1984 年 10 月中央作出关于经济体制改革的决定后，我国初步形成了政府定价、政府指导价和市场调节价三种价格形成机制和价格管理体制新格局。1987 年 9 月国务院发布了新的《价格管理条例》，初步把市场机制引入价格管理体制，确定了直接管理与间接管理相结合的价格管理模式。这一条例对推进和保障价格改革的深入发展起了重大的作用。此后，国务院及价格管理部门和有关部门还陆续发布了《重要生产资料和交通运输价格管理暂行规定》（现已失效）、《关于商品和服务实行明码标价的规定》及其实施细则（现已失效）、《制止牟取暴利的暂行规定》、《城市基本生活必需品和服务价格监测办法》（现已失效）、《商品住宅价格管理办法》（现已失效）和《城市房产交易价格管理暂行办法》（现已失效）等。这些法规对于巩固、完善、深化价格改革成果，推进和保障价格改革的深入发展起了重要的作用。

　　1997 年 12 月 29 日第八届全国人民代表大会常务委员会第二十九次会议通过的《中华人民共和国价格法》，是在总结我国价格改革成果和价格法制建设经验教训的基础上制定的，是调整价格关系的基本法，它的实施对规范价格行为、发挥价格合理配置资源的作用，稳定市场价格总水平，保护消费者和经营者的合法权益，促进社会主义市场经济健康发展具有重要的作用。为配合价格法的实施，国家发展和改革委员会还依据《价格法》的相关规定，陆续发布了一系列配套的部门规章和规范性文件，如《价格违法行为行政处罚规定》（1999 年 8 月 1 日生效，2006 年 2 月 21 日第一次修订；2008 年 1 月 13 日第二次修订，2010 年 12 月 4 日第三次修订）、《关于认真贯彻〈价格法〉严格规范市场价格竞争秩序的通知》（2000 年 8 月 15 日发布并生效）、《禁止价格欺诈行为的规定》（2002 年 1 月 1 日生效）、《政府制定价格行为规则》（2006 年 5 月 1 日生效）、《关于对部分重要商品及服务实行临时价格干预措施的实施办法》（2008 年 1 月 15 日发布）、《政府制定价格听证办法》（2008 年 10 月 15 日发布）、《关于降低部分行政事业性收费标准的通知》（2012 年 12 月 11 日发布）、《关于放开部分服务价格意见的通知》（2014 年 12 月 17 日发布）等。

第二节　价格管理体制的法律规定

一、价格管理体制的定义和类型

　　价格管理体制是国家管理价格的基本原则、方法，价格管理机构的职责权限的划分及价格管理手段和监督检查等制度的总称。

　　价格管理体制的类型取决于某一个国家经济体制的类型，概括起来有以下三种类型：

　　（一）集中统一型的价格管理体制

　　这种价格管理体制实行于高度集中统一的集权型经济管理体制的国家。我国 1978 年以前就属于这种类型。其特点是价格管理以行政管理方法为主，价格管理权集中于中央，国家直接规定和调整各种商品价格和服务价格。它的优点是有利于保持价格的基本稳定和人民生活的安定。其缺点是生产经营者没有定价权，不利于发挥价格的宏观调控作用，整体经济机制的运行缺乏生气和活力，是一种比较僵化的价格管理体制。

　　（二）分散型的价格管理体制

　　这种类型的价格管理体制实行于比较发达的市场经济国家。其特点是商品价格和服务价格由市场主体协商议定，除少数商品的价格由国家进行一定的干预外，绝大部分商品价格和服务价格由生产经营者自主确定。国家对价格管理主要采取经济和法律手段实行间接调控。这种价格管理体制的优点是价格在市场竞争中形成，直接受价值规律的支配，由市场供求关系自发调节，有利于充分发挥价格的杠杆作用，有利于市场主体之间的竞争和市场经济的发展。其缺点是价格变动幅度过大，不利于国家的宏观调控，也容易造成社会劳动的浪费，给经济带来极大的损失。

（三）混合型的价格管理体制

这种类型的价格管理体制介于集中统一型和分散型价格管理体制之间。其特点是多种价格形式并存，既有政府的统一定价，又有经营者自行确定的价格。在管理方法上，实行直接管理和间接调控相结合的方法，并采取多样化的价格管理手段。这种管理体制既保证了国家宏观调控措施的贯彻执行，又能充分发挥价格的杠杆作用，它克服了上述两种价格管理体制的弊端，同时又发扬了它们的优点。《价格法》中所规定的我国目前的价格管理体制就属于这种类型。

二、我国价格管理体制改革的历程

（一）我国原有价格管理体制的特点与弊端

1. 我国原有价格管理体制的特点。新中国成立以后，我国实行了一种与高度集权的计划管理体制相适应的集中统一的价格管理体制，这种价格管理体制主要有以下几个方面的特点：①价格的决策权和制定权集中于中央政府。中央政府不仅制定全国的价格管理方针、政策和管理原则，而且直接制定和调整生产资料、生活资料价格及服务收费标准，省、自治区、直辖市人民政府的定价权很少，县级人民政府和商品生产者及经营者几乎无定价权。②价格管理形式单一，主要是国家定价形式。我国原有的价格管理体制，虽然也曾存在浮动价格和市场自由价格，但所占比重很小，特别是"文化大革命"期间，随着集市贸易的取消，基本上不存在自由价格，商品价格和服务收费标准由国家直接制定，而且很少进行调整。③价格管理采用直接方式，以行政手段为主。国家对价格的管理主要依靠行政手段，凭借行政权力对价格实行直接管理，很少按价值规律，运用经济杠杆，对价格实行间接调控。

2. 我国原有价格管理体制的弊端。我国原有的价格管理体制，虽然对稳定物价、安定人民生活和经济发展起了一定的作用，但它不能适应市场经济发展的目标，本身存在许多弊端，主要表现在以下两个方面：①不利于增强企业的活力。企业是商品生产和交换的直接承担者，是社会生产力发展和技术进步的主导力量，是国民经济的细胞。社会主义经济有无活力取决于企业有无活力，因此增强企业活力是经济体制改革的中心，也是价格管理体制改革的中心环节。但要使企业真正成为自主经营、自负盈亏的商品生产者和经营者，就必须使企业享有定价权。而原有的管理体制，不承认企业是独立的法人，不允许企业有定价权，这样就使企业无法利用价格积极参与市场竞争，也就相应地失去了活力。②不利于充分发挥价格杠杆对宏观经济的调节作用。在旧的价格管理体制下，国家把数以万计的商品纳入到计划价格的轨道，由国家统一制定和调整，当市场供求状况发生变化或劳动生产率变化时，计划价格往往不能调整，从而使价格难以发挥其杠杆作用，更难以对国民经济进行调节。

（二）价格管理体制的改革

党的十一届三中全会以后，我国开始有计划地进行价格体制改革。其历程大体可以分为四个阶段：

第一阶段（1979～1984年）。这一阶段价格改革的特点是调放结合，以调为主，即提高农副产品的价格，开放小商品的品种范围。经过这一阶段的价格改革，推进了我国价格结构的调整，使价格对经济发展的调节作用得到了较好的发挥。

第二阶段（1985～1988年）。这一阶段价格改革由调放结合，以调为主转为以放为主的阶段。即除粮食、食用植物油的合同定购部分及棉花、烤烟、糖料等少数几种关系国计民生的重要农产品价格由国家制定外，绝大部分农产品价格放开，并放开了少数工业消费品价格。在这一阶段，由于宏观经济总量失衡，通货膨胀有所加剧，导致价格总水平上涨。

第三阶段（1989～1991年）。价格改革进入治理整顿为主的深化改革阶段。从正确处理改革、发展、稳定三者关系出发，在加强对价格总水平控制的同时，以遏制通货膨胀为中心，放宽了价格调整的部分。在这一阶段，我国已形成了以市场调节为主，政府定价和政府指导价为辅的价格结构形式。

第四阶段（1992年以后）。价格改革进入以建立、健全适应发展社会主义市场经济要求的价格管理体制新阶段。这一阶段不仅形成了市场调节价、政府指导价和政府定价三种价格形式，而且确定了直接管理和间接调控相结合的价格管理方式，还加强了政府价格主管部门对价格的监督检查。

三、价格管理机构及其职责

（一）国务院价格主管部门的职责

我国《价格法》规定，国务院价格主管部门统一负责全国的价格工作。其主要职责是：①研究拟订国家的价格方针、政策、计划和改革方案，经国务院批准后，组织实施；②研究拟定价格法规草案；③负责全国的价格管理和综合平衡工作；④依法规定商品和服务的作价原则、作价办法，指导、监督国务院业务主管部门和省、自治区、直辖市人民政府的价格工作；⑤检查、处理违反价格法的行为；⑥协调处理国务院其他有关部门之间，省、自治区、直辖市之间的价格争议；⑦建立全国价格信息网络，开展价格信息服务工作；⑧履行国务院赋予的其他职责。

（二）国务院有关部门的职责

我国《价格法》规定，国务院其他有关部门在各自的职责范围内，负责有关价格工作。其主要职责是：①负责组织、监督本系统、本行业贯彻执行国家的价格法规和政策；②依照价格管理权限依法规定商品和服务的作价原则和办法，制定、调整分管的商品价格和服务价格；③组织、监督本系统、本行业执行规定的商品价格和服务价格；④指导本系统、本行业价格工作；⑤检查、处理违反价格法的行为；⑥对国务院价格主管部门管理的商品价格和服务价格提供有关的资料，提出价格调整方案等。

（三）地方人民政府价格管理部门的职责

我国《价格法》规定，县级以上人民政府价格主管部门负责本行政区域内的价格工作。其主要职责是：①贯彻执行国家的价格方针、政策和法规；②组织、监督有关部门实施国务院价格主管部门和国务院其他有关部门制定的商品价格和服务价格；③按照价格管理权限，依法规定商品和服务的作价原则、作价办法；④制定、调整分管的商品价格和服务价格；⑤检查、处理价格违法行为。

（四）地方人民政府其他有关部门的职责

我国《价格法》规定，县级以上人民政府其他有关部门在各自的职责范围以内，负责有关的价格工作。其主要职责是：①监督本系统、本行业贯彻执行国家的价格法规和政策；②组织、监督本系统、本行业实施国家价格主管部门和国务院其他有关部门制定的商品价格和服务价格；③指导、协调本系统、本行业的价格工作；④查处价格违法行为等。

第三节　价格形式的法律规定

一、市场调节价

（一）市场调节价的定义及特点

市场调节价，是指由经营者自主制定，通过市场竞争形成的价格。这一定义包含以下几层涵义：

1. 市场调节价是由经营者自主制定的价格。这里所说的经营者是指经营商品或提供有偿服务的法人、其他组织和个人。市场调节价是由经营者依法根据生产经营成本和市场供求状况，按照自己的意志制定的价格。经营者的定价权不受任何单位和个人的干涉。

2. 市场调节价是一种竞争价格。让经营者具有自主的定价权，只是市场调节价发挥作用的必要条件，而非充分条件。让市场调节价发挥合理配置资源的作用，还要求经营者之间有充分的竞争关系。因为经营者有了自主定价权后，就开始寻找一种对自己有利的经营条件，经营者之间将会产生排他性，如果没有竞争，经营者的定价自主权有可能变为垄断权。

3. 市场调节价是经营者依法确定的价格。经营者虽然是自主制定价格，不受任何单位和个人的干涉，但经营者必须遵守国家的法律、法规及有关政策，不得实施任何价格违法行为，否则要受到法律惩罚。

市场调节价有以下两个主要特征：

1. 市场调节价具有不稳定性。由于市场调节价受到市场供求关系的直接影响，所以它总是随着市场供求变化而频繁地变化着，当商品供不应求时，价格上涨；当供过于求时，价格下跌；当供求大体平衡时，价格相对稳定。因此，它与政府定价相比，具有较大的灵活性。

2. 市场调节价具有多样性。随着经济的发展，市场上供应的商品非常丰富，不仅品种繁多，质量不一，而且产生渠道不同，这就决定了市场调节价的多样性。其主要表现是同一时间、同一产品、同一地区、不同交易场所的价格不同；同一交易场所、同一产品，不同的经营者出售的价格不同。

（二）市场调节的范围

《价格法》第6条规定："商品价格和服务价格，除依照本法第18条规定适用政府指导价或者政府定价外，实行市场调节价，由经营者依照本法自主制定。"按照这一条规定，市场调节价的范围是指未列入政府指导价和政府定价范围内并适应在市场竞争中形成的商品和服务价格。具体是指：商品和服务比较丰富，不属于资源稀缺的范围；商品和服务不具有自然垄断性，是可以由多个经营者同时经营的商品和服务品种；商品和服务价格不属于关系国计民生的特别重要的品种。

（三）经营者确定市场调节价的基本依据

我国《价格法》第8条规定，经营者确定市场调节价的基本依据有两个，即生产经营成本和市场供求状况。

1. 生产经营成本，是指与生产经营有关的各项费用。按成本构成理论，生产经营成本包括变动成本和固定成本两部分。变动成本是指直接与商品经营相联系的费用，如原材料成本、劳动力成本、资金成本、管理成本，这部分成本随原材料市场、劳动力市场和资金市场价格的变动而变动。固定成本指商品生产经营所需要的一切设备的各项费用，这部分成本相对稳定。经营者定价时首先考虑的是变动成本。销售收入首先补偿的也是变动成本，多余的才补偿固定成本。当销售收入等于变动成本加固定成本时，就是该商品的盈亏界点，收入超过盈亏界点，就成为利润。

2. 市场供求状况，是影响价格形成的又一重要因素，对于市场价格高低有着重要的影响。市场供求状况与价格的关系一般表现为三种情况：①当商品供求基本平衡时，价格就会相对稳定；②当商品供不应求时，价格就会上涨；③当商品供过于求时，价格就会下跌。因此，经营者在市场竞争中定价时，必须考虑供求关系，以追求利润的最大化。

二、政府指导价

（一）政府指导价的定义

政府指导价，是指依照《价格法》规定，由政府价格主管部门或者其他有关部门，按照定价权限和范围规定基准价及其浮动幅度，指导经营者制定的价格。其基本特征有两个：

1. 政府指导价的定价主体是政府价格主管部门或者其他有关部门与经营者。政府指导价先由政府价格主管部门或者其他有关部门按照《价格法》规定的定价权限和范围，制定一个基准价及其浮动幅度，然后经营者在这一基准价及其浮动幅度的范围内自主制定价格。政府制定的基准价及其浮动幅度只是一个指导性范围，交易时的具体价格由经营者制定。

2. 政府指导价是宏观控制性与微观灵活性相结合的一种价格。实行政府指导价的商品的品种、基准价、浮动幅度、差率大小都是国家价格管理部门或者其他有关部门根据宏观调控的需要而制定的，任何单位和个人都必须严格执行，不得擅自变动，如果需要调整，必须按照价格管理权限和审批程序办理。经营者可以在国家规定的价格浮动范围内，根据自身的生产情况和市场供求状况随时调整，制定具体的销售价格，以创造有利的生产经营条件。

（二）政府指导价的主要形式

1. 浮动价格。它是指政府对出售的商品和收费，规定基准价格和浮动幅度，允许经营者根据市场供求状况，在一定范围内自行制定和调整价格的一种价格形式。这种价格既有利于稳定市场价格，又有利于经营者根据不同的产销情况确定具体的销售价格。

2. 最高限价。它是指政府对经营者出售某些商品的价格规定最高的限度，经营者只能在国家规定的价格限度内出售商品的一种价格形式。这种价格形式，是政府加强价格管理，制止哄抬物价，保持市场价格基本稳定的重要手段。

3. 最低保护价。它是指政府对经营者出售的商品价格规定最低限度，经营者只能高于政府规定的价格限度出售商品的一种价格形式。这种价格形式，对于保护生产经营者的积极性，扶植地区经济发展具有重要作用。

（三）政府指导价的范围

政府指导价的范围，涉及两个问题：

1. 实行政府指导价的商品品种范围。我国《价格法》规定，政府指导价的范围限于下列五类商品和服务价格：①与国民经济发展和人民生活关系重大的极少数商品价格；②资源稀缺的少数商品价格；③自然垄断经营的商品价格；④重要的公用事业价格；⑤重要的公益性服务价格。这五类商品和服务一般都是供给弹性小或需求弹性小、自然垄断性强、对生产和生活影响较大的商品和服务。对这部分商品和服务的价格由政府直接管理，有利于物价稳定和经营持续发展。

2. 政府指导价的定价权限划分。关于政府指导价的定价权限划分和分工问题，我国《价格法》未作具体规定，而是在该法的第19条规定了处理这种权限划分和分工的依据，即"政府指导价、政府定价的定价权限和具体适用范围，以中央的和地方的定价目录为依据"。

（1）中央定价目录是规定国务院价格主管部门的定价权限和具体适用范围以及其他有关行业主管部门及地方之间在制定政府指导价、政府定价方面权限范围的划分。中央定价目录由国务院价格主管部门制定、修订，报国务院批准后公布实施。

（2）地方定价目录则是规定省、自治区、直辖市人民政府价格主管部门的定价权限和具体适用范围以及与其他有关行业主管部门在制定政府指导价、政府定价方面权限和具体适用范围的划分。地方定价目录由省、自治区、直辖市人民政府价格主管部门制定，但必须依据中央定价目录规定的定价权限和具体适用范围制定，经本级人民政府审核同意，并报国务院价格主管部门审定后才能公布实施。

中央和地方的定价目录关系到社会主义市场经济条件下政府直接管理价格的程序和范围问题，因此必须随着市场经济的发展而及时调整，以保障定价目录与社会主义市场经济发展程度相适应。

（四）制定政府指导价的基本依据

1. 有关商品或者服务的社会平均成本。制定政府指导价应当依据有关商品或者服务的社会平均成本，而不是依据某一商品或者服务的个别成本。属于政府指导价的商品和服务项目，多属于关系国计民生的重要品种或具有自然垄断性的品种，只能以社会平均成本为依据制定价格，使其所获利润持平，才能鼓励经营者通过加强管理、技术更新、降低个别成本、扩大生产的方式获得较多利润。

2. 市场供求状况。政府指导价，虽然受定价主体的社会平均成本的限制，但定价的原则和办法，在允许的范围内也可体现价值规律，反映市场供求，以减少指导价格明显高于或低于市场价格而对社会所产生的不良后果。

3. 国民经济与社会发展需求以及社会承受能力等。政府管理价格，一方面要注意保护经营者的利益，另一方面要从宏观上注意如何才能有利于国民经济和社会发展，只有这样，才能使价格的宏观调控作用得以充分发挥。

（五）政府指导价的调整

为了保障政府指导价始终与社会主义市场经济的发展程度相适应，就必须及时对政府指导价进行调整。

1. 政府指导价调整的内容：①政府指导价的具体适用范围调整。随着社会主义市场经济的发展，政府指导价的具体适用范围将日益缩小，越来越多的原本属于政府指导价和政府定价范围的商品和服务项目的价格将成为市场调节价。只有在价格总水平的非正常时期或者容易引起价格剧烈波动的特殊领域（如粮食市场），原本属于市场调节价范围的商品和服务项目的价格才会扩大为政府指导价。②政府指导价的价格水平的调整。一般来说，政府对价格水平的调整要比具体适用范围的调整更为频繁。因为价格水平要根据不同的商品和服务项目在不同时期的不同平均成本和市场供求状况而不断地进行调整，使政府指导价尽量接近市场价格。③政府指导价必须根据经济运行情况，适时调整。

2. 政府指导价调整的权限和程序。政府指导价调整的权限和程序，应按照《价格法》关于定价主体的权限和定价的程序进行，任何单位或个人不得擅自调整。

三、政府定价

政府定价，是指依照《价格法》规定，由政府价格主管部门或者其他有关部门按照定价权限和范围制定的价格。其基本特征是政府作为定价主体对必要的商品和服务直接制定的价格，具有强制性和稳定性。有关政府定价的范围、基本依据及定价的调整与政府指导价格相同。

第四节　经营者的价格权利和价格义务

一、经营者的价格权利

（一）自主定价权

自主定价权是指经营者有权按照《价格法》的规定自主确定商品和服务的价格。这是经营者作为社会主义市场经济条件下的独立市场主体所享有的最基本权利。该权利包括以下几个方面：①经营者有权自主制定属于市场调节的价格；②经营者有权在政府指导价规定的幅度内制定价格；③经营者有权制定属于政府指导价、政府定价产品范围内的新产品的试销价格，特定产品除外。

（二）建议权

建议权是指经营者有权对政府指导价和政府定价提出意见或建议。这是实现政府价格决策、价格管理民主化、科学化的必要条件。该权利包括两个方面的内容：①经营者有权对政府价格主管部门和其他有关部门在制定政府指导价、政府定价时提出意见。经营者提出意见的途径有三个：一是参加政府举办的价格听证会；二是在政府进行价格、成本调查时提出意见；三是直接向政府价格主管部门和其他有关部门反映意见。②经营者有权对政府指导价及政府定价提出调整建议。

（三）检举、控告权

检举、控告权是指经营者有权检举、控告侵犯其依法自主定价权利的行为。这是经营者依法自主定价权实现的要求。经营者依法自主定价，是社会主义市场经济健康发展的客观要求，法律必须保障经营者这一权利的实现。

二、经营者的价格义务

（一）遵守法律、法规

遵守法律、法规是经营者的基本义务。这里所说的法律、法规包括价格管理方面的法律、法规，如《价格法》以及与其配套的行政法规、地方性价格管理法规；还有其他与价格管理有关的法律、法规，如《消费者权益保护法》《产品质量法》《反不正当竞争法》《反垄断法》《民法通则》《刑法》，等等。

（二）执行依法制定的政府指导价和政府定价

经营者必须执行依法制定的政府指导价和政府定价。对于经营属于政府指导价范围内的商品和服务的，经营者必须遵守政府价格主管部门及有关部门规定的基准价及其浮动幅度。对于经营属于政府定价范围内的商品和服务的，经营者必须严格按照价格主管部门及有关部门制定的具体价格经营，不得擅自制定或调整价格。

（三）执行法定的干预措施和紧急措施

为了及时有效地处理价格总水平的不正常剧烈波动，《价格法》规定政府可以实施价格干预措施和紧急措施，对此，经营者必须严格执行。

（四）经营者销售、收购商品和提供服务应当明码标价

经营者销售、收购商品和提供服务，应当按照政府价格主管部门的规定明码标价，注明商品的品名、产地、规格、等级、计量单位、价格或者服务的项目、收费标准等有关情况。经营者不得在标价外加价出售商品，不得收取任何未予标明的费用。

（五）不得从事不正当价格行为

经营者在进行经营活动过程中，不得利用价格手段，进行不正当竞争，损害国家利益或者其他经营者、消费者的合法权益。我国《价格法》第14条列举了8项不正当价格行为。

第五节　价格总水平的调控和价格监督管理

一、价格总水平的调控

（一）价格总水平的含义

价格总水平也称一般价格水平，是指一个国家或者地区在一定时期内，在全社会范围内各

种商品和服务价格变动的平均或者综合，或者说是一个国家一定时期各种商品价格的综合平均水平。价格总水平是国民经济的综合反映，对价格总水平实施调节和控制，防止其剧烈波动，是国家进行宏观经济调控的重要目标，也是价格管理的核心内容。因此，我国《价格法》第26条明确指出："稳定市场价格总水平是国家重要的宏观经济政策目标。国家根据国民经济发展的需要和社会承受能力，确定市场价格总水平调控目标，列入国民经济和社会发展计划，并综合运用货币、财政、投资、进出口等方面的政策和措施，予以实现。"

（二）价格总水平的宏观调控

1. 调控手段。调控价格总水平的手段是多种多样的，按其性质的不同有经济手段、法律手段和行政手段之分。这些手段可以单独使用，也可以合并使用。

（1）经济手段。经济手段是指政府根据价格形成的内在规律和市场供求规律，调节商品的需求和供给，影响价格形成的各种因素，从而达到控制价格总水平的目的。经济手段是市场经济国家普遍使用的重要调控手段之一。财政、税收、货币、工资、信贷和投资以及价格调节基金、风险基金和重要商品储备等是各国常用的经济调控手段。

经济调控手段与其他调控手段相比，有以下几个明显的特点：①间接性。经济手段不直接对商品或服务市场施加影响，而是通过生产者和经营者这种中介对市场价格产生影响。这种手段，既对经济进行了宏观上的引导，又不干预生产者和经营者的自主权。②诱导性。国家通过物质利益的分配使生产者和经营者自觉地接受价格调节，引导着社会生产资料和劳动力的再分配，给企业以勃勃生机。③效果的滞后性。即一项经济调节措施的出台，其效应的产生要经过一个"时间过程"，而不会立刻产生效应。为克服这一不足，一方面要求政府要及时掌握市场变化，科学准确地进行价格预测，及时、科学地做出调控决策；另一方面要求在运用经济手段时要辅以必要的行政和法律的手段。

（2）法律手段。法律手段是用法律规范来调整价格关系，使价格的制定、调整、实现、争议及裁决等行为法律化。法律手段具有规范性、稳定性、严肃性的特点。在市场经济条件下，政府通过制定一系列的价格法律、法规，确定价格的职能、地位和作用，确立价格决策主体的权利和义务，建立价格运行的机制和公平合理的市场秩序，确立价格调控管理制度和法律责任，探求政府宏观调控的规范化、制度化，从而减少政府行为的任意性和提高政府工作效率。因而法律手段也是价格宏观调控的重要手段。

（3）行政手段。行政手段是指政府用行政命令的方式，对商品价格的形成、变动所进行的直接管理。行政手段具有强制性、直接性和局部性等特点。它容易造成价格机制的扭曲，因而在市场经济条件下，应遵循价值规律等经济规律，尽量用经济手段和法律手段进行物价总水平的宏观调控。但是，行政手段作为一种即时效果显著的干预方式，不应完全取消，而应在特定情况下采用，限于必要的程度，并且当这种特定情形消失时，行政手段就应及时解除。行政手段主要是国家定价、限价、冻结物价等。

2. 调控基本制度。我国《价格法》第四章对价格总水平调控的基本制度作了具体的规定。这些制度有价格监测制度、重要商品储备制度、价格调节基金制度、保护价格制度等。

（1）价格监测制度。价格监测制度是依据价格运行的规律，对构成和影响价格运行的各种因素进行监视、分析、研究，用科学的方法和手段对未来一定时期内商品市场价格和价格总水平的变化及其趋势进行判断和推测的制度。价格监测是国家管理经济的一项重要内容，也是做好国家和企业价格工作的重要手段。搞好价格监测工作，对于正确确定宏观经济目标、任务和价格方针、政策，增加政府调控价格水平的主动性，以及企业正确制定市场政策、提高生产经营效益，都具有很重要的作用。因此，《价格法》第28条规定了建立价格监测制度的要求。

（2）重要商品储备制度。重要商品储备制度的"重要商品"一般是指人民群众必备的主要食品、日用工业品和防灾救灾物品等。考虑到这些商品对国民经济和人民生活有极大影响的商品在有些时候的生产和供给可能出现不稳定状况，我国《价格法》第 27 条规定："政府可以建立重要商品储备制度，设立价格调节基金，调控价格，稳定市场。"重要商品储备制度的主要作用是当市场出现重大的供求不平衡时，通过吞吐储备商品，平衡供求。它是社会主义市场经济条件下国家对市场价格进行间接的非行政性干预的主要手段。目前，我国主要对粮食等生活必需品采用这一措施，成立了专门的国家粮食储备局。

（3）价格调节基金制度。价格调节基金制度是政府为了调节商品供求，平抑市场价格而建立的专项基金。价格调节基金主要用于：①平抑临时和突发性市场价格波动以及对重大节假日的副食品市场价格进行补贴；②支持主要蔬菜基地和生猪、鸡、奶牛等畜禽基地建设；③加强农贸市场和专业批发市场建设以及重要商品储备设施的建设等。价格调节基金的建立，使地方政府利用作为经济手段的价格杠杆调控市场供求，稳定市场价格，维护市场价格总水平基本稳定的能力大大增强，对于保护当地经营者和消费者的合法权益，维护社会稳定等起到了积极作用。

（4）保护价格制度。当粮食等重要农产品的市场购买价格过低时，政府可以在收购时制定一个旨在保护农民利益的合理价格，按照该价格收购重要农产品，从而保护农民的正当经济利益，保护他们的生产积极性，这就是《价格法》规定的保护价格制度。农产品保护价格制度是一种重要的非行政性价格调控政策，即在丰收之年粮价过低时，政府动用粮食风险基金等财政性资金，以高于市场价的价格收购农民的粮食，以免"谷贱伤农"，保护农民生产粮食的积极性。

（5）价格干预措施。价格干预措施是指当重要商品和服务价格显著上涨或者有可能显著上涨时，国家基于稳定市场、稳定物价的特殊需要而采取的临时性行政干预措施。我国《价格法》第 30 条第 1 款明确规定："当重要商品和服务价格显著上涨或者可能显著上涨，国务院和省、自治区、直辖市人民政府可以对部分价格采取限定差价率或者利润率、规定限价、实行提价申报制度和调价备案制度等干预措施。"

价格干预措施的具体内容包括：限定差价率、限定利润率、规定限价、实行提价申报制度和调价备案制度。这些干预措施，可以单独运用，也可以合并使用。

价格干预措施是非正常措施，也是反市场经济要求的行政强制干预措施，因此，《价格法》对其实施的条件做了严格的限制，以防止行政随意干预市场甚至滥用行政权力干预市场的现象发生。

（6）紧急干预措施。紧急干预措施是指在市场价格总水平出现剧烈波动时，国务院决定在全国范围内或部分区域内实行临时集中权限、部分或全面冻结价格的制度。我国《价格法》第 31 条明确规定："当市场价格总水平出现剧烈波动等异常状态时，国务院可以在全国范围内或者部分区域内采取临时集中定价权限、部分或者全面冻结价格的紧急措施。"

紧急干预措施是更为严厉的行政强制干预市场价格的措施，所以，实施的条件更为严格。根据我国《价格法》第 31 条的规定，实施紧急干预措施必须具备以下条件：①市场价格总水平出现了剧烈波动或者其他异常状态；②采取其他措施均无法使市场价格恢复正常；③紧急措施的实施主体只能是国务院，其他任何部门不得随意实施。

紧急措施的具体内容包括：①在全国范围内或者部分区域内采取临时集中定价权限。即把已经放开的属于经营者定价的市场调节价，再临时集中由政府定价，待市场价格恢复正常后再放开。②在全国范围内或者部分区域内冻结物价，可以根据情况冻结部分商品和服务的价格，也可以冻结全部商品和服务的价格。

二、价格监督检查

（一）价格监督检查的定义

价格监督检查，是指县级以上各级人民政府价格主管部门、社会组织、新闻单位以及消费者依照《价格法》对价格活动进行监督检查，对价格违法行为进行处理的活动的总称。

价格监督检查是价格管理的一项重要内容。加强价格监督检查工作，不仅有利于国家价格法规的贯彻执行，及时发现问题，纠正和制止经营者的不正当价格行为，而且对于防止失控性价格波动，保持市场价格的基本稳定有重要的作用。

（二）价格监督检查的种类

价格监督检查可以根据不同的标准进行分类，主要有以下几种：

1. 按价格监督检查主体的不同可划分为政府监督、社会监督、舆论监督。

（1）政府监督是指政府价格主管部门，依据《价格法》赋予的职权进行的价格监督行为。《价格法》规定，政府价格主管部门进行价格监督检查时，可以行使下列职权：询问当事人或者有关人员，并要求其提供证明材料和与价格违法行为有关的其他资料；查询、复制与价格违法行为有关的账簿、单据、凭证、文件及其他资料，核对与价格违法行为有关的银行资料；检查与价格违法行为有关的财物，必要时可以责令当事人暂停相关营业；在证据可能灭失或者以后难以取得的情况下可以依法先行登记保存，当事人或者有关人员不得转移、隐匿或者销毁。

（2）社会监督是指消费者组织、职工价格监督组织、居民委员会、村民委员会等组织以及消费者对价格行为所进行的监督。

（3）舆论监督是指新闻单位对价格活动所进行的监督。

2. 按价格监督检查对象的不同可划分为农产品价格监督检查、工业品价格监督检查、收费价格监督检查。

（1）农产品价格监督检查，是指价格监督主体，依据国家有关农产品价格的法律、法规、政策，对各种农产品的经营及加工单位在收购、加工、调拨、供应、批发、零售环节的价格行为实施的监督检查。

（2）工业品价格监督检查，是指价格监督主体，依据国家有关工业品价格的法律、法规、政策，对工业品生产、经营企业在销售工业品过程中的价格行为实施的监督检查。

（3）收费价格监督检查，是指价格监督主体，依照国家有关收费法律、法规和政策，对国家行政机关在实施社会经济、技术、资源管理等活动和一些事业单位向社会提供非营利性服务以及一些企业向社会提供营利性服务的收费行为进行的监督检查。

3. 按价格监督检查时间性的不同可划分为经常性价格监督检查和临时性价格监督检查。

（1）经常性价格监督检查，是指价格监督主体有计划、定时对市场商品价格和各种收费进行的检查。

（2）临时性价格监督检查，是指价格主管部门根据群众举报、领导交办及社会需要不定时地对市场商品价格和服务价格进行的检查。

（三）价格监督检查的主要内容

1. 国家价格法律、法规和政策的执行情况。国家价格法律、法规和政策是实现国家宏观经济调控目标及价格总水平控制目标的保证，其贯彻执行依赖于全体公民对国家价格法律、法规和政策认识和贯彻执行的自觉性的提高，因此，价格法律、法规和政策的执行情况是价格监督检查工作的主要内容。

2. 监督中央和地方各项价格调控措施的贯彻落实情况。为了保证重要商品和服务价格的基本稳定，消除价格总水平剧烈波动等异常状态，中央和地方政府适时采取了各种调控措施，包括一般措施，如财政、货币政策手段干预措施和紧急措施。价格监督检查通过查处价格违法行为，推动和保障中央和地方各项价格调控措施的贯彻落实。

（四）价格听证制度

1. 价格听证制度的含义。价格听证是指在定价机关依法制定（含调整）政府指导价、政府定价过程中，由政府价格主管部门采取听证会形式，征求经营者、消费者和有关方面的意见，对制定价格的必要性、可行性进行论证的活动。它是价格决策民主化和科学化的重要形式，是减少盲目性、片面性的有效途径，也是对重要的商品和服务价格进行有效监督、防止其不当定价的重要手段。为规范政府价格听证行为，2008年10月15日国家发展和改革委员会发布了《政府制定价格听证办法》。

2. 价格听证的项目。根据《政府制定价格听证办法》第3条的规定，政府价格听证的项目是关系群众切身利益的公用事业价格、公益性服务价格和自然垄断经营的商品价格。这些商品价格和服务收费项目，既与群众生活密切相关，又多出自自然垄断行业，缺乏成本约束机制和竞争机制；同时，生产这些商品或提供此类服务的行业多由政府投资兴建，不得以利润最大化为经营主体的行为目标。

3. 价格听证的程序。价格听证的程序包括申请、审核与决定组织听证、举行听证会和公布定价等几个步骤。①申请。经营者或者主管部门、消费者或者社会团体制定、调整价格听证目录范围内的商品价格或服务价格时，应按照定价权限规定向政府价格主管部门提出书面申请。②审核与决定组织听证。政府价格主管部门对收到的申请审核后，认为符合听证条件的，应当在受理申请之日起10日内做出组织听证的决定，并与有定价权的相关部门、团体协调听证会的有关准备工作。③举行听证会。政府价格主管部门应当在做出组织听证决定的3个月内举行听证会，并至少在举行听证会10日前将聘请书和听证材料送达听证会代表，并确定能够参会的代表人数。听证会应当在2/3以上听证会代表出席时举行。政府价格主管部门应当在举行听证会后制作听证纪要，并于10日内送达听证代表，代表对听证纪要有疑义的，可以向听证主持人或者上级政府价格主管部门反映。④公布定价。政府的价格主管部门应当向社会公布定价和最终结果。实行价格公布制度，可以规范价格行为，提高制定和调整价格的透明度，便于经营者执行，也便于消费者监督。

（五）违反价格法的法律责任

1. 经营者的法律责任。

（1）经营者不执行政府指导价、政府定价以及法定的干预措施、紧急措施的，责令改正、没收违法所得，可以并处违法所得5倍以下罚款，无违法所得的，可处以罚款；情节严重的，责令停业整顿。

（2）经营者有《价格法》第14条所列禁止行为的，责令改正，没收违法所得，可并处违法所得5倍以下罚款，予以警告，可并处罚款；情节严重的，责令停业整顿，或者由工商行政管理机关吊销营业执照。有关法律对《价格法》第14条所列行为的处罚及处罚机关另有规定的，可按照有关法律规定执行。

（3）经营者因价格违法行为致使消费者或其他经营者多付价款的，应当退还多付部分；造成损害的，应当依法承担赔偿责任。

（4）经营者违反明码标价规定的，责令改正，没收违法所得，可并处5000元以下罚款。

（5）经营者被责令暂停相关营业而不停止的，或者转移、隐匿、销毁依法登记保存的财物的，处相关营业所得或者转移、隐匿、销毁的财物价值1倍以上3倍以下的罚款。

（6）拒绝按规定提供监督检查所需资料或者提供虚假资料的，责令改正，予以警告；逾期不改正的，可处以罚款。

2. 政府及其部门的法律责任。地方各级人民政府或者各级人民政府有关部门违反《价格法》规定，超越法定权限和范围擅自制定、调整价格或者不执行价格干预措施、紧急措施的，责令改正，并可通报批评；对直接负责的主管人员和其他责任人员，依法给予行政处分。

3. 价格工作人员的法律责任。价格工作人员在价格执法过程中泄露国家秘密、商业秘密以及滥用职权、徇私舞弊、玩忽职守、索贿受贿，构成犯罪的，依法追究刑事责任；尚不构成犯罪的，依法给予行政处分。应予明确的是，《价格法》关于价格违法行为的规定，根据价格违法行为的不同情况，情节轻重，分别规定了应负的经济责任、行政责任和刑事责任，对依法进行价格管理和监督，严明价格纪律，规范价格主体的行为提供了法律保障。

■ 思考题

1. 试述价格法的定义和调整对象。
2. 价格管理体制的类型有哪些?
3. 我国的价格形式有哪些?
4. 价格总水平的调控措施有哪些?
5. 价格监督的主要内容有哪些?
6. 违反价格法的法律责任有哪些?

■ 参考书目

1. 李昌麒主编：《经济法学》，法律出版社 2007 年版。
2. 王保树主编：《经济法原理》，社会科学文献出版社 2004 年版。

第二十六章　环境法律制度

■学习目的和要求

　　经济社会的可持续发展以资源的可持续利用为前提，保护环境是保护经济社会发展的最基础资源，从这个意义上讲，环境法是与经济法密切相关的法律。本章围绕中国环境法的基本体系与制度展开。通过对本章的学习，应理解环境法与经济法的关系，掌握环境法的基本原则，熟悉中国环境保护基本法、环境要素保护法和污染防治法的基本制度。

第一节　环境法概述

一、环境法的定义

　　环境法是调整人们在开发利用、保护改善环境的活动中所产生的环境社会关系的法律规范的总和。其目的是确认、建立和保护符合生态规律的环境法律秩序，保护人类健康，促进经济发展。这个定义包括如下含义：

　　1. 环境法所调整的对象是因人类——环境关系而产生的环境社会关系，它所保护的是人类赖以生存和发展的物质环境，目的在于协调人类与环境的关系，使人类按照自然客观规律开发利用环境。因此，环境法的任务不是保护某一个或某些环境要素，更不是单纯的污染治理，而是保护人类生存环境的整体。

　　2. 环境法要求协调人类——环境关系的目标，只有通过调整人与人之间的关系，即通过调整环境社会关系才能实现，人类也只有在一定的社会关系中从事活动才能与环境发生联系。所以，环境法作为人类的行为规范，不能直接调整人与自然之间的关系，因为法的意志性是难以加诸环境这一客观物质世界之上的。只有通过将正确运用和遵循生态规律及其他客观规律的行为准则上升为国家意志，以环境法的形式来规范人的行为，从而保证人们的活动被控制在有利于保护环境的范围之内，才能实现人类与环境协调发展的目的。

　　3. 环境法是建立和维护环境法律秩序的主要依据。环境法作为国家管理环境的重要工具，与其他法律部门一样，也是经过国家制定或认可，并由国家强制力保证实施的社会规范。这些规范以明确、肯定、普遍的形式规定了人们在环境资源保护方面的权利和义务，从而建立和保护存在于法律社会中的人们相互之间的有条不紊的关系状态，形成人、机构、关系、原则和规则的环境法律总体。环境法具有高度的概括性、强烈的规范性及普遍的约束力。人们只有遵守和执行环境法，才可能有良好的环境法律秩序。

二、环境法的调整对象

　　作为环境法调整对象的社会关系，主要包括两个方面的内容：

　　1. 与合理开发利用自然资源和保护生态环境有关的社会关系，简称生态环境保护关系。具体表现为人类在开发和合理利用大气、水、土地、矿藏、森林、草原、野生动植物等自然环境要素或自然资源过程中所产生的社会关系。

2. 在防治环境污染和其他公害、改善环境质量过程中发生的社会关系，简称污染防治关系。具体表现为在防治大气污染、水质污染、固体废弃物污染、噪声污染、有毒有害物质污染、电磁辐射污染、食品污染等活动中形成的各种社会关系。

事实上，这是人类在开发利用、保护改善环境过程中产生的相互联系、不能截然分开的两类社会关系。合理利用自然资源、保持生态系统的平衡有利于充分利用环境的自净能力，在环境容量内防治环境污染和其他公害，而防治环境污染和其他公害、改善环境质量又是维持生态平衡的必要条件。人们开发利用自然资源、保护生态环境与防治环境污染和其他公害、改善环境质量的活动也是不能割裂的。因此，我们说环境社会关系既是一个统一整体，又各有特点、各有侧重，既不能对立，又不能混淆，它们共同构成了环境法的调整对象。

第二节　环境监督管理的法律规定

一、环境监督管理体制

（一）环境监督管理体制概述

环境监督管理体制，是指环境监督管理系统的结构和组成方式。它所要解决的问题是采用怎样的组织形式以及如何将这些组织形式结合成一个合理的有机系统，并以怎样的手段和方法来实现环境监督管理的任务。具体而言，环境监督管理的体制是规定中央、地方、部门、企业在环境保护方面的管理范围、权限职责、利益及其相互关系的准则。环境监督管理体制的核心是管理机构的设置、各管理机构职权的分配以及各机构间的相互协调。

健全有效的环境监督管理体制，首先为环境监督管理提供了可靠的组织保证，它通过管理构成的设置使管理职权得到落实并且成为进行管理的基础；其次，有效健全的管理体制在一定程度上可以弥补政策不合理、法制不健全、技术经济不发达所带来的不足。管理体制本身的强弱直接影响到管理的效率和效能，因而它在整个环境管理中起着决定性作用。一般认为，一国环境监督管理体制的现状直接反映了该国对环境和环境问题的认识水平，体现着该国环境监督管理的范围和要求。环境监督管理体制的强弱显示了该国环境监督管理的能力和程度，是该国环境政策的重要表现和环境法制完善程度的重要标志。因此，建立和健全我国的环境管理体制是强化管理、保护和改善我国环境的关键所在。

（二）环境监督管理机构

环境监督管理机构是环境监督管理体制的核心和重要组成部分，是环境监督管理的组织形式，环境管理的职能只有通过一定的机构来行使才能得以实现，环境监督管理机构的设立与强化是进行有效环境管理的必要保证。

任何一国的环境监督管理机构都是由多级多类管理部门形成的复杂体系。20 世纪 70 年代以后，世界各国普遍建立了负责全国环境监督管理工作的机构，开始了国家环境监督管理，但由于各国环境问题的特点、要求、范围的不同，管理能力和水平的差异和国家机构设置的不同，从而形成了各具特色的管理机构。

我国环境监督管理机构的设置，经过了从部门分管到国家统管两个阶段。至今已形成了具有中国特色的、既有负责日常管理事务的行政机构又有协调、组织机构的统一领导、分工负责的管理机构体系。根据环境监督管理机构的设置、职责及相互关系，我国中央一级的环境监督管理机构可分为三种类型：综合性环境监督管理机构、部门性环境监督管理机构与专门性环境监督管理机构，它们是我国国家环境管理体系的三大部分，在国家环境保护委员会的统一协调下，行使环境监督管理职责。综合性环境监督管理机构和部门性环境监督管理机构、专门性环境监督管理机构分工合作，统一归口集中领导，紧密配合，相辅相成，缺一不可。部门性、专门性环境监督管理机构在本部门、本系统以及所辖的特定对象和地区承担着环境监督管理的职责，对直属部门、企事业单位实行直接领导，对非直属单位归口管理、进行业务指导。但环境监督管理具有区域性、整体性的特点，必须全面规划、宏观控制、统一监督和协调，因此，部门管理和专门管理必须在综合管理的总目标、总战略指导下进行，以综合管理为主。部门性环境监督管理机构与专门性环境管理机构的设置是对综合环境监督管理机构的补充，是分工负责的需要。环境监督管理同时也具有广泛性、综合性的特点，任何一个部门要完全承担起全面环境监督管理的职责，将所有的业务统揽下来是不可能的，因而也必须有分工、有协调，调动各方面的积极性，搞好各部门、各管理对象的环境保护工作。我国的环境监督管理机构正是本着这样的原则设置的。

根据环境法的规定，不同类型的监督管理机构所承担的职责各不相同：

1. 国家环境保护总局及地方环境保护局。国家环境保护总局是国务院环境保护行政主管部门，负责对全国环境保护工作实施统一监督管理。

2. 环境污染监督管理机构。环境污染监督管理部门包括：海洋行政主管部门、港务监督、渔政渔港监督、军队环境保护部门、各级公安部门、各级交通管理部门、各级铁道（路）部门、民航管理部门。它们在法律规定的范围内，依法享有一定的监督管理权。

3. 自然资源保护机构。自然资源保护机构为县级以上人民政府的土地、矿产、林业、农业、水利行政主管部门，它们可以依照有关法律规定对自然资源的保护实施监督管理。

二、环境监督管理的基本制度

环境监督管理制度，是指根据环境监督管理的任务和目的，以环境监督管理原则为指导而建立的具有重大意义的法律制度。它们是上升为法律规范的环境监督管理的行政、经济、技术措施和手段，对于环境法律秩序的建立和维护具有重要意义。

（一）环境标准制度

环境标准制度，是指关于环境标准的制定、管理和实施的各种法律规定的总和。环境标准是执法的尺度，是实现规划目标的重要依据，也是环境监督管理工作的核心之一。具体而言，环境标准是为了保护人体健康、社会物质财富和维持生态平衡，对大气、水、土壤等环境质量，对污染源、监测方法以及根据其他需要所制定的标准。它一般包括环境质量标准、污染物排放标准、环境基础标准和环境方法标准等。后两种只有国家标准，前两者分为国家与地方两级标准。它们共同构成环境标准体系。

（二）环境监测制度

环境监测制度，是指关于环境监测机构的设置、监测标准、监测任务和检测管理的法律规范的总和。环境监测的任务是对环境中各项要素进行经常性监测，掌握和评价环境质量状况及其发展趋势；对各有关单位排放污染物的情况进行监视性监测；为政府部门执行各项环境法规、标准，全面开展环境监督管理工作提供标准、可靠的监测数据和资料；开展环境测试技术研究，促进环境监测技术的发展。通常根据目的的不同，把监测分为研究性监测、监视性监测和临时监测三类。环境监测的对象主要是污染源和环境质量状况。

（三）环境规划制度

环境规划制度，是指在社会经济发展中，在调查了解环境状况的基础上，科学合理地确定环境质量目标、环境污染、破坏控制指标和基本对策和措施，并对环境保护工作作出整体部署，使环境保护工作纳入整个国民经济与社会发展的轨道的法律规定。通过这种制度的建立，实现环境、经济、社会的协调发展。

（四）环境影响评价制度

环境影响评价制度，是指对拟进行的开发建设活动及其他决策行为所可能引起的环境影响进行预测和评估并据此制定出防止或减少环境污染和破坏的对策和措施的法律规定的总和。通过环境影响评价在项目或决策前了解环境变化的趋势，提出防范对策和措施，以指导建设项目的规划、设计和建设，消灭或减少将来可能出现的环境污染和破坏。环境影响评价制度是借鉴国外先进立法经验，结合我国国情所创造的一项重要的法律制度。2002年10月28日，我国颁布了《中华人民共和国环境影响评价法》，该法于2003年9月1日生效并于2016年修改，这部法律在原《环境保护法》规定的建设项目环境影响评价制度的基础上增加了对于政府重大决策、计划、规划的环境影响评价的内容，同时重点落实了环境影响评价中的公众参与制度，是改变环境保护工作被动局面的根本措施，可以为确立一个地区的发展方向和规模提供依据。

（五）现场检查制度

现场检查是环境监督管理机关行使监督检查职能的一种重要手段。作为一项行政措施，它是指国家赋予环境监督管理机关以进入权，直接深入现场检查环境法规、行政命令的执行情况，被检查者应当予以协助的一种制度。现场检查的目的在于检查、督促排污单位执行各项管理制度，严格遵守法律法规，及时发现违法者，采取防范措施和补救方法。现场检查制度是对环境监督管理其他制度的保障，是对其他制度执行情况的监督和检查，因而，它也是环境监督管理的一项基本制度。

（六）跨区环境问题政府处置制度

这是指发生于地区之间的环境纠纷的制度。在环境法规定的跨区环境问题政府处置制度中，有几点值得注意：一是该制度适用的范围是跨区环境问题，即"跨行政区的环境污染和环境破坏的防治工作"。二是政府处置包括由有关地方人民政府协商解决和由上一级人民政府协调解决两种方式。三是政府处置制度是一种与司法裁决平行的制度，而不是一种司法裁决的前置制度。因此，对于协商解决，不存在或不允许各方翻悔，同时对上级人民政府的决定，不允许不服从、不执行而诉诸法院。

三、保护和改善环境的法律制度

（一）区域环境质量地方人民政府负责制

区域环境质量地方人民政府负责制，是指各级地方人民政府依法落实区域环境质量目标的各种措施的总和。政府负责的内容是本辖区的环境质量，各级地方人民政府应当采取措施从宏观上、整体上改善环境质量，具体措施包括：建立、健全地方性环境法规、规章，强化环境监督管理；将环境保护纳入国民经济和社会发展计划；根据总体规划的要求，调整工业布局；城市环境综合整治与城市改造建设相结合，协调发展，一体实施；发扬办实事的工作作风，有计划地每年为群众办几件保护环境的好事；开辟多种渠道，筹集环境保护资金；加强对环境保护工作的领导，切实贯彻落实环境保护的法律法规等。

（二）自然资源与生态环境保护制度

自然资源与生态环境保护制度，是指开发利用自然资源所必须采取的保护生态环境的各项制度的总和。具体包括对农业环境的保护，防治土地污染、土地沙化、盐渍化、贫瘠化、沼泽化、地面沉降和防治植被破坏、水土流失、水源枯竭、种源灭绝以及其他生态失调现象的发生和发展，推广植物病虫害的综合防治，合理使用化肥、农药及植物生长激素等。开发利用自然资源的过程中，必须采取的保护生态环境的措施，已经在各单项资源立法中作了详细的规定。

（三）海洋环境保护制度

海洋环境保护制度，是指保护海洋环境的各项制度的总和。具体包括向海洋排放污染物、倾倒废弃物、进行海岸工程建设和海洋石油勘探开发等行为所必须遵循的制度。其目的在于解决跨地区环境问题，防止对海洋环境的污染损害。

（四）城市规划与城乡建设中的环境保护制度

城市规划与城乡建设中的环境保护制度，是指城市规划与城乡建设中必须重视环境保护的各项规定的总和。具体包括：制定城市规划，应当确定保护和改善环境的目标和任务；城乡建设应当结合当地自然环境的特点，保护植被、水域和自然景观，加强城市园林、绿地和风景名胜区的建设等。

四、防治环境污染和其他公害的法律制度

（一）单位环境保护责任制

单位环境保护责任制，是指法律规定的关于具体落实地方各级人民政府与有关环境保护单位对环境质量负责的管理制度的总称。具体为产生环境污染和其他公害的单位必须把环境保护工作纳入计划，建立环境保护制度，采取有效措施，防治在生产建设或者其他活动中产生的废气、废水、废渣、粉尘、恶臭气体、放射性物质以及噪声、振动、电磁波辐射等环境的污染和危害的各种规定。

（二）环境保护设施配套制度

环境保护设施配套制度，是指建设项目中防治污染的设施，必须与主体工程同时设计，同时施工，同时投产使用。一般将其简称"三同时"制度。防治污染的设施必须经原审批环境影响报告书的环境保护行政主管部门验收合格后，该建设项目方可投入生产或者使用的制度。污染防治设施配套制度与环境影响评价制度共同构成建设项目环境资源管理制度的基本内容。与环境影响评价制度一样，它是一项预防性的法律制度，体现了以预防为主的立法精神。

（三）排放污染物申报登记制度

排放污染物申报登记制度，是指排污者根据法律规定，向污染源所在地人民政府的环境资源监督管理部门申报登记其排污情况并提供有关污染防治的技术资料，由环境资源监督管理部门审查监督的制度。排污申报登记对排污者来说，是一项法定义务，是接受环境资源监督管理部门的监督管理的重要方式；对管理机关来说，是一项管理职责，是全面掌握环境状况和污染防治情况，指导检查排污者的环境保护工作，监督环境法的执行的基本途径，排污申报登记是环境监督管理的基础性工作。

（四）排污费制度

排污费制度，是指根据国家的有关法律、法规，对于向环境排放污染物的单位和个人，依照其所排放的污染物的数量和浓度征收一定数额的资金的制度。排污费制度，包括排污费的征收、使用两个方面。排污费制度的根本目的是促进企业事业单位加强经营管理，节约和综合利用资源，治理污染，改善环境。排污费制度实施的效果表明：它是我国环境保护法律中以经济手段保护环境的一项富有效果的重要的制度之一。

（五）限期治理制度

限期治理制度，是指由法律规定的有关机关给污染治理责任者指定一个期限，责令其在限期内达到规定的治理目标的制度。该制度是我国环境资源监督管理实践和环境立法实践的经验总结。它是针对已形成的污染所采取的措施，解决重点是污染源的问题。限期治理的性质应属于行政强制措施，而不是行政处分。限期治理的对象是各种已遭受污染和破坏而又必须加以保护的环境要素，各种严重影响环境质量的污染源和污染物。限期治理的重点是那些严重危及人类生存环境、引起极大反响的环境污染和破坏。

（六）防止境外污染转嫁制度

污染转嫁，是指通过移转生产设备、工具或产品的方式将可能造成的环境污染或破坏转移到其他区域的活动。近年来，污染转嫁呈现出国际性趋势，印度"帕博尔事件"是发达国家向发展中国家转嫁污染的典型案例。防止污染转嫁的制度就是禁止以转移生产设备、工具或产品的方式转嫁污染的法律规定。

防止污染转移是涉及经济技术各部门的一项制度。技术的引进者和设备的引进者除了遵守我国关于引进的经济法规以外，还必须遵守《环境保护法》。而有关项目审批部门也必须在进行项目审批时，严把环境保护关，禁止污染转嫁行为。因此，防止污染转嫁制度的实施需要各有关部门的协调与配合，在立法上也还要进一步完善，以适应环境保护的要求。

（七）自动应急措施与强制应急措施

自动应急措施与强制应急措施，是指发生事故或其他突然事件，造成或可能造成污染事故的单位，必须立即采取措施处理，及时通报可能受到污染危害的单位和居民，并向当地环境保护行政主管部门和有关部门报告，接受调查处理，以及县级以上地方人民政府环境保护行政主管部门在环境受到严重污染威胁居民生命财产安全时，必须立即向当地人民政府报告，由人民政府采取有效措施，解除或减轻危害的制度。自动应急措施与强制应急措施的主要内容体现为可能发生或已发生事故的单位、环境监督管理部门和当地人民政府在处理事故中的权利和义务，以及违反该制度应承担的法律责任。

（八）有毒有害物品的管理制度

有毒有害物品的管理制度，是指生产、储存、运输、销售、使用有毒化学物品和含有放射性物质的物品，必须遵守国家有关规定，防止污染环境的制度。这一制度包括有毒化学物品的环境管制与放射性物品的环境管制两个方面的内容，归纳起来，我们称之为有毒有害物质的环境监督管理制度。

（九）禁止国内污染非法转移制度

禁止国内污染非法转移制度，是指任何单位不得将产生严重污染的生产设备转移给没有防治污染能力的单位使用的制度。该制度中的转让主体，既包括国营、集体企业事业单位，也包括三资企业、个体户、私营企业等主体；转让客体必须是"产生严重污染"的设备；转移的客观行为，既包括有偿转移，也包括无偿转移；受让的主体，即受让的使用单位必须是确实没有防治污染能力者。

第三节　环境要素保护法

环境要素，是指构成人类环境整体的各个独立的、性质不同的而又服从于整体演化规律的基本物质部分，也有人将其称为环境基质。

环境要素通常是指水、大气、生物、阳光、岩石和土壤等自然因素，它们是环境的基本组成部分。一般认为，环境要素组成环境的结构单元，环境的结构单元又组成环境整体或环境系统。环境要素不仅制约着各环境要素间互相联系、互相作用的基本关系，也是认识环境、评价环境和制定环境法的基本依据。

环境要素保护法是指以某一环境要素为立法对象的环境保护单行法的总称。或者说，将各种保护环境要素的立法归纳成一类，我们称之为环境要素保护法。

环境要素保护法一般以某一环境要素为立法对象，在形式上表现为保护某一要素的单行法规，世界各国均采取了这种立法形式，针对不同环境要素的特点或生态功能分别立法加以保护。如对水体、海洋、森林、草原、野生生物、矿产资源都分别进行立法。在我国，也由国家颁行了《土地管理法》《森林法》《草原法》《渔业法》《水法》《海洋环境保护法》《野生动物保护法》《矿产资源法》等以环境要素为保护对象的专门法律。这些立法体现了保护环境要素，维护生态平衡的指导思想。

一、土地保护法律制度

土地是人类社会最宝贵的自然资源。我国以占世界 7% 的耕地，养育着占世界 22% 的人口，这当然是一个伟大的成绩。但是，从发展趋势看，人均耕地面积将继续减少，土地问题将愈来愈成为制约我国国民经济和社会发展的重要因素。因此，加强对土地的法律调整是非常必要的。我国土地资源的立法较多，已经形成了较完善的体系。现行的主要法律有：《土地管理法》《水土保持法》《土地复垦条例》《土地管理法实施条例》《自然保护区土地管理办法》等。随着改革的深化和形势的发展，1986 年制定的《土地管理法》已经不能适应加强土地管理、切实保护耕地的需要，1998 年 4 月第九届全国人民代表大会常务委员会第二次会议通过了修订的《土地管理法》并重新予以颁布。新的《土地管理法》与其他的有关土地立法一起构成了我国完备的土地资源管理法律体系。这些法律、法规和其他有关政策，对土地的利用和保护，作出了全面而详尽的规定，概括起来有以下主要内容：

1. 土地用途管理制度。土地利用总体规划是土地用途管制的依据。国家编制土地利用总体规划，对耕地实行特殊保护，严格限制农用地转为建设用地，控制建设用地总量。明确规定农用地转为建设用地的审批权限。土地的征收、征用权只能属于国家。

2. 土地调查和统计制度。国家建立土地调查制度、土地统计制度，国家建立全国土地管理信息系统，对土地利用状况进行动态监测。

3. 耕地特殊保护制度。首先，实行耕地总量动态平衡，实行占用耕地补偿制度。其次，实行基本农田保护制度，明确划定基本农田保护区，严格管理。再次，禁止破坏耕地和闲置、荒芜耕地，禁止占用耕地建窑、建坟或者擅自在耕地上建房、挖沙、采石、采矿、取土等。禁止占用基本农田发展林果业和挖塘养鱼，禁止任何单位和个人闲置、荒芜耕地。

4. 土地开发保护制度。首先，实行农用地优先开发制度；其次，实行退耕还林、还牧、还湖制度；再次，实行土地整治制度；最后，实行土地复垦制度。

5. 水土保持制度。国家专门颁布了《水土保持法》，确立了水土保持制度。禁止在 25 度以上陡坡地开垦种植农作物；在崩塌滑坡危险区和泥石流易发区禁止取土、挖砂、采石；对荒山、荒沟、荒丘、荒滩水土流失的治理实行承包的，应当按照"谁承包治理谁受益"的原则，签订水土保持承包治理合同；水土流失地区的集体所有的土地，承包给个人使用的，应当将治理水土流失的责任列入承包合同等。

6. 防沙治沙制度。国家专门颁布了《防沙治沙法》，确立了防沙治沙制度，主要内容为：切实保护好沙区林草植被，严禁滥垦、滥牧、滥采、滥挖。对适宜封沙育林、育草的沙漠戈壁、沙漠化土地，要划定范围，实行封育。

二、森林保护法律制度

森林是林地及其生长着由林木占优势的有机群落的整体。森林是一种重要的社会财富，它是提供木材和林副产品的基地，同时，具有涵养水源、保持水土、防风固沙、调节气候、保障农牧业生产、保存生物物种、维持生态平衡等重要作用。我国现有森林资源在保护和利用上存在的主要问题是：面积不断减少，质量日益下降，不适应国民经济与社会稳定、持续、协调发展和维护生态平衡的需要。

　　为了保护和扩大森林资源，改善自然环境，我国制定和发布了一系列森林保护的法律、法规和规章，基本形成了比较完备的森林保护法体系。其中主要的法律、法规有全国人民代表大会《关于开展全民义务植树运动的决议》、国务院《关于开展全民义务植树运动的实施办法》、《森林法》及其实施细则、《森林防火条例》、《森林采伐更新管理办法》、《城市绿化条例》、《森林病虫害防治条例》、《制定年森林采伐限额暂行规定》等。

　　森林法及相关法律法规关于森林保护的内容可分为以下方面：

　　1. 植树造林和绿化制度。我国法律明确规定了公民的植树义务，并确定每年的 3 月 12 日为植树节，并提出了森林覆盖率奋斗目标，实行植树造林责任制。

　　2. 森林保护制度。《森林法》规定的森林保护制度有：限量采伐和采伐更新制度，严格控制森林年采伐量，实行采伐许可证；国家为发展林业而设立专项林业基金；国家设立森林生态效益补偿基金；实行封山育林制度，群众护林制度。

　　3. 森林防火制度。国家制定了专门的《森林防火条例》，对森林防火组织的设立及其职责，森林火灾的预防、扑救、调查、统计，森林火灾预防和扑救有功人员的奖励和对违法者的处罚，作了全面具体的规定。

　　4. 森林病虫害防治制度。国务院 1989 年 12 月 18 日发布的《森林病虫害防治条例》，确立了森林病虫害防治的基本方针和基本原则，并具体规定了防治的主要措施。

　　5. 珍贵木材的出口禁限制度。1981 年，我国参加了《濒危野生动植物种国际贸易公约》。按照公约的要求，《森林法》规定，国家禁止、限制出口珍贵木材，实行出口珍贵木材名录制度和出口许可证制度。

　　三、草原保护法律制度

　　植物生态学家认为，"草原"是由耐寒耐旱的多年生植物为优势构成的一类地带性草本植物类型和特殊的草原植被地理区域。在我国草原建设过程中，由于忽视生态规律，存在着一些问题：草场退化严重，草群变得稀疏低矮，优良牧草减少，产草量低，生态条件恶化（旱化、沙化、盐渍化），鼠、虫害加重，使草原变劣、动植物遭到严重破坏等。

　　我国《草原法》中所称的"草原"，是指我国境内的一切草原，包括草山、草地。为了合理开发利用和保护草原，国家除制定了一系列的政策和措施外，颁布了《草原法》，并发布了《草原防火条例》，一些省、自治区还制定了地方性的草原保护条例。

　　《草原法》的主要内容是保护草原资源，主要包括以下方面：

　　1. 确立基本草原保护制度，《草原法》明确了基本草原的划定标准，对基本草原实施严格管理。

　　2. 草原自然保护区制度。国务院草原行政主管部门或者省、自治区、直辖市人民政府可以按照自然保护区管理的有关规定建立草原自然保护区。

　　3. 以草定畜、草畜平衡制度。县级以上地方人民政府草原行政主管部门应当按照国务院草原行政主管部门制定的草原载畜量标准，结合当地实际情况，定期核定草原载畜量。各级人民政府应当采取有效措施，防止超载过牧。

　　4. 禁限制度。国家禁止开垦草原，实行退耕还草、限期治理。禁止在生态脆弱区的草原上采挖植物和从事破坏草原植被的其他活动。实行禁牧、休牧。禁止在草原上使用剧毒、高残留以及可能导致二次中毒的农药。

　　5. 草原灾害防治制度。县级以上地方人民政府草原行政主管部门应当采取措施，加强草原鼠害、病虫害和毒害草监测预警、调查以及防治工作，组织研究和推广综合防治的办法。

　　6. 草原火灾防止制度。为了防止草原火灾对草原造成破坏，国务院还发布了《草原防火条例》，对草原防火的措施作出了具体规定。

四、渔业资源保护法律制度

渔业资源包括渔业或水域和水产资源。渔业水域指鱼、虾、蟹、贝类的产卵场、索铒场、越冬场、洄游通道和鱼、虾、蟹、贝、藻类及其他水生生物的养殖场；水产资源是作为渔业生产对象的水生动物、植物及其卵子、孢子、种子等。新中国成立以后，国家制定了大量渔业资源管理法规文件。目前，我国的渔业资源保护法主要由《渔业法》《渔业法实施细则》《水产资源繁殖保护条例》《水生野生动物保护实施条例》和一些地方性的法规组成。我国有关渔业资源保护的主要制度有：

1. 合理发展养殖业制度。国家鼓励全民所有制单位、集体所有制单位和个人充分利用适于养殖的水面、滩涂发展养殖业但同时必须保证合理利用，实行水域利用规划与养殖证制度、重要养殖水面保护制度、品种保护及审定制度、养殖生产禁限制度。

2. 合理捕捞制度。为了保证合理捕捞，国家实行捕捞限额制度、渔业捕捞许可证制度。

3. 渔业资源的增殖和保护制度。为了保证渔业资源的可持续利用，实行渔业资源增殖保护费制度，水产种质资源保护区制度，渔业资源开发利用禁限制度，珍贵、濒危水生动物保护制度。

五、野生动物保护法律制度

野生动物指生存于自然状态下，非人工驯养的各种哺乳动物、鸟类、爬行动物、两栖动物、鱼类、软体动物、昆虫、腔肠动物及其他动物。目前，国际上已将对野生动物资源的保护和合理利用，特别是对珍贵、稀有动物的保护，看作衡量一个国家经济、文化和科学、文明发达水平的重要标志之一。我国野生动物资源非常丰富，但是，由于对野生动物资源保护缺乏应有的保护意识，许多重要资源显著减少，一些珍稀动物濒临灭绝。因此，以立法手段保护野生动物资源，势在必行。我国已经颁布了大量的野生动物保护方面的法规，现行法律主要有《野生动物保护法》。另外，我国还加入了《濒危野生动植物种国际贸易公约》。

《野生动物保护法》的主要内容如下：

1. 国家对珍贵、濒危的野生动物实行重点保护，颁布重点保护野生动物名录。

2. 国务院野生动物行政主管部门和省级政府，应当在国家和地方重点保护野生动物的主要生息繁衍的地区或水域，划定自然保护区。

3. 建设项目对国家或者地方重点保护野生动物的生存环境产生不利影响的，建设单位应当提交环境影响报告书；环境部门在审批时，应当征求同级野生动物行政主管部门的意见。

4. 国家和地方重点保护野生动物受到自然灾害威胁时，当地政府应当采取拯救措施。因保护国家和地方重点保护野生动物，造成农作物或者其他损失的，由当地政府给予补偿。

5. 加强对野生动物的管理。具体措施有：野生动物资源的调查与档案制度；特许猎捕证制度；野生动物驯养繁殖制度；狩猎证、持枪证制度；野生动物或其产品重点保护制度；运输、携带、进出口国家重点保护野生动物或者其产品管理制度；野生动物资源保护管理费制度；猎捕损失赔偿制度；等等。

六、水资源保护法律制度

这里所称的水资源主要是指陆地水资源，由地表水、土壤水和地下水组成。这三种水密切相关，相互转化，构成一个水循环体系。

我国水资源的基本情况是：资源总量多、人均占有量小；地区分布不均，水土资源不平衡；陆地水资源年内分布不均，年际变化很大；部分河流含沙量大。另外，由于国民经济的发展对防治水害和开发利用、保护水资源提出了更高要求，多年来重建轻管，对客观规律认识不足，在水资源开发利用和保护管理方面还存在一系列问题。因此，制定水法、依法治水就显得十分必要与迫切。为了保护和合理利用水资源，我国十分重视水资源保护的立法。目前，我国的水资源保护法主要由《水法》《河道管理条例》《城市供水条例》《城市节约用水管理规定》和一些水污染防治的法律、法规、标准所组成。另外，各地还制定了相当数量的地方性水资源保护和管理法规与规章。

我国的水资源开发利用与保护制度主要有：

1. 新型管理体制。确立了流域管理管理与区域管理相结合的新模式，明确了统一管理与部门管理相结合、监督管理与具体管理相分离的原则。

2. 水资源规划制度。规定了国家水资源战略规划，明确了流域规划与区域规划的法律地位；增加了中期规划，建立了中长期规划与流域水量分配制度、水资源供求规划制度。

3. 水资源开发利用制度。特别强调了生态用水的考虑，规定了水资源开发利用的原则，建立了鼓励开发水资源的各种制度，具体规定了水工程移民安置制度，使水资源开发利用中的用水顺序以及开发利用更加符合水资源可持续发展的要求。

4. 水资源保护制度。维护水体的自然净化能力，规定了地下水开采禁限制度、水功能区划制度，并在《水污染防治法》饮用水源保护制度的基础上建立了更为严格的保护制度，使水资源保护力度进一步增强。

5. 节约用水制度。提出了建立节水型社会的原则，规定了用水总量控制与定额管理相结合制度，农业、工业、生活用水控制制度以及水价的制定机制，建立了节约用水的实施机制。

七、矿产资源保护法律制度

矿产资源是在地壳形成后，经过几千万年、几亿年甚至几十亿年的地质作用而形成的自然资源，它包括呈固体、液体、气体状态的各种金属、非金属、燃料、地下水等。矿产资源的保护既是一个经济问题，又是一个环境问题，更是一个法律问题。矿产资源立法是开发利用与保护矿产资源的有力保障。新中国成立以来，党和政府在依法治矿方面做了大量工作。目前的主要法律是《矿产资源法》，国家和地方根据这一法律，颁布了大量实施性法规、规章，一个独立健全的矿产资源法律制度体系正在形成。

我国《矿产资源法》对矿产资源的保护主要体现在以下几个方面：

1. 国家保障矿产资源的合理开发利用，禁止任何组织或者个人用任何手段侵占或者破坏矿产资源；国家对矿产资源的勘查、开发实行统一规划、合理布局、综合勘查、合理开采和综合利用的方针。

2. 在勘查登记和开采审批中，必须体现保护矿产资源的精神，非经国务院授权的有关主管部门同意，不得在法律禁止的地区开采矿产资源；关闭矿山，必须提出矿山闭坑报告及有关土地复垦利用和环境保护的资料；勘查、开采矿产资源时，发现具有重大科学文化价值的罕见地质现象以及文化古迹，应当加以保护并及时报告有关部门。

3. 开办矿山企业时必须依照规定对环境保护措施的可行性、有效性进行审查；应当统一规划，综合开采，综合利用，防止浪费；开采矿产资源，必须遵守有关环境保护的法律规定，防止污染环境；开采矿产资源应当节约用地；耕地、草原、林地因采矿受到破坏的，矿山企业应当因地制宜地采取复垦利用。

第四节　环境污染防治法

环境污染是指外界物质进入环境，其数量超过环境要素的本底含量或自净能力，导致环境要素某种性能的改变，从而引起环境质量下降而有害于人类及其他生物正常生存和发展的现象。这种污染主要由人类活动所引起，其产生的原因是资源的浪费和不合理使用，使有用的资源变为废物进入环境而造成危害，如我们熟知的大气污染、水污染、噪声污染、土壤污染等。环境要素是人类与环境进行物质交换与能量流动的介质，同时它们又受到生态学规律的限制，呈现出最小限制律、等值性、整体性和关联性。

环境污染防治法是指以防治环境污染为立法对象的一类法律、法规，它们在形式上表现为环境保护基本法下属的单行法及其配套法规，既是对基本法防治环境污染的原则性规定的具体化，又是对环境污染防治的综合性规定。

中国环境保护工作起步于"三废"治理，环境污染防治立法也是环境法中发展得较早和较快的领域。早在 20 世纪 70 年代初，就已颁布了一系列污染物排放标准，随后又颁布了有关排污收费以及各环境要素污染防治的法律、法规。迄今为止，已经颁布的专门的环境要素污染防治单行法律、法规有《大气污染防治法》《水污染防治法》《海洋环境保护法》《环境噪声污染防治法》《固体废物污染环境防治法》及其大量相关的法规、规章，基本上形成了与环境要素保护法相互配套与衔接的环境要素立法群，对于中国环境法体系的形成起到了积极的作用。

一、大气污染防治法律制度

大气污染，是指由于一些外界物质进入大气，导致大气特性改变，使人类的生命、健康、财产以及生态系统遭受危害的现象。由于大气分布极广，且具有流动性，大气一旦受到污染，无论是对人体健康、工农业生产，还是对天气、气候和生态环境等都会带来严重的危害和影响。大气是人类和地球上一切生物赖以生存且须臾不可离开的基础物质条件，我国很重视对大气污染的防治，专门制定和颁布了《大气污染防治法》及其实施细则《大气环境质量标准》。另外，在《环境保护法》法律、法规和规章里也对防治大气污染作了规定。根据上述法律、法规和规章，我国在防治大气污染方面主要作了如下规定：

1. 政府防治大气污染的职责。国务院和地方各级人民政府负有将大气环境保护工作纳入国民经济和社会发展计划，采取防治大气污染的措施，保护和改善大气环境质量的职责。

2. 大气污染防治监督管理机构。各级人民政府的环境保护行政主管部门是对大气污染防治实施统一监督管理的机关，政府其他有关部门根据环境法规定的职责对大气污染防治实施监督管理。

3. 大气污染防治的基本制度。包括：大气污染物总量控制和许可证制度；大气污染重点城市的划定制度；酸雨控制区或者二氧化硫污染控制区制度；清洁生产制度；污染设备名录制度；大气环境质量预报制度。

4. 防治燃煤产生的烟尘及其他有害物质对大气的污染。包括：锅炉烟尘排放标准管理制度；新建造的工业窑炉、新安装的锅炉烟尘排放控制制度；城市集中供热制度；改进城市燃料结构制度。

5. 防治废气、粉尘和恶臭污染。严格限制向大气排放含有毒物质的废气和粉尘，确需排放的，应当经过净化处理，并不得超过规定的排放标准。

二、水污染防治法律制度

水污染，是指由于人类在其生产和生活活动中将物质或能量排入水体，导致其化学、物理、生物或者放射性等方面特性的改变，造成水质恶化，从而影响水的有效利用，危害人体健康或者破坏生态环境的现象。水污染所指的水体，包括所有的江河（包括运河）、湖泊、渠道、水库等地表水和地下水，以及水中的悬浮物、底泥和水生生物等。水污染的危害是多方面的，关系到人类生存和发展，主要表现在危害人体健康、影响渔业生产、影响工农业生产。此外，还会影响航运、旅游业的发展，妨碍人们的娱乐、休养和体育活动。水污染在我国极为严重。

为了加强对我国水污染的防治，保护和改善陆地水环境，维持生态平衡，我国专门制定和颁布了《水污染防治法》《水污染防治法实施细则》等法律、法规和规章。此外，还在《环境保护法》《水法》等法律、法规中也作了相应规定。我国防治水污染的内容主要有：

1. 水污染防治的监督管理制度。具体包括：水污染防治规划制度；特殊水体保护制度；总量控制和排污量削减制度；流域污染控制制度；城市污水处理制度；生活饮用水源保护制度；跨区水污染纠纷的行政处理制度。

2. 地表水污染防止制度。具体包括：排污口控制制度；水污染应急制度；禁止向水体排放污染物制度；对污水的限制性措施。

3. 地下水污染防止制度。具体包括：禁止向地下排放制度；地下水开采控制制度；地下水防护制度；回灌控制制度。

三、海洋污染防治法律制度

海洋环境污染，是指直接或间接地把物质或能量引入海洋环境，产生损害海洋生物资源、危害人体健康、妨碍渔业和海上其他合法活动、损坏海水使用素质和减损环境质量等有害现象。我国既是一个有960万平方公里土地的大陆国家，又是一个海岸线总长达32 000公里、大陆海岸线长18 000公里的海洋国家。我国海域不仅宽广，而且纵跨热带、亚热带、温带三大气候带，自然条件优越，海洋资源丰富。对海洋的开发和利用，在我国国民经济和社会发展中越来越占有重要的地位，而海洋的开发利用必须与海洋环境保护协调发展，整个海洋事业才能兴旺。可是，我国海洋环境污染日益严重。

鉴于人类和海洋的关系如此密切，防止海洋污染，保护海洋环境，加强对海洋管理中的法律调整，已经和正在引起世界上相当多的国家的高度重视。我国自1982年8月23日第五届全国人民代表大会常务委员会第二十四次会议通过《海洋环境保护法》以来，又陆续颁行了《海洋石油勘探开发环境保护管理条例》《海洋倾废管理条例》《防治海岸工程建设项目污染损害海洋环境管理条例》等一系列海洋环境保护法规。其主要内容为：

1. 海洋环境监督管理制度。具体包括：重点海域排污总量控制制度；海洋功能区划、海洋环境保护规划制度；跨区域、跨部门协商或协调制度；重大海上事故应急计划制度；海上联合执法制度。

2. 海洋生态保护制度。在海洋生态保护方面，国家实行海洋自然保护区制度，设立海洋特别保护区，建立了合理开发利用海洋资源制度。

3. 防治陆源污染物对海洋环境的污染损害制度。在防治陆源污染物对海洋环境的污染损害方面，实行排污口控制制度、排污申报制度、禁限制度、危险废物转移控制制度和其他污染源控制制度。

4. 在防治海岸工程建设项目对海洋环境的污染损害方面，实行建设项目控制制度和禁限制度。

5. 在防治海洋工程建设项目对海洋环境的污染损害方面。实行海洋工程建设控制制度、排污控制制度。

6. 在防治倾倒废弃物对海洋环境的污染损害方面，实行倾倒许可制度、倾倒废弃物评价制度、倾倒区划定和管理制度、倾倒控制制度、禁止倾倒制度。

7. 在防治船舶及有关作业活动对海洋环境的污染损害方面，实行船舶排污控制制度、海损事故控制制度、船舶油污损害赔偿责任制度、危险货物载运控制制度、特许制度、强制应急制度、报告制度。

四、噪声污染防治法律制度

环境法上的噪声（环境噪声）是指在工业生产、建筑施工、交通运输和社会生活中所产生的干扰周围生活环境的声音。噪声污染，是指排放的环境噪声超过国家规定的环境噪声标准，干扰他人正常生活、工作和学习的现象。噪声污染是现代社会的一大公害，也是各国环境保护工作的一个重点防治对象。

为了加强对环境噪声污染的防治，减少噪声污染对人体的危害，控制噪声污染源，我国颁布了许多法律、法规。其中除了《环境保护法》的原则性规定以外，还主要有《噪声污染防治法》。我国在防治环境噪声污染和危害方面主要有以下一些内容：

1. 监督管理制度。在对环境噪声污染防治的监督管理活动中，应坚持监测制度、现场检查制度、环境噪声标准制度、超标准排污费制度。

2. 防治工业噪声污染。具体包括：环境影响评价和"三同时"制度；环境噪声排放申报登记制度和强烈偶发性噪声申请、公告制度；限期治理制度。

3. 防治建筑施工噪声污染。具体包括：环境噪声施工场界排放标准制度；超标排放申报制度；禁止夜间建筑施工作业制度。

4. 防治交通噪声污染。具体包括：机动车辆噪声排放标准制度；警报器安装使用制度；机动船舶、火车使用声响信号管理制度；广播喇叭控制使用制度；航空器噪声控制制度。

5. 防治社会生活噪声污染。具体包括：禁止使用广播喇叭和广播宣传车制度；禁止商业活动高大声响制度；文娱、体育场所的经营者防止噪声污染制度；个人使用家用电器、乐器和在室内开展娱乐活动防止噪声污染制度。

五、固体废物控制法律制度

固体废物（又称固体废弃物），是指在生产、生活和其他活动中产生的丧失原有利用价值或者虽未丧失利用价值但被抛弃或者放弃的固态、半固态和置于容器中的气态的物品、物质以及法律、行政法规规定纳入固体废物管理的物品、物质。固体废物污染是指因不适当地贮存、利用、处理、处置和排放固体废物而污染环境、损害人体健康的现象。

我国《固体废物污染环境防治法》对固体废物污染的防治作了明确、统一的规定。此外，有关固体废物污染防治的法律法规还有：《环境保护法》《大气污染防治法》《水污染防治法》《防止含多氯联苯电力装置及其废物污染环境的规定》等。我国对固体废物污染防治的规定主要包括以下内容：

1. 回收利用制度。国家采取有利于固体废物综合利用活动的经济、技术政策和措施，对固体废物实行充分回收和合理利用。

2. 生产者责任延伸制度。产品的生产者、销售者、进口者、使用者对其产生的固体废物依法承担污染防治责任。生产、销售、进口依法被列入强制回收目录的产品和包装物的企业，必须按照国家有关规定对该产品和包装物进行回收。

3. 特殊区域保护制度。在特别保护的区域内，禁止建设工业固体废物集中贮存、处置的设施、场所和生活垃圾填埋场。

4. 禁限制度。国家对固体废物转移实行许可证制度；对进口固体废物实行名录制度和许可证制度。

5. 对工业固体废物污染环境的防治实行名录制度、工业固体废物申报登记制度、贮存控制制度。

6. 对城市生活垃圾污染环境的防治实行垃圾处置制度、垃圾产生控制制度、垃圾处理控制制度。

7. 对危险废物污染环境防治实行特别管理，其制度包括国家危险废物名录制度、危险废物处置制度、危险废物代处置制度、转移控制制度、运输管理制度、应急处理制度、过境转移禁止制度。

六、放射性污染控制法律制度

放射性污染，是指由于人类的生产、生活活动排放的放射性物质所释放的射线，使环境中的放射性水平改变，造成环境污染，从而危害人体健康的现象。

我国颁布实施了一系列有关防止放射性污染的法律、法规，以保障从事放射性工作的人员和广大民众的身体健康和生命安全，主要有《放射性污染防治法》等。此外，我国还在《环境保护法》《水污染防治法》《大气污染防治法》《海洋环境保护法》等法律中对防治放射性污染作了规定。根据这些规定，我国关于防治放射性污染的内容主要包括：

1. 国家对放射性污染防治的监督管理、实行标准制度、监测制度、监督检查制度、资格资质制度、标识和警示制度。

2. 国家对核设施的放射性污染防治实行建设项目管理制度、限制区制度、监测制度、安全保卫制度、核事故应急制度、核设施退役计划。

3. 国家对核技术利用的放射性污染防治实行许可制度、环境影响评价制度、配套实施制度、存放制度、安全保卫制度。

4. 国家对铀（钍）矿和伴生放射性矿开发利用的放射性污染防治实行环境影响评价制度、配套设施制度、监测制度、尾矿处置制度、退役计划制度。

5. 国家对放射性废物的管理实行标准控制制度、处置制度、废物处置场所控制制度、许可证制度、禁止转移制度。

■ 思考题

1. 如何认识环境法与经济法的关系？
2. 中国环境管理的基本制度有哪些？
3. 中国的环境要素保护制度有哪些？
4. 中国的污染防治制度有哪些？

■ 参考书目

1. 吕忠梅：《环境法学》，法律出版社 2004 年版。
2. 吕忠梅、高利红、余耀军编著：《环境资源法学》，科学出版社 2004 年版。
3. 吕忠梅：《环境法新视野》，中国政法大学出版社 2000 年版。
4. 吕忠梅：《沟通与协调之途——论公民环境权的民法保护》，中国人民大学出版社 2005 年版。
5. 吕忠梅主持：《超越与保守：可持续发展视野下的环境法创新》，法律出版社 2003 年版。
6. ［日］原田尚彦：《环境法》，于敏译，法律出版社 1999 年版。
7. 韩德培主编：《环境保护法教程》，法律出版社 2003 年版。
8. 周珂：《环境法》，中国人民大学出版社 2005 年版。

第二十七章　自然资源与能源法律制度

■学习目的和要求

　　自然资源与能源的开发利用是关系经济社会健康持续发展的基础性问题，因而是经济法的重要内容。本章分别对自然资源法和能源法的基本制度进行了阐述。通过对本章的学习，应了解我国自然资源以及立法的现状，掌握自然资源法的基本制度；了解我国能源及能源立法的现状，掌握能源法的基本制度。

第一节　自然资源法

一、自然资源法概述

（一）自然资源的定义[1]

　　自然资源，是指在一定时间、一定地点条件下能够产生经济价值的、以提高人类当前和将来福利的自然环境因素和条件。自然资源的特点可概括为：

　　1. 有限性，又称稀缺性。这是自然资源最重要的特征。自然资源的有限性表现为两个方面：首先，任何自然资源在总量上是有限的；其次，可替代自然资源的品种也是有限的。

　　2. 整体性。各种自然资源在生物圈中相互依存、相互制约，构成完整的自然资源生态系统。其中，任何一个要素的变化，必然要引起其他要素的相应变化。诸要素又相互作用，并反馈到前一个要素，如此往复不已、互为因果，并交织在一起，共同构成了统一整体。

　　3. 地域性。各种自然资源在地域分布上极不平衡，其组合形式千差万别，从而形成了各具特色的相当的地区性资源优势。

　　4. 多用性。自然资源一般具有多种功能和用途，同一种自然资源可以作为不同生产过程的投入因素。不同的行业对同一自然资源存在着投入需求，同一行业的不同部门以及同一部门的不同经济单位都会同时存在对同一自然资源的需求。

　　自然资源的有限性和多用性是经济学和经济法存在的基本前提。正是由于自然资源在数量和品种上是有限的，自然资源在用途上是多方面的，才存在将有限自然资源如何在不同用途上进行最优分配的问题。如果自然资源不是有限的，人类在任何时候都可以向大自然任意索取，那么就不必研究配置资源问题，任何一种生产过程的投入需求都可以随意获得和得到完全满足。如果自然资源不具有多用性，每一种自然资源只能作为某一种生产过程的投入，而不能同时作为其他生产过程的投入，那么也不会存在配置问题，因为这时由于自然资源用途上的单一性已经固定了自然资源的投入方向，配置的前提已不存在了。因此，在自然资源的有限性和多用性这两种性质中，任何一个性质的缺少都会使经济学和经济法成为不必要。如果没有自然资源配置的要求，自然资源配置的一般规则也无存在的必要。一般认为，经济学的根本问题是研

---

[1]　杨秀苔、蒲勇健：《资源经济学：资源最优配置的经济分析》，重庆大学出版社1993年版，第12～23页。

究资源在整个社会的不同方面和不同时期得以最优配置的可能性，而经济法的根本问题则是研究实现资源在整个社会的不同方面和不同时期得以最优配置的手段和措施，是保障资源最优配置的一般规则。

（二）自然资源法的定义

自然资源法是调整人们在自然资源的开发、利用、保护和管理过程中所发生的各种社会关系的法律规范的总称。自然资源法是一个综合性的概念，它由自然资源基本法和各种单项自然资源法所组成，主要包括物权法和土地资源、水资源、矿产资源、森林资源、草原资源、渔业资源、海洋资源等方面的法律、行政法规、规章和地方性法规。

自然资源法规范人们保护自然资源和合理利用自然资源的目的是保证自然资源的人化作用有利于人类社会，阻止人与环境资源关系的继续恶化，改善与增强人类赖以生存和发展的自然基础，调整好人与自然的关系。自然资源法具有如下特征：

1. 系统性。生态规律是人类进行自然资源开发利用所必须遵守的基本规律，也是法律所必须体现的基本规律。从宏观上把握人类经济活动与自然生态的关系、自然资源的开发利用与经济发展的关系，运用系统理论与系统方法规范人类对于自然资源的开发利用活动，是自然资源法调整各种社会关系的基础。各单项自然资源法必须按照自然资源配置的宏观要求，规定人们在开发、利用和保护自然资源过程中的行为规则，这是自然资源管理法的重要特征。自然界是由各种要素组成的生态系统，在不同类型的生态系统中，每一种生物都占据一定的位置，具有特定的作用，各种生物与其他生物以及生命支持系统相互依赖，彼此制约，协同进化，整体平衡。如果人们对环境资源的开发利用遵循生态规律，资源就能得到不断更新和正常循环，实现可持续利用。如果人们滥用自然资源，不能保持物种的合理结构，保持系统机制正常运行，就会使自然资源不可避免地趋向退化、枯竭。这些生态学的一般规律应该成为指导人们从事生产实践的基本原则。自然资源管理法就是以客观经济规律和生态规律对开发利用环境资源的要求，作为调整各种社会关系的基础，达到有效保护和合理开发利用自然资源的目的。

2. 综合性。从人类活动对于自然资源开发利用的不同方面以及法律对于人类开发利用和保护自然资源的手段与方式看，自然资源法具有明显的综合性特征。就自然资源的天然属性方面而言，自然资源包括土地、水、森林、草原、矿产、水生生物、海洋等，仔细划分还有资源与能源的区别，因此，对于开发利用和保护不同类型的资源与能源的法律也就相应的可以包括土地法、森林法、草原法、矿产资源法、水法、渔业法、海洋资源法等。就法律调整手段而言，对于自然资源的开发利用与保护是从宪法到法律、法规都应具有的内容，在目前法律部门划分的现状下，自然资源法的调整必然涉及宪法规范、刑法规范、民法规范、行政法规范、经济法规范、诉讼法规范等多种法律手段的综合运用。就法律关系而言，自然资源的开发利用与保护涉及人们生产与生活的各个环节，并且涉及"人—自然—人"的特殊社会关系，或者说是由于"人与自然"以及"人与人"之间的关系的互为前提与因果而形成的不同于一般法律关系的"综合性"关系，自然资源法是基于对这种综合性关系进行专门调整而形成的特殊法律关系。

3. 科学技术性。现代科学技术的发展，对法律的影响十分广泛和深远。随着国土经济学、生产力经济学、系统生态学和经济生态学等新的边缘学科的产生和发展，以及计算机技术的广泛应用，人类对自然界的认识更加深化。人们对人类经济活动与自然生态的关系、自然资源的开发利用与经济发展的关系，提出了许多新的课题，采取更科学、更先进的措施，保护管理各种自然资源。用这些理论和方法制定的保护、开发和利用各种自然资源的许多技术规范，已经成为管理自然资源的法律规定。这不仅丰富了自然资源法的内容，扩大了自然资源法的调整范围，也使这些法律发挥着愈来愈重要的作用。

4. 国际合作性。人类共同生活的地球表面构成了一个完整的生态系统。地球上任何一块陆地或海域的变化，都将影响它邻近的地区以至整个地球的生态系统，环境问题的解决是超越国家界限的。有些资源的开发利用也不是一国所能完成的。地球上的所有物种是人类共有的生物基因库，一些珍贵稀有的野生动物植物，是地球进化过程中赐给人类的宝贵遗产。自然资源法所保护的对象，是人类赖以生存和持续发展的物质基础。在长期的生产、生活实践中，人们共同享受了大自然的恩惠，得到了开发、利用、保护自然资源所带来的利益，也共同承受了大自然给予人们无礼行为的严厉惩罚。因此，对自然资源的保护，人类负有共同的国际义务。作为目标相同的保护自然资源的国际组织、国际公约和各国的自然资源法规，尽管彼此在政治制度、经济制度等方面存在着差别，但在保护自然资源方面既有相互竞争以至斗争的一面，也有彼此可以相互借鉴的具有共性的规范和彼此共同合作的方面。

（三）中国自然资源及自然资源立法现状

自然资源是一个国家经济发展所必须依赖的外部条件或约束条件。自然资源包括所有的不可再生资源和一部分可再生周期较长的可再生资源，其蕴藏量和分布状况决定着经济长远发展的模式和范围，是衡量社会经济发展潜力的重要指标。因此，自然资源的蕴藏状况实际上构成了一个国家或社会的整个家底。

中国是一个资源大国，但由于人口众多，主要自然资源的人均占有量普遍偏少，相当一部分自然资源不能满足经济发展的需要。

1. 自然资源总量多，人均占有量少。一方面，中国许多原料和初级产品都能达到很大的生产规模，在世界上占有重要地位；另一方面，许多产品又不能满足国家建设日益增长的需要。随着国民经济的不断发展和人口的不断增加，自然资源不相适应的状况必然会逐渐加剧。

2. 各类自然资源在总体上有较好组合，但存在一些薄弱环节。在总体上，中国的辽阔地域和区域位置，使土地利用方式普遍具有多种经营的综合特点，工业资源也有良好、广泛的基础。但是中国的耕地资源、水资源、矿产资源和森林资源都是相当薄弱的环节，从资源开发的潜力来说，有些资源对经济发展已构成"瓶颈"。

3. 自然资源的空间分布不平衡，不论是地面自然资源还是地下自然资源都存在相对富集和相对贫乏的现象。农业生物资源的丰度，由东到西、由南到北逐渐下降；水资源南多北少；能源资源南少北多；水能源集中在西南五省区；金属矿产资源基本上分布在由西部高原到东部山地丘陵的过渡地带；等等。这种空间分布的不平衡，一方面，有利于集中重点开发，建设强大的生产基地；另一方面，也造成了重要物质的大量长途运输的现状。

4. 自然资源质量差别悬殊，低劣资源占有较大比重。如耕地、天然草原和大部分矿产资源都是如此。这一特征大大加重了资源更新、改造和开发利用的难度，并且必然会对投资、技术等条件提出更高的要求。

中国自然资源在总的拥有量方面可谓"地大物博"，在人均拥有量上低于世界平均水平，呈现出相对不足的特征。这促使我们必须具有危机意识，充分认识节约资源、减少资源耗费和控制人口增长的重要性，同时也表明中国在长期经济发展和提高人民生活水平的过程中必须充分注重资源约束问题。

中国自然资源状况是自然资源立法的基本前提，也是中国自然资源立法的出发点和归宿。如何充分利用中国自然资源的优势，合理开发利用自然资源，节约资源和提高资源利用效率，是自然资源法所必须解决的问题。目前中国已颁行了一系列关于自然资源的法律、法规，如由全国人民代表大会通过的《物权法》，全国人大常委会通过的《土地管理法》《水法》《水土保持法》《森林法》《渔业法》《草原法》《矿产资源法》《城乡规划法》等；国务院、享有地方立法权的各级人民代表大会及其常委会也制定了不少的行政法规和地方性法规，初步形成了自然资源的立法体系。但从总体上看，目前中国在自然资源立法方面还存在许多问题，比如，过去的一些立法未体现可持续发展战略的指导思想，自然资源立法与环境保护立法相互矛盾，各自然资源立法之间相互矛盾，各自然资源立法的技术性可操作性差，等等。这些问题的解决既有待于自然资源法理论的深入发展，也有待于立法实践的进一步完善。

二、自然资源的权属

自然资源的权属，是指自然资源的所有权及其由此派生出来的对自然资源占有、使用和收益、处分权的总称。根据我国《宪法》第9条第1款的规定，"矿藏、水流、森林、山岭、草原、荒地、滩涂等自然资源，都属于国家所有，即全民所有；由法律规定属于集体所有的森林和山岭、草原、荒地、滩涂除外"。重要的自然资源属于全民所有是我国自然资源法的一项基本原则，但是，集体在法律规定的范围内也享有自然资源的所有权，同时，还不排除国家将一部分自然资源交给集体或个人使用。

（一）自然资源的所有权

1. 自然资源的国家所有权。《物权法》第46条规定："矿藏、水流、海域属于国家所有。"第47条规定："城市的土地，属于国家所有。法律规定属于国家所有的农村和城市郊区的土地，属于国家所有。"第48条规定："森林、山岭、草原、荒地、滩涂等自然资源，属于国家所有，但法律规定属于集体所有的除外。"第49条规定："法律规定属于国家所有的野生动植物资源，属于国家所有。"各自然资源法也都规定了重要自然资源的国家所有权，其权利主体是代表全体人民利益的中华人民共和国，国家所有权由国务院行使；客体是城市市区的土地和除法律规定属于集体所有以外的农村和城市郊区的土地，全民所有制单位经营管理的林木、野生动植物、水资源、矿藏，全民所有制单位经营管理的草原等；内容为对自然资源合法的占有、使用、收益、处分并排除他人非法干涉的权利。

2. 自然资源的集体所有权。《物权法》第58条规定："集体所有的不动产和动产包括：①法律规定属于集体所有的土地和森林、山岭、草原、荒地、滩涂……"第60条规定："对于集体所有的土地和森林、山岭、草原、荒地、滩涂等，依照下列规定行使所有权：①属于村农民集体所有的，由村集体经济组织或者村民委员会代表集体行使所有权；②分别属于村内2个以上农民集体所有的，由村内各该集体经济组织或者村民小组代表集体行使所有权；③属于乡镇农民集体所有的，由乡镇集体经济组织代表集体行使所有权。"第61条规定："城镇集体所有的不动产和动产，依照法律、行政法规的规定由本集体享有占有、使用、收益和处分的权利。"自然资源的集体所有权是指集体所有制组织内部全体成员对自然资源共同享有的占有、使用、收益、处分及排除他人非法干涉的权利。其主体是集体所有制组织；客体是除法律规定属于国家所有以外的集体所有的土地、森林、山岭、草原、荒地、滩涂等。

3. 自然资源的个人所有权。我国自然资源的立法如《土地管理法》《矿产资源法》《水法》《草原法》等只规定了自然资源的国家所有权和集体所有权两种。但也有立法对个人所有权作了规定，如《森林法》第27条就规定："……农村居民在房前屋后、自留地、自留山种植的林木，归个人所有。城镇居民和职工在自有房屋的庭院内种植的林木，归个人所有。集体或者个人承包国家所有和集体所有的宜林荒山荒地造林的，承包后种植的林木归承包的集体或者个人所有；承包合同另有规定的，按照承包合同的规定执行。"

（二）自然资源的使用权和承包经营权

1. 自然资源的使用权是按照资源的性质加以利用以满足人类某种需要的权利。资源利用以占有为前提，而利用资源的目的是取得一定的经济效益。因此，自然资源的占有、收益与使用权紧密相连。《物权法》将自然资源使用权确定为用益物权，其第117条规定："用益物权人对他人所有的不动产或者动产，依法享有占有、使用和收益的权利。"第118条规定："国家所有或者国家所有由集体使用以及法律规定属于集体所有的自然资源，单位、个人依法可以占有、使用和收益。"第123条规定："依法取得的探矿权、采矿权、取水权和使用水域、滩涂从事养殖、捕捞的权利受法律保护。"其他自然资源立法也规定，对于全民所有的土地、森林、草原、水流等，全民所有制单位、集体所有制单位、公民个人对自己依法占有的资源享有占有和使用权；集体所有的土地、草原、水流、森林等由集体经济组织享有占有、使用和收益权；海域使用权、探矿权和采矿权、取得权、水域使用权等由法律授权的管理部门颁发许可证后取得，其主体可以是全民所有制单位、集体经济组织、集体企业及个体工商户。

2. 承包经营权是产生于所有权，又相对于所有权而存在的一种权利。根据所有权与经营权相分离的原则，自然资源承包经营权是承包经营者依法对资源占有、使用和收益的权利。对于全民所有和集体所有的自然资源，集体组织、农户以及公民个人依法享有承包经营权。集体所有制土地的承包经营权的主体是农户，全民所有制单位、集体所有制单位和公民个人可以依法取得对全民所有的林地、荒山、荒地、集体林地、全民所有的水域、集体水域的承包经营权；全民所有的草原、集体所有的草原和由集体长期固定使用的全民所有的草原，可以由集体或个人承包从事畜牧业生产。《物权法》明确了农村土地承包经营权的物权性质，第125条规定："土地承包经营权人依法对其承包经营的耕地、林地、草地等享有占有、使用和收益的权利，有权从事种植业、林业、畜牧业等农业生产。"第126条规定："耕地的承包期为30年。草地的承包期为30~50年。林地的承包期为30~70年；特殊林木的林地承包期，经国务院林业行政主管部门批准可以延长。"

自然资源的所有权、使用权、承包经营权受国家法律保护，任何单位和个人不得侵犯。集体所有的自然资源和全民所有制单位、集体所有制单位和个人依法使用的国有自然资源，由县级以上人民政府登记造册，颁发证书，确认所有权和使用权。

（三）自然资源权属争议的处理

自然资源权属争议，是指当事人之间关于资源所有权和使用权而发生的纠纷。主要包括资源所有权归属的纠纷和资源使用权纠纷两类。

自然资源权属争议产生的原因很复杂，主要是由于长期以来缺乏法律规定造成的，有些是由于历史上一直没有划定明确的土地等自然资源权属的界限。近年来，由于经济发展引起的权属争议，有些是由于自然状态的变迁，使原来明确的界限变得不明确；有些则是由于行政体制的多次变动，使得一些资源的权属不清，导致争议。

自然资源法明确规定，对于资源权属争议，首先由争议双方协商解决，协商不成的，由有管辖权的人民政府处理。全民所有制单位之间、集体所有制单位之间发生的资源权属纠纷，由县级以上人民政府处理；个人之间、个人与全民所有制单位或集体所有制单位之间的资源权属纠纷，由当地县级或乡级人民政府处理。当事人对人民政府的处理不服的，可以在接到处理决定通知之日起1个月内向人民法院起诉。

三、自然资源管理的基本制度

（一）许可证制度

许可证制度，是指国家为管理自然资源而规定的、要求某些开发利用自然资源的项目只有在获得国家资源管理机构颁发的许可证并遵守该许可证中规定的条件时才能进行的一种管理制度。由于这种管理制度可使国家自然资源管理机构根据实际情况决定是否允许进行某项开发利用资源的活动，又可以为从事开发活动者规定限制性条件并据此条件加以监督管理，因而在自然资源法中得到了广泛运用。如《森林法》规定了森林采伐许可证、木材运输许可证；《水法》规定了取水许可证；《渔业法》规定了捕捞许可证；《矿产资源法》规定了采矿许可证；《野生动物保护法》规定了狩猎证；《城乡规划法》规定了用地许可证；等等。

许可证的内容一般包括依法规定持证人的义务，持证人经管理机关核准的开发利用资源的具体数量、区域、工具以及其他特殊限制条件，管理机关的监督检查措施等。

《行政许可法》将资源类行政许可纳入了其调整范围，明确规定对有数量限制的行政许可，2 个或者 2 个以上申请人的申请均符合法定条件、标准的，行政机关应当根据受理行政许可申请的先后顺序作出准予行政许可的决定。并对行政许可程序进行了规定：①申请。由开发利用自然资源者向有关管理机构提出申请。②受理与审查。管理机关受理申请人的申请并进行审查，根据法律法规及申请人的具体情况决定是否批准该申请；对于涉及社会公共利益或者第三人利益的事项，应该举行听证。③作出决定。管理机构必须如期作出是否批准申请的决定并通知申请人，如同意则应颁发许可证，如否决则应向申请人说明理由，申请人不服可以要求复议。④管理机构可以在许可证中具体地为当事人设定各种限制性条件，令获证者遵守，获证者如不服，可以要求复议。⑤管理机构依许可证的内容依法实施监督管理，纠正持证人的违法行为，可以根据情况变更、吊销、中止许可证，持证人如不服，可以提出复议或行政诉讼。

许可证制度作为一项法律制度具有强制性，对于管理机关和相对人都具有法律约束力，违反这一制度要承担相应的法律责任。如《森林法》第 41 条规定："违反本法规定，超过批准的年采伐限额发放林木采伐许可证或者超越职权发放林木采伐许可证、木材运输证件、批准出口文件、允许进出口证明书的，由上一级人民政府林业主管部门责令纠正，对直接负责的主管人员和其他直接责任人员依法给予行政处分；有关人民政府林业主管部门未予纠正的，国务院林业主管部门可以直接处理；构成犯罪的，依法追究刑事责任。"第 45 条规定："采伐林木的单位或者个人没有按照规定完成更新造林任务的，发放采伐许可证的部门有权不再发给采伐许可证，直到完成更新造林任务为止；情节严重的，可以由林业主管部门处以罚款，对直接责任人员由所在单位或者上级主管机关给予行政处分。"

（二）综合利用制度

综合利用制度，是指针对自然资源开发利用的方式、方法和对象而制定的一整套保证和促进资源的综合利用的法律制度。我国各有关自然资源管理的单行法规都规定了综合利用制度。1985 年 9 月，国务院颁布了《关于开展资源综合利用若干问题的暂行规定》（现已失效），明确了综合利用的方针、原则、对象、奖励综合利用的优惠政策以及综合利用工作的管理等问题，基本上建立了我国的综合利用制度。

综合利用的含义十分丰富，通常是指通过各种手段使物质资源得到合理、充分的利用，以变无用为有用、小用为大用、一用为多用、有害为有利，真正做到物尽其用。我国自然资源丰富，但人均占有量十分有限，尤其是有些资源如矿产资源共生、伴生矿多，因此，对资源的综合利用显得十分重要。综合利用在自然资源法中主要包括两个方面：一是开发自然资源时实行综合利用，对矿山、森林、江河湖海等国家重要资源打破行业界限，不允许乱采滥伐，浪费资源；普查勘探矿产资源，新建和改造共生、伴生矿产资源的矿山、油气田，都必须执行"综合勘探、综合评价、综合开采、综合利用"的方针，加强对矿产资源综合性利用的可行性研究；矿产资源开采设计时就要落实综合利用措施，将矿产资源采选总回收率作为考核矿山企业的主要指标之一。二是对各种废弃物的综合利用应变废为宝，工业废弃物具有在一定条件下可以成为资源的属性，实现废弃物的资源化，是节约利用资源的最佳途径之一。

　　由于资源综合利用困难大，经济效益不显著，国家为鼓励综合利用，实行了奖励综合利用，"谁投资、谁受益"的原则，通过对综合利用资源的生产和建设实行优惠政策，对开展综合利用的生产经营活动和对发展综合利用成绩显著的单位和个人给予表扬和奖励，对开展综合利用的产品实行销售价格、税收等方面的优惠，以保证和推动综合利用工作的持续开展。

　　（三）开发与保护相结合的制度

　　开发与保护相结合的制度，是指国家为防止生态平衡被破坏，要求在开发利用自然资源过程中既考虑经济效益又考虑生态效益，从可持续利用的角度去衡量开发利用自然资源的经济效果而规定的法律措施。开发与保护相结合，是从可持续发展战略的高度出发所采取的法律措施。

　　自然资源作为自然环境的组成部分，具有双重属性和功能，它既是人类生存不可缺少的环境条件，又是人类可利用的经济资源，体现出环境效益和经济效益的统一，因此，在开发利用自然资源时应充分地考虑资源的综合效益。生态平衡是生态系统的各个组成部分之间的组成、结构和功能在特定的时间和空间范围内保持相对的稳定，以使生物群体及其环境之间在物质交换和能量转换中处于动态平衡状态。生态平衡是自然界各种因素保持稳定、增殖的客观内在条件，为防止生态平衡的破坏，在利用自然资源时就必须注意保护资源，从生态平衡的角度去衡量开发利用自然资源的经济效果，反对以破坏生态平衡为代价获取短期经济效益。保护是为了保持自然资源的潜能，保证有更多的自然资源投入物质生产过程，保持持续的经济效益。

　　我国自然资源法对开发与保护相结合的制度作了明确规定，其内容基本上包括三个方面：①将开发与保护相结合作为立法的基本指导思想，如《森林法》第1条、第5条即是。②在各自然资源管理法中均有保护自然资源的专门内容，如《森林法》第三章为"森林保护"；《渔业法》第四章为"渔业资源的增殖和保护"；《矿产资源法》在"矿产资源的开采"一章中专门规定了保护措施；《土地管理法》第三章为"土地的利用和保护"；《水法》第四章为"水资源、水域、水工程的保护"；《野生动物保护法》第二章为"野生动物保护"；等等。这些法律分别针对不同自然资源的特点，规定了具体的保护措施。③规定了破坏自然资源的法律责任，包括行政责任、民事责任和刑事责任。

　　（四）有偿使用制度

　　有偿使用制度是关于开发利用自然资源者根据资源的性质和开发利用的规模和程度依法向国家缴纳一定费用的法律制度。实行资源有偿使用，一方面可以鼓励综合利用资源，节约资源；另一方面也可以积累保护和增殖资源的基金，为保护资源开辟资金渠道。

　　我国的自然资源大部分或重要部分为全民所有和集体所有，显然从理论上讲自然资源的所有权也包括占有、使用、收益和处分的权能。但是我国过去长期实行资源无偿使用制度，这种制度一方面使全民所有权和集体所有权在经济上得不到实现，另一方面也不利于资源的合理利用和节约利用，资源浪费严重。同时，自然资源的长期无偿使用也使国家的资源收益大量流失，相对地削弱了国家保护和增殖资源的经济实力。因此，必须改革旧的资源使用制度，变"无偿"为"有偿"，以充分保证资源的合理开发利用，保证可更新资源的增殖和不可更新资源的节约使用。

　　《物权法》第119条规定："国家实行自然资源有偿使用制度，但法律另有规定的除外。"我国自然资源法确立的资源有偿使用制度，主要内容包括：①征收资源税。资源税是为保护和合理开发利用自然资源，调节企事业单位和个人因开发资源而形成的级差收入，按照有关税法规定，对从事资源开发利用的单位和个人开征的一种税。②征收资源使用费。如《水法》第

48 条规定：“直接从江河、湖泊或者地下取用水资源的单位和个人，应当按照国家取水许可制度和水资源有偿使用制度的规定，向水行政主管部门或者流域管理机构申请领取取水许可证，并缴纳水资源费，取得取水权。但是，家庭生活和零星散养、圈养畜禽饮用等少量取水的除外。……”《矿产资源法》也规定了对矿产资源的开采征收补偿费。③征收资源保护增殖费。主要是设立一些增殖基金，以保护资源的再生能力。如《森林法》规定的育林费，专门用于造林育林，对造纸企业征收造纸材料费，用于建立林业基金；《渔业法》规定有渔业资源增殖保护费；等等。

资源有偿使用制度是我国自然资源开发利用制度的一项重大改革，各自然资源管理法虽然都作了原则规定，但有关制度及其理论还有待于进一步研究。

第二节　能源法

一、能源法概述

（一）能源和能源问题

能源，是指能够提供某种形式能量的物质或物质运动。具体包括能源资源、能源产品和提供能量的运动。能源资源是指未经劳动过滤的赋存于自然状态下的能源；能源产品是指经过劳动过滤并符合人类需要的能源；提供能量的运动即物质本身的作功，包括太阳能、水能、风能等非燃料能源。前两者都是提供能量的物质。

世界上能源的种类很多，可以按不同的目的和开发利用要求进行多种分类。如按能源的生成方式，将其分为一次能源和二次能源；按能源的形成和再生性，分为可再生能源和非再生能源；按能源的来源，分为来自地球外部天体的能源、来自地球内部的能源、来自地球和其他天体相互作用而产生的能量；按能源的利用状况，分为常规能源和新能源、清洁能源和污染能源；等等。不同的分类在能源问题及其对策研究中具有重要意义。

能源问题，是指社会经济发展对能源的需求增加与能源供求不足、利用率不高和价格不合理以及污染严重等矛盾的问题。能源问题的产生因素十分复杂，既有经济的原因，又有政治的因素。它起源于 20 世纪 70 年代跌宕起伏的国际石油市场，经历了从石油危机到石油过剩的表现形式。已成为当今社会所面临的一个复杂的社会经济发展问题和不确定的国际经济政治问题。其基本的内容表现为如下方面：

1. 能源供给问题。保障能源的安全供给是能源问题的核心。能源供给的有限性，特别是石化能源的匮乏，是现代科技水平条件下困扰各国持续发展的难点。

2. 能源效率问题。提高能源效率是用有限的能源保障安全供给的保证，它不仅可以减轻消费者能源成本，用较少的能源投入得到较大的能源产出，还可以减轻环境压力，增加能源安全供给的系数和质量。提高能源效率应从节能开始。

3. 能源环境问题。能源环境问题是一国能源效率高低的尺度，也是能源利用能否满足可持续发展的综合指标。因此，能源环境问题是一国能源问题的焦点。它除了有提高能源效率的问题外，还有能源结构合理化、新能源开发、能源安全与洁净等方面的问题。

4. 能源价格问题。能源价格对能源配置、投资、收入分配、能源经营及能源消费水平等都有重要影响。石油危机与石油过剩也都与价格有关。同时，价格在国家能源管理中也具有重要意义，它是能源供应、能源效率及能源贸易的晴雨表。

5. 能源贸易问题。能源贮存的地域性和结构性不平衡，决定了能源的跨国流动性和能源贸易的国际性。如何进行世界能源资源的分配，如何保证本国能源安全供给都是通过能源贸易途径解决的。因而，能源贸易问题在各国能源对策中均占有重要地位。

由于能源问题是一国可持续发展的根本问题，世界各国在各自的社会发展中均针对能源问题，提出了能源战略，制定了能源政策，并颁布了相应的法律、法规，形成相关的能源管理体制。从根本上看，能源问题的解决有赖于建立长期和稳定的行为机制，能源法及其制度正是这种行为机制建立的根据和运作的空间。

（二）能源法的定义

能源法，是指调整能源合理开发、加工转换、储运、供应、贸易、利用及其规制，保证能源安全、有效、持续供给的法律规范的总称。这一定义表明：①能源法所调整的是能源物质利益关系。这种关系是基于能源开发、加工转换、储运、供应、贸易、利用及其规制而发生的，并以这些行为作载体存在和表现的。②能源法的调整以能源开发利用及其规制的合理化为出发点，以保证能源安全、有效和持续供给为归宿。所以，能源法是目的和手段的结合体，能源的安全、有效和持续供给是法律合理安排和实施效果的评价标准。[1]

能源法调整的能源物质利益是基于能源开发利用及其规制而发生的，从而使得能源物质利益关系有了确定的范围。它包括：①能源开发引起的物质利益关系。具体又包括能源资源支配关系、能源资源交易关系。②能源加工转换引发的物质利益关系。具体又包括能源加工转换利益分配关系、能源加工转换效率关系、加工转换生产者与消费者的关系。③能源储运引发的物质利益关系。具体又包括能源储存和运输利益的分配关系、能源储运劳务交易关系、储运设施的支配关系。④能源供应引发的物质利益关系。⑤能源贸易引发的物质利益关系。⑥能源利用引发的物质利益关系。⑦能源政府规制而引发的物质利益关系，具体包括社会公平分配关系和能源开发利用产权关系的维护两个方面。

在能源法的实践中，上述能源物质利益关系既有区别，更有交叉和渗透，共同构成能源法完整的调整对象。

（三）中国的能源问题及其立法

中国拥有世界上第三大能源系统，以煤炭为主要能源。中国的能源问题既有世界能源问题的一般共性，又有其特殊性。能源问题已经成为当前制约中国经济社会可持续发展的瓶颈。《十一五规划》将节能降耗作为约束性指标作了规定，但"十一五"的开局之年却没有能够达到规划目标的要求，以活生生的事实表明了中国能源问题的严峻性。

1. 能源供应严重不足。中国能源资源比较丰富，但后备总储量不足，人均能源占有量十分有限。中国将长期面临能源短缺问题，而经济的高速增长又将进一步刺激短缺。

2. 能源效率低、浪费大。中国能源效率仅为30%左右。能源生产和消费中的资源损失、浪费严重。

3. 能源环境污染严重。主要是大量烧煤造成的城市煤烟型污染，以及农村过度消耗生物质能引起的生态破坏。

4. 能源价格不合理。长期以来，能源价格以劳动成本为基础，能源资源无价。低价格造成了资源的掠夺式开采和能源资源的浪费、消费性需求过高和能源产业的经营亏损严重。

5. 能源贸易与世界市场脱节。中国的能源结构和社会生活建立在国产能源的基础上，长期坚持能源自给自足。20世纪70年代以后开始有了能源贸易，但总体上中国的能源工业还未跨出国门参与世界能源资源分配。

---

[1] 肖乾刚、肖国兴编著：《能源法》，法律出版社1996年版，第56~57页。

二、能源法的体系

（一）能源法的体系的定义

能源法的体系，是指调整能源合理开发利用及其规则，保证能源安全、有效、持续供给的法律规范和法律制度组成的完整、统一、协调、有内在联系的系统。这一体系有如下特点：

1. 它由能源法律规范和法律制度所构成。如调整矿产能源开发利用的法律规范和法律制度往往是矿业法或矿产资源法的特别法或特别规范和制度。这表明调整矿产能源开发的法律规范中有一部分具有能源法和自然资源法的双重属性，但从实质意义上看，"双重属性"并不能影响其成为能源法规范和制度的组成部分。

2. 它是由能源法律规范和法律制度构成的系统，具有完整性、统一性和协调性。能源法系统绝非能源法律规范和法律制度的简单堆砌，而是其有机的组成。完整性表明能源法律规范和制度覆盖面广，贯穿能源开发利用的整个过程；统一性表明，能源法规范和制度具有统一的目标、功能和意志趋向；协调性表明，各种能源法律规范和制度无论出现的早晚，在哪一部法律中的规定都是一致的，而不是冲突的。而能源法的完整性、统一性和协调性要求能源法律规范和制度之间必须具有内在的逻辑联系，要求具有不同地位、功能、效力、适用范围的各种法律规范和法律制度按照一定的逻辑规则进行排列，反映每一项法律规范和制度与整体的内在联系。

（二）能源法体系的构成

能源法体系由统一的基本法和单行的具体法所构成，包括如下方面：

1. 能源基本法。它是规范能源开发利用基本活动和方式的法律，是能源法基本制度的根据，是具体能源法及其规范和制度安排的基础和原则，是一国能源法及其制度成本与绩效、创新与变迁的决定因素。

2. 能源矿业法。它是规范矿产能源开发利用活动和方式的法律，由于矿产能源构成当代人类社会的主要能源结构，矿产能源法在能源法体系中具有重要作用。它包括煤炭法、石油法、原子能法等。其内容也不仅仅是矿产能源的勘探、开采，还包括加工、转换、储运、利用、供应与贸易，较之于一般的矿业法或矿产资源法范围更大，内容更丰富。

3. 能源公共事业法。它是规范能源公共事业活动和方式的法律。能源事业中有许多如电力、煤气、天然气等都属于自然垄断性强又为人民生活所必需，且服务具有公共性的产业。这些部门容易发生损害消费者利益的行为，所以必须以专门的法律予以规范，以实现社会利益的公平分配、消费者利益保护和维护其本身的持续发展。能源公共事业法包括电业法、煤气事业法、天然气供应法、热力供应法等。

4. 能源利用法。它是规范能源利用活动和方式的法律，其目的在于使全社会合理使用能源，提高能源效率，保证能源的持续供给。能源利用法的适用范围极广，适用于一切领域和一切方面，还影响到具体能源法的规范和制度安排。在没有能源基本法的国家，能源利用法是被当作能源基本法的。能源利用法在各国有不同的名称，如节约能源法、能源使用合理化法、能源管理法等。另外，在一些国家，清洁能源法被认为是能源利用法的特别法。

5. 能源替代法。它是规范替代能源开发利用活动和方式的法律。能源替代的目的在于谋求能源多样化，目前主要是进行可再生能源的开发，进而满足人类需求。能源替代法的意义在于促进可再生能源的开发利用，也有人将其称之为"可再生能源法"。能源替代法主要包括对太阳能、生物质能、风能、海洋能等能源的开发利用的法律。我国于2005年2月28日通过了《可再生能源法》。

在能源法体系中，能源基本法是各种能源开发利用的准则，是各种具体能源法律规范和制度安排的基础。能源利用法则直接制约和影响到其他能源法规范和制度安排，在没有能源基本法的情况下更是如此。能源矿业法、能源公共事业法、能源替代法则是根据能源基本法或能源利用法的有关规定针对规范对象的特殊性所进行的制度安排。

三、能源法的基本制度

（一）能源市场供给制度

能源市场供给制度，是指按照能源市场供给规律的要求，安排能源市场供给主体资格、产权交易行为和规则以及客体范围的能源法律制度。这一制度通过各种产权主体、客体及其交易和传递规则的界定，将能源资源及其产品、能源企业财产纳入追逐效率的经济动力结构，为实现能源法的功能提供根本性途径，从而使各种能源法基本制度地位和作用的确定有了经济上的根据，为能源法制度结构的合理安排奠定了基础，也为能源法律制度的有效安排和实施、降低或减少能源开发利用的社会交易成本和生产成本提供了可靠的制度选择。它主要由三部分构成：

1. 市场供给主体制度。法律上关于市场主体制度主要是赋予一定的组织和个人以法律主体资格的制度，能源法也不例外。能源市场供给主体制度也主要是关于进入能源市场的主体资格的规定。民法意义上的自然人和法人是取得能源市场供给主体资格的前提条件。在此基础上，根据国家能源开发战略和目标，能源法规定的取得能源市场供给主体资格的条件主要包括两个方面：一是能源投资者必须拥有一定财产、技术、经费的支配权并向能源产业投资，从事能源的勘探、开采、加工、转换、储运、供应和贸易事业，这类产权是能源开发利用者作为独立产权主体开发利用能源的基本条件。二是能源投资者必须取得能源开发利用权，这是从事能源开发利用获得能源物质利益的资格。不取得能源开发利用权，投资者纵然拥有财产、技术和经费的支配权，也不能成为能源开发利用者，而且能源开发利用权往往对投资者的支配权提出不同的要求，如开发利用煤炭、石油、原子能的权利——矿业权与电业权对投资者支配权的要求是不同的；即使同为矿业权，对煤炭、石油、原子能投资者支配权的要求也是不同的。因此，虽然能源供给主体资格的取得是多方面因素决定的，但产权界定无疑是主要因素。能源法对能源产权主体资格与条件的规定限制与禁止也是必然的。

2. 市场交易规则制度。由于能源开发利用的有限性、不确定性、公平性和外部性，使得能源市场交易较之于其他市场交易更容易刺激能源产权主体损人利己和奉行"机会主义"，进而增加产权交易的费用和成本。这就决定了能源市场供给必须有一个较一般市场供给更为严格并为大家恪守的产权交易的规则，这种规则应具有普遍的约束力，有利于确定产权边界和支配范围，维护产权的权威性。在法律上，这种规则主要包括契约规则、垄断规则和竞争规则。通过对这些方面行为的规范，使一般的能源产权交易活动有章可循。

3. 市场供给客体制度。能源市场供给的客体包括能源资源、能源产品和其他财产，赋存于其上的产权包括能源资源所有权和开发利用权、能源产品和其他财产的所有权。能源法对市场供给能源资源的品种、范围、数量的确定方法等作出规定，这样有助于界定能源市场供给的内容，有助于界定产权交易和传递的程序和方式。

（二）能源政府规制制度

能源政府规制制度是按能源政府规制目标的要求，确定行政主体地位及其行政权限、规制范围和程序的能源法律制度。能源法基本制度的安排是能源法制度安排的基础。而对能源法基本制度安排起决定作用的是正确界定市场供给与政府规制的关系。市场供给是能源开发利用有效率的前提，也是客观不容改变的要素，而政府规制是弥补市场失灵的主观能动要素，在市场供给既定的条件下，政府规制的合理而有效选择就有了决定意义。因此，安排市场供给的能源市场供给制度能否有效率，还有赖于安排政府规制的能源政府规制制度的有效选择。而其他制度结构的组成部分都以二者为基础，只有当二者形成合理安排，能源法律制度结构才能安排得合理。

能源政府规制制度由两部分构成：

1. 能源政府规制行政主体制度。法律上确定能源政府规制行政主体的原则为：能弥补市场供给的不足，克服因极端自由放任造成的产权减弱和市场价格的低效率，维护产权和强化产权的效力，调整产权结构；应减少能源开发利用的风险，增加社会保障，提供信息，保证经济稳定；应减少垄断或自然垄断带来的分配不公，保持一定的均衡分配；能从外部影响能源资源配置向有效率方向发展；能代表公共选择，符合大多数人的利益和意志，保证公共权力的性质；能形成有效合理运作的行政权结构，并避免权力冲突和掣肘。在根据这些原则确定能源政府规制行政主体后，还要在法律上严格界定其地位、职责、权限、权力的实现和制衡程序。同时，还要考虑在行政主体与行政对象之间设立中介机构，以保证行政主体决策的经济合理。

2. 政府规制规则制度。行政主体所实行的能源政府规制是在一系列制度中实现的，能源政府规制规则制度主要有：许可证制度、监督检查制度、计划供给制度、能源定价管制制度、能源战略储备制度、能源税费制度、能源发展基金制度等。

（三）能源资源环境制度

能源资源环境制度，是指按能源可持续发展的要求，安排能源开发利用与环境保护的结合性规范，保证在能源开发利用中防治环境污染和破坏的法律制度。能源开发利用的不合理是造成环境污染和破坏的重要原因，而能源开发利用造成环境污染和破坏又与法律制度安排不合理有关。在相当长的时期内，能源开发利用的制度与环境保护的制度是相互脱节的，其结果是能源开发利用继续污染和破坏环境，环境保护则只是治理污染造成的后果，而不能防治环境污染和破坏造成的原因，不能从根本上解决能源开发利用造成的环境污染的破坏。而能源环境法律制度是将能源开发利用与环境保护制度有机结合在统一的行为过程中，在能源开发的同时，防治环境污染和破坏，保证能源资源的可持续利用。

能源资源环境制度由如下部分构成：

1. 能源环境规制主体制度。能源开发利用是获得物质利益的手段，而环境保护则是人类社会持续发展的条件。因此，任何能源产权主体都不会自觉地将二者结合并协调起来，在能源市场供给条件下更是如此。这就需要公共利益的代表者——政府进行能源环境规制，管束能源产权主体在能源开发利用中注重环境保护。政府是能源开发利用的规制者，又是环境保护的实施者，只有政府才能有效地实施能源环境规制。这就要求法律在给政府配置能源开发利用规制职权时，同时配置相应的环境保护职责。规定环境影响评价、限期治理、环境标准、现场检查、资源恢复和增殖、综合利用等制度，保证能源产权主体将环境保护融入能源开发利用之中，将环境成本纳入生产成本，减少内部不经济。

2. 能源环境产权制度。能源大部分是环境污染源，能源开发利用必然要带来环境污染和破坏，而任何环境污染和破坏都与产权滥用或弱化有关。能源产权的滥用是内部不经济化的动因；产权弱化是外部接受不经济的条件；受污染的财产或资源产权不清、边界不明和产权主体怠于主张权利，往往是内部不经济外化的条件。因此，产权主体严格自律和强化产权是防止环境污染和破坏的基础性制度。若某一产权主体要外化和转移其内部不经济，就要以接受不经济的产权主体同意并支付费用，获得环境使用权为前提，否则就会引起侵权诉讼。当然，社会还须有承受力，经政府审核和许可。这就迫使产权主体放弃不经济外化，而选择不经济内化，最终达到能源开发利用与环境保护的持续发展。这项制度不仅包括对能源产权主体的权利、义务和法律责任的界定，还包括一些具体规范的设定，如相邻权的保护、污染损害赔偿等。

3. 能源环境技术监督制度。能源开发利用与环境保护持续发展受一定经济技术条件的限制，经济技术水平越高，持续发展的程度也越高。法律对二者的持续发展的规范同样也受到经济技术水平的限制。法律规定的持续准则过低，法律规范的实施就没有意义；过高则经济技术水平达不到，法律规范也难以实施。否则，就是法律规范实施了也难以操作，同样达不到法律目的。能源环境技术监督制度应与规范能源开发利用的有关制度结合安排，如能源开发利用必须保护其他资源、防治污染、合理转化、综合利用、加速折旧、采用新技术的措施等。

（四）能源技术创新制度

能源技术创新制度，是指按能源技术创新的要求，通过能源市场供给、政府规制和能源环境制度安排，鼓励和保护能源技术创新，提高能源效率的制度总称。制度创新与技术创新是相互制约的，制度创新可以为技术创新提供更大的空间。能源技术创新制度直接反映了技术创新对制度创新的要求，而且技术创新推动的技术规范总会不断上升为制度安排，并进一步推动技术创新。因此，能源法律制度中，能源技术创新总要反映技术创新，使制度得到及时创新，而由于能源技术创新制度构成了能源法律结构制度的重要部分，最终也会导致能源法律制度的创新。实际上，能源法律制度的有效实施和运作离不开技术创新。能源技术创新制度能使产权在定性和量化的基础上进行界定，能使政府在经济、合理、科学的前提下进行规制，能使能源开发利用与环境保护有机结合，并在技术上可以操作。从而使能源法律制度得到有效实施，保证能源开发利用合理化，减少生产成本与交易成本。

能源技术创新制度由如下内容构成：

1. 能源技术市场供给制度。能源技术市场供给制度具体规定能源技术创新产权主体、产权的行使和保护及其在能源法中的具体操作。能源技术市场供给主要是通过产权制度安排来实现的。首先，能源产权使能源投资者成为独立的利益主体，为了追求利益的最大化，必须在降低交易成本的同时，降低生产成本，而降低生产成本就必须进行技术创新。因此，能源产权特别是知识产权，是技术创新的动力源泉。其次，能源产权赋予技术创新排他的效力，使技术创新及其带来的物质利益得到有效的保护。

2. 能源技术政府规制制度。这一制度主要是通过产权保护、财政政策、技术政策和规范的执行来实现的。能源产权特别是知识产权的政府保护往往是有效的，它可以及时、方便地禁止侵权行为，保护技术创新为产权主体带来的利益。财政政策主要是政府对能源技术创新的财政支持措施，如税收减免、低息贷款、价格优惠和对落后技术的惩戒措施。技术政策和规范的执行则使能源技术创新成为产品质量管理、技术监督和管理活动。

3. 能源技术环境制度。能源技术环境制度主要是从满足能源可持续开发利用的要求出发，提出对能源技术创新的制度安排，如排污标准、无害技术、清洁生产技术准则、有害产品和技术的禁止等。使能源技术创新符合能源环境一般要求，达到能源持续开发利用及经济和社会的可持续发展。

■ 思考题

1. 中国《物权法》的制定对自然资源与能源法带来了哪些影响？
2. 我国自然资源法的基本制度有哪些？
3. 我国能源法的基本制度有哪些？
4. 为什么说节能降耗是中国实现可持续发展的基础性措施？

■ 参考书目

1. 杨秀苔、蒲勇健：《资源经济学：资源最优配置的经济分析》，重庆大学出版社 1993 年版。

2. 张梓太主编：《自然资源法学》，科学出版社 2004 年版。

3. 孟庆瑜、刘武朝：《自然资源法基本问题研究》，中国法制出版社 2006 年版。

4. 吴兴南、孙月红：《自然资源法学》，中国环境科学出版社 2004 年版。

5. 肖乾刚、肖国兴编著：《能源法》，法律出版社 1996 年版。

6. ［澳］艾德里安·J. 布拉德布鲁克、［美］理查德·L. 奥汀格主编：《能源法与可持续发展》，曹明德、邵方、王圣礼译，法律出版社 2005 年版。

第五编　社会分配法律制度

第二十八章　社会分配法概述

■学习目的和要求

　　社会分配法是经济法中非常重要的一类法律制度。通过本章的学习，应当加深对社会分配法在保障改革发展成果公平分享从而促进和谐社会建设上的认识；掌握经济法视野下社会分配法针对国民收入初次分配和再分配所调整的社会关系、社会分配法调整这些分配关系的原因，以及社会分配法的制度体系；把握初次分配和再分配应坚持的原则，以及社会分配法调整分配关系所应坚持的原则。

第一节　社会分配法的作用

　　马克思曾经把社会生产总过程概括为生产、分配、交换和消费四个基本环节，它们一环扣一环，互相依存、互相促进。当今任何一个国家都面临着一个资源稀缺和产品有限性的制约问题。在经济全球化的今天，各国的经济学家、政治学家、法学家以及平民不仅关注社会财富在本国的分配，同时关注社会财富在国与国之间的分配，社会财富分配已经成为并将继续成为一个世界性的话题。

　　就我国经济社会发展的现状而言，一方面，由于国民经济的持续快速发展，综合国力得到了极大的提高，城乡居民收入的总体水平在不断提高，广大人民群众获得了前所未有的日益增长的物质财富。但是，另一方面，随着改革的深入、利益关系的重新分配和调整，又导致了收入差距在城乡之间、行业之间、地区之间、不同群体之间不断扩大，从而使得改革发展成果分享不公问题日益凸显，以至成了制约经济发展和影响社会稳定的重要因素之一。因此，如何使改革发展成果惠及全体人民的问题引起了国家的高度重视。现在我国正致力于构建和谐社会，可以说，建立和谐社会的核心任务之一，就是要化解并减少因社会利益分享而产生的矛盾与冲突。因为在各种社会矛盾中，利益分配的矛盾是最复杂、最普遍和最突出的矛盾，同时也是令人民群众最为关注的矛盾，而和谐社会目标的实现，在很大程度上又取决于这些矛盾和冲突的解决程度。

　　通过法治手段实现收入的公平分配和发展成果的公平分享，经济法责无旁贷。无论是在经济学界，还是法学界，大体上达成了这样一个共识，就是实现社会财富的公平分配，让改革发展成果惠及全体人民，必须依靠三种力量：一是通过市场机制的作用实现财富的公平分配；二是通过政府干预的作用实现财富的公平分配；三是通过"第三种力量"即通过激发人们的同情心和社会责任感进行慈善和捐助实现财富的公平分配。这三种力量在解决社会财富分配不公的问题上是互为作用的、缺一不可的。但是，考虑到市场机制在实现公平分配过程当中有它自身难以克服的障碍，因而它难以涵盖整个复杂的社会分配领域；而"第三种力量"在实现公平分配过程中，由于它具有很强的主观性、分散性和有限性，因而它只能是实现社会公平分配的一种补充力量。因此，在社会财富公平分配的过程中，无疑政府应当承担更大的责任，特别是要在公共产品供给、自然资源使用、环境保护、产业发展、就业促进、社会保障、公共投资和融资以及税收等方面的利益分配上发挥更大的作用。这种作用又是国家通过经济法的制定赋予政府干预收入分配关系的权力来实现的，而如何规范政府干预权的运用和行使正是经济法的重要使命之所在。所以，从这个意义上说，经济法在实现收入的公平分配上发挥着重要的作用。而经济法要发挥这样的作用，就需要在正确的权利、公平、发展等理念指导下，建立和完善相关的社会分配法律制度。

第二节　社会分配法的定义

社会分配法是调整国民社会财富或社会利益分配关系的法律规范的总称。所谓社会利益，就实质而言是一种社会财富。这种财富的分配其表现方式和实现形态是非常复杂和宽泛的，大体上可以分为两类，一是收入分配，二是发展成果分配。收入分配是民生之源，它是实现发展成果由人民共享最重要的直接实现方式。就当前来说，把收入分配作为一个迫切的问题加以解决是理所当然的，然而，从长远和整个社会利益的公平分享来看，我国正在寻求建立改善收入分配调控体制机制和政策体系时，还应当把影响收入分配的其他利益关系纳入思考之中，由此可以认为，经济法所调整的社会分配关系是指在特定的时空条件下，国家、企业、个人等不同社会主体相互之间在国民收入和相关利益分配中所结成的分配关系。

国民收入是由物质生产部门的劳动者在一年内所创造的，在扣除了当年已经耗费掉的生产资料后的那部分社会总产品，在价值形态上，它是一年内由活劳动所创造的新价值。

从法律关系上去分析，国民收入的分配实际上是一种利益或财富在不同主体之间的转移，这种转移可以因合意也可以因强制而产生，它可能是有偿的，也可能是无偿的。因合意和有偿而产生的分配关系通常是在国民收入的初次分配中产生，因强制和无偿而产生的分配关系通常是在国民收入的再次分配中产生的。因此，在市场体制中，民法和经济法都担负着调整一定分配关系的任务。一般而言，因权利交易而产生的分配关系由民法调整，如因房屋的出租而获取租金等，在一个交易盛行的社会中，这种分配关系在社会中占了主导地位。因公权而产生的强制性分配则由经济法进行调整，如税收等。尽管民法和经济法都担负着调整分配关系的任务，但其功能又是有差异的。民法的作用主要是保障平等主体之间的分配的自愿和平等，进而实现按贡献和价值进行分配的原则。而经济法的作用在于为最大的非生产性组织即国家提供经济基础，或修正平等主体之间的分配的不足，或为市场体制提供必要的保障机制，进而实现按公平进行分配的原则。

这里需要指出的是，并不是所有的初次分配关系都应当由民法调整，这是因为民法在调整初次分配关系中有其自身利益的局限性，这种局限性主要表现为民法对微观层面上的分配不公正和宏观层面上的分配不合理无能为力，具体讲，民法主要是通过确认各交易主体之间的形式公平和保障交易主体的自愿而实现的，它的公正性有赖于交易双方的讨价还价的程度。但在现实中，在不同的情势之下，交易双方的讨价还价能力是有差异的，这种差异的原因是多方面的，既可能是在交易中处于弱势的一方因对交易的信息不足而不能讨价还价；也可能是因力量相对薄弱而不敢讨价还价；还可以是因安于现状而不想讨价还价。对交易弱者而言，讨价还价的能力和欲望越强，则分配公正性实现的可能性就越大。但既为弱者，其与强者之间在实质上不可能处于同一地位之上，其自身正当权利的实现也会遇到障碍，作为劳动者的弱者就有可能不会按贡献而取得报酬，如奴役或者剥削性劳动就属于这种情况，也就是等量劳动不能取得等量报酬。这种因实质上的地位差异而导致的分配不公平是讲求形式公平的民法所无力克服的，这就使经济法对初次分配关系也存在着干预的空间。比如，经济法通过对最低工资制度的确立，改善弱者行使权利的环境以及控制通货膨胀或通货紧缩等，就属于这种情况。由此可以认为，经济法所调整的社会关系既包括全部再分配过程中所发生的全部社会关系，也包括在初次分配中所发生的需要由国家干预的部分分配关系。

第三节　社会分配法的调整对象

社会分配法所调整的对象：一是国民收入初次分配过程中所形成的部分分配关系，二是分配过程中所形成的所有分配关系，三是其他领域中的利益分配关系。

初次分配是国民收入在物质资料生产部门中所进行的分配。物质资料生产部门主要是指工业、农业、建筑业、货物运输业、直接服务于生产和科学研究的技术产业和邮电业以及作为生产过程在流通渠道继续的那部分商业；非物质生产部门如文教、国家机关以及商品销售等部门，由于不创造物质资料，也不创造国民收入，所以物质分配不在这些部门中进行。但是，如前所述，经济法并不调整初次分配中的全部分配关系，它只调整：①以按劳分配为原则而形成的劳动者个人收入关系；②以税收形式而形成的国家财政收入关系；③以利润资金而形成的企业收入关系。

再分配是国民收入在初次分配基础上在全社会范围内所进行的分配。它主要是在非物质生产部门、因种种原因缺乏基本生活保障的公民以及国家重点发展和扶植的生产部门中进行。再分配关系主要包括：①基本建设单位和国家储备部门来自国家的预算收入；②科学文化、教育、艺术、医疗、国家管理和国防事业来自国家的预算收入；③非物质生产部门因提供服务而从企业和公民处取得的收入；④非生产领域的职工、非生产领域劳动者的个人收入；⑤享受社会保障待遇的公民的收入等。

其他领域中的利益分配主要是指土地利益、自然资源利益、环境利益、劳动就业利益、公共投资利益以及融资利益等。上述利益与人民群众的切身利益是紧密相关的，应当将其他纳入社会分配法的调整范围。

第四节　社会分配法的体系

在市场体制下，社会分配制度由自主分配制度和强制分配制度构成。前者由民法加以规范，后者由经济法加以规范。民法作为私法自身没有对私权的强制力，它不能进行强制性分配，所以由民法对再分配关系进行规范是不当的。尽管在经济法所调整的再分配关系中开始出现了一种私法化的倾向，如注重保护再分配对象的权利和重视再分配对象的意愿等，并且在再分配过程中也开始运用私法的形式，但这并不是作为经济法性质的强制性分配法的主要性格。那么，强制性分配关系是否可以由行政法调整呢？这也不行。因为，强制性分配涉及公权的使用，但这种公权所面对的是各种私权，公权的行使既涉及公平层面的私权，又涉及效率层面的私权，既涉及对私权的剥夺，又涉及对私权的尊重和服务，这是作为架构政府体制的行政法所不能实现的。经济法才是国家进行强制性分配的法律形式，经济法的这种功能是民法和行政法都难以代替的。

经济法的主要功能在于克服市场失灵和政府失灵，而这种克服又是通过各种制度安排，达到提高市场效率，提供市场安全，提升市场主体之间的公平程度而实现的。鉴于国家已经把建立现代企业制度、培育和发展市场体系、建立宏观调控和社会分配制度作为市场经济运行四个基本环节而统一考虑，因此，在经济法理论体系的构架中，我们是把社会分配法与市场主体规制法、市场秩序规制法、宏观调控和可持续发展法并列为经济法总体框架中的子系统。这四个子系统具有各自独特的功能，它们共同构成了完整的经济法体系，共同作用于实现效率、安全与公平。考虑到强制性分配法主要涉及公权对资源的分配，所以它应当由预算法、税法、个人收入分配法、非税性收入法以及社会保障法构成。其中包括：①预算法。它主要是从全社会利益出发解决分配问题，是对财政收入和支出进行规制的法律。②税法。它主要是规制国家与企业、个人之间的分配关系的法律。③规范其他财政收入形式的法律。如非税性收入法律制度等。④个人收入分配法。它主要包括按劳分配、非按劳分配、按生产要素分配法律制度以及体现国家对初始分配关系进行干预的最低工资法律制度、最低房租制度、利率限制制度等。⑤社会保障法。它包括社会保险、社会救济、社会福利、优抚安置、社会互助以及个人储蓄积累保险等法律制度。

如果我们从多功能、多视角对这些法律规范进行分析，就会发现，它们在经济法的子系统中具有多个位置，如税法既可以归属于宏观调控法，又可以归属于强制性分配法；最低工资制度既可以归属于劳动法，又可以归属于强制性分配法等。这完全缘于这种制度功能的多元性或经济立法中的综合立法特性。有一种观点把社会保障法作为经济法的四个子系统之一，这不足以体现国家对分配关系进行调整的全貌，这是因为，社会保障法只不过是再分配法的一个部分，将其与市场主体规制法等子系统相并列显然范围过窄，同时也不能反映出社会分配法的本质，从而影响对强制性分配法的研究。在强制性分配法体系中，调整再分配的法律居于主导地位。一般而言，这种再分配是通过预算法来实现的。当前的中央文件和几乎所有的关于市场经济法律体系的规定和讨论中，都是把预算作为宏观调控手段来认识的，与此相适应建立起来的预算法就理所当然地被划归到宏观调控法律体系当中。本书无意完全否定这种划分，因为预算的宏观调控职能是显而易见的，预算无疑是国家实现宏观财政政策的重要工具，但是我们又不能不看到，预算的宏观调控职能的最初出发点和落脚点还是为了实现对国民收入的公平合理的分配和再分配。所以与其把预算法放在宏观调控法律体系中，不如将其纳入经济法的另一个子系统的社会分配法体系，更能反映市场经济体制对经济法体系的要求。

除了以上社会分配方面的一般性的法律制度外，在以下具体领域中也存在着如何公平分配社会财富和发展成果的问题，如果这些领域的利益分配不公，就会还在很大程度上影响和谐社会的建设，由此需要建立以下法律制度：

1. 土地利益公平分享的法律制度。土地利益分享中存在的突出问题是地方政府利用自身所掌握的土地级差利益分配的行政调节权为自己谋利，侵占了市场主体对土地级差利益的分配机会，由此造成土地利益分配格局的地方化和部门化。为解决上述问题，应当完善土地利益公平分享法律制度，即完善现行的土地使用权制度、土地征收制度、房屋拆迁制度，建立城市低收入阶层的市民居住权（含土地使用权）保障制度，确保个人对土地级差利益的参与分配权。

2. 自然资源利益公平分享法律制度。自然资源利益分享中存在的问题是政府利用权力不当介入自然资源利益的分配，导致自然资源利用的特权化。同时，自然资源使用权、经营权各权利主体不是基于市场原则而是基于各自身份占有自然资源利益，从而形成自然资源利益分配的垄断化。为解决此类问题，应当建立合理的自然资源利益公平分享法律制度，即加快自然资源统一立法步伐，明确自然资源利益主体地位；完善竞争缔约方式，使所有社会成员平等地享有自然资源利益的分配权；通过对自然资源的初次分配、特许经营、生态保护、治理恢复等方式加强对自然资源开发与利用的监管力度。

3. 环境利益公平分享法律制度。环境利益分享中存在的问题是城乡环境利益分享不公、流域生态效益分享不公、不同收入阶层的环境需求没有得到充分满足、退耕还林还草工作开展不好、排污收费方法欠妥、生态受损群众保护问题亟待解决等。为解决这些问题，应当完善环境利益公平分享法律制度，具体是建立和完善生态难民个体补贴制度、产业补贴制度、流域财政转移支付制度、生态保险制度、生态融资制度，设立征收生态补偿税，建立生态难民公益诉讼机制等。

4. 产业利益公平分享法律制度。产业利益分享中存在的问题是由于长期以来农业、工业等不同产业获得的政策支持和发展机会不同，形成了产业间发展格局上的差距，这也拉大了城乡之间、行业之间以及地区之间的差距。为解决上述问题，应当建立合理的产业利益公平分享法律制度，具体就是完善产业政策法律制度，建立工业反哺农业的法律机制，建立产业调整的利益平衡机制和产业布局优化机制，实现产业发展机会和产业利益的公平分享。

5. 劳动就业利益公平分享法律制度。由于相关法律制度的缺失，劳动者在就业机会上难以获得公平的待遇，这主要体现在就业歧视、就业机会差别、劳动力流动中不合理的制度性障碍、用人单位的非法辞退等方面。为解决上述问题，关键是要建立完善的劳动就业利益分享法律制度，这些制度包括就业歧视规制法律制度，以统筹城乡就业、加强就业培训、提供就业援助等为内容的促进劳动就业的法律制度，具有保障就业机会功能的劳动合同法律制度，以及劳动力市场监管、劳动执法监察和劳动机会保护法律制度。

6. 公共投资利益公平分享法律制度。现行的公共投资机制和具体制度存在着缺陷，这就造成地区之间、产业之间获得的公共投资机会分享不均，由此拉大了地区之间和产业之间的发展距离。为解决这些问题，应当建立合理的公共投资利益公平分享法律制度，具体有公共投资主体准入法律制度、公共投资决策行为和实施行为规制法律制度、公共投资利益分享主体的权利救济法律制度等。

7. 融资利益公平分享法律制度。融资利益分享中存在的问题表现为现行融资体制在制度设计上的缺陷，市场自身更无法解决区域间、产业间的融资不均衡问题。为解决此类问题，需要确立合理的融资利益分享法律制度，具体就是以消除融资垄断、开拓融资渠道为重点，完善融资法律制度，由此保障民营企业、中小企业公平地获得融资机会，实现自身更好地发展。

第五节　社会分配法的基本原则

一、分配公平正义原则

公平正义是法的最高价值追求和基本理念。无论公平正义观怎么变动，公平正义的一个最基本的含义就是"各得其所"，即"同样的人同样对待，不同的人不同对待"。就社会分配而言，对其进行法律规制的目的就是实现分配公平正义，即让同样的人都能同等地分享发展成果，让不同的人都能从不同的方面分享发展成果。从这个意义上说，社会分配法所追求的分配公平正义，不仅是维护形式上的公平，更重要的是维护实质上的公平，即通过对社会分配关系的法律调整实现社会成员的"普遍受益"和"差异受益"，最终实现社会成员在发展成果分享上的机会、过程和结果的公平正义。普遍受益是为了实现形式正义，使全体社会成员都可以机会平等地分享社会发展的成果；差异受益是为了实现实质正义，使那些因自身能力或资源条件的欠缺而不能或难以公平受益的社会弱势群体获得扶持和帮助。

从社会结构去考察，它从来都是非均质的，不同的群体和阶层在社会位置上的分布总会存在差异，在现当代社会更是如此。这样就会形成社会分化及由此导致的社会不平等。导致社会不平等在很大程度上是由于社会成员之间在占有或控制社会资源（或机会、条件等）上存在差异。资源占有的匮乏必然会导致改变自身生存状况的能力的低下；相反，资源占优者则更有能力提升自身的境遇。而在"马太效应"的作用下，强者愈强，弱者愈弱，最终会形成强弱之间的鲜明对比，由此，一种最基本、最普遍的社会分化——社会强弱势群体的分化便形成了。在这种情况下，当代的分配公平正义问题在某种程度上其实可归结为社会整合问题，即对社会强势群体强力意志的约束和对社会弱势群体生存权利的保障，使二者之间不仅能达致利益的均衡，而且更重要的是能从根本上实现权利的均衡。其实，从西方国家的正义观来看，从19世纪以来，也经历了从抽象地谋求最大多数人的最大利益的功利主义正义观向具体地关爱社会境况最差者的社会正义观的转变。因此，可以说，当代的分配公平正义观充满了实质正义的色彩，更强调罗尔斯正义理论的第二原则即"差别原则"，主张最少受惠者的最大利益。由此，就需要把对社会弱者福利的提高程度作为判断社会整体福利水平提升的一个重要标志。因为，社会整体福利的增长在很大程度上取决于社会中境况最差者或弱者处境的改善，如果这类群体的处境得不到改善的话，他们就会像"木桶最短的那块木板"的效应一样，制约社会的全面发展。而如果我们把发展成果的共享归结为分配正义问题，也应该把社会弱势群体对发展成果的分享作为发展成果是否实现公平分享的一个重要标志。这里的关键问题是要确保社会成员在利用生存与发展的资源和空间时拥有公平的机会。

要达到上述目的，一个至关重要的问题就是要正确处理公平与效率的关系。在过去的经济学和法学研究中，通常是把效益与公平的兼顾作为社会分配法的基本原则。当然公平与效益是应该兼顾的，因为，公平与效率存在着相互贡献的问题。一般而言，公平与效率分别处于两极，效率与公平是异向变化的，即效率的增加会导致公平的减少，相反，公平的增加则会导致效率的减少。但这并不是绝对的，在一定条件下和一定范围内，效率与公平的变化可以是同向的，即公平程度的提高伴随着效率的增加，这个范围就是政府进行再次分配的限度。比如，对平均主义分配制度的克服无疑可以导致劳动者劳动积极性的提高，这就是公平对效益的贡献。相反，一定差距的存在是市场运行的结果，也是市场正常运行的前提，这就是不公平对效率的贡献。但这种公平与不公平对效率的贡献并不是时时刻刻都存在的，在实践中较多的情形却是公平以效率为代价或效率以公平为代价。比如，在市场经济体制中，"劫富济贫"并不一定是正当和合理的，"劫富济贫"只有在一定限度和范围内才有其存在的价值。关键的问题是，究竟多大的差距是一个社会所能承受的？多大的不平等对效率会有贡献？也就是说，不平等应该有个限度，即这种不平等有利于发展社会生产，超过了这个限度，不平等就会产生效率损失。所以，"劫富济贫"的结果应该使社会的不平等保持在这个限度内，否则会使整个社会陷于贫困之中。因为，"劫富"不仅会对富者产生消极影响，使其不愿进行投资性活动，也会对贫者有消极影响，使其产生过度的依赖性，从而不积极地进行生产性的活动，这两方面最终使社会的总产出大为减少。这里需要特别指出的是，现在我国正在进行的收入分配体制改革中所采取的"调节过高收入""增加低收入者收入"的措施不能简单地将它认为是劫富济贫。然而"兼顾"二字没有揭示出在效益与公平之间谁为主谁为次，从而造成"熊掌与鱼均不可兼得"的实绩效应。考察国民收入分配是在初次分配和再分配的层次上进行的，这两个层次上的分配各有不同的功能和价值取向,很难用一个统一的原则覆盖这两个层次分配。因此我们主张在不同的分配层次上适用不同的分配原则,从而最终达到在整个分配过程中实现效益与公平的有机统一。

二、初次分配坚持效率优先兼顾公平的原则

初次分配主要表现为生产经营单位把从市场上取得的经营收入在纳税之后在本单位内部所进行的分配。在这种分配过程中,我们并不主张效益优先为唯一的原则,因为在这个环节上也必须考虑某种程度上的公平。但是,我们又认为,在初次分配中,效益应当优先,适当兼顾公平。只有效益优先,兼顾公平,才能有效地克服平均主义,调动劳动者的积极性。这里实际上涉及一个对不公平的价值判断问题。也就是要回答什么样的公平是合理的和值得鼓励的?什么样的不公平是需要抑制的?有一种观点认为,不平等就是不公正的,因此必须通过强制性的再分配政策加以矫正。这实际上是一种"福利主义"的主张,而"福利主义"又是立足于一种静态世界观,也就是说它看不到现实的变化。事实上,不公平并不是必然要受到谴责的,因为,不公平有时还是难以避免的。如果我们对不公平的起源加以分析,就不难发现,不公平既可能是由初始要素的分布差异而造成的,也可能是由于努力程度的不同所导致的。从根本上来说,市场机制讲求形式公平,追求机会均等,但在实质上,市场体制中的机会均等是一种有限的、有条件的均等,对所有的市场主体而言,并不存在绝对的均等,一定程度的不公平正是市场机制能够有效运行的必备条件。有学者指出,如果没有一种刺激让人们去从事能引起经济增长的那些活动,那么就会导致某种状态的停滞。反过来讲,个人必然要受到某种刺激的驱使,才会去从事合乎社会需要的活动。[1]这种激励机制本身就是体现差距的一种机制,如果取消这种差距导致这种机制受到破坏,则市场机制的效率就会受到影响。允许一部分人和地区通过诚实劳动先富起来,达到共同富裕的目的,正是基于对公平的正确的价值判断而作出的。

在初次分配中最能体现效益优先原则的是工资制度。长期以来,我国实行的是由国家确定工资分配的机制,企业和市场在工资分配问题上的作用微乎其微。随着市场化改革的逐步深入,现在国家已经确立了市场调节工资、企业自主分配、国家宏观调控的改革方向。这个改革方向无疑体现了效益优先兼顾公平的原则。

一般来说,初次分配应坚持按劳分配的原则和方式,但是这种分配原则和方式按市场自发的逻辑并不能很好地实现,因为在初次分配上有很多事实上并不平等的强势和弱势的对比关系,如投资者与劳动者、大股东与中小股东之间的关系等。在这种情况下,就需要社会分配法通过一定强制性的规范介入初次分配关系,诸如抑制资本的强势、国有企业的特权垄断以及企业领导层的特权等,以实现初次分配上的相对公平。当然,社会分配法对初次分配关系的强制性介入,必须是在尊重初次分配原则基础上的适度干预。否则,就是对市场机制自发作用的破坏。

三、再分配坚持公平优先兼顾效益的原则

再分配是国家从社会利益全局出发所进行的分配。它优先考虑的应当是社会公平,但是,这种公平又不能不顾及效益,因此在这个分配层次上,应当坚持公平优先兼顾效益的原则。在初次分配上,由于坚持的是效益优先,就必然导致收入差距的形成,尽管这种差距是正常发展所必需的,但是收入差距的过分悬殊同样会挫伤劳动者的积极性,进而阻碍效益的提升,因此,国家应当从全社会的公平出发,采取调节收入的措施,使收入差距保持在社会所能容忍的

---

〔1〕 〔美〕道格拉斯·诺斯等:《西方世界的兴起》,厉以平、蔡磊译,华夏出版社1999年版,第6~7页。

合理范围之内。这里实际上涉及对公平追求的限度问题，公平的追求超过了社会所能容忍的范围，就会造成对效益的损伤。一般而言，国家在再分配过程中所追求的公平价值主要是通过以下措施而实现的：①预算调节，使预算的分配符合一定时期的政治、经济、文化的需要；②税收调节，通过税收一方面维持国家的存续，另一方面缩小收入差距，实现实质上的分配公平；③增加转移性支付，一方面用以扶植社会弱者，减少贫困，另一方面用以缩小地区差距；④强制性社会保险，以便为劳动者提供一个保障生存安全的机制；⑤实施公共工程计划，以实现充分就业；⑥在特定时期实施工资和物价管制，以抑制通货膨胀，或者在特定时期鼓励消费，缓解通货紧缩。当然，在再分配过程中，不应当把公平优先推向极端。无疑以上措施可以体现再分配过程中的公平优先兼顾效益的原则。

总的来说，再分配是在初次分配的基础上，对国民收入在全社会层面上的分配。由于它是对社会发展成果和财富在全社会层面上的分配，因此实现分配正义的关键就是再分配要适度向弱者倾斜，因为社会弱者就像"水桶最短的那块木板"一样，在很大程度上会制约经济社会整体发展水平的提升。所以，再分配应以照顾弱者、以最少受惠者的最大利益的实现为原则。而再分配是不能通过市场来实现的，因此，对再分配需要社会分配法来提供制度法则。

■ 思考题

1. 为什么要研究社会分配法？
2. 社会分配法如何对初次分配关系进行调整？
3. 社会分配法如何对再分配关系进行调整？
4. 社会分配法包括哪些制度？
5. 社会分配法调整分配关系应坚持什么原则？

■ 参考书目

1. 李昌麒：《李昌麒法治论说拾遗》，法律出版社 2012 年版。
2. 李昌麒：《寻求经济法真谛之路》，法律出版社 2003 年版。
3. 孟庆瑜：《分配关系的法律调整：基于经济法的研究视野》，法律出版社 2005 年版。
4. 吴忠民：《社会公正论》，山东人民出版社 2004 年版。

第二十九章　财政法律制度

■**学习目的和要求**

　　财政是指国家在资金的管理、积累、分配和使用方面的经济活动，其主要职能表现为资源配置、分配收入和调控经济；而财政法则是调整财政关系的法律规范的总称，包括预算法、税法、国债法、政府采购法等。学习本章，应掌握以下内容：财政的定义、特征及职能，财政法的定义和体系，预算的管理体制、程序及法律责任，税收的定义及其特征，税法的定义、特征及基本要素，我国税收征收管理的主要内容，国债的定义、特点及种类，国债的发行与偿还，政府采购的定义、特征、主体及对象，政府采购的方式和程序。

第一节　财政法概述

一、财政的定义

　　财政是指国家在资金的管理、积累、分配和使用等方面的经济活动。财政是一个历史范畴，它是人类社会发展到一定历史阶段的产物，是在出现了国家以后才产生的。

　　任何一个国家要生存、发展和强大，必须要有财政。国家为了维护其存在和实现其职能，就必须要消耗一定的物质资料。但是，国家并不直接从事生产其所需要的物质资料，若要取得这种物质资料，就必须凭借国家的权力，强制地、无偿地把一部分社会产品占为己有，以供给国家的需要。这样在整个社会产品分配中，就出现了一种由国家直接参与的社会产品分配。也就是从社会产品的分配关系中，分离出一种以国家为主体的特殊的分配关系，即财政。恩格斯在分析国家的基本特征时指出："为了维持这种公共权力，就需要公民缴纳费用——捐税。捐税是以前的氏族社会完全没有的。但是现在我们却十分熟悉它了。"[1]捐税是国家财政活动的最初形式之一，它和国家收入的其他形式形成财政分配的一个方面——筹集资财的活动；为了维持国家机构和统治者的需要，国家把通过财政分配占为己有的社会产品用于各种用途，这就形成了财政分配的另一个方面——支付资财的活动。

　　由此可见，国家的存在离不开财政。因为庞大的国家机器的运转需要财政为动力，国家离开了财政就意味着失去了赖以存在的物质基础。同时，财政的存在也离不开国家。这是因为没有国家权力作保证，财政分配是根本无法实现的。

二、财政法的定义和调整对象

　　财政法是指调整财政关系的法律规范的总称。它包括：国家预算法、国债法、税收法、企业财务管理法、行政事业单位财务管理法以及财政监督法等内容。

　　财政法的调整对象是财政关系。所谓财政关系，是指国家凭借政治权力对一部分社会产品

---

[1]　《马克思恩格斯选集》（第4卷），人民出版社1995年版，第167页。

和国民收入进行分配和再分配过程中所形成的以国家为一方主体的一种分配关系。

我国财政法所调整的财政关系，其范围相当广泛，主要有：预算关系、税收关系、企业财务管理关系、行政事业财务管理关系、财政信用关系以及其他财政监督关系等。

具体地说，我国财政法主要调整下列财政关系：

1. 调整国家预算的编制、审查、批准、下达、执行程序方面和国家决算的编制、审批程序方面的财政关系。

2. 调整国家机关、企事业单位在资金收入方面的财政关系。

3. 调整与企事业单位和公民缴纳税收有关的财政关系。

4. 调整国家机关、企事业单位在资金使用方面的财政关系。

5. 调整与财政监督有关的财政关系。

第二节　预算法

一、预算法的定义

预算，即国家预算，它是依照法定程序编制的基本财政收支计划，是国家有计划地集中和分配资金，调节社会经济生活的主要财政手段。它包括预算收入和预算支出两部分。国家预算一般应当做到收支平衡。但是，在某种特定的情况下，也允许与国家经济发展相适应的赤字财政。国家预算由中央预算和地方预算组成。中央预算由中央各部门（含直属单位）的预算组成，地方预算由各省、自治区、直辖市总预算组成。

预算具有以下特点：

1. 法定性。预算是依照《预算法》规定的程序编制的，是由法定机构审批的具有法律效力的文件。任何单位或个人都无权变更，如需调整必须依照法律规定进行。

2. 期限性。预算是有限期的，一般是以一个预算年度为限。一个预算年度通常为 1 年。各国规定的预算年度的起止时间不同，有的采取公历年制，即公历 1 月 1 日 ~ 12 月 31 日；有的采取跨年制。我国采取的是公历年制。

3. 预测性。财政预算是一项超前性的测算工作，在每个预算年度到来之前，国家有关部门将根据经济信息进行预测和计算。国家财政计划是否平衡，在很大程度上取决于这种超前性工作的科学性和准确性。

预算法是财政法的重要组成部分。它是国家调整预算收支关系的法律规范的总称。我国调整预算关系的法律规范主要是 1994 年 3 月 22 日第八届全国人民代表大会第二次会议通过的，2014 年 8 月 31 日第十二届全国人民代表大会常务委员会第十次会议修订的《中华人民共和国预算法》。制定《预算法》的目的是规范政府收支行为，强化预算约束，加强对预算的管理和监督，建立健全全面规范、公开透明的预算制度，保障经济社会的健康发展，

二、预算管理体制

我国《预算法》规定，国家实行一级政府一级预算，设立中央，省、自治区、直辖市，设区的市、县、自治县，不设区的市、市辖区，乡、民族乡、镇五级预算。不具备设立预算条件的乡、民族乡、镇，经省、自治区、直辖市政府确定，可以暂不设立预算。

按照《预算法》规定，全国人民代表大会及其常务委员会，县以上地方各级人民代表大会及其常务委员会是预算的审批机构；国务院以及县以上地方各级政府是预算的编制和管理机构。

（一）预算审批机关

1. 全国人民代表大会审查中央和地方预算草案及中央和地方预算执行情况的报告；批准中央预算和中央预算执行情况的报告；改变或者撤销全国人民代表大会常务委员会关于预算、决算的不适当的决议。

全国人民代表大会常务委员会监督中央和地方预算的执行；审查和批准中央预算的调整方案；审查和批准中央决算；撤销国务院制定的同宪法、法律相抵触的关于预算、决算的行政法规、决定和命令；撤销省、自治区、直辖市人民代表大会及其常务委员会制定的同宪法、法律和行政法规相抵触的关于预算、决算的地方性法规和决议。

2. 县级以上地方各级人民代表大会审查本级总预算草案及本级总预算执行情况的报告；批准本级预算和本级预算执行情况的报告；改变或者撤销本级人民代表大会常务委员会关于预算、决算的不适当的决议；撤销本级政府关于预算、决算的不适当的决定和命令。

县级以上地方各级人民代表大会常务委员会监督本级总预算的执行；审查和批准本级预算的调整方案；审查和批准本级决算；撤销本级政府和下一级人民代表大会及其常务委员会关于预算、决算的不适当的决定、命令和决议。

乡、民族乡、镇的人民代表大会审查和批准本级预算和本级预算执行情况的报告；监督本级预算的执行；审查和批准本级预算的调整方案；审查和批准本级决算；撤销本级政府关于预算、决算的不适当的决定和命令。

（二）预算编制和管理机关

1. 国务院编制中央预算、决算草案；向全国人民代表大会作关于中央和地方预算草案的报告；将省、自治区、直辖市政府报送备案的预算汇总后报全国人民代表大会常务委员会备案；组织中央和地方预算的执行；决定中央预算预备费的动用；编制中央预算调整方案；监督中央各部门和地方政府的预算执行；改变或者撤销中央各部门和地方政府关于预算、决算的不适当的决定、命令；向全国人民代表大会、全国人民代表大会常务委员会报告中央和地方预算的执行情况。

2. 县级以上地方各级政府编制本级预算、决算草案；向本级人民代表大会作关于本级总预算草案的报告；将下一级政府报送备案的预算汇总后报本级人民代表大会常务委员会备案；组织本级总预算的执行；决定本级预算预备费的动用；编制本级预算的调整方案；监督本级各部门和下级政府的预算执行；改变或者撤销本级各部门和下级政府关于预算、决算的不适当的决定、命令；向本级人民代表大会、本级人民代表大会常务委员会报告本级总预算的执行情况。

乡、民族乡、镇政府编制本级预算、决算草案；向本级人民代表大会作关于本级预算草案的报告；组织本级预算的执行；决定本级预算预备费的动用；编制本级预算的调整方案；向本级人民代表大会报告本级预算的执行情况。

三、预算收支范围

《预算法》对预算收支范围作了如下明确规定：

1. 预算包括一般公共预算、政府性基金预算、国有资本经营预算、社会保险基金预算。

一般公共预算收入包括各项税收收入、行政事业性收费收入、国有资源（资产）有偿使用收入、转移性收入和其他收入。

一般公共预算支出按照其功能分类，包括一般公共服务支出，外交、公共安全、国防支出，农业、环境保护支出，教育、科技、文化、卫生、体育支出，社会保障及就业支出和其他支出。

一般公共预算支出按照其经济性质分类，包括工资福利支出、商品和服务支出、资本性支出和其他支出。

政府性基金预算、国有资本经营预算和社会保险基金预算的收支范围，按照法律、行政法规和国务院的规定执行。

2. 中央预算与地方预算有关收入和支出项目的划分、地方向中央上解收入、中央对地方税收返还或者转移支付的具体办法，由国务院规定，报全国人民代表大会常务委员会备案。

3. 上级政府不得在预算之外调用下级政府预算的资金。下级政府不得挤占或者截留属于上级政府预算的资金。

四、预算管理程序

（一）预算编制

预算编制应按照预算管理职权和收支范围的规定，参考上一年度预算执行情况和本年度收支预测进行编制。各级政府、各部门、各单位应当按照国务院规定的时间编制预算草案。中央预算和地方各级政府预算按照复式预算编制。复式预算是与单式预算相对应而言的。单式预算是指将预算年度内全部收支汇集编入一个总预算内，不按各类收支的性质分别编制，而复式预算则是按收入或支出的经济性质不同，分别编成两个或两个以上的财政预算。这种预算编制方法明确地反映了各项财政收支的性质和来源，便于国家分门别类地掌握总体收支状况，增强国家预算的透明度，其编制办法和步骤为：先编制经常性预算并做到平衡后，再编制建设性预算，实行统筹兼顾，确保重点的原则；在保证政府公共支出合理需要的前提下妥善安排其他各类支出。中央政府公共预算，不列赤字。地方各级预算按照量入为出、收支平衡的原则编制，不列赤字。各级预算收入的编制，应当与国民生产总值的增长率相适应。按照规定必须列入预算的收入，不得隐瞒、少列，也不得将上年度的非正常收入作为编制预算收入的依据。各级预算支出的编制，应当贯彻"履行节约、勤俭建国"的方针。

（二）预算审查和批准

我国《预算法》明确规定，中央预算由全国人民代表大会审查和批准。地方各级预算由本级人民代表大会审查和批准。

（三）预算执行和调整

国家预算经审查批准后，即具有了法律效力，各地区、各部门、各单位必须认真执行。国家预算的执行，是组织完成预算收支任务的活动。具体地说，各级预算由本级政府组织执行，具体工作由本级政府财政部门负责。预算收入征收部门，必须依照法律、行政法规的规定，及时、足额征收应征的预算收入，不得违反法律、行政法规规定，擅自减征、免征或者缓征应征的预算收入，不得截留、占用或者挪用预算收入。各级政府财政部门必须依照法律、行政法规和国务院财政部门的规定，及时、足额地拨付预算支出资金，加强对预算支出的管理和监督。各部门、各单位应当加强对预算收入和支出的管理，不得截留或者动用应当上缴的预算收入，也不得将不应当在预算内支出的款项转为预算内支出。

预算调整是指全国人民代表大会批准的中央预算和经地方各级人民代表大会批准的本级预算在执行中因特殊需要增加支出或者减少收入，使原批准的收支平衡的预算的总支出超过总收入，或者使原批准的预算中举借债务的数额增加的部分变更。各级政府对于必须进行调整的预算，应当编制预算调整方案。中央预算的调整方案必须提请全国人民代表大会常务委员会审查和批准。县级以上地方各级政府预算的调整方案必须提请本级人民代表大会常务委员会审查和批准；乡、民族乡、镇政府预算的调整方案必须提请本级人民代表大会审查和批准。未经批准，不得调整预算。

五、决算

国家决算是国家预算年度收支执行情况的总结。它由中央总决算和地方总决算汇编而成。决算草案由各级政府、各部门、各单位，在每一预算年度终了后按照国务院规定的时间编制。编制决算草案的具体事项，由国务院财政部门部署。编制决算草案，必须符合法律、行政法规的规定，做到收支数额准确、内容完整、报送及时。国务院财政部门编制中央决算草案，报国务院审定后，由国务院提请全国人民代表大会常务委员会审查和批准。县级以上地方各级政府财政部门编制本级决算草案，报本级政府审定后，由本级政府提请本级人民代表大会常务委员会审查和批准。

六、国家预算和决算的监督

全国人民代表大会及其常务委员会对中央和地方预算、决算进行监督。县级以上地方各级人民代表大会及其常务委员会对本级和下级政府预算、决算进行监督。乡、民族乡、镇人民代表大会对本级预算、决算进行监督。各级人民代表大会和县级以上各级人民代表大会常务委员会有权就预算、决算中的重大事项或者特定问题组织调查，有关的政府、部门、单位和个人应当如实反映情况和提供必要的材料。各级人民代表大会和县级以上各级人民代表大会常务委员会举行会议时，人民代表或者常务委员会组成人员依照法律规定程序就预算、决算中的有关部门提出询问或者质问，受询问或者受质问的有关政府或者财政部门必须及时给予答复。各级政府应当在每一预算年度内至少两次向本级人民代表大会或者其常务委员会作预算执行情况的报告。上一级政府监督下级政府的预算执行，下级政府应当定期向上一级政府报告预算执行情况。各级政府财政部门负责监督检查本级各部门及其所属各单位预算的执行，并向本级政府和上一级政府财政部门报告预算执行情况。同时，各级政府审计部门对本级各部门、各单位和下级政府的预算执行和决算实行审计监督。

第三节　税　法

一、税法概述

（一）税收的定义和特征

税收是国家为实现其职能，凭借政治权力，按照法律预先规定的标准，强制地、无偿地征收货币或实物的一种经济活动，是国家参与社会产品和国民收入分配和再分配的重要手段，也是国家管理经济的一个重要调节杠杆。

目前，我国税收收入占国家财政收入的90%以上，它是国家取得财政收入的最主要的来源。因此，重视和发展税收调节经济、调节分配，加强宏观调控的作用至关重要。税收与国家取得财政收入的其他形式相比较，具有下列显著特征：

1. 强制性。税收的强制性是指税收这种分配是以国家的政治权力为直接依据的，而不是以生产资料的所有权为依据的。其具体表现就是国家以法律形式作出直接规定，纳税人必须依法纳税，自觉履行纳税义务。否则，就要受到法律制裁。

2. 无偿性。税收的无偿性是指国家取得税收收入，既不需要返还，也不需要对纳税人付出任何代价。正如列宁所说："所谓赋税，就是国家不付任何报酬而向居民取得东西。"[1]

3. 固定性。税收的固定性是指国家通过法律形式事先规定对什么征税以及征税比例或数

---

〔1〕《列宁全集》（第32卷），人民出版社1985年版，第275页。

额。在征税以前，国家预先规定征税对象和征收数额的比例，纳税人只要取得了应该纳税的收入，就必须按照税法规定的比例纳税。

（二）税法的定义及其调整对象

税法是调整国家与纳税人之间征纳税关系的法律规范的总称。换言之，税法就是调整税收关系的法律规范的总称。

税法的调整对象是税收关系。所谓税收关系，是指代表国家行使其职权的各级财税机关向负有纳税义务的单位和个人在征收税款（或实物）过程中形成的征税关系。这实质上是国家强制参与国民收入分配的一种分配关系，也是具有行政权力因素的特殊经济关系。其中既包括国家最高权力机关或其授权的最高行政管理机关和地方行政管理机关之间因制定和实施税法形成的关系，还包括各级征收机关之间因征收权责而发生的管理关系和税收监督关系等。具体地讲，我国税法调整的税收关系，主要包括：

1. 代表国家行使职权的财税机关与下列纳税人之间因征税而形成的税收关系，其中包括：①财税机关与企业之间的税收关系；②财税机关与国家行政机关、事业单位及其他预算外单位之间的税收关系；③财税机关与城乡个体工商户、农村专业户、承包户之间的税收关系；④财税机关与个人所得税交纳者之间的税收关系。

2. 国家权力机关、国家行政机关、各级财税机关以及他们各自的上下级之间因税收监督而发生的关系。

二、税法的构成要素

（一）纳税主体

纳税主体，又称纳税义务人。它是指税法规定的负有纳税义务的社会组织和个人。

（二）征税客体

征税客体，又称征税对象。它是指对什么东西征税。我国税法规定的征税客体有流转税、所得税、财产税、行为税和资源税五大类。

（三）税率

税率，是指应纳税额占征税对象数额的比例。在征税对象既定的前提下，税收的调控力度的大小就主要体现在税率上，因此，税率是税收的核心要素。税率按照计算单位来划分可以有两种形式：按绝对量的形式和按百分比相对量的形式。前者适用于从量课征的税收，如生产销售1吨盐交多少税。这种形式叫定额税率，即对征税对象的每单位直接规定税额。后者适用于从价计征的税收。按百分比课征的税率又可分为两种形式：比例税率和累进税率。

1. 比例税率，它是对同一征税对象，不分数额大小，只规定一个百分比的征税税率。一般适用于对流转额的征税，也适用于对所得额的征税。

2. 累进税率，又称等级税率，它是按征税对象数额的大小，规定不同等级的税率。征税对象数额越大，税率越高。一般适用于对所得额的征税。累进税率又分为全额累进税率和超额累进税率等。全额累进税率是把征税对象按数额的大小划分为若干不同的等级，对每一个等级分别规定不同的税率。当征税对象达到哪个等级，就对其全部数额适用该级别的税率征收。超额累进税率是根据征税对象数额的大小，划分成若干不同的等级，并对每一个等级规定税率，分别计算税额。征税对象数额增加，需要提高一个等级税率时，只对其超过部分按提高一级的税率计算税额。每一纳税人的征税对象则按其所属等级同时适用几个税率来分别计算，然后将计算结果相加，即得出其应纳税额。目前，我国对收益类税的征税，都采用这种超额累进税率。

（四）税种、税目

税种，即税收的种类，指征的什么税。税目是指各税种中具体规定的应纳税的项目。

（五）减税免税

减税免税，是指税法对特定的纳税人或征税对象给予鼓励和照顾的一种优待性规定。减税是对应纳税额少征一部分；免税是对应纳税额全部免除。适用减免税规定的主要有下列三种情况：

1. 起征点，是指对征税对象达到征税数额开始征税的界限，达到起征点数额的征税，未达到起征点的则不征税。

2. 免征额，是指在征税对象中免予征税的数额，即按一定的标准从全部征税对象中预先免予征税的部分，只对超过部分征税。

3. 法定减免条件，是指税法中对在哪些情况下减税，哪些情况下免税的具体规定。只有具备这些条件，才能减税或免税。

（六）纳税期限

纳税期限，是指税法规定纳税人缴纳税款的具体时限。纳税人不按期纳税，应依法缴纳滞纳金。

（七）违法处理

违法处理，是对纳税人违反税法的行为，比如漏税、欠税、逃税、偷税、骗税、抗税或未履行纳税登记、申报等，税务机关所采取的惩罚措施。

三、现行税种

（一）流转税

流转税是以商品流转额和劳务收入为征税对象的一个类别的税。其特点是：流转税的征收伴随商品交换和非商品服务进行，计税依据是商品价格和服务收费。税额是商品价格或服务收费的组成部分，其量的大小只与商品价格和服务收费的多少以及税率的高低有直接关系，而与商品和劳务的成本水平没有关系。在价格和税率既定的前提下，商品劳务成本降低或提高都不影响税额，反过来，在价格和成本既定的前提下，税率的提高或降低就直接调节着企业的利润水平。流转税的这个特点，对保证国家财政收入，促进企业改革经营管理，以及配合价格政策调节生产和消费等方面都有重要意义。流转税包括：增值税、土地增值税、消费税、营业税和关税。

1. 增值税。是指以产品新增的价值，即增值额为征税对象的一种税。增值税的课税对象，从理论上说，是商品销售收入扣除产品中已税的物耗部分，即相当于纳税单位活劳动新创造的国民收入。增值税按扣除范围的大小，可以分为生产型增值税和收入型增值税。生产型增值税是指销售收入中只扣除外购的原材料等劳动对象的消耗部分，不包括固定资产折旧的价值。而收入型增值税是指销售收入扣除已税的物耗及固定资产折旧的价值。我国增值税法所规定的增值额是指一个生产环节的销售收入额，扣除同期消耗了的外购原材料、燃料、动力和计入成本的包装物金额后的数额。1993 年 12 月 13 日国务院颁布、2008 年 11 月 5 日国务院第三十四次常务会议修订通过、2008 年 11 月 10 日发布的《增值税暂行条例》对增值税作了具体规定：①纳税主体。在全国境内销售货物或者提供加工、修理修配劳务以及进口货物的单位和个人，为增值税纳税主体。②征税对象。增值税的征税对象是纳税人取得商品的生产、批发、零售和进口收入中的增值额。③增值税税率。增值税实行比例税率，除部分货物外，纳税人销售进口货物或者提供加工、修理修配劳务，税率为 17%。纳税人出口货物，除国务院有特别规定外，税率为零。④征收办法。增值税实行价外征收的办法。实行根据发货票注明税金进行税款抵扣的制度。商品零售环节的发货票不单独注明税金，因为商品零售继续实行价内税，税金已包含在价格之内。

2. 土地增值税。是对单位和个人有偿转让土地使用权的增值收益进行征税的一个税种。这是国家为规范土地、房地产交易秩序，合理调节土地增值收益，维护国家权益而开征的税。1993 年 11 月 26 日国务院通过并于 1994 年 1 月 1 日起施行的《土地增值税暂行条例》和 1995 年 1 月 27 日财务部发布的《土地增值税暂行条例实施细则》对土地增值税作了如下规定：①纳税主体。转让国有土地使用权、地上的建筑物及其附着物并取得收入的单位和个人，为土地增值税的纳税主体。②征税对象。土地增值的征税对象是转让房地产所取得的增值额，即纳税人转让土地使用权、房地产所取得的收入减除法定扣除项目金额后的余额。这里所说的扣除项目包括：取得土地使用权所支付的金额；开发土地的成本、费用；新建房及配套设施的成本费用，或者旧房及建筑物的评估价格；与转让房地产有关的税金；财政部规定的其他扣除项目。③税率。土地增值税实行四级超额累进税率：增值额未超过扣除项目金额 50% 的部分，税率为 30% 。增值额超过扣除项目金额 50% 、未超过扣除项目金额 100% 的部分，税率为 40% 。增值额超过扣除项目金额 100% 、未超过扣除项目金额 200% 的部分，税率为 50% 。增值额超过扣除项目金额 200% 的部分，税率为 60% 。④征收管理。凡是转让国有土地使用权、地上建筑物及其附着物的纳税人，在向土地管理部门申请办理土地变更登记，提交土地估价报告，申请交易成本价的同时，应根据土地增值税的有关规定，在规定的期限内到主管税务机关办理土地增值税的纳税申报手续。土地管理部门在对纳税人转让行为的合法性、估价报告及申报交易价格进行确认后，应及时通知税务部门，纳税人的纳税申报经主管税务机关审核后，应按规定期限缴纳土地增值税。对于已经完税的，由主管税务机关发给完税证明；对于免税的，由主管税务机关发给免税证明。土地管理部门凭税务部门出具的土地增值额完税（或免税）证明，办理土地使用权的权属变更登记，更换《国有土地使用证》。否则，不予办理。

3. 消费税。是以消费品销售额或消费支出额作为课税对象的一种税。消费税具有以下特征：①征税范围具有选择性。只对一部分消费品征税。②税率、税额的差别性。根据不同消费品的种类、档次、结构、功能以及供求、价格等情况，制定不同的税率、税额。③消费税是价内税。即以含税价格为计税依据的税。国务院于 1993 年 12 月 13 日颁布的《消费税暂行条例》（2008 年 11 月 5 日国务院第三十四次常务会议修订）、1993 年 12 月 25 日财政部颁布的《消费税暂行条例实施细则》（2008 年 12 月 15 日修订），对消费税作了具体规定：①征税范围。征税范围包括 14 类产品：烟、酒及酒精、化妆品、贵重首饰及珠宝玉石、鞭炮和焰火、成品油、汽车轮胎、摩托车、小汽车、高尔夫球及球具、高档手表、游艇、木制一次性筷子、实木地板。②纳税主体。在中国境内生产、委托加工和进口应税消费品的单位和个人。包括企业、行政单位、事业单位、军事单位、社会团体、其他单位，个体工商户及其他个人，以及国务院确定的销售应税消费品的单位和个人。③税率。采用比例税率。14 类应税消费品的税率最高为45% ，最低为 1% 。

4. 营业税。是指对在我国境内提供劳务、转让无形资产或者销售不动产的单位和个人就其营业收入额征收的一种税。营业税征税范围广，税负均衡合理，征收手续简便，不仅能为国家积聚资金，而且能够发挥税收对一切营业收入的调节作用。1993 年 12 月 13 日国务院颁布的《营业税暂行条例》（2008 年 11 月 5 日国务院第三十四次常务会议修订）对营业税作了具体规定：①纳税主体。凡在我国境内从事交通运输、金融保险、邮电通讯、建筑安装、文化娱乐以及转让无形资产或者销售不动产的单位和个人，为营业税的纳税主体。②税率。营业税实行差别比例税率，按照普遍征收、调低税率的原则，并根据积累水平高低和消费水平层次，共设有三个税率：交通运输业、建筑业、邮电通信业、文化体育业税率为3%；金融保险业、服务业、转让无形资产、销售不动产税率为5%；娱乐业税率为5%～20%。

5. 关税。是指设在边境、沿海口岸或国家指定的其他水、陆、空国际交往通道上的海关机关，按照国家的规定，对进出国境的货物和物品所征收的一种税。关税分为进口税和出口税。关税是一种特殊的税种。它是维护国家主权和经济利益，执行国家对外经济政策的重要手段。它是通过对出口货物大部分免税、小部分征税来鼓励出口，增强产品的国际竞争力，保护国内的某些资源。它利用高低不同的税率以及关税的减免，鼓励国内必需品的进口，限制非必需品进口，有利于引进技术和先进设备。我国关于关税方面的法律规范主要是国务院2003年11月23日发布的《进出口关税条例》。其主要内容有：①纳税主体。关税的纳税主体是进口货物的收货人、出口货物的发货人，进境物品的所有人。②征税对象。关税的征税对象是海关依照关税条例审定的完税价格。③税率。关税的税率为比例税率。进出口货物的税率分为进口税率和出口税率。进口关税设置最惠国税率、协定税率、特惠税率、普通税率、关税配额税率等税率。对进口货物在一定期限内可以实行暂定税率。出口关税设置出口税。对出口货物在一定期限内可以实行暂定税率。

（二）所得税

所得税也叫收益税，是以纳税人的所得额为征税对象的税。所谓所得，一般是指纳税人由于劳动、营业、投资等而获得的收入扣除为取得收入所需的费用之后的余额。其特征有三：①所得来源的合法性。即个人或企业从事经营活动或劳务活动取得的所得是国家政策允许并受法律保护的。②所得的连续性。即所得税的范围一般是选择具有经常性或连续性的收入作为征税对象的，而对于某些临时偶然性的收入除特别规定外则不列为课税对象。③所得的实在性。即应税所得应以能代表纳税人真实的已经实现的所得为标准，不能代表纳税人纳税能力的所得，不属纳税对象。所得税和流转税最根本的区别就在于在税率既定的前提下，所得税额的多少决定于纳税人所得的多少，而不取决于商品的劳务的流转额，同时由于所得税是就纳税纯收入课税的，即在商品销售以后征收的，所以，直观地看，税额是不能直接通过提高价格的办法转嫁出去的，从而至少在形式上，纳税人和负税人是一致的。它是国家对纳税人的收入直接进行调节的手段。所得税包括企业所得税、个人所得税。

1. 企业所得税。这是指以企业的生产、经营所得和其他所得为征税对象的税。为适应建立社会主义市场经济体制和扩大改革开放的要求，按照统一税法、简化税制、公平税负、促进竞争的原则，我国先后完成了外资企业所得税的统一和内资企业所得税的统一。1991年将中外合资经营企业所得税法与外国企业所得税法合并，制定了《中华人民共和国外商投资企业和外国企业所得税法》（现已失效）；1993年将国营企业所得税、国营企业调节税、集体企业所得税和私营企业所得税进行整合，制定了《中华人民共和国企业所得税暂行条例》（现已失效），形成了内外资企业分别适用不同税法的两套企业所得税制度。这一企业所得税制是我国改革开放和社会主义市场经济发展到一定历史阶段的产物，对促进产业结构调整和经济平稳较快增长，促进改革开放和吸引外资等都发挥了重要作用。但是，随着社会主义市场经济体制的建立和不断完善，我国实施了十多年的内外资两套企业所得税制，已日益不能适应社会主义市场经济发展的需要。主要表现为：①两套企业所得税制在税基、税率、税收优惠等方面不统一，这种不规范的所得税制度，既与国际惯例相去甚远，又不利于我国税制结构的优化，同时也不适应我国市场经济发展的客观要求。②两套企业所得税制并存，内外资企业享受待遇不同，给纳税人避税和偷税提供了条件。由于外商投资企业享有很多内资企业无法享受的税收优惠，因此在实践中出现了大量的假合资、假合作的情况，许多内资企业摇身一变成为外资企业，其主要目的在于通过改变身份而少缴所得税款，这与立法目的相冲突。③两套企业所得税制并存，不符合税法公平原则和税收中性原则，不利于市场主体的公平竞争。无论内资企业还是外商投资企业都是平等的市场主体，企业之间的竞争必须建立在公平的基础上，应该是在同一法律、同一社会经济环境中竞争。因此，企业必然要求公平税负，有一个平等的竞争环境和均等的竞争机会。我国税法给予外商投资企业过宽的税收优惠，实际上是对内资企业的一种歧视，有悖于税法的公平原则和税收的中性原则。④两套企业所得税制并存，加大了税收成本，降低了征管效率，不符合税收效率原则。由于两套企业所得税制在规定上有许多不同之处，如税基的确定、税率的适用、优惠的不同等方面，征管部门对不同类型的企业适用不同的税收法律，必然降低效率。⑤两套企业所得税制并存，不符合 WTO 规则和国际通常做法。内、外资企业分别适用不同所得税法，实行不同的税收待遇，这不符合世界各国只将企业区分为居民与非居民纳税人的惯例。正是由于两套企业所得税制的上述弊端，2007 年 3 月 16 日，第十届全国人大第五次会议审议通过了《中华人民共和国企业所得税法》，该法于 2008 年 1 月 1 日起施行；至此，我国结束了企业所得税法律制度内外资分立的局面，并建立起了一套规范、统一、公平、透明的企业所得税法律制度。[1]

《企业所得税法》根据科学发展观和完善社会主义市场经济体制的总体要求，按照党的十六届三中全会提出的"简税制、宽税基、低税率、严征管"的税制改革原则，结合我国财政承受能力和企业负担水平，考虑世界上其他国家和地区特别是周边地区的实际税率水平等因素，建立了各类企业统一适用的、科学规范的企业所得税制度，为各类企业创造了公平的市场竞争环境。其基本内容包括：[2]

（1）规范了纳税人标准。《企业所得税法》规定以法人组织为纳税人，改变了以往内资企业所得税以独立核算的三个条件（在银行开设结算账户；独立建账、编制财务会计报表；独立计算盈亏）来判定纳税人标准的做法，实行由法人汇总纳税。在纳税人范围界定上，按照国际通行做法，将取得经营收入的单位和组织都纳入征收范围，基本上与过去企业所得税纳税人范围的有关规定保持一致。为了更好地行使税收管辖权，最大限度地维护我国的税收利益，《企业所得税法》按照国际上的通行做法采用了规范的"居民企业"和"非居民企业"概念，对纳税人加以区分。[3]居民企业承担全面纳税义务，就其来源于我国境内外的全部所得纳税；非居民企业承担有限纳税义务，一般只就其来源于我国境内的所得纳税。[4]同时，为增强企业所得税与个人所得税的协调，避免重复征税，《企业所得税法》明确了个人独资企业和合伙企业不作为企业所得税的纳税人。

（2）统一并适当降低了税率。过去，内资企业和外资企业所得税税率均为 33%。同时，

---

〔1〕　梁爱文、黄婧："统一内外资企业所得税法的思考"，载《黑龙江对外经贸》2006 年第 5 期。
〔2〕　金人庆："企业所得税法：我国社会主义市场经济体制走向成熟的重要标志"，载《求是》2007 年第 13 期。
〔3〕　《企业所得税法》第 2 条规定："企业分为居民企业和非居民企业。本法所称居民企业，是指依法在中国境内成立，或者依照外国（地区）法律成立但实际管理机构在中国境内的企业。本法所称非居民企业，是指依照外国（地区）法律成立且实际管理机构不在中国境内，但在中国境内设立机构、场所的，或者在中国境内未设立机构、场所，但有来源于中国境内所得的企业。"
〔4〕　《企业所得税法》第 3 条规定："居民企业应当就其来源于中国境内、境外的所得缴纳企业所得税。非居民企业在中国境内设立机构、场所的，应当就其所设机构、场所取得的来源于中国境内的所得，以及发生在中国境外但与其所设机构、场所有实际联系的所得，缴纳企业所得税。非居民企业在中国境内未设立机构、场所的，或者虽设立机构、场所但取得的所得与其所设机构、场所没有实际联系的，应当就其来源于中国境内的所得缴纳企业所得税。"

对一些特殊区域的外资企业实行24%、15%的优惠税率，对内资微利企业分别实行27%、18%的二档照顾税率等。实行这样的税率，使不同类型企业税负差距较大，内资企业实际税负高出外资企业近10个百分点，既不利于企业的公平竞争，也不符合世界贸易组织规则的要求。《企业所得税法》将居民企业的所得税税率确定为25%，非居民企业的所得税率定为20%，该税率在国际上属于适中偏低的水平，有利于继续保持我国税制的竞争力，促进各类企业共同发展。

（3）规范了税前扣除办法。《企业所得税法》取消了内外资企业在成本费用等税前扣除方面的不一致规定，对各类企业实际发生的与取得收入有关的合理支出扣除作了统一规范。主要内容包括：取消内资企业实行的计税工资制度，对企业真实合理的工资支出实行据实扣除；适当提高内资企业公益捐赠扣除比例（企业发生的公益性捐赠支出，在年度利润总额12%以内的部分，准予在计算应纳税所得额时扣除）；企业研发费用实行加计扣除；合理确定内外资企业广告费扣除比例。由于新税法扩大了税前扣除标准，缩小了税基，其实施后，企业的实际税负将低于名义税率。

（4）适当调整税收优惠政策。《企业所得税法》在设计税收优惠政策时，把扶持高新技术企业发展放在突出地位，主要优惠措施包括：国家需要重点扶持的高新技术企业实行15%的优惠税率；企业符合条件的技术转让所得可以免征、减征企业所得税；企业开发新技术、新产品、新工艺发生的研究开发费用可以加计扣除；企业的固定资产由于技术进步等原因确需加速折旧的，可以缩短折旧年限或者采取加速折旧的方法；创业投资企业从事国家重点扶持和鼓励的创业投资，可以按投资额的一定比例抵扣应纳税所得额等。同时，《企业所得税法》还对国家重点扶持和鼓励发展的产业与项目，也给予优惠政策支持，主要包括：企业从事环境保护、节能节水、安全生产、国家重点扶持的公共基础设施、农林牧渔业等项目的所得，可以免征、减征企业所得税；企业安置残疾人员及国家鼓励安置的其他就业人员所支付的工资，可以加计扣除；企业综合利用资源，生产符合国家产业政策规定的产品所取得的收入，可以在计算应纳税所得额时减计收入；企业购置用于环境保护、节能节水、安全生产等专用设备的投资额，可以按一定比例实行税额抵免；符合条件的小型微利企业实行20%的优惠税率等。《企业所得税法》的颁布实施，改变了现行税收优惠政策过多、过滥的状况，明确了优惠的目标，突出了优惠的重点，优化了优惠的方式，为促进经济又好又快发展提供了明确的政策导向，能够更好地发挥企业所得税的产业导向作用，提高企业自主创新的积极性，提升我国产业技术水平和产品国际竞争力。

2. 个人所得税。这是对个人取得的所得征收的一种税，是国家调节个人收入的一种手段。现行的个人所得税，是由原来征收的个人所得税、个人收入调节税和城乡个体户所得税三个税种合并而成的。我国规范个人收入所得税的主要法律规范是《个人所得税法》。[1]

---

〔1〕 我国《个人所得税法》于1980年9月10日第五届全国人民代表大会第三次会议通过；根据1993年10月31日第八届全国人民代表大会常务委员会第四次会议《关于修改〈中华人民共和国个人所得税法〉的决定》第一次修正；根据1999年8月30日第九届全国人民代表大会常务委员会第十一次会议《关于修改〈中华人民共和国个人所得税法〉的决定》第二次修正；根据2005年10月27日第十届全国人民代表大会常务委员会第十八次会议《关于修改〈中华人民共和国个人所得税法〉的决定》第三次修正；根据2007年6月29日第十届全国人民代表大会常务委员会第二十八次会议《关于修改〈中华人民共和国个人所得税法〉的决定》第四次修正；根据2007年12月29日第十届全国人民代表大会常务委员会第三十一次会议《关于修改〈中华人民共和国个人所得税法〉的决定》第五次修正；根据2011年6月30日第十一届全国人民代表大会常务委员会第二十一次会议《关于修改〈中华人民共和国个人所得税法〉的决定》第六次修正。

个人所得税法的基本内容有：

（1）纳税主体。在中国境内有住所或者无住所而在境内居住满1年的个人，从中国境内和境外取得的所得；在中国境内无住所又不居住或者无住所而在境内居住不满1年的个人，从中国境内取得的所得，均应依法缴纳个人所得税。

（2）征税对象。下列各项个人所得，应纳个人所得税：工资、薪金所得；个体工商户的生产、经营所得；对企事业单位的承包经营、承租经营所得；劳务报酬所得；稿酬所得；特许权使用费所得；利息、股息、红利所得；财产租赁所得；财产转让所得；偶然所得；经国务院财政部门确定征税的其他所得。

（3）税率。个人所得税实行超额累进税率与比例税率相结合的税率体系。工资、薪金所得，适用超额累进税率，税率为3%~45%；个体工商户的生产、经营所得和对企事业单位的承包经营、承租经营所得，适用5%~35%超额累进税率；稿酬所得，适用比例税率，税率为20%，并按应纳税额减征30%；劳务报酬所得，适用比例税率，税率为20%。对劳务报酬所得一次收入畸高的，可以实行加成征收，具体办法由国务院规定；特许权使用费所得，利息、股息、红利所得，财产租赁所得，财产转让所得，偶然所得和其他所得，适用比例税率，税率为20%。

（4）减税、免税。下列各项个人所得，免纳个人所得税：省级人民政府、国务院部委和中国人民解放军军以上单位，以及外国组织、国际组织颁发的科学、教育、技术、文化、卫生、体育、环境保护等方面的奖金；国债和国家发行的金融债券利息；按照国家统一规定发给的补贴、津贴；福利费、抚恤金、救济金；保险赔款；军人的转业费、复员费；按照国家统一规定发给干部、职工的安家费、退职费、退休工资、离休工资、离休生活补助费；依照我国有关法律规定应予免税的各国驻华使馆、领事馆的外交代表、领事官员和其他人员的所得；中国政府参加的国际公约、签订的协议中规定免税的所得；经国务院财政部门批准免税的所得。

有下列情形之一的，经批准可以减征个人所得税：残疾、孤老人员和烈属的所得；因严重自然灾害造成重大损失的；其他国务院财政部门批准减税的。

（5）应税所得额的计算。①工资、薪金所得，以每月收入额减除费用3500元后的余额，为应纳税所得额。②个体工商户的生产、经营所得，以每一纳税年度的收入总额，减除成本、费用以及损失后的余额，为应纳税所得额。③对企事业单位的承包经营、承租经营所得，以每一纳税年度的收入总额，减除必要费用后的余额，为应纳税所得额。④劳务报酬所得、稿酬所得、特许权使用费所得、财产租赁所得，每次收入不超过4000元的，减除费用800元；4000元以上的，减除20%的费用，其余额为应纳税所得额。⑤财产转让所得，以转让财产的收入额减除财产原值和合理费用后的余额，为应纳税所得额。⑥利息、股息、红利所得，偶然所得和其他所得，以每次收入额为应纳税所得额。

（三）财产税、行为税和资源税

1. 财产税。财产税是指以一定财产的数量或价格为征税对象的一种税。财产税按实际课征范围的宽窄可以分为一般财产税和特定财产税。一般财产税是就纳税人一切财产的价值综合课征的；而特定的财产税是指对纳税人的个别财产，如土地、房屋等有选择的分别课征。我国的财产税属于特定财产税，包括房产税、契税。

（1）房产税。房产税是以城市、县城、建制镇和工矿基地的房产为征税对象的一种税。目前，我国规范房产税收关系的基本法律规范是1986年9月15日国务院发布的《房产税暂行条例》。其主要内容有：①纳税主体。房产税的纳税人一般为房产的产权所有人。房产的产权属于全民所有的，为其经营管理人；房产的产权出典的，为其承典人；房产的产权所有人、承典人不在当地或产权未确定以及租典纠纷没有解决的，为其代管人或使用人。②税率。房产税的税率采用比例税率，以房产原价一次减去 10% ~30% 后的余值作为计税价格计征的，税率为 1.2%；以租金收入计征的，税率为 12%。

（2）契税。契税是指国家向承受土地、房屋权属的单位和个人征收的一种税。包括土地使用权出让；土地使用权转让；房屋买卖、赠与、交换等行为。目前，我国规范契税关系的基本法律规范是 1997 年 7 月 7 日国务院发布的《契税暂行条例》。其主要内容有：①纳税主体。契税的纳税主体为承受土地、房屋权属的单位和个人。②征税对象。契税的纳税客体为国有土地使用权出让、出售和房屋买卖的成交价格；交换土地使用权和房屋的价格差额。赠与土地使用权和房屋的参照土地使用权出售和房屋买卖的市场价格交纳。③税率。契税采用比例税率，税率为 3% ~5%。

2. 特定行为税。特定行为税是指以纳税人的某些特定行为作为征税对象的一种税，包括固定资产投资方向调节税、筵席税、屠宰税、车船使用税、船舶吨位税、印花税、城市维护建设税。征收行为税旨在对某些行为加以限制或加强管理监督，即为特定的目的服务。特定行为税有分散性和灵活性的特点。所谓分散性，是指税源不普遍、不集中；所谓灵活性，就是指该税随某一时期的政策而开征或停征，不像流转和所得税那样普遍、集中和稳定。

3. 资源税。资源税是对在我国境内开采特定矿产品和生产盐、因资源条件差异而形成的级差收入所征收的一种税。开征资源税的目的是调节开发、利用资源过程中，因自然资源因素所造成的级差收入，促进国有资源的有效管理和充分利用，并增加财政收入。目前，我国规范资源税收关系的法律规范是 1993 年 12 月 25 日国务院发布的《资源税暂行条例》。其主要内容有：①纳税主体。为在中国境内开采《资源税暂行条例》规定的矿产品或者生产盐的单位和个人。②资源税的征税范围。矿产品和盐，其中矿产品包括原油、天然气、煤炭、金属矿产品和其他非金属矿产品（如磷矿）；盐包括固体盐和液体盐。③税率。资源税实行从量计征的定额幅度税率。所谓从量计证，是从价计征的对称，指按照征税对象的计量单位直接规定应纳税额的税率形式。所谓定额幅度税率，指在统一征税的幅度内根据纳税人拥有的征税对象或发生课税行为的具体情况或者生产征税对象的地区差异，由省、直辖市、自治区税务机关确定纳税人具体适用税率。我国的资源税有 8 个税率，如原油 8 ~30 元/吨、固体盐 10 ~60 元/吨。

四、税收征收管理的法律规定

税收征收管理是税收机关对纳税人依法征收税款和进行税务监督管理的总称。1992 年 9 月 4 日第七届全国人民代表大会常务委员会第二十七次会议通过并于 1993 年 1 月 1 日起施行《中华人民共和国税收征收管理法》，确定了我国税收征收管理制度。[1] 国务院于 2002 年 9 月 7 日发布了《中华人民共和国税收征收管理法实施细则》（以下简称《税收征收管理法实施细则》）。《税收征收管理法》和《税收征收管理法实施细则》主要包括以下内容：

（一）税务管理

1. 税务登记。企业、企业在外地设立的分支机构和从事生产经营的场所、个体商户和从事生产经营的事业单位（以下统称"从事生产经营的纳税人"）自领取营业执照之日起 30 日

---

〔1〕《中华人民共和国税收征收管理法》于 1992 年 9 月 4 日第七届全国人民代表大会常务委员会第二十七次会议通过；根据 1995 年 2 月 28 日第八届全国人民代表大会常务委员会第十二次会议《关于修改〈中华人民共和国税收征收管理法〉的决定》进行了第一次修正；2001 年 4 月 28 日第九届全国人民代表大会常务委员会第二十一次会议修订，根据 2013 年 6 月 29 日第十二届全国人民代表大会常务委员会第三次会议《关于修改〈中华人民共和国文物保护法〉等十二部法律的决定》进行了第二次修正；根据 2015 年 4 月 24 日第十二届全国人民代表大会常务委员会第十四次会议《关于修改〈中华人民共和国港口法〉等七部法律的决定》进行了第三次修正。

内，持有关证件，向税务机关申报办理税务登记，税务机关审核后发给税务登记证件。从事生产、经营的纳税人税务登记内容发生变化的，自工商行政管理机关办理变更登记之日起 30 日内或者在向工商行政管理机关申请办理注销登记之前，持有关证件向税务机关申报办理变更或者注销税务登记。

2. 账簿、凭证管理。从事生产经营的纳税人、扣缴义务人应按照国务院财政、税务主管部门的规定设置账簿，根据合法、有效凭证记账，进行核算。从事生产经营的纳税人的财务、会计制度或者财务会计处理办法，应当符合国家的有关规定并报送税务机关备案。从事生产经营纳税人、扣缴义务人必须按照国务院财政、税务主管部门规定的保管期限保管账簿、记账凭证、完税凭证及有关资料。

3. 纳税申报。纳税人必须在法律、行政法规规定或者税务机关依照法律、行政法规确定的申报期限内办理纳税申报，报送纳税申报表、财务会计报表以及税务机关根据实际需要要求纳税人报送的其他纳税资料。扣缴义务人必须在法律、行政法规规定或者税务机关依照法律、行政法规确定的申报期限内报送代扣代缴、代收代缴税款报告表以及税务机关根据需要要求扣缴义务人报送的其他有关资料。

（二）税款征收

税务机关依照法律、行政法规的规定征收税款，不得违反法律、行政法规的规定开征、停征、多征或者少征、提前征收、延缓征收或者摊派税款。

扣缴义务人依照法律、行政法规的规定履行代扣、代收税款的义务。

纳税人、扣缴义务人按照法律、行政法规规定或者税务机关依照法律、行政法规规定的期限，缴纳或者解缴税款。纳税人因特殊困难不能按期缴纳税款的，经省、自治区、直辖市国家税务局、地方税务局批准，可以延期缴纳税款，但最长不得超过 3 个月。

纳税人未按规定期限缴纳税款的，扣缴义务人未按规定期限解缴税款的，税务机关除责令期限缴纳外，从滞纳税款之日起，按日加收滞纳税款5‰的滞纳金。

纳税人依照法律、行政法规的规定办理减税、免税。地方各级人民政府、各级人民政府主管部门、单位和个人违反法律、行政法规规定，擅自作出的减税、免税决定无效，税务机关不得执行，并向上级税务机关报告。

（三）税务检查

根据《税收征收管理法》的规定，税务机关有权检查纳税人的账簿、记账凭证、报表和有关资料，检查扣缴义务人代扣代缴、代收代缴税款账簿、记账凭证和有关资料；有权到纳税人的生产、经营场所或货物存放地检查纳税人应纳税的商品、货物或者其他财产，检查扣缴义务人与代扣代缴、代收代缴税款有关的经营情况。纳税人、扣缴义务人必须接受税务机关依法进行的税务检查，如实反映情况，提供有关资料、不得拒绝、隐瞒。

（四）违反税法的行为及其处理

违反税法的行为，是指纳税主体或征税机关以及直接责任人员故意或过失地侵害税收征收管理制度的行为。它包括下列三方面的行为：

1. 违反税收征收管理程序的行为。根据《税收征收管理法》第60~62条的规定，以下几种行为属于违反税收征收管理程序的行为：①未按照规定的期限申报办理税务登记、变更或者注销登记的；②未按照规定设置、保管账簿或者保管记账凭证和有关资料的；③未按照规定将财务、会计制度或者财务、会计处理办法和会计核算软件报送税务机关备查的；④未按照规定将其全部银行账号向税务机关报告的；⑤未按照规定安装、使用税控装置，或者损毁或者擅自改动税控装置的；⑥扣缴义务人未按照规定设置、保管代扣代缴、代收代缴税款账簿或者保管代扣代缴、代收代缴税款记账凭证及有关资料的；⑦纳税人未按照规定的期限办理纳税申报的，或者扣缴义务人未按照规定的期限向税务机关报送代扣代缴、代收代缴税款报告表的。对于有上述第①～⑤项行为的，由税务机关责令限期改正，可以处2000元以下的罚款；情节严重的，处2000元以上1万元以下的罚款。其中：纳税人不办理税务登记的，由税务机关责令限期改正；逾期不改正的，经税务机关提请，由工商行政管理机关吊销其营业执照；纳税人未按照规定使用税务登记证件，或者转借、涂改、损毁、买卖、伪造税务登记证件的，处2000元以上1万元以下的罚款；情节严重的，处1万元以上5万元以下的罚款。有第⑥项行为的，由税务机关责令限期改正，可以处2000元以下的罚款；情节严重的，处2000元以上5000元以下的罚款。有第⑦项行为的，由税务机关责令限期改正，可以处2000元以下的罚款；情节严重的，可以处2000元以上1万元以下的罚款。

2. 偷税抗税行为。

（1）偷税。偷税是指纳税人采取伪造、变造、隐匿、擅自销毁账簿、记账凭证，在账簿上多列支出或者不列、少列收入，或者经税务机关通知申报而拒不申报或者进行虚假的纳税申报，不缴或者少缴应纳税款的行为。

对纳税人偷税的，由税务机关追缴其不缴或者少缴的税款、滞纳金，并处不缴或者少缴的税款50%以上5倍以下的罚款；构成犯罪的，依法追究刑事责任。

扣缴义务人采取前款所列手段，不缴或者少缴已扣、已收税款，由税务机关追缴其不缴或者少缴的税款、滞纳金，并处不缴或者少缴的税款50%以上5倍以下的罚款；构成犯罪的，依法追究刑事责任。

（2）抗税。抗税是指暴力、威胁方法拒不缴纳税款的行为。对于抗税行为，除由税务机关追缴其拒缴的税款、滞纳金外，依法追究刑事责任。情节轻微，未构成犯罪的，由税务机关追缴其拒缴的税款、滞纳金，并处拒缴税款1倍以上5倍以下的罚款。

3. 税务人员的违法行为。税务人员有下列行为之一，构成犯罪的，按《刑法》有关规定，追究刑事责任，未构成犯罪的，给予行政处分：①税务人员、纳税人、扣缴义务人勾结、唆使或者协助纳税人从事偷税行为的；②税务人员玩忽职守、少征或者不征应征税款，致使国家税收遭受重大损失的；③税务人员利用职务上的便利，收受或者索取纳税人、扣缴义务人财物的；④税务人在征收税款过程中的其他违法行为。

（五）税务争议的解决程序

纳税人、扣缴义务人、纳税担保人同税务机关因纳税发生争议时，必须先依照法律、行政法规的规定缴纳或者补缴税款及滞纳金，然后可以在收到税务机关填发的缴款凭证之日起60日内向上一级税务机关申请复议。上一级税务机关应当自收到复议申请之日起60日内作出复议决定。对复议决定不服的，可以在接到复议书之日起15日内向人民法院起诉。

当事人对税务机关的处罚决定、强制执行措施或者税收保全措施不服的，可以在接到处罚通知之日起或者税务机关采取强制执行措施、税收保全措施之日起15日内向作出处罚决定或者采取强制执行措施、税收保全措施机关的上一级机关申请复议；对复议决定不服的，可以在接到复议决定之日起15日内向人民法院起诉。当事人也可以在接到处罚通知之日起或者税务机关采取强制执行措施、税收保全措施之日起15日内直接向人民法院起诉。复议和诉讼期间，强制执行措施和税收保全措施不停止执行。

当事人对税务机关的处罚决定逾期不申请行政复议也不向人民法院起诉、又不履行的，作出处罚决定的税务机关可以采取《税收征收管理法》第40条规定的强制执行措施，或者申请人民法院强制执行。

第四节　国债法和政府采购法

一、国债法

（一）国债的概念、特征与职能

1. 国债的概念。国债，又称国家公债，是国家以其信用为基础，按照债的一般原理，向国内外所举借的债务。在这种债权债务关系中，国家作为债务人通过在国内外发行债券或向外国政府、金融机构以借款方式筹措财政资金，取得财政收入。国债是国家财政收入的一种特殊形式，是国家调节经济、弥补财政赤字和进行宏观调控的重要手段。

2. 国债的特征。国债不同于一般的债权债务关系，其特征如下：①国债的主体较为特殊。因国债而形成的法律关系的主体，不同于一般债权债务关系的主体。国债的债务人只能是国家，国债的债权人既可以是国内外的公民、法人或其他组织，也可以是某一个国家或地区的政府以及国际金融组织。②国债是国家财政收入的一种特殊形式。其举借方式具有自愿性和偿还性。即国家以发行国债或借款的方式筹集资金时须遵循有借有还、还本付息和诚信原则。③国债是国家信用的重要形式。国债是信用等级最高、最具安全性、风险性最小的债权债务关系。国债以国家信用与国家财政作担保，债权债务关系容易实现。一般而言，国债到期，国家会足额偿还本息，其风险性很小甚至可以说没有风险。④国债是一个重要的经济杠杆。在当今世界各国，国债的作用已不仅仅局限于平衡预算、弥补财政赤字，它还是调节经济、实现宏观调控、促进经济稳定和发展的一个重要的经济杠杆。

3. 国债的职能有：①弥补财政赤字。由于用发行国债的方式来弥补财政赤字，比采取增加税收、增发货币或财政透支等方式更好，因而各国均重视通过发行国债来弥补财政赤字。但发行国债的规模必须适度，其管理也必须适当。②宏观调控的职能。由于国债是财政分配的组成部分，国债收入的取得和使用、偿还等在宏观上均具有经济调节的功能，因而运用国债手段可以进行宏观调控。特别是可以调节生产、消费和投资方向，促进经济结构的合理化和经济总量的平衡。

（二）国债法的概念及基本内容

1. 国债法的概念。国债法，是指由国家制定的调整国债在发行、流通、转让、使用、偿还和管理等过程中所发生的社会关系的法律规范的总称。它主要规范国家（政府）、国债中介机构和国债投资者涉及国债时的行为，调整国债主体在国债发行、兑付过程中所发生的各种国债关系。国债法是财政法的重要部门法，其许多基本原理与财政法是一致的。

2. 国债法的基本内容。国债法的基本内容包括：国债的分类和结构；国债的发行主体、发行对象与发行方式；国债发行的种类、规模或数额、利率；国债的用途、使用原则；国债市场与国债持有人的国债权利；国债还本付息的期限、偿还方式、方法；国债管理机构及其职权、职责；违反国债法的法律责任等。我国现行调整国债关系的法律规范是1992年3月18日由国务院颁布的《国库券条例》（2011年1月8日根据《国务院关于废止和修改部分行政法规的决定》修订）。该条例共14条，对国库券的发行对象、计算单位、发行国债条件的确定、发行方式、偿还本息、流通、转让、抵押、筹集资金的使用、国债法律责任等都作了原则性规定。就实际情况来看，该条例已不能适应社会主义市场经济发展的要求，我国更期待着《国债法》的出台，以对国债行为和国债关系作出更为明确的规范。

（三）国债的分类

按照不同的划分标准，国债可以作如下分类：

1. 按举借债务方式不同，国债可分为国家债券和国家借款。国家债券是通过发行债券形成国债法律关系，国家债券是国家内债的主要形式。我国发行的国家债券主要有国库券、财政债券、国家经济建设债券、国家重点建设债券等。国家借款是按照一定的方式和程序，由借贷双方共同协商，签订协议，形成国债法律关系。国家借款是国家外债的主要形式，包括外国政府贷款、国际金融组织贷款和国际商业组织贷款等。

2. 按照偿还期限的不同，国债可分为定期国债和不定期国债。定期国债是指国家发行的严格规定有还本付息期限的国债。定期国债按还债期限的长短又可分为短期国债（1年以内）、中期国债（1～10年）和长期国债（10年以上）。不定期国债是指国家发行的不规定还本付息期限的国债。该类国债的债权人可按期取息，但无权要求清偿本金，如英国曾发行的永久性国债即属此类。

3. 按发行地域不同，可分为国家内债与国家外债。国家内债，指在国内发行的国债，其债权人一般是本国的公民、法人或其他组织，且以本国货币还本付息；国家外债，是指在本国境外举借的债，其债权人一般是外国政府、国际组织或外国企业和居民，一般以外币支付本息。

外债发行过多会引起债务国的国际收支不平衡，但根据本国的偿还能力，适量发行外债有利于利用外资，引进先进技术设备，加快本国经济的发展。

4. 按使用用途不同，国债可分为赤字国债、建设国债和特种国债。赤字国债是用于弥补财政赤字的国债；用于国家经济建设的国债，为建设国债；在特定范围内为满足特定需要或特定用途而发行的国债为特种国债。

5. 按是否可以上市流通，国债可以分为上市国债和不上市国债。上市国债是指可以在证券交易所自由买卖的国债。如我国发行的无记名国债。该类国债的买卖价格，取决于国债市场的供求，并随币值的变化而波动。不能上市自由买卖的国债为不上市国债。如我国发行的凭证式国债。

此外，按发行性质不同，国债可分发自由国债和强制国债；按偿付方式的不同，可分为普通国债与有奖国债等。新中国成立以来，我国已发行的国家内债种类有：20世纪50年代发行的人民胜利折实公债、经济建设公债，80年代以来发行的国库券、国家重点建设债券、特种国债、国家建设债务、财政债券、特种国债等。

（四）国债的发行、偿还与管理

1. 国债的发行。国债的发行，是指国债的售出或被认购的过程。国债发行中的重要问题为发行条件和发行方法。发行条件涉及国债种类、发行对象、数额、发行价格、利率、付息方式、流动性等内容。国债的发行方式主要有三种：①公募法，是指国家向社会公众公开募集国债的方法。它既可用于上市国债，也可用于不上市国债。②包销法，是指国家将发行的债券统一售与银行，再由银行向外发售的方法。③公卖法，是指政府委托经纪人在证券交易所出售公债的方法。该发行法的优点是可以吸取大量的社会游资，促进社会资金的运转；缺点是易受证券市场的影响，公债收入不够稳定，同时也给证券交易造成较大的压力。

2. 国债的偿还。国债的偿还是指国家依照信用契约，对到期公债支付本金利息的过程。它是国债运行的终点。国债的偿还大致有以下四种方法：①买销法。买销法是由政府委托证券公司或其他有关机构，从流通市场上以市场价格买进政府所发行公债。这种方法对政府来讲，虽然要向证券公司等受托机构支付一定的手续费，但是不需要偿还花费的广告宣传费用，偿还成本低，而且可以以市场时价买进债券，及时体现政府的经济政策。②比例偿还法。比例偿还法是指政府按照公债的数额，分期按比例偿还。由于这种偿还方法是政府向公债持有者直接偿还，不通过市场，所以，又称直接偿还法。比例偿还法的优点是能够严格遵守信用契约，缺点是偿还期限固定，政府机动性较小。我国20世纪50年代发行的公债均采用逐年递增比例偿还法。③抽签偿还法。抽签偿还法是指政府通过定期抽签确定应清偿的公债的方法。一般是以公债的号码为抽签依据，一旦公开抽签确定应清偿公债的号码之后，所有相同号码的公债都同时予以偿还。我国1981～1984年发行的国库券，就是采用抽签比例偿还法偿还的。④一次偿还法。一次偿还法是指国家定期发行公债在公债到期后，一次还本付息。我国自1985年以来发行的国库券就是规定发行期限到后一次还本付息完毕。目前，我国大多数公债实行一次偿还法。

3. 国债的管理。所谓国债的管理，简单地说，就是政府对公债的运行过程所进行的决策、组织、规划、指导、监督和调节。具体地说，就是政府通过公债的发行、调整、偿还和市场买卖等活动，对公债的总额增减、价格变化、期限长短和利率升降等方面，制定适应的方针，采取有效措施，以贯彻财政和货币政策。国债管理包括内债管理和外债管理两个方面：①内债管理。为了充分发挥内债的积极作用，克服其可能产生的不良效应，必须依法加强对内债的管理。一般地讲，内债的管理包括内债规模和内债结构两个方面的管理。②外债管理。外债是指一切对非当地居民，以外国货币或当地货币单位核算的有制约性偿还责任的负债，对当地居民的外币负债除外。外国政府贷款、国际金融机构贷款、外国银行贷款、出口信贷和发行国际债券是外债的主要形式。确保适度的外债规模，建立合理的外债结构是外债管理的基本要求。

二、政府采购法

（一）政府采购的概念和特征

《政府采购法》第2条第2款规定："本法所称政府采购，是指各级国家机关、事业单位和团体组织，使用财政性资金采购依法制定的集中采购目录以内的或者采购限额标准以上的货物、工程和服务的行为。"

政府采购具有以下特点：

1. 采购资金是财政性资金。政府采购的首要特点是采购资金为财政性资金。我国的财政性资金包括财政预算内资金和预算外资金。这也是政府采购与私人采购的不同之处。

2. 采购人的特定性。在政府采购中，采购人是特定的。政府采购人包括集中采购人和分散采购人。集中采购的采购机构必须经批准才能成立。分散采购的采购人虽然是使用人，但也必须经过批准才能进行采购，并且只限于使用财政资金的国家机关、事业单位和团体组织。

3. 政府采购的非营利性。政府采购是一种非商业性的采购行为，它不以营利为目的，而是为了实现政府职能和公共利益，确保财政资金的合理使用。

4. 政府采购对象的广泛性和复杂性。政府采购的对象从一般的办公用品到武器、航天飞机等无所不包，涉及货物、工程和服务等各个领域，范围非常广泛。

5. 采购程序的法定性。《政府采购法》明确、详细地规定了政府采购的程序、步骤，采购人和供应商都应当严格按照法定的程序进行采购和供应。

（二）政府采购制度的历史沿革

政府采购制度起源于英国。英国建立政府采购制度后，其他国家纷纷效仿。美国联邦政府的采购历史可以追溯到1992年，当时有关政府采购的第一个立法确定了政府采购责任人为美国联邦政府的财政部长。第二次世界大战后，政府采购制度的影响力不断扩大，先是西方发达国家纷纷建立了政府采购制度，近二三十年来，发展中国家也日益重视建立政府采购制度。在国际贸易中，政府采购占有重要地位，最具代表性的是世界贸易组织的《政府采购协议》。1996年，我国政府向亚太经济合作组织提交的单边行动计划明确提出，中国政府最迟于2020

年开放政府采购市场。1996年，我国的政府采购工作试点在上海展开，这是我国政府采购制度化建设的起始点。2000年政府采购工作在全国铺开。

1998年，国务院根据建立政府采购制度需要和国际惯例接轨，明确财政部为政府采购的主管部门，履行拟定和执行政府采购政策的职能。财政部于1999年颁布了《政府采购管理暂行办法》，之后又颁布了《政府采购招标投标管理暂行办法》《政府采购合同监督暂行办法》《政府采购品目分类表》《政府采购信息公告管理办法》《采购运行规程暂行规定》《政府采购资金财政直接拨付管理暂行办法》以及《中央单位政府采购管理实施办法》等一系列规章制度。2002年6月29日，第九届全国人大常委会第二十八次会议通过了《中华人民共和国政府采购法》，并于2003年1月1日起实行。该法的颁布和实施标志着我国政府采购工作已走上了法制化的轨道。

（三）政府采购的主体及对象

1. 政府采购的主体。政府采购的主体，即政府采购当事人，是指在政府采购中享有权利和承担义务的各类主体，包括采购人、供应商和采购代理机构等。

2. 采购的对象。政府采购的对象十分广泛，包括货物、工程和服务。货物，是指各种形态和种类的物品，包括原材料、燃料、设备和产品等；工程是指建设工程，包括建筑物和构筑物的新建、改建、扩建、装修、拆除和修缮等；服务是指除货物和工程以外的其他政府采购对象。

（四）政府采购方式

我国《政府采购法》规定的采购方式有招标方式与非招标方式。

1. 招标采购。招标采购包括公开招标采购和邀请招标采购两种方式。①公开招标。公开招标是指招标人以招标公告的方式，邀请不特定的供应商参加投标。公开招标是政府采购的主要采购方式。②邀请招标。邀请招标是指招标人以投标邀请书的方式邀请特定的供应商提供资格文件，只有通过资格审查的供应商才能参加后续招标的采购方式。

2. 非招标采购方式。非招标采购方式，是指除招标采购方式以外的采购方式，主要有竞争性谈判、单一来源采购和询价三种方式。

（五）政府采购程序

政府采购程序可以分为一般采购程序和特殊采购程序两大类。

1. 一般采购程序主要指公开招标采购程序。其程序与我国《招标投标法》规定的程序基本一致。具体包括以下内容：①编制政府采购计划；②发出招标书；③招标；④投标；⑤开标、评标和议标；⑥签订政府采购合同。

2. 特殊采购程序的情况则较为复杂，具体包括竞争性谈判采购程序、单一来源采购程序、询价采购程序等。①竞争性谈判采购程序。具体包括：成立谈判小组；制定谈判文件；确定邀请参加谈判的供应商名单；谈判；确定成交供应商等内容。②采取单一来源采购方式采购的，采购人与供应商应当遵循本法规定的原则，在保证采购项目质量和双方商定合理价格的基础上进行采购。③询价采购程序。具体包括：成立询价小组；确定被询价的供应商名单；询价；确定成交供应商等内容。

（六）政府采购合同

1. 政府采购合同的概念及特点。政府采购合同是指采购人因政府采购行为而与供应商之间在平等自愿的基础上，依法签订的明确双方权利、义务关系的协议。政府采购合同与一般的民事合同相比，具有以下特征：

（1）政府采购合同一方当事人必须是行政机关或其他行政主体。政府采购合同的一方当事人必须是行政机关，这与一般民事合同主体显然不同。

（2）政府采购合同以维护公共利益、实施国家行政管理任务为目的。政府采购合同的内容涉及国家和社会的公共事务，行政机关是政府采购合同的发动者，通过与供应商签订政府采购合同以达到规范政府采购行为、维护公共利益的目的。这同一般民事合同的签订者签订合同是为满足自身需要显然不同。

（3）政府采购合同贯彻行政优益权原则。行政优益权是指行政机关享有的优先处分的权益，也称主导性权利。在政府采购合同中行政优益权表现在：行政机关在合同履行过程中享有监督权；根据维护公共利益的需要，在情势变更时双方当事人应当变更、中止或终止合同；行政机关享有对供应商违约行为的制裁权等。

2. 政府采购合同的形式与内容。根据《政府采购法》第44条的规定，政府采购合同应当采用书面形式。政府采购合同应当包括以下内容：①当事人的名称和住所；②标的；③数量和质量；④价款或酬金；⑤履行期限、地点和方式；⑥违约责任；⑦解决争议的方法。

3. 政府采购合同的订立程序。政府采购合同与一般民事合同的订立过程一样，也要经过要约和承诺两个阶段，所不同的是政府采购一般先由采购机构发布采购信息，以此来吸引各供应商前来竞争，并针对采购机构的采购信息，进行报价，由采购机构对各个供应商进行评审，最终选定成交人。因此，在要约之前，政府采购合同的订立存在一个要约邀请阶段。具体程序如下：①要约邀请。根据《政府采购法》的立法原则，政府采购应当尽可能采用招标投标方式选定成交人。招标行为属于要约邀请。除招标投标方式外，政府采购还可以采用竞争性谈判、单一来源采购和询价等方式。这些方式中，采购人向供应商进行的询价行为属于要约邀请。②要约。供应商针对采购机构发布的采购信息在规定的期限内向采购机构报送标书、提出报价的意思表示属于要约。③承诺。在政府采购过程中，由于投标人投标的过程为要约，那么招标人在对各投标人的投标文件进行严格评审，确定某一投标人为中标人之后，向其发出的中标通知书的意思表示即为对投标人要约的承诺。

另外，政府采购合同的履行除应遵循民事合同的一般原则外，还应遵循公开性原则、竞争性原则、社会公共利益原则和保护民族工业原则。

（七）政府采购争议的解决机制

1. 政府采购争议的行政解决机制。政府采购主要采取公开招标、邀请招标、竞争性谈判、询价等法定方式进行，供应商认为采购单位在采购方式的选用，招标文件的发布、招标程序的操作等方面违反法律的规定，使其利益受损，可以采取质疑、投诉、行政复议和行政诉讼等行政争议纠纷解决方式。

2. 政府采购争议的民事解决机制。凡是处于平等地位的供应商、采购人和采购代理机构在合同的订立、效力、履行和违约责任等方面发生纠纷的，原则上都可以适用一般民事合同的四大解决途径：协商、调解、仲裁和诉讼。但由于政府采购活动的特殊性，在政府采购争议民事解决机制中，应体现协商、调解、仲裁手段的重要性，以减轻对簿公堂的讼累。

（八）监督检查

政府采购监督管理部门应当加强对政府采购活动及集中采购机构的监督检查。

监督检查的主要内容有：①有关政府采购的法律、行政法规和规章的执行情况；②采购范围、采购方式和采购程序的执行情况；③政府采购人员的职业素质和专业技能。

政府采购监督管理部门不得设置集中采购机构，不得参与政府采购项目的采购活动。同时，采购代理机构与行政机关也不得存在隶属关系或其他利益关系。

■ **思考题**

1. 何谓财政法？它由哪些法律制度构成？
2. 我国的预算收入和预算支出包括哪些内容？
3. 什么是税收？它有哪些特征？
4. 我国的税收种类有哪些？
5. 违反税收管理法的行为有哪些？
6. 国债有哪些种类？
7. 政府采购的定义和特征是什么？

■ **参考书目**

1. 刘剑文主编：《财政税收法》，法律出版社 2004 年版。
2. 刘剑文主编：《财税法学》，高等教育出版社 2004 年版。
3. 张守文：《财税法疏议》，北京大学出版社 2005 年版。
4. ［日］金子宏：《日本税法》，战宪斌、郑林根等译，法律出版社 2004 年版。

第三十章　劳动法律制度

■学习目的和要求

　　劳动力市场的正常有序是社会经济健康发展的基础性条件。劳动法律制度是保障劳动力市场健康发育、促进充分就业、构建和谐稳定的劳动关系的重要制度体系。本章全面系统地介绍了中国的劳动法律制度。通过本章的学习，应该理解我国劳动法的基本原则，熟悉劳动者劳动权的法律保障体系，掌握劳动就业制度、劳动保护制度、劳动纠纷解决机制以及劳动力中介市场监管制度等。

第一节　劳动法概述

一、劳动法的定义和调整对象

　　劳动法是调整劳动关系以及与劳动关系有密切联系的其他社会关系的法律规范的总称。劳动是人们使用劳动资料，改变劳动对象使之适合自己需要的有意识、有目的的活动。劳动过程一般包括三个要素：人类有目的的活动、劳动资料和劳动对象。在劳动过程中，一方面人们作用于自然界，利用劳动改变自然物的性质与形态，将各种原料变为能够满足人类需要的财富；另一方面，人们在劳动过程中需要合作与联系，这种联系必然要受到社会经济形态的制约。因而，劳动既有自然属性又有社会属性，劳动法对劳动者劳动所进行的法律调整就包括这两方面的内容。在我国，调整劳动者劳动关系的基本法律是1994年7月5日第八届全国人大常委会第八次会议通过的《中华人民共和国劳动法》。

　　劳动关系是指为了实现劳动过程而在劳动者与用人单位之间发生的关系。《劳动法》第2条规定："在中华人民共和国境内的企业、个体经济组织（以下统称用人单位）和与之形成劳动关系的劳动者，适用本法。国家机关、事业组织、社会团体和与之建立劳动合同关系的劳动者，依照本法执行。"据此，我国现阶段劳动关系主要包括：①在中国境内的各种企业（包括国有企业、集体企业、外商投资企业、合营企业以及其他类型企业）中的劳动关系；②从事合法经营的个体经济组织中的劳动关系；③国家机关、事业组织、社会团体中的劳动关系。值得注意的是：国家与国家工作人员之间的关系不是劳动关系，因为它与职工和企业之间的劳动关系的法律性质不同，应属公务员法调整；事业单位和社会团体的劳动人事制度比较复杂，是否存在劳动关系应以用人单位与劳动者是否建立了劳动合同关系为界定标准。

　　与劳动关系有密切联系的社会关系有一些本身并不是劳动关系，但它们有的是劳动关系产生的前提，有的是劳动关系所产生的直接后果，还有的是伴随着劳动关系的产生、变更和消灭而附带发生的，因此，也是劳动法的调整对象。这些关系主要有：①劳动力管理关系，即国家劳动人事部门与用人单位，以及职工之间由于招工、调配和培训劳动力而发生的关系，这主要是指国家通过劳动力市场对社会劳动力资源配置、社会保险、职业安全卫生等进行调节和必要行政干预过程发生的宏观调控关系；②劳动保险关系，即国家社会保险机构与用人单位以及职工之间因实施劳动保险而发生的关系；③劳动争议处理关系，即劳动争议仲裁机构或人民法院与企业、事业单位和职工间由于处理劳动争议而发生的关系；④劳动监察关系，即国家劳动监察机关和工会组织同用人单位之间，因监督、检查劳动法律法规的执行而发生的法律关系。

在本章中，主要阐述调整劳动关系以及劳动管理关系、劳动保护关系和劳动监察关系内容，有关劳动保险制度，将在有关章节详述。

二、劳动法的基本原则

劳动法的基本原则是指国家劳动立法的指导思想，是调整劳动关系以及与劳动关系有密切联系的社会关系时所必须遵循的基本准则。根据我国宪法和劳动法的有关规定，劳动法的基本原则可以概括为：

（一）公民享有劳动权利和承担劳动义务原则

《宪法》第42条规定，中华人民共和国公民有劳动的权利和义务。劳动是一切有劳动能力的公民的光荣职责。公民享有劳动权利和承担劳动义务原则的基本含义为：①每一个有劳动能力的公民均有参加劳动的权利，国家通过各种方式创造就业条件，促进就业，保障公民劳动权利的实现；②劳动是一切有劳动能力公民的法定义务，每一个有劳动能力的公民都应该参加劳动，完成劳动任务或工作任务；③每一个有劳动能力的公民均有义务遵守劳动纪律和职业道德，提高职业技能，执行劳动安全卫生规程。

（二）参加民主管理原则

劳动者参加民主管理是体现劳动者当家作主权力的法律制度，是从法律上保护社会主义劳动者主人翁的地位，也是充分调动劳动者的积极性、主动性、智慧和创造力的前提条件，参加民主管理原则主要体现为：①通过宪法及有关法律确定经济组织的民主管理制度；②赋予劳动者以集会、结社权；③确认职工代表大会的法律地位。

（三）各尽所能、按劳分配原则

《宪法》第6条规定，社会主义公有制消灭人剥削人的制度，实行各尽所能、按劳分配的原则。这一原则的基本要求为：①每一个具有劳动能力的公民，都有平等的劳动权利和义务，都应尽自己的能力为社会劳动，社会则以劳动为尺度，按照劳动的数量和质量分配个人消费品，即劳动报酬，多劳多得，少劳少得；②实行同工同酬，劳动者不分性别、年龄、民族和种族，均能以等量劳动取得等量报酬。

（四）劳动者享有劳动保护和休息权利原则

劳动保护权是指劳动者在安全卫生的条件下进行工作的权利，用人单位有义务提供合乎安全卫生标准的劳动条件。休息权是指劳动者在经过一定时间的劳动之后，获得充分休息的权利。这两项权利都是劳动权的有机组成部分，是保护劳动者在劳动过程中的身体健康和生命安全以及恢复劳动能力所必不可少的条件。

（五）劳动者享有物质帮助权利原则

物质帮助是指劳动者在暂时或永久丧失劳动能力时有获得物质帮助的权利，从而使劳动者在生、老、病、死、残等情况下，其本人或其亲属能够获得基本的生活保障。在我国，物质帮助权主要表现为：劳动者能够获得社会保险的各种待遇，享受国家提供的社会救济、公费医疗、合作医疗等福利。

（六）男女平等、民族平等原则

在劳动方面的男女平等、民族平等主要表现为：在招工时，不得歧视妇女和少数民族的劳动者；男女之间、不同民族之间应一视同仁；在劳动和工作调配上，要根据实际情况给予妇女必要的照顾，根据政策对少数民族职工予以适当安排；在工资津贴方面坚持同工同酬。

第二节　劳动用工制度

一、劳动就业制度

（一）劳动就业的定义

劳动就业，是指具有劳动能力的公民在法定年龄内从事某种有报酬或劳动收入的职业。其基本含义为：①有能够参加某种劳动的劳动能力；②劳动者本人愿意参加某种劳动；③通过劳动能够取得劳动报酬或经济收入；④这种劳动能够得到社会的承认。

劳动就业的实质体现了国家对就业的促进，它的基本要求是指国家要为劳动者个人获取生活资料而与生产资料相结合创造必要的条件，妥善解决好劳动就业问题，对于促进社会秩序的安定，充分利用社会劳动力资源，保证经济发展对劳动力的需要以及逐步改善和提高人民生活水平都具有重要意义。

劳动就业的范围一般只包括国民经济各部门所使用的劳动力，武装部队的人员和在校学习的学生都不属于就业范围。在我国，衡量劳动就业采取就业率和待业率两个指标。

（二）我国劳动就业的方针及途径

劳动就业方针是国家在不同历史时期制定的有关解决劳动就业问题的指导性原则。根据《劳动法》规定，我国现行的劳动就业方针为：国家通过促进经济和社会发展，创造就业条件，扩大就业机会。国家鼓励企业、事业组织、社会团体在法律和行政法规规定的范围内兴办产业或拓展经营，增加就业。国家支持劳动者自愿组织起来就业和从事个体经营实现就业。地方各级人民政府应当采取措施，发展多种类型的职业介绍机构，提供就业服务。2007 年 8 月30 日第十届全国人民代表大会常务委员会第二十九次会议通过的《就业促进法》，自 2008 年 1月 1 日起施行。该法进一步明确了"劳动者自主择业、市场调节就业、政府促进就业"的就业方针和就业途径。一是明确"劳动者自主择业"，充分调动劳动者就业的主动性和能动性，促进他们发挥就业潜能和提高职业技能，依靠自身努力，自谋职业和自主创业，尽快实现就业。二是明确"市场调节就业"，充分发挥人力资源市场在促进就业中的基础性作用。通过市场职业供求信息，引导劳动者合理流动和就业；通过用人单位自主用人和劳动者自主择业，实现供求双方相互选择；通过市场工资价位信息，调节劳动力的供求。三是明确"政府促进就业"，充分发挥政府在促进就业中的重要职责，通过发展经济和调整产业结构，实施积极就业政策，扩大就业机会；通过规范人力资源市场，维护公平就业；通过完善公共就业服务和加强职业教育和培训，创造就业条件；通过提供就业援助，帮助困难群体就业；等等。

二、国家促进就业制度

就业问题是经济社会发展的一个核心问题，必须高度重视。对劳动者来说，就业是他们赖以生存、融入社会、实现人生价值的重要手段，也是他们共享经济社会发展成果的基本条件。因此，就业是基本的人权，是民生之本。从经济学角度看，就业关系劳动力要素与其他生产要素的结合，是生产力发展的基本保证；从社会学角度来看，就业关系亿万劳动者及其家庭的切身利益，是社会和谐发展的重要基础，因而也是安国之策。我国有 13 亿多人口，是世界上人口和劳动力最多的国家。我国就业所面临的转轨就业、青年就业和农村转移就业同时出现、相互交织的"三碰头"局面，决定了就业问题之复杂、就业任务之艰巨是世界上任何国家都未有过的。《就业促进法》确立了我国促进就业的基本制度。

（一）政府促进就业的职责

就业问题关系到所有劳动者及其家庭的切身利益，促进就业和治理失业是政府的重要职责,这不仅是国际社会的共识,也是世界各国政府执政的重要目标,在我国,更是各级政府执政为民的重要体现。《就业促进法》对政府在促进就业中的职责作出了明确规定,包括:建立就业工作目标责任制度;制定实施有利于就业的经济和社会政策;推进公平就业;加强就业服务和管理;大力开展职业培训;建立健全失业保险制度;开展就业和失业调查统计工作;发挥社会各方面促进就业的作用。

（二）建立促进就业工作协调机制

我国的就业任务十分繁重,就业群体多种多样,促进就业工作涉及社会方方面面,需要多个部门齐抓共管。《就业促进法》明确了协调机制的工作任务和作用。

1. 国务院建立全国促进就业工作协调机制,研究就业工作中的重大问题,协调推动全国的促进就业工作,由国务院劳动行政部门具体负责全国的促进就业工作。

2. 省、自治区、直辖市人民政府根据促进就业工作的需要,建立促进就业工作协调机制,协调解决本行政区域就业工作中的重大问题。

3. 县级以上人民政府有关部门按照各自的职责分工,共同做好促进就业工作。

（三）建立促进就业的政策支持体系

《就业促进法》按照促进就业的工作要求,规定了政策支持的法律内容。包括:实行有利于促进就业的产业政策;实行有利于促进就业的财政政策;实行有利于促进就业的税收政策;实行有利于促进就业的金融政策;实行城乡统筹的就业政策;实行区域统筹的就业政策;实行群体统筹的就业政策;实行有利于灵活就业的劳动和社会保险政策;实行就业援助制度;实行失业保险促进就业政策。

（四）维护公平就业

为维护劳动者的平等就业权,反对就业歧视,《就业促进法》对公平就业作出了规定,包括:明确政府维护公平就业的责任;规范用人单位和职业中介机构的行为;保障妇女享有与男子平等的劳动权利;保障各民族劳动者享有平等的劳动权利;保障残疾人的劳动权利;保障传染病病原携带者的平等就业权;保障进城就业的农村劳动者的平等就业权;劳动者受到就业歧视的,可以向人民法院提起诉讼。

（五）加强就业服务和管理

《就业促进法》明确规定,政府应当加强就业服务和管理工作,逐步完善覆盖城乡的就业服务体系。包括:发展人力资源市场;建立健全公共就业服务体系;规范对职业中介机构的管理。

（六）发展职业教育和开展职业培训

《就业促进法》明确了国家、企业、劳动者和各类职业培训机构在职业教育和培训中的职责及作用,通过职业技能培训提高劳动者的素质,以适应人力资源市场的需求,从而促进其实现就业和稳定就业。包括:明确了国家依法发展职业教育,鼓励开展职业培训,促进劳动者提高职业技能,增强就业能力和创业能力的总方针;规定了各级人民政府在加强职业教育和培训方面的职责;规定了企业在加强职业教育和培训方面的职责;规定了职业教育和培训机构在加强职业教育和培训方面的职责;规定了国家对从事涉及公共安全、人身健康、生命财产安全等特殊工种的劳动者,实行职业资格证书制度。

（七）实施就业援助

对就业困难人员实施优先扶持和重点帮助的就业援助,是构建社会主义和谐社会的基础工作之一,充分体现国家政府对就业困难人员的关怀。《就业促进法》明确规定各级人民政府建立健全就业援助制度。包括:就业援助的对象是指因身体状况、技能水平、家庭因素、失去土地等原因难以实现就业，以及连续失业一定时间仍未能实现就业的就业困难人员；各级人民政府建立健全就业援助制度，加强基层就业援助服务工作，政府投资开发的公益性岗位，应当优先安排符合岗位要求的就业困难人员；各级人民政府采取特别扶助措施，促进残疾人就业；对城市零就业家庭实施特别就业援助；对就业压力大的特定地区采取转移就业等方式特别扶持。

三、劳动就业形式和流动制度

（一）劳动就业形式

劳动就业形式，是指国家在政策和法律法规中确认的劳动者实现就业的方式和渠道。它包括职业介绍机构介绍就业、自愿组织就业、自谋职业、国家安置就业四种：

1. 职业介绍机构介绍就业。是指职业介绍机构在国家劳动计划指导下，将求职的劳动者推荐给用人单位，由用人单位择优录用而实现的。这种就业形式具有介绍就业的劳动者范围广泛、介绍的就业去向不以用人单位的所有制性质所限、劳动者与用人单位之间双向选择的自主程度较大、用工方式灵活多样的特征。

2. 自愿组织就业。是指城镇失业人员、企业富余职工和农村剩余劳动力，在国家和社会的扶植下，根据社会的需要和本人的专长，按照自愿原则组织起来，举办各种类型的集体经济组织实现的就业。按照国家规定，大中城市的失业人员、特别是有技术或经营能力的人员，还可保留大中城市户籍到小城市、集镇或农村举办集体经济组织。

3. 自谋职业。是指城镇失业人员、企业富余人员和农村剩余劳动力，从事个体劳动经营所实现的就业。国家指定的有关城乡个体工商户的法规和政策，是从事个体劳动的主要法律和政策依据。国家鼓励和支持自谋职业，保护自谋职业者的合法权益，并要求给予自谋职业者同其他劳动者平等的社会和政治地位。

4. 国家安置就业又称国家分配就业。是指根据国家劳动计划，由劳动、人事行政部门和有关部门将某些劳动者分配或安排到一定范围内的用人单位而实现的就业。其主要特点是：①适用安置就业的劳动者的范围仅限于国家规定应当或可以安置就业的某几种劳动者；②适用安置就业的用人单位范围，仅限于依法有义务接受国家安置就业任务的某几种用人单位；③劳动者与用人单位之间双向选择的自主程度较小；④对其适用范围内的劳动者不具有强行性，国家鼓励和支持这些劳动者自愿选择其他就业形式；⑤经国家安置就业的均属正式工，根据有关规定可用作固定工，也可用作合同工。

（二）劳动力流动就业

劳动力流动就业，是指劳动者由一个用人单位流入另一个用人单位，或者由一个地区流入另一个地区的就业。它分别可按不同标准划分为职工流动就业与社会劳动力流动就业、城镇劳动力流动就业与农村劳动力流动就业、有组织流动就业与自行流动就业几种类型。我国现行劳动立法就职工有组织流动就业和社会劳动力跨地区流动就业作了专门规定。

职工有组织流动就业即人们通常所称的职工调动，是指用人单位、劳动或人事行政部门和用人单位主管部门将职工由一个用人单位调往另一个用人单位的就业。其特征为：①职工调动的适用范围只限于公有制性质的固定工和城镇合同制工；②职工调动是由国家和用人单位所组织的职工流动，而不是职工自行流动；③职工在调动过程中仍处于在职或在业状态；④职工调动后一般仍保留原职工身份。职工调动包括多数调动和零星调动两类，法律规定了职工调动的条件、调动的程序和审批权限。

社会劳动力跨地区流动就业，即未就业劳动者异地就业，是指未就业劳动者前往其常住户口所在地（省、市、县）以外地区就业，或者是未就业者为其常住户口所在地以外地区的用人单位所招用。可以作农村劳动力跨地区流动就业和城镇劳动力跨地区就业，跨省流动就业和省内跨地区流动就业之区分。为了实现跨地区流动就业的规范化、有序化，原劳动部于1994年11月发布了《农村劳动力跨省流动就业管理暂行规定》。它不仅适用于农村劳动力跨省流动就业，而且也为农村劳动力跨省从事农业生产和在本省范围内的大中城市流动就业，以及城镇劳动力跨省流动就业提供了依据。该规定具体规定了用人单位跨地区招用社会劳动力的条件和方式、社会劳动力跨地区流动就业的条件和证件、社会劳动力跨地区流动就业服务机构、社会劳动力跨地区流动就业的组织管理等内容。正在制定中的《促进就业法》对于劳动力跨地区流动就业，尤其是农村劳动力转移就业将作出新的统一规定。

四、劳动合同制度

为规范用人单位与劳动者订立、履行、变更、解除和终止劳动合同行为，构建和发展和谐稳定的劳动关系，我国专门制定了《劳动合同法》，该法适用于中国境内的企业、个体经济组织、民办非企业单位，及除公务员和参照公务员管理的工作人员以外的国家机关、事业单位、社会团体与劳动者建立劳动关系的行为。

（一）劳动合同的定义

劳动合同，是指劳动者与用人单位确立劳动关系、明确双方权利和义务的协议。根据协议，劳动者加入用人单位，有义务完成其承担的工作任务并遵守内部劳动规则；用人单位有义务按照劳动者的劳动数量和质量支付劳动报酬，并提供法律和合同规定的劳动条件及保险福利待遇。

劳动合同是确立劳动关系的法律形式，订立、变更、解除和终止劳动合同都必须遵守国家的法律法规，坚持劳动关系双方合法、公平、平等自愿、协商一致、诚实信用的原则。劳动合同依法订立即具有法律效力，用人单位与劳动者必须履行劳动合同规定的义务。

劳动合同可分为有固定期限、无固定期限和以完成一定的工作为期限三种。《劳动合同法》明确规定了签订各种劳动合同的条件。

（二）劳动合同的内容

劳动合同的内容即劳动合同的基本条款，包括必备条款和约定条款两部分。劳动合同的必备条款包括：用人单位的名称、住所和法定代表人或者主要负责人；劳动者的姓名、住址和居民身份证或者其他有效证件号码；劳动合同期限；工作内容和工作地点；工作时间和休息休假；劳动报酬；社会保险；劳动保护和劳动条件；法律、行政法规规定应当纳入劳动合同的其他事项。

劳动合同的内容除了以上法律规定的必备条款外，用人单位与劳动者可以协商约定试用期、培训、保守商业秘密、补充保险和福利待遇等其他事项。

（三）无效劳动合同

用人单位以欺诈、胁迫的手段或者乘人之危，使对方在违背真实意思的情况下订立的劳动合同；用人单位免除自己责任、排除劳动者权利的劳动合同；违反法律、行政法规强制性规定的劳动合同，为无效或部分无效劳动合同。劳动合同的无效或部分无效由劳动争议仲裁委员会或者人民法院确认。

劳动合同被确认无效，劳动者已付出劳动的，用人单位应当向劳动者支付劳动报酬。

（四）劳动合同的履行和变更

劳动合同必须全面履行，用人单位与劳动者都应当按照劳动合同的约定，全面履行各自的义务。用人单位应当按时足额发放劳动报酬；严格执行劳动定额标准，不得变相强迫劳动者加班加点。劳动者有权拒绝用人单位管理人员违章、强令冒险作业；有权批评、检举、控告用人单位的危害生命健康和身体健康的劳动条件。

用人单位变更名称、法定代表人、主要负责人或者投资人、注册、登记备案等事项，不影响劳动合同的履行。用人单位发生合并或者分立等情况，劳动合同由承继其权利义务的用人单位继续履行。

用人单位与劳动者协商一致，可以变更劳动合同约定的内容，但必须遵守法律、法规规定。变更劳动合同应采用书面形式。

（五）劳动合同的解除和终止

1. 劳动合同的解除。用人单位与劳动者协商一致，可以解除劳动合同。劳动者提前30天以书面形式通知用人单位，可以解除劳动合同；劳动者在试用期随时可以告知用人单位解除劳动合同。

（1）用人单位有如下情形之一的，劳动者可以随时通知用人单位解除合同：未按照劳动合同约定提供劳动条件，未提供合格的安全生产条件的；未及时足额制服劳动报酬的；未依法为劳动者缴纳社会保险费的；规章制度违反法律、法规的规定，损害劳动者权益的；用人单位以欺诈、胁迫的手段或者乘人之危，使对方在违背真实意思的情况下订立或者变更劳动合同的，等等。

用人单位以暴力、威胁或者非法限制人身自由的手段强迫劳动者劳动的，或者用人单位违章指挥、强令冒险作业危及劳动者人身安全的，劳动者可以立即解除劳动合同，无需事先告知用人单位。

（2）劳动者有如下情形之一的，用人单位可以解除劳动合同：在试用期间被证明不符合录用条件的；严重违反用人单位规章制度的；严重失职，营私舞弊，给用人单位利益造成重大损害的；劳动者同时与其他用人单位建立劳动关系，对完成工作任务造成严重影响，经用人单位提出，拒不改正的；被依法追究刑事责任的。

（3）有下列情形之一的，用人单位在提前30日以书面形式通知劳动者本人或者额外支付劳动者1个月工资后，可以解除劳动合同：劳动者患病或非因公负伤，在规定的医疗期满后不能从事原工作，且未能就变更劳动合同与用人单位协商一致的；劳动者不能胜任工作，经过培训或者调整工作岗位，仍不能胜任工作的；劳动合同订立时所依据的客观情况发生重大变化，致使原劳动合同无法履行，经用人单位与劳动者协商未能就变更劳动合同达成协议的。

（4）有下列情形之一，致使劳动合同无法履行，需要裁减人员20人以上或者不足20人但占企业职工总数10%以上的，用人单位在提前30日向工会或者全体职工说明情况，听取工会或者全体职工的意见，经向劳动行政部门报告后，可以裁减人员：依照企业破产法规定进行重整的；生产经营发生严重困难的；企业转产、技术革新、经营方式调整，经变更劳动合同后，仍裁减人员的；因防治污染搬迁的；其他因劳动合同订立时所依据的客观经济情况发生重大变化，致使劳动合同无法履行的。裁减人员时，应当优先留用以下劳动者：与本单位订立较长期限的固定期限劳动合同的；订立无固定期限劳动合同的；家庭无其他就业人员，有需要扶养的老人或者未成年人的。用人单位在6个月内重新录用人员的，应当通知被裁减人员，并在同等条件下优先录用被裁减的人员。

（5）劳动者有下列情形之一的，用人单位不得解除劳动合同：从事接触职业病危害作业的劳动者未进行离岗前职业健康检查，或者疑似职业病病人在诊断或者医学观察期间的；在本单位患职业病或因工负伤并被确认丧失或部分丧失劳动能力的；患病或负伤，在规定的医疗期内的；女职工在孕期、产期、哺乳期的；在本单位连续工作满15年，且距法定退休年龄不足5年的；法律、法规规定的其他情形。

2. 劳动合同的终止。劳动合同终止的情形有：劳动合同期满或者劳动合同约定的条件出现的；劳动者已开始依法享受基本养老保险待遇的；劳动者死亡，或者被人民法院宣告死亡或者宣告失踪的；用人单位被依法宣告破产的；用人单位解散、被吊销营业执照或者责令关闭的；法律、行政法规规定的其他情形的。

劳动合同的解除和终止必须依法进行，用人单位违法解除或者终止劳动合同，劳动者要求继续履行的，用人单位应当继续履行；劳动者不要求继续履行或者已经不能继续履行的，用人单位应当按照标准支付赔偿金。

（六）集体合同与劳务派遣合同

1. 集体合同。集体合同是指工会代表劳动者与企业就与职工切身利益相关的问题，通过协商谈判而签订的书面协议。签订集体合同的目的在于从整体上维护劳动者的合法权益，发挥工会在稳定劳动关系中的作用，为市场经济条件下协调劳动关系建立一种新机制。

集体合同的内容包括劳动报酬、工作时间、休息休假、劳动安全卫生、保险福利等事项。集体合同草案要提交职工代表大会或者全体职工讨论通过。集体合同签订后应报送劳动行政主管部门。劳动行政主管部门自收到集体合同文本之日起15日内未提出异议的，集体合同即行生效。生效的集体合同对企业和企业全体职工具有约束力。

在县级以下区域内，建筑业、采矿业、餐饮服务业等行业可以由工会组织与企业方面代表订立行业性集体合同，行业性集体合同对当地全行业的用人单位和劳动者具有约束力。

企业职工一方与用人单位可以订立劳动安全卫生、工资调整机制等专项集体合同。

2. 劳务派遣合同。劳务派遣合同是指劳务派遣单位与被派遣者签订的劳动合同，劳务派遣单位应当履行用人单位对劳动者的全部义务。

劳务派遣合同的内容，除了载明一般劳动合同的必备事项外，还应当载明被派遣劳动者的用工单位以及派遣期限、工作岗位等情况。劳务派遣单位应当与被派遣劳动者订立2年以上的固定期限劳动合同，按月支付劳动报酬，在无工作期间不得低于当地最低工资标准支付劳动报酬。

劳务派遣单位派遣劳动者应当与用工单位签订劳务派遣协议。劳务派遣协议应当明确派遣岗位和人员数量、派遣期限、劳动报酬和社会保险费数额与支付方式以及违约责任。用工单位应当根据工作岗位的实际需要与劳务派遣单位确定派遣期限，不得将连续用工期限分割签订数个短期劳务派遣协议。

接受以劳务派遣形式用工的单位应当履行以下义务：执行国家劳动标准，提供相应的劳动条件和劳动保护；告知被派遣劳动者的工作要求和劳动报酬；支付加班费、绩效奖金，提供与工作岗位相关的福利待遇；对在岗被派遣劳动者进行工作岗位所必需的培训；连续用工的，实行正常的工资调整机制。用工单位应当按照劳务派遣协议使用被派遣劳动者，不得将被派遣劳动者再派遣其他用人单位。

五、职业教育、技能培训和职业资格证书制度

全面提高劳动者的素质是保证劳动权的重要方面，也是开发劳动力资源的核心内容，是国家发展市场经济提高劳动生产率的一项战略性任务。因此，职业教育和技能培训是职业技能开发体系的重要内容。劳动法将职业培训作为企业承担的一项职业技能开发义务进行了专门规定，并将大力开展职业教育和技能培训作为国家的一项政策。

一般而言，职业教育和技能培训是指对具有劳动能力的未正式参加工作的青年和在职的职工进行的技术业务知识和实际操作技能的教育和训练。职业教育和技能培训，是整个国民教育的重要组成部分，但它具有不同于普通教育的特点，它的主要任务是培训依法可以从事工作的青年人，通过职业教育和技能培训使他们成为能直接从事生产劳动的劳动者；或是已经有了职业的劳动者，通过培训使其掌握新的业务知识和技能，在生产中加以应用，从而促进劳动生产率的提高。

劳动法规定的职业教育、技能培训制度的主要内容包括：①国家通过各种途径，采取各种措施发展职业培训事业，开发劳动者的职业技能，提高劳动者素质，增强劳动者的就业能力和工作能力；②各级人民政府要将发展职业培训纳入社会经济发展的规划，鼓励和支持有条件的企业、事业组织、社会团体和个人进行各种形式的职业培训；③用人单位建立职业培训制度，按照国家规定提取和使用职业培训经费，根据本单位实际，有计划地对劳动者进行职业培训；④从事技术工种的劳动者，上岗前必须经过培训。

为保证职业教育、技能培训制度的实施，劳动法还规定了职业资格证书制度。职业资格证书是指国家对达到一定技能的劳动者所给予的证明，这种证明作为反映劳动者技能水平的主要标志，是劳动关系双方签订劳动合同的依据。劳动者的职业分类以及不同职业的技能标准由国家统一规定，由经过政府批准的考核鉴定机构负责对劳动者实施职业技能考核鉴定，发放职业资格证书。

六、工作时间和休息时间制度

（一）工作时间制度

劳动法上的工作时间制度，是指法律规定的劳动者在单位中应从事劳动或工作的时间，以及对用人单位延长劳动或工作时间的限制性规定。一般而言，工作时间包括每日应工作的时数和每周应工作的天数，它们分别称为工作日和工作周。

劳动法规定，劳动者每日工作时间不超过 8 小时，平均每周工作时间不超过 44 小时。因工作性质和工作职责限制的，实行不定时工作制度，但平均每周不超过 44 小时。用人单位应当保证劳动者每周至少休息 1 日。

延长工作时间是指职工根据单位的要求，在标准工作日以外或法定节假日内进行工作。我国劳动法实行限制延长工作时间制度。用人单位由于生产经营需要，经与工会和劳动者协商后可以延长工作时间，一般每日不得超过 1 小时；因特殊原因需要延长工作时间的，在保障劳动者身体健康的条件下工作时间每日不得超过 3 小时，每月不得超过 36 小时。延长工作时间，用人单位必须依法支付工资报酬。

（二）休息时间制度

休息时间，是指劳动者在工作时间以外用于个人自行支配的时间，包括每天的休息时数，每周的休息天数和其他节假日。

根据劳动法的规定，休息时间主要有以下几种：

1. 间歇时间，指职工在上班过程中应有的休息和用膳时间，间歇时间不计算工作时间。间歇时间根据不同情况规定：①实行一班制或两班制的单位，其间歇时间应在工作开始 4 小时后，不得少于半小时；②实行三班制的单位，每班的间歇时间为 20 分钟。

2. 两个工作日之间的休息时间以足以保证劳动者的体力和工作能力能够得到恢复为标准，一般为 15 ~ 16 小时。

3. 每周公休假不得少于 1 天。

4. 每年的法定假日为：①元旦：1 月 1 日；②春节：农历正月初一、初二、初三；③国际劳动节：5 月 1 日、2 日、3 日；④国庆节：10 月 1 日、2 日、3 日。节日适逢公休假日，顺延补假。属于部分劳动者的节日及少数民族的习惯节日，放假时间分别规定。

5. 年休假日是职工每年在一定时间内享有保留工资的连续休假。年休假包括基本年休假和补加年休假。具体时间由国家根据不同的工种和劳动的繁重程度分别规定。

6. 探亲假是与家属分居两地的职工每年在一定时期内回家与亲属团聚的假期。对于享受探亲假的条件和探亲假期，我国《关于职工探亲的规定》有具体规定。

七、劳动报酬制度

劳动报酬通常称为工资，是指用人单位支付给劳动者的劳动报酬。我国劳动法对劳动报酬分配规定了四项原则：①按劳分配；②工资水平随经济发展逐步提高；③国家对工资总量实行宏观控制；④实行最低工资保障。

根据劳动法的规定，劳动报酬制度包括如下内容：

（一）工资分配的一般规则

1. 工资分配制度的确定方式。工资分配制度，是指用人单位内部工资分配规则的总称，其主要内容是对工资的构成、形式、等级和标准等所作的具体规定。从各国的立法实践来看，确定工资分配制度的方式有立法确定、自主协商确定、单方自主确定等形式。在后两种方式中，立法关于基本工资制度的规定属于任意性规范，仅具有示范和参考意义。我国目前实行的是混合化、多样化的工资分配制度确立方式。具体为：国家机关的各种分配制度由立法确定；企业的工资分配制度主要由企业单方自主确定，而在外商投资企业要求由谈判确定，其他企业在一定范围内试行由谈判确定；事业单位的工资分配则部分由立法确定、部分由单方自主确定。

2. 工资构成。工资是对劳动者支出劳动力的物质补偿，同劳动力的质量结构、支出状况和使用效果的复杂性相对应，而具有结构性。即工资因受多种因素的影响而可以划分为若干个部分或工资单元，各个部分都有着质和量的规定性以及特定的存在形式、作用对象和专门职能，且各个部分之间具有逻辑联系，相互联系、制约和补充，共同发挥工资的职能。我国立法所规定的工资，一般由基本工资和辅助工资两个单元构成。其中，基本工资是指劳动者在法定工作时间内提供正常劳动所得的报酬，它构成劳动者所得工作额的基本组成部分。辅助工资是指基本工资以外的、在工资构成中处于辅助地位的工资组成部分，它通常是用人单位对劳动者支出的超出正常劳动之外的劳动耗费所给予的报酬。常见的有奖金、津贴和补贴、加班加点工资等。

3. 工资形式。工资形式是指计量劳动和具体支付工资的形式。工资形式反映劳动者在劳动过程中实际消耗的劳动量和取得的劳动效果。也是劳动者取得劳动报酬的法律依据。它以基本工资为基础，按照职工实际付出的劳动量支付。我国现行的工资形式主要有计时工资和计件工资两种。

（1）计时工资是按照职工的技术熟练程度、劳动繁重程度和工作时间长短来支付工资的一种形式，计时工资的数额根据职工的工资标准和实际工作时间计算，可分为月工资、日工资和小时工资三种。

（2）计件工资是按照工人生产的合格产品的数量（或作业量）和预先规定的计件单价来计算报酬的一种工资形式，实行计件工资必须具备一定的条件。计件工资具体又可包括无限计件工资、有限计件工资和累进计件工资三种形式。此外，我国还在企业经营者中实行了年薪这一工资形式，即以企业财务年度为时间单位所计发的工资收入。

4. 工资定级。工资定级是指对原无工资等级或原有工资等级失效的职工，依法确定其工资等级。具体有新参加工作职工的工资定级、转移工作单位职工的工资定级和重新就业或恢复工作职工的工资定级。

5. 工资升级。工资升级是指提高职工的工资等级，并按规定的级差给职工增加工资。其中包括升级形式、升级条件、升级制度选择等内容。

（二）工资分配制度

工资分配制度即具体的工资分配规则，它包括如下内容：

1. 岗位技能工资制度和经营者年薪制度。前者是企业以按劳分配为原则，以加强工资宏观调控为前提，以劳动技能、劳动责任、劳动强度和劳动条件等基本劳动要素评价为依据，以岗位工资和技能工资为主要内容，根据职工实际劳动贡献（劳动数量和质量）大小，确定劳动报酬的一种工资分配制度。该制度的内容有劳动评价体系、基本工资单元和岗位技能工资标准三个部分。后者是指国有企业的经营者以企业财务年度为时间单位确定经营者基本报酬（基薪），并视其经营成果确定经营者分享利润（效益收入或风险收入）的制度。该制度的内容有适用范围、审批程序、确定年薪的原则、基薪的确定和列支、效益收入的确定和列支、年薪的支付等。

2. 国家机关基本工资制度。国家机关基本工资制度包括职员的职务级别工资、技术工人的岗位技术等级工资（职务）和普通工人的岗位工资制。其中，按照职务级别工资制，职员的工资由职务工资、级别工资、基础工资、工龄工资构成，而职务工资和级别工资是职务工资构成的主体部分。岗位技术等级（职务）工资制中的工资，由岗位工资、技术等级（职务）工资和奖金三个部分构成。

3. 事业单位基本工资制度。事业单位基本工资制度中的工资由固定工资和活动部分所构成。其中，固定部分的工资等级标准由国家统一规定，专业技术人员和管理人员一般是按工作业绩、任职（聘任）年限、工作年限和学历等因素综合考虑，在与其所任职务相对应的若干工资标准档次范围内确定某一档次工资标准；作为活动部分的津贴，国家只实行总额控制并制定指导性意见，各单位在核定的津贴总额内，根据本单位实际情况，具体制定津贴项目、档次、标准和发放方法等，报主管部门批准后实施。

（三）工资保障制度

工资保障制度，是指法定的保障职工工资足以成为其生活主要来源和维持其基本生活需要的一系列措施的总和。劳动法中规定的工资保障制度包括如下内容：

1. 保障最低工资。最低工资是国家规定的，当职工在法定工作时间内提供了正常劳动的前提下，用人单位在最低限度内应当支付的足以维护职工及其平均供养人口基本生活需要的工资，即工资的法定限额。我国劳动法明确规定了保障职工最低工资的制度。劳动关系双方当事人不得在劳动合同中约定在法定最低工资额以下的工资；只要职工按法定工作时间履行劳动给付义务或者被合法免于劳动给付义务，用人单位向职工支付的工资就不得少于法定工资额。最低工资额的形式，一般有小时最低工资额、日最低工资额、周最低工资额和月最低工资额。最低工资标准，则应根据劳动者本人及平均赡养人口的最低生活费用、社会平均工资水平、就业状况、地区之间奖金发展水平差异等多种因素综合确定。

2. 保障工资支付。是指对职工获得全部应得工资及其所得工资支配权的保障。其主要内容为：①用人单位支付工资必须遵循货币支付、直接支付、全额支付、定期支付、定地支付、优先支付、紧急支付等规则。②在特殊情况下，必须按照国家规定应当按计时工资标准或其一定比例支付工资，如职工在法定工作时间内依法参加社会活动期间、职工法定休息日节假日期间、非职工原因造成的停工停产期间等等。③禁止非法扣除工资。只有在法定情况下，才可以扣除工资；在法定禁止扣除工资的情况下，不得作允许扣除工资的约定；即使在法定允许扣除工资的情况下，每次扣除工资额也不得超出法定限度。④工资基金管理。国家要求用人单位依法设置用于一定时期内给全体职工支付劳动报酬的工资基金，并对各用人单位的工资基金的提取、储存和使用实行统一管理，使用人单位的工资支付有直接来源和可靠保障。⑤欠薪支付保障。即在用人单位拖欠职工工资时的保障劳动者取得所欠工资的特别措施。我国目前这方面的立法尚待加强。

（四）保障实际工资制度

保障实际工资制度，是指就实际工资保障问题作出的法律规定。工资是分配个人消费品的主要形式，对职工生活最具有意义的应是实际工资，即职工所得货币工资所能购买到的生活资料和服务的数量。保障实际工资，就是要处理好工资与物价的关系，一方面力求将物价上升控制在较温和的程度以内；另一方面力求使职工工资以至少不低于物价上涨的幅度上升，并尽可能使职工货币工资的增长率大于物价的上涨率，这就是职工实际工资保障的内容，它是比保障最低工资和保障工资支付的更高水平的保护。

我国劳动法规定的保障实际工资制度的主要内容有工资调整和物价补贴两种形式。

第三节　劳动保护制度

一、劳动保护制度的定义

劳动保护制度，是指国家为了改善劳动条件，保护劳动者在生产过程中的安全与健康而制定的有关法律规范。其内容包括劳动安全与卫生、劳动保护管理、对女工的特殊保护以及国家安全监察等方面的法律规定。

在生产过程中，客观存在着各种不安全不卫生的因素，如不采取防范措施，必然危害劳动者的生命安全和身体健康，进而影响生产的正常进行。因此，国家必须采取各种措施，以保护工人的安全和健康，制定劳动保护法律法规是其中一项重要的措施。通过劳动保护法律法规的实施，为发展经济、提高劳动生产率创造良好的条件，同时也体现我国社会主义制度的基本性质：劳动者是国家和企业的主人，国家关心劳动者的安全和健康。

我国劳动法对劳动保护作了明确规定。有关法律、法规主要有：《劳动法》《矿山安全法》《关于加强防尘防毒工作的决定》《女职工保健工作规定》《化学危险物品安全管理条例》等，并颁布了多项劳动保护标准，确立了我国劳动保护的基本法律制度。

二、劳动保护制度的内容

（一）劳动安全卫生制度

劳动安全卫生保护的内容十分广泛，且因不同行业有着不同的重点和差别，各有关单行法规对此作了具体规定，《劳动法》在第六章规定了劳动安全卫生制度的基本内容：

1. 用人单位必须建立、健全劳动安全卫生制度，严格执行国家劳动安全卫生规程和标准，对劳动者进行劳动安全卫生教育、防止劳动过程中的事故，减少职业危害。

2. 实行新建、改建、扩建工程的劳动安全卫生设施与主体工程同时设计、同时施工、同时投入生产和使用的"三同时"制度。

3. 用人单位必须按照国家规定的标准建设劳动安全卫生设施，必须为劳动者提供符合国家规定的劳动安全卫生条件和必要的劳动防护用品，对从事有职业危害作业的劳动者定期进行健康检查。

4. 对从事特种作业的劳动者实行特种作业资格制度。

5. 劳动者在劳动过程中必须严格遵守安全操作规程。劳动者有权拒绝执行用人单位违章指挥、冒险作业的命令，有权对危害生命安全和身体健康的行为提出批评、检举和控告。

6. 建立伤亡事故和职业病统计报告和处理制度。要求县级以上各级人民政府劳动行政部门、有关部门和用人单位，要依法对劳动者在劳动过程中发生的伤亡事故和劳动者职业病状况，进行统计、报告和处理。

（二）女职工和未成年工的特殊劳动保护

对女职工的特殊保护，是指根据妇女的生理特点以及教育子女的需要而采取的有关保护女工在劳动中安全与健康的措施的总称。根据劳动法的有关规定，对女职工特殊的劳动保护主要包括劳动就业方面的保护，禁止女工从事有害健康的工作，对女工的"五期"保护等。具体为不得安排妇女从事矿山井下、林木采伐及国家规定的第四级体力劳动强度和其他禁忌从事的劳动；不得安排女工在经期从事高温、低温、冷水作业和国家规定的第三级体力劳动强度的劳动；不得安排女职工在怀孕期间从事国家规定的第三级体力劳动强度的劳动和孕期禁忌从事的劳动，对怀孕3个月以上的职工，不得安排其延长工作时间和夜班劳动；女职工生育享受不少于90天的产假；不得安排女职工在哺乳未满1周岁的婴儿期间从事国家规定的第三级体力劳动强度的劳动和哺乳期禁忌从事的其他劳动，不得安排其延长工作时间和夜班劳动。

未成年劳动者是指年龄未满18周岁的劳动者。他们的身体发育尚未完全定型，正在向成熟期过度，因而必须对他们给予特殊的保护。我国劳动法规定的对未成年工的特殊劳动保护的主要内容为：不得招用16岁以下的童工；对经批准需录用未成年工的特殊行业，应当经过体检证明合格，录用后应当定期进行健康检查，并为其提供适合身体状况的劳动条件，保证和照顾他们的文化、技术学习和休息；禁止安排未成年工从事矿山井下、林木采伐和国家规定的第四级体力劳动强度和其他禁忌从事的工作；禁止安排他们加班加点。

（三）国家劳动安全卫生监察制度

国家劳动安全卫生监察，是指国家劳动部门对企业劳动安全卫生状态实施强制执法的一种手段。包括一般监察、专业监察、事故监察三种形式。一般监察是对企业进行的常规监察，其重点是发生事故和职业病的企业。专业监察是对危险性或危害性较大的特种设备、作业环境、特种作业人员和生产建设工程项目等进行的专项技术监察。事故监察是对各类特别重大事故、职工伤亡事故组织和参与调查、分析、处理和审批结案工作。

第四节　劳动纪律和职工民主管理制度

一、劳动纪律制度

（一）劳动纪律制度的定义

劳动纪律制度，是指人们在共同劳动中必须遵守的工作秩序和劳动规则。它要求每个劳动者必须按照规定的时间、程序和方法完成自己承担的生产和工作任务。

劳动纪律是从事共同劳动所必不可少的条件之一，也是构成劳动关系的重要内容。以劳动法的形式规定劳动纪律，是保证社会主义生产建设正常进行，提高劳动生产率和建设社会主义精神文明的重要条件。

（二）劳动纪律制度的基本内容

劳动纪律的基本要求是：每个劳动者在生产过程中必须按企业的规章制度和领导的指挥调度，保质保量地完成各项生产任务。企业领导必须合理地组织集体劳动，提供安全卫生的劳动条件。具体可分为企业和职工两方面的内容。

1. 企业方面，有关劳动纪律的内容包括：①正确合理地组织职工的劳动；②及时提出工作任务，提供职工劳动所需的物质条件，保证职工在整个工作日之内能够不间断地进行工作；③力求固定每一个职工的工作岗位；④保证机器设备完好；⑤切实贯彻生产责任制；⑥推广先进工作者的经验，实行生产合理化的措施；⑦遵守劳动法律、法规。

2. 职工方面，有关劳动纪律的内容包括：①认真负责地进行工作；②遵守劳动纪律，按时上班，准确地遵守工作时间，上班时不做与生产不相干的事情，不吵嘴不打架，不妨碍他人工作；③遵守内部劳动规章制度，保守企业秘密，迅速而正确地执行领导所交付的任务；④及时而精确地完成工作和生产任务，完成或超额完成生产定额，遵守操作规程，不出废品；⑤爱护国家财产，执行有关设备保养和原材料、成品保管的规定；⑥遵守安全技术、生产卫生规程和防火规则，合理使用工作服和防护用具；⑦及时整理和清扫自己的工作地点，交班时保证工作地点的整洁，并把工作交待清楚。

这些既是劳动纪律的基本内容，也是每个劳动者应该履行的基本职责。否则，就是违反劳动纪律，要承担一定的法律责任。

（三）巩固劳动纪律的措施

我国劳动法规定了奖励和惩罚制度，以巩固劳动纪律。

1. 奖励。奖励实行精神奖励和物质奖励相结合的原则，对模范遵守劳动纪律，事迹突出或在生产、工作中成绩显著，有重大贡献的劳动者，给予表彰或奖励。奖励的形式为：记功、记大功、晋级、通令嘉奖、授予先进生产（工作）者、劳动模范等荣誉称号，并可在给予上述精神奖励的同时，发给一次性奖金。

2. 惩罚。惩罚实行教育和惩戒相结合的原则。对违反劳动纪律，影响生产、工作秩序，造成生命和财产损失的劳动者，给予惩处。惩处的形式包括行政处分、经济处罚和刑事处罚三种。

二、职工民主管理制度

我国劳动法规定企业应当建立职工民主管理、民主协商制度，并通过职工代表大会和法律规定的形式或其他形式保障职工实现民主管理的权利。

我国职工参加企业管理的主要形式是职工代表大会制度，我国《全民所有制工业企业职工代表大会条例》对企业民主管理作了基本的规定。

企业职工代表大会是企业领导制度的重要组成部分，也是企业实行民主管理的基本形式，是职工行使民主管理权力的机构，其基本任务为：①正确处理国家、企业和职工个人三者利益的关系；②协调企业内部矛盾；③动员职工努力生产，不断提高经济效益；④维护职工的民主权利，落实职工代表大会的各项职权。

企业职工代表大会的职权为：①对企业生产经营计划等重大问题的审议建议权；②对职工收入分配、企业重要规章制度等重大问题的审议通过权；③对职工生活福利方面的重大问题的审议决定权；④对行政领导干部的评议、监督和奖惩建议权；对厂长（或经理）的推荐或选举权。

工会是职工代表大会的工作机构，负责职工代表大会的日常工作，它负有执行职工代表大会制度的职责。

第五节　劳动争议处理和劳动监察制度

一、劳动争议处理制度

（一）劳动争议的定义和种类

劳动争议，是指劳动关系的当事人之间因执行劳动法律、法规和履行劳动合同而发生的纠纷，即劳动者与所在单位之间因劳动关系中的权利义务而发生的纠纷。

在我国现阶段，多种所有制和多种劳动关系同时并存，因而可能产生多种劳动争议。根据争议涉及的权利义务的具体内容，可将其分为以下几类：①因录用、考核引起的争议；②因劳动报酬引起的争议；③因工作时间、休息时间引起的争议；④因劳动保护条件引起的争议；⑤因社会保险和生活福利引起的争议；⑥因职业技术培训引起的争议；⑦因参加企业民主管理引起的争议；⑧因变更、解除或续订劳动合同引起的争议；⑨因职业技术培训引起的争议；⑩因奖励和惩罚引起的争议；⑪因待业登记、职业介绍和劳动力管理引起的争议；⑫因劳动监察引起的争议；等等。

（二）处理劳动争议的基本原则

1. 以事实为根据，以法律为准绳。要求在处理劳动争议时忠于争议的客观事实真相，认真进行调查研究，做到实事求是，并在查明争议事实的基础上，依法分清责任，确定权利义务关系，制裁违法行为。

2. 当事人双方在适用法律上一律平等。要求劳动争议处理机构秉公执法，严格依法办事，切实保护当事人的合法权益。

3. 将劳动争议案件解决在基层。要求本着国家、企业、个人都有利的精神，对劳动争议案件要依靠基层劳动争议仲裁委员会解决。

4. 着重调解。劳动争议当事人之间不存在对抗性矛盾，劳动争议处理机构只要在查明事实、分清责任的情况下，可以依法进行处理，并对当事人进行教育，达成调解协议，及时解决争议。因此，我国劳动法规定了对劳动争议在申请仲裁和起诉之前的先行调解原则。

5. 仲裁员依法回避。这是保证劳动争议案件得以公正处理的一项基本措施，也是当事人的一项重要的民主权利。

6. 一裁终局。是指当事人经过一次仲裁后不能再申请仲裁。其中包括两层含义：其一是当事人不能就同一案件向另一个仲裁机关再申请仲裁；其二是当事人不能向同一个仲裁机关申请第二次仲裁。当事人对仲裁裁决不服的，可以向人民法院提起诉讼。

（三）劳动争议处理程序

我国劳动法规定的劳动争议处理程序包括调解、仲裁和人民法院判决三个层次。

1. 调解。调解是在企业事业单位内部设立劳动争议调解委员会，依法调解在单位发生的劳动争议。调解委员会一般由职工代表、用人单位代表、企业职工代表组成，在职工代表大会领导下进行工作，其办事机构设在工会、调解委员会主任由工会代表担任。其主要的工作程序为：①争议事项的申请和受理；②调查；③召开调解会议进行调解。

2. 仲裁。仲裁是当事人自愿将争议提交仲裁机构审理，由其作出判断或裁决。我国县级以上行政区设劳动争议仲裁委员会，仲裁委员会由同级劳动行政部门、同级工会和用人单位代表组成，其办事机构设在各级劳动行政部门；劳动仲裁委员会聘请专职或兼职仲裁员组成仲裁庭，依仲裁规则仲裁劳动争议案件，仲裁庭的工作程序为：①申诉和受理；②调查取证；③调解；④裁决。

3. 人民法院判决。我国《劳动法》及有关法律规定的人民法院受理劳动争议案件的条件为：①当事人之间的劳动争议，必须先经过仲裁；②当事人一方或双方对仲裁裁决不服；③当事人提起诉讼在法定的时效期内。人民法院受理劳动争议案件，依照《民事诉讼法》规定的诉讼程序进行审理。

二、劳动监察制度

劳动监察制度，是指国家法律授权的劳动监察机关和各级工会依法对企业事业单位执行劳动法的整个活动所进行的监督检查，其目的在于纠正违法，消除隐患，减少事故，预防纠纷，保障劳动法的贯彻实施。

劳动监察制度的基本内容包括如下方面：

1. 劳动监察实行国家监察与群众监察相结合的原则。

2. 各级劳动行政机关是国家劳动监察机关，行使劳动监察权；各级工会代表劳动者依法进行监督。

3. 各级劳动监察机关的职权为：①监督检查有关单位贯彻执行劳动法律、法规的情况；②对违反劳动纪律、法规的单位，责令其立即纠正或限期改正，并可依法处以罚款；③对违反劳动法律、法规的单位及其主管部门的有关责任人员，提请上级机关给予行政处分或提交司法机关依法处理；④参加事故调查和监督事故处理；⑤行使法律规定的其他职权。

4. 各级劳动监察机关根据工作需要配备劳动监察员。劳动监察员有权随时进入有关单位进行检查，要求该单位报告贯彻执行劳动法律、法规的情况。

5. 劳动监察员必须忠于职守，秉公执法，清正廉明，保守秘密。劳动监察员在行使职权时，应当出示证件，任何单位和个人对劳动监察员依法行使职权的行为不得阻拦、干涉和打击报复。

■ 思考题

1. 为什么要将劳动法纳入经济法的体系？你认为劳动法在经济法中应处于何种地位？

2. 我国劳动法的基本原则是什么？它们如何体现宪法保障公民劳动权的原则？

3. 我国的劳动就业制度有什么特点？《就业促进法》规定了哪些制度？

4. 我国的《劳动合同法》有哪些主要内容？它与《劳动法》是什么关系？

5. 我国的劳动争议解决制度有哪些主要内容？劳动仲裁与其他仲裁比较有哪些不同？

■ 参考书目

1. 关怀、林嘉主编：《劳动法》，中国人民大学出版社 2006 年版。

2. 中国法制出版社编：《劳动法及其配套规定》，中国法制出版社 2001 年版。

3. 王全兴：《劳动法》，法律出版社 2004 年版。

4. 林嘉、杨飞、林海权：《劳动就业法律问题研究》，中国劳动社会保障出版社 2005 年版。

5. 董保华：《劳动关系调整的法律机制》，上海交通大学出版社 2000 年版。

6. 董保华主编：《劳动合同研究》，中国劳动社会保障出版社 2005 年版。

7. ［德］W·杜茨：《劳动法》，张国文译，法律出版社 2005 年版。

第三十一章　社会保障法律制度

■学习目的和要求

　　通过本章的学习，理解社会保障法律制度的特征及构成；掌握社会保障法的立法理念和社会保障法律关系的主体、客体和内容以及社会保障法在法律体系中的地位；理解社会保障法律制度在现代社会中的社会功能和经济功能；重点掌握社会保险法律制度的各项内容；了解我国现代社会保障立法及社会保障制度的建立与完善；了解国外社会保障法律制度的体系及其改革趋势。

第一节　社会保障法概述

一、社会保障与社会保障项目

（一）社会保障的定义

"社会保障"一词由英语的"Social Security"翻译而来。"社会保障"作为法律概念，最早出现于美国国会1935年通过的《联邦社会保障法》中。英美两国于1941年8月13日签署的《大西洋宪章》、1942年英国的《贝弗里奇报告》、国际劳工组织1944年5月10日通过的《费城宣言》、1948年联合国《人权宣言》等先后使用该词。[1]在我国的官方文件中，1986年4月第六届全国人民代表大会第四次会议批准的《国民经济和社会发展第七个五年计划》中，首次出现"社会保障事业"的提法；此后，随着我国经济体制改革的深入，特别是实行社会主义市场经济体制以来，"社会保障"一词被广泛使用。

　　通常认为，社会保障是国家通过立法形式确立的，以国民收入再分配方式为暂时或永久丧失劳动能力、失去工作机会的社会成员以及全体社会成员提供物质帮助，保障每个公民的基本生活需要和维持劳动力再生产的一种制度。

　　社会保障制度在现代已经不单纯是一种经济制度，更是一种社会制度和法律制度。社会保障首先是对人权保障的基本需求，即保障人的基本生存权利。在社会经济层面，社会保障通过国民收入再分配的手段，调节贫富差距，维护社会公平，稳定社会秩序，是市场经济正常运行的前提条件和基础。社会保障的雏形最早产生于19世纪初期英国的社会救助事业，这是社会保障的初级阶段。19世纪末德国率先实行社会保险，并通过国家立法由国家实行社会保险制度。德国在1883年颁布了《疾病保险法》、1884年颁布了《伤害保险法》、1889年颁布了《残废和老年保险法》，这标志着社会保险法律制度的正式形成。社会保障作为一种制度和体系，在20世纪中叶以来得到充分发展，为世界许多国家所效仿，纷纷确立了社会保障制度，并出现了许多福利国家。人类社会发展到现代，无论是发达的福利国家还是发展中国家，其社会保障制度都遇到了一些难题和挑战，经过不断改革与完善，在现代社会中发挥着"社会减

---

〔1〕　郭捷主编：《劳动法与社会保障法》，中国政法大学出版社2004年版，第234页。

震器"的重要作用。

（二）社会保障项目

社会保障项目，是指构成社会保障体系的基本要素和组成部分。根据国际劳工组织采纳的规范化概念，构成社会保障体系的项目包括：社会保险、社会救助、福利补贴、家庭补贴以及储蓄基金等各种补充方案。[1]在我国，结合经济体制改革的实践及建立社会主义市场经济体制的目标确立的社会保障体系构成，包括四个基本的方面：社会保险、社会救助、社会福利和社会优抚。[2]其中，社会保险是最基本的社会保障项目——保障全体劳动者及城乡全体居民村民在失去劳动能力和劳动机会以及年老后的基本生活；它涉及面广泛，覆盖城乡全体劳动者及居民和村民，处于社会保障的核心地位。社会保险制度的主要内容有：养老保险、失业保险、医疗保险、工伤保险和生育保险等。在社会保障体系中，社会救助属于最低层次的社会保障——保障全体社会成员的最低生活标准；社会福利属于较高层次的社会保障——保障全体社会成员的生活福利待遇不断改善和提高；社会优抚属于特殊性质的社会保障——保障特定社会成员（如军人及其眷属）的基本生活条件和优待。

二、社会保障的特征

（一）强制性

社会保障是由国家通过立法形式强制实施的。在现代，世界各国都将社会保障作为一项重要的法律制度贯彻实施。具体表现在，对政府及其社会保障职能部门开办的社会保障项目、社会保障资金的筹集方式和标准、社会保障基金的运行和监管、社会保障待遇的发放等，都通过立法加以规定，保障实施，避免随意性。这充分体现了在现代法治社会，对全体社会成员的基本生存权利的保障是政府不可推卸的职责。强制性的另一方面表现在，作为被保障对象的社会成员也必须按照法律规定参加相应的社会保障项目，依法缴纳社会保障费用和享受社会保障待遇（主要指参加需要依法缴费的社会保障项目），在一定程度上体现权利与义务的一致性。

（二）社会性

社会保障是社会化大生产的产物，它突破了传统经济模式下的"家庭保障"和"单位保障"的界限，具有广泛的社会性。其主要表现在以下几个方面：①社会保障对象具有社会性。社会保障制度的覆盖面是全体社会成员，不分男女老幼，也不分城乡职业，只要其基本生存权利受到威胁，就有享受社会保障待遇的权利。②社会保障机构具有社会性。社会保障业务的经办机构不像商业保险那样个别办理或像企业单位那样为本企业职工封闭办理，而是由专门的社会公共机构面向全体国民统一提供社会保障服务和咨询。③社会保障资金来源具有社会性。社会保障的资金来源，既有政府的财政负担，更离不开缴费单位、个人依法缴纳的费用和其他社会各界的支持。多元化的资金来源统一形成社会保障基金。

（三）福利性

社会保障的目的在于保障全体社会成员的基本生活，是造福于国民的社会公益事业，不能以营利为目的，不能商业化。因此，社会保障被认为是保障国民基本生活需求的社会政策的一个重要的组成部分。国家通过强制手段，在社会总产品的再分配中，将用于应付不幸事故、自然灾害等保障基金扣除，以及社会保险基金的建立，都体现了国家福利政策和福利分配，使每

---

[1]　在一些现代西方国家，由于经济比较发达，社会福利事业广泛发展，所以把"社会福利"当作种概念，其属概念包括社会保障、医疗福利、住房福利、个人服务以及教育福利等，即广义的社会福利和狭义的社会保障。

[2]　中国政府2004年发表的《中国的社会保障状况和政策白皮书》将我国社会保障制度的内容表述为社会保险、社会福利、优抚安置、社会救助、住房保障及农村社会保障等十个方面。

一位城乡居民在年老、疾病、灾害等情况下都能实现从国家和社会获得物资帮助的权利。这也是西方国家广泛使用社会福利概念的原因，即社会保障各项目都体现着社会福利的总的精神和原则。

（四）人道性

社会保障是以人道主义为道德基础建立的一种现代社会制度。人道主义是人类对自身社会性认识之后的高层次的理性和情感，是人类在现代社会条件下驾驭自身的表现。由于人的社会属性，使人类认识到社会的发展必须是共同的整体发展。在社会各阶层中，富裕者对贫困者、健康者对患病者、年轻者对垂老者、强者对弱者均应"扶弱济贫、尊老爱幼、友爱助人、和谐共生"，即社会不能过度两极分化，特别是不能抛弃弱者和贫困者。社会保障所遵循的正是这种人道主义对弱者的社会关照原则。

三、社会保障法的定义和调整对象

社会保障法，是指调整社会保障关系的法律规范的总称。我国的社会保障法律规范既包括以社会保障项目命名的法律、法规，也包括其他法律、法规中有关社会保障的法律规范。

社会保障法的调整对象是社会保障关系，即政府社会保障主管机构、社会保障经办机构、企事业单位以及全体国民在参加社会保障活动中所形成的社会关系。日本社会保障法学者菊池馨实认为，社会保障法律关系实质上是国家与国民二重当事者之间的关系，但是，国家的作用不单纯是直接的给付，还应当包括以规制、辅助等间接方式以及作为社会保障法主体的地方公共团体、企业等多样化主体之间的关系。[1]社会保障关系的内容和范围十分广泛，根据不同标准可划分为不同种类：①根据社会保障关系的内容不同，可分为社会保险关系、社会救助关系、社会福利关系及社会优抚关系等；②根据社会保障活动的内容不同，可分为社会保障项目确立关系、社会保障资金筹集关系、社会保障资金运用关系、社会保障管理关系及社会保障监督关系；③根据社会保障参加主体划分，可分为国家机关、社会保障机构、企事业单位、社会成员个人等各种主体之间在社会保障活动中所发生的各种社会关系。由于各种社会保障关系的性质不同，所以与之相适应的社会保障法律制度也涉及众多的法律部门，如宪法、行政法、经济法等。本章仅从经济法角度，主要阐述社会保障法律制度中的基本制度——社会保险法律制度，即国家通过强制干预建立的对劳动者及城市居民和农村村民在特定情况下给予物质帮助的制度。

四、社会保障法的基本原则

社会保障法的基本原则，是指贯穿整个社会保障法体系之中，调整社会保障关系所应遵循的指导思想和基本准则。这些基本原则应集中体现社会保障法的性质、任务和特征。结合我国具体情况，社会保障法应遵循以下原则：

（一）普遍保障原则

普遍保障原则，是指社会保障的覆盖范围——保障对象应包括全体社会成员，使之在生活发生困难时享有获得社会保障的共同权利。社会保障制度作为一项基本人权保障制度受到国际社会的普遍重视，1948年联合国通过的《世界人权宣言》中规定：每个人作为社会一员都享有社会保障权。我国《宪法》第45条第1款规定："中华人民共和国公民在年老、疾病或者丧失劳动能力的情况下，有从国家和社会获得物质帮助的权利。国家发展为公民享受这些权利所需要的社会保障、社会救济和医疗卫生事业。"如果社会保障不能覆盖全体社会成员，就等

---

[1]　［日］菊池馨实：《社会保障法理念》，有斐阁2000年版，第13页（本书著者译）。

于否定了一部分社会成员有权享有基本生活保障的宪法权利。

同时，社会保障普遍性原则的实现也有一个发展过程。从世界各国社会保障的发展来看，社会保障的覆盖范围是逐步扩大的。例如，德国在 19 世纪 80 年代初期建立社会保障制度时，其保障对象仅为手工业劳动者和工商业劳动者，直到 1957 年，农业劳动者才被纳入社会保障的范围。日本于第二次世界大战期间，将过去占社会保障政策中心地位的社会救助转向以社会保险为中心。日本在 20 世纪 40 年代初期建立社会保险制度时，其保障对象为一般公司职员，至 20 世纪 60 年代初打破城乡、身份区别，农民及个体劳动者都被纳入社会保障体系，即 1961 年实现了"国民皆年金、国民皆医疗"制度。[1]我国作为发展中国家，由于经济发展水平以及长期计划经济体制下形成的思维模式和城乡二元制结构等原因，造成建立社会保障制度过程中覆盖面过窄的问题。在建立市场经济目标取向的经济体制改革中，我国已把逐步扩大社会保障实施范围作为社会保障制度改革的一项重要内容，全民普遍享有社会保障权和全民共享经济发展利益将逐步成为现实。2010 年 10 月 28 日第十一届全国人大常委会第十七次会议审议通过了《中华人民共和国社会保险法》，该法将我国境内所有用人单位和个人都纳入了社会保险制度的覆盖范围，从而在法律上明确立了社会保险的普遍保障的原则。

（二）平等保障原则

平等保障原则，是指全体社会成员在同等条件下享有平等参与社会保障项目，获得平等社会保障待遇的权利。《世界人权宣言》规定，人人享有平等的尊严和生存权。我国《宪法》也规定，"公民在法律面前人人平等"。可见，平等保障原则是宪法原则在社会保障法中的体现，是对普遍保障原则的补充。平等保障原则的内涵包括三个方面：①每个社会成员都具有平等地成为社会保障权利主体的资格，而不受种族、性别、宗教、政治、财产等因素的影响；②纳入特定社会保障项目范围的每个社会成员都有权在具备法定条件时享受参与该社会保障项目的权利；③作为特定社会保障项目之保障对象的每个社会成员，只要法定条件相同，都有权享有同样的社会保障待遇权利。

（三）基本保障原则

基本保障原则，是指国家和社会给予国民的保障首先是满足其基本生活需要、提供基本生活条件的保障。不同国家对基本保障涵义的理解不同、标准也不同。许多国家的宪法都规定，保障其国民的基本生存权利，使之能够获得有尊严的、健康的、文化的基本生存条件。社会保障基准——基本生存条件是动态的，受社会经济条件的影响变化的。基本保障原则体现在两个方面：①经济发展水平是实施社会保障的物质条件，并决定着社会保障的总体水平。如果没有经济发展创造的可供再分配的巨额社会财富和资金积累，社会保障事业就不可能得到发展。随着经济发展水平的提高，国民基本生活需要的标准也会相应提高。②法定的社会保障基准是满足国民最低限度生活需要的标准（特别是社会救助标准），当国民具备法定条件时所应实际享受的社会保障待遇不得低于该标准。

（四）权利义务统一原则

在社会保障特别是社会保险法律关系中，国家、用人单位、职工以及全体社会成员都是受益者。国家通过完善社会保障制度获得社会稳定和经济发展；用人单位通过社会保障制度卸下了包袱，可以专心从事生产经营活动及本职工作；职工个人及其他社会成员通过参加社会保险，可以免去后顾之忧，一旦发生困难、面临生存危机，可以从国家或社会获得物资帮助。但

---

[1]　[日] 西村健一郎：《社会保障法》，有斐阁 2003 年版，第 5 页。

同时，各方都应承担相应的义务。长期以来，人们片面地认为，社会保障应当由国家包下来，把免费享受各种社会福利的"国家保障"理解为"社会保障"，这既造成国家财政的沉重负担，又影响了社会保障目的的实现。因此，必须改革和重建新型的社会保障机制。社会成员作为受保障者理应承担一定的义务，这既可以减轻对国家的依赖，减轻国家财政负担，又可以增强被保障者个体的责任感和互助精神。当然，社会保障法坚持权利义务统一原则，并不否定对特殊险种、特殊主体的社会保障由国家承担。例如，对无劳动能力的人，不能要求他们履行特定义务，对这些人的救助是国家和社会的责任。

第二节 养老保险法律制度

一、养老保险法律制度概述

（一）养老保险的定义

养老保险又称年金保险或老年社会保险，是指国家通过法律形式建立的，以老年人的生活保障为目标，通过社会财富再分配手段或储蓄等方式建立保险基金，支付劳动者在年老、丧失劳动能力后基本生活费用的一种社会保险制度。养老保险是整个社会保险项目中实施最广泛的一个险种。它解决了劳动者及其全体社会成员因年老丧失劳动能力的后顾之忧，并变国家负担和家庭负担养老支出为社会负担。

（二）我国养老保险改革的立法

我国的养老保险制度建立于20世纪50年代，迄今的改革和立法主要有：1951年2月由政务院颁布的《劳动保险条例》，规定了城镇企业职工的养老保险问题。1953年1月在对《劳动保险条例》的修改中，规定了国家机关、事业单位工作人员的养老保险制度。1958年又将企业职工的养老保险从《劳动保险条例》中分离出来。从此，企业和国家机关、事业单位的养老保险分开，实行两种标准和办法。经济体制改革以来，我国对养老保险制度进行了改革。1986年7月国务院颁布《国营企业实行劳动合同制暂行规定》（现已失效），提出了养老保险费"三方负担"的原则。1991年6月国务院又颁布了《关于企业职工养老保险制度改革的决定》，对养老保险改革的原则、筹资渠道和方式、待遇标准、基金管理等都作了规定。1995年3月，为适应建立社会主义市场经济体制的要求，国务院就深化企业职工养老保险制度改革的有关问题又发布了《关于深化企业职工养老保险制度改革的通知》。随着养老保险制度改革的深化，国家机关、事业单位的养老保险和农村的养老保险也开始着手进行改革。国务院及有关部委陆续出台了许多法规和条例。2010年10月28日，《中华人民共和国社会保险法》由第十一届全国人大常委会第十七次会议审议通过，自2011年7月1日起施行。《社会保险法》首次确立了全面覆盖、可转移、可衔接的社会保险制度，是一部规范社会保险关系，明确用人单位和劳动者的权利与义务，强化政府责任，着力保障和改善民生的重要法律。它的颁布实施，对于建立覆盖城乡居民的社会保障体系，更好地维护公民参加社会保险和享受社会保险待遇的合法权益具有重要意义。

自1991年国务院颁布《关于企业职工养老保险制度改革的决定》开始，在全国各类企业中开始建立养老保险社会统筹制度，但同时，机关事业单位未改革，仍实行改革前延续的退休制度，由此形成了养老金的"双轨制"。即，机关事业单位人员退休后按退休前工资的一定比例发放，并与在岗者工资增长挂钩。多数退休者退休金一般不低于退休前在岗档案工资的70%，具有高级专业技术职称者大多在80%以上。而企业退休职工领取的基本养老金参照的主要是社会平均工资。在二十余年的双轨制运行中，形成了机关事业单位和企业退休人员的养老金待遇的不公平及由此引发了一些社会矛盾。为探索事业单位养老保险制度改革，2008年3月，国务院通过了《事业单位工作人员养老保险制度改革试点方案》，但此试点方案没有得到很好的贯彻执行。为彻底解决养老金"双轨制"问题，2014年4月25日，国务院发布《事业单位人事管理条例》，其中明确规定，"事业单位及其工作人员依法参加社会保险，工作人员依法享受社会保险待遇"，这意味着逾3000万的事业编制人员将开始参加社会保险。2014年12月23日，第十二届全国人大常委会第十二次会议审议了国务院关于统筹推进城乡社会保障体系建设工作情况的报告。报告指出，中国将推进机关事业单位养老保险制度改革，建立与城镇职工统一的养老保险制度。至此，养老保险"双轨制"并轨改革法律制度已经确定，在全国范围同步实行。

二、养老保险的保障对象

（一）养老保险保障对象的历史形成

养老保险的保障对象，是指劳动者享受养老保险待遇的范围。新中国成立后建立的养老保镇集体所有制企业参照执行。这样就形成了以所有制为标准确定养老保险范围的格局。同时，机关、事业单位职工的养老保险与城镇企业职工的养老保险分别立法、分类实施，形成了干部和工人的身份界限。

（二）养老保险的保障对象的改革

改革开放以来，特别是实行社会主义市场经济体制以来，我国城乡多种经济形式迅速发展起来，非国有制企业的从业人员越来越多，传统的养老保险保障对象范围较窄，不利于劳动力的合理流动和统一劳动力市场的形成，必须加以改革。关于改革养老保险保障对象的目标，1995年5月原劳动部印发的《基本养老保险覆盖计划》提出，"到本世纪末建立起适应社会主义市场经济、适应城镇各类企业职工和个体劳动者"的养老保险制度，即扩大养老保险保障对象的覆盖面，打破所有制界限和身份界限，建立统一的基本养老保险制度。

为实现扩大基本养老保险覆盖范围的目标，我国于1997年统一了全国城镇企业职工基本养老保险制度，1999年把基本养老保险的覆盖范围扩大到外商投资企业、城镇私营企业和其他城镇企业及其职工。省、自治区、直辖市根据当地实际情况，可以规定将城镇个体工商户纳入基本养老保险。2002年，我国把基本养老保险覆盖范围扩大到城镇灵活就业人员。2010年10月28日颁布的《社会保险法》终于实现了各项社会保险制度的广覆盖。即：将我国境内所有用人单位和个人都纳入了社会保险制度的覆盖范围。关于基本养老保险对象，总的要求是：基本养老保险制度覆盖我国城乡全体居民；其具体规定是：①用人单位及其职工应当参加职工基本养老保险；②个体工商户、非全日制从业人员以及其他灵活就业人员可以参加职工基本养老保险；③农村居民可以参加新型农村社会养老保险；④城镇未就业的居民可以参加城镇居民社会养老保险；⑤进城务工的农村居民依照法律规定参加社会保险；⑥被征地农民到用人单位就业的，都应当参加全部五项社会保险，包括基本养老保险，对于未就业，转为城镇居民的，可以参加城镇居民社会养老保险和城镇居民基本医疗保险，继续保留农村居民身份的，可以参加新型农村社会养老保险和新型农村合作医疗保险；⑦公务员和参照公务员法管理的工作人员养老保险的办法由国务院规定。

三、养老保险基金

（一）养老保险基金的历史沿革

养老保险基金是国家为保障退休人员的基本生活而设置的专项基金，由各方缴纳的养老保险费构成。新中国成立后实行的养老保险费的负担大致经历了三个阶段。第一阶段从1951年至1965年这段时期，企业职工养老金由企业按一定比例负担，并实行全国统一调剂使用，国家机关和事业单位工作人员的养老金由国家财政负担。第二阶段从 1965 年至 1978 年，这期间国家机关和事业单位的退休养老金继续由国家财政负担，而企业的退休养老金改为"企业管理"，由各企业负责各自退休人员的退休金的给付，这实质上降低了养老金的社会统筹使用，不利于企业退休人员的养老保障。第三阶段是从 1978 年改革开放以来，养老保险金负担制度进行了两个方面的改革：①养老保险基金实行社会统筹。所谓社会统筹，是指以地方为主体，凡位于当地的国有企业，不论退休职工多少、效益好坏，都应按工资总额的一定比例交纳养老保险费，然后由社会保险机构对退休职工按一定标准给付退休金。②确立了劳动者个人缴费制度，改变了长期以来劳动者个人不负担义务的状况。1986 年国务院颁布的《国营企业实行劳动合同制度暂行规定》开始确定养老保险费"三方负担原则"。1991 年 6 月 26 日国务院颁布的《关于企业职工养老保险制度改革的决定》规定："改变养老保险完全由国家、企业包下来的办法，实行国家、企业、个人三方共同负担，职工个人也要缴纳一定的费用。"

（二）养老保险基金的改革

1. 我国于 1997 年统一了全国城镇企业职工基本养老保险制度，实行社会统筹与个人账户相结合。企业职工达到法定退休年龄，且个人缴费满 15 年的，退休后可以按月领取基本养老金。基本养老金主要由基础养老金和个人账户养老金构成，基础养老金月标准相当于当地上年度职工月平均工资的 20% 左右，个人账户养老金月标准为本人个人账户（比例为本人工资的 11%）累计储存额的 1/120。国家参照城市居民生活费用价格指数和职工工资增长情况，对基本养老金水平进行调整。

2. 2001 年我国进行了完善基本养老保险制度改革试点，主要包括：逐步做实个人账户，实现部分基金积累，探索基金保值增值办法；改革基础养老金计发办法，将基础养老金水平与职工参保缴费年限更加紧密地联系起来，职工参保缴费 15 年后每多缴费一年增发一定比例的基础养老金；统一灵活就业人员的参保缴费办法，缴费基数统一为当地职工平均工资，缴费比例统一为 20%。

3. 多渠道筹集基本养老保险基金。在人口老龄化加速、退休人员不断增多的背景下，我国基本养老保险基金支付的压力越来越大。为确保基本养老金按时足额发放，实行了多种渠道筹集基本养老保险基金：①实行用人单位和职工共同缴费。企业缴费一般不超过企业工资总额的 20%，具体比例由省、自治区、直辖市人民政府确定；职工个人按本人工资的 8% 缴费；城镇个体工商户和灵活就业人员参加基本养老保险，由个人按当地社会平均工资的 18% 左右缴费。②增加财政对基本养老保险基金的补助。国家规定，各级政府都要加大调整财政支出结构力度，增加对社会保障的投入。③2000 年政府决定建立全国社会保障基金。全国社会保障基金的来源包括：国有股减持划入资金及股权资产、中央财政拨入资金、经国务院批准以其他方式筹集的资金及投资收益。全国社会保障基金由全国社会保障基金理事会负责管理，按照《全国社会保障基金投资管理暂行办法》规定的程序和条件实行市场化运营。

4. 《社会保险法》规定，城镇居民社会保险基金主要由社会保险缴费和政府补贴构成。新型农村社会养老保险实行个人缴费、集体补助和政府补贴相结合。

同时，《社会保险法》明确了政府在社会保险筹资中的责任。该法规定：县级以上人民政府对社会保险事业给予必要的经费支持，在社会保险基金出现支付不足时给予补贴。国有企业、事业单位职工参加基本养老保险前，视同缴费年限期间应当缴纳的基本养老保险费由政府承担；在新型农村社会养老保险和城镇居民基本医疗保险制度中，政府对参保人员给予补贴；基本养老保险基金出现支付不足时，政府给予补贴；国家设立全国社会保障基金，由中央财政预算拨款以及国务院批准的其他方式筹集的资金构成，用于社会保障支出的补充、调剂。

四、养老保险待遇

养老保险待遇，是指对符合一定条件的被保险者个人因年老、丧失劳动能力后，从社会保险机构获得的各种物资帮助。为了保障参加社会保险的个人及时足额领取社会保险待遇，《社会保险法》在现行规定基础上，分别概括规定了各项社会保险的待遇项目和享受条件。关于基本养老保险待遇的规定是：

1. 参加基本养老保险的个人，达到法定退休年龄时累计缴费满15年的，按月领取基本养老金。基本养老金由统筹养老金（现行制度中称为基础养老金）和个人账户养老金组成，基本养老金根据个人累计缴费年限、缴费工资、当地职工平均工资、个人账户金额、城镇人口平均预期寿命等因素确定。缴费不足15年的人员可以缴费至满15年，按月领取基本养老金；也可以转入新型农村社会养老保险或者城镇居民社会养老保险，按照国务院规定享受相应的养老保险待遇。

2. 参加新型农村社会养老保险的农村居民，符合国家规定条件的，按月领取新型农村社会养老保险待遇。新型农村社会养老保险待遇由基础养老金和个人账户养老金组成。

3. 参加基本养老保险的个人，因病或者非因工死亡的，其遗属可以领取丧葬补助金和抚恤金；在未达到法定退休年龄时因病或者非因工致残完全丧失劳动能力的，可以领取病残津贴。

《社会保险法》还规定了基本养老保险、基本医疗保险、失业保险的转移接续制度。个人跨统筹地区就业的，其基本养老保险关系随本人转移，缴费年限累计计算。个人达到法定退休年龄时，基本养老金分段计算、统一支付。

第三节   失业保险法律制度

一、失业保险法律制度概述

失业保险，是指劳动者因各种原因失去工作而中断收入时，由国家或社会保险机构按照法律规定给予一定物资帮助的一种社会保险制度。失业是市场经济不可避免的现象，由此造成劳动者生活来源中断。失业保险制度的建立正是为了保障失业人员的基本生活。失业保险制度与养老保险制度都具有保障劳动者基本生活的性质，都是社会保险的重要组成部分之一。但二者有很大区别，失业保险制度与养老保险制度比较具有自己的特征：①失业保险是对具有劳动能力、暂时失去工作的劳动者给予的一种物质保障；养老保险则是对达到退休年龄、丧失劳动能力者给予的物质保障。这就要求失业人员要有竞争工作的意识。②失业保险通常规定一定期限，根据工作年限、缴费年限等条件确定，超过期限，便转为社会救济。失业保险不是一包到底，这就决定了失业保险具有保障与竞争相结合的性质。失业人员随时有再就业的可能，所以失业保险与劳动力市场关系密切，失业保险制度应有利于促进再就业。③失业保险是对非自愿失业者提供的保险。因此，在享受失业保险待遇时必须符合一定条件，如必须有能力工作；非因自己原因造成失业；进行失业登记并要求重新工作；不得拒绝适合的工作。

我国的失业保险立法，主要有1986年7月12日国务院发布的《国营企业职工待业保险暂行规定》（现已失效），初步建立起了失业保险制度。1993年4月12日国务院颁布的《国有企业职工待业保险规定》（现已失效）对失业保险制度进一步作了修正。1994年7月5日第八届全国人大常委会第八次会议通过的《劳动法》规定，将失业保险范围扩大到城镇各种所有制形式的企业、事业单位、国家机关、社会团体、个体经济组织，并统一规范术语，将"待业保险"统一为"失业保险"，与国际通行的标准相一致。1998年8月24日中共中央、国务院发布了《关于切实做好国有企业下岗职工基本生活保障和再就业工作的通知》，规定了要建立再就业服务中心，保障国有企业下岗职工基本生活及促进再就业等。1999年国务院颁布《失业保险条例》，使失业保险制度进一步规范和完善。失业保险制度经过十多年的实践，已经比较成熟。2010年10月28日颁布的《社会保险法》在总结实践经验的基础上，对失业保险覆盖范围、资金来源、待遇项目和享受条件等作了具体规定，并且加大了对失业人员的保障力度。

二、失业保险的保障对象

我国对失业保险的保障对象经过不断调整，范围不断扩大。按照2010年颁布的《社会保险法》，失业保险制度覆盖城乡所有用人单位及其职工。

三、失业保险基金

失业保险基金，是国家为保障失业职工的基本生活需要而设置的专项基金。我国传统的失业保险立法规定，失业保险费由企业和国家负担，个人不缴费。这种做法过分依赖国家和企业，不利于增强劳动者个人的责任感，不能实现劳动者在失业保险中权利与义务的一致性。为了更好地发挥政府、用人单位、职工个人三方的作用，失业保险基金的筹措渠道和来源，应贯彻国家、用人单位和职工个人三方合理负担的原则。

根据1999年国务院颁布的《失业保险条例》的规定，由用人单位按照本单位工资总额的2%、职工按照本人工资的1%缴纳失业保险费；城镇企业事业单位招用的农民合同制工人参加失业保险，用人单位按规定缴费，个人不缴费。统筹地区的失业保险基金不敷使用时，由失业保险调剂金调剂、地方财政补贴。

按照2010年《社会保险法》的规定，失业保险费由用人单位和职工共同缴纳。

四、失业保险待遇

1. 失业保险待遇，是指对失业保障对象因失业造成生活困难，为保障其基本生活而给予的各种物资帮助。我国失业保险待遇的内容主要有：①失业保险金；②失业期间医疗补助金、丧葬补助费、其供养配偶、直系亲属的抚恤费；③失业期间的职业培训和职业介绍补贴。

2. 失业保险待遇享受条件。失业人员享受失业保险待遇需要具备三个条件：缴纳失业保险费满1年；非因本人意愿中断就业；已办理失业登记并有求职要求。

3. 失业保险待遇标准。由省级人民政府按照低于当地最低工资标准、高于城市居民最低生活保障标准的水平，确定本地区失业保险金标准。享受期限的具体规定是：失业人员失业前所在单位和本人按照规定累计缴费时间满1年不足5年的，领取期限最长为12个月；缴费满5年不足10年的，最长为18个月；缴费满10年以上的，最长为24个月。

4. 为保障失业人员在失业期间的医疗救治，《社会保险法》规定，失业人员在领取失业保险金期间参加职工基本医疗保险，享受基本医疗保险待遇；失业人员应当缴纳的基本医疗保险费从失业保险基金中支付，个人不缴纳基本医疗保险费。失业人员在领取失业保险金期间死亡的，参照当地对在职职工死亡的规定，向其遗属发给一次性丧葬补助金和抚恤金。所需资金从失业保险基金中支付。

5. 《社会保险法》还规定了停止领取失业保险金的情况。即，失业人员在领取失业保险金期间有下列情形之一的，停止领取失业保险金，并同时停止享受其他失业保险待遇：①重新就业的；②应征服兵役的；③移居境外的；④享受基本养老保险待遇的；⑤无正当理由，拒不接受当地人民政府指定部门或者机构介绍的适当工作或者提供的培训的。

第四节 医疗保险法律制度

一、医疗保险法律制度概述

（一）医疗保险的定义

医疗保险，是指劳动者在非因公患病、损伤时，获得所需医疗费用帮助的一种社会保险制度。医疗保险有广义和狭义之分，各国对此定义和解释不尽统一。一般认为，广义的医疗保险，不仅包括用于治疗疾病的医疗费用，还包括补偿由疾病带来的间接经济损失（如误工工资等）、疾病预防费用及健康维持费用等，即所谓的"健康保险"；狭义的医疗保险，仅指对医疗费用的补偿。我国目前实行的医疗保险是狭义的医疗保险。关于劳动者因疾病造成的间接损失，主要是通过疾病保险补偿的，医疗保险与疾病保险在保险内容、基金管理等方面是有区别的，不能互相代替。

（二）我国医疗保险制度的历史沿革

我国的医疗保险制度建立于20世纪50年代，依据劳动者的身份不同形成了具有差别性的医疗保险制度，国家机关和事业单位工作人员以及大专院校学生实行公费医疗制度，由国家负担；国营企业职工实行劳保医疗制度，由企业负担；广大农民在自愿和互助互济原则上建立合作医疗保险。这种按照干部、工人、农民的身份确定的医疗保险制度有很多弊端。例如，公费医疗费用由国家包下来，没有形成约束机制，造成国家负担过重和医疗资源的浪费；企业劳保医疗，由于各企业效益不同，造成职工医疗保障的不均衡，同时也增加了企业的负担；农村的合作医疗，在实行联产承包责任后，以集体经济为基础的互相合作医疗制度大部分解体，不能保障广大农民的基本医疗需求。因此，要改革现行的医疗保险体制，适应建立市场经济发展的需要。1998年国务院颁布《关于建立城镇职工基本医疗保险制度的决定》，在全国推进城镇职工基本医疗保险制度改革。2010年颁布的《社会保险法》在总结医疗保险改革经验的基础上，将基本医疗保险覆盖范围覆盖到我国城乡全体居民。包括职工基本医疗保险、新型农村合作医疗和城镇居民基本医疗保险。对资金来源、待遇项目和享受条件、医疗保险费用结算办法等作了规定。

二、医疗保险的保障对象

按照《社会保险法》的规定，基本医疗保险制度覆盖我国城乡全体居民。包括：①用人单位及其职工可以参加职工基本医疗保险；②无雇工的个体工商户、未在用人单位参加社会保险的非全日制从业人员以及其他灵活就业人员，可以参加职工基本医疗保险；③农村居民可以参加新型农村合作医疗；④城镇未就业的居民可以参加城镇居民基本医疗保险；⑤进城务工的农村居民依照该法规定参加社会保险。这些规定从法律制度层面上看，涵盖了全体国民，体现了人人需要养老，人人需要医疗的制度保障。

三、医疗保险基金

（一）社会统筹与个人账户相结合制度

我国于1998年建立城镇职工基本医疗保险制度时，确定实行"社会统筹与个人账户相结合"原则。即，由个人缴纳的全部医疗保险费用和用人单位为个人缴纳的保险费的一部分形成个人账户基金，专款专用。当职工因病需要支付医疗费用时，首先使用个人账户基金。由用人单位为职工缴纳的医疗保险费扣除计入个人账户基金后的剩余部分，计入社会统筹基金账户，形成医疗保险的社会统筹基金。当个人账户基金不足时，使用社会统筹基金。这种方式既可以激励个人积累，增强自我保护意识，又可以体现社会统筹的共济保障功能，使二者有机结合起来。

（二）基本医疗保险基金构成

1. 《社会保险法》规定，职工应当参加职工基本医疗保险，由用人单位和职工按照国家规定共同缴纳基本医疗保险费。用人单位缴费比例为职工工资总额的6%左右；个人缴费为本人工资的2%；个人缴费全部划入个人账户，单位缴费按30%左右划入个人账户，其余70%左右建立统筹基金。达到法定退休年龄时累计缴费达到国家规定年限的，退休后不再缴纳基本医疗保险费，按照国家规定享受基本医疗保险待遇。

2. 个体工商户、非全日制从业人员以及其他灵活就业人员可以参加职工基本医疗保险，由个人按照国家规定缴纳基本医疗保险费。

3. 城镇居民基本医疗保险实行个人缴费和政府补贴相结合；新型农村合作医疗的管理办法，由国务院规定；享受最低生活保障的人、丧失劳动能力的残疾人、低收入家庭60周岁以上的老年人和未成年人等所需个人缴费部分，由政府给予补贴。

四、医疗保险待遇给付

（一）医疗保险待遇给付的概念

医疗保险待遇给付，是指被保险人（疾病患者）需要就医治疗时，由社会保险机构向医疗单位支付医疗费用的行为。医疗费用给付是医疗保险的重要内容，它可以保证被保险人获得医疗保障，最终实现医疗保险的保障功能。随着历史的发展，医疗保险待遇给付变得越来越复杂。最初由医疗单位直接收取保险费后，向患者提供免费医疗待遇，发展到现代大多数国家均由第三方——社会保险机构支付保险费用，并由政府参与监督、管理和补贴。

（二）基本医疗保险待遇给付标准

由于我国各地经济发展水平不同，医疗服务提供能力和医疗消费水平等差距很大，《社会保险法》对基本医疗保险起付标准、支付比例和最高支付限额等只作了原则规定，具体待遇给付标准由统筹地区人民政府按照以收定支的原则确定。

1998年我国建立城镇职工基本医疗保险给付实行的是：医疗费用由医疗保险基金和个人共同分担。即，门诊（小额）医疗费用主要由个人账户支付；住院（大额）医疗费用主要由统筹基金支付。统筹基金有明确的起付标准和最高支付限额，起付标准原则控制在当地职工年平均工资的10%左右，最高支付限额一般为当地职工年平均工资的4倍左右。起付标准以上、最高支付限额以下的医疗费用，主要从统筹基金中支付，个人也要负担一定比例。退休人员个人负担医药费的比例适当低于在职职工。

2010年颁布的《社会保险法》还规定了基本医疗保险待遇给付要坚持以下两点：①为了缓解个人垫付大量医疗费的问题，规定了基本医疗保险费用直接结算制度。参保人员的医疗费用中按照规定应当由基本医疗保险基金支付的部分，由社会保险经办机构与医疗机构、药品经营单位直接结算，并建立异地就医结算制度，方便参保人员享受基本医疗保险待遇。②医疗费用依法应当由第三人负担，第三人不支付或者无法确定第三人的，由基本医疗保险基金先行支付后，向第三人追偿。

（三）医疗保险待遇给付制度的内容

医疗保险待遇给付制度的内容十分广泛，包括给付方式、给付主体、给付标准及项目等许多方面。下面仅就最主要的医疗保险待遇给付方式以及我国医疗保险待遇给付的立法改革作一介绍。

医疗保险待遇给付方式主要有三种：①后付制，即在医疗单位提供医疗服务后，由社会保险机构按照标准支付费用的方式。这种方式比较适合最初的医疗单位与患者之间的双方医疗保险关系。②预付制，即由医疗保险机构依据一定标准，在医疗单位提供服务之前就向其付费的方式。预付制依据其划分的标准不同还可分为以一个医疗服务机构为单位的总额预付制、以病人人数为标准的预付制和以疾病种类为标准的预付制。其中，以医疗机构为单位的预付制被广泛采用。③结合制，即社会保险机构和医疗服务单位结合起来，既收取保险费，又提供医疗服务，医疗保险待遇的给付既体现为预算，也体现为支出。这种方式是今后改革的方向。

改革医疗保险待遇的给付制度，是医疗保险改革的重要内容。我国今后随着经济逐步市场化，医疗保险也将逐步统一社会化，并坚持权利义务对等原则，个人负担一定比例，在个人账户下结余归己。随着我国基本医疗保险覆盖面的扩大，国家应加强和完善医疗保险管理和服务，控制医疗费用不合理增长，为参保人员提供更好的服务。建立健全多层次医疗保障体系，逐步减轻参保人员的个人负担，实现医疗保险制度的稳健运行和可持续发展。

第五节　工伤保险法律制度

一、工伤保险法律制度概述

（一）工伤保险的定义

工伤保险，是指劳动者因工造成伤残、死亡或职业病后，对受到伤害者及其家属给予一定物质帮助的一种社会保险措施。国际上通常将工伤保险分为两类——因工伤残保险和职业病保险。因工伤残保险，是指劳动者因工负伤或残废而暂时或永久丧失劳动能力以及死亡所获得的补偿和物质帮助制度；职业病保险，是指职工长期从事职业劳动，并因职业原因发生疾病时，获得补偿和帮助的制度。

（二）工伤保险的特征

工伤保险与其他社会保险比较具有以下特征：①工伤保险既具有补偿性，还具有赔偿性；②保险费用的分担由企业或雇主缴纳，个人不缴费，这与养老、失业、医疗保险坚持三方负担原则有所不同；③保险项目齐全，且常常与失业、医疗、疾病等社会保险相互交叉；④保险待遇标准普遍高于其他社会保险。

二、工伤保险的事故范围

按照国际惯例，现代工伤保险的事故范围，既包括因工伤害，也包括职业病伤害，这经历了一个发展过程的。在19世纪初期，最早建立的工伤保险事故范围，仅包括直接的工伤事故。到了19世纪60年代，许多国家把非直接的工伤事故也包括在工伤范围内。1906年英国首次将职业病列入工伤保险范围，随后，德国、瑞士、瑞典、丹麦等国家也纷纷制定法律，将职业病伤害列入工伤保险赔偿范围。国际劳工组织在1925年将职业病列入《工人职业病赔偿公约》。我国在1951年制定的《劳动保险条例》对"因工负伤"的待遇作了规定。1957年卫生部颁布了《职业病范围和职业病患者处理办法的规定》（现已失效），首次将职业病列为工伤保险的保障范围。

关于工伤范围的认定标准，各国法律规定不一。一般认为，因工负伤是指劳动者在工作时间及工作区域之内，因执行职务（业务）而受到的伤害。随着现代经济的发展，许多国家在界定工伤范围时，有不断扩大的趋势。

2003年4月16日国务院通过、2010年12月20日修订的《工伤保险条例》第14条规定："职工有下列情形之一的，应当认定为工伤：①在工作时间和工作场所内，因工作原因受到事故伤害的；②工作时间前后在工作场所内，从事与工作有关的预备性或者收尾性工作受到事故伤害的；③在工作时间和工作场所内，因履行工作职责受到暴力等意外伤害的；④患职业病的；⑤因工外出期间，由于工作原因受到伤害或者发生事故下落不明的；⑥在上下班途中，受到非本人主要责任的交通事故或者城市轨道交通、客运轮渡、火车事故伤害的；⑦法律、行政法规规定应当认定为工伤的其他情形。"同时，第15条第1款规定："职工有下列情形之一的，视同工伤：①在工作时间和工作岗位，突发疾病死亡或者在48小时之内经抢救无效死亡的；②在抢险救灾等维护国家利益、公共利益活动中受到伤害的；③职工原在军队服役，因战、因公负伤致残，已取得革命伤残军人证，到用人单位后旧伤复发的。"

职业病是指劳动者从事某种职业、因职业有害因素所导致的疾病。它同特定职业有关，是职业性有害因素对劳动者造成的慢性伤害，其致害因素、种类、结果等很难确定，所以职业病范围较难界定。一般认为，职业性有害因素及致害结果应具有可检测性，以检测结果为准，并由法律直接规定职业病的种类。未列入的，不认定为职业病。1980年国际劳工会议列为职业病的种类有29种。我国到1987年由卫生部等部门颁布的《职业病名单》已将职业病列为9类共99种。分别是：职业中毒、职业性皮肤病、热射病、日射病、尘肺、热痉挛、高山病、电光性眼炎、放射性疾病等9类。

三、工伤保险的保障对象

根据2004年1月实施、2010年12月20日修订的《工伤保险条例》，工伤保险的保障对象有所扩大，我国境内的企业、事业单位、社会团体、民办非企业单位、基金会、律师事务所、会计师事务所等组织及有雇工的个体工商户，均应当依照该条例的规定参加工伤保险，为本单位全部职工或者雇工缴纳工伤保险费。2010年10月28日颁布的《社会保险法》更明确规定，工伤保险制度覆盖所有用人单位及其职工。

四、工伤赔偿责任的归责原则

工伤赔偿责任的归责原则，是指工伤事故发生后由谁承担赔偿责任的准则。历史上，工伤赔偿的归责原则经历过不同的发展阶段。即，由最初的劳动者自己负责、雇主过失责任发展到现代的雇主责任。

（一）劳动者自己负责原则

18世纪资本主义自由竞争时期，资产阶级坚持工伤赔偿责任为"劳动者自己责任"原则，即劳动伤害风险自担。英国经济学家亚当·斯密对其理论依据的解释是，工人的工资标准，包含了对工作岗位危险性的补偿，既然工人具有自愿与雇主签订合同的自由，就意味着他们不是被迫接受危险工作岗位。因此，工人在接受了补偿这种风险的收入后，理应自负在工作过程中因发生工伤事故而蒙受的一切损失。这种理论成了雇主推卸工伤责任的理论依据。

（二）雇主过失赔偿原则

随着生产的日益工业化，工伤事故也日益增多，那种"风险自担"的原则引起广大工人的不满而奋起斗争，迫使欧洲各国不再强调工人对工伤事故负个人责任，而改行一种所谓的"雇主过失赔偿"原则。按此原则，工人因工负伤的原因只有出自雇主一方才给予赔偿，如果工人因工负伤是由自己过失造成或由其他工人造成的，雇主便不予任何赔偿。1880年英国国会被迫通过的《雇主责任法》，对雇主承担责任作了许多限制，即由受伤害人举证证明雇主有过失并证明自己或一起从事工作的其他工人无任何过失，这种举证责任对工人来说十分困难。而且，许多情况下工伤的原因和过错的形式是复杂的，还有意外职业危险和不可抗力等所致，所以，这种规定并没有给工人带来多少利益，最终取而代之的是符合广大劳动者利益的无过失赔偿法案，即补偿不究过失原则。

（三）无过失补偿原则

无过失补偿原则即无过错归责原则。具体指，只要发生工伤事故，不问过失在谁，企业主无论是否有过失，均应承担赔偿责任。这种原则是立法上的进步。德国 1884 年通过《劳动伤害保险法》，最早确立了"补偿不究过失"原则，以后，逐渐被各国采纳，现已成为世界各国工伤保险普遍遵守的原则。我国于 2004 年 1 月实施的《工伤保险条例》，确立了工伤保险实行"无过失补偿原则"。

五、工伤保险基金

工伤保险基金是工伤社会保险制度顺利实施的物质保障。只有建立科学、合理的工伤保险基金制度，才能实现工伤救治和康复、分散工伤风险、促进工伤预防的目的。

根据国务院《工伤保险条例》的规定，建立工伤保险基金统筹制度，即工伤保险实行社会统筹，设立工伤保险基金，对工伤职工提供经济补偿和实行社会化管理服务。工伤保险实行以支定收、收支基本平衡的原则统一筹集，由地级以上城市建立统筹基金，专款专用，任何单位和个人不得挪用或挤占。工伤保险基金应当留有一定风险储备金，不足时由同级政府垫支。

工伤保险基金的来源是：①企业缴纳的工伤保险费。各类企业和有雇工的个体工商户均应参加工伤保险，为本单位全部职工或者雇工缴纳工伤保险费，劳动者个人不缴费。②工伤保险费滞纳金。③工伤保险基金的利息。④法律法规规定的其他资金。政府根据不同行业的工伤风险程度确定行业差别费率，并根据工伤保险费使用、工伤发生率等情况在每个行业内确定若干费率档次。

六、工伤保险待遇

工伤保险待遇，是指职工因工造成伤亡或职业病时所获得的各种物质帮助。我国现行的工伤保险待遇适用于中华人民共和国境内所有用人单位的职工以及个体工商户的雇工。凡职工因工作遭受事故伤害或者患职业病进行治疗，均享受工伤医疗待遇。根据现行《工伤保险条例》的规定，我国现行工伤保险待遇的结构由以下几个项目组成：

1. 工伤医疗待遇。包括工伤职工治疗工伤或职业病所需的挂号费、医疗费、住院费、药费、住院伙食补助费、生活护理费；到统筹地区以外就医的，所需交通、食宿费；经劳动能力鉴定委员会确认，安装假肢、矫形器、假眼、假牙和配置轮椅等辅助器具费。

2. 工伤津贴。职工因工作遭受事故伤害或者患职业病需要暂停工作接受工伤医疗的，在停工留薪期内，原工资福利待遇不变。停工留薪期一般不超过 12 个月。工伤职工在停工留薪期满后仍需治疗的，继续享受工伤医疗待遇。

3. 伤残待遇。工伤职工评定伤残等级后，停发原待遇，按照伤残等级享受伤残待遇。可以享受按月支付伤残津贴。工伤职工经评定伤残等级并确认需要护理的，应按月发给护理费，还可享受按月发给伤残抚恤金及一次性发给伤残补助金等。

4. 工亡待遇。职工因工死亡，应发给丧葬补助金，供养亲属抚恤金及一次性工亡补助金。

在《工伤保险条例》规定的工伤保险待遇基础上，《社会保险法》有关工伤保险的规定有三项突破：

（1）将现行规定由用人单位支付的工伤职工"住院伙食补助费""到统筹地区以外就医的交通食宿费"和"终止或者解除劳动合同时应当享受的一次性医疗补助金"改为由工伤保险基金支付，在进一步保障工伤职工权益的同时，减轻了参保用人单位的负担。

（2）为保证工伤职工得到及时救治，规定了工伤保险待遇垫付追偿制度。即职工所在用人单位未依法缴纳工伤保险费，发生工伤事故的，由用人单位支付工伤保险待遇。用人单位不支付的，从工伤保险基金中先行支付，然后由社会保险经办机构依照本法规定追偿。

（3）规定由于第三人的原因造成工伤，第三人不支付工伤医疗费用或者无法确定第三人的，由工伤保险基金先行支付后，向第三人追偿。

第六节　生育保险法律制度

一、生育保险法律制度概述

生育保险，是国家设立的对因生育子女的女职工及其家庭给予必要的物质帮助的社会保险制度。

建立生育保险制度，有利于保障女职工及其家庭因生育子女而造成的身体康复需求和物质需求，有利于延续后代，保障劳动力的连续再生产，充实社会劳动力量。

在实行普遍社会保险的国家，生育保险是社会保险的重要组成部分，体现着"从摇篮到坟墓"的全方位的社会保障，其保障对象面向全体女性。

我国于1988年开始在部分地区推行生育保险制度改革。2010年颁布的《社会保险法》将生育保险制度覆盖所有用人单位及其职工。

生育保险费由参保单位按照不超过职工工资总额1%的比例缴纳，职工个人不缴费，国际上也无个人缴费的先例。没有参保的单位，仍由其单位承担支付生育保险待遇的责任。由于这种参保单位和未参保单位之间以及未参保单位相互之间的不公平，造成对生育保障的不利。今后，随着社会保障制度的完善，应实行社会统筹的方式建立生育保险基金。这样，既可以保障妇女、婴儿的权益，又可以保障公平竞争、解决女性就业难的问题。

二、生育保险待遇

用人单位已经缴纳生育保险费的，其职工享受生育保险待遇。生育保险待遇包括生育医疗费用和生育津贴。

1. 生育医疗费用。包括：①生育的医疗费用（女职工因怀孕、分娩、流产所发生的检查费、接生费、手术费、住院费和药费）；②计划生育的医疗费用（因生育引起疾病的医疗费以及采取避孕措施控制生育的费用）。

2. 生育津贴。包括：①产假（女职工产假90天，其中产前假15天；难产的增加产假15天；多胞胎生育的，每多生育一个婴儿，增加产假15天；女职工怀孕流产的，其所在单位应当根据医务部门的证明给予一定时期的产假）。②计划生育手术休假。③产假期间的工资。女职工生育或流产后，其工资、劳动关系保留不变，按规定报销医疗费用。为落实计划生育政策，女职工在延长产假或领取独生子女奖金等方面按有关规定办理。企业在女职工怀孕期、产期、哺乳期不得降低其基本工资或解除劳动合同。

第七节　遗属社会保险法律制度

一、遗属社会保险法律制度概述

遗属社会保险，是指劳动者因工或非因工死亡后，由国家和社会对死亡者本身所需的丧葬费用以及死亡者遗属基本生活需要，给予一定的物质保障的社会保障制度。遗属社会保险的保险事故，是享受工资的劳动者死亡。由于劳动者死亡造成了其遗属两个方面的需要：①对死亡者后事料理费用需求；②由死者扶养的遗属的生活来源需求。因此，遗属社会保险包括这两个方面的保障。遗属社会保险也是社会保险的重要组成部分，对一个劳动者来说，保障其生、老、病、死，这是对劳动者的最后一道保障，但对其家属、整个社会的劳动力量来说，它又是起点，直接关系着劳动力的再生产及下一代的健康成长。

二、遗属社会保险的保障对象

遗属社会保险的保障对象，是指由死者所供养的直系亲属。按照《劳动保险条例实施细则修正草案》规定，符合下列条件之一者，均列为职工供养的直系亲属范畴：①祖父、父、夫年满 60 岁或完全丧失劳动力者；②祖母、母、妻未从事有报酬的工作者；③子女（包括养子女、前妻或前夫所生子女、非婚生子女）、弟妹（包括同父异母或同母异父的弟妹）年龄未满 16 岁者；④孙子女年龄未满 16 岁，其父死亡或完全失去劳动能力，母未从事有报酬工作的。在确定供养关系时，情况比较复杂，要坚持两方面相结合，即是否为直系亲属、是否有供养关系，来具体分析确定，切实保障死亡者遗属的生活和社会的稳定。

三、遗属社会保险待遇

遗属社会保险待遇即遗属津贴，由两部分构成：①死亡者丧葬费；②死者家属的抚恤金。根据我国《社会保险法》规定，遗属社会保险待遇的主要内容有：参加基本养老保险的个人，因病或者非因工死亡的，其遗属可以领取丧葬补助金和抚恤金，所需资金从基本养老保险基金中支付；职工因工死亡的，其遗属领取的丧葬补助金、供养亲属抚恤金和因工死亡补助金，按照国家规定从工伤保险基金中支付；失业人员在领取失业保险金期间死亡的，参照当地对在职职工死亡的规定，向其遗属发给一次性丧葬补助金和抚恤金，所需资金从失业保险基金中支付；个人死亡同时符合领取基本养老保险丧葬补助金、工伤保险丧葬补助金和失业保险丧葬补助金条件的，其遗属只能选择领取其中的一项。

第八节　社会保险费征缴制度及社会保险基金管理制度

一、社会保险费征缴制度

我国《社会保险法》在总结 1999 年《社会保险费征缴暂行条例》实施经验的基础上，进一步完善了社会保险费征缴制度，增强了征缴的强制性，规范了征缴程序，明确了缴费单位和缴费个人在社会保险费征缴工作中的权利与义务。社会保险费征缴制度的主要内容有：

（一）社会保险登记制度

凡是依法应该参加社会保险、缴纳社会保险费的单位都应该在《社会保险法》规定的期限内到所在地社会保险经办机构进行社会保险登记。用人单位应当自成立之日起 30 日内凭营业执照、登记证书或者单位印章，向当地社会保险经办机构申请办理社会保险登记；用人单位应当自用工之日起 30 日内为其职工向社会保险经办机构申请办理社会保险登记；自愿参加社会保险的无雇工的个体工商户、未在用人单位参加社会保险的非全日制从业人员以及其他灵活就业人员，应当向社会保险经办机构申请办理社会保险登记，可以直接向社会保险费征收机构缴纳社会保险费。

（二）社会保险信息沟通共享机制

为了保证社会保险相关信息的及时性、准确性，《社会保险法》规定，工商行政管理部门、民政部门和机构编制管理机关应当及时向社会保险经办机构通报用人单位的成立、终止情况，公安机关应当及时向社会保险经办机构通报个人的出生、死亡以及户口登记、迁移、注销等情况。

（三）社会保险费统一征收制度

《社会保险法》规定了社会保险费实行统一征收的方向，并授权国务院规定实施步骤和具体办法。

（四）社会保险费强制征缴制度

包括以下措施：①从用人单位存款账户直接划拨社会保险费。《社会保险法》第63条规定，用人单位未按时足额缴纳社会保险费，经社会保险费征收机构责令其限期缴纳或者补足，逾期仍不缴纳或者补足的，社会保险费征收机构可以向银行和其他金融机构查询其存款账户，并可申请县级以上有关行政部门作出从用人单位存款账户中划拨社会保险费的决定，同时书面通知其开户银行或者其他金融机构划拨社会保险费。②用人单位账户余额少于应当缴纳的社会保险费的，社会保险费征收机构可以要求该用人单位提供担保，签订延期缴费协议。③用人单位未足额缴纳社会保险费且未提供担保的，社会保险费征收机构可以申请人民法院扣押、查封、拍卖其价值相当于应当缴纳社会保险费的财产，以拍卖所得抵缴社会保险费。

二、社会保险基金管理制度

社会保险基金，是指依法筹集的用于实施各项社会保险制度的物质基础。为了加强社会保险基金的管理，《社会保险法》对社会保险基金管理制度作了以下规定：

1. 规范了社会保险基金的管理原则。根据《社会保险法》规定，社会保险基金管理应当遵守以下原则：①各项社会保险基金按照社会保险险种分别建账，分账核算，执行国家统一的会计制度。②社会保险基金通过预算实现收支平衡。社会保险基金按照统筹层次设立预算。社会保险基金预算按照社会保险项目分别编制。社会保险基金预算、决算草案的编制、审核和批准，依照法律和国务院规定执行。③社会保险基金专款专用，任何组织和个人不得侵占或者挪用。社会保险基金不得违规投资运营，不得用于平衡其他政府预算，不得用于兴建、改建办公场所和支付人员经费、运行费用、管理费用，或者违反法律、行政法规规定挪作其他用途。④社会保险基金在保证安全的前提下，按照国务院规定投资运营实现保值增值。

2. 明确了提高社会保险基金统筹层次的方向。《社会保险法》规定，基本养老保险基金逐步实行全国统筹，其他社会保险基金逐步实行省级统筹，并授权国务院规定提高统筹层次的具体时间和步骤。

3. 国家设立全国社会保障基金。全国社会保障基金由中央财政预算拨款以及国务院批准的其他方式筹集的资金构成，用于社会保障支出的补充、调剂。全国社会保障基金应当定期向社会公布收支、管理和投资运营的情况。国务院财政部门、社会保险行政部门、审计机关对全国社会保障基金的收支、管理和投资运营情况实施监督。

第九节　社会保险监督及违反社会
保险法的法律责任

一、社会保险监督

加强社会保险监督，维护社会保险基金安全，是真正实现各项社会保险制度设计的保障。《社会保险法》从人大监督、行政监督、社会监督等三个方面，明确了社会保险的监督体系。

（一）人大监督

《社会保险法》规定，各级人民代表大会常务委员会听取和审议本级人民政府对社会保险基金的收支、管理、投资运营以及监督检查情况的专项工作报告，组织对该法实施情况的执法检查等，依法行使监督职权。

（二）行政监督

《社会保险法》规定，国家对社会保险基金实行严格监管。同时，该法明确了各级人民政府及其社会保险行政部门、财政部门、审计机关在社会保险监督方面的职责：①规定了各级人民政府在社会保险监督方面的职责，即国务院和省、自治区、直辖市人民政府建立健全社会保险基金监督管理制度，保障社会保险基金安全、有效运行。②从两个方面规定了社会保险行政部门的监督职责：其一，规定县级以上人民政府社会保险行政部门应当加强对用人单位和个人遵守社会保险法律、法规情况的监督检查。其二，规定社会保险行政部门对社会保险基金的收支、管理和投资运营情况进行监督检查；并规定了三项措施：一是查阅、记录、复制与社会保险基金收支、管理和投资运营相关的资料，对可能被转移、隐匿或者灭失的资料予以封存；二是询问与调查事项有关的单位和个人，要求其对与调查事项有关的问题作出说明、提供有关证明材料；三是对隐匿、转移、侵占、挪用社会保险基金的行为予以制止并责令改正。③规定财政部门、审计机关按照各自职责，对社会保险基金的收支、管理和投资运营情况实施监督。

（三）社会监督

《社会保险法》要求县级以上人民政府采取措施，鼓励和支持社会各方面参与社会保险基金的监督，并作了以下规定：

1. 设立社会保险监督委员会。统筹地区人民政府成立由用人单位代表、参保人员代表以及工会代表、专家等组成的社会保险监督委员会。其主要职责是：掌握、分析社会保险基金的收支、管理和投资运营情况，对社会保险工作提出咨询意见和建议，实施社会监督；听取社会保险经办机构关于社会保险基金的收支、管理和投资运营情况的汇报；聘请会计师事务所对社会保险基金的收支、管理和投资运营情况进行年度审计和专项审计；对发现存在问题的，有权提出改正建议；对社会保险经办机构及其工作人员的违法行为，有权向有关部门提出依法处理建议。

2. 加强工会的监督。工会依法维护职工的合法权益，有权参与社会保险重大事项的研究，参加社会保险监督委员会，对与职工社会保险权益有关的事项进行监督。

3. 有关部门和单位应当向社会公布或者公开社会保险方面的信息，主动接受社会监督。包括：社会保险行政部门应当定期向社会公布社会保险基金检查结果；社会保险经办机构应当定期向社会公布参加社会保险情况以及社会保险基金的收入、支出、结余和收益情况；社会保险监督委员会应当向社会公开审计结果。

二、违反社会保险法的法律责任

（一）用人单位违反《社会保险法》的法律责任

用人单位不办理社会保险登记且在社会保险行政部门责令改正期限内不改正的，对用人单位处应缴社会保险费数额1倍以上3倍以下的罚款，对其直接负责的主管人员和其他直接责任人员处500元以上3000元以下的罚款；用人单位未按时足额缴纳社会保险费的，由社会保险费征收机构责令限期缴纳或者补足，并自欠缴之日起，按日加收5‰的滞纳金；逾期仍不缴纳的，由有关行政部门处欠缴数额1倍以上3倍以下的罚款。

（二）骗取社会保险基金支出或者骗取社会保险待遇的法律责任

有关单位及其工作人员或者个人以欺诈、伪造证明材料或者其他手段骗取社会保险基金支出或者骗取社会保险待遇的，应当退回骗取的金额，并处骗取金额2倍以上5倍以下的罚款；社会保险经办机构以及医疗机构、药品经营单位等社会保险服务机构以欺诈、伪造证明材料或者其他手段骗取社会保险基金支出的，由社会保险行政部门责令退回骗取的社会保险金，处骗取金额2倍以上5倍以下的罚款；属于社会保险服务机构的，解除服务协议；直接主管人员和其他直接责任人员有执业资格的，依法吊销其执业资格。

（三）违反社会保险基金管理的法律责任

隐匿、转移、侵占、挪用社会保险基金或者违规投资运营的，由社会保险行政部门、财政部门、审计机关责令追回；有违法所得的，没收违法所得；对直接负责的主管人员和其他直接责任人员依法给予处分。

（四）有关行政部门和单位及其工作人员违反《社会保险法》的法律责任

社会保险经办机构及其工作人员未履行社会保险法定职责的，社会保险费征收机构擅自更改社会保险费缴费基数、费率，导致少收或者多收社会保险费的，由有关行政部门责令改正，对直接负责的主管人员和其他直接责任人员依法给予处分。有关行政部门、社会保险经办机构、社会保险费征收机构及其工作人员泄露用人单位和个人信息的，对直接负责的主管人员和其他直接责任人员依法给予处分；给用人单位或者个人造成损失的，应当承担赔偿责任。国家工作人员在社会保险管理、监督工作中滥用职权、玩忽职守、徇私舞弊的，依法给予处分。

（五）违反《社会保险法》的刑事责任

按照规定，违反《社会保险法》构成犯罪的，依法追究刑事责任。

■ 思考题

1. 试述社会保障的涵义及特征。
2. 试述社会保障法的理念。
3. 社会保障的构成项目及其特征分别是什么？
4. 试述社会保险之各险种保障对象、保障基金及保障待遇。
5. 试述老龄化社会与养老保险制度的改革。

■ 参考书目

1. 种明钊主编：《社会保障法律制度研究》，法律出版社 2000 年版。
2. 覃有土、樊启荣：《社会保障法》，法律出版社 1997 年版。
3. 林嘉：《社会保障法的理念、实践与创新》，中国人民大学出版社 2002 年版。
4. 郑秉文、和春雷主编：《社会保障分析导论》，法律出版社 2001 年版。
5. 和春雷主编：《社会保障制度的国际比较》，法律出版社 2001 年版。

图书在版编目（ＣＩＰ）数据

经济法学/李昌麒主编. —5版. —北京：中国政法大学出版社，2017.1（2024.1重印）
ISBN 978-7-5620-7164-8

Ⅰ. ①经⋯　Ⅱ. ①李⋯　Ⅲ. ①经济法—法的理论—中国　Ⅳ. ①D922.290.1

中国版本图书馆CIP数据核字(2016)第285622号

出 版 者	中国政法大学出版社
地　　址	北京市海淀区西土城路 25 号
邮　　箱	fadapress@163.com
网　　址	http://www.cuplpress.com (网络实名：中国政法大学出版社)
电　　话	010-58908435(第一编辑部) 58908334(邮购部)
承　　印	固安华明印业有限公司
开　　本	787mm×1092mm　1/16
印　　张	32.25
字　　数	867 千字
版　　次	2017 年 1 月第 5 版
印　　次	2024 年 1 月第 5 次印刷
印　　数	22001~24000 册
定　　价	66.00 元